EDITION PAGE

Helmut Kraus

Desktop Publishing mit PageMaker 4.2 für den Macintosh

Mit 870 Abbildungen
und 56 Tabellen

Springer-Verlag
Berlin Heidelberg New York
London Paris Tokyo
Hong Kong Barcelona
Budapest

Helmut Kraus
Siegfriedstraße 26
W-4000 Düsseldorf 11

CR-Klassifikation (1992): K.8.1, I.7.2, J.7

ISBN 978-3-642-48764-4 ISBN 978-3-642-48763-7 (eBook)
DOI 10.1007/978-3-642-48763-7

Die Deutsche Bibliothek - CIP-Einheitsaufnahme
Kraus, Helmut:
Desktop Publishing mit PageMaker 4.2 für den Macintosh /
Helmut Kraus. - Berlin; Heidelberg; New York; London;
Paris; Tokyo; Hong Kong; Barcelona; Budapest:
Springer, 1992
(Edition Page)

Softcover reprint of the hardcover 1st edition 1992

Satz: **EXCLAM!** Almute Kraus
Belichtung: Merlin, Essen
Umschlaggestaltung: Konzept & Design, Ilvesheim

33/3140-5 4 3 2 1 0 Gedruckt auf säurefreiem Papier

Inhaltsverzeichnis

Einleitung

1985 wurde mit der Vorstellung der ersten PageMaker-Version für den Apple Macintosh der Grundstein gelegt für das, was heute unter dem Begriff DTP zusammengefaßt wird. Damals wurde der lustige Rechner mit dem kleinen integrierten Bildschirm von vielen nicht ernst genommen. Und eine Software, die sich anmaßte, all das vollbringen zu können, wozu Setzer erst nach langjähriger Lehrzeit in der Lage sind und dann auch nur mit einem kostenintensiven Maschinenpark; das war Provokation. Provozieren ließ sich einerseits die Gemeinde der Computeranwender, die es nur gewohnt war, wesentlich langweiligere Anwendungen computerunterstützt auszuführen. Das einzige, was bis dahin entfernt mit DTP zu tun hatte, waren einfache Textprogramme, deren Fähigkeiten noch stark an der Funktionsweise von Schreibmaschinen orientiert waren. Andererseits konnten sich die Profis aus der Satzbranche überhaupt nicht vorstellen, daß sich ihre traditionelle Arbeitsumgebung als Miniaturausgabe auf einen winzig kleinen Computer projizieren läßt.

Nur sechs Jahre nach seinem Erscheinen ist PageMaker als Version 4.2 für Macintosh-Computer verfügbar. Diese Version ist die erste »offene« Programmversion, da sie durch die Addition-Technologie beliebig modular erweiterbar ist. Zusammen mit der Windows-Version von PageMaker deckt Aldus die beiden wichtigsten Hardware-Plattformen im Personalcomputer-Bereich ab. Noch immer hat DTP mit Vorurteilen zu kämpfen, wenn die Kritik sich auch in ihrem Ansatz verlagert hat und nun durchaus kompetenter vorgetragen wird. Niemand bezweifelt mehr ernsthaft, daß in absehbarer Zeit DTP vollständig das ablösen wird, was traditionellerweise die Druckvorstufe ausmacht. Anfangs stützte sich die Kritik an DTP auf den Unglauben daran, daß jemals Computer die aufwendigen Satzmaschinen ersetzen könnten. Neuerdings zielt die Kritik nicht mehr auf die Hardware, sondern darauf, daß die DTP-Anwender nicht dieselbe Ausbildung haben wie traditionell arbeitende Setzer. Als vor etwa hundert Jahren das Automobil der Menschheit eine neue Art der Fortbewegung eröffnete, mögen viele düstere Geister die Fähigkeit eine Kutsche zu lenken, als notwendige Voraussetzung zum Steuern von Automobilen gesehen haben. Heute kommt niemand auf die Idee, vor seiner ersten Fahrstunde zunächst das Lenken eines Fuhrwerks erlernen zu müssen.

Die Fahrstunden auf dem PageMaker bleiben jedoch niemandem erspart. Dieses Buch kann als begleitende Lektüre dem Fahrschüler in Sachen DTP sowohl das Hintergrundwissen als auch das Handling mit dem neuen Werkzeug vermitteln.

Im ersten Teil des Buches wird Grundsätzliches über Hardware, Software und über das grundlegende Konzept von PageMaker diskutiert. Den Abschluß dieses Grundlagenteils bildet eine Einführung in die Benutzeroberfläche von PageMaker.

Sie sollten diesen Teil besonders dann lesen, wenn Sie mit der Arbeit am Macintosh noch wenig Erfahrung haben. Das Kapitel zur Hardware ist besonders interessant, wenn Sie noch die Möglichkeit haben, Einfluß auf die Auswahl der Hardware zu nehmen, die für die Arbeit mit PageMaker zum Einsatz kommen soll.

Der zweite Teil des Buches ist eine umfassende Referenz aller Werkzeuge und Befehle von PageMaker. Anfangs erhalten Sie hier einen vollständigen Überblick über die Funktionen des Programms, später können Sie hier nachschlagen, wenn Sie sich die Vorgehensweise bei der Anwendung einer Funktion noch einmal vergegenwärtigen möchten. Die Anwendung der Funktionen sowie Tips und Tricks sind im Praxisteil abgehandelt. Zum Vertiefen der kurzen Informationen des Referenzteils ist bei jeder Funktion auf den entsprechenden Abschnitt des Praxisteils verwiesen.

Der dritte Teil ist ganz der Praxis gewidmet. Hier lernen Sie, die Funktionen des Programms wirkungsvoll und zeitsparend einzusetzen. Sie erfahren beispielsweise, welche Möglichkeiten das Programm durch PostScript bzw. durch den Datenaustausch mit anderen Programmen eröffnet oder was Sie beim Ausdrucken Ihrer mit PageMaker erstellten Arbeiten beachten müssen. Wo immer Hintergrundinformationen zur effizienteren Nutzung der Funktionen nötig sind, ist ein entsprechender Grundlagenabschnitt vorgesehen. Besonderen Wert wird im Praxisteil auf die typographischen Qualitäten des Programms gelegt.

Den Abschluß des Praxisteils übernimmt ein Kapitel, das die Entstehung dieses Buches auf einem Macintosh unter Verwendung von PageMaker und anderen Programmen beschreibt.

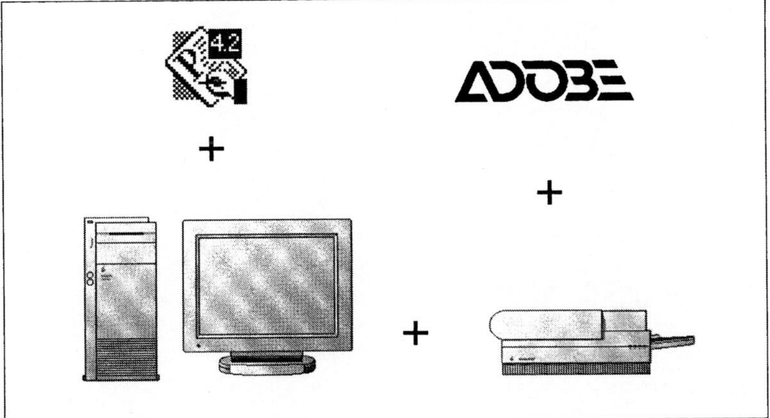

Aldus PageMaker ist zusammen mit Adobes Seitenbeschreibungssprache PostScript der Ausgangspunkt für den wohl faszinierendsten Anwendungsbereich von Computern, für DeskTop Publishing. Doch bei aller Bewunderung, die man für technische Errungenschaften der Hardware und die Pionierleistung der Softwareentwickler entgegenbringen kann, ist nie zu vergessen, daß letztlich das Können und die Kreativität des Anwenders das Entscheidende im Entstehungsprozeß von gedruckten Medien ist.

»Gutes DTP ist, wenn man es nicht merkt.«

In diesem Sinne bleibt dem Autor an dieser Stelle, Ihnen als Leser ein wenig Vergnügen bei der folgenden Lektüre zu wünschen.

Kapitel 1

DTP - Anspruch und Wirklichkeit

1

Über die Frage, was DTP denn eigentlich sei, ist schon viel gesagt worden, und es wird wohl auch in Zukunft mehr und mehr die Rede davon sein. So soll die Frage nach ***D**esk**T**op **P**ublishing* auch am Anfang dieses Buches stehen und sogleich eine erste Antwort erfahren.

»DTP ist die Integration von Text, Bild und Grafik auf einem Computersystem zum Anfertigen einer Druckvorlage unter voller Kontrolle der nötigen Arbeitsschritte am Bildschirm.«

Bedeutsam an diesem Konzept von DTP ist, daß die unterschiedlichen Prozesse, die zu einer Druckvorlage führen wie Layout, Texterfassung, Satz, Bildbearbeitung, Grafik und Montage mit einem einheitlichen Werkzeug von einer einzelnen Person ausführbar sind. In diesem Sinne zeichnet sich PageMaker hervorragend als DTP-Programm aus. Es vereinigt eine Vielzahl von Bearbeitungsmöglichkeiten für Text-, Bild- und Grafikelemente unter einer einfach zu bedienenden Benutzeroberfläche.

Als Aldus im Jahre 1985 die erste Version von PageMaker vorstellte, prägte Paul Brainerd, der Gründungsvater von Aldus, mit »Desktop Publishing« einen Begriff, der längst den Weg aus der Dunkelheit eines unverständlichen und überdies auch noch zungenbrecherischen Fachausdrucks an das Tageslicht der Computeranwender gefunden hat. Der Begriff wörtlich genommen ist heute wie damals eine werbestrategische Übertreibung des Möglichen. Trotzdem ist erkennbar, daß sich der Grundidee von Aldus, die gesamte Druckvorstufe vom Schreibtisch aus, d.h. vom Macintosh oder von einem anderen Personal Computer aus, zu steuern, immer mehr genähert wird. Nicht erreicht werden konnte (und wird wohl auch niemals) die Prognose, daß jeder, die Sekretärin, der Freiberufler oder wer auch immer, plötzlich mit dem Werkzeug DTP die anfallenden Drucksachen in einer Qualität anfertigen kann, die der von Fachleuten erstellten gleichkommt.

Mittlerweile sind sich sowohl die Entwickler als auch die Anwender von DTP darüber einig, daß das Werkzeug allein noch keine Meister erzeugt. Kein anderes Werkzeug kann das, warum also gerade DTP?

Trotzdem unterscheidet DTP sich von anderen Werkzeugen. Dem Satzprofi kann DTP eine gestalterische Freiheit verschaffen, die ihm seine bisherigen Werkzeuge nicht einräumen konnten. Er muß nur bereit sein, sich vorurteilsfrei auf DTP einzulassen. Und dem Nicht-Profi ist zum ersten Mal ein Universalwerkzeug gegeben, das aufgrund seiner einfachen Handhabung dazu verleitet, sich in Bereiche vorzu-

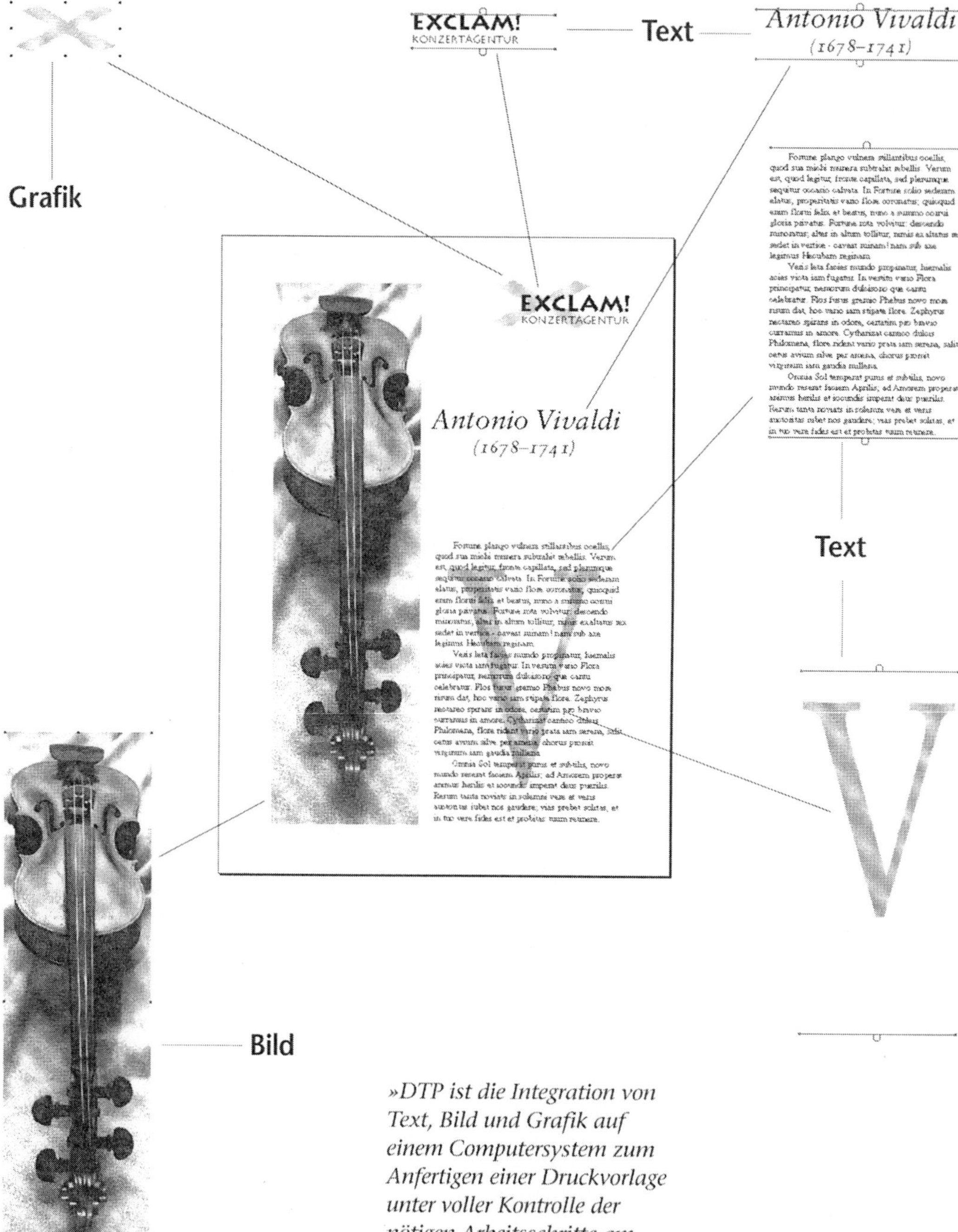

»DTP ist die Integration von Text, Bild und Grafik auf einem Computersystem zum Anfertigen einer Druckvorlage unter voller Kontrolle der nötigen Arbeitsschritte am Bildschirm.«

wagen, die von der geheimbündlerischen Bedienungspraxis herkömmlicher Werkzeuge bislang erfolgreich abgeschottet wurden. Daß Nicht-Profis sich durch DTP an Satzaufgaben wagen, ist kein generell verdammenswerter Zustand. Vielmehr ist es die sogenannten Quereinsteiger möglich, ohne die Fesseln der herkömmlichen Werkzeuge zu kennen, sich viel vorurteilsfreier und kreativer dem neuen Werkzeug zu nähern. Voraussetzung für gute Ergebnisse ist allerdings ein gewisses typographisches Grundwissen, das zur Vermeidung schwerer Fehler unbedingt nötig ist.

Und auch für die erwähnte Integration von Grafiken und Bildern wird vom DTPler in Grundzügen das Fachwissen eines Repro- und Lithographen gefordert. Denn trotz aller automatischen Stützen der Software liegt der Grad zwischen Mittelmaß und Optimum allein beim Anwender. Er muß in der Lage sein, Unzulänglichkeiten der am DTP-Prozeß beteiligten Software im Hinblick auf das angestrebte Druckverfahren zu kompensieren.

Der DTP-Spezialist der Zukunft (alle SpezialistInnen, DTPlerInnen, SetzerInnen, Repro- und LithographInnen sind in dieser Bezeichnung mit eingeschlossen) wird Setzer und Lithograph in einer Person sein müssen. Die Integration unterschiedlicher Medien muß auch die Integration von Fachwissen über diese Medien beim Anwender bedeuten. Hierbei sind im besonderen Maße die Ausbildungsinstitute gefordert. Sie können erheblich zur Anerkennung des neuen Berufsbildes »DTPler« beitragen.

Synopsis DTP

Die folgende kurze Synopsis zeigt, wie im Zusammenspiel von Hardware- und Software-Entwicklern in nur kurzer Zeit das entstanden ist, was wir heute als DTP bezeichnen. Dabei werden auch die Namen der Leute genannt, die mit ihren Ideen in so kurzer Zeit ein entscheidendes Stück technischer Geschichte geschrieben haben.

1981
- IBM stellt mit seinen Personal Computern eine neue Computergeneration vor.

1982
- John Warnock und Chuck Geschke gründen Adobe Systems mit dem Ziel, eine Seitenbeschreibungssprache für die Druckausgabe zu entwickeln.

1983
- Apple Computer stellt mit Lisa einen neuartigen PC vor, der mit einer grafischen Benutzeroberfläche ausgestattet ist.

1984
- Paul Brainerd gründet Aldus Corporation.
- Apple Computer stellt den Macintosh vor, der einen mit 6,52 MHz getakteten 68000er! Prozessor von Motorola enthält.

1985
- Apple stellt den ersten Laserdrucker mit der Seitenbeschreibungssprache PostScript vor.
- Aldus stellt die erste Version des PageMakers für den Apple Macintosh vor und wirbt mit dem Begriff »Desktop Publishing«.

1986
- Linotype steigt mit dem Anschluß des Apple Macintosh an die Belichter Linotronic 300 und Linotronic 101 ins DTP-Geschäft ein.
- PageMaker 2.0 wird der Öffentlichkeit vorgestellt.
- Compugraphic wird mit Intellifont im DTP-Markt aktiv.

1987
- IBM und Adobe einigen sich auf PostScript als Standard für die Druckausgabe.
- Apple Computer stellt die Macintosh II Rechner vor.
- Adobe will die gesamte Linotype-Schriftenbibliothek als PostScript-Schriften zur Verfügung stellen.
- Aldus liefert das Update 3.0

1988
- Apple beginnt einen Rechtstreit mit Microsoft wegen verletzter Urheberrechte bei Windows und verliert ihn später. Endgültig scheitert Apple mit seiner Klage erst 1992.
- QMS bietet den ersten PostScript-fähigen Farbdrucker für DTP-Systeme an.
- Adobe bietet mit der Stone die erste komplette Schriftfamilie aus eigenem Haus an (entstanden ist die Stone bereits im Orwell-Jahr 1984).

- Adobe offenbart der Publishing-Gemeinde mit dem TypeManager (ATM) eine neue Dimension der Schriftdarstellung auf dem Bildschirm. *1989*

- Aldus bringt PageMaker 4.0 für den Macintosh auf den Markt. *1990*
- ATM 2.0 beschleunigt die Schriftdarstellung auf Mac-Bildschirmen erheblich.

- Adobe bringt die Entwicklung der neuen PostScript-Version Level 2 zum Abschluß; das neue PostScript zeichnet sich durch größere Geschwindigkeit und verbesserte Farbfähigkeit aus. *1991*
- Apple Computer stellt mit den Quadras neue, leistungsfähige Computersysteme auf Basis des Motorola 68040-Prozessors vor und erweitert die Palette der LaserWriter um die Modelle IIf und IIg.
- Berthold öffnet seine begehrte Schriftenbibliothek dem Schriftenstandard PostScript und erweitert die Adobe TypeLibrary.

- PageMaker erscheint in der Version 4.2 und präsentiert sich mit den Aldus Additions erstmalig als »offene« Software. *1992*
- Mit dem Quadra 950 trägt Apple der Forderung nach noch mehr Performance Rechnung und setzt den mit 33 MHz getakteten 68040er ein.

Kapitel 2

Ein Wort zur Hardware ...

2

Im folgenden wird die Problematik bei der Auswahl der optimalen Hardware kontrovers diskutiert. Gerade beim Einsatz hochentwickelter Layout-Software oder Grafiksoftware, die ja für DTP auch eine wichtige Rolle spielt, werden höchste Anforderungen an die Rechenleistung des eingesetzten Computers gestellt. Die Rechenleistung wird den Arbeitskomfort wesentlich bestimmen: Je schneller der eingesetzte Computer arbeitet, desto weniger spürt der Anwender die in den grafischen Operationen der Software versteckten Rechenkunststücke.

Auch die Peripheriegeräte wie Bildschirm und Drucker haben ihren Anteil an einem guten oder weniger guten Arbeitsklima. Daher sollte der Auswahl der Komponenten des eingesetzten Computersystems, wenn dies etwa durch Neukauf noch möglich ist, ein wenig Aufmerksamkeit geschenkt werden. Die folgenden Kapitel sollen bei der Zusammenstellung eines geeigneten Computersystems behilflich sein, allerdings nicht im Stil der Stiftung Warentest. Das Ergebnis wird nicht sein, daß der Rechner XY in Verbindung mit dem Drucker YZ die Ideallösung ist. Vielmehr werden Bewertungskriterien entwickelt, deren Gewichtung vom Anwender individuell festgelegt werden muß. Den optimalen Rechner wird dann ein hoffentlich kompetenter Anbieter aus den von Ihnen erwünschten Leistungsmerkmalen ermitteln. Oder Sie schenken Ihr Vertrauen den einschlägigen Fachzeitschriften und machen sich die Mühe, durch Studieren der darin wiedergegebenen Vergleichstests die Optimalkonfiguration selbst zu ermitteln. Einen wesentlichen Vorteil haben Sie als Macintosh-Anwender gegenüber Ihren Kollegen am DOS-Rechner: Ihr Computer zumindest kommt von nur einem Hersteller (vom Dash-Rechner einmal abgesehen), was Ihnen immerhin den Vergleich der Qualität unterschiedlicher Geräte einer Preisklasse abnimmt. Die Auswahl der übrigen Hardware wie Grafikkarten, Bildschirme, Drucker usw. wird jedoch durch verlockende Angebote von Fremdanbietern erschwert. Der Weg des geringsten Widerstandes - alles von einem Hersteller - wird zumindest, was die normale Publishing-Austattung angeht, von der Firma mit dem Apfel-Logo in ausreichender Weise unterstützt.

Der Macintosh

Grundsätzlich läuft PageMaker 4.2 auf jedem Apple Macintosh. Als Minimalanforderung darf somit ein SE, ein Plus oder ein Classic mit Festplatte und mindestens 4 MByte RAM (bei Verwendung von System 6.XX reichen auch 2 MByte RAM) gelten. Auch auf dem Macintosh Portable oder dem PowerBook 100 kann mit PageMaker gearbeitet werden.

Die aktuell angebotenen Macintosh-Computer lassen sich zunächst in drei Klassen einteilen: die kompakten Macintosh-, die modularen Macintosh-Computer und schließlich die PowerBooks.

Kompakte Macintosh

Die kompakten Macintosh-Computer Classic und Classic II sind die aktuellen Nachfolger der Ur-Macintosh von 1984. Die Besonderheit dieser Rechner ist, daß Bildschirm und Zentraleinheit in einem Gehäuse vereinigt sind. Aufgrund der eingeschränkten Ausbaubarkeit sind die Kompakt-Modelle weniger für DTP-Aufgaben geeignet.

Modulare Macintosh

Die modularen Macintosh-Computer sind LC, LC II, IIsi, IIci, IIfx, Quadra 700 und Quadra 950. Seit 1987 Apple die modularen Computer auf den Markt brachte, erfuhren sie eine Reihe von Überarbeitungen, die bis zum IIfx führten, der noch immer der verbreitetste Rechner im professionellen Publishing-Bereich sein dürfte. Die Reihe der modularen Macintosh wird seit 1991 durch den Quadra 900/950 nach oben hin abgesteckt. Diese Modelle sind erstmalig als Desk-side-Computer ausgelegt. Wegen ihrer guten Ausbaubarkeit sind die modularen-Macintosh die Computer, die typischerweise im Publishing-Bereich eingesetzt werden.

Macintosh PowerBooks

Die PowerBooks 100, 140 und 170 sind sicher nicht primär für DTP-Aufgaben gedacht. Trotzdem können sie ein DTP-System sinnvoll ergänzen, indem sie es ermöglichen, mobile Text- und Datenerfassung zu übernehmen oder kleinere Projekte auch auf Reisen weiter bearbeiten zu können.

Leistungsmerkmale der Macintosh

Unterschiedliche Leistungen der Prozessoren

Neben Design und Gehäuseform unterscheiden sich Apple-Computer wesentlich hinsichtlich ihrer Leistung, sprich: Geschwindigkeit. Die in Macintoshs angebotene Prozessor-Familie reicht vom 68000 bis hin zum 68040. Die Taktfrequenzen der Prozessoren schwanken zwischen 8 und 33 MHz (der nicht mehr angebotene IIfx ha eine Taktfrequenz

von 40 MHz). Die Taktfrequenz des Prozessors ist innerhalb eines Prozessortyps entscheidend für die Rechenleistung. Grundsätzlich gilt, daß ein Prozessor mit doppelter Taktfrequenz auch doppelt so schnell rechnet. Dies gilt allerdings nur für Operationen, die keine aufwendigen Zugriffe auf die Hardware-Peripherie erfordern, denn Zugriffe auf beispielsweise ein Festplattenlaufwerk laufen unabhängig von der Prozessorgeschwindigkeit ab. Aber auch der Prozessortyp entscheidet über die Performance des gesamten Computersystems. So arbeiten die 68030- und 68040er-Prozessoren intern und auch mit ihrer unmittelbaren Peripherie mit einer Datenbreite von 32 Bit, während die kleineren Kollegen 68000 und 68020 nur über einen 16 Bit Datenbus verfügen. Auch hat der Prozessor der Quadras (68040) einen integrierten Coprozessor mit dem er rechenintensive Programmabläufe beschleunigen kann. Die anderen Prozessoren können auf einen Coprozessor nur als Peripherie-Baustein zugreifen.

Schnellere Verarbeitung durch großzügig ausgestatteten Arbeitsspeicher

Um die relativ langsamen Zugriffe auf Festplattenspeicher möglichst selten stattfinden zu lassen, sollte der Rechner mit möglichst viel Arbeitsspeicher ausgestattet sein. Die absolut unterste Grenze für PageMaker sind 4 MByte Arbeitsspeicher. Um mit PageMaker jedoch flüssig arbeiten zu können, sind 8 oder besser 10 MByte zu empfehlen. Auch weit darüber hinausgehender Arbeitsspeicher kann sinnvoll sein. Große Dokumente, besonders wenn sie viele positionierte Bilder enthalten, lassen sich schneller bearbeiten, und der Wechsel zwischen mehreren Programmen beansprucht ebenfalls weniger Zeit, wenn die verwendeten Programme gleichzeitig in den Arbeitsspeicher passen.

Die Geschwindigkeit der Festplattenzugriffe, die sich auch bei noch so viel Arbeitsspeicher natürlich nicht gänzlich vermeiden lassen, da die erarbeiteten Dokumente dauerhaft gespeichert sein wollen, hängt von der spezifischen Zugriffsgeschwindigkeit ab, die im wesentlichen von der Speicherkapazität der Platte und deren Steuerungseinheit bestimmt wird.

Schnelle Festplatten erleichtern das Leben des Publishers erheblich

Die von Apple angebotenen Festplatten haben Speicherkapazitäten von 20 bis über 200 MByte. Über Fremdanbieter sind auch weit darüber hinausgehende Kapazitäten bis in den GigaByte-Bereich zugänglich. Je nach Umfang und Art der Aufgaben sollte die Festplatte eines Publishing-Systems nicht unter 80 MByte Datenkapazität haben. Für Projekte, die den Vierfarbdruck von Bildern erfordern oder auch für umfangreiche Projekte wie Buchsatz ist eine Festplattenkapazität um 400 MByte sicher angemessener. Denn DTP ist nicht allein auf PageMaker fixiert. Um alle Möglichkeiten von PageMaker ausschöpfen zu können, sind eventuell auch Grafik- und Bildbearbeitungsprogramme oder Texterfassungsprogramme erforderlich. Nicht zuletzt wird auch Speicherkapazität für die Schriften benötigt, die bei der Arbeit mit PageMaker Verwendung finden sollen.

Nicht zuletzt ist die Wahl des richtigen Computers eine finanzielle Frage. Aber nicht immer ist eine billige Lösung auch eine preiswerte Lösung. Die Kosten für ein Upgrade zum nächstschnelleren Computer machen diesen teurer als im Direkterwerb. Eine Nummer zu groß macht bei den wachsenden Ansprüchen von Auftraggebern und auch Anwendern mehr Sinn als eine Nummer zu klein.

Übersicht der Macintosh-Modelle

Computertyp	Prozessor	Taktfrequenz	RAM
Classic	68000	8 MHz	2 bis 4 MByte
Classic II	68030	16 MHz	2 bis 10 MByte
LC	68020	16 MHz	4 bis 10 MByte
LC II	68030	16 MHz	2 bis 10 MByte
II si	68030	20 MHz	3 bis 17 MByte
IIci	68030	25 MHz	5 bis 32 MByte
Quadra 700	68040	25 MHz	4 bis 20 MByte
Quadra 950	68040	33 MHz	4 bis 64 MByte*
PowerBook 100	68000	16 MHz	2 bis 8 MByte
PowerBook 140	68030	16 MHz	2 bis 8 MByte
PowerBook 170	68030	25 MHz	2 bis 8 MByte

* Bei Verwendung von 16-MByte-SIMMs auch bis 256 MByte

Kriterien für die Auswahl eines Computers:
- Prozessortyp
- Taktgeschwindigkeit
- RAM
- Massenspeicher

Der Bildschirm

Der Bildschirm ist die unmittelbarste Schnittstelle zwischen Anwender und PageMaker. Deshalb sollten bei der Auswahl des richtigen Bildschirms alle wichtigen Aspekte genauestens abgewägt werden.

PageMaker läuft mit allen überhaupt für den Macintosh angebotenen Bildschirmen und Grafikkarten. Auf einem Classic wird die Arbeitsfläche von PageMaker aus 512 x 384 monochromen Bildpunkten aufgebaut. Als optimale Arbeitsbedingungen erweisen sich Bildschirmauflösungen von 1152 mal 870 farbigen Bildpunkten und mehr.

Großbildschirme erleichtern die Arbeit mit PageMaker

Der Vorteil großer Bildschirme liegt darin, daß der Anwender seine zu bearbeitenden Objekte größer dargestellt sieht, und somit die Positioniergenauigkeit meist schon bei unvergrößerter Bildschirmdarstellung ausreichend ist. Durch den Verzicht auf ständiges Hin- und Herschalten zwischen unterschiedlichen Vergrößerungsstufen und auf Verschieben von Bildausschnitten wird die Arbeitsgeschwindigkeit erhöht und damit der Arbeitskomfort verbessert. Mit der Zunahme der darstellbaren Bildpunkte steigt naturgemäß auch der technische Aufwand und damit der Preis, und das leider exponentiell.

Die Abbildungen auf der folgenden Seite stellen die Auflösung des Classic-Bildschirms, eines Bildschirms mit 16 und eines mit 21 Zoll Bildschirmdiagonale gegenüber. Da alle drei Abbildungen denselben Maßstab aufweisen, ist ein Vergleich der Darstellungsqualität gut möglich.

Monitor	Auflösung	Farbtiefe
Classic 9"	512 mal 384	S/W
12" S/W	640 mal 480	S/W
12" RGB	512 mal 384	bis 24 Bit (16,7 Millionen)
13" AppleColor	640 mal 480	bis 24 Bit (16,7 Millionen)
15" Portrait	640 mal 870	S/W bis 8 Bit Graustufen (256)
16" RGB	832 mal 624	bis 24 Bit (16,7 Millionen)
21" RGB	1152 mal 870	bis 24 Bit (16,7 Millionen)

Übersicht der Monitore für den Macintosh

Neben der Grafikauflösung spielt die Geschwindigkeit der Grafikverarbeitung eine wesentliche Rolle. Diese ist abhängig von der Art der Implementierung der Bildschirmgrafik. Einige Macintosh-Computer haben On-Board-Video, d.h. sie kommen vollständig ohne Grafikkarte aus. Für andere Modelle ist eine Grafikkarte zwingend erforderlich. Die angebotenen Karten unterscheiden sich teils erheblich in Leistung und Preis. Diese Unterschiede erklären sich zum Teil durch den unterschiedlichen Speicherausbau der Karte. Bei den beschleunigten Grafikkarten mit eigenem Grafikprozessor spielt seine Struktur und Taktgeschwindigkeit ebenfalls eine wichtige Rolle.

Farbe oder Graustufen?

Um der Farbfähigkeit von PageMaker gerecht zu werden, ist die Verwendung eines Farbmonitors naheliegend, jedoch nicht zwingend erforderlich. So wird der Einsatz eines guten Graustufenmonitors von einigen Anwendern einem Farbmonitor vorgezogen, weil die Schärfe von Schwarzweiß-Geräten den Farbgeräten überlegen ist. Dies hat seine Ursache darin, daß jeder bunte Punkt auf einem Farbbildschirm aus drei Punkten der Grundfarben Rot, Grün und Blau zusammengesetzt ist, während der Grauwert eines Punktes auf einem Schwarzweißgerät lediglich durch seine Intensität bestimmt ist.

Die Nachteile der Arbeit im Farbblindflug erscheinen etwas relativiert, wenn man sich vergegenwärtigt, daß die Farbe auf dem Bildschirm recht wenig mit den Druckfarben bzw. Schmuckfarben, die innerhalb des Programms definiert werden, gemeinsam haben. Während Bildschirme ihren Farbreichtum aus den drei Grundfarben Rot, Grün und Blau (RGB-Monitor) zusammensetzen, werden für Druckvorlagen gewöhnlich die Druckfarben Cyan, Magenta, Gelb und Schwarz separiert. Dieser Unterschied, der ohnehin schon mathematischen Aufwand beim eingesetzten Programm zur Folge hat, wird noch weiter verstärkt, weil normale Bildschirme sich bei weitem nicht so exakt wie nötig kalibrieren lassen. Zur exakten Farbdarstellung werden Probedrucke nach wie vor die letzte Instanz im (Wett-)Streit der Farben sein.

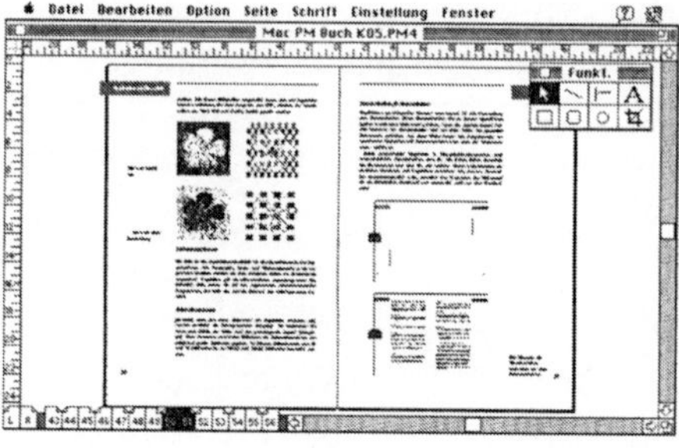

PageMaker auf einem 12"-Monitor (640 x 400 Pixel),

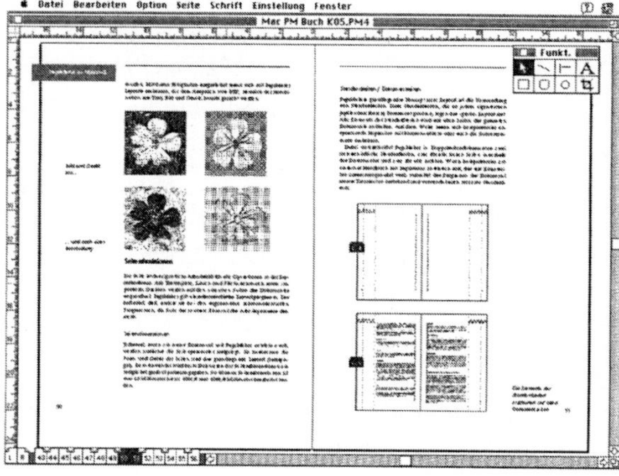

auf einem 16"-Monitor (832 x 624 Pixel)

und auf einem 21"-Monitor (1152 x 870 Pixel)

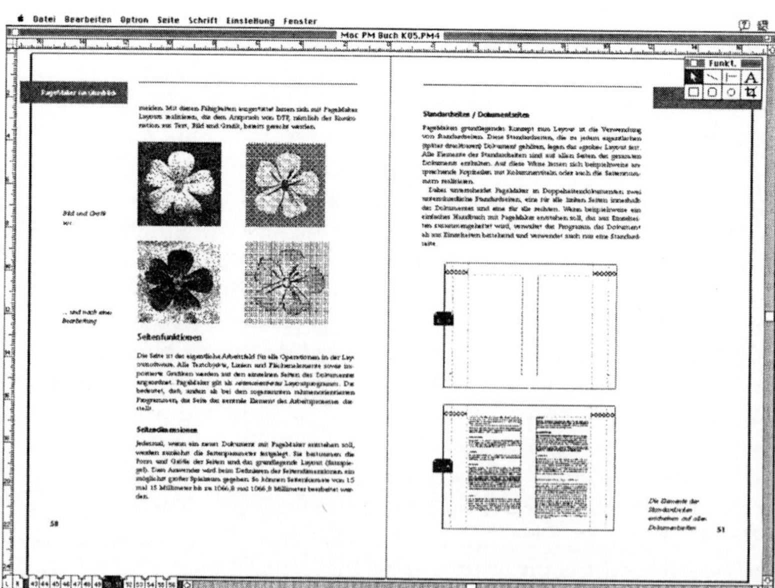

So wird der Anwender auch bei der Wahl des Bildschirms eine individuelle Entscheidung fällen müssen zugunsten von Farbgeräten ohne wahre Farbigkeit oder zugunsten von Graustufengeräten, die erst recht die Farbe verschmähen, ansonsten aber die bessere Abbildungsqualität besitzen. Letztendlich entscheidend wird hier die angestrebte Anwendung sein. Wenn ansonsten auch auf Farbe verzichtet werden kann (z.B. bei der Grafik-Software und bei der Bildbearbeitung), kann das monochrome Anzeigegerät die bessere Wahl sein (zudem sie auch noch billiger ist).

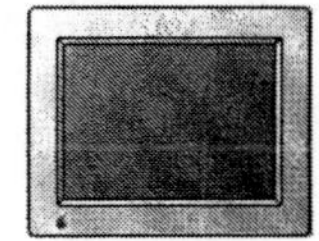

Worauf beim Neukauf eines Monitors neben den bereits erwähnten Aspekten ebenfalls geachtet werden sollte, ist, daß die vom Monitor ausgehende Strahlenbelastung möglichst gering ist. Monitore belasten ihr Umfeld mit unterschiedlichen Strahlen. Dazu zählen Röntgenstrahlen sowie elektromagnetische und elektrostatische Felder. Ein etablierter Standard für strahlenarme Geräte ist die schwedische Norm für Bildschirmgeräte. Gilt ein Monitor als strahlungsarm nach der schwedischen Norm, kann der Käufer sicher sein, ein Gerät zu erhalten, das hinsichtlich der Strahlenbelastung technisch den bestmöglichen Kompromiß darstellt.

Übrigens gibt es noch immer Bildschirme (besonders Großbildschirme), die die schwedische Norm nicht einhalten. Mit der Größe des Bildschirms nimmt auch seine Strahlung zu (und Farbbildschirme strahlen stärker als Monochrom-Geräte derselben Größe). Auch wenn sich die technischen Maßnahmen zur Abschirmung der Strahlen immer im Preis bemerkbar machen werden, ist dieser Kostenfaktor sicherlich gut zu verschmerzen.

Kriterien für die Auswahl eines Grafiksystems:

- Auflösung
- Bildschirmdiagonale
- Farbe oder Graustufen
- Anzahl Farben (Graustufen)
- Geschwindigkeit der Grafikkarte
- Strahlenbelastung des Bildschirms

Der Drucker

Der Drucker ist neben dem Bildschirm die zweite wichtige Mensch-Maschine-Schnittstelle, da er die Arbeit »greifbar« macht, das Ergebnis läßt sich in den Händen halten und besser beurteilen als auf dem Bildschirm.

PageMaker arbeitet auflösungsunabhängig und unterstützt jeweils die Auflösung des verwendeten Druckers (oder Belichters). Vergleichbar ist das Verhältnis zwischen PageMaker und dem angeschlossenen Drucker mit einer Stereoanlage und den angeschlossenen Lautsprechern. Der Wohlklang einer High-End-Stereoanlage kann mit billigen, kleinen Lautsprechern nicht wiedergegeben werden. Je größer die Leistung der Lautsprecher, desto besser wird die Wiedergabe. Genauso wird die Auflösung von PageMaker vom Drucker bestimmt. Die Auflösung eines Druckers wird angegeben als die Anzahl benachbarter Punkte (dots) auf einer Linie mit der Länge von einem Inch (also dots per inch, dpi). Bei einem 300-dpi-Laserdrucker wird eine ein Inch lange Linie aus dreihundert Druckpunkten zusammengesetzt (1 Inch = 1 Zoll = 25,4 mm).

Prinzipiell gilt: je größer die Auflösung, desto besser die Qualität der Drucke. Dabei gilt es allerdings noch einige Faktoren zu berücksichtigen, die die harten Fakten der Auflösung etwas relativieren. So wird ein Laserausdruck mit der Auflösung von 300 dpi (gleich 118 Druckpunkte pro Zentimeter) schärfer empfunden als ein Ausdruck auf einem Tintenstrahldrucker in 360 dpi, weil im ersten Fall die Druckpunkte klarere Konturen haben und weil sie in den Randzonen jedes Druckpunktes nicht so stark verwischen, wie dies für Tintenstrahler typisch ist.

Für die Arbeit mit PageMaker bieten sich in besonderem Maße Laserdrucker für schwarzweiße Grafik und Text an. Die Laserausdrucke sind in den meisten Publishing-Anwendungen nur als Korrekturausdruck anzusehen. Die eigentliche Druckvorlage entsteht durch die Ausgabe auf hochauflösenden Filmrekordern. Bei den Laserdruckern werden PostScript-fähige Geräte und QuickDraw-kompatible Geräte unterschieden. (Zudem werden besonders von Hewlett Packard auch PCL-Drucker angeboten, die über besondere Treibersoftware ebenfalls angesprochen werden können.)

Wofür eigentlich Farbdrucker?

Für farbige Ausdrucke stehen Farbdrucker zur Verfügung, die in den verschiedensten Leistungsklassen angeboten werden. Einfachere Geräte arbeiten nach dem Tintenstrahlprinzip, andere arbeiten wie Laserdrucker, mit dem Unterschied, daß sie drei oder vier unterschiedliche Tonerfarben auftragen. Thermotransferdrucker und Farblaserkopierer mit PostScript-Schnittstelle sowie Thermosublimationsdrucker, die mit ihrer relativ hohen Auflösung und ihrer brillanten Farbfähigkeit besonders faszinieren, bilden wohl so ziemlich die oberste Qualitätsstufe, leider auch die entsprechende Preisstufe. Vergegenwärtigt man sich jedoch den Anwendungsbereich von Druckern im Zusammenhang mit PageMaker, wird man bei einer kritischen Kosten-Nutzen-

Rechnung feststellen, daß Kosten im Bereich von 20 000 DM für Thermotransferdrucker bis etwa 120 000 DM für Farblaserkopierer mit PostScript-Schnittstelle als Farbdrucker nur in den seltensten Fällen akzeptabel sein dürften. Denn darüber sollte man sich im klaren sein: Laser- und Farbdrucker werden bei Layout- und Grafiksoftware in der Regel nur für Kontrollausdrucke eingesetzt. Ein Proof bzw. Andruck zur Beurteilung der echten Druckfarben kann auch von den Laser- und Sublimationsdruckern nicht ersetzt werden. Die spätere Druckvorlage wird in der Regel auf einem hochauflösenden Belichter erstellt. Auflösungen im Bereich von 300 bis 400 dpi bei den Farbgeräten und bis zu 600 dpi bei den Schwarzweißdruckern reichen kaum für Druckvorlagen aus. Der Einsatzschwerpunkt von hochwertigen Farbausdrucken ist daher im Bereich der Präsentation zu sehen.

PostScript-Drucker

Die Seitenbeschreibungssprache PostScript von Adobe stellt weltweit den wichtigsten Standard für DTP-Ausgabegeräte dar. PageMaker bietet einige seiner grafischen Möglichkeiten nur für die Ausgabe unter PostScript. Besonders der Umgang mit Schriften ist unter PostScript wesentlich unkomplizierter als auf Geräten ohne PostScript. Daher ist ein PostScript-fähiger Drucker in besonderer Weise geeignet für den Einsatz mit PageMaker. Er garantiert eine unkomplizierte, qualitativ hochwertige Ausgabe der mit PageMaker angefertigten Dokumente.

Bei der Wiedergabe eines typischen PostScript-Effekts und dessen Realisation auf einem Drucker ohne PostScript wird deutlich, daß prinzipiell das gleiche dargestellt ist, nur daß die Rasterung unter PostScript anders aussieht. Der PostScript-Laserausdruck kommt bis auf die Auflösung dem Resultat einer späteren Belichtung gleich, während der Ausdruck auf dem nicht PostScript-fähigen Drucker so wie die Darstellung auf dem Bildschirm von PageMaker aussieht, nur mit einer feineren Auflösung. PostScript-Ausdrucke vermitteln also eine genauere Vorstellung vom Ergebnis nach der Belichtung.

PostScript-Emulatoren können einen Kompromiß darstellen

Um auch Drucker ohne PostScript-Fähigkeit zum Ausdruck von PostScript-Effekten zu verwenden, gibt es Emulatoren auf Hard- und Software-Basis. Der Vorteil der Emulatoren liegt bei dem im Vergleich zu einem PostScript-Drucker günstigen Preis, die Nachteile sind schlechteres Handling und deutlich langsamere Verarbeitung.

Beim farbigen Ausdruck hochwertiger Präsentationsgrafiken auf preiswerten Tintenstrahldruckern oder Diabelichtern stellen PostScript-Emulatoren mehr als nur eine schlechte Alternative dar, denn Ausgabegeräte dieser Art sind teils nicht mit implementiertem PostScript verfügbar oder mit PostScript um Größenordnungen teurer.

QuickDraw-Drucker

QuickDraw-Drucker gehören neben den PostScript-Druckern zu den meist verwendeten Druckern am Macintosh. Beispielsweise der Apple StyleWriter (ein Tintenstrahldrucker) und der Personal LaserWriter LS (ein Laserdrucker) sind solche QuickDraw-Drucker. QuickDraw ist eine ins Macintosh-Betriebssystem integrierte Grafikroutine, die die Bildschirmausgabe von grafischen Objekten ermöglicht.

QuickDraw-Drucker benötigen entweder ATM oder TrueType-Fonts

Für die Ausgabe von Text auf QuickDraw-Druckern muß entweder der Adobe TypeManager installiert sein (es lassen sich dann PostScript-Schriften drucken) oder es müssen TrueType-Schriften verwendet werden, deren Ausgabe auf Bildschirm und Drucker vom Betriebssystem übernommen wird.

PCL-Drucker

Die von Hewlett Packard entwickelte PCL ist ähnlich wie PostScript eine Seitenbeschreibungssprache für Drucker. Im Lieferumfang eines PCL-Druckers für Macintosh-Computer sind alle nötigen Treiber enthalten, um den Drucker genauso benutzen zu können wie andere Drucker am Macintosh. Auch PageMaker arbeitet unkompliziert mit einem PCL-Drucker zusammen.

Für PCL-Drucker gibt es sowohl Software- als auch Hardware-Lösungen zum Aufrüsten des Druckers auf die Seitenbeschreibungssprache PostScript. Neben den bereits erwähnten Emulatoren sind PostScript-Cartridges, wie sie von Hewlett Packard, von Adobe und anderen Herstellern angeboten werden, die vielleicht interessanteste Möglichkeit, PostScript auf einem PCL-Drucker einzusetzen.

Der Vorteil einer Hardware-Lösung gegenüber einer mit einem Emulator liegt bei der unkomplizierteren Handhabung: Der Drucker verhält sich mit eingesetztem PostScript-Cartridge genauso wie ein normaler PostScript-Drucker.

Druckformate

Bleibt das gewünschte Druckformat in Größen bis einschließlich DIN A4, ist die Auswahl der Drucker nahezu uneingeschränkt, da eigentlich alle Drucker Papier dieses Formates verarbeiten. Ist aber das größere Format DIN A3 gefordert, wird es schwieriger. Zu berücksichtigen ist auch, daß Drucker die Seiten nicht vollständig bedrucken können, so daß immer ein Randbereich bleibt, der vom nutzbaren Format abzuziehen ist. Wenn man also A4 mit Beschnittmarken ausdrucken möchte, muß entweder ein verkleinerter Ausdruck ausgegeben werden, oder aber es muß ein A3-Drucker eingesetzt werden. Nur wenige Druckertypen unterstützen Großpapierformate. Ganz wenige Drucker kommen in Frage, wenn die Wahl auf Laserdrucktechnologie fällt und DIN A3 gefordert ist, dagegen sind Nadeldrucker und Tintenstrahldrucker für das DIN-A3-Format gebräuchlicher. Unabhängig von der tatsächlichen Druckgröße des verwendeten Druckers kann PageMaker seine maximale Blattgröße von 1066,8 x 1066,8 mm auf jedem angeschlossenen Drucker ausgeben, indem auf mehreren Blättern jeweils nur Ausschnitte der gesamten Dokumentseiten gedruckt werden, die zusammengesetzt alle Elemente der großen Seiten enthalten.

Druckmaterial

Auch das Druckmaterial sollte in die Entscheidung des richtigen Druckers einbezogen werden. Auch hier gibt es keine Probleme beim Standard wie bei Schreibmaschinenpapier. Sollen jedoch stärkere Papiere oder gar Pappen bedruckt werden, ist die Laserdrucktechnologie schon wieder problematisch. Gewöhnlich vermögen Laserdrucker lediglich Papier bis zu einer Stärke von 120 g/m^2 zu bedrucken. Etwas besser ist es bei Nadeldruckern und recht unproblematisch bei Tintenstrahldruckern. Wenn für Präsentationszwecke auch transparente Folien für die Projektion bedruckt werden sollen, ist ebenfalls zu klären, ob das in Frage kommende Druckmedium dafür ausgelegt ist.

Die hier als teure Exoten nur am Rande vorgestellten Thermotransfer- und auch Sublimationsdrucker für hervorragende Farbwiedergabe sind äußerst wählerisch beim Druckmaterial, sie vertragen nur Spezialpapier.

Übrigens braucht für einen farblich brillianten Ausdruck nicht gleich ein Sublimationsdrucker oder Farbkopierer gekauft zu werden, viele Belichtungsstudios bieten auch die Ausgabe auf Farbdruckern als Service an.

Tip: Belichtungsstudios fertigen auch hochwertige Farbausdrucke an

Möglichkeiten zur Steigerung der Geschwindigkeit

Die Geschwindigkeit eines Computers spielt eine wichtige Rolle, wenn »kreative« Programme für Layout oder Grafik eingesetzt werden. Denn nicht nur, daß Programme dieser Kategorie dem Computer viel Rechenleistung abverlangen, es gibt nichts schlimmeres als der Kreativität abkömmliche Wartezeiten. Die herkömmlichen grafischen Werkzeuge arbeiten quasi in Echtzeit. Der Computer muß dagegen alle sonstigen mechanischen Abläufe digital abstrahiert simulieren, und das verlangt ein Höchstmaß an (Rechen-)Leistung.

Es gibt zahlreiche Möglichkeiten, einfache kostengünstige und aufwendige kostspielige, die Leistung eines Computersystems zu erhöhen. Einige dieser Möglichkeiten seien im folgenden vorgestellt. Alle dienen dazu, die Verarbeitungsgeschwindigkeit des Rechners zu erhöhen. Es resultiert daraus, daß die Arbeit flüssiger vor sich geht, die Wartezeiten kürzer sind. Die Arbeit an schnellen Rechnern macht einfach mehr Spaß. Und das kann möglicherweise zu besseren Ergebnissen führen.

Mehr Speicher

Je mehr Arbeitsspeicher im Computer verfügbar ist, um so weniger Teile der laufenden Programme und geladenen Dokumente brauchen auf Festplatte ausgelagert zu werden. Durch die verminderten Zugriffe auf die Festplatte arbeitet das Programm schneller, und die den Arbeitsfluß störenden Wartezeiten werden weitgehend vermieden. Wenn PageMaker in einer DTP-Umgebung eingesetzt wird, die beispielsweise noch ein Grafikprogramm wie FreeHand einsetzt, bewirkt ein großzügig bemessener Arbeitsspeicher auch weniger Wartezeiten beim Hin- und Herschalten zwischen zwei Programmen. PageMaker ist lauffähig auf allen Computern, die mit mindestens 4 MByte RAM ausgestattet sind. Wenn jedoch mit dem Programm auch umfangreiche Projekte realisiert werden sollen, ist die untere Grenze beim Arbeitsspeicher bei 8 MByte anzusiedeln. Diese Empfehlungen betrachten nur den Arbeitskomfort, der mit zunehmendem Ausbau des Hauptspeichers wächst, nicht aber die Notwendigkeit eines vergrößerten Arbeitsspeichers. Alles was überhaupt mit PageMaker »angestellt« werden kann, ist auch auf der Minimalkonfiguration möglich, wenn auch mit Einschränkungen beim Bedienungskomfort.

Festplatten

Bestimmend für die Leistung von Festplatten sind im wesentlichen zwei Faktoren:

- Speicherkapazität
- Zugriffszeit

Speicherkapazität

Erfahrene Computeranwender werden wissen, daß über die Speicherkapazität von Festplatten nur eines mit Sicherheit ausgesagt werden kann, daß sie nämlich immer zu gering ist. Es sollte bei einer Neuanschaffung die Wahl eher auf das als zu groß eingeschätzte Speichermedium fallen. Für die Arbeit mit PageMaker sind Platten mit einer Kapazität von 100 MByte sicher nicht übergroß, wenn man bedenkt, daß in der Regel auch ein Grafik-Programm und eventuell auch ein Bildbearbeitungsprogramm Anwendung finden wird. Hinzu kommen dann eventuell noch andere Applikationen für Text- und Bildverarbeitung. Besonders die Schriftästheten unter den PageMaker-Anwendern werden eine ausreichend große Festplatte zu schätzen wissen, da die Installation von Schriftdateien (Fonts) einiges an Speicherplatz vereinnahmt. Eine zu knapp bemessene Festplatte führt neben zeitraubenden Aufräumaktionen, bei denen nicht mehr benötigte Dateien gelöscht werden müssen, zu verlängerten Zugriffszeiten: Eine »volle« Festplatte arbeitet spürbar langsamer.

Zugriffszeit

Die Geschwindigkeit von Festplatten wird durch die sogenannte mittlere Zugriffszeit in Millisekunden angegeben. Als schnell werden Festplatten mit einer Zugriffszeit von weniger als 15 ms angesehen.

Der Festplatte als langsamstes Glied in der Kette der Datenverarbeitung auf dem PC (von Diskettenlaufwerken einmal abgesehen) sollte genau die gleiche Aufmerksamkeit geschenkt werden, wie den anderen Komponenten des Computersystems: Eine schnelle Festplatte ist immer ein großer Vorteil. Aber gerade bei Festplatten gibt es preiswerte Möglichkeiten, langsame Platten zu beschleunigen. Ein Beispiel dafür sind Programme, die Fragmentierungen der Dateien einer Platte beseitigen (z.B. SpeedDisk der Norton Utilities). Sie beschleunigen Festplatten bei geringem Aufwand teilweise erheblich.

Druckeranschluß

Eine nicht zu unterschätzende Geschwindigkeitssteigerung beim Ausdrucken von PageMaker-Dokumenten ist durch die Wahl der richtigen Schnittstelle zwischen Computer und Drucker zu erreichen. Normalerweise sind Drucker am Macintosh über AppleTalk angeschlossen. AppleTalk hat aber nur eine Datenübertragungsrate von 230,4 KBits pro Sekunde. Wenn Computer und Drucker über einen Ethernet-Anschluß verfügen, beträgt die Datenübertragungsrate zwischen Computer und Drucker immerhin 10 MBits pro Sekunde (was etwa 43mal so schnell wie AppleTalk ist).

AppleTalk oder Ethernet?

An einem kleinen Beispiel soll gezeigt werden, wie sich der Vorteil von Ethernet gegenüber AppleTalk auswirkt. Angenommen, es soll eine Druckdatei von 600 KByte Größe gedruckt werden. Zum Drucken dieser Datei müssen auch noch fünf unterschiedliche PostScript-Fonts zum Drucker übertragen werden. Jede Fontdatei schlägt noch einmal mit 40 KByte zu Buche. Insgesamt sind also etwa 800 KBytes zum Drukker zu übertragen. Allein diese Übertragung dauert über AppleTalk etwa 27 Sekunden. Über Ethernet wird dieselbe Datenmenge in weniger als einer Sekunde übertragen. (Im Beispiel ist lediglich die reine Übertragungszeit berücksichtigt, die durch parallel ablaufende Prozesse im Computer oder Drucker auch länger ausfallen kann.)

Es lohnt sich also besonders bei großen zu übertragenden Datenmengen, wie sie etwa bei eingebundenen Grafiken und Bildern oder bei der Verwendung zahlreicher unterschiedlicher Schriften innerhalb eines PageMaker-Dokumentes vorkommen, auf die Ethernet-Schnittstelle zurückzugreifen.

Unnötige Systemerweiterungen

Unnötig im System installierte Systemerweiterungen (INITs) beanspruchen nicht nur Platz im Arbeitsspeicher des Computers, sie zweigen teilweise auch eine spürbare Portion an Systemperformance für sich ab. Am deutlichsten bremsen die Netzwerkfunktionen des Macintosh die Rechenleistung ab. Wenn Sie also nicht auf die Netzwerkfunktionen bei der Arbeit mit PageMaker angewiesen sind, sollten Sie unbedingt darauf achten, daß im Kontrollfeld *Gemeinschaftsfunktionen* unter *File Sharing* das Feld *Start* zu sehen ist. Wenn das Feld *Stop* zu sehen ist, sollten Sie das File Sharing durch Anklicken dieses Feldes stoppen.

Virtuelle Speicherverwaltung

Mit der virtuellen Speicherverwaltung läßt sich der Arbeitsspeicher des Macintosh beinahe beliebig vergrößern, indem ein Bereich der Festplatte als virtueller Speicher reserviert wird. Innerhalb dieses Bereiches kann der Computer dann Daten genauso ablegen wie im Arbeitsspeicher. Der Unterschied besteht jedoch in der Zugriffsgeschwindigkeit auf diese Daten. Der Zugriff auf die Daten im virtuellen Arbeitsspeicher ist um Größenordnungen langsamer als auf Daten im RAM-Bereich des Computers.

Der virtuelle Speicher ist als Notlösung anzusehen, um bei zu kleinem Arbeitsspeicher ein Programm überhaupt starten bzw. eine Datei überhaupt öffnen zu können. Eine – zugegebenerweise mit Kosten verbundene – Aufrüstung des Arbeitsspeichers beschleunigt die Arbeit mit PageMaker, während die Arbeit mit virtuellem Speicher in der Regel den gegenteiligen Effekt hat.

Sonstige Peripherie

Besonders im Hinblick auf die Möglichkeit der Integration von Bildern und Grafiken in PageMaker-Dokumente kann die DTP-Hardware noch mit vielen interessanten Peripheriebausteinen wie Scanner oder Digitizer ausgestattet werden. Wichtiger für den unmittelbaren DTP-Einsatz (eigentlich für den Einsatz eines Computers im allgemeinen) sind Speichermedien, die den Inhalt der Festplatte sichern (auch Festplatten haben eine begrenzte Lebenserwartung). Überdies müssen abgeschlossene Projekte archiviert werden, so daß später noch ein Zugriff darauf besteht, ohne daß alle Dateien zu einem nicht mehr aktuellen Projekt auf der Festplatte gespeichert sind.

Wechselplatten

Die verbreitetste Lösung für einen Massenspeicher zum Archivieren von Daten sind die Wechselplattenlaufwerke nach Syquest-Standard. Mit 44 bzw. 88 MByte Speicherkapazität reichen sie aus, um auch größere Dateien zu sichern. Beliebt ist auch der Einsatz dieser Medien, wenn es um den Transport von PageMaker-Dateien zu einem Belichtungsunternehmen geht. Die Medien sind handlich und robust, so daß sie auch bedenkenlos mit der Post oder mit Kurierdiensten transportiert werden können.

Teilweise werden Wechselplatten auch zum Ablegen größerer Schriftenbibliotheken genutzt. Ein Medium enthält dann die Fonts, die für bestimmte Projekte benötigt werden. In diesem Fall ersetzt die Wechselplatte eine zusätzliche Festplatte im bzw. am Macintosh.

MOD-Laufwerke

Schon für die nahe Zukunft ist absehbar, daß die magneto-optischen Laufwerke die Wechselplatten nach dem Syquest-Standard ablösen werden. Etabliert haben sich zwei unterschiedliche Systeme: ein 5,25"-System mit einer Datenkapazität von 660 MByte und ein 3,5"-System mit 128 MByte. Wenn auch die Laufwerke erheblich teurer sind als herkömmliche Wechselplattenlaufwerke, kann durch die relativ preisgünstigen Medien auf die Dauer doch Geld gespart werden. Zudem sind die MODs absolut unempfindlich gegen elektro-magnetische Einflüsse, was hinsichtlich der Datenstabilität auch ein Vorteil ist. Als Nachteil dieser Massenspeicher darf allerdings die relativ lange Zugriffszeit nicht unerwähnt bleiben. Der Schreibvorgang dauert bei MOD-Laufwerken erheblich länger als der Lesevorgang.

CD-ROM-Laufwerke

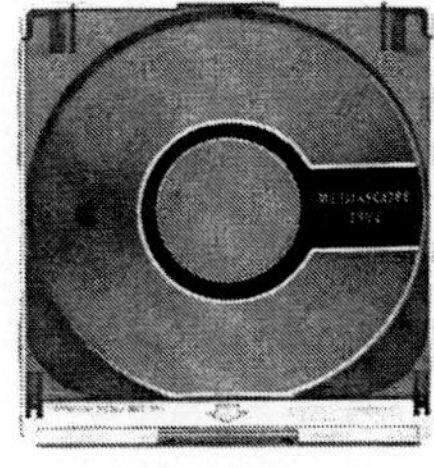

Viele Daten, auf die mit dem Einsatz eines Layoutprogramms ständig zugegriffen werden muß, sind unveränderlich: da ist zunächst einmal das Programm mit seinen Zusatzdateien (z.B. Import-/Export-Treiber), da sind möglicherweise Grafikbibliotheken und vor allem Schriftbibliotheken. Einige der großen Schriftanbieter bieten ihre Schriftbibliotheken bereits auf CD-ROM an (beispielsweise Adobe und Monotype), andere wollen in absehbarer Zeit ebenfalls das Medium CD einsetzen.

Absehbar ist schon jetzt, daß auch die Programmanbieter ihre Software auf CD-ROM anbieten werden, weil es zwei wesentliche Vorteile hat. Zum einen ist eine CD-ROM erheblich preisgünstiger zu produzieren als Disketten mit vergleichbarer Datenkapazität. Zum anderen ist die Installation der Software erheblich einfacher und schneller, da die Daten nur von einem einzigen Medium gelesen werden müssen. Lohnend für den DTP-Einsatz sind CD-ROM-Laufwerke, wenn von Schriftenbibliotheken oder von den Grafikbibliotheken auf CD-ROM Gebrauch gemacht werden soll.

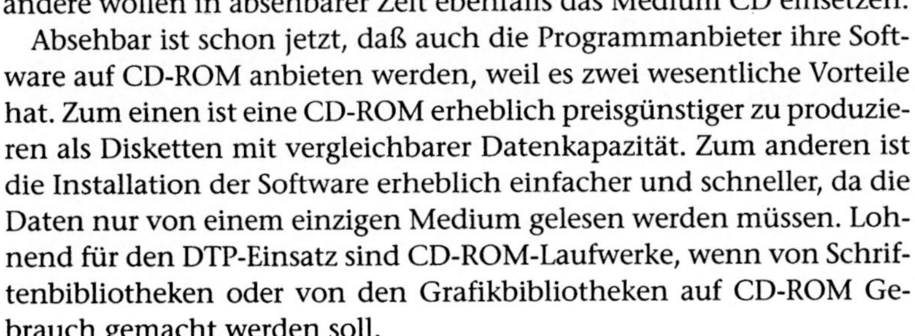

... und eines zur Software

3

Die grafische Benutzeroberfläche des Macintosh nutzt den Bildschirm als zentrales Ein- und Ausgabegerät, als Schnittstelle zwischen Anwender und dem ablaufenden Programm. Der Bildschirm als Ausgabegerät ist nichts neues, seine Anzeigefläche aber konsequent als Instrumentarium für das Auslösen bestimmter Prozesse zu nutzen und (meta-)sprachliche Eingaben über die Tastatur weitgehend überflüssig zu machen, ist in dieser Form für Personal-Computer erst mit der Apple Lisa und dem Macintosh üblich.

Der Macintosh macht Programme zu »Arbeitsmaschinen«, deren Bedienungs- und Anzeigeelemente grafisch auf dem Bildschirm dargestellt werden. Die Knöpfe und Schalter dieser Maschinen lassen sich genauso handhaben wie dies bei den gegenständlichen Vorbildern möglich ist. Die haptischen Vorgänge Drücken (einer Taste), Schalten (eines Schalters) werden ersetzt durch Aktionen mit dem Mauszeiger, der durch die Bewegung der Maus auf dem Schreibtisch über den Bildschirm (das Bedienungspult) bewegt und durch Maustasten aktiv wird.

Das besondere an der Benutzeroberfläche ist, daß alle Programme eine ähnliche Struktur aufweisen. Wenn der Anwender grundsätzlich mit der Bedienung eines Programms vertraut ist, wird er sich in anderen Programmen ebenfalls gut zurechtfinden.

Einrichten der Arbeitsumgebung

Über die grundsätzlich gleichen Strukturen hinaus läßt der Macintosh dem Anwender noch genügend Spielraum, sein persönliches Arbeitsgerät seiner individuellen Arbeitweise anzupassen.

Eine angepaßte Arbeitsumgebung garantiert beste Übersichtlichkeit (denn nur das wirklich benötigte sollte auf dem Bildschirm sichtbar sein) und optimalen Bedienungskomfort (zwischen einzelnen, parallel ablaufenden Applikationen kann einfach hin und her geschaltet werden).

Die Ordnung der Arbeitsumgebung kann vor allem durch das Gruppenkonzept erreicht werden. Es lassen sich Applikationen zu einer Gruppe zusammenfassen, die für den Anwender einen praktischen Bezug zueinander haben.

Für das Anlegen neuer Programmgruppen stellt der Macintosh unterschiedliche Möglichkeiten bereit. Wichtige Programme können in den Apple-Ordner kopiert werden, so daß sie vom Apple-Menü aus aufgerufen werden können. Sinnvollerweise werden dazu nicht die Programmdateien selbst, sondern lediglich Alias-Dateien davon in den Apple-Ordner kopiert. Eine andere Möglichkeit wäre, Aliases bestimmter Programme in einen Ordner zu kopieren, der stets geöffnet auf dem Desktop erscheint. So kann direkt vom Desktop aus jedes Programm aufgerufen werden. Auch ließen sich mehrere dieser Ordner anlegen, so daß mit jedem Ordner bestimmte betriebliche Aufgabenbereiche abgedeckt sind. Beispielsweise könnte ein Textverarbeitungsprogramm zusammen mit einer Tabellenkalkulation und etwa einem Präsentationsgrafikprogramm in einem Ordner zusammengefaßt sein, der von einem Mitarbeiter einer Firma für die innerbetriebliche Korrespondenz zum Erstellen von Berichten, Übersichten usw. benutzt wird. Für die Arbeit mit PageMaker ist eine Kombination aus dem Zusatzprogramm TabellenEditor und einem Grafikprogramm denkbar. Wenn darüber hinaus weitere Programme nötig sind, beispielsweise weitere Grafikwerkzeuge oder ein Texteditor, sollten auch diese Bestandteil des Ordners sein.

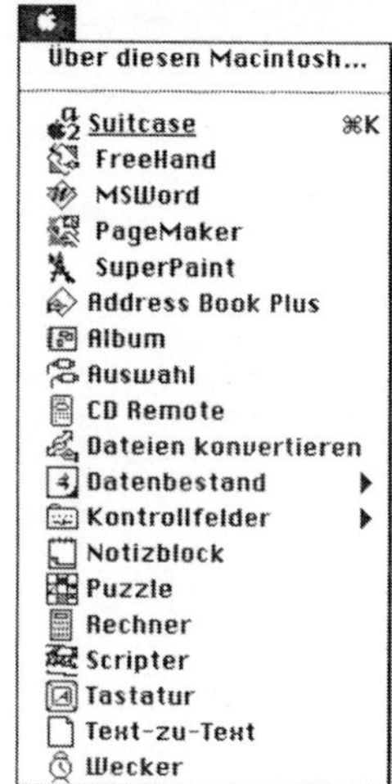

Modifiziertes Apple-Menü

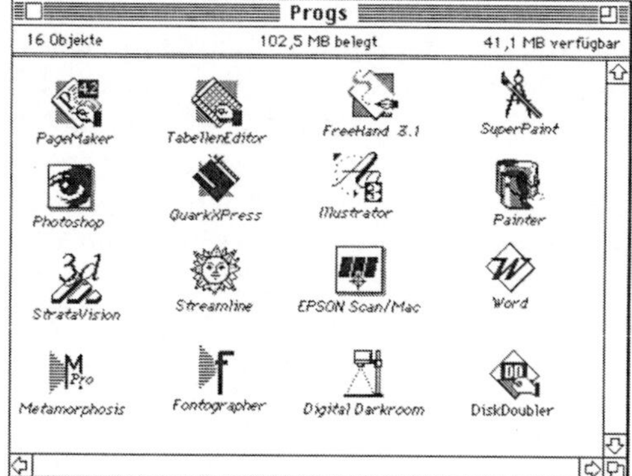

Mehr Ordnung durch Programm-Ordner

Schriften verwenden mit PageMaker

Mit DTP hat sich der Hardware-Charakter des wichtigsten Arbeitsmittels für den Druck von Texten, der Schrift selbst, endgültig aufgelöst und sich vollständig in sein Gegenteil, in eine Form von Software, umgekehrt. Zu Zeiten des Bleisatzes war die Schrift ein gewaltiger Kostenfaktor, jeder Buchstabe, der gedruckt wurde, mußte in Form einer Bleitype vorliegen. Zudem war die Haltbarkeit wegen mechanischer Abnutzung auch noch begrenzt. Der Fotosatz hatte zwar mit beiden Problemen nichts mehr zu tun, seine Schriftträger waren jedoch noch immer Hardware.

Daß die Schrift nunmehr in digitalisierter Form als Software vorliegt, hat zahlreiche Vorteile für den Anwender.

- Jedes DTP-System läßt sich schnell und preiswert um benötigte Schriften ergänzen.
- Mit jeder Schrift kann innerhalb von Layout- und Grafikprogrammen gearbeitet werden.
- Die Schriften sind für unterschiedliche Ausgabemedien (Laserdrukker, Filmrekorder) gleichermaßen geeignet.
- Schrift kann mit dazu geeigneten Programmen hinsichtlich ihrer typographischen Parameter nahezu beliebig modifiziert werden.

Wie nun lassen sich unterschiedliche Schriften auf dem DTP-System verfügbar machen? Dazu ist beim Macintosh grundsätzlich zwischen den vom Betriebssystem unterstützten TrueType-Fonts und den PostScript-Fonts zu unterscheiden. Beide Fontformate liegen in einem Vektorformat vor, das es erlaubt, aus einer Schriftdatei alle möglichen Schriftgrößen einer Schrift zu verwenden.

Mit dem Adobe TypeManager, der im Lieferumfang Ihrer PageMaker-Version nicht enthalten ist und daher gesondert erworben werden muß, wird der Umgang mit PostScript-Schriften erheblich verbessert. Der Macintosh kann PostScript-Fonts nicht ohne fremde Hilfe auf dem Bildschirm anzeigen. Ebenso lassen sich PostScript-Fonts auch nicht auf QuickDraw-Druckern ausdrucken. Der TypeManager behebt beide Unzulänglichkeiten gleichermaßen, indem er die Skalierung der Bildschirm- und der Druckerschriften übernimmt.

ATM (Adobe TypeManager) stellt ein für DTP unumgängliches Werkzeug dar, das Sie für Ihren PageMaker-Einsatz unbedingt installieren sollten. Unabhängig davon, ob Sie einen PostScript- oder einen QuickDraw-Drucker einsetzen, wird ATM die Arbeit mit PageMaker (und vielen anderen Programmen) komfortabler gestalten und die Qualität ihrer Ausdrucke verbessern.

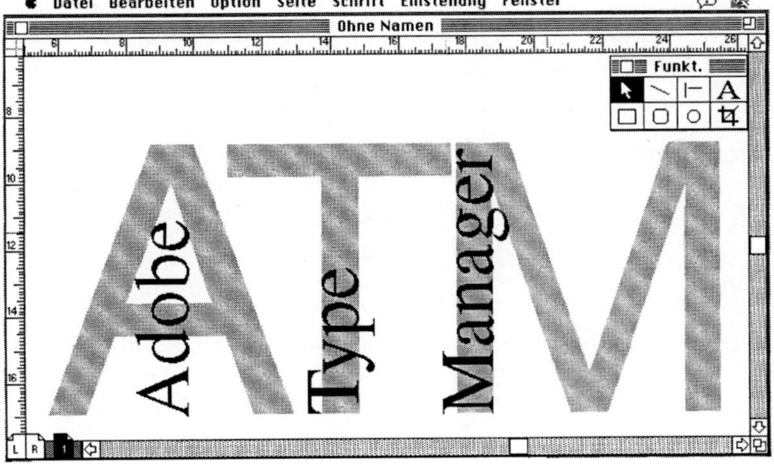

PageMaker mit ATM ...

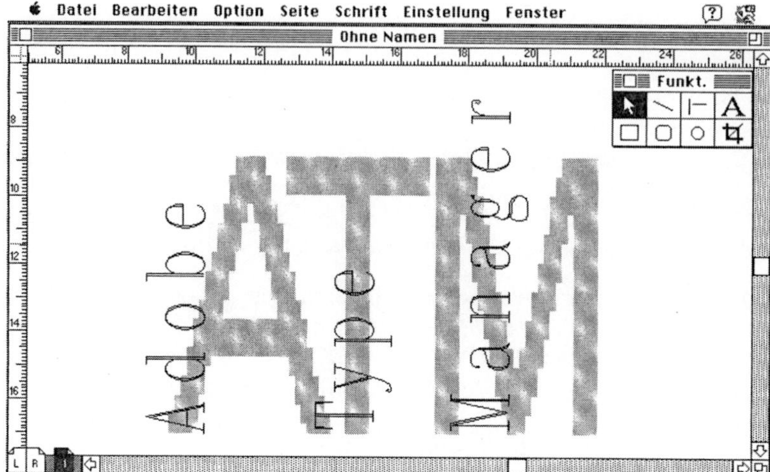

... *und ohne ATM*

Wenn Sie als PageMaker-Anwender ausschließlich TrueType-Fonts einsetzen wollen, brauchen Sie weder für die genaue Anzeige von Schriften auf dem Bildschirm noch für den Ausdruck auf QuickDraw-Druckern einen separaten Fontskalierer wie den TypeManager einzusetzen. Auch wenn Sie einen PostScript-Drucker wie den LaserWriter einsetzen, können sie mit TrueType-Schriften arbeiten, da TrueType PostScript-kompatibel ist. Als nachteilig erweisen sich die TrueTypes lediglich im Hinblick auf die Verfügbarkeit größerer Schriftenbibliotheken. Zur Zeit ist das Angebot von PostScript-Fonts wesentlich größer als das von TrueType-Schriften, so daß im professionellen Bereich auf Schriften im PostScript-Format nicht verzichtet werden kann.

Die Installation und der Umgang mit Schriften ist ein komplexes Thema, das an dieser Stelle nur kurz angerissen werden soll, das aber im Praxisteil ausführlicher abgehandelt wird. Dort werden Lösungen für die Probleme angeboten, die typischerweise beim Installieren von neuen Schriftpaketen auftreten.

Grafikprogramme

Ein Seitenlayoutprogramm wie PageMaker benötigt einige »Zuarbeiter«, um seine Möglichkeiten im Dienste der Kommunikation voll zu entfalten. Grafikprogramme sind sicher neben textverarbeitenden Programmen die wichtigste Ergänzung zu PageMaker.

Im folgenden wird der Unterschied zwischen den Begriffen »Bild« und »Grafik« eingeführt, damit diese Begriffe an weiteren Stellen im Buch klar voneinander getrennt werden können. Als Bilder gelten alle grafischen Darstellungen, die *ursprünglich* mit einer Kamera aufgenommen worden sind. In diesem Sinne ist ein mit einem Scanner digitalisiertes Foto ein Bild. Als Grafik werden die Darstellungen bezeichnet, die mit einem Grafikprogramm erstellt worden sind. Natürlich sind

Grenzbereiche denkbar, bei denen nicht genau entschieden werden kann, ob ein Bild oder eher eine Grafik vorliegt. Beispielsweise kann ein Bild mit einem Bildbearbeitungsprogramm stark verfremdet werden, so daß sich ein grafischer Effekt ergibt. Diese Sonderfälle sind aber für das vorliegende Buch nicht sonderlich interessant.

Wichtiger als dieser eher philosophische Unterschied zwischen Bild und Grafik ist für die Verarbeitung solcher Vorlagen innerhalb von PageMaker der datentechnische Unterschied, auf den in den Grafikkapiteln noch genau eingegangen wird.

An dieser Stelle sollen nur kurz die Werkzeuge Erwähnung finden, die die Arbeit mit grafischen Vorlagen beim DTP mit PageMaker ermöglichen.

Pixelorientierte Grafikprogramme (Malprogramme)

Pixelorientiert arbeitende Grafikprogramme finden Einsatz überall dort, wo einfache (z.B. gescannte) Bilder nachbearbeitet werden müssen. Auch Captures von Bildschirmdarstellungen lassen sich in solchen Programmen wie MacPaint, PixelPaint oder SuperPaint bearbeiten. Grundsätzlich können Malprogramme auch für Illustrationen eingesetzt werden, wenn jedoch eine Bildqualität erreicht werden soll, die nicht erkennen läßt, daß die Grafik aus einzelnen Punkten zusammengesetzt ist, kommen gegenüber den objektorientiert arbeitenden Grafikprogrammen einige entscheidende Nachteile zum tragen. Die grundsätzlichen Eigenschaften von Pixelgrafikprogrammen sind im folgenden kurz zusammengefaßt:

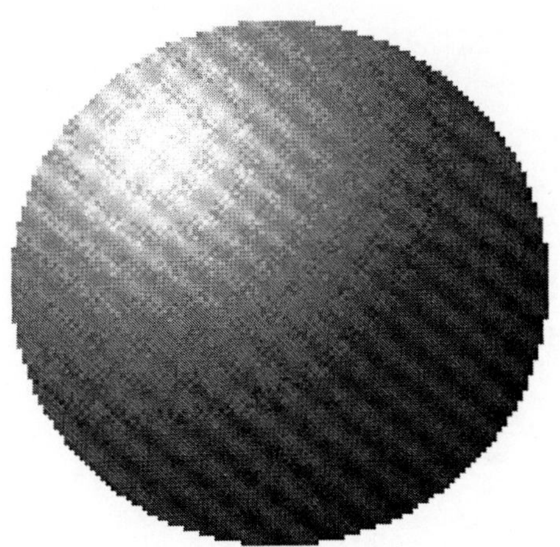

Ergebnis eines Pixelgrafikprogramms

- Der Punkt ist das grundlegende Element.
- Die gesamte Grafik ist eine aus Punkten zusammengesetzte Fläche.
- Innerhalb dieser Fläche kann jeder einzelne Punkt oder aber rechteckige Bereiche von Punkten bearbeitet werden.
- Verdeckte Elemente sind verloren.
- Die Anzeige der Bildschirmpunkte entspricht den späteren Druckpunkten.
- Die Grafik läßt sich nur in Stufen vergrößern oder verkleinern.
- Die Größe des benötigten Speicherplatzes nimmt mit der Größe der Grafik zu.
- Je mehr Farben, desto größer ist der benötigte Speicherplatz.

Objektorientierte Grafikprogramme

Nahezu unverzichtbar im DTP-Einsatz ist ein objektorientiert arbeitendes Grafikprogramm. Als marktbeherrschend in dieser Programmkategorie dürfen Aldus FreeHand und Adobe Illustrator angesehen werden. Mit diesen Programmen lassen sich nahezu alle grafischen Probleme bewältigen. Der Datenaustausch zwischen Vektorgrafikprogrammen und PageMaker kann über die Datenformate EPS (Encapsulated PostScript) oder PICT erfolgen. Alternativ zu FreeHand und Illustrator sind natürlich auch andere Programme einsetzbar, MacDraw und Canvas sind beispielsweise Programme, die ebenfalls objektorientiert arbeiten, ihr Schwerpunkt ist aber weniger im Bereich Grafik-Design anzulegen.

Ergebnis eines Vektorgrafikprogramms

Die Eigenschaften von Objektgrafiken sind:

- Die Grafik besteht aus vielen Einzelobjekten.
- Jedes Objekt kann jederzeit hinsichtlich der Größe, der Form, Farbe usw. bearbeitet werden, ohne daß dadurch andere Objekte verändert werden.
- Verdeckte Objekte lassen sich wieder in den Vordergrund stellen.
- Die Darstellung auf dem Bildschirm ist mehr oder weniger virtuell.
- Die Grafik ist in Größe und Form beliebig veränderbar.
- Die Größe des benötigten Speicherplatzes nimmt mit der Anzahl der Objekte zu.
- Große Farbpaletten vergrößern den benötigten Speicherplatz nur unwesentlich.

Bildbearbeitungsprogramme

Der dritte wichtige Bereich innerhalb der Grafikprogramme sind die bildbearbeitenden Programme. Als ausgereifteste Produkte im Macintosh-Bereich dürfen PhotoShop von Adobe, ColorStudio von Letraset sowie Digital Darkroom von Aldus gelten. Der Bereich der Bildbearbeitung innerhalb des DTP stellt hinsichtlich der Rechengeschwindigkeit und der Speichermedien höchste Anforderungen an den eingesetzten Computer. Außerdem wird ein Scanner benötigt, dessen Preis, wie üblich in der Computerbranche, exponentiell mit der verfügbaren Qualität steigt. Trotzdem ist dieser Bereich für DTP wichtig und wird wohl auch in Zukunft immer wichtiger werden, da mit der Bildverarbeitung innerhalb des DTP-Systems entscheidend die Produktionskosten für Druckerzeugnisse mit Bildern gesenkt werden können. Durch die Verbreitung der digitalen Fotografie wird der Bildbearbeitung in Zukunft wohl noch eine weit wichtigere Rolle zukommen. PageMaker unterstützt die Integration von Bildern innerhalb der Dokumentseiten mit Text- oder Grafikobjekten über verschiedene Grafikformate, die den Austausch zwischen Bildbearbeitungs- und Layoutsoftware ermöglicht.

Sonstige Grafikwerkzeuge

Neben Pixel-, Vektorgrafik- und Bildbearbeitungssoftware sind weitere Grafikwerkzeuge als sinnvolle Ergänzungen für die DTP-Arbeit vorstellbar. Für technische Dokumentationen kann es erforderlich sein, CAD-Zeichnungen in PageMaker-Dokumente zu übernehmen. Mit Rendering-Programmen lassen sich abstrakte CAD-Zeichnungen dadurch aufpeppen, daß die konstruierten Objekte wirklichkeitsgetreue Oberflächen erhalten. Machmal ist der Publisher gefordert, Bildschirmabbildungen in seine Publikation einzubinden. Hierzu sind Capture-Programme hilfreich, weil sich mit ihnen schon während der »Aufnahme« der gewünschte Bildausschnitt frei wählen läßt.

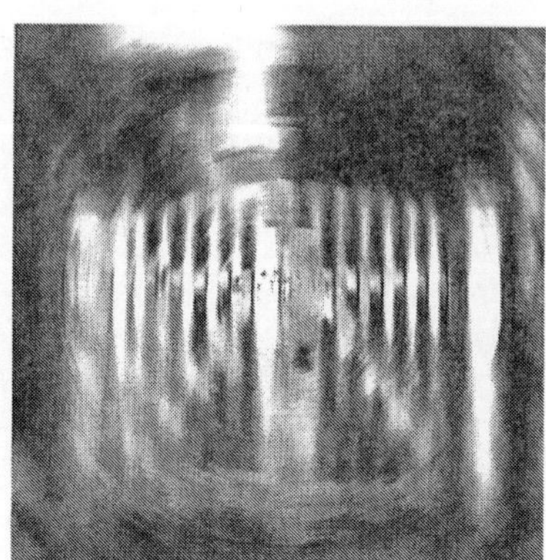

Ergebnis eines gescannten Fotos und einer Nachbearbeitung mit einer Bildbearbeitung

Schließlich wollen farbige Bilder auch farbig gedruckt werden. PageMaker kann zwar Farbbilder positionieren, deren Vierfarbseparation muß allerdings durch ein externes Werkzeug, einem Separationsprogramm, ausgeführt werden. Zum effektiven Nutzen aller grafischen Möglichkeiten von PageMaker gehören also noch einige Zusatzwerkzeuge, die einerseits die Arbeit erleichtern, die andererseits auch die ein oder andere Anwendung überhaupt erst möglich machen.

Rendering

Durch 3D-Rendering-Software kann eine visuell ansprechende Schnittstelle zwischen Technikern und Designern auf der einen Seite und Zielpublikum auf der anderen Seite geschaffen werden. Mit Render-Programmen wie *Strata Vision 3d* oder *Mac RenderMan* lassen sich Oberflächen von Körpern so darstellen, daß Materialbeschaffenheit, Beleuchtung, Reflexionen und Schatten wirklichkeitsgetreu im Computer simuliert werden können. Ursprünglich nur von Architekten und Industrial-Designern auf HighEnd-Computern eingesetzt, finden immer mehr Grafik-Designer und Typographen Gefallen an den Möglichkeiten dreidimensionalen Gestaltens.

Die Systemanforderungen sind allerdings noch höher als bei der Bildverarbeitung. Besonders im Hinblick auf die geforderte Rechenleistung darf kein Kompromiß eingegangen werden. Selbst die schnellsten Macintosh-Computer (IIfx und Quadra) sind vom Rendering bis an die Grenzen ausgelastet und verlangen vom Anwender einiges an Geduld. Dennoch sind die Ergebnisse oft so beeindruckend, daß auch lange Wartezeiten in Kauf genommen werden.

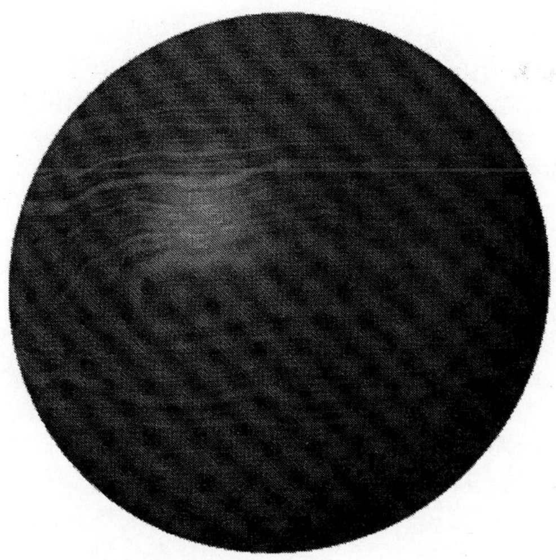

Ergebnis eines Render-Programms

Capture-Programme

Nicht unbedingt notwendig, aber in vielen Fällen hilfreich ist der Einsatz eines Capture-Programms. Capture-Programme erweitern die Fähigkeit jedes Macintosh, die Darstellung auf dem Bildschirm als Grafikdatei abzuspeichern, um die Möglichkeit, nur bestimmte Bereiche des Bildschirms zu »fotografieren«. So läßt sich beispielsweise auch bei mehreren geöffneten Fenstern nur das aktive Fenster als Bild erfassen. Sinnvolle Anwendung von Capture-Programmen ist zudem beim Einsatz von Programmen gegeben, die ihre Ergebnisse nicht in einem Pixelformat abspeichern können. Verbreitet sind Programme wie *Capture* oder *ImageGrabber.*

Ergebnis eines Bildschirm»fotos«

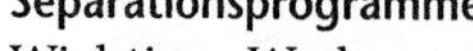

Separationsprogramme

Wichtiges Werkzeug für die Einbindung farbiger Grafiken in PageMaker-Dokumente ist ein Separationsprogramm. PageMaker unterstützt zwar das Einbinden von Farbgrafiken und auch deren Ausdruck auf Schwarzweiß- und Farbdruckern, nicht aber die nach Prozeßfarben separierte Ausgabe für den anschließenden Vierfarbdruck.

Die Separation farbiger Grafiken und Bilder kann aber mit einem externen Werkzeug vorgenommen werden. Aldus selbst bietet dazu das Programm PrePrint an, das in besonderer Weise auf die Zusammenarbeit mit PageMaker abgestimmt ist. Alternativ können aber auch andere Separationsprogramme (beispielsweise Adobe Separator) verwendet werden.

Alle in PageMaker positionierten Farbbilder, Farbgrafiken oder auch in Prozeßfarben definierte Text-, Linien- und Flächenelemente werden durch das Separationsprogramm in die Anteile ihrer Grundfarben zerlegt, so daß durch die Separation für jede Druckfarbe auf einer Seite eine Farbauszugsseite entsteht. Vollton- bzw. Schmuckfarben (Pantone) kann PageMaker auch ohne fremde Hilfe separieren.

Additions für PageMaker

Mit der Addition-Technologie verfolgt Aldus erstmalig das Prinzip der offenen Programmstruktur. Der Anwender kann sich seinen persönlichen PageMaker zusammenstellen, indem er die implementierten Funktionen um von Fremdanbietern hinzugekaufte Additions erweitert und somit seinen Anforderungen an DTP anpaßt. Bis zur Drucklegung dieses Buches waren auch auf dem deutschen Markt bereits einige Additions verfügbar, die in einem eigenen Kapitel im Praxisteil vorgestellt werden. Hier soll nur eine Kurzübersicht zeigen, in welchen Bereichen Additions zur Leistungssteigerung beitragen können.

CheckList ist ein separates Zusatzprogramm zu PageMaker, mit dem Informationen aus PageMaker-Dateien extrahiert werden können, die für einen reibungslosen Druck- bzw. Belichtungsvorgang nötig sind (Fontliste, Verbindungsliste usw.) Außerdem kann CheckList PageMaker-Dateien komprimieren.

DataShaper ist ein Addition, mit dem eine Schnittstelle zwischen PageMaker und Datenbanken realisiert ist. DataShaper ermöglicht den formatierten Textimport aus Datenbankprogrammen.

Import That! ist ein Addition, mit dem auf dem Macintosh unübliche Grafikformate importierbar gemacht werden können. Mit Import That! können alle wichtigen Datenformate aus der PC-Welt wie beispielsweise PCX und BMP auch mit der Macintosh-Version von PageMaker verarbeitet werden.

PMtracker ist eine nützliche Erweiterung, mit der Laufweiten- und Kerningtabellen von PostScript-Schriften bearbeitet werden können.

Rotate This! ermöglicht die Rotation von positionierten Bitmap-Grafiken um beliebige Winkel (mit bis zu vier Nachkommastellen).
VH Addition ist ein aus typographischer Sicht fast notwendiges Addition, das die Schriftgrößenauswahl nach der Versalhöhe der Schriften ermöglicht. Alle unterschiedlichen Schriften derselben Größe haben dann dieselbe Versalhöhe und nicht, wie es in PageMaker und auch in anderen Layoutprogrammen üblich ist, dieselbe Kegelhöhe.
Zephyr Palettes erweitert die Standardpaletten für Druckformat und Farbe um Paletten zur schnellen Auswahl von Schriftattributen, Linienstärken und Darstellungsgrößen.

Utilities

Über die Layout-Software PageMaker hinaus können für bestimmte Aufgaben noch Grafikprogramme erforderlich sein. Es gibt aber darüber hinaus viele kleine Programme, die sogenannten Utilities, die die Arbeit am Macintosh grundsätzlich leichter machen und auch in Verbindung mit PageMaker nützlich sein können. Im folgenden sollen drei der kleinen »Helferchen« vorgestellt werden.

Adobe TypeReunion

Gute Ergebnisse im Publishing-Bereich sind nur mit guter Typographie zu erzielen. Für gute Typographie müssen hochwertige Satzschriften aus den gängigen Schriftenbibliotheken (von Adobe, Agfa, Monotype und anderen) verwendet werden. Beim Einsatz von PostScript-Schriften in Verbindung mit dem TypeManager wird sich, bedingt durch die Möglichkeit unterschiedliche Schriftschnitte zu jeder Schrift zur Verfügung zu haben, immer das Problem ergeben, daß die Menüs für die Schriftauswahl lang und unübersichtlich werden. Von Adobe gibt es dazu das Programm TypeReunion, das alle Schnitte einer Schriftfamilie zu einem Eintrag im Schriftauswahlmenü zusammenfaßt. Von diesem Eintrag aus, wird bei der Auswahl ein Untermenü erzeugt, in dem dann der konkrete Schriftschnitt auswählbar wird. Durch den Einsatz von Adobe TypeReunion wird das Schriftartmenü von PageMaker wesentlich übersichtlicher. Auch entfällt in den meisten Fällen das Rollen im Schriftmenü, das immer dann nötig ist, wenn die Liste der installierten Schriften nicht auf die vertikale Ausdehnung des Monitors paßt.

1Stone Serif
2Stone Sans
3Stone Informal
Avant Garde
B 1Stone Serif Bold
B 2Stone Sans Bold
B 3Stone Informal Bold
B Courier Bold
B Helvetica Bold
B Times Bold
BI 1Stone Serif BoldItalic
BI 2Stone Sans BoldItalic
BI 3Stone Informal BoldItalic
BI Courier BoldOblique
BI Helvetica BoldOblique
BI Times BoldItalic
Bookman
Chicago
Geneva
I 1Stone Serif Italic
I 2Stone Sans Italic
I 3Stone Informal Italic
I Courier Oblique
I Helvetica Oblique
I Times Italic
Monaco
N Helvetica Narrow
New Century Schlbk
New York
Palatino
Sb 1Stone Serif Semibold
Sb 2Stone Sans Semibold
Sb 3Stone Informal Semibold
SbI 1Stone Serif SemibdItal
SbI 2Stone Sans SemibdItal
SbI 3Stone Informal SembdItal
✓Times
Zapf Chancery
Zapf Dingbats

Mit TypeReunion lassen sich lange Schriftmenüs ...

Avant Garde Book
Bookman Light
Chicago
Courier ▶
Geneva
Helvetica ▶
Helvetica Narrow
Monaco
New Century Schlbk
New York
Palatino
Stone Informal ▶
Stone Sans ▶
Stone Serif ▶
Times ▶
Zapf Chancery
Zapf Dingbats

... auf handliche Größe zusammenschmelzen

Suitcase

Eine weitere, ergänzende Möglichkeit den Zugriff auf Schriften zu vereinfachen ist mit dem Fontmanager Suitcase gegeben. Mit Suitcase lassen sich auch während der Arbeit mit PageMaker (also ohne PageMaker verlassen zu müssen) neue Sets von Schriften aktivieren, so als ob sie neu installiert worden wären.

Der Vorteil einer Fontmanager-Software ist der, daß nur die Schriften im System installiert sind, die gerade benötigt werden. Wenn ein neues Projekt weitere Schriften erforderlich macht, können diese vom Manager-Programm einfach aktiviert werden, wonach sie sofort zur Verfügung stehen.

NowMenus

Mit NowMenus liegt ein Utility vor, das die Struktur des Apple-Menüs übersichtlicher gestaltet. Es faßt ähnlich wie TypeReunion im Schriftauswahlmenü innerhalb des Apple-Menüs Einträge zusammen bzw. ermöglicht direkt vom Menü aus die Verzweigung zu tiefgestaffelten Strukturen. So wird beispielsweise im Apple-Menü ein Eintrag zum Aufruf der Kontrollfelder aufgelistet. Nach Anklicken der Zeile *Kontrollfelder* erscheint ein Fenster mit den installierten Kontrollfeldern zur Auswahl. Wenn NowMenus installiert ist, kann von der Zeile *Kontrollfelder* aus direkt jedes der installierten Kontrollfelder aufgerufen werden, ohne daß das Fenster des Kontrollfelder-Ordners geöffnet werden müßte.

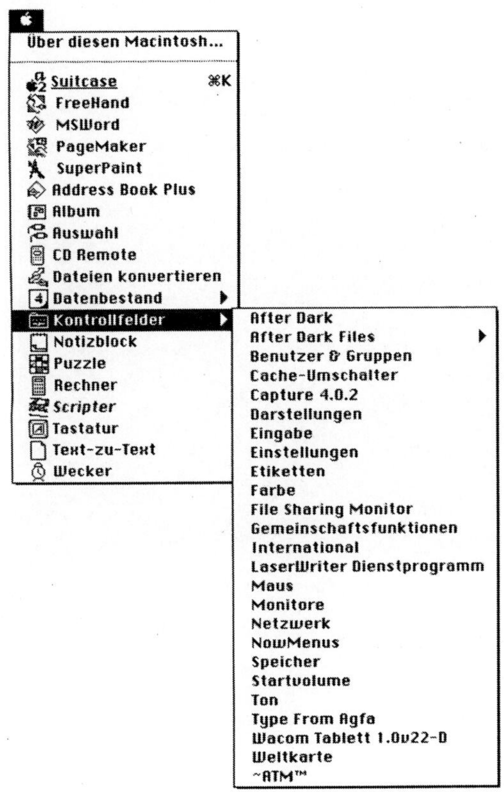

NowMenus erleichtert den Zugriff auf Dateien des Apple-Menus

After Dark

Bildschirmschoner

Jeder Mensch muß auch mal eine Pause einlegen. Gönnen Sie Ihrem Bildschirm dabei auch etwas Pause, indem Sie ein Bildschirmschonprogramm einsetzen. In der einfachsten Version schaltet ein solches Programm den Bildschirm nach einer gewissen Zeitspanne, in der keine Eingaben vom Benutzer vorgenommen wurden, dunkel. Der Sinn dabei ist, daß der Bildschirm nicht stundenlang dasselbe unveränderliche Bild anzeigen muß. Denn dieses Bild kann sich im Bildschirm »einbrennen«. Diese Veränderung der leuchtenden Phosphorschicht der Bildröhre kann zu störenden Flecken und Schatten bei der Bildschirmanzeige führen. Weil ein völlig abgedunkelter Bildschirm wohl nicht gut vermarktbar ist, werden zahllose Softwares angeboten, die den Bildschirm schonen und durch hübsch animierte Bilder nicht nur Kindern einen Heidenspaß bescheren

Während einer Arbeitspause gönnt sich auch der Bildschirm Entspannung

Kapitel 4

Programmstart und Benutzeroberfläche

4

Die Benutzeroberfläche eines Programms ist maßgeblich dafür verantwortlich, daß Anwender die Bedienbarkeit der Software als einfach und intuitiv schätzen oder als zu kompliziert und umständlich ablehnen. Im folgenden soll nach der Beschreibung des Programmstarts der Schwerpunkt der Untersuchung bei Bedienungselementen liegen, die nicht zu den Standard-Elementen auf dem Macintosh zählen, aber gerade die grafische Verarbeitung mit PageMaker betreffen. Voraussetzung für diesen ersten »Rundgang« im Programm ist natürlich die Installation der Software auf dem Computersystem. Die Installationsprozedur ist weitgehend automatisiert, so daß keine Probleme bei der Installation auftreten dürften. Auch an die Installation von ATM sollte gedacht werden, da die Gestaltungsarbeit mit PageMaker durch die verbesserte Anzeige der Schriften auf dem Bildschirm leichter fällt und auch wesentlich mehr Spaß macht. (ATM ist nur nötig, wenn PostScript-Schriften verwendet werden sollen; wenn ausschließlich TrueType-Schriften Verwendung finden, braucht ATM nicht installiert zu werden.) Im übrigen sind alle Bildschirmabbildungen im Buch bei installiertem ATM auf einem monochromen Bildschirm vorgenommen. Als aktiver Seitendrucker ist in der Regel ein PostScript-Drucker (LaserWriter IIg) ausgewählt.

Programmstart

Wenn PageMaker installiert ist, kann es vom Desktop aus gestartet werden. Dazu wird ein Doppelklick auf das Programmsymbol von PageMaker im Ordner *Aldus PageMaker 4.2* ausgeführt. Alternativ dazu kann das Symbol zunächst ausgewählt (durch Anklicken oder durch Wechseln zwischen den Symbolen mit den Pfeiltasten) und anschließend mit dem Befehl *Öffnen* aus dem Menü *Auswahl* gestartet werden. Das aktive Programmsymbol erkennt man durch den invertierten Programmnamen unterhalb des Symbols.

Ein ausgewähltes Programm hat einen invertierten Namen

Benutzeroberfläche PageMaker

Der Arbeitsbildschirm von PageMaker besteht aus zahlreichen Bedienungs- und Anzeigeelementen. Einige dieser Elemente kann der Anwender individuell ein- oder ausblenden, um stets ein Optimum an Übersichtlichkeit und Bedienungskomfort zu erzielen, andere Elemente sind immer auf dem Bildschirm vorhanden.

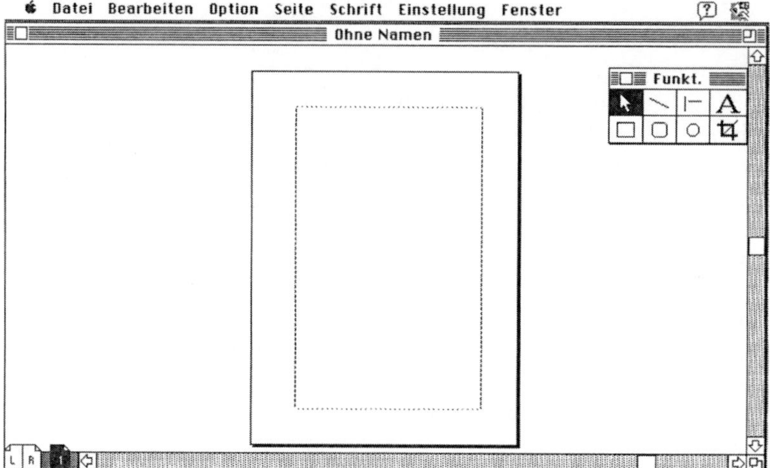

Arbeitsbildschirm mit den Standardelementen

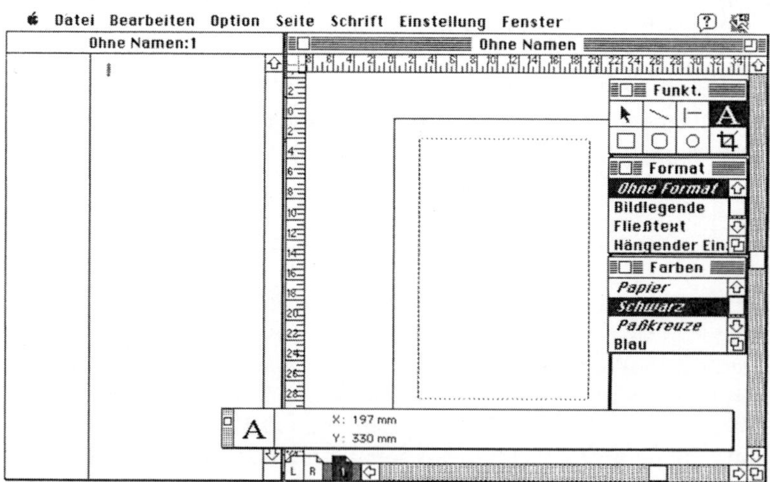

Arbeitsbildschirm mit optionalen Bedienungselementen

Im folgenden sollen die einzelnen Komponenten des Arbeitsbildschirms von PageMaker kurz vorgestellt werden.

Menüleiste

Die Menüleiste unterhalb der Titelleiste stellt die acht Menübefehle *Apple, Datei, Bearbeiten, Option, Seite, Schrift, Einstellung, Fenster* zur Auswahl. Eine komplette Erläuterung aller Menüfunktionen von PageMaker ist im Referenzteil dieses Buches wiedergegeben.

Die Bedienung der Menüfunktionen entspricht der auf dem Macintosh üblichen. Neben der Maussteuerung gibt es für einige Befehle einen Tastaturaufruf über Tastenkombinationen mit der Befehlstaste. Diese Tastenkombinationen sind bei der Beschreibung der Menüfunktionen innerhalb des Referenzteils zu den Funktionen angegeben.

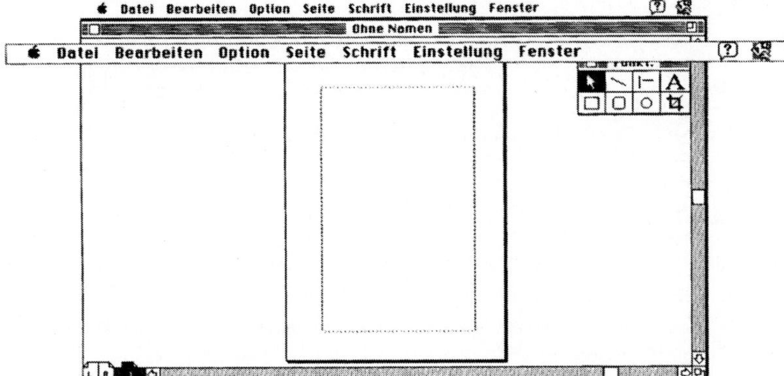

Menüleiste

Jedes dieser Menüs faßt Befehle zusammen, die untereinander aufgelistet in Form eines Pull-down-Menüs immer dann erscheinen, wenn mit dem Mauszeiger ein Menüname innerhalb der Menüleiste angeklickt wird. (Wenn nicht von Zusatzprogrammen wie NowMenus Gebrauch gemacht wird, bleibt das Menü nur so lange sichtbar, wie die Maustaste gedrückt bleibt.)

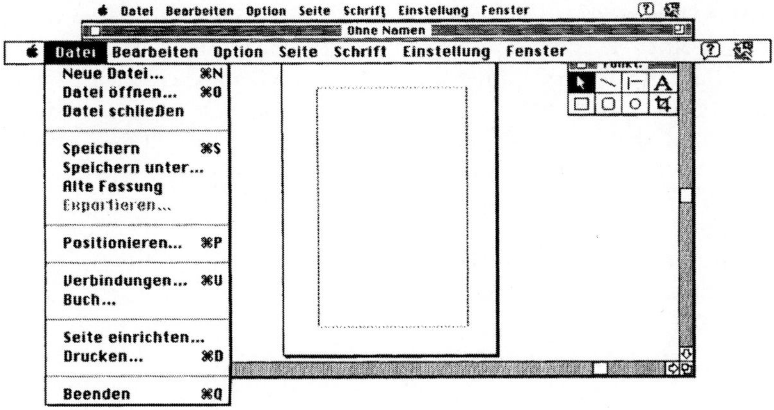

Pull-Down-Menü

Einige dieser Menüzeilen verzweigen zu weiteren Menüs, die nach der Auswahl der entsprechenden Menüzeile rechts oder links vom bereits »heruntergeklappten« Menü erscheinen.

Alle Menüzeilen mit einem Pfeil am Ende verzweigen zu weiteren Menüs

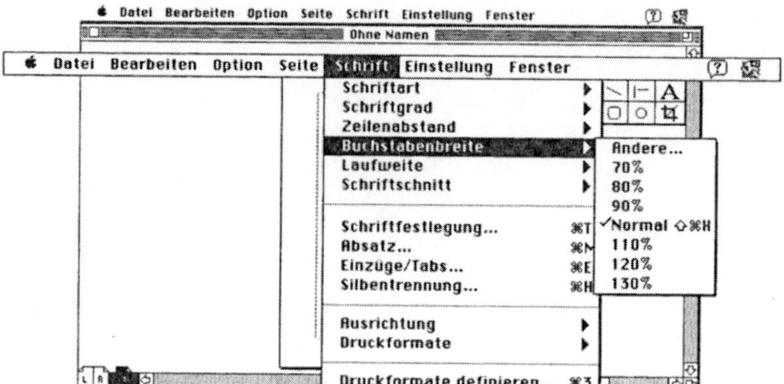

Layoutfenster

Das Layoutfenster ist neben den Textfenstern das wohl wichtigste Fenster innerhalb von PageMaker. Das Layoutfenster öffnet sich erst, wenn eine Satzdatei bzw. Mustervorlage geöffnet oder neu angelegt wird. Im Layoutfenster wird die aktuelle Seite (bzw. Doppelseite) innerhalb eines Dokumentes angezeigt, und darin läßt sie sich mit den Befehlen und Funktionen von PageMaker bearbeiten. In der Titelleiste des Layoutfensters erscheint der Name der Satzdatei, sofern das bearbeitete Dokument bereits einen Namen hat. Ansonsten hat es wie alle Fenster ein Schließfeld und ein Erweiterungsfeld. Optional kann auch ein horizontaler und vertikaler Rollbalken am rechten bzw. unteren Fensterrand eingeblendet werden, um den im Fenster sichtbaren Ausschnitt zu verschieben.

Einige Elemente des Layoutfensters sind spezifisch für PageMaker. In erster Linie sind das die Seitensymbole am unteren Fensterrand. Sie ermöglichen den einfachen Wechsel zwischen den Seiten einer Satzdatei. Ganz links steht immer das Seitensymbol für die Standardseite (bzw. bei Doppelseitenlayouts die Seitensymbole für eine rechte und eine linke Standardseite) und rechts daran anschließend die Symbole für die eigentlichen Dokumentseiten. Da ein Dokument bis zu 999 Seiten beinhalten kann, wird nur ein Ausschnitt von einigen Seiten, jeweils versehen mit einer Seitennummer, angezeigt. Dieser Ausschnitt kann mit den Pfeilsymbolen links und rechts der Seitensymbole so verschoben werden, daß sich zu jeder beliebigen Dokumentseite wechseln läßt.

Das zweite auffallende Element des Layoutfensters ist das Lineal. Es stellt neben den Hilfslinien und der Kontrollpalette das wichtigste Werkzeug zum exakten Positionieren von Text-, Bild-, Grafik-, Linien- und Flächenelementen dar. Die Bezeichnung Lineal ist allerdings irreführend, weil es, anders als sein namensgebendes Vorbild, kein passives Werkzeug ist, das nur dem Messen dient, sondern vielmehr aktiv vorgeht, so als seien die Teilstriche der Skala magnetisch, um Objekte an bestimmte Positionen zu binden.

Der Menübefehl *Lineale* aus dem Menü *Option* aktiviert oder deaktiviert die Bildschirmanzeige des Lineals, so daß es nach dem Programmstart sein kann, daß die Lineale nicht angezeigt werden. Mit dem genannten Befehl lassen sie sich jedoch einfach einschalten.

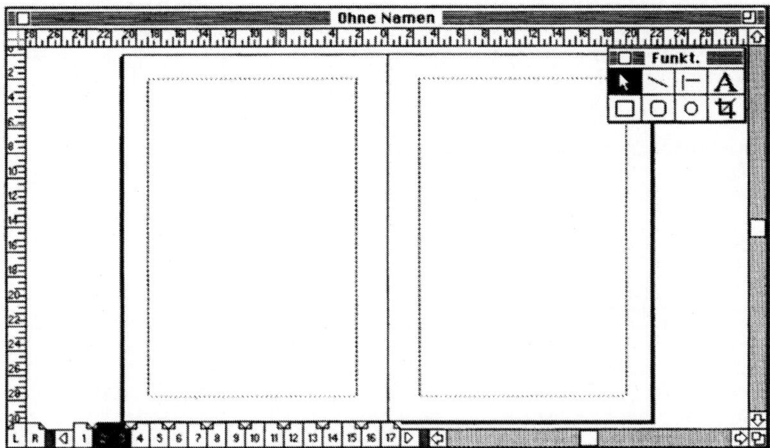

Layoutfenster

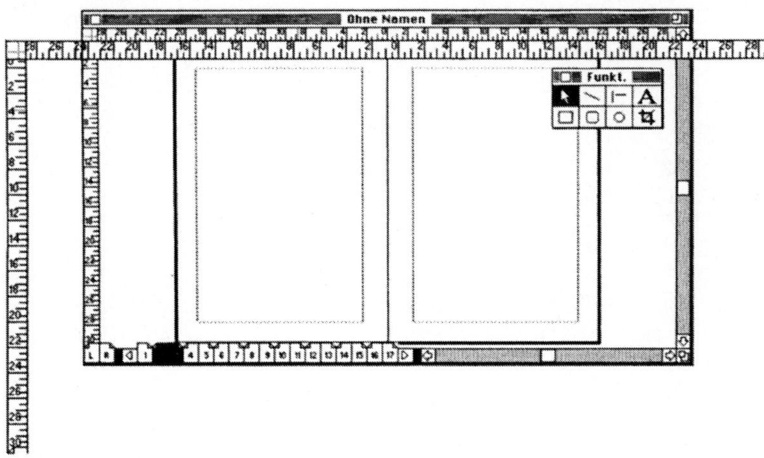

Lineale

Funktionenfenster

Das Funktionenfenster stellt dem Benutzer die grundlegenden grafischen Werkzeuge von PageMaker zur Verfügung:
(Der Aufruf der Funktionen mittels der Funktionstasten ist nur möglich, wenn am Macintosh mit der erweiterten Tastatur gearbeitet wird.)

Funktion	Tastenkombination
Zeigefunktion	<Umschalt><F1> oder <Befehl><Leertaste>
Linienfunktion für freie Winkel	<Umschalt><F2>
Linienfunktion für feste Winkel	<Umschalt><F3>
Textfunktion	<Umschalt><F4>
Rechteckfunktion	<Umschalt><F5>
Sonderrechteckfunktion (Rechtecke mit abgerundeten Ecken)	<Umschalt><F6>
Kreisformenfunktion	<Umschalt><F7>
Abschneidefunktion	<Umschalt><F8>

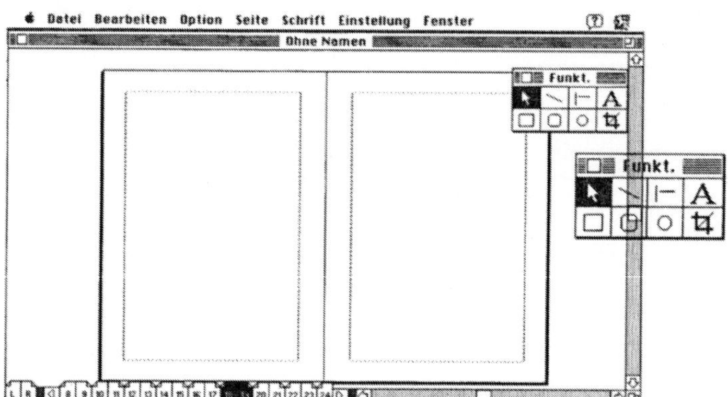

Funktionenfenster

In jeder Arbeitssituation von PageMaker im Layoutmodus ist eine dieser Funktionen ausgewählt, was durch die invertierte Darstellung des entsprechenden Symbols angezeigt wird. Alternativ zur Auswahl der Symbole mit dem Mauszeiger kann die Auswahl bei einer erweiterten Tastatur auch mit den Funktionstasten <F1> bis <F8> erfolgen, wenn gleichzeitig die Umschalttaste gedrückt wird. Die Tastenkombination <Umschalt><F1> schaltet von der aktiven Funktion zur Zeigefunktion oder wieder zurück zur zuletzt ausgewählten Funktion. Die Anzeige des Funktionenfensters kann über den Menübefehl *Funktionen* aus dem Menü *Fenster* ein- oder ausgeschaltet werden.

Eine detaillierte Darstellung aller Funktionen aus dem Funktionenfenster folgt im Kapitel *Arbeitsmodi von PageMaker.*

Druckformatliste

Das Fenster für die optionale Druckformatliste zeigt jeweils die Druckformate an, die für das aktuelle Dokument vordefiniert worden sind. Mit Druckformaten lassen sich Textpassagen sehr komfortabel und schnell formatieren, so daß sie durch nur einen Mausklick eine bestimmte Kombination aus Schriftart, Schriftgröße und Auszeichnung, Farbe, Zeichen- und Zeilenabstand, Absatzeinzug usw. zugewiesen bekommen, ohne daß dazu die erforderlichen Einstellungen in den entsprechenden Dialogfeldern nötig sind.

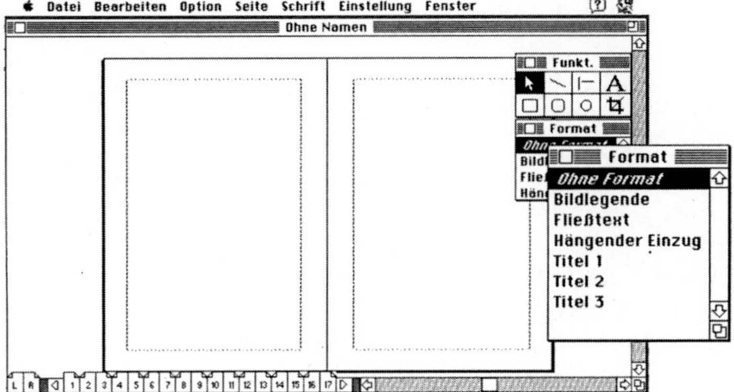

Druckformatliste

Farbpalette

Die Farbpalette ist ebenfalls eines der optionalen Bedienungselemente von PageMaker. Sie ermöglicht die Schnellauswahl einer Farbe für Text-, Linien- oder Flächenelemente. Um die Anzeige der Farbpalette am unteren Bildschirmrand zu aktivieren, wird der Befehl *Farbpalette* aus dem Menü *Fenster* verwendet. Zu den Standardfarben von PageMaker lassen sich benutzerdefinierte Farben hinzufügen, um die Auswahl der Farben der jeweiligen Anwendung individuell anpassen zu können.

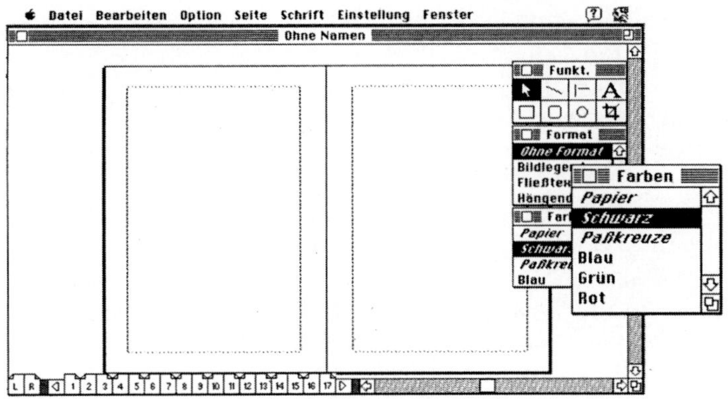

Die Farbpalette

Kontrollpalette

Die Kontrollpalette ist das zentrale Instrument für die exakte Positionierung von Objekten (neu in Version 4.2). Denn mit Hilfe der Kontrollpalette lassen sich Position und Größe der auf der Seite positionierten Elemente wie Grafiken und Textblöcke und die Position von Hilfslinien ablesen. Außerdem können Position, Größe und Beschnitt von Elementen numerisch durch Eingabe der entsprechenden Zahlenwerte festgelegt bzw. geändert werden. Die Anzeige der Kontrollpalette wird mit dem gleichnamigen Befehl aus dem Menü *Fenster* ein- und ausgeschaltet.

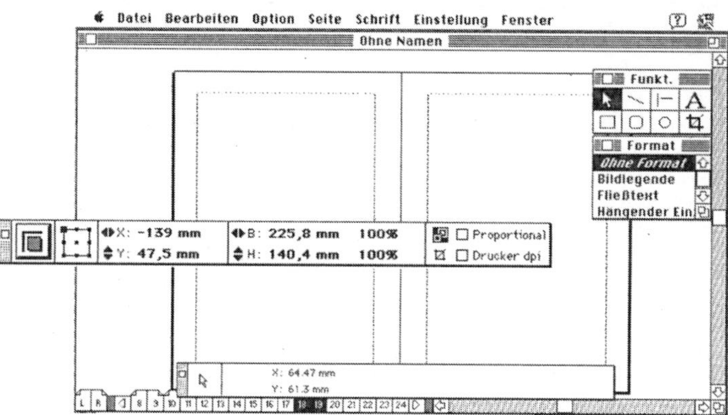

Die Kontrollpalette

Textfenster

Die Textfenster sind neben dem Layoutfenster ein zweiter wichtiger Typ von Arbeitsfenster innerhalb von PageMaker. Im Unterschied zum Layoutfenster, in dem sich grundsätzlich von der Texteingabe über das Zeichnen von Linien und Flächen bis zur Bildbearbeitung fast alle Funktionen von PageMaker ausführen lassen, sind die Textfenster exklusiv zur Textbearbeitung gedacht. Die Textfenster zeichnen sich auch durch die standardmäßigen Bedienungselemente wie Kopfleiste mit Symbolen und Rollbalken aus. In der Titelleiste eines Textfensters wird ein Name angezeigt, der aus den ersten Zeichen des darin enthaltenen Textabschnitts gefolgt von einer zusätzlichen Nummer besteht.

Die Anzeige des Textes innerhalb des Fensters weicht von der Textdarstellung im Layoutfenster ab. Sie erinnert mehr an die typische Textdarstellung innerhalb von Textverarbeitungsprogrammen. Und diese sollen, zumindest teilweise, durch die Textfenster ersetzt werden. Innerhalb eines Textfensters lassen sich auch längere Texte problemlos erweitern, kürzen, korrigieren usw. Ein Textfenster zeigt seinen Inhalt immer in einer zweispaltigen Sicht an. Auf der rechten Seite erscheint der eigentliche Text, bei dem Auszeichnungen wie fett und kursiv erkennbar sind, unterschiedliche Schriftarten oder -größen jedoch nicht. Die linke, schmale Spalte ist den Druckformaten vorbehalten.

Hier zeigt PageMaker absatzweise den Namen des dem Absatz zugeordneten Druckformats an. Dieser im Vergleich zum Layoutfenster reduzierte Anzeigekomfort dient allein einem verbesserten, weil beschleunigtem Handling insbesondere bei größeren Texten. Einige Funktionen von PageMaker sind ausschließlich in Textfenstern ausführbar: Suchen, Ersetzen und die Rechtschreibkontrolle sind im Layoutfenster nicht ausführbar. Wegen dieser Unterschiede der Fenstertypen spricht man bei Operationen im Layoutfenster auch vom Layoutmodus und bei Operationen in einem Textfenster vom Textmodus. Zwischen diesen beiden Arbeitsmodi von PageMaker wird mit den Befehlen *Textmodus* bzw. *Layoutmodus* gewechselt, die jeweils als vorletzte Menüzeile im Menü *Bearbeiten* erscheinen. Der Wechsel von einem Modus zum anderen vollzieht sich auch automatisch, wenn im Menü *Fenster* einer der Fensternamen ausgewählt wird, der einen Wechsel zum anderen Modus erforderlich macht.

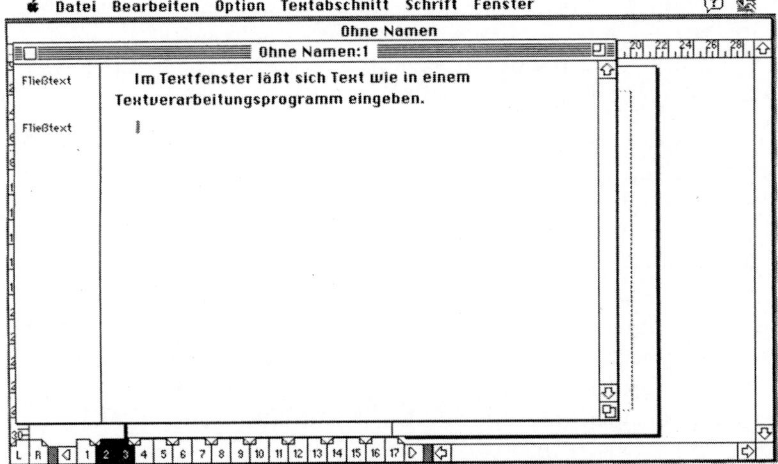

Textfenster

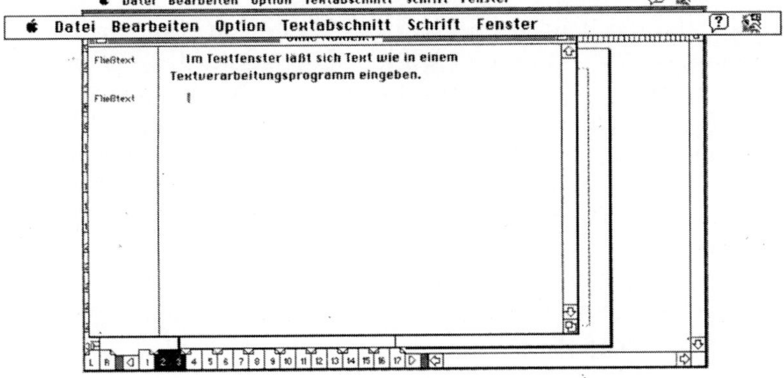

Die Menüzeile im Textmodus ist anders

Da Layout- und Textmodus jeweils spezifische Funktionen verwenden, zeigt die Menüzeile jeweils nur die im aktuellen Modus auswählbaren Befehle an. Während der Layoutmodus eine Menüzeile mit acht Menüs anzeigt, stehen im Textmodus lediglich die sieben Menüs *Apple, Datei, Bearbeiten, Option, Textabschnitt, Schrift* und *Fenster* zur Auswahl. Im Referenzteil des Buches wird die Beschreibung der Menüfunktionen auf die beiden unterschiedlichen Bearbeitungsmodi aufgeteilt.

Dialogfelder

Die Dialogfelder von PageMaker ermöglichen, für bestimmte Operationen eine Reihe von Optionen und Parametern einzustellen. Sie erscheinen automatisch immer dann, wenn nach einem Befehlsaufruf noch weitere Spezifizierungen vom Anwender nötig sind. Die Auswahlmöglichkeiten in den Dialogfeldern entsprechen dem Macintosh-Standard, ihre Bedienung ist dem Macintosh-Anwender daher sofort einsichtig.

Die einzelnen Elemente lassen an ihrer Form bereits erkennen, welche Einstellungen wie vorgenommen werden können:

Runde Optionsfelder: wählen eine von mehreren Optionen, die sich gegenseitig ausschließen (die aktive Option ist mit einem Punkt gekennzeichnet).
Eckige Optionsfelder: schalten Optionen ein (ein Kreuz erscheint im Optionsfeld) oder aus (leeres Feld).
Numerische Einträge: ermöglichen die Direkteingabe bzw. das Ändern von Werten.
Einblendmenü: ermöglicht die Auswahl aus einer Liste von Optionen. Bei langen Listen erscheinen am Anfang bzw. am Ende der angezeigten Liste Pfeile, mit denen die Liste in die entsprechende Richtung erweitert werden kann.
Feld: führt einen Befehl aus oder verzweigt zu einem weiteren Dialogfeld.
Auswahlfenster: zeigt alle zur Verfügung stehenden Elemente (Dateien, Fonts, Filter) zur Auswahl mit dem Mauszeiger an; die Rolleiste mit den Pfeilsymbolen am rechten Rand verschiebt den sichtbaren Ausschnitt aus der Liste.
Textfelder: ermöglichen die Eingabe bzw. das Ändern von Texteinträgen.
OK-Feld: bringt die vorgenommenen Einstellungen im Dialogfeld zur Ausführung.
Abbrechen-Feld: bricht die aufgerufene Funktion ab; vorgenommene Einstellungen in diesem oder davon verzweigenden Dialogfeldern bleiben unberücksichtigt.
Dialogfeld-Feld: verzweigt zu einem weiteren Dialogfeld.

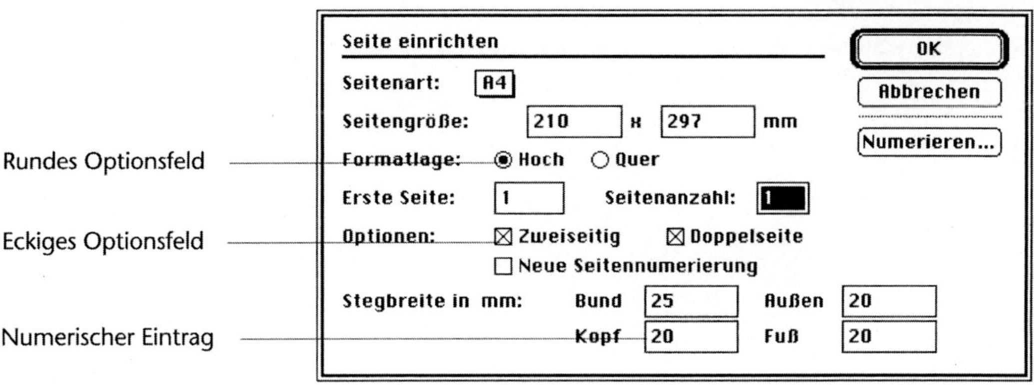
Rundes Optionsfeld
Eckiges Optionsfeld
Numerischer Eintrag
Seite einrichten
Seitenart: A4
Seitengröße: 210 x 297 mm
Formatlage: Hoch Quer
Erste Seite: 1 Seitenanzahl:
Optionen: Zweiseitig Doppelseite
Neue Seitennumerierung
Stegbreite in mm: Bund 25 Außen 20
Kopf 20 Fuß 20
OK
Abbrechen
Numerieren...

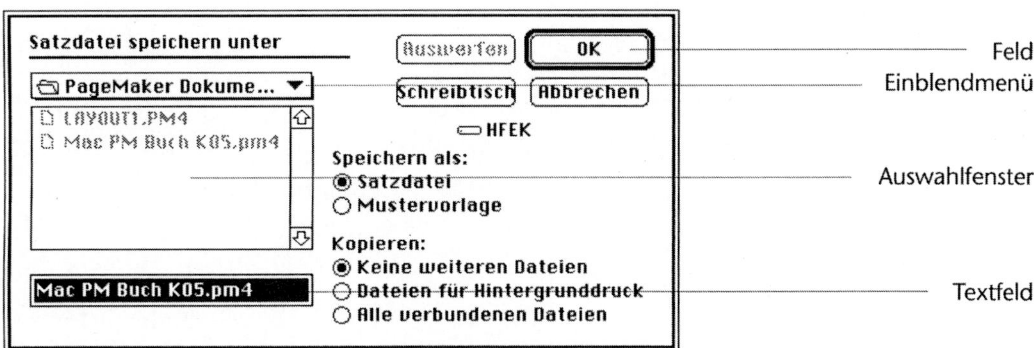
Satzdatei speichern unter
PageMaker Dokume...
LAYOUT1.PM4
Mac PM Buch K05.pm4
Auswerfen
OK
Schreibtisch
Abbrechen
HFEK
Speichern als:
Satzdatei
Mustervorlage
Kopieren:
Keine weiteren Dateien
Dateien für Hintergrunddruck
Alle verbundenen Dateien
Mac PM Buch K05.pm4
Feld
Einblendmenü
Auswahlfenster
Textfeld

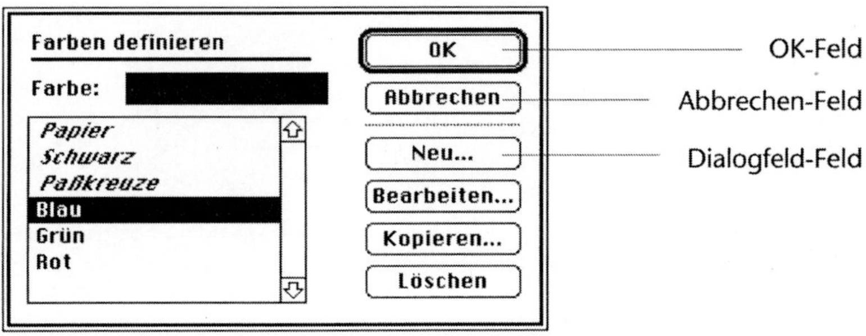
Farben definieren
Farbe:
Papier
Schwarz
Paßkreuze
Blau
Grün
Rot
OK
Abbrechen
Neu...
Bearbeiten...
Kopieren...
Löschen
OK-Feld
Abbrechen-Feld
Dialogfeld-Feld

PageMaker im Überblick

5

In diesem Kapitel soll ein realistischer Erwartungshorizont skizziert werden, mit dem der Anwender am Macintosh sich dem Programm PageMaker nähern sollte. Anhand der Objekttypen und Bearbeitungsmöglichkeiten im PageMaker wird gezeigt, was DTP mit PageMaker bedeutet.

Computergestütztes Layouten und Setzen setzt das gleiche Maß an Abstraktion voraus wie die vergleichbaren herkömmlichen Techniken. Das bedeutet, daß sich der DTP-Neuling von seinen bisher gewohnten Arbeitsabläufen entfernen und die neuen Abläufe und Techniken erlernen muß. Das Ziel bleibt dasselbe, nur der Weg zum Ziel ändert sich durch DTP entscheidend.

Text

Text ist sicher das eigentliche Kommunikationsmittel, das von Ihnen eingesetzt wird, wenn Sie mit PageMaker arbeiten. Die übrigen Objekttypen wie Linien oder Grafiken sind »nur« Zuarbeiter, etwa um Textbereiche hervorzuheben, um den Text zu strukturieren oder um den Text bildhaft zu unterstützen.

Auf den folgenden Seiten können Sie sich eine Vorstellung davon machen, welche Möglichkeiten Sie zur Textgestaltung haben, wenn Sie PageMaker einsetzen.

Schriftarten

Die Verwendung unterschiedlicher Schriften setzt voraus, daß diese auf dem System installiert sind. Wenn beispielsweise ein PostScript-Drucker (wie der Apple LaserWriter NTX oder IIf bzw. IIg) eingesetzt wird, stehen mindestens 9 Schriftarten zur Verfügung. Über diese im Drucker implementierten Schriften hinaus können auch beliebig viele andere PostScript- oder TrueType-Schriften verwendet werden, wenn sie auf dem System installiert werden.

Auch auf QuickDraw-Druckern lassen sich PostScript- und TrueType-Schriften verwenden. Während sich TrueTypes auf QuickDraw-Druckern (wie Apple StyleWriter oder Personal Laser Writer LS) ohne sonstiges Zubehör drucken lassen, wird für die Ausgabe von PostScript-Fonts der Adobe TypeManager benötigt.

Avant Garde Book
Avant Garde Book italic
Avant Garde Demi
Avant Garde Demi italic

Bookman light
Bookman light italic
Bookman Demi
Bookman Demi italic

Courier
Courier italic
Courier Bold
Courier Bold italic

Helvetica
Helvetica italic
Helvetica Bold
Helvetica Bold italic

Helvetica Narrow
Helvetica Narrow italic
Helvetica Narrow Bold
Helvetica Narrow Bold italic

New Century Schoolbook
New Century Schoolbook italic
New Century Schoolbook Bold
New Century Schoolbook Bold italic

Palatino
Palatino italic
Palatino Bold
Palatino Bold italic

Symbol Σψμβολ

Times
Times italic
Times Bold
Times Bold italic

Zapf Chancery Medium
Zapf Dingbats ✺❁❐❆ ✤❉■❇❂❁▼▲

Schriftarten aus dem LaserWriter von A wie AvantGarde bis Z wie Zapf Dingbats

Schriftgröße

PageMaker erlaubt alle Schriftgrößen von 4 bis 650 Point, wobei auch die Angabe von zehntel Point (also mit einer Nachkommastelle) möglich ist. Mit diesen Schriftgrößen reicht die Anwendungspalette des

Schriftgrößen von 4 Point bis

Programms von der Visitenkarte bis zum Plakat. Darüber hinausgehende Schriftgrößen lassen sich zudem mit externen Grafikprogrammen (beispielsweise mit FreeHand) erzeugen und als EPS-Grafik in ein PageMaker-Dokument einbinden.

Die Verwendung unterschiedlicher Schriftgrößen von PostScript-Schriften auf QuickDraw-Druckern setzt die korrekte Installation der verwendeten Schriftarten *und* -größen voraus, wenn die Fontskalier-Software TypeManager nicht eingesetzt wird.

Condensed
Condensed
Normal
Extended
Extended

Buchstabenbreiten von 80% bis 120%

Buchstabenbreite

Typographisch nur eingeschränkt anwendbar ist die Möglichkeit, Schriften zu stauchen bzw. zu dehnen. Als Notlösung können auf diese Weise auch »Schriftschnitte« wie Ultracondensed dort eingesetzt werden, wo der entsprechende Schnitt nicht verfügbar ist.

Kompreß
Kompreß
Normal
Gesperrt
Gesperrt

Laufweiten von sehr schmal bis sehr weit

Laufweite

Die Laufweite der Schriften kann im PageMaker von sehr weit bis sehr schmal variiert werden. Auf diese Weise lassen sich Textabschnitte leicht sperren oder unterschneiden.

Schriftschnitt

PageMaker ermöglicht die Auswahl unterschiedlicher Schriftschnitte zu jeder Schriftart. Neben dem normalen Schnitt können Fett, Kursiv, und Fettkursiv als Kombination von Fett und Kursiv ausgewählt werden, um besondere Textabschnitte zu kennzeichnen. Darüber hinaus lassen sich Zeichen auch schattieren, konturieren, unterstreichen oder durchstreichen, hoch- oder tiefstellen und negativ darstellen. Eine weitere Möglichkeit sind die Kapitälchen (besser: Pseudo-Kapitälchen), die aber aus typographischer Sicht gegenüber einem echten Kapitälchenschnitt nur eine Notlösung darstellen können. Über die Auswahl der Schriftschnitte hinaus besteht auch Zugriff auf andere Schriftschnitte, wenn sie jeweils als eigener Font installiert sind.

PageMaker stellt neben dem Normalschnitt zehn weitere Schriftschnitte zur Verfügung

normal
fett
kursiv
fettkursiv
unterstrichen
~~durchgestrichen~~

hochgestellt
tiefgestellt
schattiert
konturiert
PSEUDOKAPITÄLCHEN

Eurostile Condensed Regular
Eurostile Condensed Bold
Eurostile Regular
Eurostile Oblique
Eurostile Demi
Eurostile Demi Oblique
Eurostile Bold
Eurostile Bold Oblique
Eurostile Extended No.2
Eurostile Extended No.2 Bold

Über die Auswahl aus dem Schrift-Menü besteht Zugriff auf alle Mitglieder der Eurostile-Familie

Rotation

Mit der Möglichkeit, Text in 90-Grad-Schritten zu drehen, können auch Aufgaben gelöst werden, die einen von unten nach oben laufenden, einen von oben nach unten laufenden oder einen auf dem Kopf stehenden Text erfordern. Alle Winkel dazwischen lassen sich mit einem externen Grafikprogramm realisieren, wenn das Ergebnis als Grafik in ein PageMaker-Dokument eingebunden wird.

Normal
90Grad
270Grad
180Grad

Textausrichtungen

Schriftfarbe

PageMaker ist farbfähig. Das heißt, alle Objekte wie Text oder Linien lassen sich auch farbig darstellen. Farben lassen sich auch individuell definieren, wenn etwa die Pantone-Farbpalette nicht ausreicht oder wenn bestimmte Prozeßfarben benötigt werden.

Absatzeinstellungen

Mit Absatzeinstellungen setzt sich PageMaker deutlich von Textverarbeitungsprogrammen ab. PageMaker bietet alle erdenklichen Hilfen für anspruchsvoll gesetzten Text. Vom mehrspaltigen Satz mit automatischer Kontrolle zur Vermeidung von Hurenkindern und Schusterjungen (Setzerjargon für Umbruchfehler) über an Textstellen gebunde Grafiken bis hin zur präzisen manuellen Unterschneidungskontrolle am Bildschirm bietet das Programm alle Werkzeuge, mit denen sich typische DTP-Aufgaben einfach und effizient meistern lassen.

0% Grau
20% Grau
30% Grau
40% Grau
50% Grau
60% Grau
70% Grau
80% Grau
90% Grau

Text in unterschiedlichen Grautönen

Manuelles Unterschneiden

Textfunktionen

Die Textfunktionen von PageMaker vereinfachen das Handling auch umfangreicher Texte. So lassen sich mit den Suchen- und Ersetzen-Befehlen Textstellen oder auch Textformatierungen suchen und durch andere ersetzen. Dadurch lassen sich beispielsweise, weitgehend automatisiert, Formatierungen aus Textprogrammen suchen und durch PageMaker-Formatierungen ersetzen. Auch die Rechtschreibkontrolle und die Silbentrennfunktion lassen sich zur automatisierten und damit schnellen Textformatierung nutzen.

Dieses Beispiel zeigt die
Wirkung der
Silbentrennung. In der
linken Spalte wurde die
Silbentrennung ganz
ausgeschaltet, und in der
rechten Spalte wurde der
Silbentrennmodus mit
den meisten Trennungen
verwendet.

Dieses Beispiel zeigt die
Wirkung der Silbentren-
nung. In der linken Spalte
wurde die Silbentrennung
ganz ausgeschaltet, und in
der rechten Spalte wurde
der Silbentrennmodus mit
den meisten Trennungen
verwendet.

Silbentrennung

Grafische Bausteine: Linien, Bögen und Flächen

Linien

Mit den grafischen Bausteinen von PageMaker lassen sich bereits viele Aufgaben bewältigen, die im DTP-Prozeß immer wieder gefordert werden. PageMaker verwendet fünf unterschiedliche grafische Bausteine, die über das Funktionenfenster auswählbar sind. Mit der Freiwinkelfunktion lassen sich Linien in beliebigen Winkeln im Dokument anordnen, während mit der Festwinkelfunktion senkrecht und waagerecht verlaufende Linien einfach gezeichnet werden können. Die Flächenfunktionen Rechteck, Sonderrechteck und Kreisform dienen der Konstruktion von Flächen. Linien sind durch ihre Linienstärke, ihr Linienmuster und ihre Farbe definiert. Die möglichen Linienstärken reichen von 0,2 bis 12 Point Breite. In dem Set von neun unterschiedlichen Linienmustern sind Doppellinien und Punktierungen enthalten. Dasselbe gilt für die Umrandungen von Flächen. Die eigentliche Fläche setzt sich aus Farbe, Schattierung und Muster zusammen.

Alle davon abweichenden Linien- oder Flächenformen lassen sich in einem separaten Grafikprogramm anfertigen und in ein PageMaker-Dokument einbinden.

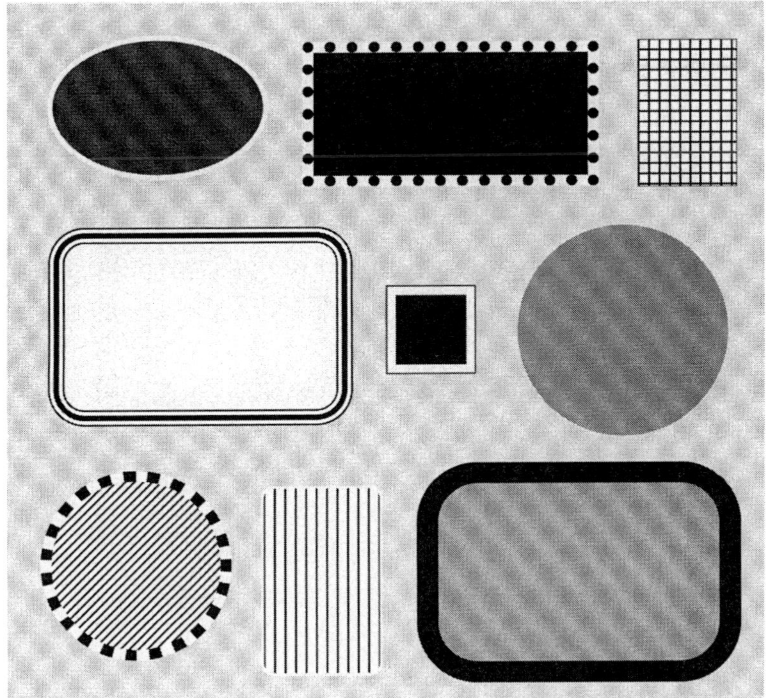

Die unterschiedlichen Flächenattribute führen nicht immer zu brauchbaren Resultaten

Grafik

Die in PageMaker implementierten Grafikfunktionen Linien und Flächen sind im letzten Abschnitt bereits vorgestellt worden. Darüber hinaus bietet das Programm mit dem Befehl *Positionieren* die Möglichkeit, Grafiken und Bilder, die mit anderen, separaten Programmen erstellt worden sind, in PageMaker-Dokumente einzubinden. Die Schnittstelle dazu sind unterschiedliche Standard-Grafikformate, die von PageMaker akzeptiert werden. Die wichtigsten Formate sind TIFF, PICT und EPS.

Wenn ein Bild oder eine Grafik importiert worden ist, können weitere Bearbeitungen daran vorgenommen werden. So lassen sich Bilder in Kontrast und Helligkeit verändern, um druckspezifische Tonwertänderungen innerhalb von Halbtonbildern zu kompensieren. Außerdem kann der Rastertyp und die Rasterweite für die Ausgabe festgelegt werden. Grafiken in einem Pixelformat (PICT, TIFF) können beschnitten werden, um nur einen bestimmten Ausschnitt aus dem Gesamtbild zu verwenden. Grafiken in Vektorformaten sind ohne Qualitätsverluste in Größe und Form veränderbar. Beim Skalieren von Pixelbildern kann PageMaker die Auflösung des angeschlossenen Druckers berücksichtigen, um Moiré-Muster oder ähnliche störende Erscheinungen zu vermeiden. Mit diesen Fähigkeiten ausgestattet, lassen sich mit PageMaker Layouts realisieren, die dem Anspruch von DTP, nämlich der Kombination aus Text, Bild und Grafik, bereits gerecht werden.

Bild und Grafik vor...

... und nach einer Bearbeitung

Seitenfunktionen

Die Seite ist das eigentliche Arbeitsfeld für alle Operationen in der Layoutsoftware. Alle Textobjekte, Linien und Flächenelemente sowie importierte Grafiken werden auf den einzelnen Seiten des Dokumentes angeordnet. PageMaker gilt als *seitenorientiertes* Layoutprogramm. Das bedeutet, daß, anders als bei den sogenannten rahmenorientierten Programmen, die Seite das zentrale Element des Arbeitsprozesses darstellt.

Seitendimensionen

Jedesmal, wenn ein neues Dokument mit PageMaker entstehen soll, werden zunächst die Seitenparameter festgelegt. Sie bestimmen die Form und Größe der Seiten und das grundlegende Layout (Satzspiegel). Dem Anwender wird beim Definieren der Seitendimensionen ein möglichst großer Spielraum gegeben. So können Seitenformate von 15 mal 15 Millimeter bis zu 1066,8 mal 1066,8 Millimeter bearbeitet werden.

Standardseiten / Dokumentseiten

PageMakers grundlegendes Konzept zum Layout ist die Verwendung von Standardseiten. Diese Standardseiten, die zu jedem eigentlichen (später druckbaren) Dokument gehören, legen das »grobe« Layout fest. Alle Elemente der Standardseiten sind auf allen Seiten des gesamten Dokuments enthalten. Auf diese Weise lassen sich beispielsweise ansprechende Kopfzeilen mit Kolumnentiteln oder auch die Seitennummern realisieren.

Dabei unterscheidet PageMaker in Doppelseitendokumenten zwei unterschiedliche Standardseiten, eine für alle linken Seiten innerhalb des Dokumentes und eine für alle rechten. Wenn beispielsweise ein einfaches Handbuch mit PageMaker entstehen soll, das aus Einzelseiten zusammengeheftet wird, verwaltet das Programm das Dokument als aus Einzelseiten bestehend und verwendet auch nur eine Standardseite.

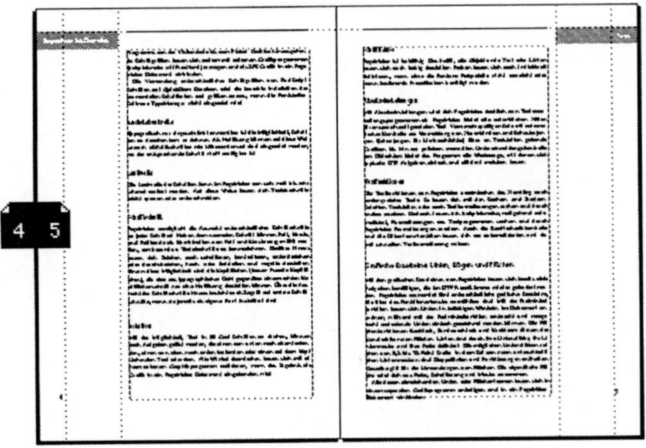

Die Elemente der Standardseiten erscheinen auf allen Dokumentseiten

Trotz der Vorgabe durch die Standardseiten, kann jede einzelne Dokumentseite ein davon abweichendes Layout bekommen. Es können die Randeinstellungen umgangen werden, die Standardelemente lassen sich auf Einzelseiten wieder löschen und vieles mehr.

Positionierungshilfen

Eine weitere zentrale Bedeutung für die Arbeit mit PageMaker haben die Positionierungshilfen. Jedes Objekt kann innerhalb von PageMaker exakt an jede beliebige Stelle auf einer Seite gebracht werden (positionieren), und Objekte lassen sich auch exakt auf eine bestimmte Größe bringen (skalieren). Dazu dienen die Lineale und Hilfslinien, die, wenn sie geschickt eingesetzt werden, numerische Vorgaben überflüssig machen und somit dem kreativen Gestaltungsprozeß einen möglichst großen Spielraum geben. PageMaker (ab Version 4.2) ermöglicht zusätzlich mit der Kontrollpalette das Positionieren und Skalieren unter Angabe numerischer Werte (Koordinaten). Mit der nicht-numerischen Methode lassen sich alle Objekte innerhalb eines Dokumentes auf einen halben Millimeter genau positionieren, mit Hilfe der Kontrollpalette auf einen hundertstel Millimeter genau. (Programmintern werden diese Werte mit einer Genauigkeit von 0,00882 mm eingehalten.)

Darstellungsgrößen

Eine der grundlegenden Gestaltungshilfen von PageMaker sind die unterschiedlichen Darstellungsgrößen eines Dokuments auf dem Bildschirm. Unabhängig vom angeschlossenen Bildschirm und seiner Auflösung kann PageMaker eine Seite, bzw. einen Ausschnitt davon, in Originalgröße oder aber verkleinert oder vergrößert darstellen. Die Verkleinerungsstufen sind hilfreich, um auch auf kleinen Bildschirmen die Übersicht über eine ganze Seite (oder Doppelseite) zu gewährleisten. Die Vergrößerungsstufen sind für präzise Arbeiten wie das manuelle Unterschneiden oder das Positionieren von Objekten an vorgegebene Stellen auf einer Seite vorgesehen.

Unterschiedliche Bildschirmvergrößerungen:

Originalgröße

12 Point Stone

200%

12 Point Stone

400%

12 Point Sto

Lineale

Die Linealskalen in unterschiedlichen Darstellungsgrößen:

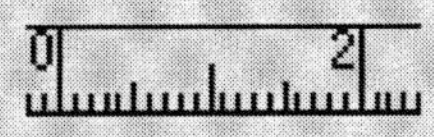

Originalgröße

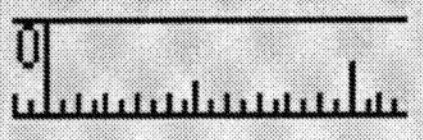

200%

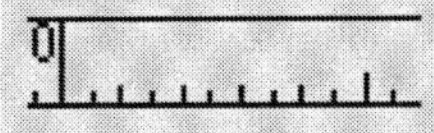

400%

Die Lineale, es gibt ein horizontales und ein vertikales, haben im wesentlichen zwei Funktionen. Einerseits ermöglichen sie das Setzen von Hilfslinien, die im nächsten Abschnitt noch genauer vorgestellt werden. Andererseits kann an ihnen auch direkt, ohne den Umweg über Hilfslinien, die Position oder Größe eines Objektes, z.B. einer Fläche, einer Grafik oder einer Textspalte, festgelegt werden. Je nach der eingestellten Darstellungsgröße zeigt PageMaker unterschiedlich viele Teilstriche auf den Linealskalen. Auf jeden Teilstrich kann der Mauszeiger beim Verschieben, beim Ändern der Größe oder beim Neuaufziehen (einer Fläche oder einer Linie) gesetzt werden, wenn die Funktion *Linealpositionierhilfe* aus dem Menü *Option* aktiviert worden ist. Diese Funktion »magnetisiert« quasi die Teilstriche der Linealskalen. Wenn beispielsweise in der Darstellungsgröße *Ganze Seite* gearbeitet wird, zeigen die Skalen die Millimeterteilstriche an, bereits ab 200% Vergrößerung sind auch Teilstriche erkennbar, die halbe Millimeter darstellen.

Hilfslinien

Die Hilfslinien ergänzen die Möglichkeiten der Lineale zum exakten Positionieren oder Skalieren von Objekten. Um beispielsweise allein mit dem Lineal auf einen halben Millimeter genau zu positionieren, muß eine Vergrößerungsstufe von mindestens 200 % eingestellt sein. Bei einer solchen Vergrößerung ist aber gegebenenfalls nur noch ein kleiner Ausschnitt von der bearbeiteten Seite zu sehen, was dazu führen kann, daß der Ausschnitt oft verschoben werden muß. Wesentlichen Komfortgewinn bringen da die Hilfslinien, die mit Hilfe des Lineals gesetzt werden und die auch in der vollständigen Seitenansicht

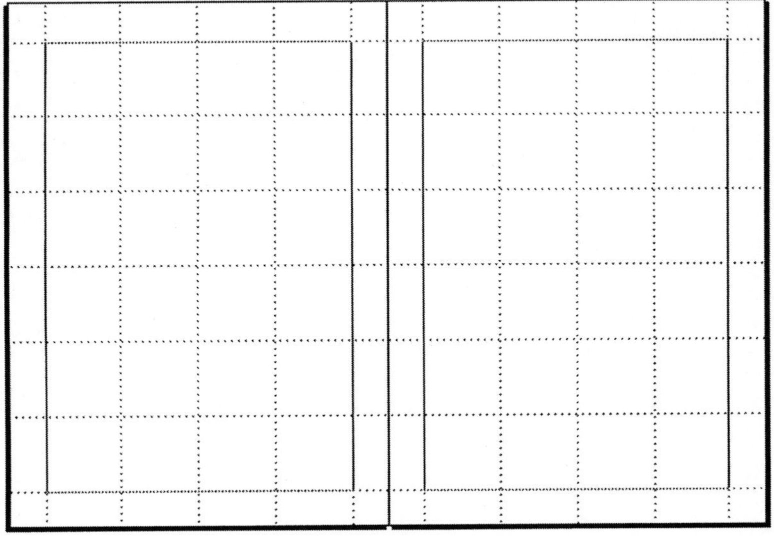

Hilfslinien können ein Gestaltungsraster definieren, wie beispielsweise ein 4x6 Raster

deutlich zu sehen sind. Mit dem Befehl *Positionierhilfe* aus dem Menü *Option* lassen sich die Hilfslinien ähnlich den Linealteilstrichen so aktivieren, daß sie Objekte in der Nähe bevorzugt an sich binden.

Das Setzen und Löschen dieser Hilfslinien geschieht PageMaker-typisch vollständig mausgesteuert. Die Hilfslinien lassen sich aus dem angezeigten Lineal »herausziehen«, wenn innerhalb der Linealfläche ein Mausklick ausgeführt und bei gedrückt gehaltener Maustaste der Mauszeiger wieder über die Layoutfläche bewegt wird. Dieser Bewegung folgt automatisch eine Hilfslinie, die beim Lösen der Maustaste an der aktuellen Position fixiert wird. Das horizontale Lineal am oberen Rand des Layoutfensters ist somit für alle waagerecht verlaufenden Linien und das vertikale Lineal am linken Fensterrand für alle senkrechten Hilfslinien zuständig. Die genaue Position der Hilfslinien beim Erzeugen kann an der gestrichelten Markierung im Lineal oder in der Kontrollpalette abgelesen werden. In Verbindung mit der Linealpositionierhilfe, die Mausbewegungen bevorzugt an den Linealteilstrichen einschnappen läßt, ergibt sich eine einfache Möglichkeit, Gestaltungsraster anzulegen.

Spaltenhilfslinien

Grundsätzlich lassen sich in PageMaker beliebig viele Textspalten nebeneinander auf einer Seite anordnen, wenn die Anordnung der Spalten vom Benutzer vorgenommen wird. Das Programm kann aber auch automatisch für maximal 20 Textspalten genau die Hilfslinien erzeugen, die nötig sind, um die Spalten mit gleichmäßiger Spaltenbreite und Abstand anzuordnen. Diese Spaltenhilfslinien sind eine Sonderform der Hilfslinien. Ihre Position wird von PageMaker automatisch errechnet, wenn die Anzahl der nebeneinanderliegenden Textspalten und der Abstand zwischen den Spalten angegeben wird.

Spaltenhilfslinien ...

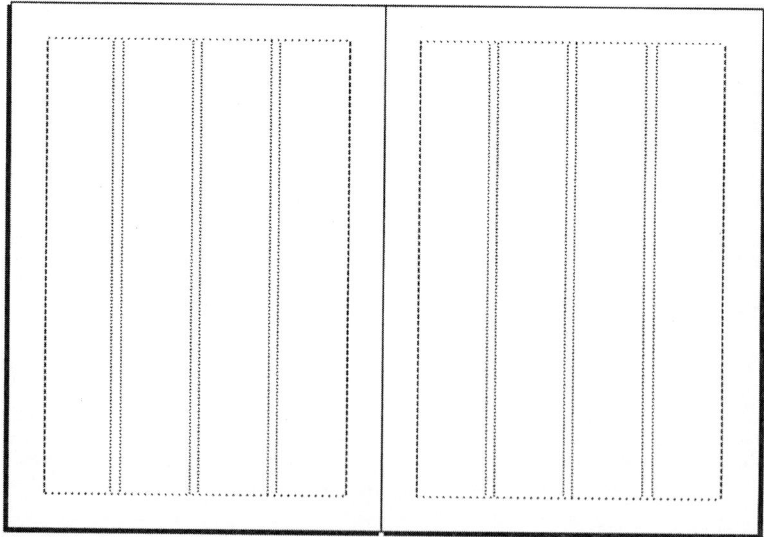

Spaltenhilfslinien

Beide

Spaltenanzahl: 4

Spaltenabstand: 5 mm

☐ Auf Doppelseiten getrennt einstellen

OK

Abbrechen

... und Dialogfeld

Die Kontrollpalette

Mit Hilfe der Kontrollpalette lassen sich Objekte und Hilfslinien bis auf einen hundertstel Millimeter genau auf der Seite positionieren. Angezeigt werden zum markierten Objekt der Objekttyp (Text, Rechteck, Linie, Pixelgrafik usw.), der Rahmen mit den Anfassern, die Position auf der Seite relativ zum Nullpunkt der Lineale, sowie die Ausdehnung in x- und y-Richtung. Ist das Objekt gegenüber seiner ursprünglichen Größe skaliert worden, kann auch der Skalierungsfaktor direkt abgelesen werden.

Die Kontrollpalette erfüllt im wesentlichen zwei unterschiedliche Funktionen. Einerseits können beim Verschieben und Skalieren und auch beim Beschneiden eines Objektes die in der Kontrollpalette angezeigten Zahlenwerte anstelle des Lineals als exakte Anzeige numerischer Werte verwendet werden. Andererseits können die Werte auch direkt numerisch in die entsprechenden Felder der Palette eingegeben werden, um ein ausgewähltes Objekt zu verändern.

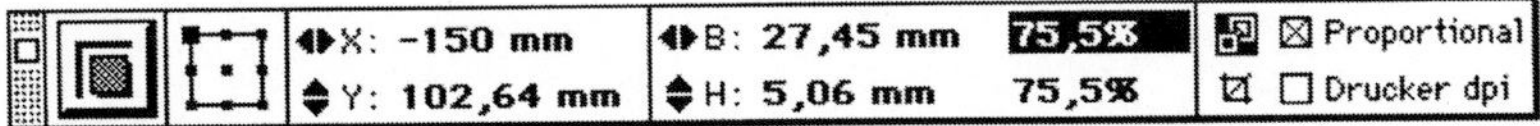

Die Kontrollpalette zeigt, daß die Grafik skaliert worden ist

Mit diesem Überblick über die Gestaltungsmöglichkeiten und Arbeitshilfen von PageMaker wird der Grundlagenteil abgeschlossen. Der folgende Referenzteil des Buches bietet zunächst eine Orientierung über alle Funktionen und Menübefehle von PageMaker im Layout- und Textmodus und kann später als universelles Nachschlagewerk bei Problemen während der Arbeit mit PageMaker genutzt werden.

Kapitel 6

Arbeitsmodi von PageMaker

6

PageMaker arbeitet in zwei unterschiedlichen Arbeitsmodi, die jeweils auf bestimmte Arbeitssituationen optimal abgestimmt sind. Der Layoutmodus ist der Standardmodus von PageMaker. In ihm lassen sich fast alle Bearbeitungen ausführen und Funktionen aufrufen, die PageMaker überhaupt ermöglicht. Der Textmodus erweitert den Komfort des Layoutmodus hinsichtlich der textverarbeitenden Funktionen von PageMaker.

Maßsysteme von PageMaker

Bevor nun die spezifischen Arbeitstechniken der beiden Modi einzeln vorgestellt werden, soll zunächst ein Blick auf die in PageMaker verwendeten Maßsysteme geworfen werden. Für alle Funktionen, die numerische Angaben erfordern, lassen sich unterschiedliche Maßsysteme für die Wertangaben zugrunde legen. Auch die Lineale und die Hilfslinien von PageMaker verwenden diese Maßsysteme. Die folgende Tabelle zeigt die Maßsysteme in einer Übersicht. Dabei gilt:

1 Fuß = 12 Zoll
1 Zoll = 6 Pica
1 Pica = 12 Point
1 Point = 1/72 Zoll
= 0,35277 Millimeter

Maßsysteme

	Millimeter	Zoll	Dezimal-Zoll	Pica	Point	Point (Didot)
1 Millimeter	1	0,254	0,254	0,236	2,83471	2,65979
1 Zoll	25,4	1	1	6	72	
1 Dezimal-Zoll	25,4	1	1	6	72	
1 Pica	4,233	1/6	1/6	1	12	
1 Point	0,35277	1/72	1/72	1/12	1	
1 Cicero	0,37597					12

Achtung: Der Point in PageMaker ist nicht zu verwechseln mit dem in Europa üblichen Didot-Punkt. Ein Didot-Punkt entspricht 0,37597 mm. Auch ist der Point nicht zu verwechseln mit dem Point der Norm für Fotosetzer, der 0,35147 mm entspricht, somit geringfügig kleiner ausfällt als der DTP-Point von PageMaker.

Unterschiedliche Einheiten verwenden

Die verwendeten Einheitensysteme werden im Dialogfeld *Vorgaben wählen* ausgewählt. Sie sind dann in allen Dialogfeldern mit Werteingabefeldern gültig. Unabhängig von diesen Vorgaben kann auch jederzeit eine andere als die voreingestellte Einheit verwendet werden, wenn beim Eingeben des Wertes die gewünschte Einheit als Kürzel mit angegeben wird.

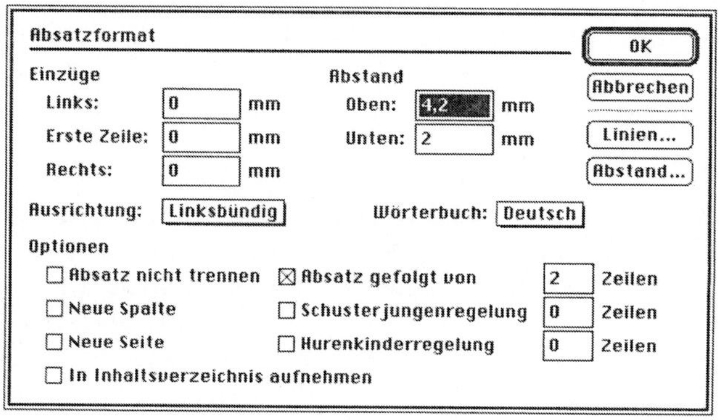

Absatzformat
OK
Einzüge
Links: 0 mm
Erste Zeile: 0 mm
Rechts: 0 mm
Abstand
Oben: 4,2 mm
Unten: 2 mm
Abbrechen
Linien...
Abstand...
Ausrichtung: Linksbündig
Wörterbuch: Deutsch
Optionen
☐ Absatz nicht trennen
☒ Absatz gefolgt von 2 Zeilen
☐ Neue Spalte
☐ Schusterjungenregelung 0 Zeilen
☐ Neue Seite
☐ Hurenkinderregelung 0 Zeilen
☐ In Inhaltsverzeichnis aufnehmen

Im Dialogfeld ***Absatzformat*** *ist die Standardeinheit für den Absatzabstand Millimeter*

Mit den im folgenden angegebenen Einheitenkürzel kann eine von der Standardeinheit abweichende Einheit verwendet werden.

Einheitenkürzel innerhalb von Dialogfeldern

Gewünschte Einheit	Einheitenkürzel	Beispiel
Millimeter	m nach dem Wert	12m für 12 Millimeter
Zoll	i nach dem Wert	2,25i für 2 1/4 Zoll
Pica	p nach dem Wert	18p für 18 Pica
Point	p vor dem Wert	p12 für 12 Point
Pica mit Point	p zwischen den Werten	18p3 für 18 Pica und 3 Point
Cicero	c nach dem Wert	6c für 6 Cicero

Eine weitere typographische Einheit spielt bei PageMaker eine Rolle, wenn sie auch nicht direkt für Vorgaben innerhalb von Dialogfeldern genutzt wird: das Geviert. Diese relative Einheit bezieht sich auf die Breite des »M« eines bestimmten Zeichensatzes in einer bestimmten Größe. Wird beispielsweise mit der manuellen Unterschneidenfunk-

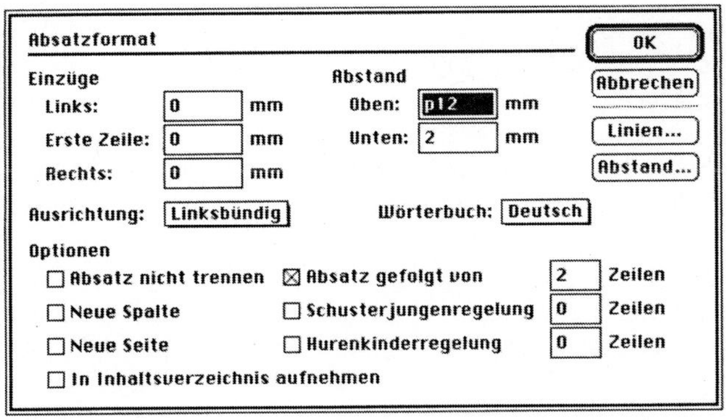

Absatzformat
OK
Einzüge
Links: 0 mm
Erste Zeile: 0 mm
Rechts: 0 mm
Abstand
Oben: p12 mm
Unten: 2 mm
Abbrechen
Linien...
Abstand...
Ausrichtung: Linksbündig
Wörterbuch: Deutsch
Optionen
☐ Absatz nicht trennen ☒ Absatz gefolgt von 2 Zeilen
☐ Neue Spalte ☐ Schusterjungenregelung 0 Zeilen
☐ Neue Seite ☐ Hurenkinderregelung 0 Zeilen
☐ In Inhaltsverzeichnis aufnehmen

Im Dialogfeld ***Absatzformat*** *wird der Absatzabstand in Point angegeben*

tion von PageMaker der Zeichenabstand mit der Tastenkombination <Befehl><links> um ein fünfundzwanzigstel Geviert verringert, so bedeutet dies, daß zwischen zwei Buchstaben der Abstand um den fünfundzwanzigsten Teil einer »M-Breite« dieser Schrift in dieser Größe verkleinert wird. Und dies gilt, da es ein relatives Maß ist, für alle Zeichensätze und alle Schriftgrößen.

In den folgenden Abschnitten werden alle grundlegenden Bearbeitungsmöglichkeiten der beiden Arbeitsmodi vorgestellt, bevor dann im nächsten Kapitel die Menübefehle in den beiden Modi abgehandelt werden.

Layoutmodus

Der Layoutmodus ist der zentrale Arbeitsmodus von PageMaker, mit dem alle wichtigen Operationen ausführbar sind. Im Layoutmodus besteht Zugriff auf alle Menübefehle zum Gestalten, Bearbeiten und Drucken eines Dokumentes. Ausgeklammert sind lediglich einige spezielle textverarbeitende Operationen wie die Rechtschreibkontrolle und eine Suchen- und Ersetzen-Funktion, die ausschließlich im zweiten Arbeitsmodus von PageMaker arbeiten.

Der Layoutmodus bietet zahlreiche Bearbeitungsmöglichkeiten, die unabhängig von irgendwelchen Menübefehlen aufrufbar sind. Diese Operationen betreffen einerseits die Oberflächenelemente und andererseits die Funktionen von PageMaker, die aus dem Funktionenfenster auswählbar sind.

Blättern zwischen den Dokumentseiten

Die Seitensymbole am unteren Rand des Layoutfensters ermöglichen den Wechsel zu jeder Seite eines Dokumentes, um dort mit der Bearbeitung fortzufahren. Bei umfangreichen Dokumenten erscheint nicht für jede Dokumentseite ein Symbol, vielmehr werden dann nur einige Symbole als Ausschnitt aus einer langen Kette von Seitensymbolen angezeigt. Dieser Ausschnitt kann mit den Pfeilmarkierungen nach links und rechts verschoben werden, bis das gewünschte Seitensymbol erscheint. Durch Anklicken des Symbols wird die entsprechende Seite aufgerufen.

Achtung: Die Seitensymbole werden nur angezeigt, wenn die Anzeige der Rollbalken durch den Befehl *Rollbalken* im Menü *Fenster* aktiviert ist.

Achtung: Die in den Seitensymbolen angezeigten Seitennummern entsprechen den im Dokument verwendeten Seitennummern. Wenn im Dialogfeld *Seite einrichten* unter *Erste Seite* ein Wert für die Anfangsseitennummer größer als 1 angegeben ist, zeigen die Seitensymbole die daraus resultierenden Seitennummern an.

Die Seitensymbole

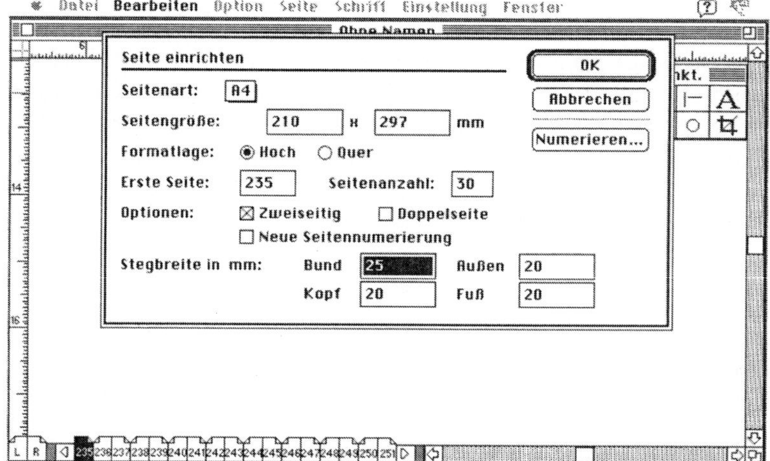

Im Dialogfeld ***Seite einrichten*** *wird die Seitennummer der ersten Seite festgelegt*

Funktionen

Funktionenfenster

Die Funktionen von PageMaker, die eigentlich besser als Werkzeuge bezeichnet werden sollten, sind eng mit dem Layoutmodus verknüpft. Im Prinzip sind sie ihrerseits Arbeitsmodi innerhalb des Layoutmodus. Auswählbar sind die Funktionen über das Funktionenfenster oder die Funktionstasten auf der erweiterten Tastatur. Um die Funktionen über das Funktionenfenster auszuwählen, muß die Darstellung des Fensters mit dem Befehl *Funktionen* aus dem Menü *Fenster* aktiviert sein. Alle Funktionen sind grafisch zu bedienen, d.h., sie werden mit der Maus ausgewählt und auch deren Anwendung geschieht über die Maus. Dadurch ist sowohl eine ergonomische als auch eine intuitive Arbeitsweise garantiert. Die Maus dient also als alternatives Werkzeug zu Blei-,

Filz- oder Tuschestift, zu Schere und Klebstoff und nicht zuletzt zu einer Satzmaschine. Die Auswahl der Funktionen über die Funktionstasten kann auch dann erfolgen, wenn das Funktionenfenster nicht auf dem Bildschirm angezeigt wird.

Die insgesamt acht Funktionen bieten innerhalb des Layoutmodus alles, was man für DTP mit PageMaker benötigt: von der Auswahlfunktion über die Textfunktion bis zu den Grafikfunktionen. Im folgenden werden die Funktionen hinsichtlich ihrer Bedienung und ihrer Einsatzmöglichkeiten vorgestellt.

Zeigefunktion <Umschalt><F1> oder <Befehl><Leertaste>

Die Zeigefunktion ist gewissermaßen die wichtigste Funktion innerhalb von PageMaker. Sie dient zur Auswahl und anschließenden Bearbeitung von Objekten. Auch dient sie der Auswahl von Objekten zur Bearbeitung mit den Menübefehlen von PageMaker, z.B. für die grundsätzlichen Bearbeitungsfunktionen wie Löschen, Kopieren, Ausschneiden und Einfügen über die entsprechenden Befehle im Menü *Bearbeiten*. Die Zeigefunktion stellt somit das zentrale Instrument dar, Objekte zur weiteren Bearbeitung zu markieren.

Voraussetzung für die im folgenden beschriebenen Operationen mit der Zeigefunktion ist die vorhergehende Aktivierung der Funktion aus dem Funktionenfenster. Dazu ist einfach der Mauszeiger auf das Pfeilsymbol zu setzen und anschließend die Maustaste zu klicken. Die Auswahl der Zeigefunktion wird durch die invertierte Darstellung des Icons kenntlich gemacht.

PageMaker bietet eine zweite Möglichkeit, die Zeigefunktion zu aktivieren. Das gleichzeitige Drücken der Umschalttaste und der Taste F1 bzw. der Befehls- und Leertaste (falls die Tastatur keine Funktionstasten hat) wechselt von der gerade aktiven Funktion (eine der Funktionen ist immer aktiv) zur Zeigefunktion. Nochmaliges Drücken der Tastenkombination führt wieder zurück zur zuletzt aktiven Funktion. Wenn beispielsweise Änderungen an einem Text auch Änderungen an dessen Position erfordern, kann der Aufruf über die Tasten die Arbeit etwas rationalisieren, weil der Mauszeiger an der Stelle verbleiben kann, an der er auch benötigt wird.

Markieren von Objekten

Die im folgenden vorgestellten Verfahren zum Markieren von Objekten sind auf alle Objekttypen von PageMaker anwendbar: auf Textblökke, auf Grafiken, Linien- bzw. Flächenelemente und auf Bilder.

Markieren eines Einzelobjektes

Um ein Objekt für anschließende Bearbeitungen auszuwählen, muß es zuvor mit der Zeigefunktion markiert werden, so daß das Programm Operationen auf das oder die ausgewählten Objekte anwenden kann.

Markieren mit der Zeigefunktion

❶ Zeigefunktion aus der Werkzeugpalette durch Anklicken auswählen. Alternativ dazu kann die Zeigefunktion auch durch Drücken einer der beiden Tastenkombinationen <Umschalt><F1> oder <Befehl><Leertaste> aktiviert werden.

❷ Spitze des Mauszeigers irgendwo innerhalb des zu markierenden Objektes (bei Textblöcken, Grafiken und Flächen) oder bei Linien möglichst genau auf der Linie positionieren und die Maustaste drücken.

Tip: Linien markieren

Wenn Linienelemente mit Hilfe von Hilfslinien angelegt werden, kann es bei nachfolgender Bearbeitung vorkommen, daß sich eine entlang einer Hilfslinie verlaufende Linie nicht mehr auswählen läßt, weil das Anklicken der Linie immer nur die Hilfslinie zum Verschieben auswählt. In diesem Fall können Sie im Dialogfeld *Vorgaben wählen* unter *Hilfslinien* die Option *Hinten* wählen.

Ist ein Objekt ausgewählt oder markiert, wird dies durch eine besondere Darstellung auf dem Bildschirm kenntlich gemacht. Objekte wie Grafiken und Flächen erscheinen nach dem Anklicken mit dem Pfeil bei aktivierter Zeigefunktion von insgesamt acht Markierungen umgeben, vier für die vier Ecken und vier für die vier Seiten eines gedachten Rechtecks um das Objekt.

Markiertes Objekt

Textblöcke zeigen ein davon abweichendes Aussehen. Ein markierter Textblock wird durch jeweils eine Linie oberhalb und unterhalb des Blockes kenntlich gemacht. In der Mitte dieser Linien erscheint ein Textblockanfasser zum Ändern der Größe des Blockes in seiner vertikalen Ausdehnung. An den Enden der Linien erscheinen die Eckanfasser zum Ändern der Blockbreite.

Markierter
Textblock

Ein markierter Textblock

Markierte Linienelemente sind an den Anfassern am Anfang und am Ende der Linie zu erkennen. Diese Anfasser ermöglichen, auch nachträglich die Linienform zu ändern, genauso, als ob sie gerade neu gezeichnet würde.

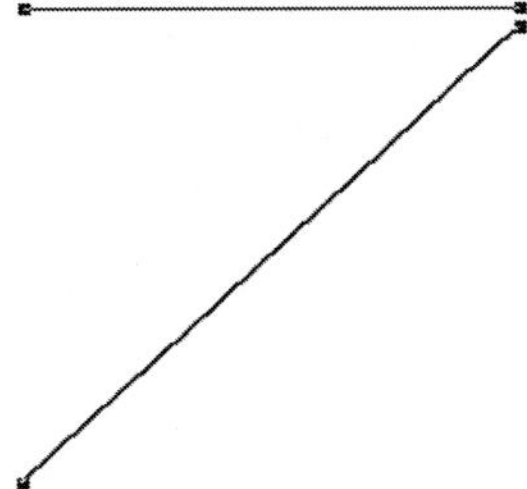

Markierte Linien

Sukzessives Markieren mehrerer Objekte

Um mehrere Objekte zu markieren, was immer dann nötig ist, wenn auf eine Gruppe von Objekten eine Operation angewendet werden soll, wird einfach bei gedrückt gehaltener Umschalttaste nach dem ersten ein weiteres Objekt angeklickt. Das Drücken der Umschalttaste verhindert, daß die Markierung aller bereits ausgewählten Objekte wieder zurückgenommen wird. Dieser Vorgang läßt sich beliebig oft weiterführen, bis alle gewünschten Objekte markiert sind.

Mehrere Objekte lassen sich nacheinander markieren

Globales Markieren mehrerer Objekte

Es lassen sich auch mehrere Objekte markieren, ohne daß jedes einzelne Objekt angeklickt werden müßte. Dazu wird ausgehend von einer freien Fläche auf der bearbeiteten Seite ein Rechteck um alle zu markierenden Objekte aufgezogen. Wenn nämlich der Mauszeiger der Zeigefunktion außerhalb von Objekten positioniert und die Maustaste gedrückt wird und gedrückt bleibt, entsteht durch Mausbewegung ein gestrichelt dargestelltes Rechteck (das Auswahlrechteck), das sich beliebig vergrößern läßt. Nach dem Lösen der Maustaste erscheinen alle Objekte markiert, die sich vollständig innerhalb des Rechtecks befanden. Objekte, die nicht vollständig innerhalb des Auswahlrechtecks lagen, bleiben unmarkiert, wodurch sehr präzise alle gewünschten Objekte ausgewählt werden können.

Mehrere Objekte werden von dem Auswahlrechteck umgeben...
... und dadurch markiert

Achtung: Der Ausgangspunkt für das Aufziehen des Auswahlrechtecks darf keinesfalls mit irgendeinem Objekt oder Hilfslinie zusammenfallen, da die Aktion in diesem Falle lediglich das "angeklickte" Objekt verschieben würde.

Das globale Markieren läßt sich auch mit der Methode des sukzessiven Markierens kombinieren. So läßt sich beispielsweise neben einer markierten Gruppe noch ein einzelnes Objekt zusätzlich markieren, indem bei gedrückter Umschalttaste das Einzelobjekt angeklickt wird. Diese Methode kann auch benutzt werden, um ein ausgewähltes Einzelobjekt einer Gruppe wieder abzuwählen. Dazu wird das abzuwählende Objekt bei gedrückt gehaltener Umschalttaste angeklickt, wodurch seine Markierung wieder zurückgenommen wird.

Markieren aller Objekte

Zum Markieren sämtlicher Objekte auf der (Doppel-)Seite und der Montagefläche kann die Methode des globalen Markierens benutzt werden. Voraussetzung dazu ist, daß alle Objekte auf dem Bildschirm angezeigt werden, daß also beispielsweise die Darstellungsgröße mit den Größenbefehlen aus dem Menü *Seite* auf die Anzeige der gesamten Seite bzw. Montagefläche eingestellt ist. Sämtliche Objekte lassen sich markieren, wenn von der linken oberen Ecke der Seite oder Montagefläche zur rechten unteren Ecke das Auswahlrechteck aufgezogen wird.

Einfacher und schneller ist die Verwendung des Menübefehls *Alles Markieren* aus dem Menü *Bearbeiten.*

Tip: Alle Objekte bis auf eines markieren

Wenn nahezu alle Elemente einer Seite markiert werden sollen, kann der Befehl *Alles markieren* ebenfalls angewendet werden. Nach seiner Anwendung brauchen lediglich die wenigen Elemente bei gedrückt gehaltener Umschalttaste angeklickt zu werden, die nicht markiert werden sollen.

Markieren versteckter Objekte

Alle mit PageMaker angelegten Elemente erscheinen ebenenweise sortiert, wobei das zuletzt angelegte Element zuoberst und das zuerst angelegte zuunterst liegt. Die Ebene eines Objektes kann mit den Befehlen *Nach vorne stellen* und *Nach hinten stellen* aus dem Menü *Einstellung*

Alle Objekte werden markiert

jederzeit geändert werden. Um ein Element zu markieren, das vollständig von einem oder mehreren anderen verdeckt wird, muß während des Anklickens die Befehltstaste gedrückt sein. Durch mehrmaliges Klicken bei gedrückter Befehlstaste wird jeweils das eine Ebene tiefer liegende Element markiert.

Die Markierung wieder aufheben

Wenn ein Objekt fälschlich markiert worden ist oder wenn die Markierung aus anderen Gründen zurückgenommen werden soll, braucht bei aktiver Zeigefunktion lediglich irgendeine Stelle auf der Zeichenfläche angeklickt zu werden, an der kein Objektumriß vorhanden ist. Das Anklicken einer freien Stelle bewirkt die Rücknahme der Markierung aller bis dahin ausgewählten Objekte.

Ein einzelnes Objekt von mehreren bereits markierten Objekten wird demarkiert, indem sein Umriß bei gedrückt gehaltener Umschalttaste erneut angeklickt wird. Das erneute Anklicken eines bereits markierten Objektes mit gedrückter Umschalttaste führt zum Auflösen der Markierung.

Achtung: Lösen der Umschalttaste beim Markieren mehrerer Objekte hebt alle bis dahin vorgenommenen Markierungen wieder auf.

Bearbeiten von Objekten mit der Zeigefunktion

Neben der Auswahl ist die Modifikation der Position, Größe und Proportion von Objekten die zweite wichtige Aufgabe der Zeigefunktion. Diese Veränderungsmöglichkeiten lassen sich in drei Gruppen einteilen:

- Verschieben
- Dehnen
- Skalieren

Bei allen im folgenden behandelten Operationen mit der Zeigefunktion kann, während mit der Maus agiert wird, die Wirkung der Operation durch die Befehls- und die Umschalttaste beeinflußt werden. Die Tasten sind in ihrer Anwendung und damit auch in ihrer Wirkung kombinierbar. Bei allen Operationen, die sich mit einer Taste in ihrer Wirkung beeinflussen lassen, wird darauf gesondert hingewiesen.

Löschen von Bearbeitungen

Alle größen- oder proportionsverändernden Bearbeitungen an einem Objekt, die mit der Zeigefunktion vorgenommen worden sind, lassen sich entweder zurücknehmen, indem es erneut so bearbeitet wird, daß die unerwünschte Bearbeitung dadurch wieder aufgehoben wird, oder durch Anwendung des Menübefehls *Bearbeiten rückgängig* aus dem Menü *Bearbeiten*. Die Anwendung dieses Befehls löscht jedoch nur die zuletzt vorgenommene Bearbeitung. Es ist daher gut, wenn vor einem Bearbeitungskomplex der aktuelle Arbeitsstand durch Zwischenspeichern gesichert wird, weil er dann mit dem Befehl *Alte Fassung* aus dem Menü *Datei* wieder aufgerufen werden kann, ohne daß frühere Bearbeitungsstufen manuell rekonstruiert werden müßten.

Verschieben

Das Verschieben von Objekten ist die einfachste Objektmodifikation mit der Zeigefunktion, die auf Textblöcke, auf Grafiken und auf die Linien- und Flächenelemente anwendbar ist. Das Verschieben läßt das Objekt selbst völlig unverändert, lediglich die Position des Objektes auf der Arbeitsfläche wird verändert. Beim Verschieben mit gedrückter Umschalttaste kann nur in horizontaler oder vertikaler Richtung neu positioniert werden. Es gilt dabei die grobe Richtung der Mausbewegung beim Beginn der Verschiebeoperation.

Verschieben eines Objektes

❶ Objekt markieren (die Markierungen zum Bearbeiten des Objektes erscheinen).

❷ Pfeil auf das markierte Objekt setzen, Maustaste drücken und gedrückt halten (die Markierungen bei Linien, Flächen und Grafiken verschwinden wieder).

❸ Objekt mit gedrückt gehaltener Maustaste durch Mausbewegung neu positionieren (der Pfeil ändert seine Form in einen Bewegungscursor, und anstelle der Bearbeitungsmarkierungen erscheint ein Rechteck um das Objekt; das Rechteck folgt der Mausbewegung).

❹ Lösen der Maustaste fixiert das Objekt an der neuen Position (der Bewegungscursor nimmt wieder die Form des Pfeils an, und das Objekt wird an der neuen Position mit seinen Bearbeitungsmarkierungen angezeigt).

Umschalttaste: Wenn beim Verschieben die Umschalttaste gedrückt wird, beschränkt sich die Richtung des Verschiebens auf die Horizontale oder die Vertikale, je nach Anfangsbewegung. Durch Lösen der Taste und erneutes Drücken während des Verschiebens kann auch von der einen zur anderen Richtung gewechselt werden.

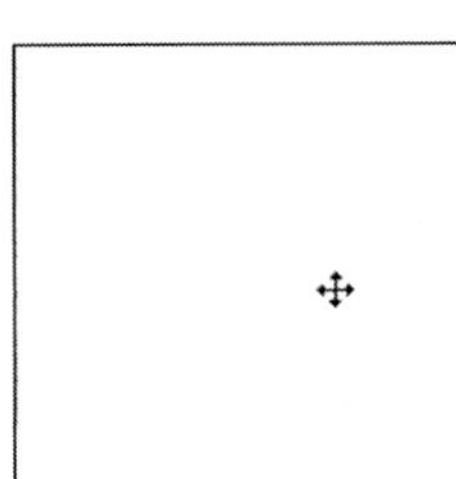

Objekte werden verschoben

Tip: Verschieben mit den Pfeiltasten

Objekte lassen sich auch ohne Verwendung der Maus mit den Pfeiltasten in kleinen Schritten verschieben. Dabei wird das Objekt mit jedem Tastendruck um ein Bildschirmpixel, bei gleichzeitig gedrückter Befehlstaste um fünf Bildschirmpixel, in der Richtung der Pfeiltaste verschoben. Bei einer vergrößerten Darstellung ist auf diese Weise ein sehr exaktes Positionieren möglich. Ist die Linealpositionierhilfe eingeschaltet, springt das Objekt mit jedem Tastendruck einen Linealteilstrich weiter.

Dehnen

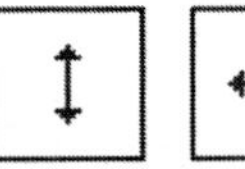

Dehnen eines Objektes

Beim Dehnen wird das Objekt in horizontaler oder vertikaler Richtung verzerrt (gestaucht oder gestreckt). Diese Operation kann nur bei Grafiken und Flächenelementen ausgeführt werden.

❶ Objekt markieren (die Markierungen zum Bearbeiten des Objektes erscheinen).
❷ Mauszeiger auf eine der vier (oben, unten, rechts oder links) Markierungen an den Seiten setzen, Maustaste drücken und gedrückt halten (der Mauszeiger ändert seine Form zu einem kleinen Fadenkreuz, und die Markierungen verschwinden wieder).
❸ Objekt mit gedrückt gehaltener Maustaste durch Mausbewegung in der gewünschten Richtung strecken oder stauchen (der Pfeil nimmt dabei die Form eines Dehnungscursors an).
❹ Lösen der Maustaste fixiert das Objekt in seiner neuen Form (der Dehnungscursor nimmt wieder die Form des Pfeils an, und das bearbeitete Objekt wird umgeben von den Bearbeitungsmarkierungen angezeigt).

Befehlstaste: Drücken der Befehlstaste beim Dehnen von Pixelgrafiken (Bitmaps) paßt die Größenänderung der Auflösung des ausgewählten Standarddruckers an, so daß die Änderung in Stufen stattfindet.

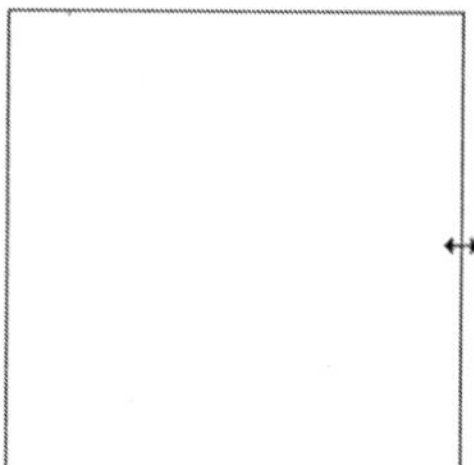

Ein Objekt wird gedehnt

Skalieren

Das Skalieren eines Objektes verändert die Größe in horizontaler und vertikaler Richtung gleichermaßen. Während Grafiken, Linien und Flächen skalierbar sind und sich ihre Größe und Proportion ändern läßt, wirkt sich der Skaliervorgang bei Textblöcken nur auf die Zeilenbreite aus.

Skalieren eines Objektes

❶ Objekt markieren (die acht Markierungen zum Bearbeiten des Objektes erscheinen).

❷ Mauszeiger auf eine der vier Eckmarkierungen setzen, Maustaste drücken und gedrückt halten (der Mauszeiger ändert seine Form zu einem kleinen Fadenkreuz, und die Markierungen verschwinden wieder).

❸ Objekt mit gedrückt gehaltener Maustaste durch Mausbewegung auf die gewünschte Größe bringen (das Kreuz ändert seine Form in einen Dehnungscursor, und anstelle der Bearbeitungsmarkierungen erscheint ein gestricheltes Rechteck um das Objekt; das gestrichelte Rechteck gibt die modifizierte Größe des Objektes wieder).

❹ Lösen der Maustaste fixiert das Objekt in seiner neuen Größe (der Dehnungscursor nimmt wieder die Form des Pfeils an, und das bearbeitete Objekt wird umgeben von den Bearbeitungsmarkierungen angezeigt).

Umschalttaste: Wird beim Skalieren eines Objektes gleichzeitig die Umschalttaste gedrückt, so wird das Objekt so skaliert, daß seine Proportion nicht verändert wird.

Befehlstaste: Drücken der Befehlstaste beim Skalieren von Pixelgrafiken (Bitmaps) paßt die Größenänderung der Auflösung des ausgewählten Standarddruckers an, so daß die Änderung in Stufen stattfindet.

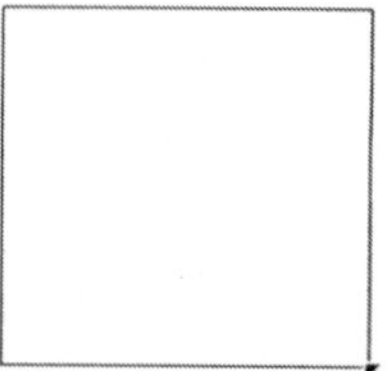
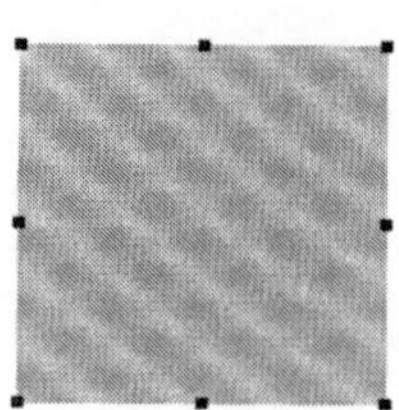

Ein Objekt wird skaliert

Umschalt- und Befehltstaste: Das Drücken beider Tasten beim Skalieren von Bitmaps kombiniert die Auswirkungen, so daß beim proportionalen Skalieren die Auflösung des Druckers berücksichtigt wird.

Bearbeiten von Textblöcken mit der Zeigefunktion

In Verbindung mit Textabschnitten bzw. Textblöcken hat die Zeigefunktion ebenfalls größen- und proportionenverändernde Wirkung. Nur ändert sich beispielsweise beim Dehnen nicht die Schriftgröße, sondern es ändert sich die Spaltenbreite und die Anzahl der Textzeilen. Im Unterschied zu allen übrigen Objekten zeigen Textblöcke auch nicht die acht quadratischen Markierungen zum Bearbeiten, sondern oberhalb und unterhalb des Blockes eine Linie mit Textblockanfasser und Eckanfassern.

Die Textblockanfasser dienen dem Erweitern des Blockes in die entsprechende Richtung. Die Anfasser können Markierungen enthalten, die über den Zustand des jeweiligen Textblocks informieren.

Leerer Anfasser: steht für einen vollständig plazierten Text. Das heißt, der gesamte Text des Textabschnitts ist im markierten Textblock zu sehen.

Plus-Anfasser: zeigt an, daß der Textblock mit einem weiteren verbunden ist. Der aktuelle Block zeigt nur einen Ausschnitt aus dem Textabschnitt an.

Pfeil-Anfasser: zeigt an, daß dem Text im markierten Textblock noch weiterer Text folgt, der noch nicht plaziert ist. Der restliche Text kann entweder durch ein Vergrößern des Blockes sichtbar gemacht werden oder durch das Plazieren eines weiteren Textblockes nach Anklicken des Symbols.

Größe eines Textblocks ändern

Die Größe eines Textblockes läßt sich mit den Textblockanfassern oben und unten am Textblock oder mit den Eckanfassern ändern. Ziehen der Textblockanfasser ändert nur die Anzahl der im Block darstellbaren Zeilen. Beim Ziehen der Eckanfasser kann auch die Breite des Textblockes geändert werden. Die Technik für das Ziehen der Anfasser ist mit der Technik für das Ändern von Nicht-Textobjekten vergleichbar.

Größe eines Textblockes ändern | Größe eines Textblockes ändern | Größe eines Textblockes

Ändern eines Textblockes mit Textblockanfasser ...

Größe eines Textblockes ändern

Größe eines Textblockes ändern

Größe eines Text- blockes ändern

... und Eckanfasser

Um den Text vollständig zu plazieren ...

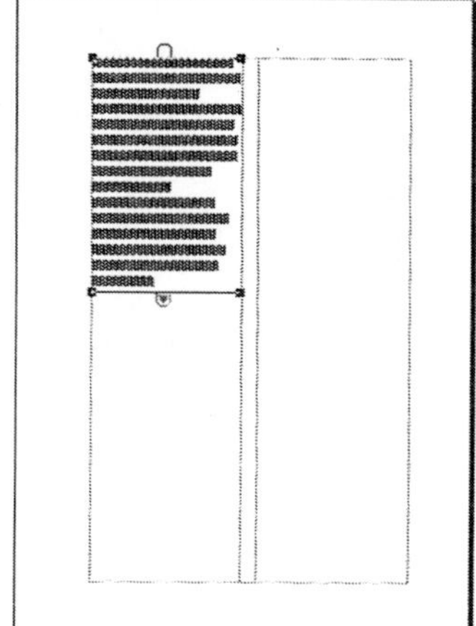

... kann der Textblock vergrößert werden ...

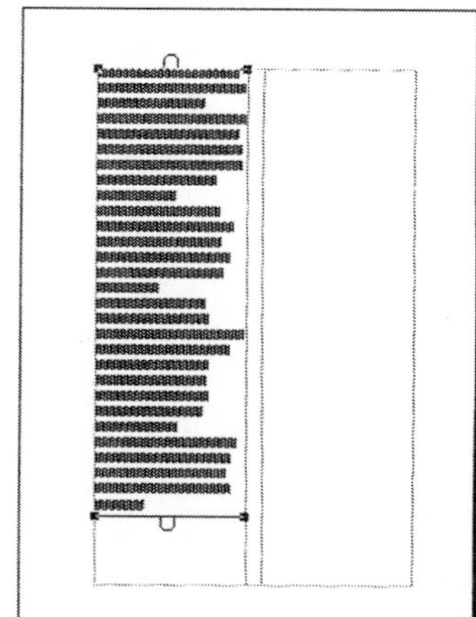

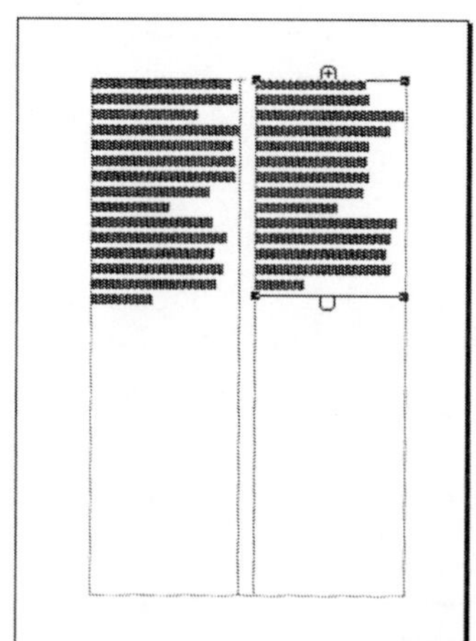

... oder der restliche Text wird in einem neuen Textblock plaziert

Text vollständig plazieren

Um einen Text vollständig zu plazieren, gibt es zwei Möglichkeiten. Die erste vergrößert durch Ziehen eines Textblockanfassers den Textblock bis die maximale Größe erreicht ist, die das Layout zuläßt. Wenn dies noch nicht ausreicht, muß der restliche Text in einer neuen Textspalte auf der momentanen Seite oder auf der nächsten Seite plaziert werden. Dazu wird zunächst der untere Anfasser mit der Pfeilmarkierung angeklickt. Daraufhin erscheint eines der Textsymbole zum Positionieren eines neuen Textblockes. Erneutes Klicken plaziert den neuen Textblock ausgehend von der neuen Position des Textsymbols (gegebenenfalls kann zuvor auch zu einer anderen Seite geblättert oder, wenn eine zusätzliche Seite erforderlich ist, eine neue Seite erzeugt werden).

Freiwinkelfunktion <Umschalt><F2>
Festwinkelfunktion <Umschalt><F3>

Die Freiwinkel- und Festwinkelfunktion dienen dem Zeichnen von Linien. Zwei Eigenschaften von PageMaker machen das Zeichnen von Linien besonders einfach. Mit der Linealpositionierhilfe von PageMaker lassen sich Linien schon beim Zeichnen exakt so anlegen, wie sie benötigt werden. Und mit den Linealhilfslinien kann das exakte Ausrichten von neu gezeichneten Linien auch in der Ganzseitenübersicht in hoher Präzision erfolgen. Die Linienattribute wie Linienstärke und Linienmuster können entweder vor dem Zeichnen einer Linie im Linienauswahlmenü eingestellt oder auch jederzeit nachträglich wieder geändert werden, wenn dies nötig ist.

❶ Freiwinkelfunktion durch Anklicken aktivieren (der Mauszeiger ändert innerhalb des Arbeitsbereichs seine Form in ein Fadenkreuz).

Zeichnen von Linien im Freiwinkelmodus

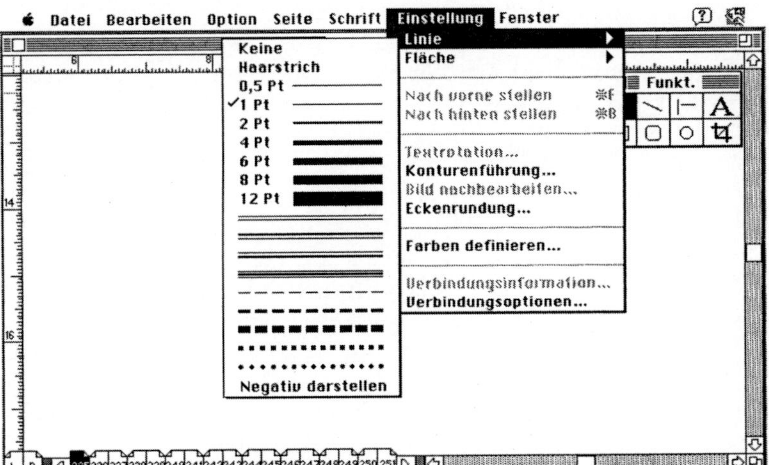

*Die Linienattribute sollten zuvor im Auswahlmenü **Linien** festgelegt werden*

❷ Fadenkreuz am Anfang der zu zeichnenden Linie positionieren und die Maustaste drücken und gedrückt halten (in den Linealen wird die aktuelle Position des Mauszeigers, die dem Anfangspunkt der Linie entspricht, durch Markierungen in den Skalen angezeigt).
❸ Linie durch Mausbewegung in die entsprechende Richtung auf gewünschte Länge ziehen (die Linie erscheint auf dem Bildschirm, und in den Linealen wird die aktuelle Position des Mauszeigers, die dem Endpunkt der Linie beim Lösen der Maustaste entspricht, durch Markierungen in den Skalen angezeigt).
❹ Lösen der Maustaste fixiert die neue Linie an der aktuellen Position (es erscheinen Anfangs- und Endknoten der Linie).
❺ Wiederholen der letzten drei Arbeitsschritte ermöglicht das Aneinanderfügen beliebig vieler Linien zu einer Art Polygon (dessen Linienzüge allerdings eigenständige Linienelemente sind). Wichtig ist dabei, daß die Maus beim Fixieren des Endpunktes möglichst ruhig gehalten wird, damit dieser Endpunkt beim erneuten Drücken der Maustaste mit dem neuen Anfangspunkt identisch ist.

Umschalttaste: Drücken der Umschalttaste während des Zeichnens von Linien bewirkt, daß die Linie horizontal und vertikal nur im Winkel von 45 Grad bzw. einem Vielfachen davon ausgerichtet sein kann. Damit verhält sich die Freiwinkelfunktion bei gedrückt gehaltener Umschalttaste genauso wie die Festwinkelfunktion.

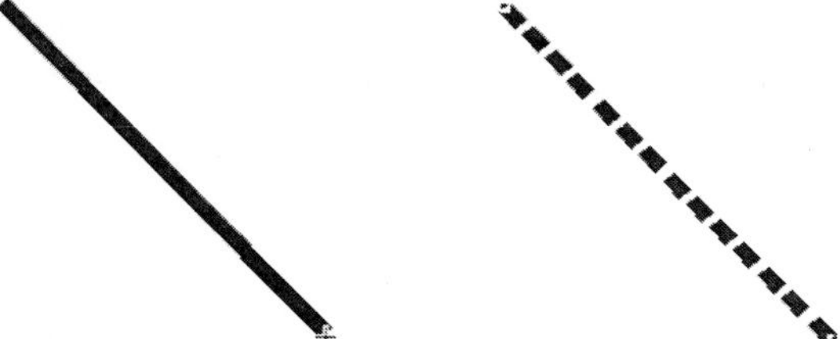

Eine Linie wird gezeichnet

Zeichnen von Linien im Festwinkelmodus

❶ Festwinkelfunktion durch Anklicken aktivieren (der Mauszeiger ändert innerhalb des Arbeitsbereichs seine Form in ein Fadenkreuz).
❷ Fadenkreuz am Anfang der zu zeichnenden Linie positionieren und die Maustaste drücken und gedrückt halten (in den Linealen wird die aktuelle Position des Mauszeigers, die dem Anfangspunkt der Linie entspricht, durch Markierungen in den Skalen angezeigt).
❸ Linie durch Mausbewegung in die entsprechende Richtung auf gewünschte Länge ziehen (die auf alle 45 Gradwinkel einschnappende Linie erscheint auf dem Bildschirm, und in den Linealen wird die aktuelle Position des Mauszeigers, die dem Endpunkt der Linie beim Lösen der Maustaste entspricht, durch Markierungen in den Skalen angezeigt).
❹ Lösen der Maustaste fixiert die neue Linie an der aktuellen Position (es erscheinen Anfangs- und Endknoten der Linie).

❺ Wiederholen der letzten drei Arbeitsschritte ermöglicht das Aneinanderfügen beliebig vieler Linien zu einer Art Polygon. Wichtig ist dabei, daß die Maus beim Fixieren des Endpunktes möglichst ruhig gehalten wird, damit dieser Endpunkt beim erneuten Drücken der Maustaste mit dem neuen Anfangspunkt identisch ist.

Jede Linie kann jederzeit hinsichtlich ihrer Position oder ihrer Größe und Ausrichtung geändert werden. Das Ändern der Position ist genauso wie bei allen übrigen Objekttypen mit der Zeigefunktion möglich. Die Größe und Ausrichtung kann ebenfalls mit der Zeigefunktion geändert werden. Dazu braucht lediglich einer der Endpunkte durch Mausbewegung bei gedrückt gehaltener Maustaste verschoben zu werden. Dabei verlieren Festwinkellinien ihre Ausrichtung, wenn nicht beim Verschieben der Linienknoten die Umschalttaste gedrückt wird. Festwinkel- und Freiwinkellinien sind also keine unterschiedlichen Linientypen, sie sind jederzeit ineinander umwandelbar.

Eine Linie wird geändert

Textfunktion <Umschalt><F4>

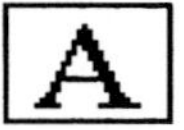

Die Textfunktion ist das Werkzeug zur Textbearbeitung im Layoutmodus. Mit der Textfunktion lassen sich Textblöcke editieren, also Texteingaben und Korrekturen können vorgenommen und Textpartien gelöscht werden. Mit der Einfügemarke, die entweder mit der Maus oder aber über die Cursorfunktionen der Tastatur beliebig im Text positioniert werden kann, läßt sich die Stelle für Textänderungen markieren. Größere Textpassagen lassen sich markieren, um Änderungen (etwa an den Textattributen) auf größere Bereiche anwenden zu können. Im folgenden werden alle wichtigen Operationen mit der Textfunktion vorgestellt.

Textblock erzeugen

Die einfachste und unmittelbarste Möglichkeit, Text in ein PageMaker-Dokument einzufügen, ist die Direkteingabe mit der Textfunktion. Alternativen sind das Importieren von bereits fertiggestellten Texten in ein Dokument oder die Verwendung des Textmodus.

Erzeugen eines Textblockes

❶ Wählen der Textfunktion durch Anklicken des entsprechenden Symbols aus dem Funktionenfenster.
❷ Positionieren des Cursors an der Stelle auf der aktuellen Seite, an der der neue Text eingefügt werden soll, und Mausklick.
❸ Hinter die erscheinende Einfügemarke kann beliebiger Text über die Tastatur eingegeben werden.

Textblock mit vorgegebener Zeilenbreite erzeugen

Direkt beim Erzeugen eines neuen Textblockes kann Einfluß auf die Blockbreite und damit auf die Zeilenbreite genommen werden. Ansonsten ist die Textblockbreite abhängig vom Satzspiegel bzw. von den Spaltenhilfslinien der aktuellen Seite.

Erzeugen eines Textblockes mit vorgegebener Zeilenbreite

❶ Wählen der Textfunktion durch Anklicken des entsprechenden Symbols aus dem Funktionenfenster.
❷ Positionieren des Cursors an der Stelle auf der aktuellen Seite, an der der neue Text eingefügt werden soll. Mit einem Mausklick bei gedrückt gehaltener Maustaste ein Rechteck aufziehen, das die Form des späteren Textblocks vorgibt.
❸ Hinter die erscheinende Einfügemarke kann beliebiger Text über die Tastatur eingegeben werden.

Text markieren

Die Möglichkeit, bestimmte Textpassagen innerhalb eines Textblockes zu markieren, ist die wichtigste Voraussetzung für die Gestaltung von Texten. Für alle zeichenorientierten Formatierungen wie Schriftart und Schriftgröße kann ein Bereich des Textes markiert und dessen Schriftattribute durch Aufruf eines der Befehle im Menü *Schrift* formatiert werden. Für die absatzorientierten Formatierungen wie Zeilenausrichtung, Absatzabstand usw. wird lediglich eine im Absatz positionierte Einfügemarke benötigt, um jedoch mehrere Absätze auf einmal zu formatieren, können die gewünschten Absätze zuvor markiert werden.

Neben der im folgenden vorgestellten mausgesteuerten Methode zum Markieren von Text gibt es noch die befehlgesteuerte (mit dem Befehl *Alles markieren* aus dem Menü *Bearbeiten*) und tastaturgesteuerte Methode (über Tasten und Tastenkombinationen).

Markieren einer Textpassage mit dem Mauszeiger

❶ Wählen der Textfunktion durch Anklicken des entsprechenden Symbols aus dem Funktionenfenster.
❷ Markieren des Textblockes, in dem eine Textänderung vorgenommen werden soll.
❸ Positionieren des Mauszeigers an der Stelle im Text, ab der die Textpassage markiert werden soll. Mit einem Mausklick kann nun bei gedrückt gehaltener Maustaste ein beliebiger Bereich des Textes markiert werden, was durch eine invertierte Textdarstellung kenntlich gemacht wird.

Fortune plango vulnera stillantibus ocellis, quod sua michi munera subtrahit rebellis.

Eine beliebige Textpassage kann durch Ziehen mit der Maus markiert werden

Um den gesamten Text eines Textabschnitts für eine Textformatierung zu markieren, kann der Befehl *Alles markieren* aus dem Menü *Bearbeiten* verwendet werden. Vor Befehlsaufruf muß mit der Textfunktion die Einfügemarke irgendwo innerhalb eines Textblockes positioniert sein. Auf diese Weise wird nicht nur der auf der Seite im Textblock sichtbare Text eines Textabschnittes markiert, sondern der gesamte Text.

Tip: Text im gesamten Textabschnitt markieren

Fortune plango vulnera stillantibus ocellis, quod sua michi munera subtrahit rebellis.

Es kann auch der gesamte Text auf einmal markiert werden

Cursorfunktionen für die Textbearbeitung mit der Textfunktion

Der Textcursor kann bei aktiver Textfunktion überall innerhalb eines Textblockes positioniert werden, um Änderungen oder Ergänzungen am Text vorzunehmen. Der Textcursor kann auch tastaturgesteuert innerhalb des Textes bewegt werden. In der Tabelle auf der folgenden Seite werden sämtliche Cursorfunktionen vorgestellt.

Verbinden von Textblöcken

Zwei unabhängige Textblöcke lassen sich zu einem Textabschnitt verbinden. Dies kann beispielsweise dann erforderlich sein, wenn ein Textabschnitt vorübergehend in mehrere unabhängige Blöcke aufgeteilt worden ist oder wenn unabhängig voneinander erzeugte Texte verbunden werden sollen.

Die Cursorfunktionen

Taste(n)	Funktion
	Cursorfunktionen auf der normalen und der erweiterten Tastur (Ziffern sind die Zifferntasten auf dem numerischen Tastenblock)
<Rück>	löscht das Zeichen links vom Cursor
<Eingabe>	führt einen Zeilenumbruch aus; der Cursor geht an den Anfang der nächsten Zeile
<links> oder <4>	setzt den Cursor um ein Zeichen nach links
<rechts> oder <6>	setzt den Cursor um ein Zeichen nach rechts
<oben> oder <8>	setzt den Cursor um eine Zeile nach oben
<unten> oder <2>	setzt den Cursor um eine Zeile nach unten
<7>	setzt den Cursor an den Anfang der aktuellen Zeile
<1>	setzt den Cursor an das Ende der aktuellen Zeile
<9>	setzt den Cursor einen Bildschirmausschnitt nach oben
<3>	setzt den Cursor einen Bildschirmausschnitt nach unten
<Befehl><links> oder <Befehl><4>	setzt den Cursor an den Anfang des aktuellen Wortes bzw. an den Anfang des links stehenden Wortes
<Befehl><rechts> oder <Befehl><6>	setzt den Cursor an den Anfang des nächsten Wortes
<Befehl><oben> oder <Befehl><8>	setzt den Cursor an den Anfang des Absatzes
<Befehl><unten> oder <Befehl><2>	setzt den Cursor an das Ende des Absatzes
<Befehl><7>	setzt den Cursor an den Anfang des Satzes
<Befehl><1>	setzt den Cursor an das Ende des Satzes
<Befehl><9>	setzt den Cursor an den Anfang des Textblockes
<Befehl><3>	setzt den Cursor an das Ende des Texblockes
<Umschalt>+ eine der oben aufgeführten Tasten oder Tastenkombinationen	markiert von der momentanen Cursorposition bis an die Position, an die der Cursor durch die Taste oder Tastenkombination gesetzt wird
	Zusätzliche Cursorfunktionen auf der erweiterten Tastatur
<Page Up>	setzt den Cursor einen Bildschirmausschnitt nach oben
<Page Down>	setzt den Cursor einen Bildschirmausschnitt nach unten
<Home>	setzt den Cursor an den Anfang des Textblockes
<End>	setzt den Cursor an das Ende des Textblockes

Verbinden von Textblöcken

1. Wählen der Textfunktion durch Anklicken des entsprechenden Symbols aus dem Funktionenfenster.
2. Den gesamten Text des zweiten Textblockes markieren (beispielsweise mit *Alles markieren* aus dem Menü *Bearbeiten*) und mit Ausschneiden in die Zwischenablage kopieren und gleichzeitig löschen.
3. Einfügemarke am Ende des ersten Textblockes positionieren und mit *Einfügen* den Text aus der Zwischenablage in den ersten Textblock einfügen.

Fortune plango vulnera stillantibus ocellis,

quod sua michi munera subtrahit rebellis.

Fortune plango vulnera stillantibus ocellis, quod sua michi munera subtrahit rebellis.

Zwei Textblöcke werden verbunden

Trennen von Textblöcken

Das Trennen von Textblöcken kann in einigen Fällen Probleme vermeiden helfen, die sich zwangsläufig bei umfangreichen Texten ergeben. Immer wenn Änderungen an einem langen Text vorgenommen werden, ändern sich alle nachfolgenden Seiten, auf denen Textblöcke des aktuellen Textabschnitts positioniert sind. Durch das Abtrennen neuralgischer Textpartien lassen sich Umbruchprobleme umgehen.

Trennen von Textblöcken

1. Wählen der Textfunktion durch Anklicken des entsprechenden Symbols aus dem Funktionenfenster.
2. Positionieren der Einfügemarke vor der abzutrennenden Textstelle.
3. Mit der Tastenkombination <Befehl><3> (<3> auf Ziffernblock) den gesamten Text von der Cursorposition bis zum Abschnittsende markieren.
4. Mit dem Befehl *Ausschneiden* den Text im Textabschnitt löschen und in die Zwischenablage kopieren.
5. Aktivieren der Zeigefunktion durch Anklicken des entsprechenden Symbols aus dem Funktionenfenster.
6. Auswählen des Befehl *Einfügen* aus dem Menü *Bearbeiten*.
7. Positionieren des Textsymbols an einer geeigneten Stelle auf einer Seite im Dokument und Mausklick, woraufhin der Text aus der Zwischenablage als selbstständiger Textblock eingefügt wird.

Fortune plango vulnera stillantibus ocellis, quod sua michi munera subtrahit rebellis.

Fortune plango vulnera stillantibus ocellis,

quod sua michi munera subtrahit rebellis.

Ein Textblock wird aufgeteilt

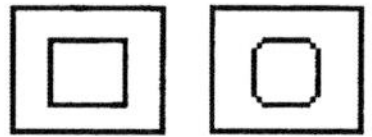

Rechteckfunktion <Umschalt><F5>
Sonderrechteckfunktion <Umschalt><F6>

Die Rechteck- und die Sonderrechteckfunktion ermöglichen das einfache Konstruieren von Rechtecken. Der Objekttyp »Rechteck« umfaßt normale Rechtecke und auch Rechtecke mit abgerundeten Ecken. Natürlich lassen sich auch Quadrate mit der Rechteckfunktion zeichnen.

Mit der Linealpositionierhilfe von PageMaker lassen sich Rechtecke schon beim Zeichnen exakt so anlegen, wie sie benötigt werden. Und mit den Linealhilfslinien kann das exakte Ausrichten von neu gezeichneten Rechtecken auch in der Ganzseitenübersicht in hoher Präzision erfolgen. Die das Aussehen bestimmenden Attribute für Umriß und Fläche können entweder vor dem Zeichnen im Linienauswahlmenü sowie im Flächenauswahlmenü eingestellt oder auch jederzeit nachträglich wieder geändert werden, wenn dies nötig ist.

Aufziehen eines Rechtecks

❶ Rechteckfunktion oder Sonderrechteckfunktion aus dem Funktionenfenster durch Anklicken aktivieren (der Mauszeiger ändert innerhalb des Arbeitsbereichs seine Form in ein Fadenkreuz).
❷ Fadenkreuz an einer Ecke des zu konstruierenden Rechtecks positionieren und die Maustaste drücken und gedrückt halten.
❸ Aufziehen des Rechtecks über die Diagonale durch Mausbewegung in die entsprechende Richtung (das Rechteck erscheint auf dem Bildschirm).
❹ Lösen der Maustaste fixiert das aufgezogene Rechteck an der aktuellen Position (es erscheinen die acht Bearbeitungsmarkierungen eines markierten Objektes).

Ein Rechteck wird gezeichnet

Umschalttaste: Drücken der Umschalttaste während des Aufziehens bewirkt, daß das aufgezogene Rechteck automatisch quadratische Proportionen erhält.

Jedes Rechteck kann jederzeit hinsichtlich seiner Position, seiner Größe und Ausrichtung geändert werden. Das Ändern der Position ist genauso wie bei allen übrigen Objekttypen mit der Zeigefunktion möglich. Die Größe und Ausrichtung kann ebenfalls mit der Zeigefunktion geändert werden. Dazu braucht lediglich einer der acht Markierungen bei gedrückt gehaltener Maustaste verschoben zu werden. Mit dem Befehl *Eckenrundung* aus dem Menü *Einstellung* kann für alle Rechteckformen eine Eckenrundung definiert oder wieder aufgehoben werden.

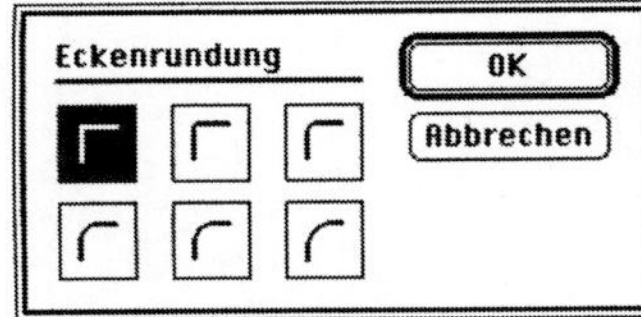

Dialogfeld ***Eckenrundung***

Ein Rechteck wird geändert

Kreisformenfunktion <Umschalt><F7>

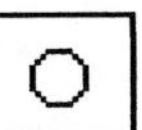

Die Kreisformenfunktion ermöglicht das einfache Konstruieren von Ellipsen und Kreisen. Der Objekttyp »Kreisform« umfaßt Kreise und Ellipsen.

Mit der Linealpositionierhilfe und den Linealhilfslinien von PageMaker lassen sich Ellipsen schon beim Zeichnen exakt so anlegen, wie sie benötigt werden, unabhängig von der aktuell eingestellten Darstellungsgröße auf dem Bildschirm. Die das Aussehen bestimmenden Attribute für Umriß und Fläche können entweder vor dem Zeichnen im Linienauswahlmenü sowie im Flächenauswahlmenü eingestellt oder auch jederzeit nachträglich wieder geändert werden, wenn dies nötig ist.

Aufziehen einer Ellipse

❶ Kreisformenfunktion durch Anklicken des entsprechenden Symbols aus dem Funktionenfenster aktivieren (der Mauszeiger ändert innerhalb des Arbeitsbereichs seine Form in ein Fadenkreuz).

❷ Fadenkreuz an einer Ecke des Rahmens der zu konstruierenden Ellipse positionieren und die Maustaste drücken und gedrückt halten.

❸ Aufziehen der Ellipse über die Diagonale des Objektrahmens durch Mausbewegung in die entsprechende Richtung (die Ellipse erscheint auf dem Bildschirm).
❹ Lösen der Maustaste fixiert die aufgezogene Ellipse an der aktuellen Position.

Umschalttaste: Drücken der Umschalttaste während des Aufziehens bewirkt, daß die aufgezogene Ellipse automatisch kreisförmige Proportionen erhält.

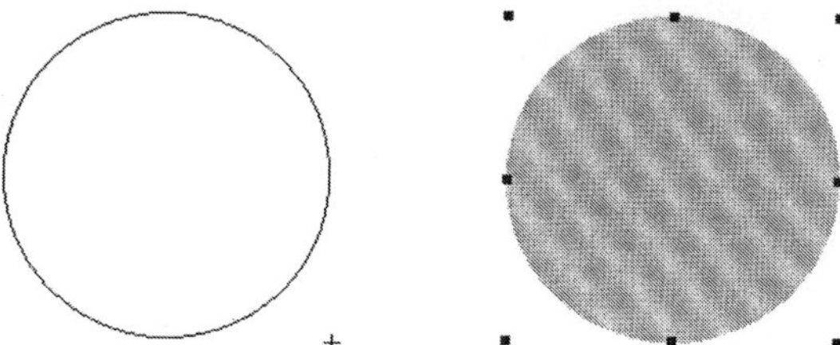

Eine Ellipse wird gezeichnet

Jede Kreisform kann jederzeit hinsichtlich ihrer Position, ihrer Größe und Ausrichtung geändert werden. Das Ändern der Position ist genauso wie bei allen übrigen Objekttypen mit der Zeigefunktion möglich. Die Größe und Ausrichtung kann ebenfalls mit der Zeigefunktion geändert werden. Dazu braucht lediglich einer der acht Markierungen bei gedrückt gehaltener Maustaste verschoben zu werden.

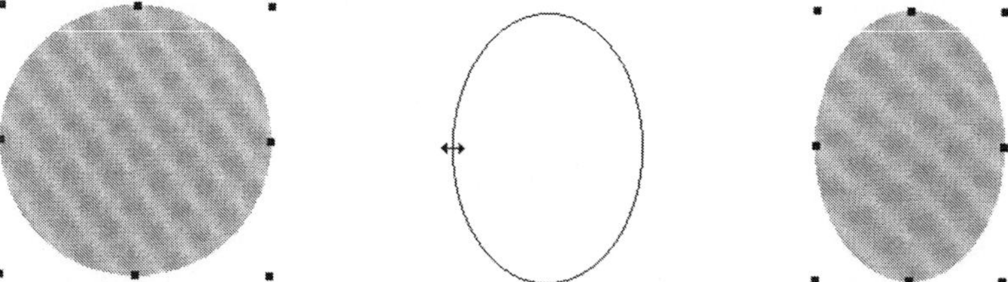

Eine Kreisform wird geändert

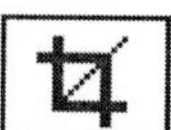

Abschneidefunktion <Umschalt><F8>

Die Abschneidefunktion dient der Bearbeitung von Grafiken und Bildern. Sie ist in ihrer Wirkung vergleichbar einer Schere, mit der man Teile eines Bildes abschneiden kann, ohne dabei den Maßstab des Bildes zu verändern. Die Besonderheit der digitalen Schere von PageMaker ist, daß ein abgeschnittenes Bild jederzeit wiederhergestellt werden kann und daß der sichtbare Ausschnitt des Bildes innerhalb der Rahmenbegrenzungen frei verschiebbar ist.

Zurechtschneiden eines Bildes

❶ Wählen der Abschneidefunktion aus dem Funktionenfenster und markieren des gewünschten Bildes.
❷ Mauszeiger in Form des Abschneide-Sinnbildes auf einen der Anfasser so positionieren, daß die Anfassermarkierung in der Mitte des Mauszeigers liegt.
❸ Drücken der Maustaste und bei gedrückt gehaltener Maustaste den Anfasser so verschieben, daß die wegzuschneidenden Bildpartien verschwinden.
❹ Lösen der Maustaste fixiert das Bild mit dem aktuellen Ausschnitt.

Ein Bild wird zurechtgeschnitten

Verschieben des Bildausschnitts

❶ Wählen der Abschneidefunktion aus dem Funktionenfenster und markieren des gewünschten Bildes.
❷ Mauszeiger in Form des Abschneidesinnbildes innerhalb des Bildes positionieren.
❸ Drücken der Maustaste und bei gedrückt gehaltener Maustaste den Inhalt des Bildes verschieben, bis der gewünschte Ausschnitt sichtbar ist. (Beim Verschieben nimmt der Mauszeiger die Form einer Hand an.)

Ein Bildausschnitt wird verschoben

Paletten

Paletten sind zusätzliche Bedienungselemente, die sich in Form eines Fensters ein- und ausblenden lassen. Wie bei jedem Fenster lassen sich die Paletten einzeln an eine beliebige Position auf dem Bildschirm verschieben und in der Größe den individuellen Anforderungen anpassen.

Eine Palette ist bereits vorgestellt worden: das Funktionenfenster. Drei weitere Paletten, die Druckformatliste, die Farbpalette und die Kontrollpalette, können im Layoutmodus angezeigt werden. Im Textmodus läßt sich nur die Druckformatliste einblenden.

Druckformatliste

Format
Ohne Format
Bildlegende
Fließtext
Hängender Einzug
Titel 1
Titel 2
Titel 3

Die Druckformatliste

In der Druckformatliste werden die Namen aller in der aktuellen Satzdatei definierten Druckformate angezeigt. Druckformate sind eine Zusammenstellung von Zeichen- und Absatzformatierungen, die in dieser Kombination für einen oder mehrere Absätze verwendet werden. In der Druckformatliste läßt sich für den mit der Textfunktion markierten Text ablesen, mit welchem Druckformat er formatiert wurde. Der Name des entsprechenden Druckformates wird dann in der Liste invertiert angezeigt. Durch Klicken auf einen Druckformatnamen wird der gesamte Absatz, in dem sich die Einfügemarke befindet, mit diesem Druckformat formatiert. Auch eine Bearbeitung der Druckformate von der Druckformatliste aus ist möglich, wenn bei gedrückter Befehlstaste auf den gewünschten Druckformatnamen geklickt wird. Es wird dann für dieses Druckformat das Dialogfeld *Druckformate bearbeiten* aufgerufen.

Als Vorgabe liefert PageMaker sechs fertige Druckformate, die nach Bedarf umformatiert werden können: *Bildlegende* für Abbildungsunterschriften, *Fließtext* für den normalen Text, *Hängender Einzug* für eine Aufzählung mit hängendem Einzug und mit *Titel 1*, *Titel 2* und *Titel 3* Überschriftendruckformate für drei Überschriftenebenen. Der Eintrag *Ohne Format* in der Druckformatliste erscheint invertiert, wenn dem markierten Absatz kein Druckformat zugeordnet ist. Über das Druckformat *Ohne Format* lassen sich neue Druckformate definieren, wenn dieser Eintrag bei gedrückter Befehlstaste angeklickt wird.

Farbpalette

Farben
Papier
Schwarz
Paßkreuze
Blau
Grün
Rot

Die Farbpalette

Die Farbpalette ähnelt der Druckformatliste, jedoch mit dem Unterschied, daß anstelle fertiger Textformatierungen individuell definierte Farben aufgelistet werden. Auch hier erscheint die dem markierten Objekt zugeordnete Farbe in der Palette invertiert. Durch Anklicken einer Farbe aus der Farbpalette, wird diese direkt auf das markierte Objekt angewendet. Auch hier ist wieder eine Bearbeitung der Einträge möglich, indem bei gedrückter Befehlstaste auf den Farbnamen geklickt wird. Dies öffnet das Dialogfeld *Farben bearbeiten*.

Die Standard-Farbpalette von PageMaker enthält die Farben *Papier, Schwarz, Paßkreuze, Blau, Grün* und *Rot.* Dabei ist *Papier* die Farbe des Papiers, auf dem gedruckt wird, d.h. es wird keine Druckfarbe aufgetragen. *Paßkreuze* ist eine Farbe für Seitenelemente, die nur in Verbindung mit Beschnittzeichen gedruckt werden sollen.

Kontrollpalette

Die vierte Palette ist die Kontrollpalette. Sie ist ein unverzichtbares Hilfsmittel beim Positionieren, Skalieren, Zeichnen und Beschneiden von Objekten. In der Kontrollpalette werden numerische Werte zum markierten Objekt, zur markierten Hilfslinie oder, falls kein Objekt markiert ist, zur Position des Zeigers angezeigt.

Aufbau der Kontrollpalette

Der genaue Aufbau der Kontrollpalette ist abhängig vom Typ des markierten Objektes. Grundsätzlich ist sie in bis zu fünf Felder aufgeteilt. Im linken Feld wird durch ein *Elementsymbol* angezeigt, auf welchen Objekttyp sich die numerischen Werte im rechten Teil des Fensters beziehen. Das Elementsymbol ist gleichzeitig mit einer Anwenden-Funktion ausgestattet, die Änderungen in der Kontrollpalette auf die markierten Objekte anwendet. Wenn ein Objekt markiert ist, wird der rechte Teil des Fensters nochmals in vier Felder unterteilt. Rechts neben dem Elementsymbol erscheint das *Bezugspunktsymbol* mit neun Bezugspunkten, den acht Anfassern und dem Mittelpunkt. Im dritten Feld, dem *Positionsfeld,* werden die Koordinaten des ausgewählten Bezugspunktes angezeigt. Das vierte Feld, das *Größenfeld,* liefert die Abmessungen des Objektes, also seine horizontale und vertikale Ausdehnung als Absolutwert und als Prozentwert. Im letzten, ganz rechten Feld kann noch ausgewählt werden, ob ein Objekt skaliert oder beschnitten werden soll. Beim Skalieren stehen weiterhin Markierfelder für proportionales Skalieren und für eine Anpassung der Größe an die Druckerauflösung zur Auswahl.

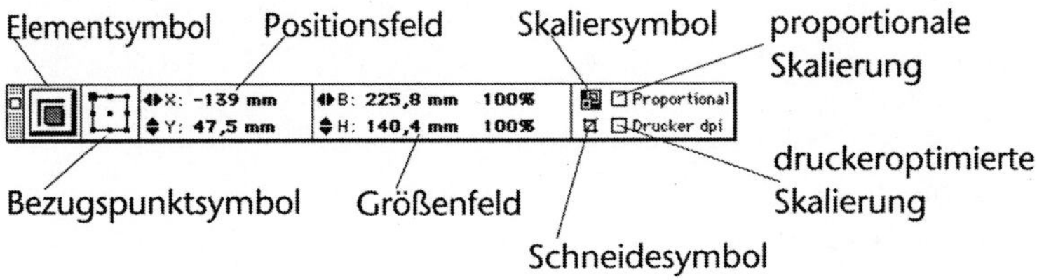

Die Kontrollpalette

Alle in der Kontrollpalette angezeigten Werte beziehen sich auf das durch die beiden Lineale gebildete Koordinatensystem. Auch die Einheiten entsprechen den im Dialogfeld *Vorgaben wählen* für das waagerechte und senkrechte Lineal festgelegten.

Positionieren und Skalieren mit der Kontrollpalette

Wenn kein Objekt markiert ist , werden in der Kontrollpalette die x- und y-Koordinaten der Zeigerposition angezeigt. Sobald eine Hilfslinie angeklickt oder aus einem Lineal herausgezogen wird, erscheint im linken Feld der Kontrollpalette das Symbol für Hilfslinien und im dritten Feld wird die x- oder y-Koordinate der ausgewählten Hilfslinie angezeigt. Dies ermöglicht ein exaktes Positionieren der Hilfslinie durch Kontrolle des angezeigten Zahlenwertes. Auch das Verschieben von Spaltenhilfslinien, für die ein eigenes Symbol angezeigt wird, kann mit dieser Methode präzisiert werden.

Die Kontrollpalette für Hilfslinien

Wenn ein Objekt (Textblock, Linienelement, Flächenelement, Grafik oder Bild) markiert ist, kann auf zwei unterschiedliche Methoden mit der Kontrollpalette gearbeitet werden. Einerseits können beim Verschieben oder Skalieren des Objektes mit der Maus die entsprechenden Werte als Kontrollmöglichkeit im Fenster abgelesen werden, andererseits können die Zahlen auch direkt in die Kontrollpalette eingegeben werden, so daß das Objekt ohne Mauseinsatz skaliert bzw. verschoben wird. Auf die zweite Methode soll im folgenden näher eingegangen werden.

Die Kontrollpalette für ein Pixelbild

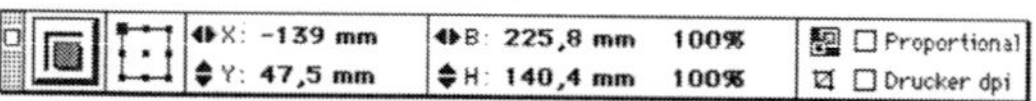

Zuerst muß bestimmt werden, in welche Richtung die Änderung vorgenommen werden soll. Dazu wird der entsprechende Anfasser entweder am markierten Objekt selbst oder am Bezugssymbol in der Kontrollpalette angeklickt. Das Klicken auf den Anfasser am Objekt spiegelt sich dabei direkt in der Anzeige der Kontrollpalette wieder. Im Bezugssymbol läßt sich, anders als beim Objekt selber, auch der Mittelpunkt des Objektes aktivieren. Die im Fenster angezeigten Positionskoordinaten beziehen sich auf den ausgewählten Bezugspunkt. Werden also bei markiertem Mittelpunkt nur die Koordinaten des Mittelpunktes geändert, so wird das Objekt ohne Größenänderung verschoben. Eine Größenveränderung bei markiertem Mittelpunkt dagegen bedeutet, daß der Mittelpunkt des Objektes unverändert bleibt und die Änderung der Länge oder der Breite des Objektes gleichmäßig in beide Richtungen erfolgt.

Bei der Auswahl des Bezugspunktes lassen sich zwei Modi unterscheiden. Wird der Bezugspunkt nur einmal angeklickt, ist er durch ein Quadrat markiert. In diesem *Positionier-Modus* bleibt der aktuelle Bezugspunkt beim Skalieren unverändert. Ein zweites Anklicken des Bezugspunktes wechselt in den *Dehn-Modus* (Doppelpfeil oder Kreuzmarke mit vier Pfeilspitzen). Hier wirkt sich das Skalieren so aus, als würde am aktuellen Anfasser gezogen, er verändert also seine Position.

Nach Auswahl des Bezugspunktes kann zur Eingabe eines neuen Zahlenwertes eine Schreibmarke in die durch fette Schrift hervorgehobenen Werte gesetzt werden. Abhängig vom ausgewählten Bezugspunkt läßt sich das Objekt nur in eine Richtung oder auch in beide Richtungen bearbeiten. Die Schreibmarke wird entweder mit der Maus direkt in das gewünschte Zahlenfeld gesetzt, oder mit der Tabulatortaste wird eine Invertierung von Eingabefeld zu Eingabefeld weiterbewegt. Alternativ zur Änderung des Zahlenwertes durch Werteeingabe kann auch auf die Pfeilsymbole geklickt werden. Jedes Klicken ändert den Zahlenwert um einen Bildschirmpixel bzw. bei gleichzeitig gedrückter Befehlstaste um fünf Bildschirmpixel. Alle Änderungen wirken sich aber erst aus, wenn die Eingabe mit der Eingabetaste oder durch Klicken auf das Anwenden-Feld (das Elementsymbol) abgeschlossen wird. Befindet sich die Invertierung auf dem Bezugspunktsymbol, kann die Auswahl des gewünschten Anfassers auch mit den Pfeiltasten erfolgen.

Zusätzlich zur absoluten Größe des Objektes kann die Größe im Größenfeld auch durch Eingabe eines Prozentwertes in x- und y-Richtung verändert werden. So läßt sich ein Objekt ganz einfach um einen bestimmten Faktor vergrößern oder verkleinern. Ist im äußersten rechten Feld der Kontrollpalette die Option *Proportional* ausgewählt, braucht die Änderung nur für die Länge oder die Breite des Objektes eingegeben zu werden.

Tip: Eingabe einer Änderung über die Differenz

Bei der Eingabe der Zahlenwerte für die neue Position oder Größe braucht der Anwender die entsprechenden Zahlenwerte nicht auszurechnen. Sie können einfach als Addition oder Subtraktion eingegeben werden. Befindet sich beispielsweise ein Bezugspunkt an der Position (10,15) des Koordinatensystems und soll er um 2 mm nach links verschoben werden, so wird in das Feld *X* einfach hinter den bereits angezeigt Werten *10* die Verschiebung in der Form *–2* eingegeben. Nach dem Anwenden der Änderungen erscheint automatisch der Wert *8*.

Mit der Kontrollpalette lassen sich auch ganz einfach mehrere Objekte gleichzeitig in eine bestimmte Richtung verschieben. Dazu werden alle gewünschten Objekte mit Hilfe der Umschalttaste oder mit dem Befehl *Alles markieren* aus dem Menü *Bearbeiten* markiert. In der Kontrollpalette erscheint ein Elementsymbol mit mehreren Objekten, ein Bezugssymbol mit Anfassern und die Koordinaten des ausgewählten Anfassers. Der den Zahlenwerten zugrunde liegende Rahmen ergibt sich durch ein gedachtes Rechteck, das alle markierten Objekte umfaßt. Durch Auswahl eines Anfassers und Eingabe eines oder zweier Zahlenwerte wird nun die gesamte markierte Objektgruppe in die gewünschte Richtung verschoben.

Die Kontrollpalette für mehrere Objekte

Noch komfortabler wird die Arbeit mit der Kontrollpalette, wenn das markierte Objekt beim Skalieren oder Verschieben an einer Hilfslinie ausgerichtet werden soll. Im Unterdialogfeld *Andere* des Dialogfeldes *Vorgaben wählen* (Menü *Bearbeiten*) kann mit der Option *Kontrollpalette: Mit Positionierhilfe* eine Magnetisierung der Hilfslinien eingeschaltet werden, die sich auf alle in der Kontrollpalette eingegebenen Zahlenwerte auswirkt. Wird dann beispielsweise für einen Anfasser eine Koordinate eingegeben, die sich nahe einer Hilfslinie befindet, nimmt die Koordinate automatisch den Wert der Hilfslinienposition an. Gleiches gilt auch beim Skalieren von Objekten. Der Wirkungsradius der magnetisierten Hilfslinien hängt, ebenso wie bei der Positionierhilfe, von der gewählten Darstellungsgröße ab.

Verschieben eines Objektes mit der Kontrollpalette

❶ Das Objekt mit der Zeigefunktion markieren.
❷ Den Anfasser auswählen, dessen neue Position bekannt ist. Dazu wird entweder in der Kontrollpalette auf den entsprechenden Anfasser des Bezugspunktsymbols geklickt oder der Anfasser am Objekt selbst angeklickt.
❸ Eingabe der neuen Position im Positionsfeld oder Klicken auf die Pfeilsymbole neben X und Y.
❹ Abschluß der Verschiebung mit der Eingabetaste oder durch Klicken auf das Elementsymbol.

Skalieren eines Objektes mit der Kontrollpalette

❶ Das Objekt mit der Zeigefunktion markieren.
❷ Den Anfasser auswählen, an dem beim Skalieren gezogen werden soll. Dazu wird in der Kontrollpalette zweimal auf den entsprechenden Bezugspunkt im Bezugspunktsymbol geklickt. Alternativ dazu kann auch zuerst der Anfasser am Objekt selbst und dann nochmals der Bezugspunkt in der Kontrollpalette angeklickt werden, so daß in den Dehn-Modus gewechselt wird.
❸ Gegebenenfalls die gewünschten Markierfelder *Proportional* und *Drucker dpi* aktivieren.
❹ Eingabe der neuen Größe im Größenfeld als Absolutwert bzw. als Prozentwert oder Klicken auf die Pfeilsymbole neben B und H.
❺ Abschluß der Größenänderung mit der Eingabetaste oder durch Klicken auf das Elementsymbol.

Natürlich läßt sich ein Objekt auch in einem Arbeitsschritt gleichzeitig verschieben und skalieren. Dazu werden dann sowohl die Werte im Positionsfeld als auch die im Größenfeld geändert und die komplette Änderung mit dem Anwenden-Feld oder der Eingabetaste wirksam gemacht.

Tip: Ändern der Maßeinheit in einem Eingabefeld

Soll für eine Positions- oder Größenangabe eine andere als die vorgegebene Maßeinheit verwendet werden, läßt sich diese in der Kontrollpalette ändern. Dazu wird bei gedrückter Tastenkombination <Befehl>-<Wahl><M> so oft auf das entsprechende Eingabefeld geklickt, bis der aktuelle Wert in der gewünschten Maßeinheit angezeigt wird. Eine anschließende Werteingabe wird dann in dieser Maßeinheit vorgenommen.

Die zuletzt mit der Kontrollpalette vorgenommene Änderung läßt sich, bevor eine andere Änderung an der Satzdatei vorgenommen wird, wieder mit dem Befehl *Rückgängig* aufheben. Wurden gleichzeitig mehrere Änderungen in der Kontrollpalette eingestellt und zusammen auf das Objekt angewendet, werden diese als ein Arbeitsschritt behandelt und alle gleichzeitig rückgängig gemacht.

Zeichnen mit Hilfe der Kontrollpalette

Auch beim Zeichnen von Linien, Rechtecken und Ellipsen leistet die Kontrollpalette gute Dienste. Nach Auswahl einer der Zeichenfunktionen aus dem Funktionenfenster wird deren Symbol als Elementsymbol angezeigt. Daneben lassen sich die Koordinaten des Anfangspunktes ablesen. Sobald dieser durch Drücken der Maustaste fixiert ist, werden auch die Länge und die Breite (bei Linien die Länge) des Elementes angezeigt. Auf diese Weise lassen sich Position und Größe des Elementes schon direkt beim Zeichnen recht genau festlegen. Sobald die Maustaste losgelassen wird, ist das Element fixiert, und in der Kontrollpalette werden die Position und die Größe des Objektes angezeigt. Sie können dann gegebenenfalls direkt numerisch korrigiert werden.

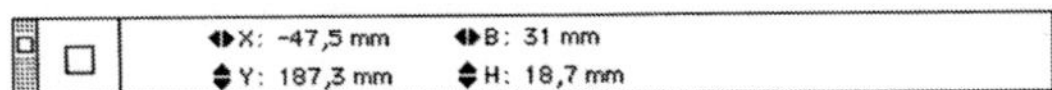

Die Kontrollpalette beim Zeichnen eines Rechtecks

Beschneiden mit Hilfe der Kontrollpalette

Nach Auswahl der Abschneidefunktion und Anklicken einer Grafik, die beschnitten werden kann, werden die Position des für den Beschnitt ausgewählten Anfassers sowie die Abmessungen des sichtbaren Bildausschnittes angezeigt. Der Bildausschnitt kann nun durch Eingabe eines Zahlenwertes verändert werden. Im äußersten rechten Teil der Kontrollpalette steht bei allen beschnittfähigen Objekten auch die Beschneidenfunktion zur Auswahl, so daß der Wechsel zwischen Zeigefunktion und Beschneidenfunktion direkt auch innerhalb der Kontrollpalette vorgenommen werden kann.

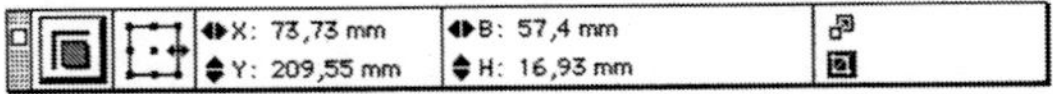

Die Kontrollpalette beim Beschneiden

Beschneiden eines Bildes mit der Kontrollpalette

❶ Das Bild mit der Zeige- oder Abschneidefunktion markieren.
❷ Den Anfasser auswählen, von dem aus beim Beschneiden gezogen werden soll. Dazu wird in der Kontrollpalette zweimal auf den entsprechenden Bezugspunkt im Bezugspunktsymbol geklickt. Alternativ dazu kann auch zuerst der Anfasser am Objekt selbst und dann nochmals der Bezugspunkt in der Kontrollpalette angeklickt werden, so daß in den Dehn-Modus gewechselt wird.
❸ Falls das Objekt mit der Zeigefunktion markiert wurde, wird durch Auswahl des Schneidesymbols im äußersten rechten Feld der Kontrollpalette zur Beschneidenfunktion gewechselt.
❹ Eingabe der Größe des Bildausschnitts im Größenfeld oder Klicken auf die Pfeilsymbole neben B und H. Alternativ dazu läßt sich auch im Positionsfeld die neue Position des ausgewählten Bezugspunktes als Beschnittgrenze angeben.
❺ Abschluß der Beschnittänderung mit der Eingabetaste oder durch Klicken auf das Elementsymbol.
❻ Anschließend kann durch Klicken auf das Skaliersymbol im äußerst rechten Feld der Kontrollpalette wieder zur Zeigefunktion gewechselt werden.

Eingebundene Grafik mit der Kontrollpalette anpassen
Wird eine eingebundene Grafik mit der Textfunktion markiert, erscheint die Kontrollpalette für eingebundene Grafiken. Anstelle des Bezugspunktsymbols und der Position wird der Grundlinienversatz angezeigt. Eine eingebundene Grafik läßt sich maximal so weit verschieben, bis entweder die Oberkante oder die Unterkante (Grundlinienversatz = 0) der Grafik auf der Grundlinie des Textes liegt. Eine Verschiebung in der Horizontalen ist nicht möglich. Durch Änderung des Wertes unter *Grundlinienversatz* wird die Grafik vertikal verschoben. Im Größenfeld läßt sich die eingebundene Grafik wie eine normale Grafik absolut und prozentual skalieren.

Die Kontrollpalette für eine eingebundene Grafik

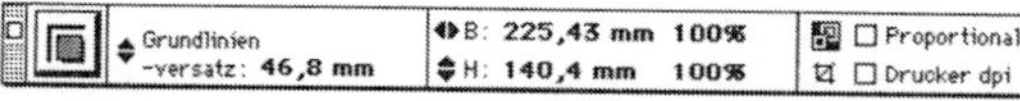

Textmodus

Der Textmodus ist wie ein Textverarbeitungsprogramm innerhalb von PageMaker. Grundsätzlich ermöglicht er alle Textformatierungen wie der Layoutmodus auch. Wenn auch Einbußen an der Darstellungsqualität des Textes im Textfenster hingenommen werden müssen, ermöglicht der Textmodus doch auch einige Textfunktionen, die über die Möglichkeiten des Layoutmodus hinausgehen.

Die Besonderheit des Textmodus ist eine veränderte Menüzeile. Sie zeigt im Textmodus teilweise andere Menüs mit eigenen Befehlen. Alle Menübefehle des Textmodus sind im übernächsten Kapitel referenzartig zusammengestellt.

Während der Layoutmodus lediglich ein Arbeitsfenster, das Layoutfenster, zuläßt, werden im Textmodus eine Vielzahl von gleichzeitig geöffneten Textfenstern unterstützt. Auf diese Weise kann komfortabel auch mit mehreren Textabschnitten gearbeitet werden, etwa um Textpassagen zwischen einzelnen Abschnitten auszutauschen.

Im Textmodus benutzt PageMaker einige Sonderzeichen zur Darstellung von Texteigenschaften, die ohne diese Zeichen im Textmodus nicht möglich wäre. Im Layoutmodus wären Sonderzeichen für diese Eigenschaften nicht nötig, da die dortige Textdarstellung exakt dem Druckbild entspricht. Die Anzeige dieser Zeichen kann über den Befehl *Absatzmarken anzeigen* des Menüs *Option* ein- oder ausgeschaltet werden.

Sonderzeichen im Textmodus	
¶	Absatzzeichen
↵	Zeilenschaltung
➔	Tabulatormarkierung
(kleiner Punkt)	Leerzeichen
▩	eingebundene Grafik
#	Paginierungszeichen
◊	Indexeintrag

Aktivieren des Textmodus

Zum Aktivieren des Textmodus gibt es drei unterschiedliche Möglichkeiten. Die erste verwendet den Befehl *Textmodus* aus dem Menü *Bearbeiten*. Die zweite Methode nutzt die Maus. Mit einem Dreifachklick auf einen Textblock mit aktivierter Zeigefunktion wird zum Textmodus umgeschaltet, und es erscheint im Textfenster der Textabschnitt, der den Text des angeklickten Textblocks enthält. Als dritte Möglichkeit kann aus der Fensterliste im Menü *Fenster* ein bereits geöffnetes Textfenster ausgewählt werden.

Text markieren

Die Möglichkeit, bestimmte Textpassagen innerhalb des Textfensters zu markieren, ist die wichtigste Voraussetzung für die Gestaltung von Texten. Für alle zeichenorientierten Formatierungen wie Schriftart und Schriftgröße kann ein Bereich des Textes markiert werden und dessen Schriftattribute durch Aufruf eines der Befehle im Menü *Schrift* formatiert werden. Für die absatzorientierten Formatierungen wie Zeilenausrichtung, Absatzabstand usw. wird lediglich eine im Absatz positionierte Einfügemarke benötigt. Um jedoch mehrere Absätze auf einmal zu formatieren, können die gewünschten Absätze zuvor markiert werden.

Neben der im folgenden vorgestellten mausgesteuerten Methode zum Markieren von Text gibt es noch befehlsgesteuerte (mit dem Befehl *Alles markieren* aus dem Menü *Bearbeiten*) und tastaturgesteuerte (über Tasten und Tastenkombinationen).

Markieren einer Textpassage mit dem Mauszeiger

❶ Positionieren des Mauszeigers an der Stelle im Text, ab der die Textpassage markiert werden soll.

❷ Mit einem Mausklick bei gedrückt gehaltener Maustaste kann durch Mausbewegung ein beliebiger Bereich des Textes markiert werden, was durch eine invertierte Textdarstellung kenntlich gemacht wird.

Eine beliebige Textpassage kann durch Ziehen mit der Maus markiert werden

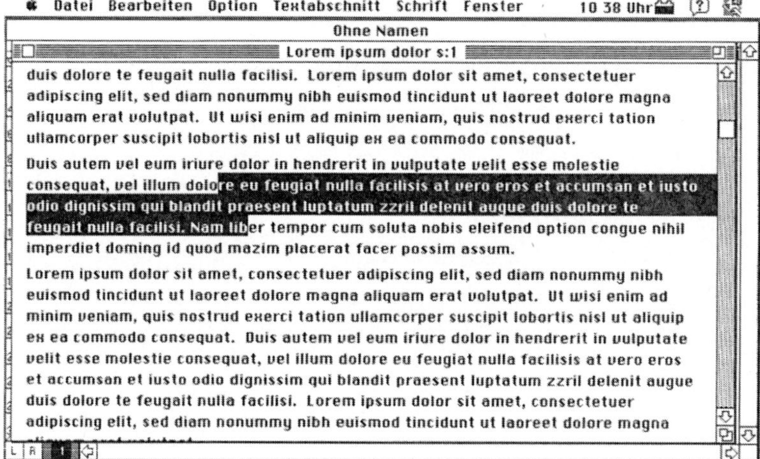

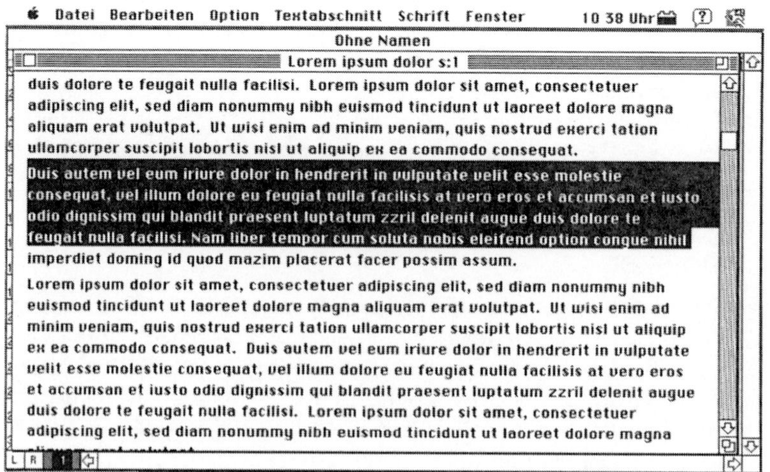

Es kann auch wort- und zeilenweise markiert werden

Es kann auch wortweise bzw. zeilenweise markiert werden, wenn mit dem Mauszeiger ein Doppelklick auf das zu markierende Wort ausgeführt wird. Wenn dabei die Maustaste gedrückt bleibt, läßt sich diese Markierung wort- oder zeilenweise ausdehnen.

Cursorfunktionen im Textmodus

Die Einfügemarke kann überall innerhalb eines Textes im Textfenster positioniert werden, um Änderungen oder Ergänzungen am Text vorzunehmen. Der Textcursor kann dabei neben der mausgesteuerten Methode auch tastaturgesteuert innerhalb des Textes bewegt werden. Dabei sind sämtliche Cursorfunktionen identisch mit denen im Layoutmodus.

Besondere Textfunktionen

Zwei der textverarbeitenden Funktionen von PageMaker sind ausschließlich im Textmodus ausführbar: die Suchen- und Ersetzenfunktion sowie die Rechtschreibhilfe. Die Arbeitstechniken zu diesen Funktionen sind im Referenzkapitel über die Menübefehle erläutert.

7

Menübefehle

Bevor im folgenden die Menübefehle von PageMaker einzeln vorgestellt werden, folgen zunächst einige Hinweise zu der Struktur der Menübefehle und den unterschiedlichen Möglichkeiten zum Aufruf der Befehle.

Struktur

Wie auf dem Macintosh üblich, sind bei PageMaker die Befehle zur Steuerung des Programms als Pull-down-Menü realisiert. Die Aufteilung entspricht einer zweidimensionalen Anordnung in Spalten und Zeilen.

Layoutmodus: Die Spalten repräsentieren die insgesamt acht unterschiedlichen Hauptmenüs: *Apple, Datei, Bearbeiten, Option, Seite, Schrift, Einstellung* und *Fenster.* Jede Zeile eines Menüs steht für einen Befehl. Beispielsweise sind im Menü *Seite* zwölf unterschiedliche Befehle auswählbar.

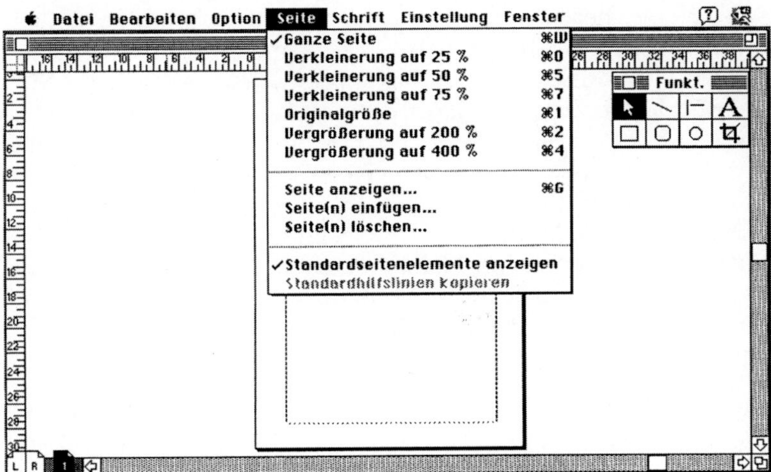

Menüzeile des Layoutmodus mit Menü ***Seite***

Textmodus: Die Menüzeile im Textmodus unterscheidet sich etwas von der im Layoutmodus dargestellten. Die Menüs *Seite* und *Einstellung* stehen im Textmodus nicht zur Verfügung, statt dessen gibt es das Menü *Textabschnitt*. Auch innerhalb der Menüs, die in beiden Modi zur Verfügung stehen, sind die zur Auswahl stehenden Optionen teilweise unterschiedlich.

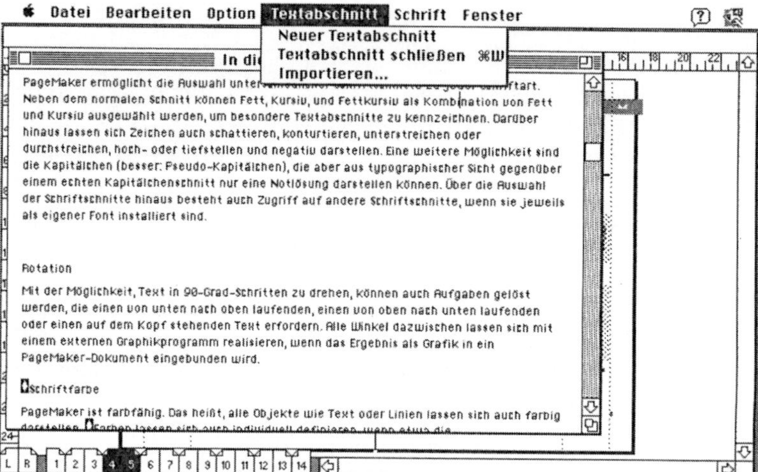

Menüzeile im Textmodus mit Menü ***Textabschnitt***

Die Befehle eines Menüs bilden zusammen eine Gruppe von Funktionen, die einen gewissen inhaltlichen Zusammenhang haben. So sind im Menü *Seite* neben anderen Seitenfunktionen auch die Funktionen auswählbar, mit denen sich die Bildschirmanzeige optimal an die jeweiligen Bedürfnisse des Anwenders anpassen läßt. Innerhalb der Menüs gibt es eine weitere Struktur, die man Funktionsgruppe nennen könnte. So wie ähnliche Funktionen zu einem Menü zusammengefaßt sind, werden innerhalb eines Menüs Funktionen, die eine enge Zusammengehörigkeit aufweisen, zu einer Funktionsgruppe gebündelt. Gruppen innerhalb eines Menüs sind durch eine durchgezogene Linie voneinander getrennt. Das Menü *Seite* enthält zwölf Funktionen in drei Gruppen. Die Befehle *Seite anzeigen...*, *Seite(n) einfügen...* und *Seite(n) löschen...* gehören einer Gruppe an, der Befehl *Ganze Seite* aber einer anderen. Außer der optischen Gliederung und der damit verbundenen besseren Übersichtlichkeit hat die Einteilung der Funktionen in Funktionsgruppen ansonsten keinerlei Bedeutung.

Beim Betrachten der einzelnen Menüzeilen fällt auf, daß einigen der Funktionsnamen drei Punkte nachgestellt sind, anderen nicht. Diese Punkte verweisen darauf, daß der Aufruf dieser Funktion in ein Dialogfeld verzweigt, in dem Einstellungen zum weiteren Funktionsablauf vorgenommen werden können. Als Beispiel dienen die drei Befehle zum Anzeigen, Einfügen und Löschen von Seiten aus dem Seite-Menü, die alle Einstellungen in Dialogfeldern erfordern.

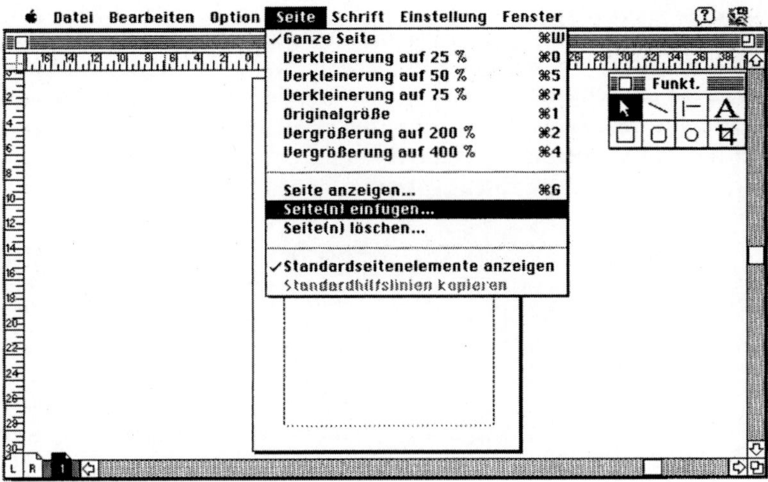

Befehle mit nachgestellten Punkten verzweigen zu Dialogfeldern

Anderen Funktionsnamen kann ein Häkchen vorangestellt sein, das anzeigt, daß die entsprechende Funktion aktiviert ist. Beispielsweise ist in der Standard-Konfiguration von PageMaker ein Häkchen vor der Funktion *Ganze Seite* im Menü *Seite.* Dieses Häkchen signalisiert dem Benutzer den aktiven Zustand dieser Option – im Layoutfenster wird also die bearbeite Seite (oder bei Verwendung von Doppelseiten die Doppelseite) so verkleinert dargestellt, daß die gesamte Seite auf einmal gezeigt werden kann.

✓Ganze Seite ⌘W
Verkleinerung auf 25 % ⌘0
Verkleinerung auf 50 % ⌘5
Verkleinerung auf 75 % ⌘7
Originalgröße ⌘1
Vergrößerung auf 200 % ⌘2
Vergrößerung auf 400 % ⌘4
Seite anzeigen... ⌘G
Seite(n) einfügen...
Seite(n) löschen...
✓Standardseitenelemente anzeigen
Standardhilfslinien kopieren

✓Ganze Seite ⌘W
Verkleinerung auf 25 % ⌘0
Verkleinerung auf 50 % ⌘5
Verkleinerung auf 75 % ⌘7
Originalgröße ⌘1
Vergrößerung auf 200 % ⌘2
Vergrößerung auf 400 % ⌘4
Seite anzeigen... ⌘G
Seite(n) einfügen...
Seite(n) löschen...
Standardseitenelemente anzeigen
Standardhilfslinien kopieren

Befehle mit vorangestelltem Häkchen sind aktiviert

Um die Auswahl von Befehlen oder Einstellungen mit der Maus weiter zu vereinfachen, verwendet PageMaker tiefengestaffelte Pull-down-Menüs. Alle Menübefehle mit einer schwarzen Pfeilmarkierung am

Zeilenende öffnen bei ihrer Auswahl ein weiteres Menü, das mehrere Optionen zum ausgewählten Befehl in Menüform anbietet. So öffnet sich beispielsweise nach der Auswahl von *Schriftart* aus dem Menü *Schrift* eine Liste von Schriftarten. Anklicken einer dieser Menüzeilen wählt dann die entsprechende Schriftart aus, was wiederum durch das Voranstellen eines Häckchens gekennzeichnet wird.

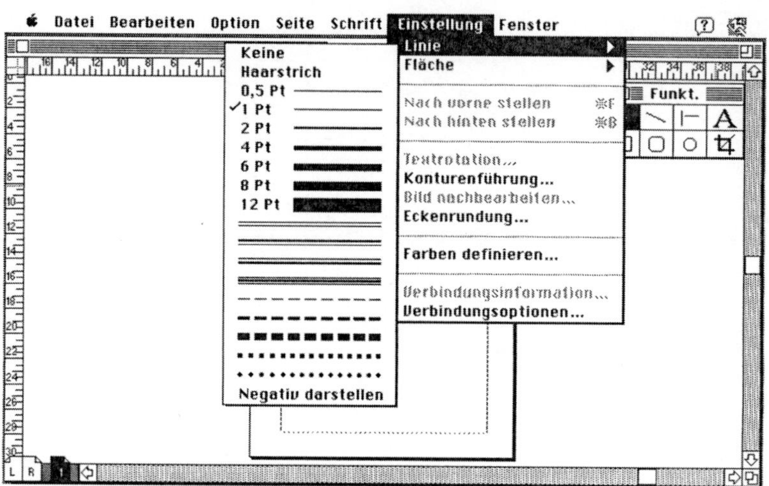

Befehle mit nachgestellter Pfeilmarkierung verzweigen zu einer Menüliste

Aufruf

Zum Aufruf der einzelnen Menüfunktionen von PageMaker gibt es mehrere Alternativen. Sie entsprechen alle dem, was auf dem Macintosh allgemein üblich ist: Funktionsaufruf mit der Maus oder über eine Tastenkombination mit der Befehlstaste.

Bei Aufruf eines Menübefehls mit der Maus wird der Mauszeiger zunächst auf eines der acht Hauptmenüs in der Menüleiste gebracht und anschließend die Maustaste gedrückt. Der Mausklick bewirkt das Herunterklappen der Menüeinträge. Wird nun bei gedrückt gehaltener Maustaste der Mauszeiger entlang der Menüeinträge nach unten bewegt, erscheint die jeweils zur Auswahl bereite Funktion invertiert. Der Aufruf wird durch Loslassen der Maustaste abgeschlossen.

Alternativ dazu kann der Funktionsaufruf auch direkt mit einer Tastensequenz mit der Befehlstaste erfolgen, die allerdings nicht für alle Menüfunktionen vorgesehen ist. Für diese schnellste Methode zur Auswahl der wichtigsten Menüfunktionen ist zunächst die Befehlstaste zu drücken und gedrückt zu halten, bis eine Buchstabentaste gedrückt wird. So läßt sich beispielsweise der Befehl *Neue Datei...* aus dem Menü *Datei* durch Drücken der Befehlstaste und der Taste <N> genauso ausführen, als ob dazu die Mausmethode herangezogen worden wäre. Einziger Nachteil dieses sehr schnellen Verfahrens ist die Notwendigkeit der genauen Kenntnis der Buchstabentaste, die in Verbindung mit der Befehlstaste gedrückt werden muß. Während der Einarbeitungszeit wird jeder Anwender zu schätzen wissen, daß die Direktwahlsequenz in den Menüzeilen stets angegeben ist. Wenn einem Befehlsnamen ein Buchstabe mit einem vorangestellten Befehl nachgestellt ist, bedeutet dies, daß es für diesen Befehl eine Direktwahlsequenz gibt.

Im weiteren folgt eine vollständige Referenz aller Menübefehle von PageMaker mit allen Optionen und Einstellungsvarianten.

Apple-Menü

Das Apple-Menü ist unter allen laufenden Applikationen auf dem Macintosh verfügbar. Es faßt alle Programme und Kontrollfelder zusammen, die unter einer laufenden Applikation erreichbar sein sollen. Standardmäßig sind im Apple-Menü einige Schreibtischprogramme wie das Album, der Notizblock, der Rechner , das Tastaturprogramm und der Wecker untergebracht. Darüberhinaus kann der Anwender andere Schreibtischprogramme, Aliases von Programmen, Kontrollfeldern oder Volumes im Apple-Menü installieren, indem die entsprechenden Dokumente bzw. Dateien in den Apple-Ordner innerhalb des Systemordners kopiert werden. Mit einer geschickten Einrichtung des Apple-Menüs kann wesentlich zum Arbeitskomfort auch unter PageMaker beigetragen werden. (Über weitere Möglichkeiten des Apple-Menüs informiert beispielsweise das Macintosh Referenzhandbuch.)

Neben den Standardeinträgen und den individuell vorgenommenen Erweiterungen des Apple-Menüs ist an erster Stelle der Menüeinträge der »Über PageMaker«-Befehl aufrufbar.

Textmodus: Das Apple-Menü steht im Textmodus genauso wie im Layoutmodus zur Verfügung.

Über PageMaker®...

Funktion: Zwei Arten von Informationsfeldern lassen sich aufrufen, eines zum Anzeigen der Versionsnummer des aktuell eingesetzten Programms und eines mit Angaben über optional installierte PageMaker-Elemente. Aus diesen Informationsfeldern heraus läßt sich auch das Online-Hilfe Fenster öffnen.

Anwendung: Anklicken des Befehls öffnet ein Dialogfeld mit Angaben zum Benutzer, der Versionsnummer des Programms und der Versionsnummer des Systems sowie des verfügbaren Speichers. Über das Feld **Hilfe** kann das Online-Hilfe-Fenster geöffnet werden.

Anklicken des Befehls bei gedrückt gehaltener Befehlstaste öffnet ein Dialogfeld mit einer Liste aller momentan installierten Additions, Filter für den Datenimport und -export sowie Wörterbücher.

Das Dialogfeld ***Über PageMaker***

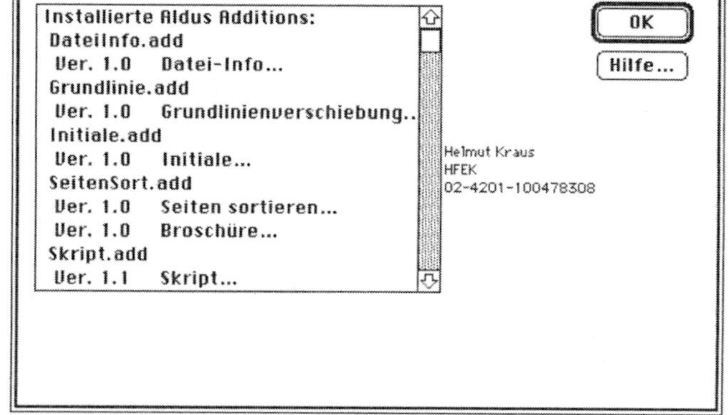

Liste mit optional installierten Page-Maker-Elementen

Textmodus: Der Befehl arbeitet im Textmodus genauso wie im Layoutmodus.

Menü Datei

Im Menü *Datei* sind insgesamt 13 Befehle zu sechs Gruppen zusammengefaßt. Sie alle betreffen Funktionen von PageMaker, die das grundlegende Handling mit Dateien wie Neuanlegen, Speichern, Zusammenführen oder Drucken steuern. Auch der Befehl zum Beenden von PageMaker ist Bestandteil des Datei-Menüs.

Datei
Neue Datei... ⌘N
Datei öffnen... ⌘O
Datei schließen

Speichern ⌘S
Speichern unter...
Alte Fassung
Exportieren...

Positionieren... ⌘P

Verbindungen... ⌘U
Buch...

Seite einrichten...
Drucken... ⌘D

Beenden ⌘Q

Textmodus: Das Menü zeigt im Textmodus dieselben Optionen an wie im Layoutmodus, nur die Optionen *Seite einrichten* und *Drucken* sind grau dargestellt, sie lassen sich also nicht auswählen.

Neue Datei... ⌘ N

Funktion: Eine Satzdatei oder Mustervorlage wird neu angelegt. Dabei wird die momentan bearbeitete Datei nach einer Sicherheitsabfrage geschlossen. Die grundlegenden Einstellungen für die neue Datei lassen sich im Dialogfeld *Seite einrichten* vornehmen, das nach Aufruf dieses Befehls erscheint.
Anwendung: Der Befehl *Neue Datei...* steht am Anfang der Layout-Arbeit mit PageMaker, wenn nicht auf eine Mustervorlage zurückgegriffen werden soll. Beim Anlegen einer neuen Datei benötigt PageMaker Angaben zum grundlegenden Erscheinungsbild der Dokumentseiten. Diese Angaben werden in einem Dialogfeld vorgenommen, das später auch in Verbindung mit dem Befehl *Seite einrichten* aus dem Menü *Datei* Änderungen an der Seitenform ermöglicht.

Das Dialogfeld *Seite einrichten*

Das Dialogfeld *Seite einrichten* dient der Vorgabe der Einstellungen für die Seitendimensionen. Dasselbe Dialogfeld erscheint auch beim Aufruf des Befehls *Seite einrichten...* aus dem Menü *Datei*, wenn das Seitenformat im Laufe der Arbeit an einem Dokument abgeändert werden soll.

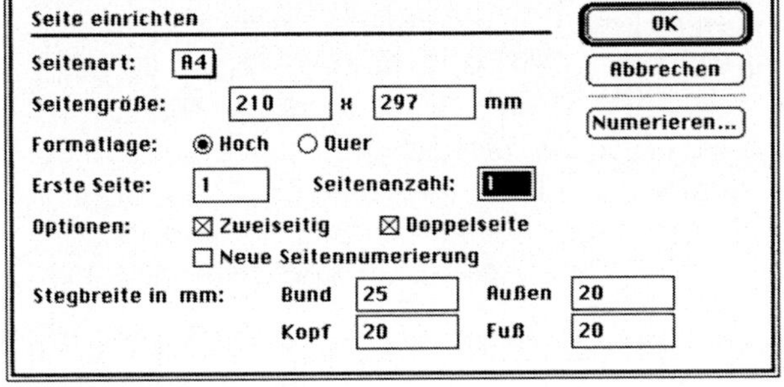

Seite einrichten
OK
Abbrechen
Numerieren...
Seitenart: A4
Seitengröße: 210 x 297 mm
Formatlage: ◉ Hoch ○ Quer
Erste Seite: 1 Seitenanzahl:
Optionen: ☒ Zweiseitig ☒ Doppelseite
☐ Neue Seitennumerierung
Stegbreite in mm: Bund 25 Außen 20
Kopf 20 Fuß 20

Das Dialogfeld ***Seite einrichten***

Seitenart: wählt eine von sieben vordefinierten Seitengrößen aus, deren genaue Abmessungen unter *Seitengröße* erscheinen. Der Eintrag *Vorgabe* in der Formatliste wird gewählt, wenn eine von den Standardgrößen abweichende Seitengröße definiert wird.
Seitengröße zeigt die Abmessungen der unter *Seitenart* gewählten Seitengröße bzw. ermöglicht das Ändern der angezeigten Werte, um eine andere als die vorgegebene Seitengröße zu definieren. Die maximale Seitengröße ist auf 1066,8 x 1066,8 mm beschränkt. Bei einem Seitenformat größer als 431 x 558 mm können keine Doppelseiten mehr angezeigt werden. Die hier angezeigte Maßeinheit für die Seitengröße hängt von der Auswahl des Einheitensystems im Dialogfeld *Vorgaben wählen* ab.
Formatlage: bestimmt die Ausrichtung der unter *Seitenart* bzw. *Seitengröße* eingestellten Seiten als Hoch- (**Hoch**) oder Querformat (**Quer**).
Erste Seite: zeigt die Seitenzahl der ersten Dokumentseite an bzw. ermöglicht die Änderung der vorgegebenen Seitenzahl. Um eine Paginierung der Dokumentseiten zu erzielen, müssen entweder auf den Standardseiten oder auf den Seiten selbst Paginierungszeichen (mit der Tastenkombination <Befehl><Umschalt><3>) eingefügt werden. PageMaker erlaubt bis zu vierstellige Seitenzahlen, also den Bereich von 1 bis 9999.
Seitenanzahl: zeigt die Anzahl der Seiten im Dokument an bzw. ermöglicht durch Ändern der Seitenanzahl das Einfügen oder Löschen von Seiten am Ende der Satzdatei. Am Anfang und in der Mitte der Satzdatei können Seiten nur über die Befehle *Seite(n) löschen...* oder *Seite(n) einfügen...* aus dem Menü *Seite* gelöscht oder eingefügt werden. Die maximale Seitenanzahl innerhalb eines Dokumentes ist auf 999 begrenzt. Umfangreichere Werke lassen sich durch Aufteilen auf mehrere Dokumente erstellen.
Optionen:
Zweiseitig: ermöglicht auf dafür vorgesehenen Druckern den beidseitigen Ausdruck der Dokumentseiten. Auf diese Weise können kleinere Dokumente so ausgedruckt werden, daß die entstehenden Seiten mit einer einfachen Bindung (z.B. Heftklammern) in Heft- bzw. Buchform zusammengefügt werden können.
Doppelseite: definiert die Dokumentstruktur als aus Doppelseiten bestehend, so daß für linke und rechte Seiten ein unterschiedliches Layout erstellt werden kann. Doppelseiten können nur bis maximal 431 x 558 mm auf dem Bildschirm nebeneinander angezeigt werden.
Neue Seitennumerierung: veranlaßt das Programm, in einem über eine Kapitelliste definierten Buch die Seitennumerierung bei dem aktuellen Dokument mit der unter *Erste Seite* angegebenen Seitennummer zu beginnen.
Stegbreite in (Maßeinheit): ermöglicht die Angabe von Stegbreiten (Seitenrändern). Wenn das Dokument aus Einzelseiten besteht, lassen sich Angaben für den linken Seitenrand (**Links**), den rechten Seitenrand (**Rechts**) sowie für den oberen (**Kopf**) und den unteren Seiten-

rand (**Fuß**) angeben. Bei der Auswahl der Option *Zweiseitig* im selben Dialogfeld wird anstelle des linken und rechten Seitenrandes der Bundsteg (**Bund**) und der Außensteg (**Außen**) eingestellt.

Achtung: Der Bundsteg ist nicht zu verstehen als der zusätzliche Rand, der für das Binden der Seiten benötigt wird, sondern lediglich als der innere Seitenrand von Doppelseiten. Wenn also ein Rand für eine bestimmte Bindetechnik berücksichtigt werden soll, muß dieser bei der Angabe des inneren Randes berücksichtigt werden.

Das Dialogfeld *Seitennumerierung*

Das Dialogfeld Seitennumerierung erscheint nach Anklicken des Feldes *Numerieren...* im Dialogfeld *Seite einrichten.* In ihm wird das Format der Seitennumerierung ausgewählt.

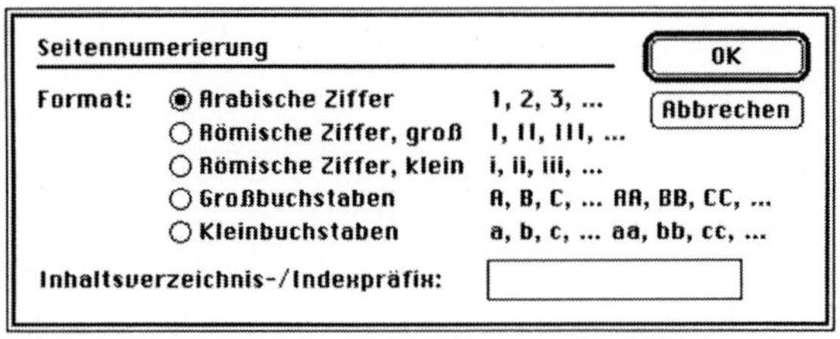

Seitennumerierung

OK

Abbrechen

Format:	◉ Arabische Ziffer	1, 2, 3, ...
	○ Römische Ziffer, groß	I, II, III, ...
	○ Römische Ziffer, klein	i, ii, iii, ...
	○ Großbuchstaben	A, B, C, ... AA, BB, CC, ...
	○ Kleinbuchstaben	a, b, c, ... aa, bb, cc, ...

Inhaltsverzeichnis-/Indexpräfix:

Das Dialogfeld ***Seitennumerierung***

Format: wählt eines von fünf unterschiedlichen Numerierungsformaten für die Numerierung des angelegten Dokumentes. Um die automatische Paginierungsfunktion von PageMaker verwenden zu können, muß entweder auf den Standardseiten oder auf den Seiten, die numeriert werden sollen, ein Paginierungszeichen eingefügt werden. Bevor das Zeichen mit der Tastensequenz <Befehl><Wahl><S> eingefügt werden kann, muß mit der Textfunktion eine Einfügemarke gesetzt werden. Das Paginierungszeichen kann mit jedem Absatzformat und Schriftschnitt formatiert werden.
Arabische Ziffer: wählt die Paginierung mit arabischen Ziffern. Die maximale Seitenzahl beträgt 9999.
Römische Ziffer, groß: wählt die Numerierung mit großen römischen Ziffern, wie sie oft für umfangreichere Vorworte verwendet wird. PageMaker verwendet römische Ziffern nur bis MMMMCMXCIX (4999). Größere Zahlen (ab 5000) werden als arabische Ziffern dargestellt.
Römische Ziffer, klein: wählt die Numerierung mit kleinen römischen Ziffern. Es gelten dieselben Beschränkungen wie bei großen römischen Ziffern.
Großbuchstaben: wählt die Paginierung mit Großbuchstaben aus. Für die Seiten 1 bis 26 werden die Buchstaben A bis Z verwendet. Für die Seiten 27 bis 52 die Buchstabenpaare AA bis ZZ. Für größere Seitenzahlen (ab 53) verwendet PageMaker arabische Ziffern.

Achtung: PageMaker verwendet nicht, wie man vermuten könnte, die Buchstabenpaare AA bis AZ für die Seiten 27 bis 52, BA bis BZ für 53 bis 78 usw. In der Praxis wird man diese ungewöhnliche Numerierung daher nur für Textabschnitte mit maximal 26 Seiten verwenden können.

Kleinbuchstaben: wählt die Numerierung mit Kleinbuchstaben. Dabei gelten dieselben Einschränkungen wie bei der Numerierung mit Großbuchstaben.
Inhaltsverzeichnis-/Indexpräfix: ermöglicht die Angabe eines Präfixes für die Angabe der Seitenzahl bei automatisch mit PageMaker generierten Verzeichnissen (Inhaltsverzeichnis oder Index). Dieses Präfix kann beispielsweise bei einem auf mehrere Bände aufgeteilten Dokument den gemeinten Band bestimmen. Das Präfix kann bis zu 16 Zeichen umfassen.

Textmodus: Durch Aufruf des Befehls im Textmodus wird in den Layoutmodus gewechselt.

Datei öffnen... ⌘ O

Funktion: Eine mit PageMaker erstellte Mustervorlage oder Satzdatei kann zur weiteren Bearbeitung oder zum Ausdrucken geöffnet werden. ***Anwendung:*** Immer wenn eine mit PageMaker erstellte Mustervorlage oder Satzdatei in irgendeiner Form weiter bearbeitet werden soll, kann sie mit diesem Befehl geöffnet werden. Nach dem Starten von PageMaker kann die Arbeit entweder mit dem Befehl *Neue Datei...* oder mit *Datei öffnen...* begonnen werden.

Nach der Auswahl des Befehls erscheint ein Dialogfeld zur Auswahl der gewünschten Datei. PageMaker ermöglicht das Öffnen von Dateien, die mit den PageMaker-Versionen 3.x und 4.x angefertigt worden sind. Beim Öffnen von PageMaker-Dateien, die mit einer der 3.x-Versionen von PageMaker angefertigt wurden, werden diese automatisch in eine PageMaker 4.2-Datei konvertiert und dann als Kopie der ursprünglichen Datei geöffnet, so daß die ursprüngliche Datei erhalten bleibt. Die neue Datei ist ohne Namen und muß mit *Speichern unter...* unter einem neuen Dateinamen abgespeichert werden.

Achtung: Die Auswahl dieses Befehls löscht nach einer Sicherheitsabfrage zum Speichern der letzten Änderungen am aktuellen Dokument den Arbeitsspeicher, so daß das aktuelle Dokument auch dann gelöscht wird, wenn die Funktion im Dialogfeld *Wählen Sie eine Datei* vorzeitig abgebrochen wird.

Tip: Dokumente öffnen

Wenn Sie im Apple-Menü ein Alias Ihres Datenvolumes installiert haben (und darüber hinaus am besten noch eine Menüstrukturierungssoftware wie NowMenues verwenden) besteht eine weitere Möglichkeit, ein PageMaker-Dokument zu öffnen. Diese Methode macht sich die Eigenschaft des Betriebssystems zunutze, beim Öffnen eines Dokumentes vom Finder aus, das Dokument in der das Dokument erzeugenden Software zu öffnen. Wenn Sie also ein Dokument öffnen wollen, können Sie im Apple-Menü auf das Alias des Datenvolumes gehen und sich von da aus durch die Struktur des Volumes bis zur gewünschten Datei »hangeln«.

Und noch ein positiver Aspekt offenbart sich durch Volume-Aliases im Apple-Menü: Sie können den Datenbestand durchsuchen und kontrollieren, ohne PageMaker verlassen zu müssen.

Das Dialogfeld *Wählen Sie eine Datei*

Im Dialogfeld *Wählen Sie eine Datei* des Befehls *Datei öffnen...* kann die zu öffnende Datei ausgewählt werden. Dazu werden in der Liste alle Dateien und Ordner im aktuellen Ordner, der im Einblendmenü ausgewählt wurde, angezeigt. Die ausgewählte Datei erscheint invertiert dargestellt.

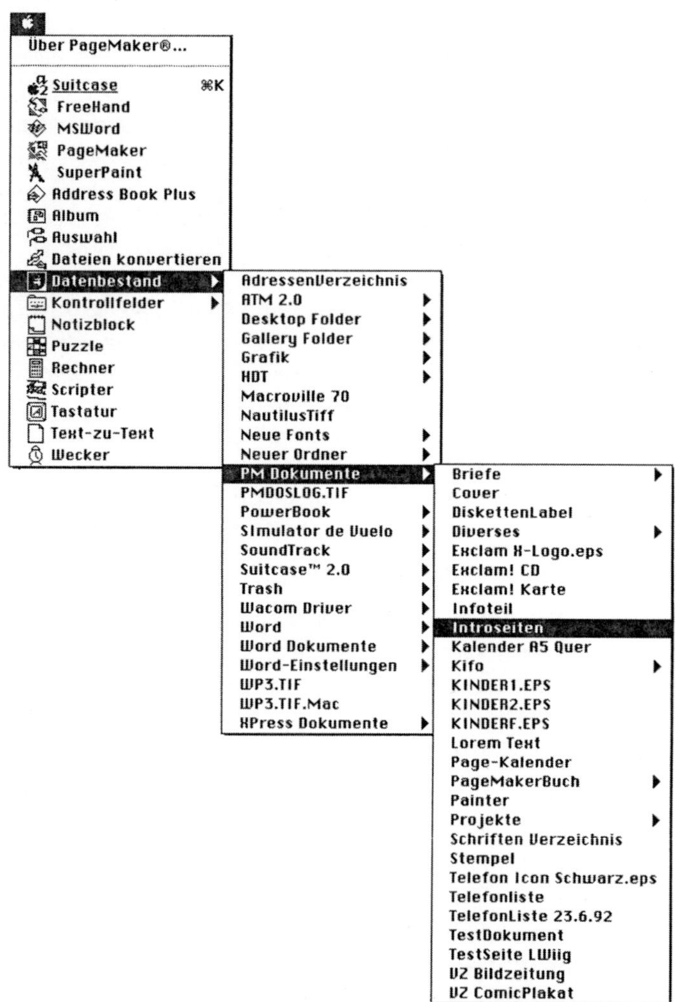

Auch über das Apple-Menü lassen sich Dokumente öffnen

Öffnen: ermöglicht die Auswahl von zwei unterschiedlichen Optionen zum Öffnen von Dateien. Mit **Original** wird die ausgewählte Datei direkt geöffnet und alle Änderungen daran ändern diese Datei, wenn sie mit dem Befehl *Speichern* aus dem Menü *Datei* gesichert werden. Mit der Option **Kopie** wird eine Kopie der Datei geöffnet, der zunächst noch kein Name zugeordnet ist. Änderungen an der Kopie müssen unter einem noch anzugebenden Namen mit dem Befehl *Speichern unter...* gesichert werden.

Das Dialogfeld *Nicht gefunden*

Das Dialogfeld *Nicht gefunden* erscheint beim Öffnen einer Satzdatei immer dann, wenn eine mit dem zu öffnenden Dokument verknüpfte externe Datei nicht aufgefunden werden kann. Das Dialogfeld ermöglicht die Angabe des Speicherplatzes der nicht gefundenen Datei oder

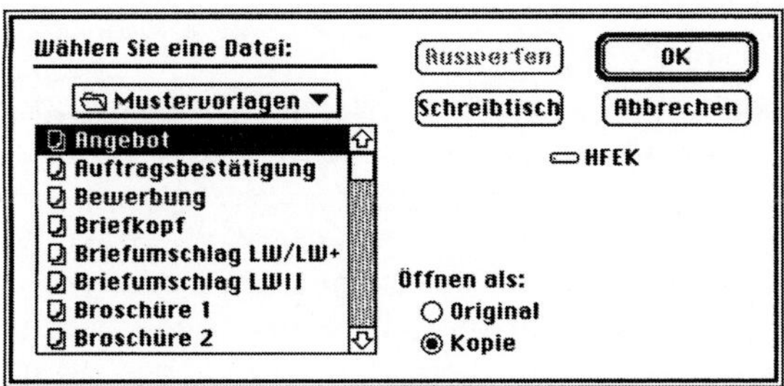

Das Dialogfeld ***Wählen Sie eine Datei***

das Ignorieren der Verbindung. Das Dialogfeld erscheint für jede nicht aufgefundene Verknüpfungsdatei, wenn die Suche nach externen Dateien nicht mit der Option *Alles Ignorieren* unterdrückt wird.
Verbinden: legt die Verbindung zur gesuchten Datei anhand der Auswahl im Verzeichnisfenster neu fest.
Ignorieren: bricht die Suche nach der vermißten Datei ab; bei jeder weiteren nicht gefundenen Verknüpfungsdatei erscheint das Dialogfeld erneut.
Alles Ignorieren: bricht die Suche nach der vermißten und allen weiteren Verknüpfungsdateien ab und führt zum sofortigen Öffnen der Satzdatei. Die Verknüpfungen können auch nach dem Öffnen des Dokumentes neu festgelegt werden (mit dem Befehl *Verbindungen...* aus dem Menü *Datei*).

Textmodus: Durch Aufruf des Befehls im Textmodus wird in den Layoutmodus gewechselt.

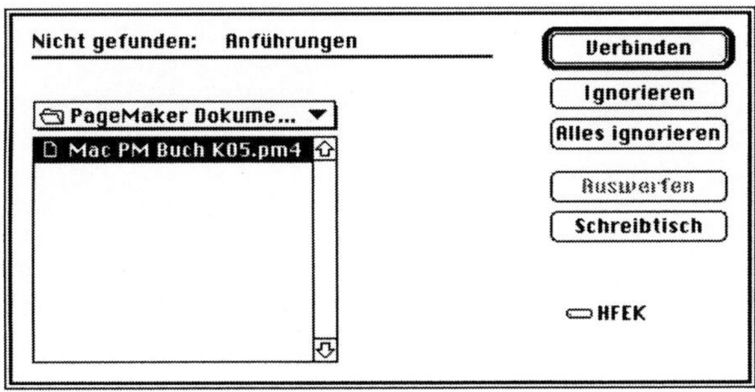

Das Dialogfeld ***Nicht gefunden***

Datei schließen

Funktion: Die Bearbeitung der momentan geladenen Satzdatei wird abgebrochen, und es wird zum Grundbild von PageMaker zurückgekehrt.

Anwendung: Nach Abschluß der Arbeit an einem Dokument kann mit diesem Befehl zum Grundbild zurückgekehrt werden, um dann beispielsweise eine neue Datei zu öffnen. Wenn die Bearbeitungen noch nicht abgespeichert worden sind, erscheint vor dem endgültigen Schließen noch eine Abfrage, die ein Sichern ermöglicht.

Um eine neue Satzdatei anzulegen oder zu laden, können auch direkt die Befehle *Neue Datei...* oder *Datei öffnen...* verwendet werden.

*Das Dialogfeld **Sollen die Änderungen gespeichert werden?***

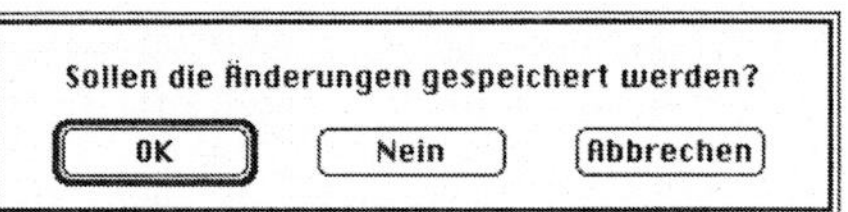

Textmodus: Bei Aufruf des Befehls im Textmodus wird die Satzdatei genau in dem Zustand gespeichert, in dem sie sich momentan befindet, d.h. eventuell noch nicht positionierte Texte in Textfenstern werden auch beim nächsten Öffnen dieser Datei weiterhin in den Textfenstern und noch nicht auf der Seite angezeigt.

Speichern ⌘ S

Funktion: Alle Bearbeitungen an der aktuellen Mustervorlage bzw. Satzdatei werden gesichert, wodurch eine frühere Dateiversion überschrieben wird.

Anwendung: Der Befehl *Speichern* kann benutzt werden, wenn ein Arbeitsabschnitt an einem Dokument erfolgreich abgeschlossen ist. Auf diese Weise entspricht die auf der Festplatte gespeicherte Datei immer der neuesten Bearbeitungsstufe. Voraussetzung für die Anwendung dieses Befehls ist, daß das Dokument bereits einen Namen zugewiesen bekommen hat. Dies ist der Fall, wenn die *Ausgangsdatei* mit dem Befehl *Datei öffnen...* geladen worden ist oder wenn sie bereits einmal mit *Speichern unter...* gesichert worden ist. Wenn das Dokument noch keinen Namen hat, erscheint beim Aufruf des Speichern-Befehls das Dialogfeld *Speichern unter.*

Die Version des Dokumentes, die mit dem letzten Speichern-Befehl fixiert worden ist, kann jederzeit mit dem Befehl *Alte Fassung* aus dem Menü *Datei* wieder verwendet werden, wenn Änderungen am Dokument mißglückt sind. Daher kann durch das Speichern wichtiger Arbeitsabschnitte jederzeit zur letzten geglückten Bearbeitung zurückgekehrt werden, unabhängig davon, wie komplex die letzte Bearbeitungsstufe war. (Mit dem Befehl *Rückgängig* aus dem Menü *Bearbeiten* kann jeweils nur die Auswirkung des letzten Befehlsaufrufs zurückgenommen werden.)

Zusätzlich zu dieser vom Anwender zu steuernden Speichern-Funktion ist in PageMaker auch eine automatische Zwischenspeicherungsfunktion implementiert. Sie speichert das bearbeitete Dokument bei bestimmten Arbeitssituationen ab (z.B. beim Blättern von einer Seite zur nächsten, beim Wechsel zwischen Layout- und Textmodus, beim Drucken oder beim Einfügen, Kopieren oder Löschen von Seiten). Dabei wird aber nicht die Satzdatei verwendet, sondern eine zusätzliche Temporärdatei mit einem Dateinamen der Form ALDTMPnn, wobei *nn* die Nummer der Temporärdatei angibt. Die Temporärdateien werden auf der Festplatte im Ordner *Temporary Items* gespeichert und können nach einem Systemabsturz aus dem Ordner *Gerettete Objekte von ...* im Papierkorb wiederhergestellt werden.

Tip: Dateien retten nach Systemabsturz

Der Ordner *Temporary Items,* in dem die Temporärdateien gespeichert werden, wird mit dem Finder nicht angezeigt. In den Dateiauswahllisten von PageMaker 4.2 ist der Ordner aber auswählbar, so daß die Temporärdateien nach einem Systemabsturz geöffnet werden können.

Textmodus: Der Befehl arbeitet im Textmodus genauso wie im Layoutmodus.

Speichern unter...

Funktion: Alle Bearbeitungen an einer neu erstellten Mustervorlage bzw. Satzdatei werden in einer Datei mit neuem Namen abgespeichert.
Anwendung: Im Gegensatz zum Befehl *Speichern* wird der Befehl *Speichern unter...* immer dann eingesetzt, wenn ein neu angelegtes oder stark überarbeitetes Dokument unter einem bestimmten Namen gesichert werden soll. Dazu erscheint nach Befehlsaufruf das Dialogfeld *Satzdatei speichern unter,* in dem alle zum Sichern nötigen Einstellungen vorgenommen werden können. Wenn einem Dokument einmal mit diesem Befehl ein Dateiname zugeordnet worden ist, können weitere Bearbeitungen mit dem Befehl *Speichern* gesichert werden.
Im übrigen findet der Befehl *Speichern unter...* auch Anwendung:

- wenn ein Dokument umbenannt werden soll (dazu wird im Dialogfeld *Satzdatei speichern unter* ein neuer Name angegeben),
- wenn ein Dokument auf einem anderen Volume bzw. in einem anderen Ordner abgespeichert werden soll (dazu wird im Dialogfeld *Satzdatei speichern unter* ein neues Volume bzw. ein neuer Ordner angegeben) oder
- wenn der Umfang einer mehrmals mit *Speichern* gesicherten Datei auf ein Minimum reduziert werden soll.

Tip: Umfang einer Satzdatei reduzieren

Durch Speichern mit dem Befehl *Speichern unter* können Sie die Größe der Satzdatei auf ein Minimum reduzieren. Sie sollten daher nach Abschluß aller Arbeiten an einem Dokument abschließend den Befehl *Speichern unter* verwenden.

Das Dialogfeld *Satzdatei speichern unter*

Das Dialogfeld *Satzdatei speichern unter* steuert alle Vorgaben zum Abspeichern eines PageMaker-Dokuments.
Speichern als: wählt eine von zwei Optionen zum Abspeichern des Dokumentes. Mit der Option **Satzdatei** wird veranlaßt, daß das Dokument als Satzdatei abgespeichert wird. Bei einem späteren Öffnen der so entstehenden Satzdatei wird diese als Original geöffnet. Wenn mit der Option **Mustervorlage** abgespeichert wird, öffnet der Befehl *Datei öffnen* stets eine Kopie dieser Datei.

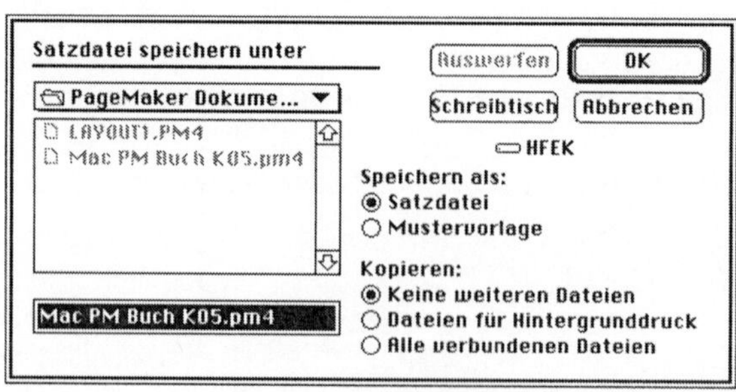

Das Dialogfeld ***Satzdatei speichern unter***

Kopieren: stellt drei unterschiedliche Optionen für den Umgang mit Verbindungsdateien zur Verfügung.
Keine weiteren Dateien: speichert nur das aktuelle Dokument, eventuelle Verbindungsdateien werden nicht in den neuen Ordner kopiert.
Dateien für den Hintergrunddruck: speichert alle Verbindungsdateien und auch sonst benötigte Dateien (z.B. Kerningtabellen) in das neu ausgewählte Verzeichnis, wodurch beispielsweise die Weitergabe der Satzdatei an ein Belichtungsstudio erleichtert wird.
Alle verbundenen Dateien: speichert alle Verbindungsdateien im neu angegebenen Verzeichnis ab.

Textmodus: Der Befehl arbeitet im Textmodus genauso wie im Layoutmodus.

Alte Fassung

Funktion: Die Änderungen an einem Dokument seit der letzten Zwischenspeicherung lassen sich verwerfen, wodurch die Bearbeitungsstufe wiederhergestellt wird, die vor dem letzten Zwischenspeichern erreicht war.

Anwendung: Immer, wenn Änderungen an einem Dokument nicht das gewünschte Ergebnis geliefert haben, führt dieser Befehl zu der zuletzt mit den Befehlen *Speichern* oder *Speichern unter...* gespeicherten Version zurück.

Wenn beim Aufruf des Befehls gleichzeitig die Umschalttaste gedrückt wird, werden nur die Änderungen verworfen, die seit der letzten automatischen Zwischenspeicherung von PageMaker vorgenommen worden sind. Das automatische Zwischenspeichern wird immer dann aktiviert, wenn eine Operation wie Blättern von einer Seite zur nächsten, Ändern des Seitenlayouts, Wechsel zwischen Layout- und Textmodus, Drucken oder Einfügen, Kopieren oder Löschen einer Seite ausgeführt worden ist.

Weil die Auswirkungen des Befehls *Alte Fassung* nicht wieder zurückgenommen werden können, erscheint beim Befehlsaufruf immer ein Dialogfeld, das einen Abbruch der eingeleiteten Funktion ermöglicht.

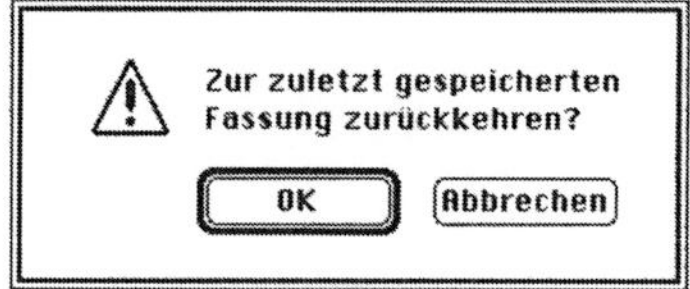

Das Dialogfeld
Alte Fassung

Tip: Nur Änderungen auf aktueller Seite verwerfen

Der Befehl *Alte Fassung* löscht alle Änderungen auf allen Seiten des Dokumentes, die seit dem letzten Zwischenspeichern vorgenommen worden sind. Um nur die Änderungen auf der aktuellen Seite zu verwerfen, kann beim Aufruf des Befehls die Umschalttaste gedrückt werden. Das Programm verwirft dann nur die Änderungen seit dem letzten Seitenwechsel.

Textmodus: Wurde die Datei zuletzt im Layoutmodus gespeichert, wird durch die Ausführung dieses Befehls im Textmodus wieder in den Layoutmodus gewechselt. Waren andererseits beim letzten Speichern eines oder mehrere Textfenster geöffnet, erscheinen diese nun auch wieder geöffnet.

Exportieren...

Funktion: Text aus der aktuellen Satzdatei wird exportiert.
Anwendung: Immer wenn Text, der innerhalb einer Satzdatei erfaßt worden ist, außerhalb von PageMaker weiterbearbeitet werden soll, kann der Text aus einem Textabschnitt in eine Textdatei exportiert werden. PageMaker unterstützt den Textexport in den folgenden Formaten:

- Microsoft Word
- MacWrite II
- WriteNow
- XyWrite 3
- RFT (Revisable Format Text)
- DCA (Document Content Architecture)
- ASCII

Die Formate Microsoft Word, XyWrite und RFT können die im zu exportierenden Textabschnitt verwendeten Druckformate ebenfalls exportieren. Für den Export in den anderen Formaten besteht jedoch die Möglichkeit, sogenannte Druckformatmarken zu exportieren. Die Druckformatmarken tauchen im exportierten Text überall dort auf, wo Druckformate verwendet wurden. Eine Druckformatmarke enthält in spitze Klammern eingeschlossen den Namen des Druckformats. Auf diese Weise lassen sich Druckformate indirekt auch in Programme übertragen, die die direkte Übernahme von Druckformaten nicht unterstützen.

Bevor der Befehl aufgerufen wird, muß eine Einfügemarke gesetzt oder eine Textstelle markiert sein. Nach dem Aufruf erscheint ein Dialogfeld, das zur Steuerung der Exportoptionen dient.

Achtung: Um in einem dieser Formate exportieren zu können, müssen die entsprechenden Filterdateien beim Installieren von PageMaker ausgewählt werden. Wenn später einmal doch ein Exportfilter benötigt wird, kann er auch nachträglich installiert werden.

Das Dialogfeld *Datei exportieren*

Im Dialogfeld *Datei exportieren* werden die Optionen für den Textexport festgelegt.
Exportieren: bietet zwei Optionen für die zu exportierende Textmenge an. Mit **Ganzen Textabschnitt** wird der gesamte Textabschnitt, in dem die Einfügemarke plaziert ist, exportiert, unabhängig davon, ob innerhalb des Abschnitts eine Textstelle markiert ist oder nicht. Mit der Option **Nur markierten Text** wird nur die im Abschnitt markierte Textstelle exportiert.
Formatmarken exportieren: wählt einen Exportmodus, bei dem Druckformatmarken für jeden Absatz ausgegeben werden. Bei einem späteren Reimport lassen sich diese Marken auch wieder in Druckformate zurückverwandeln.

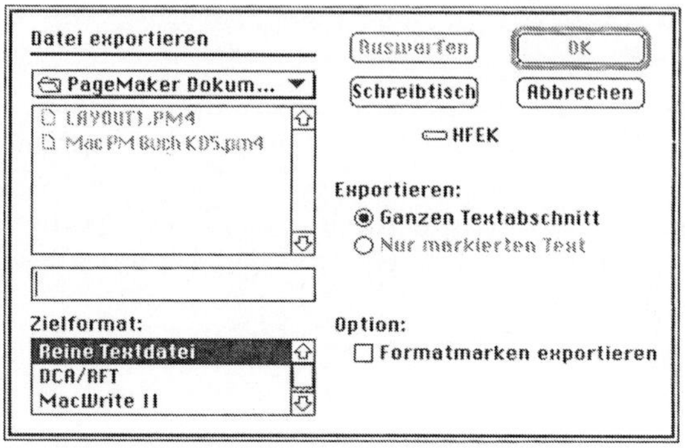

Das Dialogfeld
Datei exportieren

Zielformat: zeigt eine Liste der verfügbaren Exportformate zur Auswahl an.

Textmodus: Der Befehl arbeitet im Textmodus genauso wie im Layoutmodus.

Positionieren... ⌘ P

Funktion: Eine externe Text- oder Grafikdatei kann in das aktuelle PageMaker-Dokument eingefügt werden.

Anwendung: Mit dem Befehl *Positionieren...* lassen sich Text- oder Grafikelemente in eine PageMaker-Satzdatei einfügen. Nach der Auswahl des Befehls erscheint zunächst ein Dialogfeld zur Auswahl der zu importierenden Datei. Nach der Auswahl der gewünschten Datei erscheint anstelle des Cursors ein Symbol, das je nach ausgewähltem Dateiformat unterschiedliche Formen annehmen kann. Mit diesem Symbol wird die Stelle auf der Seite markiert, an der der importierte Text bzw. die importierte Grafik erscheinen soll. Nach dem Anklicken dieser Stelle wird die Datei in die aktuelle Satzdatei eingefügt.

Beim Importieren von Grafiken kann, nachdem das Einfügesymbol erscheint, die Größe und Proportion der Grafik im Dokument vorbestimmt werden. Dazu wird die Maustaste beim Einfügen gedrückt gehalten und der Mauszeiger von der linken oberen Ecke der einzufügenden Grafik zur linken unteren bewegt. Wenn dann die Maustaste gelöst wird, erhält die Grafik die so vorgegebene Größe und Proportion.

Dieselbe Methode läßt sich auch beim Importieren von Text anwenden, um die Textspaltenbreite vorzugeben. Auf diese Weise kann der Textblock unabhängig von Hilfslinien auf eine bestimmte Breite gebracht werden.

Text mit manuellem Textanschluß erscheint, wenn ein Text importiert wird, ohne daß die Option *Autom. Textanschluß* aus dem Menü *Optionen* aktiv ist.

Text mit automatischem Textanschluß erscheint, wenn beim Importieren die Funktion *Autom. Textanschluß* aus dem Menü *Optionen* aktiviert ist.

Text mit halbautomatischem Textanschluß erscheint, wenn bei aktivem automatischen Textanschluß die Umschalttaste gedrückt wird, während der Text positioniert wird.

Bitmap-Grafik erscheint, wenn die ausgewählte Datei eine Bitmap-Grafik im Paint-Format ist.

Vektorgrafik erscheint, wenn die zu importierende Datei in einem Vektorformat vorliegt.

Bild erscheint, wenn die ausgewählte Datei ein Bild im TIFF-Format ist.

EPS-Datei erscheint, wenn eine EPS-Datei importiert werden soll.

Album erscheint, wenn ein Objekt aus dem Album importiert werden soll.

Das Dialogfeld *Wählen Sie eine Datei*

Das Dialogfeld *Wählen Sie eine Datei* ermöglicht die Auswahl der externen Datei, die in die aktuelle Satzdatei eingefügt werden soll. Je nach Typ der ausgewählten Datei erscheinen in diesem Dialogfeld unterschiedliche Zusatzeinstellungen.

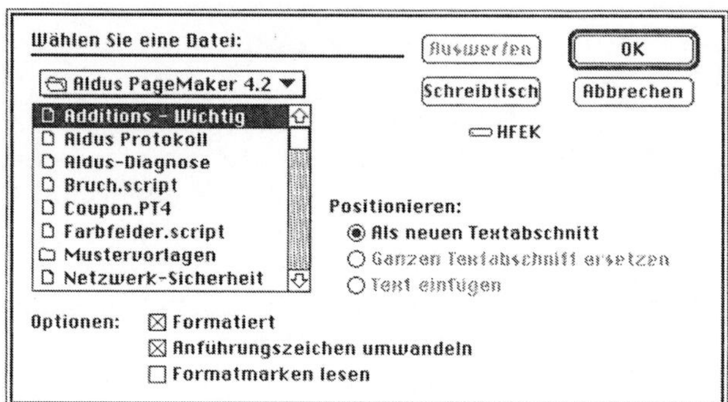

Das Dialogfeld ***Wählen Sie eine Datei*** *beim Importieren von Text*

Als neuen Textabschnitt: führt zum Einfügen der Textdatei als neuer eigenständiger Textabschnitt.
Ganzen Textabschnitt ersetzen: führt zum vollständigen Ersetzen des markierten Textes durch den importierten Text. Diese Option ist nur dann auswählbar, wenn beim Befehlsaufruf eine Textstelle markiert war.
Text einfügen: fügt den neuen Text an der momentanen Cursorposition in den bereits bestehenden Text ein. Diese Option ist nur dann auswählbar, wenn beim Befehlsaufruf eine Textstelle markiert war.
Formatiert: bewirkt, daß die ursprüngliche Formatierung der Textdatei beibehalten wird. Dabei werden die Absatz- und Zeichenformate sowie die Druckformatliste der Importdatei mit übertragen. Bei ausgeschalteter Formatiert-Option wendet PageMaker die Standardvorgaben der aktuellen Satzdatei auf den importierten Text an.
Anführungszeichen umwandeln: bewirkt, daß alle Apostrophe und gewöhnliche doppelte Anführungszeichen in typographische Apostrophe bzw. Anführungszeichen umgewandelt werden.
Formatmarken lesen: wendet die Druckformatinformationen innerhalb der importierten Textdatei an, falls diese Druckformate in PageMaker definiert sind. Die Druckformatinformationen entstehen beim Exportieren eines Textes aus einer Satzdatei, wenn dabei die Option *Formatmarken exportieren* aktiviert war.
Als unabhängige Grafik: bewirkt, daß die importierte Grafik ein unabhängiges Element innerhalb der Satzdatei ist. Die Position der so eingebundenen Grafik kann nur durch manuelles Verschieben geändert werden.

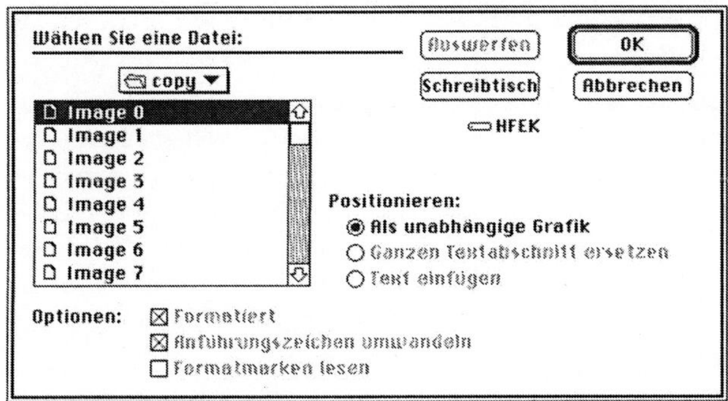

Das Dialogfeld ***Wählen Sie eine Datei*** *beim Importieren einer Grafik*

Bild ersetzen: fügt die zu importierende Grafik anstelle der bei Befehlsaufruf markierten Grafik ein. Die neue Grafik löscht also die zuvor im Dokument vorhandene Grafik. Die neue Grafik nimmt dieselbe Größe und Proportion an wie die gelöschte Grafik.
Als eingebundene Grafik: fügt die zu importierende Grafik so ein, daß sie an die bei Befehlsaufruf markierte Textstelle gebunden ist. Auf diese Weise läßt sich erreichen, daß eine Grafik an einer Textstelle gebunden bleibt, auch wenn sich durch Änderungen am Text eine neue Position für die Grafik ergibt. Die Grafik wird in einem solchen Fall zusammen mit der Textstelle verschoben.

Das Dialogfeld *ASCII-Importfilter*

Im Dialogfeld *ASCII-Importfilter,* das beim Importieren einer ASCII-Textdatei erscheint, ermöglicht einige Einstellungen, mit denen der Text auf die weitere Bearbeitung mit PageMaker angepaßt werden kann.

Smart ASCII Importfilter, Version 1.3
OK
Überflüssige Wagenrücklaufzeichen löschen:
Abbrechen
☐ Am Ende jeder Zeile
☐ Zwischen Absätzen
☐ Tabellen, Listen und Einzüge nicht verändern
☐ Ersetzen: 3 oder mehrere Leerzeichen durch ein Tab
☐ Als Courier einführen
☒ Keine Änderungen durchführen

Das Dialogfeld ***Smart ASCII-Importfilter***

Überflüssige Wagenrücklaufzeichen löschen: löscht beim Importieren die Absatzzeichen, die eine weitere Bearbeitung mit PageMaker erschweren. Die Option **Am Ende jeder Zeil:** löscht die Absatzzeichen, die innerhalb der ASCII-Datei für den Zeilenumbruch verwendet worden sind. Die Option **Zwischen Absätzen** löscht die doppelten Absatzzeichen zwischen Absätzen.

Tabellen, Linien, Einzüge nicht verändern: verhindert, daß Änderungen an Textpassagen vorgenommen werden, die Tabellenform haben, die Linienelemente aufweisen oder Einzüge aus Leerzeichen haben. Diese Option ist nur dann auswählbar, wenn eine der darüberstehenden Optionen aktiviert worden ist.
Ersetzen: ermöglicht die Angabe einer Anzahl von Leerzeichen, für die beim Importieren ein Tabulatorzeichen eingesetzt werden soll. Auf diese Weise lassen sich Tabellen aus ASCII-Dateien, die nicht mit Tabulatoren formatiert sind, so umformatieren, daß sie in der Satzdatei mit Tabulatoren erscheinen.
Als Courier einfügen: führt dazu, daß für den importierten Text die Schriftart Courier verwendet wird, auch dann, wenn als Standardschriftart eine andere ausgewählt ist. Bei Verwendung der nicht proportionalen Schrift Courier wird sichergestellt, daß das Aussehen des importierten Textes, dem Aussehen der ASCII-Textdatei am ehesten entspricht. Dies kann beispielsweise beim Importieren von Tabellen oder Programmlistings sinnvoll sein.
Keine Änderungen durchführen: bewirkt, daß die ASCII-Datei ohne irgendwelche Änderungen in die aktuelle Satzdatei eingefügt wird.

Textmodus: Der Text aus dem aktuellen Textfenster wird in der Satzdatei positioniert.

Wurde der Text im aktuellen Textfenster bisher noch nicht in der Satzdatei positioniert, kann dies mit dem Befehl *Positionieren* erfolgen. Nach Aufruf des Befehls schließt das Programm das aktuelle Textfenster, wechselt in den Layoutmodus und zeigt das geladene Textsymbol an. Mit diesem Textsymbol wird die Stelle auf der Seite markiert, an der der Text erscheinen soll. Nach einem Mausklick wird der Text an der momentanen Position des Textsymbols in die aktuelle Satzdatei eingefügt.

Beim Positionieren kann auch die Breite der Textspalte vorgegeben werden, indem die Maustaste beim Einfügen gedrückt gehalten und der Mauszeiger von der linken oberen Ecke des einzufügenden Textes zur rechten unteren bewegt wird. Wenn dann die Maustaste gelöst wird, erhält der Textblock die so vorgegebene Größe und Proportion. Auf diese Weise kann der Textblock unabhängig von Hilfslinien auf eine bestimmte Breite gebracht werden.

Wurde der Textabschnitt bereits in der Satzdatei positioniert, steht anstelle der Option *Positionieren* die Option *Neu positionieren* zur Verfügung. Die Auswahl dieser Option schließt das aktuelle Textfenster und führt in den Layoutmodus zurück. Dabei bleiben aber alle anderen eventuell geöffneten Textfenster weiterhin geöffnet.

Verbindungen... ⌘ U

Funktion: Die mit der aktuellen Satzdatei bzw. Mustervorlage verbundenen externen Dateien lassen sich hinsichtlich ihres Verbindungsstatus überprüfen.
Anwendung: Der Befehl *Verbindungen...* dient dazu, alle Verbindungen der aktuellen Satzdatei zu überprüfen und gegebenenfalls zu aktualisieren. Wenn beispielsweise mit dem Dokument verknüpfte Grafikdateien in ein anderes Verzeichnis der Festplatte verschoben worden sind, müssen die Verbindungsinformationen entsprechend geändert werden. Auch wenn externe Grafiken oder Textdateien in irgendeiner Weise geändert worden sind, müssen die entsprechenden Elemente innerhalb des PageMaker-Dokumentes aktualisiert werden, wenn diese Aktualisierung nicht automatisch erfolgen soll.

Alle Einstellungen zum Verbindungen-Befehl lassen sich in einem Dialogfeld vornehmen, das bei Befehlsaufruf erscheint.

Das Dialogfeld *Verbindungen*

Im Dialogfeld werden tabellenförmig alle Dateien angezeigt, die mit dem aktuellen Dokument verbunden sind. Die Tabelle zeigt am Anfang einiger Zeilen Indikatoren für den Status der Verbindung an. Es gibt insgesamt fünf verschiedene Symbole, die weitere Informationen über den Status der jeweiligen Dateien geben.

Das Dialogfeld ***Verbindungen***

Kein Symbol: wird angezeigt, wenn die Datei auf dem aktuellen Stand ist.
?: wird angezeigt, wenn die zugehörige externe Datei nicht gefunden werden konnte. In diesem Fall kann mit der Option *Info...* die Verbindung aktualisiert werden.
◆: wird für Dateien angezeigt, die seit dem Importieren modifiziert worden sind. Das eingebundene Element wird aktualisiert, wenn das Dokument gedruckt wird oder wenn es neu geöffnet wird. Alternativ dazu kann auch die Funktion *Aktualisieren* bzw. *Alles Aktualisieren* durch Anklicken des entsprechenden Feldes verwendet werden.

Δ: erscheint, um anzuzeigen, daß sowohl die externe Datei als auch das verbundene Element in der Satzdatei modifiziert worden ist. Wenn durch Anklicken von *Aktualisieren* das interne Element an das geänderte externe angepaßt wird, gehen dabei die Änderungen, die innerhalb von PageMaker vorgenommen worden sind, verloren.
◇: wird angezeigt, wenn die externe Datei seit dem Positionieren modifiziert worden ist und die Verbindungsoption *Autom. aktualisieren* nicht aktiv ist. In diesem Fall kann eine Aktualisierung manuell vorgenommen werden.
In der Spalte **Schriftstück** werden die Namen aller Verbindungsdateien angezeigt.
Die Spalte **Art** zeigt an, ob es sich bei den Dateien um Text-, EPS-, MacPaint-, TIFF- oder PICT-Dateien handelt.
In der Spalte **Seite** wird angezeigt, auf welchen Dokumentseiten die jeweilige Datei positioniert ist. **LS** bedeutet dabei linke Standardseite, **RS** rechte Standardseite; **SeitenNr.?** erscheint, wenn sich eine eingebundene Grafik in einem noch nicht zusammengestellten Textabschnitt befindet; **ÜE** wird angezeigt, wenn das verknüpfte Element Teil eines Textblocks ist, der entweder überlagert oder noch nicht vollständig eingeflossen ist; **NP** steht bei geöffneten Textabschnitten, die noch nicht positioniert worden sind und schließlich **erscheint MF**, wenn das importierte Element auf der Montagefläche abgelegt worden ist.
Info: verzweigt zum Dialogfeld *Info*, das zur in der Liste markierten Verbindungsdatei nähere Angaben macht, die innerhalb des Dialogfeldes auch modifiziert werden können.
Optionen...: verzweigt zum Dialogfeld *Verbindungsoptionen*, in dem bestimmt werden kann, ob die externe Datei als Kopie in der aktuellen Satzdatei abgelegt werden soll und wie bei einer nötigen Aktualisierung zu verfahren ist.
Verbindung aufheben: löst die Verbindung zur externen Version der markierten Datei.
Aktualisieren: aktualisiert die Kopie der markierten Datei, wenn eine Aktualisierung erforderlich ist.
Alles aktualisieren: aktualisiert alle Verbindungen, für die die Verbindungsoption **Autom. aktualisieren** aktiviert ist. Nicht betroffen von dieser Operation sind alle Verbindungen, für die die automatische Aktualisierung nicht aktiviert wurde. Diese Verbindungen müssen manuell mit **Aktualisieren** dem neuesten Stand der externen Datei angepaßt werden.

Das Dialogfeld *Info*

Das Dialogfeld *Info* erscheint nach Anklicken des Feldes *Info* des Dialogfeldes *Verbindungen*. Es zeigt den Zugriffspfad, die Art und Größe der im Dialogfeld *Verbindungen* markierten Verbindungsdatei. Zusätzlich wird auch angezeigt, wann die Datei im Dokument positioniert worden ist und wann eine Änderung an der externen Datei vorgenommen worden ist.

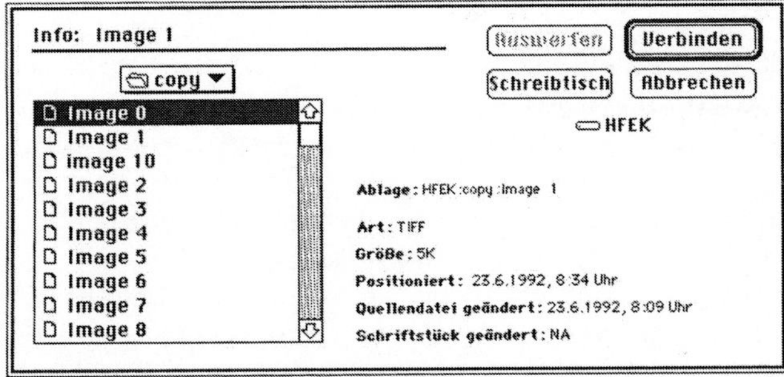

Das Dialogfeld ***Info***

Über diesen Informationscharakter des Dialogfeldes hinaus, läßt sich auch eine bestehende Verbindung ändern, indem der unter *Name* angezeigte Dateiname durch einen anderen ersetzt wird. Auf diese Weise läßt sich eine importierte Datei leicht durch eine andere ersetzen, ohne daß dazu die ursprüngliche Datei verändert oder neu positioniert werden müßte.
Dasselbe Dialogfeld erscheint auch nach Auswahl des Befehls *Verbindungsinformation* aus dem Menü *Einstellung.*
Ablage: zeigt den Namen der aktuellen Verbindungsdatei und ihren Speicherplatz an.
Art: spezifiziert die Art der Verbindungsdatei wie beispielsweise Text oder Bild.
Größe: gibt die Größe der externen Datei in KByte an.
Positioniert: gibt Datum und Uhrzeit der Positionierung der externen Datei im aktuellen Dokument.
Quellendatei geändert: gibt Datum und Uhrzeit der letzten Änderung der externen Verbindungsdatei an.
Schriftstück geändert: gibt Datum und Uhrzeit der letzten Änderung des importierten Elementes innerhalb der aktuellen Satzdatei an.
Verbinden: bewirkt eine neue Verbindung, wenn aus der Dateiliste eine neue Verbindungsdatei ausgewählt worden ist. Wenn Veränderungen am importierten Element innerhalb von PageMaker vorgenommen worden sind, die durch ein erneutes Verbinden verloren gingen, erscheint eine entsprechende Warnung als Sicherheitsabfrage.

Das Dialogfeld *Verbindungsoptionen*

Das Dialogfeld *Verbindungsoptionen* öffnet sich nach Anklicken des Feldes *Optionen...* im Dialogfeld *Verbindungen.* Darin kann für die im Dialogfeld *Verbindungen* markierte Datei bestimmt werden, ob die externe Datei als Kopie in der aktuellen Satzdatei abgelegt werden soll und wie bei einer nötigen Aktualisierung zu verfahren ist.

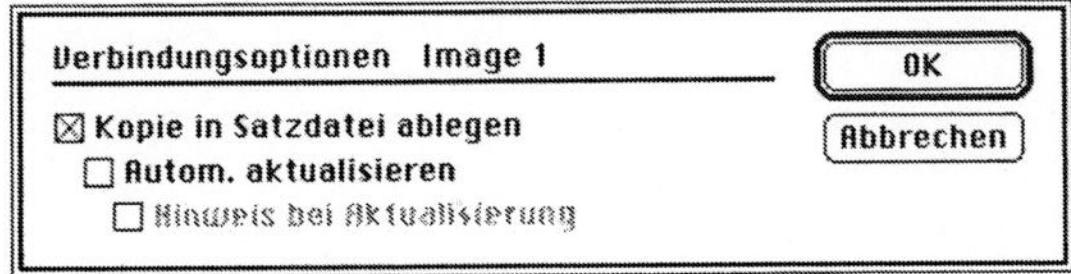

Das Dialogfeld ***Verbindungsoptionen***

Kopie in Satzdatei ablegen: bewirkt, daß eine vollständige Kopie der Verbindungsdatei innerhalb der Satzdatei angelegt wird. PageMaker legt für Textdateien und EPS-Dateien immer Kopien an, für andere Dateien kann bestimmt werden, ob Kopien angelegt werden sollen oder nicht.
Autom. aktualisieren: bewirkt, daß bei jedem Öffnen der Satzdatei die Verbindung aktualisiert wird, wenn dies nötig ist.
Hinweis bei Aktualisierung: bewirkt in Verbindung mit der Option *Autom. aktualisieren,* daß vor einem Aktualisierungsvorgang eine Sicherheitsabfrage erscheint, mit der die Aktualisierung gegebenenfalls auch verhindert werden kann.

Das Dialogfeld *Verbindungsoptionen: Vorgaben*

Das Dialogfeld *Verbindungsoptionen: Vorgaben* erscheint, wenn noch keine Verbindungen in der Satzdatei vorhanden sind. Das Dialogfeld ermöglicht die Verbindungsoptionen für alle nachfolgenden Positionierungen vorzubestimmen. Dabei sind dieselben Einstellungen wie im Dialogfeld *Verbindungsoptionen* möglich mit dem Unterschied, daß diese Einstellungen für Text- und Grafikelemente getrennt eingestellt werden können.

Verbindungsoptionen: Vorgaben
OK
Abbrechen
Text:
☒ Kopie in Satzdatei ablegen
☐ Autom. aktualisieren
☐ Hinweis bei Aktualisierung
Grafik:
☒ Kopie in Satzdatei ablegen
☐ Autom. aktualisieren
☐ Hinweis bei Aktualisierung

Das Dialogfeld ***Verbindungsoptionen: Vorgaben***

Textmodus: Der Befehl arbeitet im Textmodus genauso wie im Layoutmodus.

Buch...

Funktion: Mehrere Satzdateien lassen sich in Form einer Kapitelliste zu einem Buch zusammenfügen, das auf diese Weise automatisch paginiert werden kann bzw. für das die Index- und Inhaltsverzeichnisfunktion von PageMaker global angewendet werden kann.
Anwendung: Dieser Befehl ermöglicht, zwei oder mehrere PageMaker-Satzdateien zu einem Buch zusammenzufassen. In einem Dialogfeld lassen sich dazu alle Satzdateien auswählen, die zum Buch gehören sollen. Die Struktur der Buchfunktion von PageMaker ist für alle umfangreichen Dokumente sinnvoll, die auf mehrere Dateien aufgeteilt sind. Die Buchfunktion ermöglicht das automatische Drucken aller zum Buch gehörenden Dateien, das automatische Erstellen von Inhaltsverzeichnis und Index sowie eine automatische laufende Seitennumerierung aller Seiten der einzelnen Buchkapitel, wobei bei einer beliebigen Satzdatei aus der Kapitelliste begonnen werden kann.

Tip: Buchzusammenstellung in nur einer der Satzdateien

Die Prozedur der Buchzusammenstellung durch Anlegen einer Kapitelliste ist nur bei der Satzdatei nötig, von der aus gedruckt werden soll oder von der aus der Index erstellt werden soll. So ist es naheliegend, die Kapitelliste nur in der ersten oder letzten Satzdatei wie der Einleitung oder dem Anhang anzulegen.

Das Dialogfeld *Buch-Zusammenstellung*

Alle Einstellungen für die Buchfunktion von PageMaker lassen sich im Dialogfeld *Buch-Zusammenstellung* vornehmen. Dabei werden alle Satzdateien, die zu einer Kapitelliste zusammengestellt werden sollen, nacheinander aus dem Verzeichnisfenster ausgewählt und der *Kapitelliste* hinzugefügt.

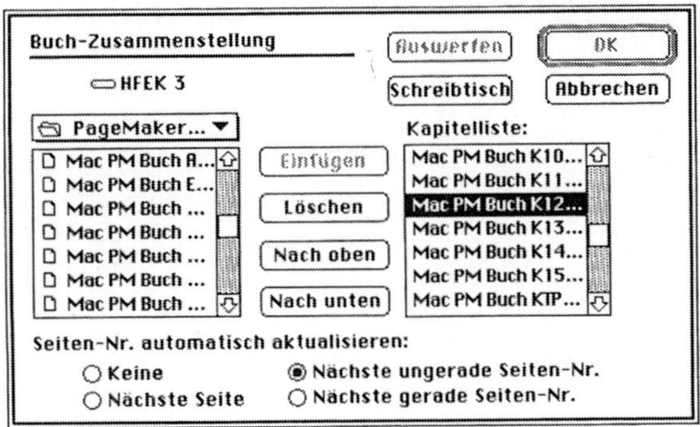

Das Dialogfeld ***Buch-Zusammenstellung***

Einfügen: fügt die im Verzeichnisfenster markierte Satzdatei in die Kapitelliste ein. Alternativ dazu reicht auch ein Doppelklick auf den gewünschten Dateinamen aus. Die Datei wird dann am Ende der Kapitelliste eingefügt, so daß die Auswahl der Dateien mit der ersten »Buchdatei« beginnen muß.

Löschen: löscht den in der Kapitelliste ausgewählten Eintrag aus der Liste. Auf diese Weise kann ein nicht mehr benötigtes Kapitel aus der Liste gelöscht werden.
Nach oben: verschiebt den in der Kapitelliste ausgewählten Eintrag um eine Position nach oben. Auf diese Weise können Änderungen an der Reihenfolge der Kapitel in der Liste durchgeführt werden.
Nach unten: verschiebt den in der Kapitelliste ausgewählten Eintrag um eine Position nach unten. Auf diese Weise können Änderungen an der Reihenfolge der Kapitel in der Liste durchgeführt werden.
Seiten.Nr. autom. aktualisieren: stellt einige Optionen zur Verfügung, mit denen die automatische Seitennumerierung von PageMaker beeinflußt werden kann. Die Option **Keine** sollte ausgewählt werden, wenn eine Numerierung der Seiten in den Dokumenten nicht vorgesehen ist. Mit der Option **Nächste Seite** werden alle Seiten der einzelnen Kapitel durchgehend numeriert, wobei die erste Seite des ersten Kapitels die erste Seite des »Buches« wird und die letzte Seite des letzten Kapitels die letzte Seite des Buches. Diese Einstellung ist für Dokumente vorgesehen, die kein Doppelseiten-Layout haben, aber eine Seitennumerierung. Für Doppelseitendokumente ist die Option **Nächste ungerade Seiten-Nr.** vorgesehen. Mit ihr kann festgelegt werden, daß die erste Seite jedes Kapitels immer auf eine rechte (ungerade) Seite fällt. PageMaker fügt dazu gegebenenfalls selbständig eine fehlende Seite im vorhergehenden Kapitel ein. Die Option **Nächste gerade Seiten-Nr.** arbeitet entsprechend für linke (gerade) Anfangsseiten eines Kapitels.

Tip: Kapitelliste kopieren

Die Kapitelliste läßt sich ganz einfach in alle in der Liste enthaltenen Satzdateien kopieren, so daß dann aus jeder der Satzdateien heraus das gesamte Buch ausgedruckt werden kann. Dazu wird die Satzdatei mit der Kapitelliste geöffnet und dann bei gedrückter Befehlstaste der Befehl *Buch...* aufgerufen. PageMaker kopiert dann die Kapitelliste in alle im Dialogfeld *Buch-Zusammenstellung* in der Kapitelliste aufgelistete Satzdateien.

Tip: Beibehalten unterschiedlicher Druckeinstellungen beim Drucken eines Buches

Falls in den einzelnen Satzdateien eines Buches unterschiedliche Drukkereinstellungen benötigt werden (beispielsweise Hoch- und Querformat), wird zum Erhalt dieser Einstellungen die Befehlstaste gedrückt gehalten, wenn das Drucken des Buches durch Klicken auf das Feld *Drucken* des Dialogfeldes *Drucker* gestartet wird.

Textmodus: Der Befehl arbeitet im Textmodus genauso wie im Layoutmodus.

Seite einrichten...

Funktion: Das grundlegende Seitenlayout der aktuellen Satzdatei läßt sich verändern.
Anwendung: Beim Anlegen einer Mustervorlage oder Satzdatei wird im Dialogfeld *Seite einrichten* das grundlegende Layout der Dokumentseiten festgelegt. Dazu gehört die Seitengröße und Formatlage, der Satzspiegel und andere Angaben. Diese lassen sich nächträglich mit dem Befehl *Seite einrichten...* ändern. Dies kann beispielsweise dann erforderlich sein, wenn während der Arbeit festgestellt wird, daß ein größeres Seitenformat nötig ist. Die Einstellungen dazu werden wie beim Neuanlegen im Dialogfeld *Seite einrichten* vorgenommen. Die Bedienung des Dialogfeldes kann daher an der entsprechenden Stelle in diesem Kapitel nachgelesen werden.

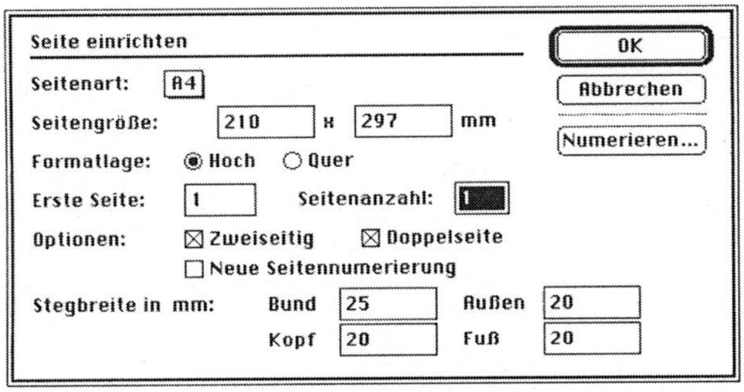

Seite einrichten
OK
Abbrechen
Numerieren...
Seitenart: A4
Seitengröße: 210 x 297 mm
Formatlage: Hoch Quer
Erste Seite: 1 Seitenanzahl: 1
Optionen: Zweiseitig Doppelseite
Neue Seitennumerierung
Stegbreite in mm: Bund 25 Außen 20
Kopf 20 Fuß 20

Das Dialogfeld
Seite einrichten

Im folgenden wird zu allen Einstellungsfeldern angegeben, was eine Änderung in diesem Feld für Folgen haben kann:
Seitengröße / Seitenart: Bei Änderungen an der Seitengröße bzw. der Seitenart bleiben grundsätzlich alle Objekte unverändert. Bei Vergrößerung der Seitengröße werden alle Elemente der Seiten am inneren Bundsteg ausgerichtet. In vertikaler Richtung wird dabei mittig ausgerichtet. Elemente, die außerhalb der Seiten auf der Montagefläche abgelegt waren, bleiben auf der Montagefläche. Bei Verkleinerungen können Elemente der Seiten auf die Montagefläche geraten, wobei allerdings die Lage aller Objekte zueinander unverändert bleibt.
Formatlage: Eine Änderung der Seitenlage läßt ebenfalls alle Elemente der Satzdatei unverändert. Elemente, die außerhalb der Seiten auf der Montagefläche abgelegt waren, bleiben auf der Montagefläche.
Erste Seite: Die Anfangsseitenzahl läßt sich so ändern, daß alle geraden Seiten zu ungeraden werden und umgekehrt. Dabei können Elemente, die über den Seitenrand herausragen, auf eine Seite geraten, die nicht dafür vorgesehen ist. Grundsätzlich gilt, daß die linke obere Ecke eines Elementes festlegt, auf welche Seite es gehört.

Seitenanzahl: Durch Ändern der Seitenanzahl lassen sich am Ende der Satzdatei weitere Seiten anfügen oder überzählige Seiten löschen. Um jedoch Seiten in der Mitte oder am Anfang der Satzdatei einzufügen oder zu löschen, müssen die Befehle *Seite(n) einfügen...* oder *Seite(n) löschen...* aus dem Menü *Seite* verwendet werden.
Optionen: Änderungen an den Optionen **Zweiseitig** und **Doppelseite** können zu unerwünschten Ergebnissen führen. Wenn beispielsweise von Doppelseiten auf Einzelseiten gewechselt wird, erscheinen alle Elemente, die von der rechten Seite auf die linke Seite ragen, auf den jeweils linken verankert.
Stegbreite: Das Ändern der Stegbreiten wirkt sich lediglich auf die Spaltenhilfslinien aus. Daran ausgerichtete Elemente bleiben unverändert und müssen gegebenenfalls manuell neu positioniert werden.
Numerieren: Änderungen am Paginierungsformat wirken sich auf den Dokumentseiten und auch bei Einträgen in ein Inhaltsverzeichnis bzw. in einen Index aus.

Textmodus: Der Befehl *Seite einrichten* steht im Textmodus nicht zur Verfügung.

Drucken... ⌘ D

Funktion: Die aktuelle Satzdatei läßt sich auf dem angeschlossenen Drucker ausdrucken.
Anwendung: Nach Aufruf dieses Befehls erscheint ein Dialogfeld zum Einstellen aller Druckoptionen. Das Druckergebnis hängt in großem Maße von der Leistung des angeschlossenen Druckers ab. PageMaker unterstützt alle installierten Drucker. Auch die Auswahl der gewünschten PDX-Datei kann im Dialogfeld *Drucker: [Druckername]* (im folgenden kurz *Drucker:* genannt) vorgenommen werden.

Das Dialogfeld *Drucker*

Im Dialogfeld *Drucker* lassen sich in Abhängigkeit vom ausgewählten Drucker Einstellungen vornehmen, die den Druckvorgang beeinflussen bzw. steuern.

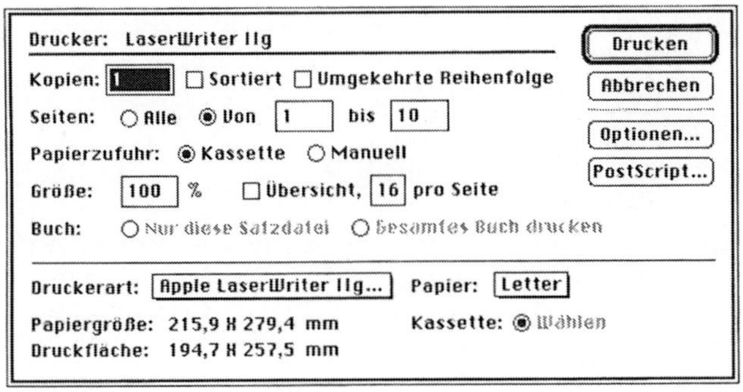

Drucker: LaserWriter IIg
Kopien: 1 Sortiert Umgekehrte Reihenfolge
Seiten: Alle Von 1 bis 10
Papierzufuhr: Kassette Manuell
Größe: 100 % Übersicht, 16 pro Seite
Buch: Nur diese Satzdatei Gesamtes Buch drucken
Druckerart: Apple LaserWriter IIg... Papier: Letter
Papiergröße: 215,9 x 279,4 mm Kassette: Wählen
Druckfläche: 194,7 x 257,5 mm
Drucken
Abbrechen
Optionen...
PostScript...

Das Dialogfeld ***Drucker***

Kopien: legt die Anzahl gleicher Kopien fest, die beim Drucken von jeder Seite angefertigt werden sollen. Wenn ein Dokument mehrmals ausgedruckt werden muß, ist diese Option ratsam, weil die Druckzeit für ein Dokument in zwei Kopien wesentlich kürzer ist, als ein Ausdruck in zwei Durchgängen. Um diesen Vorteil ausnutzen zu können, darf die Option *Sortiert* nicht aktiviert werden, da sonst zwei Gesamtausdrucke nacheinander ausgeführt werden.
Sortiert: legt fest, daß beim Drucken mehrerer Kopien die Reihenfolge der Seiten eingehalten wird. Es wird also zunächst das gesamte Dokument ausgedruckt, anschließend wird dieser Vorgang wiederholt usw.
Umgekehrte Reihenfolge: kehrt die Reihenfolge der auszudruckenden Seiten um, wodurch zuerst die letzte Dokumentseite gedruckt wird. Diese Einstellung ist beispielsweise dann praktisch, wenn der Drucker die Seiten nicht in der richtigen Reihenfolge ausgeben kann oder wenn die Seiten beidseitig in zwei Durchgängen bedruckt werden sollen (mit der Option *Seitenzahlen*).
Seiten: ermöglicht die Angabe der Seiten im Dokument, die ausgedruckt werden sollen. Die Option **Alle** führt zum Ausdrucken aller Dokumentseiten.

Papierzufuhr: Hier kann die Art der Papierzufuhr beim Drucken eingestellt werden.
Größe: variiert die tatsächliche Seitengröße des Dokuments für den Ausdruck im Bereich von 25% bis 1000%. Auf diese Weise kann die Seitengröße der Druckgröße des Druckers manuell angepaßt werden, z.B. wenn ein in A3 angelegtes Dokument auf einem A4-Drucker ausgegeben werden soll.
Übersicht: aktiviert die Druckfunktion für Übersichten. Dabei werden verkleinerte Darstellungen der Dokumentseiten ausgedruckt. Bis zu 64 Seiten lassen sich als Übersicht auf einer Druckseite zusammenfassen.
Buch: Ist innerhalb der aktuellen Satzdatei mit dem Befehl *Buch* eine Kapitelliste erstellt worden, können mit der Option **Gesamtes Buch drucken** alle Kapitel der aktuellen Kapitelliste ausgedruckt werden. Die Option **Nur diese Satzdatei** beschränkt den Ausdruck auf die aktuelle Satzdatei.
Druckerart: zeigt eine Liste aller möglichen PPD- und PPX-Dateien.
Papier: ermöglicht das Einstellen des Papierformats, auf dem gedruckt werden soll.
Papiergröße: Die Abmessungen des zum Drucken ausgewählten Papierformats werden angezeigt.
Druckfläche: Die Größe der bedruckbaren Fläche bei dem ausgewählten Papierformat wird angezeigt.
Kassette: Verfügt der Drucker über mehrere Kassetten, kann hier eine entsprechende Auswahl getroffen werden.
Optionen...: Das Feld **Optionen...** öffnet das Dialogfeld *Aldus Druckoptionen.*
PostScript...: Durch Klicken auf das Feld **PostScript...** wird das Dialogfeld *PostScript-Optionen* geöffnet.

Das Dialogfeld *Aldus Druckoptionen*
Probedruck: Mit dieser Option wird ein zeitsparender Probeausdruck gedruckt, bei dem Grafiken nur durch Platzhalter dargestellt werden, der Text aber korrekt gedruckt wird.
Beschnittzeichen: aktiviert den Ausdruck von Schnittmarken. Voraussetzung dafür ist, daß die verwendete Seitengröße des Druckers größer ist, als die Seitengröße des PageMaker-Dokumentes. Beim Ausdrukken von Farbauszügen werden beim Druck der Schnittmarken auch Informationen zum jeweiligen Farbauszug mitgedruckt.

Tip: Die Option **Beschnittzeichen** *druckt auch mit der Farbe* **Paßkreuze** *versehene Seitenelemente*

Zusätzlich zu den Beschnittmarken lassen sich auch alle Seitenelemente drucken, die als Farbe *Paßkreuze* erhalten haben. Auf diese Weise lassen sich beispielsweise Infotexte ausdrucken, die nur bei der Ausgabe mit Beschnittzeichen berücksichtigt werden sollen.

Schrift optimieren: Mit dieser Option werden Zeichensätze, die nur als Bitmap-Fonts vorliegen, durch einen geeigneten PostScript-Font ersetzt, so daß sich eine verbesserte Druckqualität ergibt.

Aldus Druckoptionen

OK

Abbrechen

☐ Probedruck ☒ Beschnittzeichen
☐ Schrift optimieren ☐ Glätten
◉ Probezusammenstellung ○ Volltonfarbauszüge
◉ Farbe/Graustufen ☐ Aussparungen
○ Schwarzweiß [Alle Farben]
☐ Leere Seiten drucken
☐ Unterteilen: ○ Manuell
◉ Autom. Überlagerung 17 mm
Formatlage: ◉ Hoch Grafik: ☐ Negativ
○ Quer ☐ Spiegelbildlich
Seitenzahlen: ◉ Beide ○ Gerade ○ Ungerade

Das Dialogfeld ***Aldus Druckoptionen***

Glätten: Beim Drucken von Paint-Bildern werden unregelmäßige Kanten geglättet. Durch dieses Verfahren werden die Bilder eventuell dunkler und sehen schlechter aus. Außerdem wird der Druckvorgang verlangsamt.

Probezusammenstellung: Die Seiten der Satzdatei werden mit einer Zusammenstellung aller verwendeten Farben gedruckt (im Gegensatz zur Option *Volltonfarbauszüge*). Dabei wird mit der Option **Farbe/Graustufen** auf Farbdruckern jede Farbe wie definiert und auf Graustufendruckern der der jeweiligen Farbe entsprechende Grauwert gedruckt. Die Option **Schwarzweiß** dagegen druckt alle mit Farben ausgezeichneten Elemente schwarz, ohne auf Farbdruckern die Farben auszugeben bzw. auf nicht farbfähigen Druckern die Farben in Grauwerte zu übertragen. **Leere Seiten drucken** bewirkt, daß alle Seiten der aktuellen Satzdatei ausgedruckt werden, auch völlig leere Seiten. Leere Seiten, die durch die Buchfunktion von PageMaker entstehen, werden auch dann ausgedruckt, wenn diese Option nicht aktiviert ist.

Volltonfarbauszüge: führt zum Ausdrucken je einer Druckseite für jede im Dokument verwendete Farbe. Mit diesen Ausdrucken ist eine Druckvorlage für den mehrfarbigen Druck gegeben. Die Option ist alternativ zu *Probezusammenstellung* auswählbar. Die nach Auswahl von *Volltonfarbauszüge* verfügbare Option **Aussparungen** verhindert bei den Farbauszügen das Überdrucken von unterschiedlichen, übereinanderliegenden Farbflächen durch entsprechende Aussparungen in der unten angeordneten Farbfläche. Mit Hilfe der Farbliste können die Volltonfarbauszüge entweder für alle Farben oder auch nur für eine einzelne gedruckt werden.

Unterteilen: ermöglicht das automatische Aufteilen übergroßer Seiten (oder vergrößerter Seiten) auf mehrere Druckseiten. Mit der Auswahl der Option Manuell wird jeweils vom Nullpunkt der Lineale aus gedruckt. Für jeden folgenden Ausdruck muß der Nullpunkt der Lineale so neu festgelegt werden, daß alle Teile einer Seite gedruckt werden. Bei Wahl der Option **Autom. Überlagerung** kann ein Bereich in Millimetern angegeben werden, um den die einzelnen Teilausdrucke überlappen sollen. Bei dieser Option bestimmt das Programm selbständig, an welchen Stellen der Seite eine Unterteilung stattfindet.

Formatlage: bestimmt die Formatlage beim Drucken. Sie muß mit der für die Satzdatei festgelegten übereinstimmen.
Grafik: Die Satzdatei kann negativ und/oder spiegelbildlich gedruckt werden. Dies kann bei bestimmten Druckverfahren für die Ausgabe auf Film auf einem Satzbelichter sinnvoll sein.
Seitenzahlen: gibt vor, welche Seiten des Dokumentes gedruckt werden sollen. Mit **Gerade** werden alle Seiten mit geraden Seitennummern ausgedruckt. In einem späteren Druckvorgang kann dann mit der Option **Ungerade** der Rest des Dokumentes gedruckt werden, um beispielsweise die Druckseiten beidseitig zu bedrucken. Die Option **Beide** ist für den normalen Ausdruck gedacht, bei der das gesamte Dokument, auch wenn es aus Doppelseiten besteht, auf Einzelseiten gedruckt wird.

Das Dialogfeld *PostScript-Optionen*
Bitmusterzeichensätze laden: Bei eingeschalteter Option werden Bitmusterschriften, die nicht als Druckerfonts vorliegen, in den Drucker geladen, ansonsten werden sie durch die Schrift Courier ersetzt.
PostScript-Zeichensätze laden: Es kann ausgewählt werden, ob nicht im Drucker installierte PostScript-Fonts während des Druckens vom Macintosh in den Drucker geladen werden sollen.

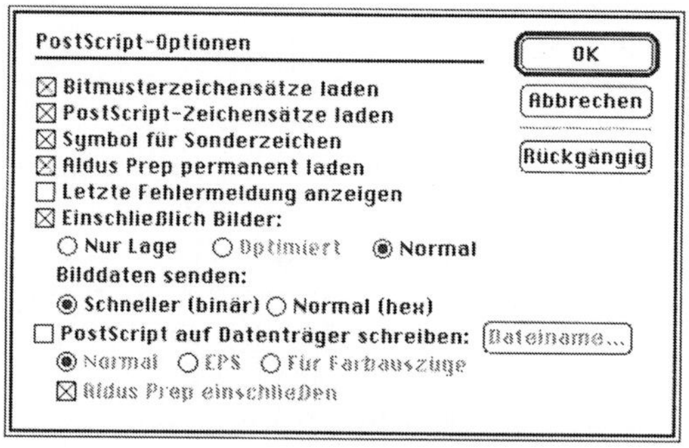

PostScript-Optionen
☒ Bitmusterzeichensätze laden
☒ PostScript-Zeichensätze laden
☒ Symbol für Sonderzeichen
☒ Aldus Prep permanent laden
☐ Letzte Fehlermeldung anzeigen
☒ Einschließlich Bilder:
○ Nur Lage ○ Optimiert ◉ Normal
Bilddaten senden:
◉ Schneller (binär) ○ Normal (hex)
☐ PostScript auf Datenträger schreiben: Dateiname...
◉ Normal ○ EPS ○ Für Farbauszüge
☒ Aldus Prep einschließen
OK
Abbrechen
Rückgängig

Das Dialogfeld ***PostScript-Optionen***

Symbol für Sonderzeichen: 23 Sonderzeichen werden automatisch durch den Zeichensatz Symbol ersetzt (siehe Tabelle).
Aldus Prep permanent laden: es kann festgelegt werden, ob die Datei Aldus Prep bei jedem Drucken erneut in den Drucker geladen werden soll.
Letzte Fehlermeldung anzeigen: Die Anzeige der Statusmeldungen des Druckers kann eingeschaltet werden, so daß bei einem Druckerfehler dessen Ursache erkennbar ist.
Einschließlich Bilder: Mit dieser Option kann das Drucken von Farb- und Graustufenbildern (Paint-Format und TIFF-Bilder) ein- und ausgeschaltet werden. In der Standardeinstellung ist diese Option eingeschaltet. Mit der Option **Nur Lage** wird das Bild in einer niedrigen Auflösung gedruckt. Die als Standardvorgabe ausgewählte Option

Symbol für Sonderzeichen	
Zeichen	**Beschreibung**
®	eingetragenes Warenzeichen
©	Urheberrechtssymbol
™	Warenzeichen
°	Gradsymbol
µ	My-Symbol
¬	logisches NICHT-Symbol
÷	Divisionsymbol
π	kleines Pi
Π	großes Pi
δ	kleines Delta
Δ	großes Delta
Ω	großes Omega
◊	Karo oder Rhombuszeichen
∫	Integralsymbol
≈	entspricht-ungefähr-Symbol
√	Wurzelsymbol
≠	Ungleich-Symbol
∞	Unendlichkeitszeichen
±	Plus/Minus-Symbol
≤	kleiner-gleich-Symbol
≥	größer-gleich-Symbol
Σ	Summe-von-Symbol
	Apple-Symbol

*Die Tabelle listet die 23 Sonderzeichen auf, die mit der Option **Symbol für Sonderzeichen** automatisch in der Schriftart Symbol gedruckt werden*

Optimiert bewirkt, daß überflüssige Bilddaten eliminiert werden, beispielsweise wenn die Auflösung des Bildes wesentlich größer als die für den Druck benötigte ist. Auf diese Weise kann Speicherplatz gespart werden. Ist die Option **Normal** ausgewählt, werden alle Daten des Bildes an den Drucker gesendet. Die Optionen unter **Bilddaten senden** steuern die Form, in der das Bild an den Drucker gesendet wird. Mit **Schneller (binär)** werden binäre Daten versendet, mit **Normal (hex)** hexadezimale, womit sich Zeitsperren beim Drucken großer Dateien oder in Netzwerken umgehen lassen. In Verbindung mit der Option *PostScript auf Datenträger schreiben* ist immer automatisch *Normal (hex)* ausgewählt.

PostScript auf Datenträger schreiben: Die Druckdaten können statt an den Drucker in eine Datei geleitet werden. Eine mit der Option **Normal** gedruckte Datei läßt sich auch ohne PageMaker auf jedem PostScript-Gerät ausgeben. Mit **EPS** kann eine einzelne PageMaker-Seite als PostScript-Datei gespeichert werden, um sie beispielsweise später in einem Grafikprogramm zu positionieren. Die Option **Für Farbauszüge** ermöglicht es, die Satzdatei in einer für ein Separationsprogramm passenden Form zu speichern. Bei eingeschalteter Option **Aldus Prep einschließen** wird das PageMaker-spezifische PostScript-Wörterbuch Aldus Prep mit übertragen. Das Feld **Dateiname...** öffnet das Dialogfeld *PostScript-Dateiname.*

Das Dialogfeld *PostScript-Dateiname*

In diesem Dialogfeld können beim Drucken einer PostScript-Datei auf Datenträger der Speicherort und der Dateiname der Druckdatei ausgewählt werden. Wenn im Dialogfeld *PostScript-Optionen* unter *PostScript auf Datenträger schreiben* die Option *EPS* ausgewählt ist, wird dem Dateinamen automatisch die Erweiterung **.eps** angefügt, bei ausgewählter Option *Für Farbauszüge* die Erweiterung **.sep**.

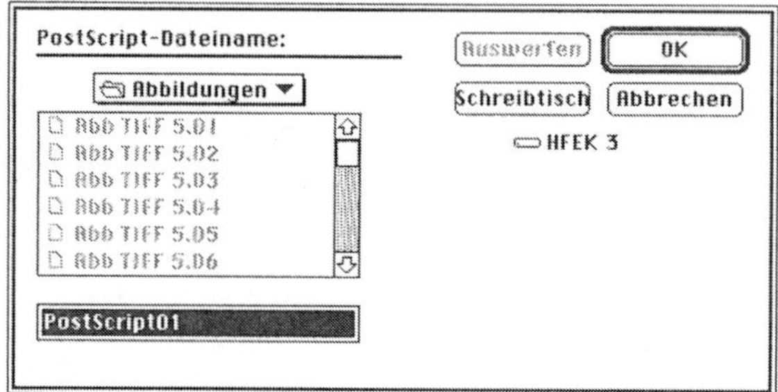

Das Dialogfeld ***PostScript-Dateiname***

Textmodus: Der Befehl *Drucken* steht im Textmodus nicht zur Verfügung.

Beenden ⌘ Q

Funktion: PageMaker wird beendet.
Anwendung: Mit dem Befehl *Beenden* wird die Arbeit mit PageMaker beendet. Alternativ dazu kann auch ein Doppelklick auf das Schließsymbol in der linken oberen Fensterecke ausgeführt werden. Wenn die letzten Bearbeitungen am aktuellen Dokument noch nicht abgespeichert worden sind, findet eine Abfrage statt. In einem Dialogfeld kann dann entschieden werden, ob das Dokument gesichert werden soll oder nicht, oder ob PageMaker gar nicht beendet werden soll. Wenn das Dokument gesichert werden soll und noch keinen Namen hat, erscheint das Dialogfeld *Satzdatei speichern unter* auf dem Bildschirm.

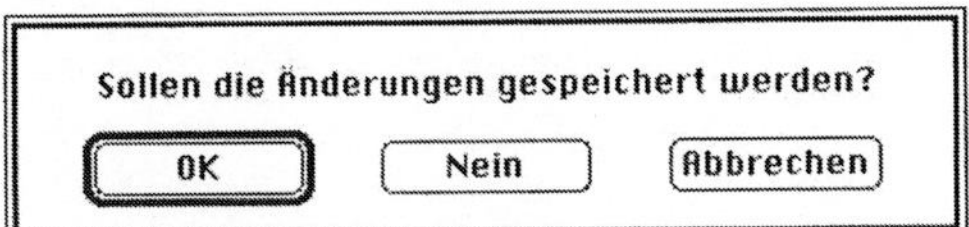

Abfrage beim Verlassen von PageMaker

Textmodus: Der Befehl arbeitet im Textmodus genauso wie im Layoutmodus.

Menü Bearbeiten

Bearbeiten
Rückgängig unmöglich ⌘Z
Ausschneiden ⌘X
Kopieren ⌘C
Einfügen ⌘V
Löschen
Mehrfach einfügen...
Alles markieren ⌘A
Auflagen ▸
Suchen... ⌘8
Nächstes suchen ⌘,
Ersetzen... ⌘9
Rechtschreibung... ⌘L
Zwischenablage anzeigen
Vorgaben wählen...
Textmodus ⌘+
Original bearbeiten

Das Menü *Bearbeiten* bietet im Layoutmodus zwölf Befehle und im Textmodus fünfzehn Befehle in sechs Gruppen zur Auswahl. Mit dem Rückgängig-Befehl lassen sich nahezu alle fälschlicherweise vorgenommenen Bearbeitungen am Dokument wieder zurücknehmen. Die Befehle der zweiten Menügruppe sind als Grundoperationen der Zwischenablage auswählbar. Der Befehl in der dritten Gruppe ermöglicht das Arbeiten mit Verlegern. Die vierte Gruppe, die nur im Textmodus auswählbar ist, erweitert die textverarbeitenden Funktionen von PageMaker. Mit den Befehlen der fünften Gruppe kann der Inhalt der Zwischenablage angezeigt und ein Dialogfeld für Grundeinstellungen für die Arbeit mit Programm geöffnet werden. Die beiden letzten Befehle im Bearbeiten-Menü verzweigen zum zweiten Arbeitsmodus von PageMaker, dem Textmodus bzw. zu dem Programm, in dem das markierte Objekt erstellt wurde.

Rückgängig ⌘ Z

Funktion: Die zuletzt vorgenommene Bearbeitung wird wieder rückgängig gemacht.
Anwendung: PageMaker ermöglicht mit diesem Befehl die Rücknahme fälschlich ausgeführter Operationen. Immer, wenn eine Bearbeitung nicht das gewünschte Ergebnis geliefert hat, kann mit dem Rückgängig-Befehl versucht werden, den Arbeitsstatus vor der mißglückten Bearbeitung zu rekonstruieren. Bei einigen Operationen ist der Befehl nicht auswählbar. Im folgenden ist kurz aufgelistet, welche Operationen mit dem Befehl wiederrufen werden können und welche nicht.

Der Befehl *Rückgängig* kann angewendet werden bei:

- allen Operationen mit der Zeigefunktion wie Verschieben, Skalieren, Dehnen usw. außer dem Markieren;
- allen Operationen mit der Abschneidefunktion;
- allen Zwischenablagenbefehlen wie *Kopieren, Ausschneiden* usw.;
- Änderungen an der Seitengröße, -form und der Formatlage;
- Änderungen am Seitenumfang der Satzdatei,
- dem Befehl *Rückgängig* selbst.

Der Befehl *Rückgängig* kann nicht angewendet werden bei:

- allen Datei-Befehlen, außer dem Befehl *Seite einrichten...;*
- allen Änderungen an der Bildschirmdarstellung wie Ändern der Darstellungsgröße oder Verschieben des Bildausschnitts;
- allen Markierungsoperationen mit der Zeigefunktion;
- allen Schriftänderungen mit Befehlen aus dem Menü *Schrift;*
- allen Veränderungen an den Druckformaten und an der Farbpalette.

Alternativ zum Befehl *Rückgängig* ist auch die Anwendung von *Alte Fassung* aus dem Menü *Datei* möglich, besonders wenn mehr als ein Bearbeitungsschritt zurückgenommen werden soll. Eine weitere Möglichkeit ist das Ausführen einer Operation, die das Gegenteil der zuletzt vorgenommenen bewirkt. Wenn beispielsweise eine Schriftänderung nicht wie gewünscht ausgefallen ist, kann sie durch eine weitere Änderung unwirksam gemacht werden.

Textmodus: Im Textmodus kann der Befehl *Rückgängig* angewendet werden bei:

- allen Zwischenablagenbefehlen wie *Kopieren, Ausschneiden* usw.,
- Löschen mit der Rücktaste und
- dem Befehl *Rückgängig* selbst.

Der Befehl *Rückgängig* kann nicht angewendet werden bei:

- allen Datei-Befehlen,
- dem Befehl *Ersetzen,*
- allen Option-Befehlen und
- allen Schrift-Befehlen.

Ausschneiden ⌘ X

Funktion: Text- oder Grafikelemente lassen sich aus dem aktuellen Dokument entfernen und in der Zwischenablage abspeichern.

Anwendung: Mit dem Befehl *Ausschneiden* läßt sich jedes Element (außer Vektorgrafiken) innerhalb einer PageMaker-Satzdatei bzw. Mustervorlage ausschneiden und in der Zwischenablage ablegen. Von der Zwischenablage kann das ausgeschnittene Element jederzeit wieder in das aktuelle Dokument, in ein anderes Dokument oder in eine andere Anwendung eingefügt werden. Wenn ein Objekt lediglich in der Zwischenablage abgelegt, nicht aber aus dem Dokument gelöscht werden soll, kann der Befehl *Kopieren* angewendet werden.

Beim Ausschneiden lassen sich zwei unterschiedliche Modi unterscheiden. Wenn ein Element (ein Bild oder ein Linien- bzw. Flächenelement) mit der Zeigenfunktion markiert wird, kann es mit dem Befehl *Ausschneiden* in die Zwischenablage kopiert werden, wobei es gleichzeitig von der aktuellen Seite gelöscht wird. Dasselbe läßt sich auch mit Textblöcken ausführen. Darüber hinaus kann die Ausschneiden-Funktion auch mit der Textfunktion genutzt werden. In diesem Fall wird nicht der markierte Text als vollständiges Objekt ausgeschnitten, sondern als einfacher Text.

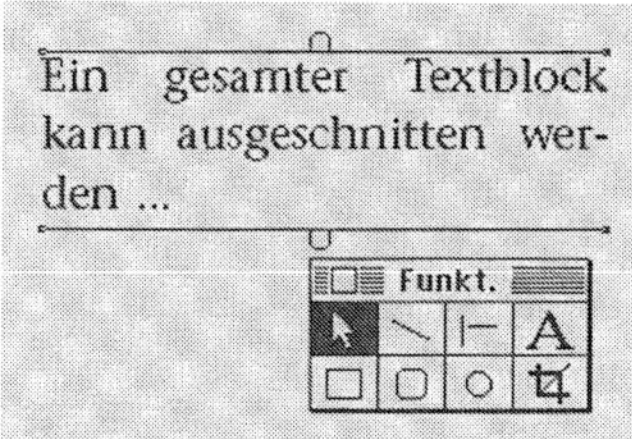

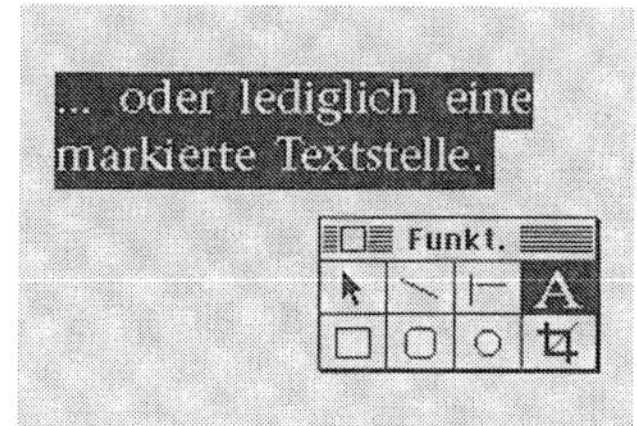

Ausschneiden eines Textblockes und einer Textstelle

Textmodus: Textelemente und eingebundene Grafiken lassen sich aus dem aktuellen Dokument entfernen und in der Zwischenablage zwischenspeichern.

Mit dem Befehl *Ausschneiden* können Text und eingebundene Grafiken aus dem Textfenster in der Zwischenablage abgelegt werden. Von der Zwischenablage kann das ausgeschnittene Element jederzeit wieder in das aktuelle Dokument und dort in jedes beliebige Textfenster, in ein anderes Dokument oder in eine andere Applikation eingefügt werden. Wenn ein Objekt lediglich in der Zwischenablage abgelegt wird, nicht aber aus dem Textabschnitt gelöscht werden soll, kann der Befehl *Kopieren* angewendet werden.

Beim Ausschneiden in einem Textfenster wird der markierte Text nicht als vollständiges Objekt ausgeschnitten, sondern als einfacher Text.

Kopieren ⌘ C

Funktion: Text- oder Grafikelemente lassen sich vom aktuellen Dokument in die Zwischenablage kopieren.
Anwendung: Der Befehl *Kopieren* arbeitet exakt so wie der Ausschneiden-Befehl mit dem einzigen Unterschied, daß beim Kopieren eines Elementes das Element unverändert in der Satzdatei verbleibt. So ergibt sich als Anwendungsbereich eine Situation, in der ein Objekt dupliziert werden soll (durch Kopieren und anschließendem Wiedereinfügen) oder in der ein Objekt in eine andere Datei kopiert werden soll, ohne daß dabei das aktuelle Dokument verändert wird.

Textmodus: Textelemente und eingebundene Grafiken lassen sich aus dem aktuellen Dokument in die Zwischenablage kopieren. Der Kopieren-Befehl arbeitet auch im Textmodus exakt so wie der Ausschneiden-Befehl mit dem einzigen Unterschied, daß beim Kopieren eines Textes oder einer eingebundenen Grafik diese im Dokument verbleibt.

Einfügen ⌘ V

Funktion: Der Inhalt der Zwischenablage wird auf der aktuellen Seite eingefügt.

Anwendung: Mit dem Einfügen-Befehl liegt das Gegenstück zu den Befehlen *Ausschneiden* und *Kopieren* vor. Nach der Auswahl des Befehls wird der Inhalt der Zwischenablage in das aktuelle Dokument eingefügt. Der Inhalt der Zwischenablage bleibt dabei unverändert, so daß auch mehrmals hintereinander dasselbe Element eingefügt werden kann. Dies kann beispielsweise sinnvoll sein, wenn ein Element auf mehreren Seiten benötigt wird. Neben der PageMaker-internen Anwendung der Zwischenablage ist der Einfügen-Befehl auch für den interaktiven Datenaustausch zwischen Programmen von Bedeutung. Prinzipiell können aus jeder Anwendung und den dort ebenfalls enthaltenen Befehlen *Ausschneiden* und *Kopieren* Texte oder Grafiken (außer Vektorgrafiken) in die Zwischenablage gebracht und anschließend mit dem Einfügen-Befehl in ein PageMaker-Dokument eingefügt werden.

Die Zwischenablage beim Einfügen

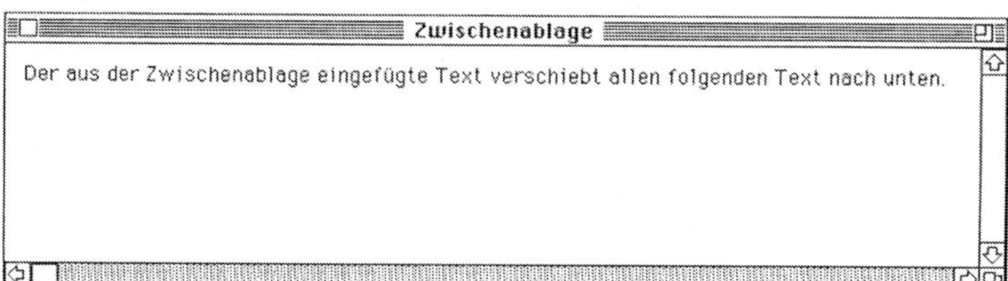

Beim Einfügen von Text aus der Zwischenablage lassen sich grundsätzlich zwei verschiedene Situationen unterscheiden. Wenn der Befehl *Einfügen* bei aktiver Zeigefunktion angewendet wird, erscheint der eingefügte Text als eigener Textblock auf der Seite. Ist aber mit der Textfunktion die Einfügemarke *innerhalb eines* Textblocks positioniert, erscheint der eingefügte Text als Bestandteil eben dieses Textblockes. Durch das Einfügen wird der Text hinter der Einfügestelle verschoben, so daß der Text aus der Zwischenablage dieselbe Wirkung hat, wie manuell eingegebener Text.

Einfügen von Text im Layoutmodus bei aktiver Zeigefunktion...

Der aus der Zwischenablage eingefügte Text verschiebt allen folgenden Text nach unten.

... und bei aktiver Textfunktion

Dies ist der bereits vorhandene Text. Der aus der Zwischenablage eingefügte Text verschiebt allen folgenden Text nach unten. Der Text hinter der Einfügestelle wird nach unten verschoben.

Textmodus: Der Inhalt der Zwischenablage wird an der Position der Einfügemarke in das aktuelle Textfenster eingefügt.

Ist der Inhalt der Zwischenablage eine Grafik, wird diese an der Position der Einfügemarke als eingebundene Grafik in das Textfenster eingefügt. Wurde ein mit der Zeigefunktion markierter kompletter Textabschnitt in der Zwischenablage abgelegt, wird der Inhalt dieses Textabschnitts als Text an der Position der Einfügemarke in den geöffneten Textabschnitt eingefügt. Durch das Einfügen wird der Text hinter der Einfügestelle verschoben, so daß aus der Zwischenablage eingefügter Text die gleiche Wirkung hat wie manuell eingegebener Text.

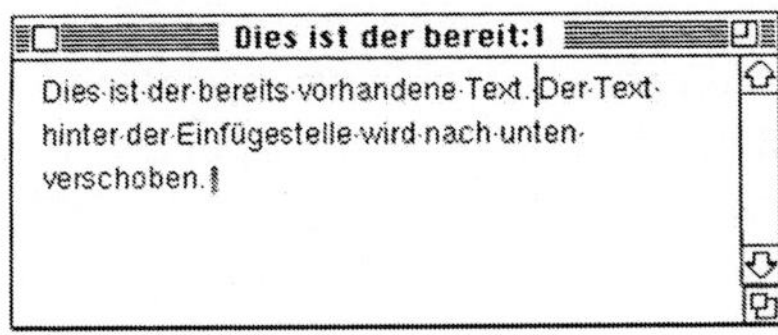

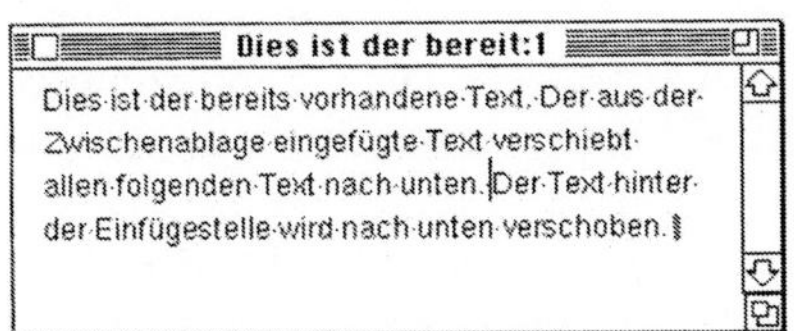

Einfügen von Text im Textmodus

Löschen <Rück>

Funktion: Das markierte Element (Textblock, Grafik, Linien- oder Flächenelement) wird aus dem Dokument gelöscht, ohne daß davon die Zwischenablage betroffen ist. Außerdem kann bei aktiver Textfunktion eine markierte Textstelle gelöscht werden.

Anwendung: Wenn ein Element innerhalb einer Satzdatei gelöscht werden soll, entfernt der Löschen-Befehl bzw. die Rücktaste das markierte Element. Dazu lassen sich auch mehrere Objekte markieren (nacheinander anklicken bei gedrückter Umschalttaste oder Aufziehen eines Rechtecks mit der Zeigefunktion um die Objekte), wenn eine Gruppe von Objekten zu löschen ist. Wenn ein Element einer Standardseite gelöscht wird, ist es im gesamten Dokument gelöscht. Elemente der Standardseiten lassen sich nicht auf normalen Seiten löschen. Immer wenn ein solches Element zu löschen ist, muß dies auf der entsprechenden Standardseite durchgeführt, oder, wenn es nur auf einer bestimmten Seite gelöscht werden soll, mit der Funktion *Standardseitenelemente anzeigen* ausgeblendet werden. Die letztgenannte Möglichkeit löscht aber die Darstellung aller Standardseitenelemente auf einer (Doppel-)Seite (zumindest vorübergehend, denn sie lassen sich jederzeit wieder aktivieren).

Bei aktiver Textfunktion kann der Löschen-Befehl auch dazu verwendet werden, eine markierte Textstelle innerhalb eines Textblockes zu löschen.

Eine Textstelle Textstelle soll innerhalb eines Textblockes gelöscht werden ...	Eine Textstelle soll innerhalb eines Textblockes gelöscht werden ...

Löschen innerhalb eines Textblockes

Tip: Einzelnes Standardseitenelement löschen

Mit PageMaker lassen sich zwar alle Standardseitenelemente für eine Seite auf einmal ausblenden, ein einzelnes Element jedoch kann nicht gelöscht bzw. ausgeblendet werden. Wenn man aber unerwünschte Elemente mit einer weißen Fläche abdeckt, ist der sichtbare Effekt derselbe.

Textmodus: Der Befehl arbeitet im Textmodus genauso wie im Layoutmodus.

Mehrfach einfügen...

Funktion: Das in der Zwischenablage gespeicherte Objekt wird mehrfach auf der aktuellen Seite eingefügt.
Anwendung: Der Befehl *Mehrfach einfügen* öffnet das gleichnamige Dialogfeld, in dem die Anzahl der auf der Seite eingefügten Kopien sowie deren Verschiebung eingestellt werden können.

Das Dialogfeld *Mehrfach einfügen*

Einfügen: bestimmt, wie oft das Objekt aus der Zwischenablage eingefügt werden soll.
Waagerechter Versatz: bestimmt den waagerechten Abstand der eingefügten Kopien voneinander.
Senkrechter Versatz: bestimmt den senkrechten Abstand der eingefügten Kopien voneinander.

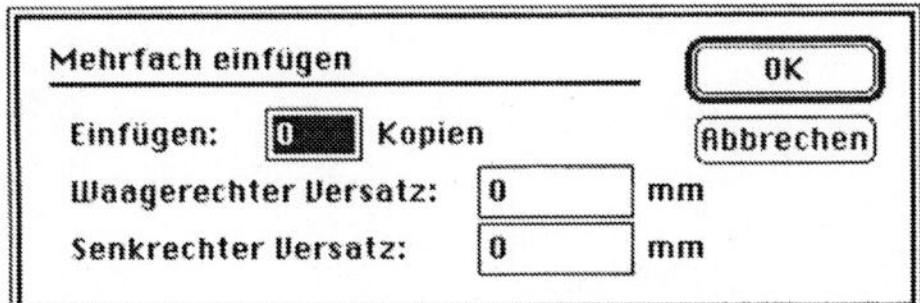

Das Dialogfeld ***Mehrfach einfügen***

Mit der Tastenkombination <Befehl><.> kann das Einfügen mit dem Befehl *Mehrfach einfügen...* abgebrochen werden.

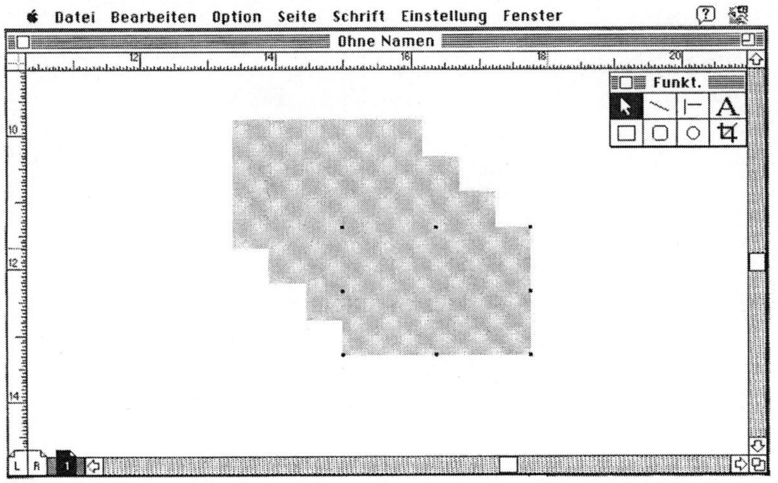

Das Element aus der Zwischenablage wurde mehrfach eingefügt

Textmodus: Der Befehl steht im Textmodus nicht zur Verfügung.

Alles markieren ⌘A

Funktion: Alle Elemente der aktuellen Seite werden für eine anschließende Operation markiert.
Anwendung: Bei aktiver Zeigefunktion markiert der Befehl *Alles markieren* alle Objekte auf der aktuellen Seite, mit Ausnahme der Standardseitenelemente natürlich. Wenn jedoch die Textfunktion aktiv und die Einfügemarke in einem Textblock gesetzt ist, markiert der Befehl den gesamten Text des zugehörigen Textabschnitts.

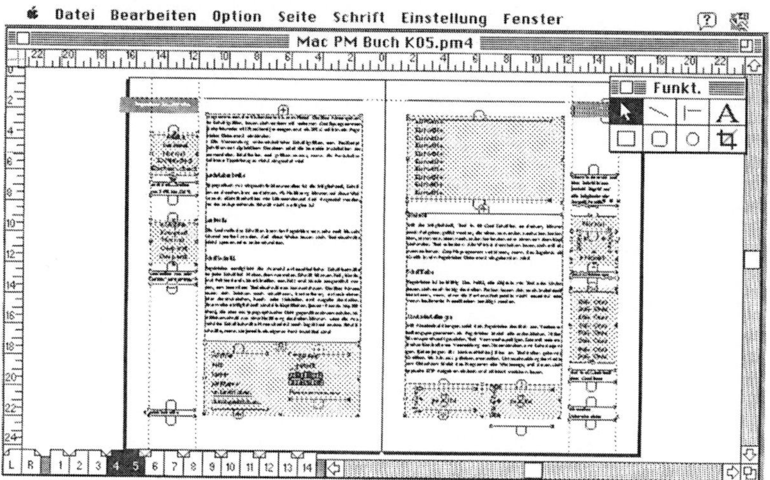

Alle Elemente einer Seite werden markiert

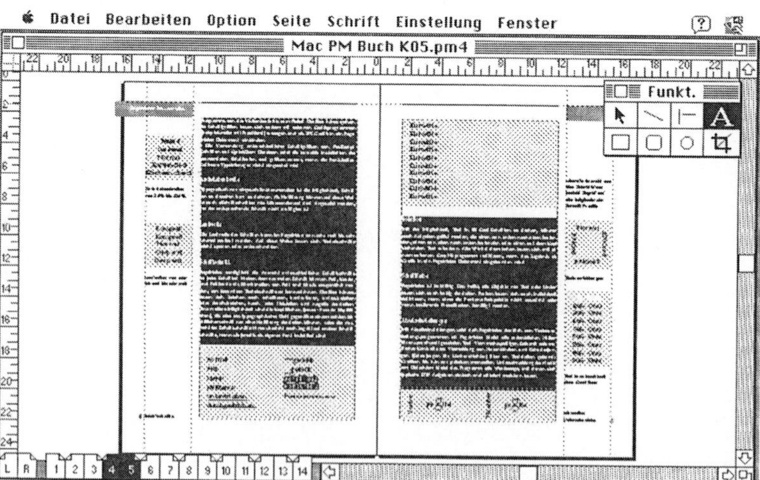

Bei aktiver Textfunktion wird der Text eines gesamten Abschnittes markiert

Wenn bei aufwendigen Gestaltungsphasen an einer Seite nicht mehr die volle Kontrolle über die Objekte auf der Seite möglich ist und möglicherweise einige Objekte von anderen überdeckt werden, kann der Befehl *Alles markieren* die Übersicht wieder herstellen. Nach der Auswahl des Befehls erscheinen alle Objekte, auch die verborgenen, von den Markierungspunkten umgeben, so daß sie leicht zu erkennen sind.

Tip: Kontrolle über alle Objekte

Wenn alle Objekte einer Seite bis auf wenige bearbeitet (löschen, kopieren oder ausschneiden) werden sollen, macht der Befehl *Alles markieren* die Auswahl leichter. Zunächst werden alle Elemente markiert und anschließend die Objekte, die nicht bearbeitet werden sollen, durch Anklicken bei gedrückt gehaltener Umschalttaste wieder demarkiert.

Tip: Alle Elemente bis auf eines bearbeiten

Textmodus: Der gesamte Inhalt des Textfensters wird für eine anschließende Operation markiert. Dieser Befehl wird im Textmodus immer dann angewendet, wenn eine folgende Operation auf den gesamten Text im Textabschnitt (und auch auf eventuell eingebundene Grafiken) wirken soll.

Auflagen

Funktion: Es wird ein Untermenü für die Arbeit mit Auflagedateien geöffnet.
Anwendung: Die Arbeit mit Auflagedateien ermöglicht eine direkte Verbindung zwischen der PageMaker-Satzdatei und dem importierten Element. Eine Auflagedatei ist eine Datei, die in System 7 in einem Anwendungsprogramm so als EPS-Datei gespeichert wurde, daß sie bei einer Änderung am Original automatisch mit geändert wird. Dabei kann die Auflagedatei die gesamte Ursprungsdatei beinhalten oder auch nur einen Teil dieser Datei. Die Ursprungsdatei kann auch wiederum mit einer anderen Datei aus einem anderen Programm durch Abonnieren verbunden sein.

Der Befehl *Auflagen* öffnet ein Untermenü mit den drei Optionen **Abonnieren...**, **Abonnentenoptionen...** und **Aktualisierung unterbrechen.** Mit dem Befehl **Abonnieren...** wird ein Dialogfeld des Betriebssystems geöffnet, in dem alle Auflagedateien zum Positionieren auswählbar sind. In diesem Dialogfeld lassen sich aber keine Positionierungsoptionen einstellen. Deshalb werden die aktuell im Dialogfeld *Wählen Sie eine Datei* des Befehls *Positionieren* eingestellten Optionen wie beispielsweise *Als neuen Textabschnitt* oder *Formatiert* verwendet.

Abonnieren...
Abonnentenoptionen...
Aktualisierung unterbrechen

Das Untermenü ***Auflagen***

Wenn in der Satzdatei ein als Abonnent positioniertes Objekt markiert ist, kann mit der Option **Abonnentenoptionen** ein Dialogfeld aufgerufen werden, in dem der Status der abonnierten Datei bestimmt wird. Dabei läßt sich festlegen, ob die Datei immer automatisch aktualisiert wird oder ob die Aktualisierung manuell erfolgen soll. Das Feld **Jetzt beziehen** führt eine Aktualisierung des Abonnenten in der Satzdatei durch. Unter **Letzte Auflage** wird angezeigt, wann die Datei zuletzt verändert wurde. Klicken auf das Feld **Abonnement kündigen** löst die Verbindung zur Auflagedatei. Das Element verhält sich anschließend wie ein über die Zwischenablage importiertes Element. Mit dem Feld **Verleger öffnen** kann die Originaldatei direkt im Ursprungsprogramm geöffnet werden.

Der Befehl **Aktualisierung unterbrechen** unterbricht die automatische Aktualisierung aller in der Satzdatei positionierten Auflagedateien, für die eine automatische Aktualisierung eingestellt wurde. Nochmalige Auswahl des Befehls schaltet die Aktualisierung wieder ein. Sollen diese Änderungen nicht übernommen werden, lassen sie sich durch Auswahl des Befehls bei gedrückter Umschalttaste wieder verwerfen.

Textmodus: Der Befehl arbeitet im Textmodus genauso wie im Layoutmodus.

Suchen... ⌘ 8

Funktion: Der Befehl steht nur im Textmodus zur Verfügung. Es kann nach bestimmten Textstellen oder nach Schriftformatierungen gesucht werden.

Anwendung: Der Suchen-Befehl von PageMaker erleichtert das Auffinden bestimmter Textpassagen. So läßt sich beispielsweise feststellen, ob für einen Begriff eine einheitliche Schreibweise eingehalten worden ist. Oder bei nötigen Korrekturen kann automatisch nach der Textstelle gesucht werden, die zu verbessern ist.

Mit der Möglichkeit, auch unabhängig von bestimmten Textstellen nach Schriftformatierungen zu suchen, erweitert sich der Anwendungsbereich der Suchen-Funktion.

Für automatische Fehlerkorrekturen kann der Befehl *Ersetzen* angewendet werden, der alle gefundenen Suchbegriffe bzw. Schriftformatierungen durch andere ersetzen kann.

Nach Auswahl des Befehls *Suchen* erscheint das Dialogfeld *Suchen.*

Achtung: Bei der Suche wird Text, der als Teil einer Grafik positioniert wurde, nicht berücksichtigt.

Das Dialogfeld *Suchen*

Sollen bestimmte Textstellen gesucht werden, wird der Text im Feld *Suchen nach:* eingegeben, soll nach bestimmten Schriftfestlegungen gesucht werden, wird mit der Schaltfläche *Schriftmerkmale...* das Dialogfeld *Schriftmerkmale* geöffnet. Das Dialogfeld *Suchen* kann auf dem Bildschirm beliebig verschoben, aber nicht in seiner Größe verändert werden. Bei jedem weiteren Aufruf des Suchen-Befehls erscheint das Dialogfeld an der zuletzt gewählten Position. Während das Dialogfeld geöffnet ist, können andere Operationen an der Satzdatei durchgeführt werden, sogar das Wechseln in den Layoutmodus ist möglich. Das Dialogfeld verbleibt auf dem Bildschirm, wird aber eventuell vom Layoutfenster bzw. von anderen Textfenstern überlagert. Durch Anklicken des Dialogfeldes wird wieder der Textmodus aktiviert. Zum Schließen des Dialogfeldes wird auf das Schließfeld geklickt.

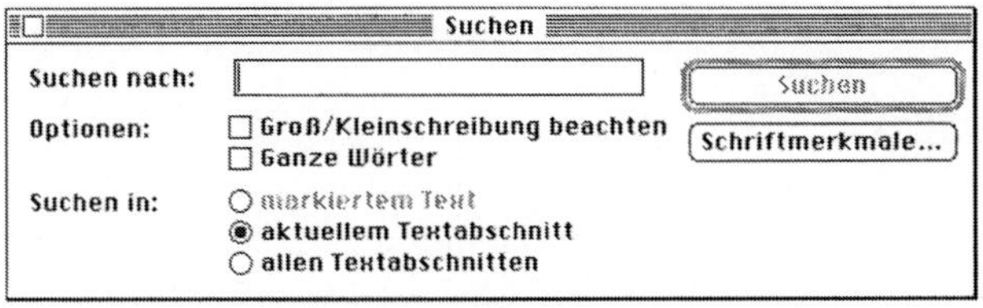

Das Dialogfeld ***Suchen***

Unter **Suchen nach** wird der Suchtext eingegeben. Dabei können auch Sonderzeichen und Wildcards als Platzhalter (^? steht für ein beliebiges Zeichen) eingegeben werden. Ist nur ein Schriftmerkmal gesucht, bleibt das Feld frei.

Optionen: Hier können Einschränkungen für die Suche festgelegt werden. Mit **Groß/Kleinschreibung beachten** wird nur nach Text gesucht, der in der Schreibweise vollständig mit dem unter *Suchen nach:* eingegebenen Text übereinstimmt. **Ganze Wörter** schränkt die Suche auf Begriffe ein, die nicht Bestandteil eines Wortes sind, sondern wie im Suchtext für sich alleine stehen. Um die Suche ganz besonders einzuengen, können beide Optionen gleichzeitig eingeschaltet werden.
Suchen in: legt fest, in welchem Teil des Dokumentes die Suche durchgeführt werden soll. Zur Auswahl stehen die Optionen **markiertem Text, aktuellem Textabschnitt** und **allen Textabschnitten**. Wenn bei Aufruf des Befehls kein Text markiert ist, ist die Option *markiertem Text* nicht auswählbar.
Suchen startet den Suchvorgang. Wie die Suche durchgeführt wird, hängt von der Einstellung unter *Suchen in:* ab.

Soll nur im markierten Text gesucht werden, wird die Suche beim ersten Zeichen des markierten Textes begonnen und bis zum letzten markierten Zeichen fortgesetzt.

Bei der Suche im aktuellen Textabschnitt wird bei der Einfügemarke begonnen. Ist das Ende des Textabschnitts erreicht und wurde mit der Suche nicht am Anfang des Textabschnitts begonnen, erscheint eine Abfrage, ob die Suche am Anfang des Textabschnitts fortgesetzt werden soll. Sie wird dann bis zu der Stelle fortgesetzt, an der sich die Einfügemarke bei Befehlsaufruf befand.

Das Dialogfeld ***Am Anfang des Textabschnitts fortfahren***

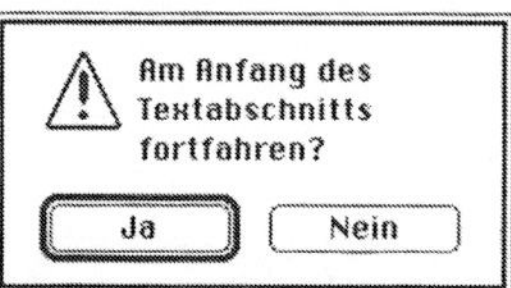

Soll die Suche in allen Textabschnitten des Dokumentes durchgeführt werden, werden alle Textabschnitte von Anfang bis Ende in der Reihenfolge durchsucht, in der sie in der Satzdatei angeordnet sind.
Nächstes suchen: Sobald der Suchbegriff oder das gesuchte Schriftmerkmal gefunden wurde, erscheint anstelle des Feldes *Suchen* das Feld *Nächstes suchen*. Durch Klicken auf dieses Feld wird die Suche nach einem weiteren Auftreten des Suchbegriffs oder des gesuchten Schriftmerkmals im ausgewählten Textbereich gestartet. Das Feld wirkt genauso wie der gleichnamige Befehl im Menü *Bearbeiten*. Nach Abschluß der Suche, wenn der Suchbegriff nicht mehr gefunden werden konnte, erscheint eine entsprechende Meldung.
Schriftmerkmale: öffnet das Dialogfeld *Schriftmerkmale* für die Suche nach Schriftfestlegungen.

Das Dialogfeld *Schriftmerkmale*

In diesem Dialogfeld kann eingegeben werden, nach welchen Schriftmerkmalen gesucht werden soll. Dabei kann nach Schriftmerkmalen in Verbindung mit im Dialogfeld *Suchen* eingegebenem Text gesucht werden oder aber, unabhängig vom Text, nur nach Schriftmerkmalen. Sobald bei einer Option eine andere Einstellung als *Beliebig* eingestellt wurde, wird im Dialogfeld *Suchen* der Optionsname *Suchen nach:* unterstrichen angezeigt. Auf diese Weise ist auch ohne Aufruf des Dialogfeldes *Schriftmerkmale* erkennbar, daß für die Suche Schriftmerkmale festgelegt wurden.

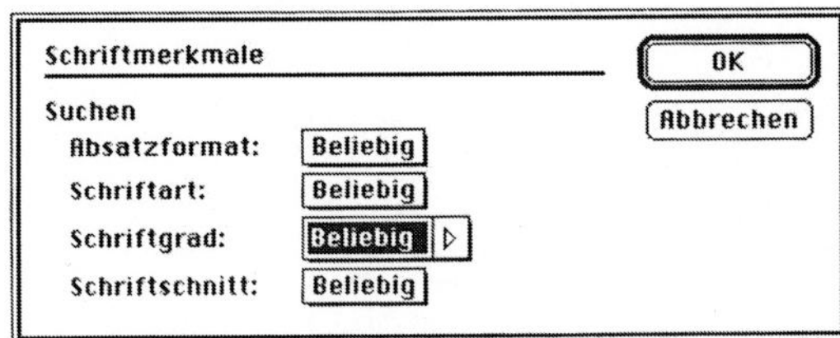

Das Dialogfeld ***Schriftmerkmale*** *des Befehls* ***Suchen***

Absatzformat: Aus der Liste können alle Druckformate der Satzdatei ausgewählt werden sowie die Einstellung *Beliebig*, mit der unabhängig vom Druckformat gesucht wird.
Schriftart: Falls nach einer bestimmten Schriftart gesucht werden soll, wird sie hier ausgewählt, ansonsten bleibt die Einstellung *Beliebig*.
Schriftgrad: der gewünschte Schriftgrad kann aus der Liste ausgewählt oder manuell in das Feld eingegeben werden, falls nach Text in einer bestimmten Schriftgröße gesucht werden soll, ansonsten bleibt die Einstellung *Beliebig*.
Unter **Schriftschnitt** können die Schriftschnitte eingestellt werden, nach denen gesucht werden soll. Für eine Kombination aus mehreren Schriftschnitten wird das Einblendmenü nach der Auswahl eines der Schriftschnitte nochmals geöffnet und bei der Auswahl des zweiten Schriftschnittes oder weiterer Schriftschnitte die Umschalttaste gedrückt gehalten. Nach dem Schließen des Menüs wird im Feld der zuerst gewählte Schriftschnitt mit einem Plus-Zeichen versehen angezeigt. Mit *Beliebig* wird die Suche unabhängig vom Schriftschnitt durchgeführt.

Nächstes suchen ⌘

Funktion: Der Befehl setzt die Suche nach dem mit dem Befehl *Suchen* festgelegten Suchbegriff und/oder Schriftmerkmal im ausgewählten Textbereich fort.
Anwendung: Mit diesem Befehl kann die Suche auch noch fortgesetzt werden, wenn das Dialogfeld *Suchen* nicht sichtbar ist. Der Befehl wirkt genauso wie die gleichnamige Schaltfläche im Dialogfeld *Suchen*. Wenn der Suchbegriff im ausgewählten Textbereich nicht mehr gefunden werden konnte, erscheint eine entsprechende Meldung.

Ersetzen... ⌘ 9

Funktion: Der Befehl, der nur im Textmodus zur Auswahl steht, sucht nach Textstellen oder nach Schriftmerkmalen und ersetzt diese durch andere Textstellen und/oder Schriftmerkmale.
Anwendung: Mit dem Ersetzen-Befehl liegt eine Erweiterung des Suchen-Befehls vor, die automatische Korrekturvorgänge ermöglicht. Wie auch beim Suchen-Befehl lassen sich Textstellen, Schriftmerkmale oder Kombinationen davon auffinden. Die aufgefundenen Stellen lassen sich automatisch durch die vorgegebenen ersetzen.

Der Befehl *Ersetzen* steht nur im Textmodus zur Verfügung. Nach Auswahl des Befehls erscheint das Dialogfeld *Ersetzen.*

Achtung: Bei der Suche wird Text, der als Teil einer Grafik positioniert wurde, nicht berücksichtigt.

Das Dialogfeld *Ersetzen*

Soll eine bestimmte Textstelle durch eine andere ersetzt werden, wird der Suchtext im Feld *Suchen nach:* und der Ersatztext im Feld *Ersetzen durch:* eingegeben. Sollen bestimmte Schriftfestlegungen gesucht und ersetzt werden, wird mit der Schaltfläche *Schriftmerkmale...* das Dialogfeld *Schriftmerkmale* geöffnet. Das Dialogfeld *Ersetzen* kann auf dem Bildschirm beliebig verschoben, aber nicht in seiner Größe verändert werden. Während das Dialogfeld geöffnet ist, können andere Operationen an der Satzdatei durchgeführt werden, sogar das Wechseln in den Layoutmodus ist möglich. Das Dialogfeld verbleibt auf dem Bildschirm, wird aber eventuell vom Layoutfenster bzw. von anderen Textfenstern überlagert. Durch Anklicken des Dialogfeldes wird wieder der Textmodus aktiviert. Zum Schließen des Dialogfeldes wird auf das Schließfeld geklickt.

Ersetzen
Suchen nach:
Ersetzen durch:
Optionen: ☐ Groß-/Kleinschreibung beachten
☐ Ganze Wörter
Suchen in: ○ markiertem Text
◉ aktuellem Textabschnitt
○ allen Textabschnitten
Suchen
Ersetzen
Ersetzen, dann suchen
Alles ersetzen
Schriftmerkmale...

Das Dialogfeld ***Ersetzen***

Unter **Suchen nach** wird der Suchtext eingegeben. Dabei können auch Sonderzeichen und Wildcards als Platzhalter (^? steht für ein beliebiges Zeichen) eingegeben werden. Ist nur ein Schriftmerkmal gesucht, bleibt das Feld frei.
In das Feld **Ersetzen durch** wird der Ersatztext eingegeben. Sollen für einen unter *Suchen nach:* eingegebenen Text nur Schriftmerkmale gesucht und ersetzt werden, kann dieses Feld frei bleiben.

Optionen: Hier können Einschränkungen für die Suche festgelegt werden. Mit **Groß-/Kleinschreibung beachten** wird nur nach Text gesucht, der in der Schreibweise vollständig mit dem unter *Suchen nach:* eingegebenen Text übereinstimmt. **Ganze Wörter** schränkt die Suche auf Begriffe ein, die nicht Bestandteil eines Wortes sind, sondern wie im Suchtext für sich alleine stehen. Um die Suche ganz besonders einzuengen, können beide Optionen gleichzeitig eingeschaltet werden.
Suchen in: legt fest, in welchem Teil des Dokumentes die Suche durchgeführt werden soll. Zur Auswahl stehen die Optionen **markiertem Text, aktuellem Textabschnitt** und **allen Textabschnitten.** Wenn bei Aufruf des Befehls kein Text markiert ist, ist die Option *markiertem Text* nicht auswählbar.
Suchen startet den Suchvorgang. Wie die Suche durchgeführt wird, hängt von der Einstellung unter *Suchen in:* ab.

Soll nur im markierten Text gesucht werden, wird die Suche beim ersten Zeichen des markierten Textes begonnen und bis zum letzten markierten Zeichen fortgesetzt.

Bei der Suche im aktuellen Textabschnitt wird die Suche bei der Einfügemarke begonnen. Ist das Ende des Textabschnitts erreicht und wurde mit der Suche nicht am Anfang des Textabschnitts begonnen, erscheint eine Abfrage, ob die Suche am Anfang des Textabschnitts fortgesetzt werden soll. Sie wird dann bis zu der Stelle fortgesetzt, an der sich die Einfügemarke bei Befehlsaufruf befand.

Soll die Suche in allen Textabschnitten des Dokumentes durchgeführt werden, werden alle Textabschnitte von Anfang bis Ende in der Reihenfolge durchsucht, in der sie in der Satzdatei angeordnet sind.
Nächstes suchen: Sobald der Suchbegriff oder das gesuchte Schriftmerkmal gefunden wurden, erscheint anstelle des Feldes *Suchen* das Feld *Nächstes suchen.* Durch Klicken auf dieses Feld wird die Suche nach einem weiteren Auftreten des Suchbegriffs oder des gesuchten Schriftmerkmals im ausgewählten Textbereich gestartet.
Mit dem Feld **Ersetzen** wird der gefundene Text bzw. das gefundene Schriftmerkmal an der angezeigten Stelle ersetzt. Mit *Nächstes Suchen* kann anschließend die Suche fortgesetzt werden.
Das Feld **Ersetzen, dann suchen** bewirkt, daß an der gefundenen Textstelle ersetzt und die Suche direkt fortgesetzt wird (was dem Klicken auf das Feld *Ersetzen* und anschließend auf das Feld *Nächstes suchen* entspricht).
Alles ersetzen: ersetzt den Suchtext bzw. das gesuchte Schriftmerkmal automatisch an jeder gefundenen Stelle durch den gesamten unter *Suchen in:* festgelegten Textbereich hindurch.

Achtung: Die Auswirkung des Befehls *Ersetzen* kann nicht mit dem Befehl *Rückgängig* aufgehoben werden. Deshalb sollte das Feld *Alles ersetzen* nur verwendet werden, wenn die Suchkriterien klar definiert sind. Sicherer ist die Arbeit mit *Ersetzen, dann suchen,* wobei bei jedem Auftreten des Suchbegriffs einzeln entschieden werden kann, ob ersetzt werden soll oder nicht.

Schriftmerkmale: öffnet das Dialogfeld *Schriftmerkmale* für das Suchen und Ersetzen von Schriftfestlegungen.

Das Dialogfeld *Schriftmerkmale*

In diesem Dialogfeld können die Schriftmerkmale für das Suchen und Ersetzen eingegeben werden. Dabei können Schriftmerkmale in Verbindung mit im Dialogfeld *Ersetzen* eingegebenem Text gesucht und ersetzt werden oder aber, unabhängig vom Text, nur Schriftmerkmale.

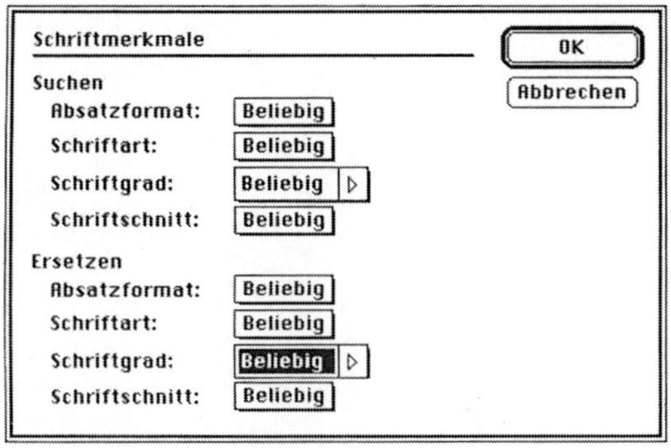

Schriftmerkmale
OK
Abbrechen
Suchen
Absatzformat: Beliebig
Schriftart: Beliebig
Schriftgrad: Beliebig
Schriftschnitt: Beliebig
Ersetzen
Absatzformat: Beliebig
Schriftart: Beliebig
Schriftgrad: Beliebig
Schriftschnitt: Beliebig

Das Dialogfeld ***Schriftmerkmale*** *des Befehls* ***Ersetzen***

Das Dialogfeld ist in zwei Hälften unterteilt. In der oberen Hälfte unter **Suchen** werden die Schriftmerkmale angegeben, nach denen gesucht werden soll, und in der unteren Hälfte unter **Ersetzen** die Ersatz-Schriftmerkmale. Sobald bei einer Option unter *Suchen:* oder *Ersetzen:* eine andere Einstellung als **Beliebig** eingestellt wurde, wird im Dialogfeld *Ersetzen* der Optionsname *Suchen nach:* oder *Ersetzen durch:* unterstrichen angezeigt. Auf diese Weise ist es auch ohne Aufruf des Dialogfeldes *Schriftmerkmale* erkennbar, wenn als Suchbedingung oder für das Ersetzen Schriftmerkmale festgelegt wurden.

Absatzformat: Aus der Liste können alle Druckformate der Satzdatei ausgewählt werden sowie die Einstellung *Beliebig*, bei der unabhängig vom Druckformat gesucht und ersetzt wird.

Schriftart: Falls eine bestimmte Schriftart gesucht oder ersetzt werden soll, wird sie hier ausgewählt, ansonsten bleibt die Einstellung *Beliebig*.

Schriftgrad: Der gewünschte Schriftgrad kann aus der Liste ausgewählt oder im Feld manuell eingegeben werden, falls Text in einer bestimmten Schriftgröße gesucht oder ersetzt werden soll, ansonsten bleibt die Einstellung *Beliebig*.

Unter **Schriftschnitt** können die Schriftschnitte für das Suchen und Ersetzen eingestellt werden. Für eine Kombination aus mehreren Schriftschnitten wird das Einblendmenü nach der Auswahl eines der Schriftschnitte nochmals geöffnet und bei der Auswahl des zweiten Schriftschnittes oder weiterer Schriftschnitte die Umschalttaste gedrückt gehalten. Nach dem Schließen des Menüs wird im Feld der zuerst gewählte Schriftschnitt mit einem Plus-Zeichen versehen angezeigt. Mit *Beliebig* wird das Suchen und Ersetzen unabhängig vom Schriftschnitt durchgeführt.

Rechtschreibung... ⌘ L

Funktion: Mit dem Befehl, der nur im Textmodus zur Verfügung steht, wird die Rechtschreibprüfung aktiviert.
Anwendung: Bei der Rechtschreibprüfung wird jedes Wort des ausgewählten Textbereichs mit einem Wörterbuch verglichen. Sind mehrere Wörterbücher installiert, kann im Dialogfeld *Absatzformat* (*Absatz* im Menü *Schrift*) unter *Wörterbuch* das gewünschte Wörterbuch ausgewählt werden.

Eine Rechtschreibprüfung braucht in der Regel nur dann durchgeführt werden, wenn die Texte direkt mit PageMaker erstellt worden sind. Bei importierten Texten kann meist davon ausgegangen werden, daß eine Rechtschreibprüfung mit einem externen Textprogramm stattgefunden hat.

Durch Auswahl des Befehls *Rechtschreibung...* wird das Dialogfeld *Rechtschreibung* geöffnet. Während das Dialogfeld geöffnet ist, können andere Operationen an der Satzdatei durchgeführt werden, sogar das Wechseln in den Layoutmodus ist möglich. Das Dialogfeld verbleibt auf dem Bildschirm, wird aber eventuell vom Layoutfenster bzw. von anderen Textfenstern überlagert. Durch Anklicken des Dialogfeldes wird wieder der Textmodus aktiviert. Zum Schließen des Dialogfeldes wird auf das Schließfeld geklickt.

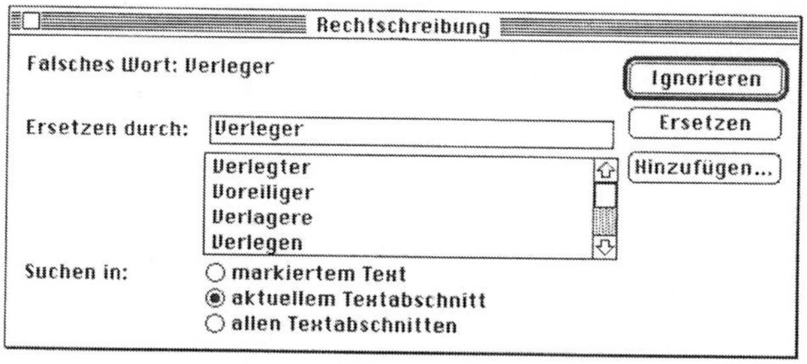

Rechtschreibung

Falsches Wort: Verleger

Ersetzen durch: Verleger

Verlegter
Voreiliger
Verlagere
Verlegen

Ignorieren
Ersetzen
Hinzufügen...

Suchen in:
○ markiertem Text
◉ aktuellem Textabschnitt
○ allen Textabschnitten

Das Dialogfeld ***Rechtschreibung***

Ersetzen durch: Hier werden die Wörter angezeigt, die PageMaker nicht im Wörterbuch finden konnte. Zur Korrektur kann entweder die richtige Schreibweise in dieses Feld eingegeben oder das richtige Wort aus der Liste mit den Vorschlägen ausgewählt werden.
Verzeichnis der Vorschläge: In diesem Feld wird eine Liste mit Verbesserungsvorschlägen für das unbekannte Wort angezeigt. Zur Auswahl eines Vorschlags wird der Begriff markiert und dann das Feld *Ersetzen* angeklickt. Alternativ kann auch ein Doppelklick auf dem Begriff ausgeführt werden.
Suchen in: legt fest, in welchem Teil des Dokumentes die Rechtschreibprüfung durchgeführt werden soll. Zur Auswahl stehen die Optionen **markiertem Text, aktuellem Textabschnitt** und **allen Textabschnitten**. Wenn bei Aufruf des Befehls kein Text markiert ist, ist die Option *markiertem Text* nicht auswählbar.

Beginnen: Vor Beginn der Rechtschreibprüfung lautet das oberste Feld *Beginnen*. Durch Klicken auf das Feld wird die Rechtschreibprüfung im unter *Suchen in:* ausgewählten Textbereich gestartet.
Ignorieren: Sobald die Rechtschreibprüfung begonnen wurde, wird das Feld *Beginnen* durch das Feld *Ignorieren* ersetzt. Soll ein nicht im Wörterbuch gefundenes Wort unverändert im Text erhalten bleiben, wird es durch Klicken auf das Feld *Ignorieren* übergangen. Im gesamten weiteren Verlauf der Rechtschreibprüfung und auch bei allen weiteren Rechtschreibprüfungen in derselben und in anderen Satzdateien wird dieses Wort übergangen. Erst ein Neustart von PageMaker würde die Rechtschreibprüfung veranlassen, das Wort wieder zu berücksichtigen.
Ersetzen: Das nicht gefundene Wort wird durch den Begriff unter *Ersetzen durch:* oder durch den im Verzeichnis der Vorschläge markierten Begriff ersetzt.
Hinzufügen: Das Dialogfeld *In Benutzerwörterbuch aufnehmen* wird geöffnet.

Das Dialogfeld *In Benutzerwörterbuch aufnehmen*

Dieses Dialogfeld bietet die Möglichkeit, einen Begriff, der nicht im Wörterbuch enthalten ist, im Wörterbuch zu speichern, so daß er künftig bei der Rechtschreibprüfung in seiner korrekten Schreibweise erkannt wird. Mit dem Zusatzprogramm *WörterbuchEditor* lassen sich außerdem die Einträge im Wörterbuch bearbeiten und neue Benutzerwörterbücher erstellen.

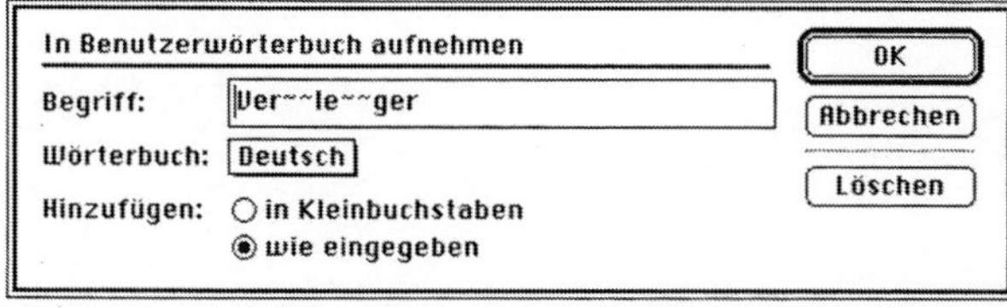

Das Dialogfeld ***In Benutzerwörterbuch aufnehmen***

Begriff: Hier erscheint das Wort, das in das Wörterbuch aufgenommen werden soll. Da das Wörterbuch auch gleichzeitig von der Silbentrennfunktion benutzt wird, werden die Wörter mit möglichen Trennstellen gespeichert, die im Feld durch Tilden (~, Eingabe durch <Wahl><N>) dargestellt sind. Dabei sind nicht alle Trennstellen gleichwertig, sondern die Trennstellen können hierarchisch strukturiert sein. Eine Trennstelle, die durch eine Tilde gekennzeichnet ist, ist die Haupttrennstelle und soll also bevorzugt verwendet werden. Trennstellen mit zwei oder drei Tilden sind weniger akzeptabel. Vor der Aufnahme in das Wörterbuch können die Trennstellen in diesem Feld editiert werden.
Wörterbuch: Aus dieser Liste wird das Wörterbuch ausgewählt, das die neuen Begriffe aufnehmen soll.

Hinzufügen: Mit **in Kleinbuchstaben** wird der Begriff in vollständiger Kleinschreibweise in das Wörterbuch aufgenommen. Bei der Rechtschreibprüfung wird dann der Begriff als korrekt behandelt, wenn entweder alle Buchstaben klein, alle Buchstaben groß oder der erste Buchstabe groß und alle weiteren Buchstaben klein geschrieben sind. Eine gemischte Schreibweise innerhalb des Wortes gilt jedoch als falsch. Wird der Begriff mit der Option **wie eingegeben** ins Wörterbuch aufgenommen, gilt das Wort bei der Rechtschreibprüfung nur als richtig, wenn die Groß-/Kleinschreibung exakt mit der eingegebenen übereinstimmt.
Löschen: Das Wort im Feld *Begriff* wird aus dem Wörterbuch gelöscht.

Zwischenablage anzeigen

Funktion: Das Fenster der Zwischenablage wird aufgerufen.
Anwendung: Mit diesem Befehl läßt sich in einem eigenen Fenster der Inhalt der Zwischenablage anzeigen, so daß das dort gespeicherte Text- oder Grafikelement überprüft werden kann.

Textmodus: Der Befehl arbeitet im Textmodus genauso wie im Layoutmodus.

Vorgaben wählen...

Funktion: Es lassen sich Einstellungen vornehmen, die die Darstellung von Text- und Grafikelementen im Layoutfenster individuell anpassen. Außerdem können die der Arbeit zugrundeliegenden Einheitensysteme ausgewählt werden.
Anwendung: Alle Vorgaben lassen sich in einem Dialogfeld einstellen. Wenn die Einstellungen darin vorgenommen werden, ohne daß eine Satzdatei geöffnet ist, haben die Vorgaben für alle nachfolgend geladenen Dateien Gültigkeit, auch dann, wenn PageMaker zwischenzeitlich beendet wird. Ist beim Aufruf dieses Befehls ein Dokument in Bearbeitung, wirken sich die Einstellungen lediglich auf die aktuelle Datei aus, nicht aber auf später geladene Dokumente.

Das Dialogfeld *Vorgaben wählen*

Im Dialogfeld *Vorgaben wählen* sind Einstellungen ausführbar, die die Bildschirmdarstellung des Layout- und des Textmodus beeinflussen.
Einheitensystem: zeigt das momentan ausgewählte Einheitensystem an bzw. ermöglicht eine Neuauswahl durch Anklicken eines von fünf möglichen Einheitensystemen aus einer Liste. Zur Auswahl stehen Zoll, Dezimal-Zoll, Millimeter, Pica und Cicero. Die Auswahl betrifft alle Maßangaben mit Ausnahme der typographischen Maße und der Einheiten für das senkrechte Lineal.

Vorgaben wählen
OK
Abbrechen
Layoutmodus:
Einheitensystem: Millimeter
Senkrechtes Lineal: Millimeter Point Andere...
Skizzieren unter: 4 Pixel
Hilfslinien: Vorne / Hinten
Bildschirmdarstellung: Grau / Normal / Hohe Auflösung
Layoutprobleme anzeigen: Buchstabenabstände / Absatzoptionen
Textmodus:
Schriftgrad: 9 Point
Schriftart: Times New Roman
Speicheroption: Schneller / Besser

Das Dialogfeld ***Vorgaben wählen***

Senkrechtes Lineal: zeigt das aktuelle Einheitensystem des senkrechten Lineals an bzw. ermöglicht die Auswahl eines anderen Systems. Aus einer Liste der Einheitensysteme *Zoll, Dezimal-Zoll, Millimeter, Pica* und *Cicero* kann auch der Eintrag *Vorgabe* gewählt werden. Diese Option ermöglicht eine Unterteilung des senkrechten Lineals in Point. In diesem Fall muß der Abstand der Teilstriche im Eingabefeld angegeben werden. Die Auswahl von *Point* als Maßsystem des senkrechten Lineals ermöglicht zusammen mit der Funktion *Linealpositionierhilfe* aus dem Menü *Option* eine gute Kontrolle der Ausrichtung der Grundlinien von Textblöcken.

Skizzieren unter: legt einen Wert für die Schriftgröße in (Bildschirm-)-Pixeln fest, unterhalb dessen die Darstellung der Schrift auf dem Bildschirm (in den Darstellungsgrößen bis Originalgröße) als grauer Balken erfolgt. Diese Einstellung wirkt sich auch dann aus, wenn der Adobe TypeManager eingesetzt wird.

Hilfslinien: stellt zwei unterschiedliche Einstellungen zur Lage der Hilfslinien zur Auswahl. Bei der Option **Vorne** werden alle Hilfslinien (Steg-, Spalten- und normale Hilfslinien) im Vordergrund aller Objekte angezeigt. Mit der Einstellung **Hinten** wird festgelegt, daß alle Hilfslinien unterhalb der Seitenelemente liegen. Mit dieser Einstellung wird sichergestellt, daß die Hilfslinien nicht versehentlich anstelle eines Objektes verschoben werden.

Bildschirmdarstellung: ermöglicht die Vorgabe unterschiedlicher Darstellungsarten für importierte Grafiken. Die Option **Grau** ist die Einstellung, die getroffen werden sollte, wenn es auf optimale Arbeitsgeschwindigkeit ankommt. Dabei werden alle importierten Pixelgrafiken *als graue Fläch*en dargestellt. Auch Grafiken aus vektororientiert arbeitenden Programmen werden grau dargestellt. Die Einstellung **Normal** zeigt monochrome Pixelgrafiken bereits naturgetreu an. Farbige oder graugestufte Grafiken werden ebenfalls als monochrome bzw. als niedrig aufgelöste Grafiken angezeigt. Bei der Einstellung **Hohe Auflösung** entspricht die Darstellung auf dem Bildschirm der Originalgrafik (soweit die Darstellungsgröße und die Grafikauflösung des Bildschirms dies zuläßt).

Layoutprobleme anzeigen: aktiviert die Anzeige von Layoutproblemen im Layoutfenster, die sich durch bestimmte Zeilenformatierungen und Absatzeinstellungen ergeben können. Mit der Option **Buchstabenabstände** zeigt PageMaker alle Zeilen grau unterlegt an, bei denen die tatsächlichen Zeichenabstände mit den Vorgaben im Dialogfeld *Abstände* kollidieren. Auf dies Weise lassen sich Konflikte mit den vorgegebenen Einstellungen leicht erkennen und manuell beseitigen. Die Option **Absatzoptionen** berücksichtigt Probleme beim Spaltenumbruch, wenn die Schusterjungen- und Hurenkindregelung aktiv ist. Auch Probleme mit der Einstellung *Absatz nicht trennen* und *Absatz gefolgt von* aus dem Dialogfeld *Absatzformat* werden angezeigt.

Textmodus: Die beiden folgenden Optionen steuern die Bildschirmanzeige im Textmodus. **Schriftgrad** wählt die für die Textdarstellung im Textmodus verwendete Schriftgröße aus einer Liste von Schriftgraden zwischen 6 und 72 Point aus. Diese Einstellung zusammen mit der Einstellung unter *Schriftart* ermöglicht eine Anpassung des Schriftbildes an die Auflösung des Bildschirms. **Schriftart** wählt die für die Textdarstellung im Textmodus verwendete Schriftart aus einer Schriftenliste aus.

Speicheroption: bestimmt die Auswirkung des Befehls *Speichern* aus dem Menü *Datei*. Die Option **Schneller** bewirkt, daß die aktuelle Satzdatei bei Anwendung des Befehls *Speichern* mit allen Versionen des

Zwischenspeicherns abgelegt wird. Durch die Option **Besser** wird die Größe der Satzdatei auf ein Minimum optimiert, genauso wie bei Verwendung des Befehls *Speichern unter...*
Andere...: verzweigt zum Dialogfeld *Andere*, in dem weitere Vorgabe-Optionen eingestellt werden können.

Das Dialogfeld *Andere*

Unter Schriftart lassen sich folgende Optionen einstellen: **ATM für schnelleren Textaufbau** beschleunigt die Zusammenarbeit von PageMaker und ATM, so daß PostScript-Schriften schneller auf dem Bildschirm dargestellt werden. **Gleicher Zeilenabstand in TrueType** paßt die Schriftgröße von TrueType-Zeichen dem Zeilenabstand an. Dadurch wird verhindert, daß beispielsweise Akzente über Großbuchstaben zu hoch gedruckt werden. Die Schriftzeichen werden in diesem Fall kleiner gedruckt. **Gleiche Form in TrueType** erhält die charakteristische Höhe der TrueType-Fonts bei. Der Zeilenabstand muß dann gegebenenfalls zusätzlich angepaßt werden. Diese Option ist alternativ zur vorhergehenden auswählbar.

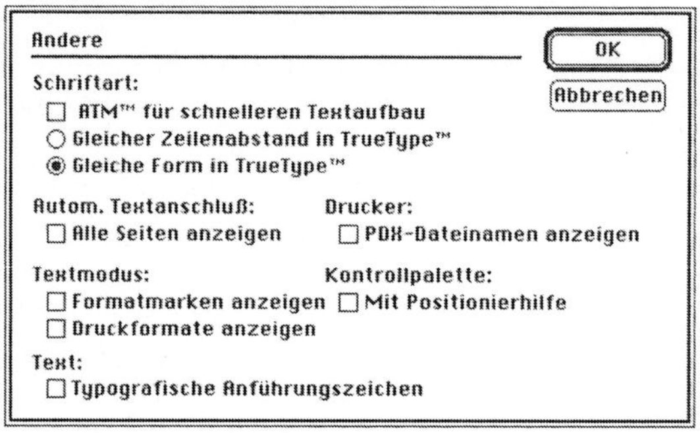

Andere
OK
Abbrechen
Schriftart:
☐ ATM™ für schnelleren Textaufbau
○ Gleicher Zeilenabstand in TrueType™
◉ Gleiche Form in TrueType™
Autom. Textanschluß: ☐ Alle Seiten anzeigen
Drucker: ☐ PDX-Dateinamen anzeigen
Textmodus: ☐ Formatmarken anzeigen ☐ Druckformate anzeigen
Kontrollpalette: ☐ Mit Positionierhilfe
Text: ☐ Typografische Anführungszeichen

Das Dialogfeld ***Andere***

Autom. Textanschluß: Ist die Option **Alle Seiten anzeigen** eingeschaltet, werden beim Importieren von Text mit automatischem Textanschluß alle neu erzeugten Seiten der Reihe nach angezeigt, ansonsten wird nur nach Abschluß des Importvorganges die letzte Seite angezeigt.
Drucker: mit der Option **PDX-Dateinamen anzeigen** wird im Dialogfeld Drucken anstelle eines selbst festgelegten Druckernamens der Name der PDX-Datei angezeigt, wodurch die Zeit zum Öffnen des Dialogfeldes verkürzt werden kann.
Unter **Textmodus** läßt sich als Vorgabe, die beim Starten des Programms wirksam ist, mit **Formatmarken anzeigen** die Anzeige der Sonderzeichen und mit **Druckformate anzeigen** die Anzeige der Druckformatnamen im Texteditor ein- und ausschalten. Die Einstellung wirkt sich jedoch nur als Vorgabe aus. Mit den gleichnamigen Befehlen aus dem Menü *Option* lassen sich beide Hilfsmittel unabhängig von der hier gewählten Einstellung jederzeit ein- und ausschalten.

Die Option **Mit Positionierhilfe** unter der Überschrift **Kontrollpalette** bewirkt, daß die Funktionen *Positionierhilfe* und *Linealpositionierhilfe* auch bei der numerischen Eingabe von Zahlenwerten in die Kontrollpalette wirksam werden.
Text: Die Option **Typographische Anführungszeichen** ersetzt bei der folgenden Texteingabe automatisch alle normalen, mit <Umschalt>-<2> eingegebenen Anführungszeichen durch anführende bzw. schließende typographische Anführungen.

Textmodus: Der Befehl arbeitet im Textmodus genauso wie im Layoutmodus. Vier der Optionen betreffen ganz speziell die Bildschirmanzeige in den Textfenstern des Textmodus. Dies sind im Dialogfeld *Vorgaben wählen* unter der Überschrift **Textmodus** die Optionen **Schriftart** und **Schriftgrad** und im Dialogfeld *Andere* wiederum unter der Überschrift **Textmodus** die Optionen **Formatmarken anzeigen** und **Druckformate anzeigen.** Alle Optionen wurde in der vorangehenden Funktionsbeschreibung bereits genau erklärt.

Textmodus ⌘ +

Funktion: Vom Layoutmodus wird in den Textmodus umgeschaltet. ***Anwendung:*** Der Textmodus von PageMaker ermöglicht das einfache und schnelle Bearbeiten von Texten, ähnlich einem Textverarbeitungsprogramm. Nach Aufruf des Befehls *Textmodus* wird zum Textmodus umgeschaltet, wodurch sich die Menüzeile ändert und ein Textfenster über das Layoutfenster gelegt wird. Wenn beim Aufruf des Befehls die Einfügemarke innerhalb eines Textblocks gesetzt war, erscheint im Textfenster der zugehörige Textabschnitt mit der Einfügemarke an derselben Stelle. Wenn ein Textblock lediglich mit der Zeigefunktion markiert war, erscheint das Textfenster des Textmodus mit der Einfügemarke am Anfang des Textes. Ist der Textblock nur Teil eines Textabschnittes, wird dabei der Anfang des Blockes angezeigt.

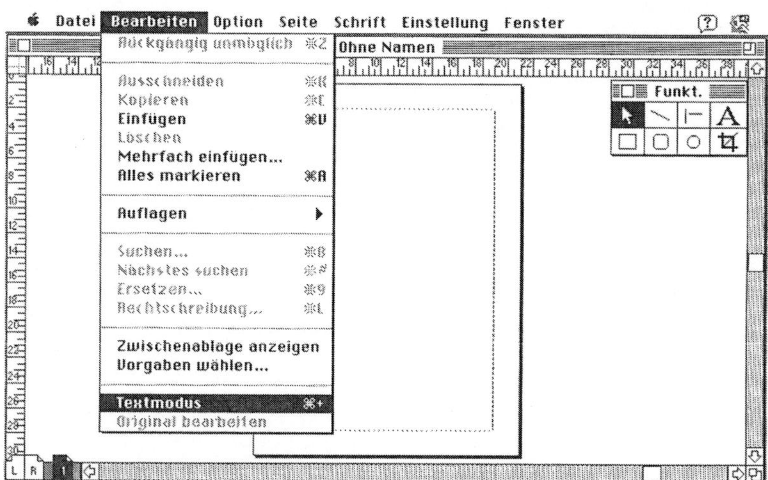

Umschalten vom Layoutmodus ...

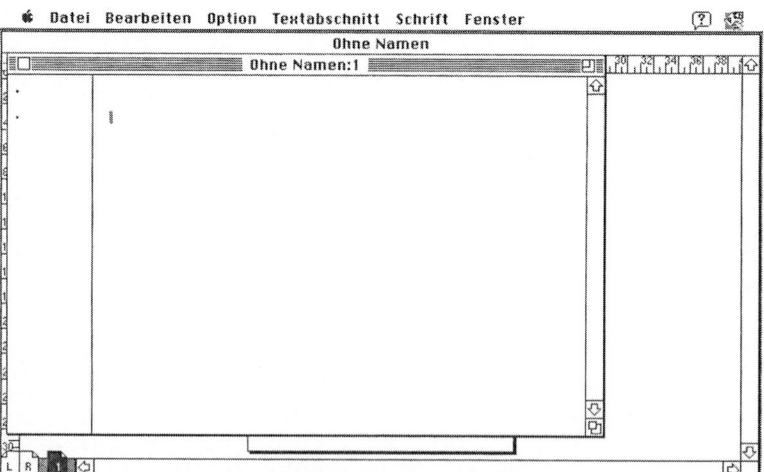

... zum Textmodus

Alternativ zum Befehl *Textmodus* kann auch ein Dreifachklick mit der Zeigefunktion auf einen Textblock ausgeführt werden. Falls im Layoutmodus Teile eines Textfensters auf dem Bildschirm sichtbar sind, wird auch durch Klicken in ein Textfenster in den Textmodus gewechselt.

Textmodus: Im Textmodus erscheint anstelle des Menübefehls *Textmodus* der Menübefehl *Layoutmodus*. Der Befehl wechselt dann vom Textmodus in den Layoutmodus.

Beim Wechsel in den Layoutmodus über den Befehl *Layoutmodus* werden geöffnete Textfenster nicht geschlossen. Ihre Größe und Position auf dem Bildschirm bleiben erhalten, sie werden nur hinter das Layoutfenster gesetzt. Je nach Größe des Layoutfensters und der Textfenster, können auch nach dem Wechsel in den Layoutmodus noch Teile der Textfenster auf dem Bildschirm angezeigt werden. Nach dem Wechsel ist die Textfunktion aktiviert und die Einfügemarke befindet sich im Text an derselben Position wie zuletzt im Textfenster. Wurde der Text, in dem sich die Einfügemarke befindet, noch nicht positioniert, erscheint nach dem Wechsel in den Layoutmodus ein geladenes Textsymbol, mit dem der Textabschnitt positioniert werden kann.

Wenn im Textmodus noch ein Teil des Layoutfensters nicht durch Textfenster verdeckt ist, kann auch einfach durch Klicken auf das Layoutfenster in den Layoutmodus gewechselt werden.

Tip: Wechsel zwischen den Modi ohne Menübefehl

Auf großen Bildschirmen kann durch geeignete Anordnung der Textfenster und des Layoutfensters auch ohne Aufruf des Befehls *Textmodus* oder *Layoutmodus* in den anderen Modus gewechselt werden, wenn jeweils ein Teil eines Fensters aus dem anderen Modus auf dem Bildschirm unverdeckt sichtbar bleibt.

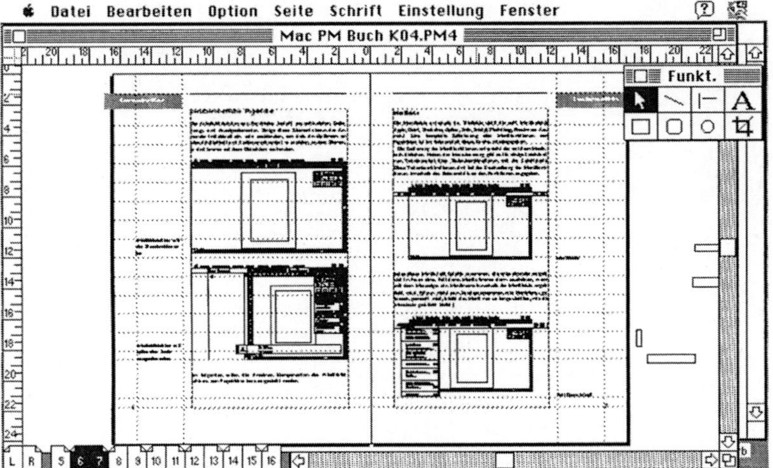

Anordnung der Fenster für einen einfachen Wechsel zwischen den Modi

Original bearbeiten

Funktion: Das markierte Objekt kann in dem Programm bearbeitet werden, in dem es erstellt wurde. Der Befehl steht nur unter System 7 zur Verfügung.

Anwendung: Dieser Befehl bietet die schnellste Verbindung zwischen einer in PageMaker importierten Datei und dem Ursprungsprogramm dieser Datei. Nach Aufruf des Befehls *Original bearbeiten* wird das Programm, in dem das markierte Objekt erstellt wurde, geöffnet und die Datei direkt zum Editieren geladen.

Alternativ zur Auswahl des Befehls *Original bearbeiten* kann das Ursprungsprogramm auch durch Doppelklick bei gedrückter Wahltaste geöffnet werden.

Als weitere Möglichkeit kann das markierte Objekt auch in einem anderen geeigneten Programm als dem Ursprungsprogramm bearbeitet werden. Dazu wird entweder bei gedrückter Umschalttaste der Befehl *Original bearbeiten* aufgerufen oder bei gleichzeitig gedrückter Umschalt- und Wahltaste zweimal auf dem Objekt geklickt. Dies öffnet das Dialogfeld *Editor wählen.*

Das Dialogfeld *Editor wählen*

Im Verzeichnisfeld mit den Dateinamen lassen sich Aliasdateien von Editorprogrammen auswählen, die in den Ordner *Editor Aliases* innerhalb des Ordners *Aldus* eingefügt wurden. Die Statusinformationen enthalten Angaben zum markierten Programm bzw. zum Programmalias und zur aktuellen Datei. Es wird angezeigt, ob die markierte Datei im ausgewählten Editor bearbeitet werden kann, ob der Editor bereits geöffnet ist, ob Änderungen automatisch aktualisiert werden und wieviel Speicherplatz zum Öffnen des Editors benötigt wird, sowie wieviel Speicherplatz noch verfügbar ist.

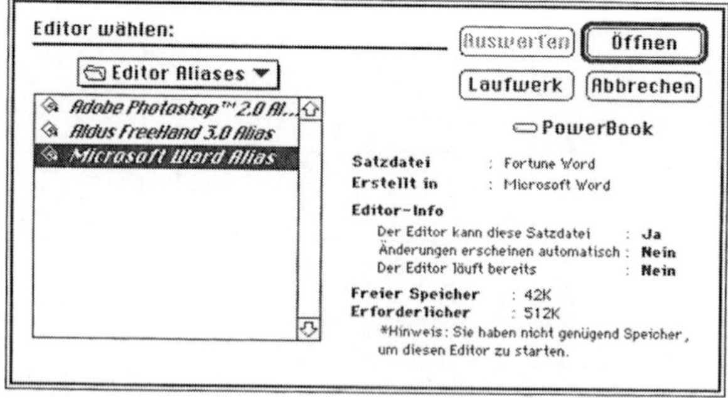

Das Dialogfeld ***Editor wählen***

Textmodus: Der Befehl arbeitet im Textmodus genauso wie im Layoutmodus. Jedoch ist der Aufruf des Ursprungsprogramms nur über den Befehl selbst möglich, nicht über einen Doppelklick bei gedrückter Wahltaste bzw. Wahl- und Umschalttaste.

Menü Option

Im Menü *Option* sind ingesamt dreizehn Befehle in fünf Gruppen auswählbar. Der erste Befehl ermöglicht den Zugriff auf die Additions. Die Befehle der zweiten Gruppe betreffen Einstellungen an den Linealen bzw. den Linealhilfslinien. Die dritte Gruppe betrifft Einstellungen für die unterschiedlichen Hilfslinientypen. Der Befehl der vierten Gruppe aktiviert eine Funktion, die beim Importieren von Text aus externen Dateien dafür sorgt, daß der Textimport weitgehend automatisch ablaufen kann. Schließlich steuern die vier Befehle in der letzten Gruppe das Erstellen von Inhaltsverzeichnis und Index.

Textmodus: Das Menü *Option* unterscheidet sich im Textmodus etwas von dem im Layoutmodus. Es sind ingesamt sechs Befehle in zwei Gruppen auswählbar. Die Befehle der ersten Gruppe sind identisch mit den Befehlen der vierten Gruppe im Layoutmodus. Sie steuern das Erstellen von Inhaltsverzeichnis und Index. Die beiden Befehle der zweiten Gruppe sind Spezialbefehle für den Textmodus.

Aldus Additions

Funktion: Ermöglicht das Öffnen von installierten Additions, die die Funktionen von PageMaker ergänzen.
Anwendung: Aufruf des Befehls öffnet ein Untermenü, aus dem alle installierten Additions auswählbar sind. Die mit PageMaker 4.2 ausgelieferten Standard-Additions werden im folgenden Unterkapitel vorgestellt.

Textmodus: Der Befehl steht im Textmodus nicht zur Verfügung.

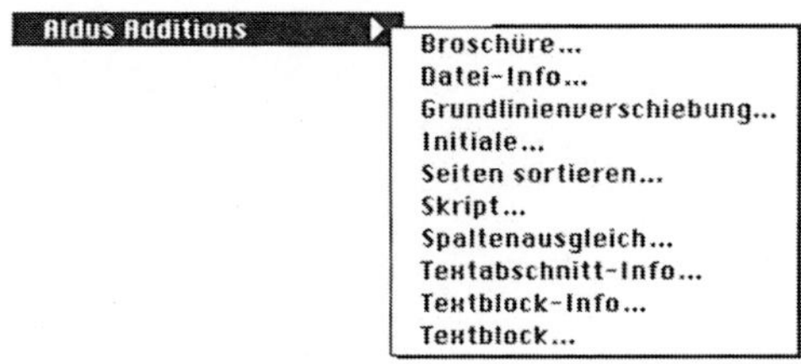

Lineale ⌘ L

Funktion: Die Anzeige der Lineale, ein horizontal verlaufendes am oberen Rand des Layoutfensters und ein vertikales am linken Rand, wird ein- oder wieder ausgeschaltet. Bei eingeschalteter Linealanzeige erscheint ein Häkchen in der Menüzeile.
Anwendung: Die Lineale innerhalb von PageMaker sind neben der Kontrollpalette der wichtigste Bezugpunkt von Objekten in einer Satzdatei und ihrer genauen Position beim Ausdruck. Anhand der Lineale wird die Position jedes Objektes auf einer Seite bestimmt. Dies kann direkt (durch Ablesen der Position an den Skalenwerten oder in der Kontrollpalette) oder indirekt (durch zuvor erzeugte Hilfslinien) geschehen. Die Einheiten der Linealskalen lassen sich im Dialogfeld *Vorgaben wählen* individuellen Wünschen oder bestimmten Arbeitssituationen anpassen. Um die Lineale ohne den Umweg über Linealhilfslinien als direkte Positionierhilfe verwenden zu können, müssen ihre sichtbaren Teilstriche mit der Funktion *Linealpositionierhilfe* aktiviert werden.

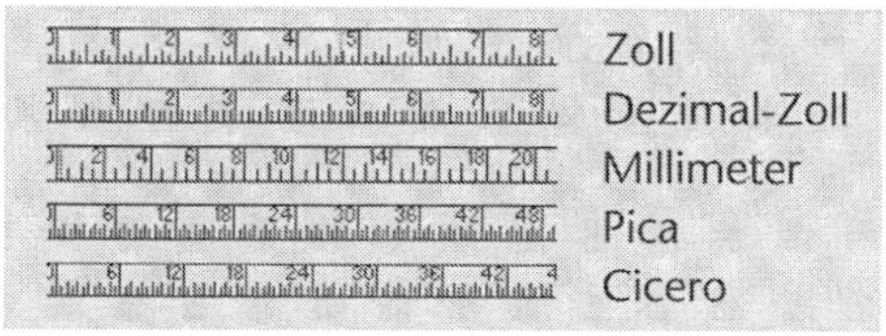

Lineale mit unterschiedlichen Skaleneinheiten

Zoll
Dezimal-Zoll
Millimeter
Pica
Cicero

Textmodus: Der Befehl steht im Textmodus nicht zur Verfügung.

Linealpositionierhilfe ⌘ R

Funktion: Die Linealpositionierhilfe, die die sichtbaren Teilstriche der Lineale quasi magnetisiert, läßt sich ein- oder wieder ausschalten. Bei aktiver Linealpositionierhilfe wird ein Häkchen in der Menüzeile angezeigt.
Anwendung: Zusätzlich zur reinen Anzeige der Lineale kann mit dieser Funktion ein Arbeitszustand von PageMaker aktiviert werden, bei dem mit jeder Mausoperation bevorzugt auf den sichtbaren Teilstrichen der Lineale positioniert wird. Die damit erzielbare Positioniergenauigkeit hängt von der Darstellungsgröße der aktuellen Seite ab. Je größer die Darstellungsgröße ist, desto mehr Linealteilstriche erscheinen in den Skalen und umso genauer läßt sich positionieren. Die maximale Auflösung liegt hierbei im Bereich eines halben Millimeters. Bei eingeschalteter Option *Mit Positionierhilfe* im Unterdialogfeld *Andere* des Dialogfeldes *Vorgaben wählen* wirkt sich die Linealpositionierhilfe auch auf in der Kontrollpalette eingegebene Werte aus.

Textmodus: Der Befehl steht im Textmodus nicht zur Verfügung.

Nullpunktfestsetzung

Funktion: Der aktuelle Nullpunkt der Linealskalen läßt sich fixieren oder wieder freigeben. Wenn die Nullpunkteinstellung fixiert ist, erscheint ein Häkchen in der Menüzeile.
Anwendung: PageMaker erlaubt, den vordefinierten Nullpunkt der Linealskalen neu festzulegen. Der vordefinierte Nullpunkt liegt in der linken oberen Seitenecke der rechten Seiten. Beispielsweise kann er manuell auf den Schnittpunkt von Kopfsteg zum Bundsteg gelegt werden, weil dann alle ablesbaren Einheiten Maße innerhalb des Satzspiegels betreffen. Wenn der Nullpunkt fixiert ist, kann er nicht mehr manuell verändert werden. Das Nullpunktfeld am Schnittpunkt der beiden Lineale ist bei aktiver Nullpunktfestlegung leer, um anzuzeigen, daß eine Bearbeitung nicht möglich ist.

Textmodus: Der Befehl steht im Textmodus nicht zur Verfügung.

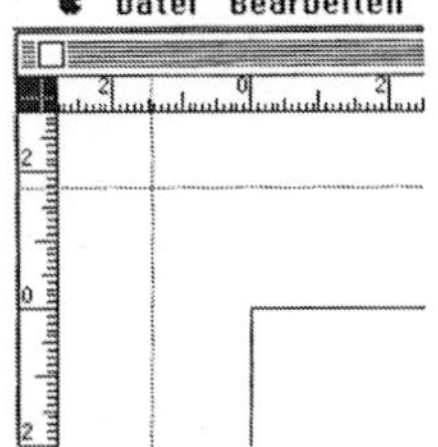

Der Nullpunkt wird verschoben ...

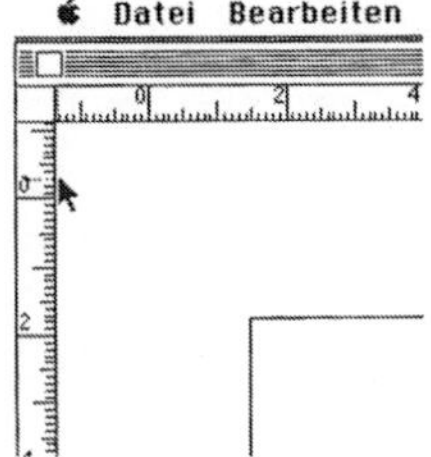

... der Nullpunkt kann nicht verschoben werden

Hilfslinien ⌘ J

Funktion: Die Anzeige der Hilfslinien im gesamten Dokument wird ein- oder wieder ausgeschaltet. Ist die Funktion aktiviert, erscheint ein Häkchen in der entsprechenden Zeile des Menüs *Option*.
Anwendung: Zur besseren Beurteilung des Layouts kann die Darstellung aller Hilfslinien, also der Steglinien, der Spaltenhilfslinien und der Linealhilfslinien, ausgeschaltet werden. Da alle Hilfslinien nicht mitdruckende Elemente sind, entspricht die Bildschirmdarstellung bei ausgeschalteter Hilfsliniendarstellung dem späteren Ausdruck.

Die Auswirkung der Hilfslinien kann mit dem Befehl *Positionierhilfe* beeinflußt werden. Die Darstellung der Linien auf dem Bildschirm kann durch Wählen der entsprechenden Optionen im Dialogfeld *Vorgaben* in den Vordergrund oder in den Hintergrund aller sonstigen Seitenelemente gebracht werden.

Textmodus: Der Befehl steht im Textmodus nicht zur Verfügung.

Positionierhilfe ⌘ I

Funktion: Die Hilfslinien im Dokument lassen sich quasi magnetisieren, um neben der optischen Positionierhilfe auch eine »mechanische« Hilfe beim Arbeiten mit der Maus zu bieten. Bei aktiver Positionierhilfe wird ein Häkchen in der Menüzeile angezeigt.
Anwendung: Die reine Darstellung der Hilfslinien bringt über den optischen Effekt noch keine Hilfe mit sich. Erst wenn die Hilfslinien als Positionierhilfe aktiviert sind, wirkt sich die Position der einzelnen Linien so aus, daß sich Objekte beim Verschieben oder Skalieren bevorzugt an den Hilfslinien orientieren. Die Funktion sollte ausgeschaltet werden, wenn in der unmittelbaren Nähe einer Hilfslinie, nicht aber genau auf einer Hilfslinie, positioniert werden soll. Als Alternative dazu kann auch eine neue Linealhilfslinie so erzeugt werden, daß die gewünschte Positionierung ausführbar ist. Bei eingeschalteter Option *Mit Positionierhilfe* im Unterdialogfeld *Andere* des Dialogfeldes *Vorgaben wählen* wirkt sich die Positionierhilfe auch auf in der Kontrollpalette eingegebene Werte aus.

Textmodus: Der Befehl steht im Textmodus nicht zur Verfügung.

Hilfslinien festsetzen

Funktion: Alle Hilfslinien im Dokument werden an der augenblicklichen Position fixiert, so daß sie nicht mehr bearbeitet werden können. Die Aktivierung dieser Funktion wird durch ein Häkchen in der Menüzeile angezeigt.
Anwendung: Diese Funktion fixiert alle Hilfslinien, die Steglinien, die Spaltenhilfslinien und die Linealhilfslinien, so, wie sie vor dem Funktionsaufruf vorlagen. Diese Funktion sollte nach dem Setzen der Hilfslinien immer aktiviert werden, um zu verhindern, daß Hilfslinien während der Bearbeitung der Seite versehentlich verschoben werden. Alle Hilfslinien, die nach der Aktivierung dieser Funktion neu angelegt werden, sind ebenfalls für die Bearbeitung gesperrt.

Textmodus: Der Befehl steht im Textmodus nicht zur Verfügung.

Spaltenhilfslinien...

Funktion: Es lassen sich Spaltenhilfslinien für das aktuelle Dokument anlegen bzw. bestehende Spaltenhilfslinien ändern.
Anwendung: Nach Aufruf des Befehls erscheint ein Dialogfeld, in dem die Einstellungen zum Erzeugen von Spaltenhilfslinien vorgenommen werden können. Die Spaltenhilfslinien ermöglichen in Verbindung mit der Funktion *Autom. Textanschluß* den automatisierten Mehrspaltensatz. Dazu können Hilfslinien erzeugt werden, die gleichmäßig über die Breite des Satzspiegels eine vorzugebende Anzahl von Spalten mit definiertem Spaltenabstand festlegen. Für ungleichmäßige Spalten (beispielsweise Text- und Marginalspalten) können die automatisch erzeugten Hilfslinien manuell verschoben werden.

Das Dialogfeld *Spaltenhilfslinien*

Das Dialogfeld *Spaltenhilfslinien* erscheint für Doppelseiten- und Einzelseitenlayouts in unterschiedlichen Versionen. Für Doppelseitenlayouts lassen sich die Hilfslinien, falls gewünscht, für linke und rechte Seiten getrennt definieren.

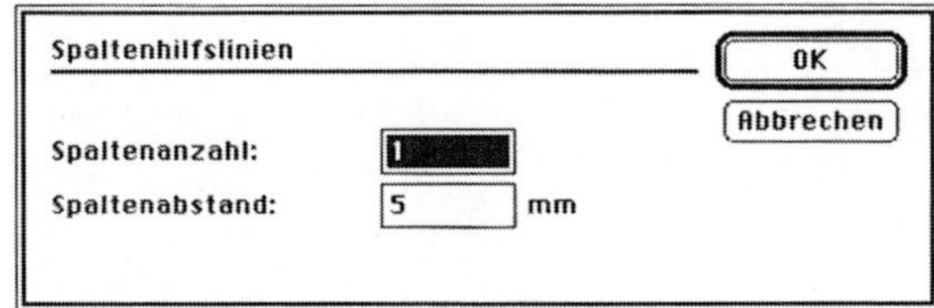

Das Dialogfeld ***Spaltenhilfslinien***

Spaltenanzahl: bestimmt die Anzahl der gewünschten Textspalten. Dieser Wert ist auf 20 begrenzt.
Spaltenabstand: bestimmt den Abstand der Textspalten voneinander. Zum linken und rechten Satzspiegel wird dieser Abstand nicht eingehalten, sondern lediglich zwischen den einzelnen Spalten.
Auf Doppelseiten getrennt einstellen: ermöglicht die getrennte Angabe für Spaltenanzahl und Spaltenabstand auf der linken und rechten Seite einer Doppelseite. Bei Auswahl dieser Option erscheint neben den Feldern *Spaltenanzahl* und *Spaltenabstand* je ein weiteres Feld zur Eingabe der Werte für alle rechten Seiten. Diese Option ist nur bei Doppelseitenlayouts auswählbar.

Textmodus: Der Befehl steht im Textmodus nicht zur Verfügung.

Autom. Textanschluß

Funktion: Beim Importieren von Text mit dem Befehl *Positionieren* kann der Text manuell, halbautomatisch oder automatisch positioniert werden. Dieser Befehl ermöglicht das automatische Einfließen des Textes in Textspalten. Die Funktion ist aktiviert, wenn in der Menüzeile ein Häkchen erscheint.
Anwendung: Unabhängig davon, ob diese Funktion aktiviert ist oder nicht, kann während des Positionierens des importierten Textes zwischen den drei Arten des Textflusses hin- und hergeschaltet werden. Die Funktion *Autom. Textanschluß* legt somit nur die Voreinstellung zum Positionieren fest, sie läßt sich jedoch leicht ändern, wenn dies erforderlich ist. Drücken der Befehlstaste beim Positionieren schaltet dabei vom automatischen zum manuellen Textfluß oder umgekehrt. Drücken der Umschalttaste aktiviert den halbautomatischen Textfluß.

Textmodus: Der Befehl steht im Textmodus nicht zur Verfügung.

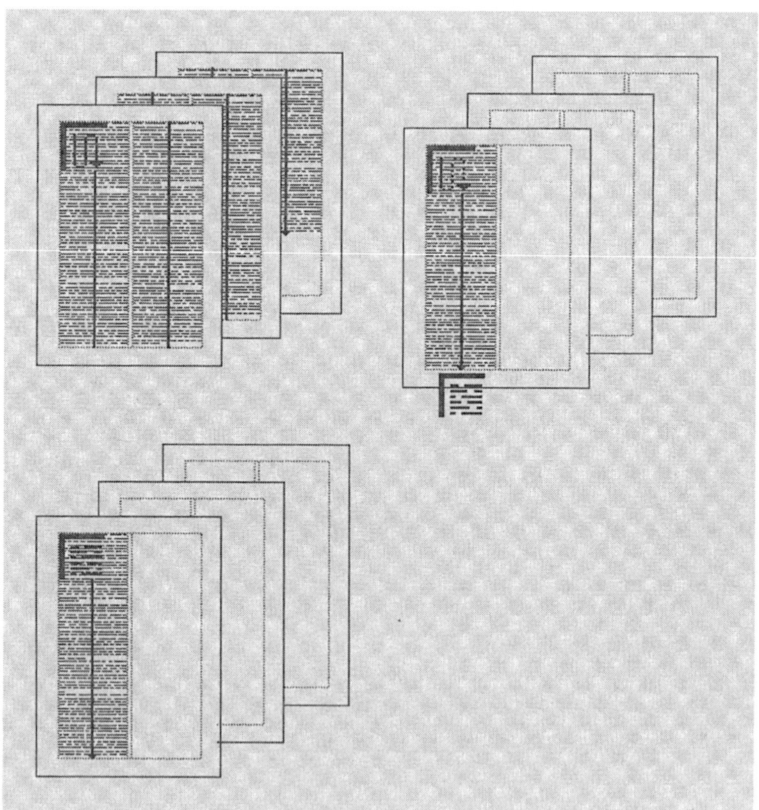

Die drei unterschiedlichen Arten des Textflusses beim Importieren

Indexeintrag... ⌘ ,

Funktion: Ein Eintrag bzw. ein Querverweis läßt sich in den Index der aktuellen Satzdatei aufnehmen und für die automatische Erstellung des Indexes vorbereiten.
Anwendung: Um einen Index mit PageMaker zu erstellen, bedarf es einiger Vorbereitungen. Der Schlüsselbefehl für diese Vorbereitungen ist der Befehl *Indexeintrag....* Mit ihm werden die Textstellen, die in den Index aufgenommen werden sollen, in die Indexliste eingetragen.

Um einen einfach aufgebauten Index zu erstellen, reicht gewöhnlich die Schnellform der Indexaufnahme aus, bei der ein markierter Text innerhalb eines Textblockes mit der Tastenkombination <Befehl>-<Umschalt><,> in die Indexliste eingetragen wird, ohne daß dabei ein Dialogfeld erscheint. Auch bei dieser schnellen Methode lassen sich besondere Einstellungsmöglichkeiten für die Indexerstellung nutzen, wenn nach dem Einfügen aller Einträge in die Indexliste der Befehl *Index anzeigen...* aufgerufen wird.

Eine weitere Kurzform für Indexeinträge nutzt die Tastenkombination <Befehl><Umschalt><Z>. Diese Eintragsform ist für Personennamen vorgesehen. Zwei markierte Namenswörter aus Vorname und Nachname wie beispielsweise *Mutwin Horand* werden in der Form *Horand, Mutwin* aufgenommen, so daß auch bei Namen eine korrekte alphabetische Sortierung möglich ist.

Tip: Adjektivische Indexeinträge

Oftmals müssen adjektivische Konstruktionen in den Index aufgenommen werden. Diese Konstruktionen lassen sich ebenfalls äußerst effektiv mit der Eintragsfunktion für Personennamen in die Indexliste eintragen. Beispielsweise kann *vektororientiertes Grafikprogramm* nach Eingabe der Tastenkombination <Befehl><Umschalt><Z> als *Grafikprogramm, vektororientiertes* in die Indexliste aufgenommen werden.

Wenn die vielfältigen Möglichkeiten zur Indexerstellung genutzt werden sollen, muß der Befehl über den entsprechenden Menübefehl oder die Tastenkombination <Befehl><,> aufgerufen werden. Daraufhin erscheint ein Dialogfeld, von dem aus alle besonderen Einstellungen vorgenommen werden können.

Das Dialogfeld *Indexeintrag hinzufügen*

Das Dialogfeld *Indexeintrag hinzufügen* erscheint nach Aufruf des Befehls *Indexeintrag...* Es ist das zentrale Instrument zum Vorbereiten der Einträge für die spätere Erstellung des Indexes.
Art: wählt die Art des aktuellen Eintrages. Durch Auswahl von **Seitenverweis** wird der aktuelle Eintrag mit normaler Seitenangabe aufgenommen. Die Option **Querverweis** wird dann ausgewählt, wenn der aktuelle Eintrag einen Querverweis enthalten soll. Je nach der hier ausgewählten Option, sind im weiteren spezifische Einstellungen möglich.
Eintrag: zeigt den aktuellen Eintrag in der ersten von drei Ebenen an. Der Eintrag darin kann bearbeitet werden (beispielsweise kann ein

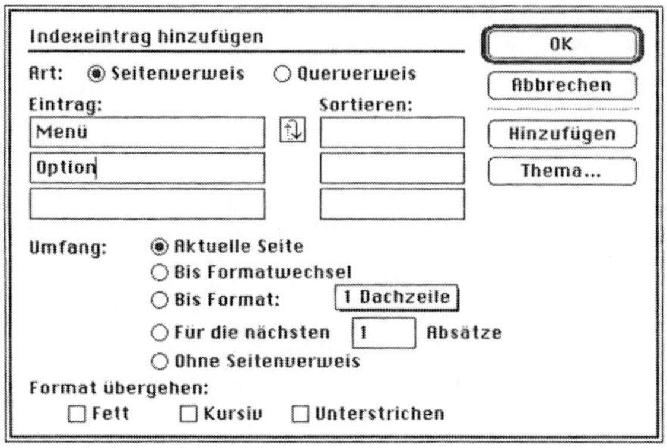

Indexeintrag hinzufügen

Art: (•) Seitenverweis ( ) Querverweis

Eintrag: Sortieren:

Menü

Option

Umfang: (•) Aktuelle Seite
( ) Bis Formatwechsel
( ) Bis Format: 1 Dachzeile
( ) Für die nächsten 1 Absätze
( ) Ohne Seitenverweis

Format übergehen:
[ ] Fett [ ] Kursiv [ ] Unterstrichen

OK | Abbrechen | Hinzufügen | Thema...

Das Dialogfeld ***Indexeintrag hinzufügen*** *(Seitenverweis)*

Wort im Plural in die Singularform gebracht werden) oder durch Anklicken des Sortierensymbols auf eine andere Ebene verschoben werden. In diesem Fall müssen die darüberstehenden Ebenen manuell eingetragen werden oder im Dialogfeld *Eintrag wählen* erstellt werden.
Sortiersymbol: rollt die Einträge der Eintragsliste um je eine Position nach unten, um die Ebene des aktuellen Eintrags zu wechseln.
Sortieren: ermöglicht die Eingabe eines Sortierbegriffs, der anstelle des Eintrags zum Sortieren verwendet wird. Dieser Begriff hat nur für den Sortiervorgang Bedeutung, der Eintrag selbst wird dadurch nicht geändert. Beispielsweise kann dadurch der Eintrag *3D-Effekt* unter *D* einsortiert werden, wenn als Sortierbegriff *Dreideffekt* angegeben wird.
Umfang: gibt das Ende des für den aktuellen Eintrag relevanten Bereichs an. Liegt im angegebenen Bereich ein Seitenumbruch, erscheint der Seitenverweis in der Form xxxx-xxxx (beispielsweise 122-124). Die Option **Aktuelle Seite** begrenzt den Bereich des Eintrages auf die aktuelle Seite. Die Option **Bis Formatwechsel** vergrößert den Bereich bis zum nächsten Formatwechsel (beispielsweise bis zur nächsten Überschrift), so daß als Indexeintrag ein Seitenintervall erscheinen kann. Bei der Option **Bis Format** kann der Bereich durch Angabe des Formates begrenzt werden, bis zu dessen Vorkommen der Bereich ausgedehnt sein soll. Die Option **Ohne Seitenverweis** schaltet die Angabe einer Seitennummer für den aktuellen Eintrag aus (was beispielsweise für Bearbeitungen des Index vom Befehl *Index anzeigen* aus sinnvoll sein kann). Mit der Einstellung **Für die nächsten x Absätze** wird der Bereich durch Angabe der Anzahl der relevanten Absätze fixiert.
Format übergehen: legt den Schriftschnitt für die Seitenzahlen im erstellten Index fest. Zur Auswahl stehen **Fett**, **Kursiv**, **Unterstrichen** oder eine beliebige Kombination davon.
Hinzufügen: nimmt den aktuellen Eintrag in die Indexliste auf, ohne das Dialogfeld zu schließen. Auf diese Weise lassen sich auch mehrere Einträge an derselben Stelle im Text aufnehmen.
Thema...: verzweigt zum Dialogfeld *Eintrag wählen*, um bereits bestehende Einträge einzusehen oder für den aktuellen Eintrag zu verwenden.

Das Dialogfeld *Indexeintrag hinzufügen* ändert seine Auswahlmöglichkeiten, wenn die Option *Querverweis* ausgewählt wird. Anstelle der Optionen unter *Umfang* erscheinen dann Hinweisoptionen.

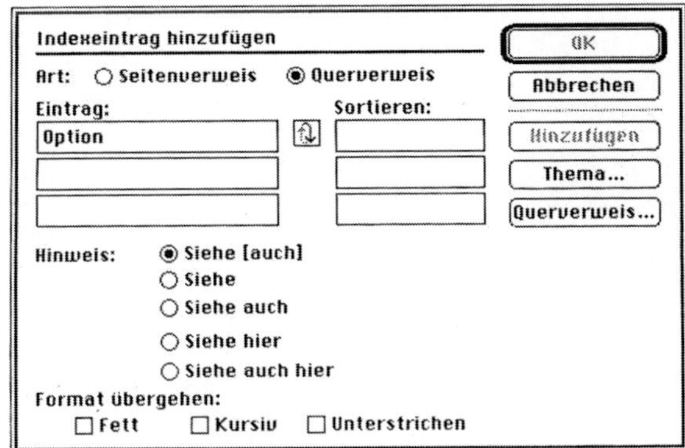

Das Dialogfeld ***Indexeintrag hinzufügen*** *(Querverweis)*

Hinweis: legt die Art des Verweises im späteren Index fest. Zur Auswahl stehen **Siehe auch** für Seitenverweise mit Querverweis, **Siehe** für Querverweise, **Siehe auch** für mehrere Querverweise, **Siehe auch hier** für Seitenverweis mit sekundärem oder tertiärem Querverweis und **Siehe hier** für sekundäre und tertiäre Querverweise.
Format übergehen: legt den Schriftschnitt für die Querverweise im erstellten Index fest. Zur Auswahl stehen **Fett**, **Kursiv**, **Unterstrichen** oder eine beliebige Kombination davon.
Querverweis...: verzweigt zum Dialogfeld *Querverweiseintrag wählen*, durch das der Querverweis aus der Liste der bestehenden Einträge ausgewählt wird.

Das Dialogfeld *Eintrag wählen*

Im Dialogfeld *Eintrag wählen* wird eine Liste aller bisherigen Indexeinträge angezeigt, um Einträge daraus für Subebenen-Einträge auszuwählen. Für einen Subebeneneintrag wird der Eintrag im Dialogfeld *Indexeintrag hinzufügen* auf die gewünschte Ebene verschoben, das Dialogfeld *Eintrag wählen* aufgerufen, aus der Eintragsliste ein Eintrag mit den gewünschten Oberebenen ausgewählt und das OK-Feld angeklickt. Im Dialogfeld *Indexeintrag hinzufügen* erscheint dann der Untereintrag mit den gewünschten Oberebenen.
Ebene x: zeigt den aktuellen Eintrag unter Berücksichtigung seiner Ebenen an. Durch Anklicken eines der Einträge in der Eintragsliste werden die Einträge hier eingefügt.
Indexbereich: bestimmt den in der Liste angezeigten Indexbereich durch Auswahl des Anfangsbuchstabens.
Die **Eintragsliste** zeigt alle bisherigen Einträge zum unter *Indexbereich* ausgewählten Buchstaben an und macht sie durch Anklicken zum Eintragen unter *Ebene x* auswählbar.

Eintrag wählen

Ebene 1: Schrift

Ebene 2:

Ebene 3:

OK

Abbrechen

Hinzufügen

Importieren

Indexbereich: S

Weiter

Ebene 1	Ebene 2	Ebene 3
Schriftarten		
Schriftfarbe		
Schriftgröße		
Schriftschnitt		
Seite		
Seitendimensionen		
Seitenformat		

Das Dialogfeld ***Eintrag wählen***

Hinzufügen: nimmt den unter *Ebene x* eingetragenen Eintrag in die Indexliste auf, ohne danach das Dialogfeld zu schließen.
Importieren: verbindet die aktuelle Indexliste mit den Indexlisten aller Satzdateien der aktuellen Kapitelliste, die mit der Buchfunktion zuvor angelegt sein muß.

Das Dialogfeld *Querverweiseintrag wählen* entspricht in Aufbau und Bedienung exakt dem Dialogfeld *Eintrag wählen.*

Querverweiseintrag wählen:

Ebene 1: Änderungen verwerfen

Ebene 2: letzte Seite

Ebene 3:

OK

Abbrechen

Hinzufügen

Importieren

Indexbereich: A

Weiter

Ebene 1	Ebene 2	Ebene 3
Absatzeinstellungen		
Alte Fassung		
Anatomie des Zeichens		
Änderungen verwerfen		
Änderungen verwerfen	letzte Seite	
Aufruf von Menübefehlen		
Ausgleich		

Das Dialogfeld ***Querverweiseintrag wählen***

Textmodus: Dieser Befehl arbeitet im Textmodus genauso wie im Layoutmodus. Der einzige Unterschied besteht darin, daß im Textmodus die Indexeinträge mit Seitenverweis durch eine Indexmarke gekennzeichnet sind, die Position des Indexeintrags also sichtbar ist. Indexeinträge mit Querverweis sind nicht markiert, da sie sich nicht auf eine bestimmte Textstelle beziehen.

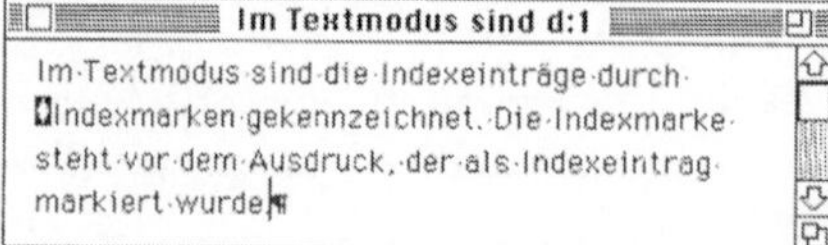

Im Textmodus wird die Position eines Indexeintrags mit Seitenverweis durch die Indexmarke angezeigt

Index anzeigen...

Funktion: Es wird eine Liste aller bisherigen Indexeinträge aufgelistet und nach Anfangsbuchstaben der Einträge angezeigt. Anhand dieser Liste lassen sich alle Einträge kontrollieren, und gegebenenfalls können Bearbeitungen an der Indexliste vorgenommen werden.
Anwendung: Vor dem endgültigen Erstellen des Indexes mit dem Befehl *Index erstellen* kann mit diesem Befehl zuvor kontrolliert werden, ob alle Einträge wie gewünscht aufgenommen sind. Gegebenenfalls lassen sich dann noch Bearbeitungen an den Einträgen vornehmen, weil vom Dialogfeld dieses Befehls aus alle Dialogfelder des Befehls *Indexeintrag ...* aufgerufen werden können.

Das Dialogfeld *Index anzeigen*

Das Dialogfeld *Index anzeigen* erscheint nach Auswahl des gleichnamigen Befehls und ermöglicht eine Kontrolle über alle bisherigen Indexeinträge.

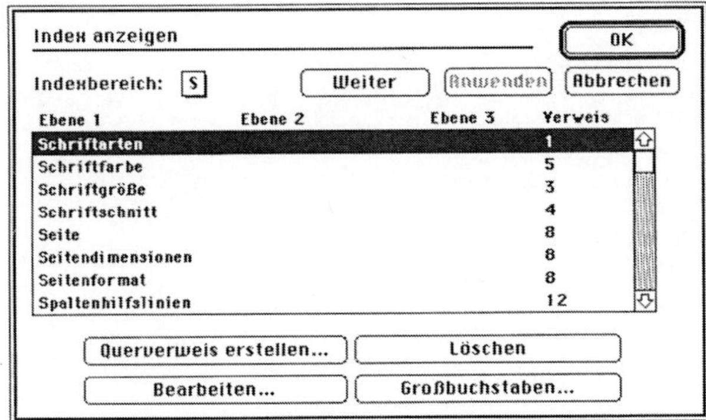

Das Dialogfeld
Index anzeigen

Indexbereich: bestimmt den in der Liste angezeigten Indexbereich durch Auswahl des Anfangsbuchstabens.
Weiter: wechselt zum nächsten Indexbereich.
Anwenden: Alle am Index vorgenommenen Änderungen werden gespeichert, ohne daß dabei das Dialogfeld geschlossen wird. Wird der Befehl anschließend mit *Abbrechen* abgebrochen, bleiben diese Änderungen dennoch erhalten.
Die **Eintragsliste** zeigt alle bisherigen Einträge zum unter *Indexbereich* ausgewählten Buchstaben an und macht sie durch Anklicken für weitere Bearbeitungen auswählbar. Dabei werden auch die Ebenen der Einträge berücksichtigt. In der Spalte **Verweis** erscheinen Kürzel, die auf Probleme hinweisen. **MF** erscheint, wenn der zum Eintrag gehörige Textabschnitt auf der Montagefläche abgelegt ist, **LS** erscheint, wenn sich der Textblock auf der linken Standardseite befindet, und **RS** bei der rechten Standardseite. **ÜE** wird angezeigt, wenn der zum Eintrag gehörige Textabschnitt entweder überlagert oder noch nicht vollständig

eingeflossen ist, und **NP** steht bei geöffneten Textabschnitten, die noch nicht positioniert worden sind. Das Fragezeichen **?** weist auf einen veränderten Bereich hin.

Querverweis erstellen...: verzweigt zum Dialogfeld *Indexeintrag hinzufügen (Querverweis)* zum Definieren eines zusätzlichen Querverweises für den aktuell markierten Eintrag.

Bearbeiten...: verzweigt zum Dialogfeld *Indexeintrag bearbeiten*, in dem die Optionen für den aktuell markierten Eintrag kontrolliert und gegebenenfalls geändert werden können.

Löschen: löscht den aktuell markierten Eintrag aus der Indexliste.

Großbuchstaben...: öffnet das Dialogfeld *Großbuchstaben*.

Das Dialogfeld *Indexeintrag bearbeiten*

Das Dialogfeld *Indexeintrag bearbeiten* entspricht in Aufbau und Bedienung exakt dem Dialogfeld *Indexeintrag hinzufügen (Seitenverweis)* des Befehls *Indexeintrag...*

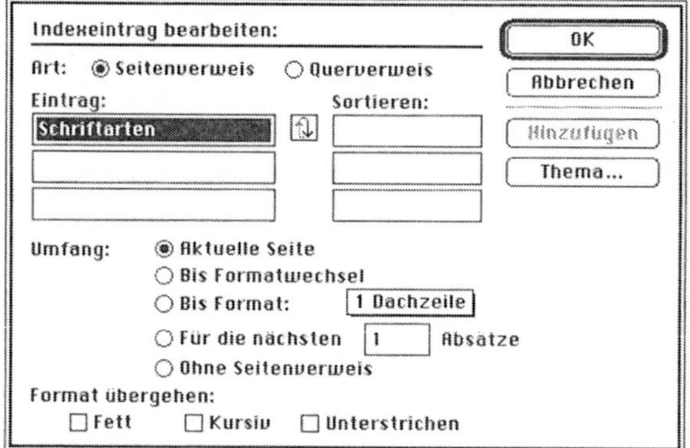

Das Dialogfeld ***Indexeintrag bearbeiten***

Das Dialogfeld *Großbuchstaben*

Hier wird festgelegt, welche Einträge mit einem großen Anfangsbuchstaben in den Index aufgenommen werden sollen. Zur Auswahl stehen **Dieser Eintrag, Alle Einträge der 1. Ebene** oder **Alle Einträge.** Nach dem Schließen des Dialogfeldes sollte die Änderung mit *Anwenden* gespeichert werden.

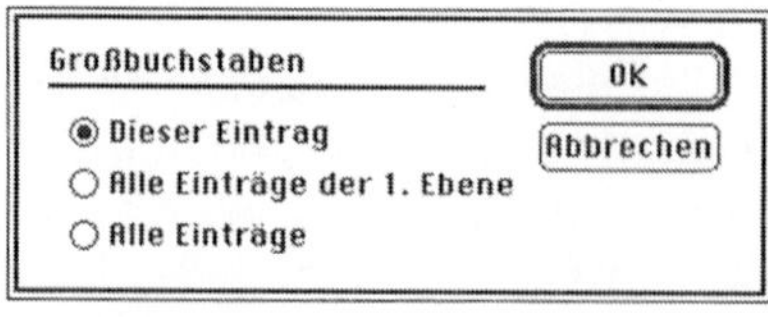

Das Dialogfeld ***Großbuchstaben***

Textmodus: Der Befehl arbeitet im Textmodus genauso wie im Layoutmodus.

Index erstellen...

Funktion: PageMaker erstellt automatisch einen Index, dessen Einträge zuvor im Text markiert sein müssen.
Anwendung: Nach den Vorbereitungen mit den Befehlen *Indexeintrag* und gegebenenfalls auch *Index anzeigen* wird mit diesem Befehl der endgültige Index erzeugt. Nach dem Erstellen erscheint eine Einfügemarke für Textabschnitte. Zuvor müssen jedoch noch in einem Dialogfeld Einstellungen vorgenommen werden, die die Generierung des Indexes näher bestimmen.

Das Dialogfeld *Index erstellen*

Das Dialogfeld *Index erstellen* erscheint nach Aufruf des Befehls *Index erstellen.*

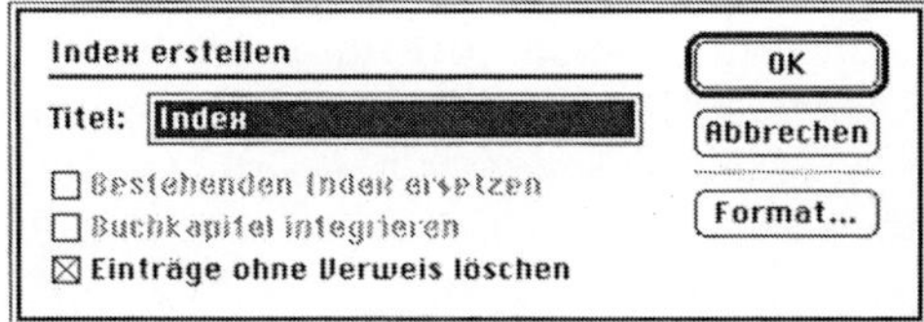

Das Dialogfeld ***Index erstellen***

Titel: legt den Titel des Indexes fest, der am Anfang des erzeugten Indextextes als Überschrift steht. Die Vorbelegung *Index* kann beliebig geändert werden, beispielsweise in *Stichwortverzeichnis.*
Bestehenden Index ersetzen: ersetzt bei mehrfachem Generieren eines Indexes die jeweils letzte Version. S kann bei einem im Index entdeckten Fehler und dessen Beseitigung mit dem Befehl *Index anzeigen* nach der Neuberechnung der alte Indextext durch den neuen, korrigierten ersetzt werden.
Buchkapitel integrieren: berücksichtigt bei der Generierung des Indexes alle Satzdateien der aktuellen Kapitelliste.
Einträge ohne Verweis löschen: nimmt alle Einträge ohne Seitenverweis oder Querverweis nicht in den Index auf.
Format...: öffnet das Dialogfeld *Indexformat* zum Bestimmen des Layouts des zu erzeugenden Indexes.

Das Dialogfeld *Indexformat*

Alle Einstellungen in diesem Dialogfeld beziehen sich auf die äußere Form des zu generierenden Indexes.
Indexüberschriften einfügen: fügt die Anfangsbuchstaben der Wörter eines Indexbereiches als Überschrift in den Index ein.
Leere Indexbereiche einbeziehen: berücksichtigt auch leere Bereiche im zu generierenden Index. Für jeden leeren Bereich erscheint der Text *Keine Einträge.* Sinnvoll ist die Auswahl dieser Option nur in Zusammenhang mit der Option *Indexüberschriften einfügen.*

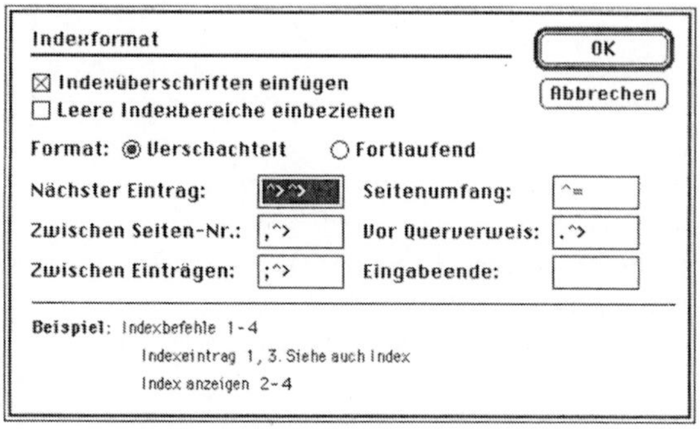

Indexformat

OK

Abbrechen

☒ Indexüberschriften einfügen

☐ Leere Indexbereiche einbeziehen

Format: ◉ Verschachtelt ○ Fortlaufend

Nächster Eintrag: ^>^> Seitenumfang: ^=

Zwischen Seiten-Nr.: ,^> Vor Querverweis: .^>

Zwischen Einträgen: ;^> Eingabeende:

Beispiel: Indexbefehle 1-4

Indexeintrag 1, 3. Siehe auch Index

Index anzeigen 2-4

Das Dialogfeld ***Indexformat***

Format: wählt eins von zwei unterschiedlichen Verfahren zur Formatierung von Einträgen mit Subebenen. Die Option **Verschachtelt** rückt jede Unterebene relativ zur darüber stehenden Ebene ein und faßt alle Einträge einer Ebene zu einem Absatz zusammen. Die Option **Fortlaufend** formatiert alle Ebenen eines Eintrages als gemeinsamen Absatz.
Nächster Eintrag: legt die Zeichen fest, die zwischen dem Eintrag und seiner Seitenzahl stehen. Die Vorgabe sind zwei Halbgevierte. (Andere Zeichen müssen gegebenenfalls als Sonderzeichen in das Eingabefeld eingetragen werden.)
Zwischen Seiten-Nr.: legt die Zeichen fest, die zwischen zwei Seitenzahlen stehen. Die Standardvorgabe sind Komma und Halbgeviert. (Andere Zeichen müssen gegebenenfalls als Sonderzeichen in das Eingabefeld eingetragen werden.)
Zwischen Einträgen: gibt die Zeichen vor, die bei fortlaufender Formatierung zwischen zwei Einträgen auf Subebene stehen sollen. Die Standardvorgabe sind Semikolon und Halbgeviert. (Andere Zeichen müssen gegebenenfalls als Sonderzeichen in das Eingabefeld eingetragen werden.)
Seitenumfang: gibt das Zeichen vor, das die Seitenzahlen eines Seitenbereichs voneinander trennt. Als Standardvorgabe erscheint hier ein Halbgeviert-Bindestrich. (Andere Zeichen müssen gegebenenfalls als Sonderzeichen in das Eingabefeld eingetragen werden.)
Vor Querverweis: gibt die Zeichen vor, die einen Eintrag von dem zugehörigen Querverweis trennen. Als Standardvorgabe erscheint hier ein Punkt mit einem Halbgeviert.
Eingabeende: ermöglicht die Angabe von Zeichen, die am Ende von Querverweisen stehen sollen, bzw. von Zeichen, die bei fortlaufender Formatierung am Ende eines Eintrages mit allen seinen Subebenen stehen sollen. Hier ist als Standardvorgabe kein Zeichen vorgesehen. (Andere Zeichen müssen gegebenenfalls als Sonderzeichen in das Eingabefeld eingetragen werden.)

Textmodus: Der Befehl arbeitet im Textmodus genauso wie im Layoutmodus. Nach dem Erstellen erscheint der Index in einem eigenen Textfenster. Beim Wechseln in den Layoutmodus muß dieser Textabschnitt dann positioniert werden.

Inhaltsverzeichnis erstellen...

Funktion: Die automatische Generierung eines Inhaltsverzeichnisses für die aktuelle Satzdatei und gegebenenfalls auch der damit in einer Kapitelliste verknüpften Satzdateien wird eingeleitet.
Anwendung: Nach abgeschlossener Markierung aller Überschriften, die in das Inhaltsverzeichnis aufgenommen werden sollen, kann mit diesem Befehl das Verzeichnis erstellt werden. Diese Überschriften müssen mit einem Absatzformat versehen sein, bei dem die Option *In Inhaltsverzeichnis aufnehmen* aktiv ist. Bevor PageMaker das Verzeichnis generiert, lassen sich in einem Dialogfeld noch Einstellungen vornehmen sowie Umfang und Aussehen des Verzeichnisses beeinflussen.

Das Dialogfeld *Inhaltsverzeichnis erstellen*

Das Dialogfeld *Inhaltsverzeichnis erstellen* erscheint nach Aufruf des gleichnamigen Befehls.

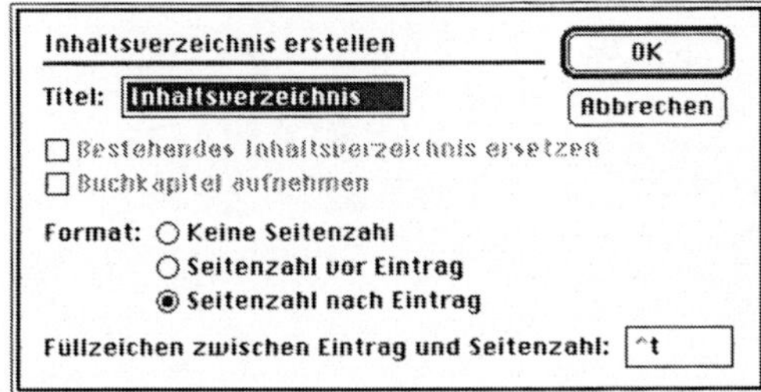

Das Dialogfeld ***Inhaltsverzeichnis erstellen***

Titel: legt den Titel des Inhaltsverzeichnisses fest, der am Anfang des erzeugten Verzeichnistextes als Überschrift steht. Die Vorbelegung *Inhaltsverzeichnis* kann beliebig geändert werden, beispielsweise in *Inhalt.*
Bestehendes Inhaltsverzeichnis ersetzen: ersetzt bei mehrfachem Generieren eines Inhaltsverzeichnisses die jeweils letzte Version. So kann bei einem entdeckten Fehler und dessen Beseitigung nach der Neuberechnung der alte Verzeichnistext durch den neuen, korrigierten ersetzt werden.
Buchkapitel aufnehmen: berücksichtigt bei der Generierung des Inhaltsverzeichnisses alle Satzdateien der aktuellen Kapitelliste.
Format: Gibt die Position der Seitenzahlen in bezug auf den Eintrag an. Die Option **Keine Seitenzahl** nimmt nur die Einträge, jedoch keine dazugehörenden Seitenzahlen auf. Auf diese Art kann beispielsweise das Inhaltsverzeichnis in einer frühen Phase der Satzarbeiten (vor dem endgültigen Seitenumbruch) auf Vollständigkeit überprüft werden. Die Option **Seitenzahl vor Eintrag** stellt die Seitenzahlen den Einträgen voran, während die Einstellung **Seitenzahl nach Eintrag** die Seitenzahlen an das Ende der jeweiligen Zeilen setzt.

Füllzeichen zwischen Eintrag und Seitenzahl: legt die Zeichen fest, die zwischen dem Eintrag und seiner Seitenzahl stehen sollen. Die Vorgabe ist ein Tabulatorzeichen. (Andere Zeichen müssen gegebenenfalls als Sonderzeichen in das Eingabefeld eingetragen werden.)

Textmodus: Dieser Befehl arbeitet im Textmodus genauso wie im Layoutmodus. Nach dem Erstellen erscheint das Inhaltsverzeichnis in einem eigenen Textfenster. Beim Wechseln in den Layoutmodus muß dieser Textabschnitt dann positioniert werden.

Absatzmarken anzeigen

Funktion: Mit diesem Befehl, der nur im Textmodus verfügbar ist, wird die Anzeige von Sonderzeichen im aktuellen Textfenster ein- oder ausgeschaltet. Bei eingeschalteter Anzeige der Absatzmarken erscheint ein Häkchen in der Menüzeile.
Anwendung: Folgende Sonderzeichen werden mit der Option *Absatzmarken anzeigen* im Textfenster angezeigt:

Sonderzeichen im Textmodus

Symbol	Sonderzeichen	Tastenkombination für Eingabe
¶	Absatzmarke	<Eingabe>
↵	Zeilenschaltung	<Umschalt><Eingabe>
(kleiner Punkt)	Leerzeichen	<Leertaste>
➔	Tabulator	<Tabulator>

Sonderzeichen, die mit der Option ***Absatzmarken anzeigen*** *im Textmodus angezeigt werden*

Dabei lassen sich aber die unterschiedlichen Sonderzeichen für Leerzeichen (Geviert, Halbgeviert) nicht vom normalen Leerzeichen unterscheiden. Unabhängig von der Einstellung der Option *Absatzmarken anzeigen* werden im Textfenster immer Paginierungszeichen, Indexmarken und ein Symbol für eingebundene Grafiken angezeigt. Die Option kann für jedes Textfenster individuell ein- oder ausgeschaltet sein.

Druckformate anzeigen

Funktion: Der Befehl, der nur im Textmodus zur Verfügung steht, schaltet die Anzeige der Druckformatspalte im aktuellen Textfenster ein und aus. Bei eingeschalteter Druckformatspalte erscheint ein Häkchen in der Menüzeile.
Anwendung: Im linken Teil des Textfensters kann ein Seitenbalken ein- und ausgeblendet werden, in dem für jeden Absatz der Name des zugehörigen Druckformats angezeigt wird. Durch Klicken auf den Druckformatnamen in der Druckformatspalte wird der gesamte zugehörige Absatz markiert. Die Option kann für jedes Textfenster individuell ein- oder ausgeschaltet sein.

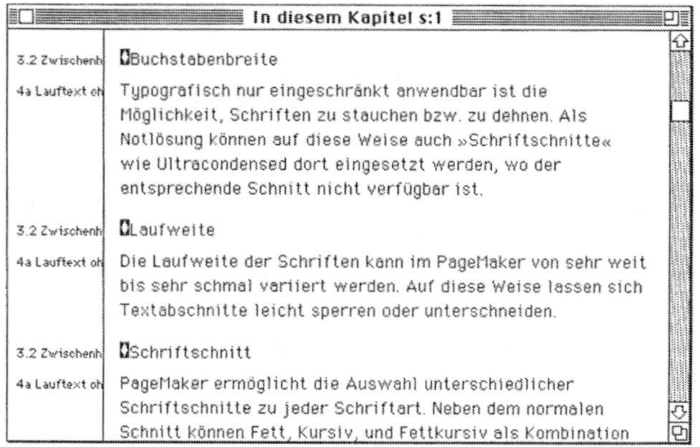

Die Druckformatspalte in einem Textfenster

Aldus Standard-Additions

Broschüre...
Datei-Info...
Grundlinienverschiebung...
Initiale...
Seiten sortieren...
Skript...
Spaltenausgleich...
Textabschnitt-Info...
Textblock-Info...
Textblock...

Im folgenden sollen alle von Aldus zusammen mit PageMaker 4.2 ausgelieferten Additions in ihrer Funktionsweise kurz vorgestellt werden. Der Aufruf einer Addition erfolgt durch Auswahl des Befehls *Aldus Additions* und anschließend des betreffenden Programms aus dem Untermenü.

Textmodus: Da der Befehl *Aldus Additions* im Textmodus nicht zur Auswahl steht, können vom Textmodus aus auch keine Additions gestartet werden.

Broschüre...

Funktion: Die Seiten einer Satzdatei werden so umsortiert, wie es für doppelseitiges Drucken mit Falz erforderlich ist.
Anwendung: Soll ein Dokument zweiseitig auf einem Papier gedruckt werden, so daß es anschließend an einem Falz in der Mitte gebunden werden kann (beispielsweise eine A5-Doppelseite auf A4), müssen die Seiten umsortiert werden. Voraussetzung für die Anwendung der Addition ist, daß die erste Seite der Satzdatei eine ungerade Seitennummer hat und daß sie nicht mehr als 80 Seiten umfaßt. Ist die Satzdatei umfangreicher, muß sie gegebenenfalls in mehrere Dateien unterteilt werden.

Nach Auswahl des Befehls wird eine unbenannte Kopie der Satzdatei angelegt. Dazu muß die Satzdatei bereits gespeichert worden sein. Eventuelle Änderungen an der Satzdatei lassen sich nach einer Sicherheitsabfrage auch noch nach Aufruf des Befehls *Broschüre* speichern. Der Befehl öffnet das Dialogfeld *Broschüre* .

Das Dialogfeld *Broschüre*

In diesem Dialogfeld wird bestimmt, wie die Seiten angeordnet werden sollen.

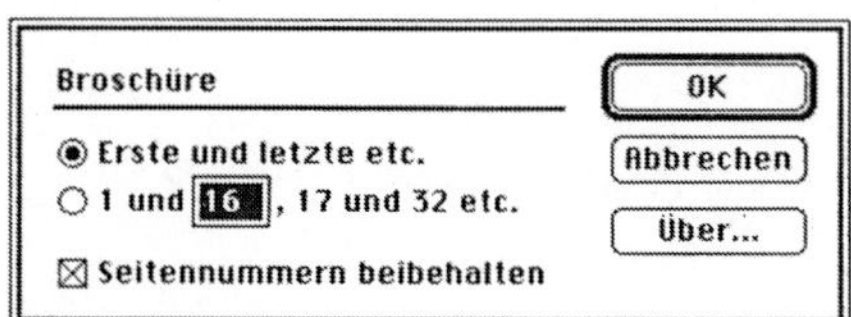

Das Dialogfeld ***Broschüre***

Erste und letzte etc.: Die erste und die letzte Seite werden auf einen Bogen gedruckt.
1 und _, 17 und 32 etc.: Hier kann eingegeben werden, welche Seite auf denselben Bogen wie die Seite 1 gedruckt werden soll. Daraus ergeben sich dann auch die Kombinationen für die folgenden Seiten (hier mit 17 und 32 angegeben). So ist beispielsweise eine Bindung möglich, bei der immer 4 Bögen zusammengefaßt werden.

Seitennummern beibehalten: Mit dieser Option bleiben beim Erstellen der Bögen die in der ursprünglichen Datei festgelegten Seitenzahlen auf den Seiten erhalten. Anderenfalls erhalten beide Seiten eines Bogens die Seitenzahl, die der Seitenzahl des Bogens entspricht. Wenn keine Seitenzahlen benötigt werden oder bei einem Probelauf, sollte diese Option ausgeschaltet werden, da das Einfrieren der Seitenzahlen einige Rechenzeit beansprucht.
Über...: öffnet ein Dialogfeld mit Informationen über den Hersteller der Addition.

Textmodus: Der Befehl steht im Textmodus nicht zur Verfügung.

Datei-Info...

Funktion: In einer Übersicht werden Informationen über das Dokument, verwendete Schriften sowie Druckformate und verbundene Dateien angezeigt.
Anwendung: Nach Aufruf des Befehls erscheint das Dialogfeld *Datei-Info*, in dem alle Dateiinformationen aufgelistet sind. Mit Hilfe dieses Infos läßt sich beispielsweise für die Weitergabe an ein Belichtungsstudio überprüfen, welche Fonts verwendet werden.

Das Dialogfeld *Datei-Info*

Das Dialogfeld zeigt in einer Liste den Dateinamen und den Speicherplatz der aktuellen Satzdatei. Welche zusätzlichen Informationen angezeigt werden, läßt sich unter Anzeigen mit den Optionen Schriftarten, Verbindungen und Druckformate auswählen.

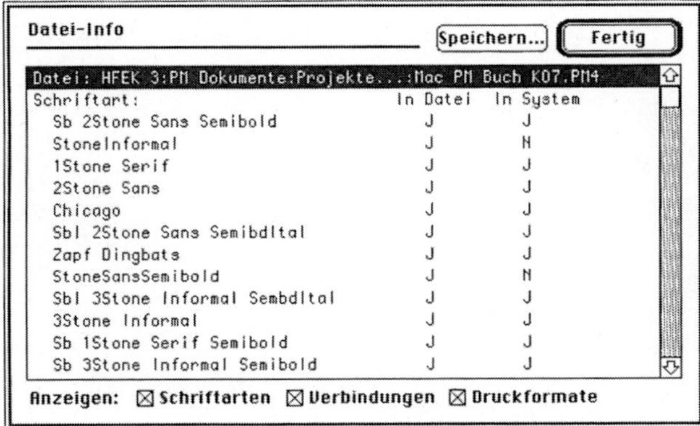

Das Dialogfeld ***Datei-Info***

Schriftarten: listet alle Fonts auf, die im System installiert sind bzw. in der Satzdatei verwendet werden. Dabei erscheinen zu Beginn der Liste alle die in der Satzdatei verwendeten Fonts (erkenntlich durch *J* unter *In Datei*), die aber nicht zwangsweise auch im System installiert sein müssen (*N* oder *J* unter *In System*). Anschließend folgen alle im System installierten nicht aber in der Satzdatei verwendeten Fonts.
Verbindungen: listet alle Angaben über Verbindungen auf, die auch über den Befehl *Verbindungsinformation* aufgerufen werden können. Im Unterschied dazu zeigt das Datei-Info-Addition zu allen verbundenen Dateien gleichzeitig den Speicherplatz der Ursprungsdatei an.
Druckformate: Eine Liste aller in der Satzdatei verwendeten Druckformate wird angezeigt. Dabei erscheinen zusätzlich zu den Namen der Druckformate auch noch die Angaben über das zugrundliegende Druckformat (*Basiert auf*) und über das nächste Druckformat (*Nächstes Format*).

Mit dem Feld **Speichern...** wird das Dialogfeld *Datei speichern unter* geöffnet, in dem die Informationen zur Satzdatei als eigene Textdatei gespeichert werden können. Auf diese Weise können die Angaben über benötigte Schriften und positionierte externe Dateien problemlos an das Belichtungsstudio weitergeben werden, was viele Rückfragen ersparen kann.
Fertig: schließt das Addition.

Textmodus: Der Befehl steht im Textmodus nicht zur Verfügung.

Grundlinienverschiebung...

Funktion: Der markierte Text kann über oder unter die Grundlinie verschoben werden.
Anwendung: Mit diesem Addition läßt sich der in der Satzdatei mit der Textfunktion markierte Text pointweise über oder unter die Grundlinie des Textes verschieben. Nach Aufruf des Additions erscheint das Dialogfeld *Grundlinienverschiebung*.

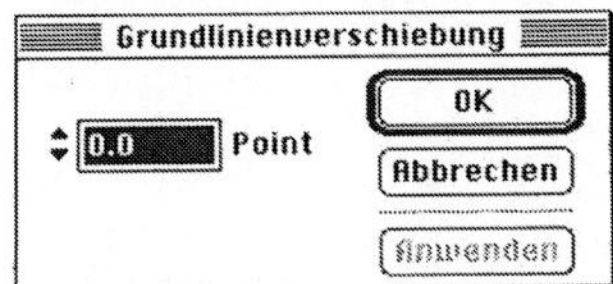

Das Dialogfeld ***Grundlinienverschiebung***

Das Dialogfeld *Grundlinienverschiebung*
Point: Hier wird die Verschiebung in Point eingegeben. Positive Zahlenwerte verschieben den Text nach oben, negative nach unten.
Anwenden: wendet die eingestellte Verschiebung an, ohne daß das Dialogfeld geschlossen wird.

Die Verschiebung läßt sich auch durch Klicken auf die Pfeilsymbole einstellen. Dabei gelten folgende Tastenkombinationen:

Mausklick	Verschiebung um jeweils ein Point
Mausklick bei gedrückter Befehlstaste	Verschiebung um jeweils fünf Point
Mausklick bei gedrückter Wahltaste	Verschiebung um jeweils 0,1 Point

Mit der Tastenkombination <Befehl><A> wird die Änderung angewendet, mit <Befehl><.> oder <esc> wird das Addition abgebrochen.

Textmodus: Der Befehl steht im Textmodus nicht zur Verfügung.

Initiale...

Funktion: Das Addition erzeugt automatisch ein ausgespartes Initial für den markierten Absatz.
Anwendung: Vor Aufruf des Befehls muß der Absatz, der mit einem ausgesparten Initial beginnen soll, mit der Textfunktion markiert werden.
Der Befehl öffnet das Dialogfeld *Initiale*, in dem unter **Über_Zeilen** eingegeben wird, wie viele Zeilen des Textes das Initial umfassen soll. Klicken des Feldes *OK* startet den vollständig automatisierten Vorgang.

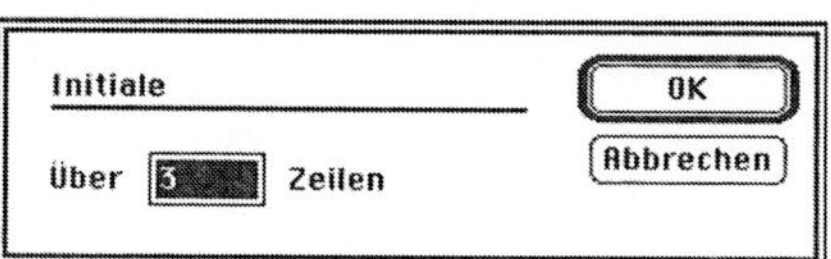

Das Dialogfeld ***Initiale***

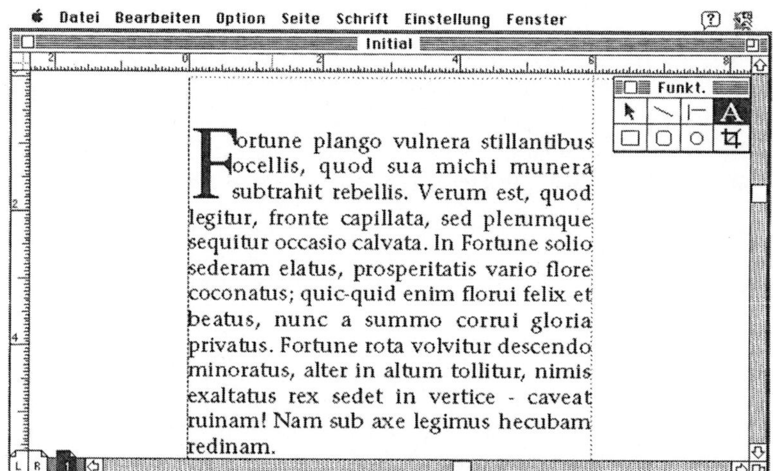

Ein mit dem Addition ***Initiale*** *erzeugtes Initial*

Textmodus: Der Befehl steht im Textmodus nicht zur Verfügung.

Seiten sortieren...

Funktion: Die Reihenfolge der Seiten in einer Satzdatei kann in einem Übersichtsfenster beliebig verändert werden.
Anwendung: Aufruf des Befehls *Seiten sortieren...* öffnet ein spezielles Fenster, das Fenster *Seiten sortieren*, in dem jede Seite der Satzdatei verkleinert angezeigt wird. Die Reihenfolge der Seiten läßt sich ganz einfach durch Verschieben des Seitensymbols im Fenster an die gewünschte neue Position der Seite innerhalb der Satzdatei ändern. Unterhalb der Seiten wird in einem Seitensymbol die aktuelle Seitenzahl und, falls eine Verschiebung stattgefunden hat, rechts daneben in einem gestrichelten Symbol die ursprüngliche Seitenzahl angezeigt. Diese Symbole zeigen bei einem Doppelseitenlayout gleichzeitig auch durch die umgefalzte Ecke, ob es sich um rechte oder linke Seiten handelt.

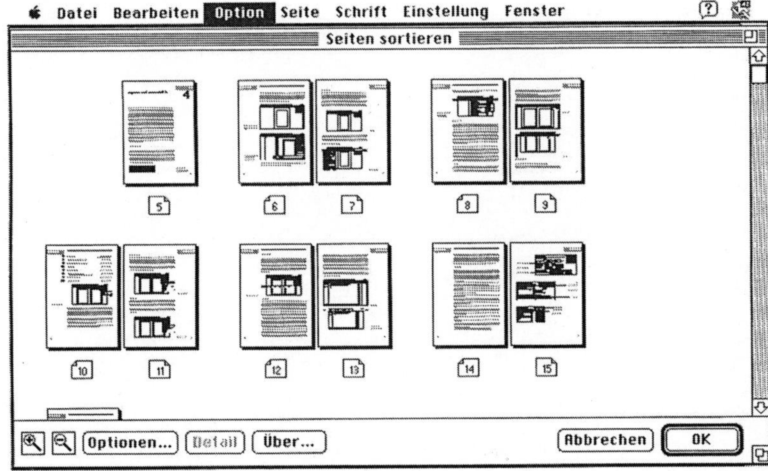

Das Fenster
Seiten sortieren

Mehrere Seiten können gleichzeitig verschoben werden, wenn sie einzeln bei gedrückter Umschalttaste oder durch Aufziehen eines Rechtecks mit der Maus ausgewählt werden. Soll bei Doppelseiten nur eine einzelne Seite verschoben werden, muß beim Markieren der Seite die Befehlstaste gedrückt werden.
Mit dem **Vergrößerungssymbol** und dem **Verkleinerungssymbol** wird die Anzeigegröße der Seiten geändert, so daß gleichzeitig zwischen 2 und 16 Seiten angezeigt werden können.
Optionen...: öffnet das Dialogfeld *Optionen*.
Detail: Die markierte und nur als Skizze angezeigte Seite läßt sich mit diesem Feld detailliert anzeigen, so daß die auf der Seite positionierten Elemente sichtbar sind.
Über...: Zeigt ein Dialogfeld mit den Copyright-Informationen zum Addition *Seiten sortieren*.

OK: Durch Klicken auf dieses Feld werden die Seiten wie im Fenster *Seiten sortieren* angezeigt in der Satzdatei umsortiert. Die alte Reihenfolge kann nicht mit dem Befehl *Rückgängig* wiederhergestellt werden. Wenn die Satzdatei jedoch vor Aufruf des Additions abgespeichert wurde, lassen sich die Änderungen durch Aufruf von *Alte Fassung* wieder rückgängig machen.

Das Dialogfeld *Optionen*

Zweiseitig: wechselt zwischen einseitigem und zweiseitigem Layout (vergleiche den Befehl *Seite einrichten* im Menü *Datei*).

Doppelseitig: schaltet bei zweiseitigem Layout die Doppelseitendarstellung ein und aus.

Miniaturdarstellung: Alle Seiten lassen sich im Fenster *Seiten sortieren* als detaillierte Skizzen anzeigen.

Elemente nicht verschieben: Mit dieser Option bleiben bei zweiseitigen Dokumenten beim Wechsel zwischen linker und rechter Seite alle Elemente unverändert und werden nicht an unterschiedlich breiten inneren und äußeren Ränder ausgerichtet.

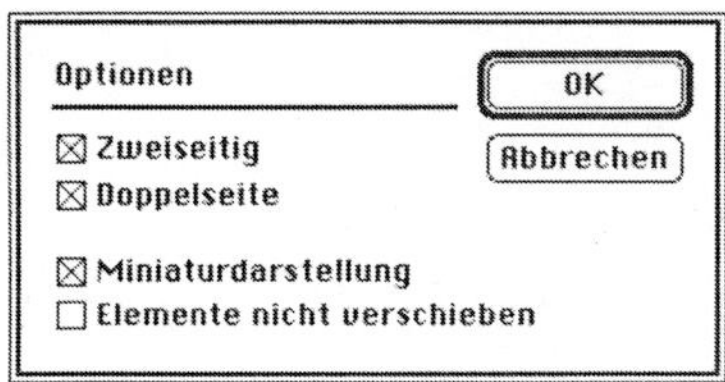

Das Dialogfeld ***Optionen***

Innerhalb des Additions *Seiten sortieren* stehen vier Kurzbefehle zur Verfügung:

<Befehl><A>	bricht das Addition ab und schließt das Fenster.
<Befehl><O>	öffnet das Dialogfeld Optionen.
<Befehl><G>	stellt die Seiten vergrößert dar.
<Befehl><K>	stellt die Seiten verkleinert dar.

Textmodus: Der Befehl steht im Textmodus nicht zur Verfügung.

Skript...

Funktion: Ein speziell für PageMaker programmiertes Makroprogramm kann gestartet werden.
Anwendung: Mit der Befehlssprache *Aldus PageMaker Script Language* lassen sich in Form von Textdateien Programme, *Skripts* genannt, schreiben, die wiederholt benötigte Arbeitsabläufe in PageMaker automatisieren. Auswahl des Befehls *Skript...* öffnet das Dialogfeld *Skript.*

Das Dialogfeld *Skript*

In diesem Dialogfeld wird die gewünschte Skript-Datei ausgewählt.
Schrittweise (Trace): Die Skript-Datei wird nicht direkt ausgeführt, sondern zuerst in einem eigenen Fenster, dem Fenster *Skript*, angezeigt.
Markierter Text: Der in der Satzdatei mit der Zeige- oder Textfunktion markierte Text wird als Skript-Datei ausgeführt.
Datei: startet die Ausführung der Skript-Datei.

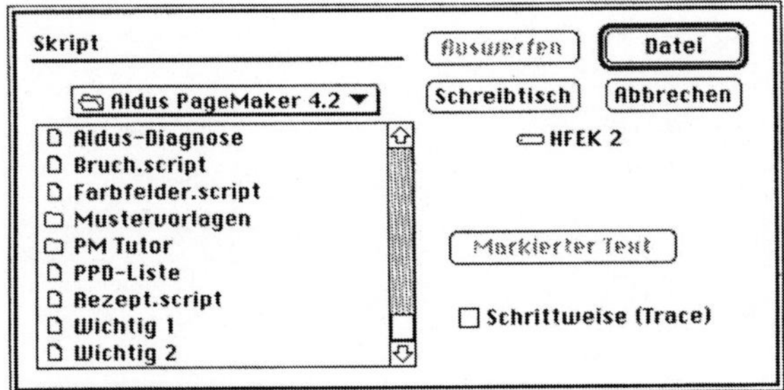

Das Dialogfeld ***Skript***

Das Fenster *Skript*

Im linken Teil des Fensters wird der Befehlstext der Skript-Datei angezeigt. Das Fenster kann während der Ausführung auf dem Bildschirm verschoben werden.
Einzeln: startet die Ausführung des Programms schrittweise, so daß die einzelnen Arbeitsschritte an der Satzdatei verfolgt werden können.
Gesamt: startet die vollständige Ausführung des Programms.

Textmodus: Der Befehl steht im Textmodus nicht zur Verfügung.

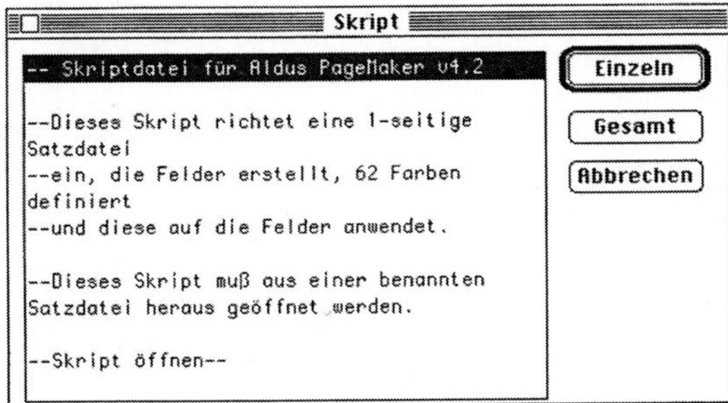

Das Fenster ***Skript***

Spaltenausgleich...

Funktion: Textspalten können aneinander ausgerichtet werden.
Anwendung: Vor Aufruf des Befehls müssen die Textspalten, die aneinander ausgerichtet werden sollen, mit der Zeigefunktion markiert sein. Eine weitere Voraussetzung ist, daß die Textblöcke der Textspalten miteinander verbunden sind. Nach Aufruf des Befehls *Spaltenausgleich...* erscheint das Dialogfeld *Spaltenausgleich.*

Das Dialogfeld *Spaltenausgleich*

Im Dialogfeld kann über die Symbole in der ersten Reihe festgelegt werden, ob die Ausrichtung der Textspalten am unteren oder oberen Spaltenende erfolgen soll. Außerdem läßt sich mit Hilfe der Symbole in der zweiten Reihe bestimmen, ob überzählige Zeilen den linken oder rechten Spalten angefügt werden sollen. Als Spaltenlänge wird ein Mittelwert der Länge aller markierten Spalten berechnet.

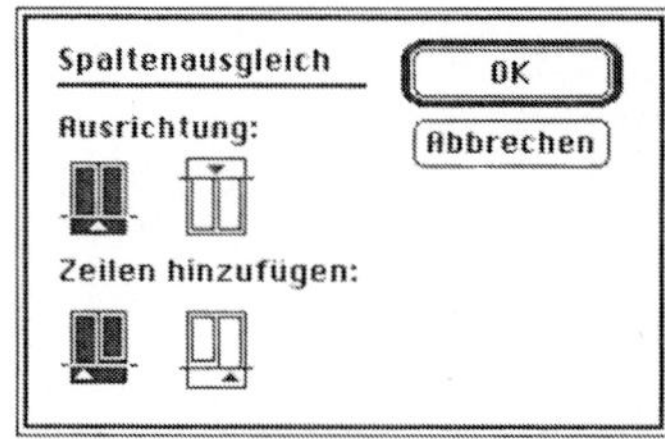

Das Dialogfeld ***Spaltenausgleich***

Textmodus: Der Befehl steht im Textmodus nicht zur Verfügung.

Textabschnitt-Info...

Funktion: Informationen über einen Textabschnitt werden angezeigt.
Anwendung: Nach Aufruf der Addition werden folgende Informationen zum markierten Textabschnitt angezeigt: mit dem Textabschnitt verbundene Datei, Anzahl der Textblöcke, Zeichenanzahl, erste und letzte Seite, auf der der Textabschnitt positioniert ist, Zeichenanzahl im Überlauf, Gesamtbereich und Gesamttiefe. Dabei ist *Gesamtbereich* die Lauflänge des gesamten Textes und *Gesamttiefe* die Gesamtlänge aller Textblöcke.

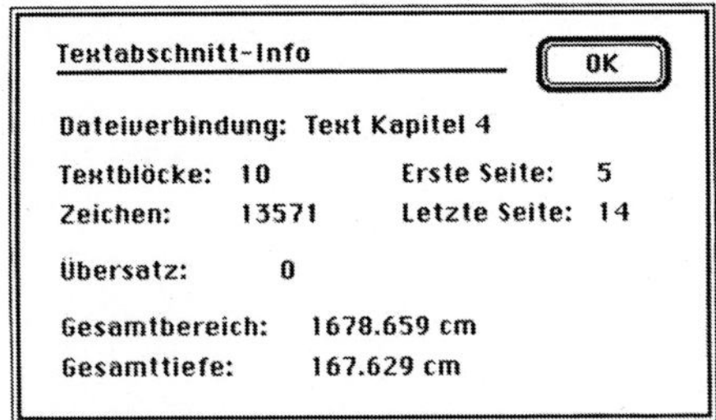

Das Dialogfeld ***Textabschnitt-Info***

Textmodus: Der Befehl steht im Textmodus nicht zur Verfügung.

Textblock-Info...

Funktion: Informationen über einen einzelnen Textblock werden angezeigt.
Anwendung: Nach Aufruf des Additions *Textblock-Info* werden folgende Informationen zum markierten Textblock angezeigt: mit dem Textblock verbundene Datei, Lage des Textblocks innerhalb einer Reihe miteinander verbundener Textblöcke, Zeichenanzahl im Textblock, Bereich, Tiefe, Seitennummern der Seiten, auf denen sich der vorhergehende und der nächste Textblock befindet. Dabei ist *Bereich* die Lauflänge des Textes im Textblock und *Tiefe* die Länge des Textblocks.

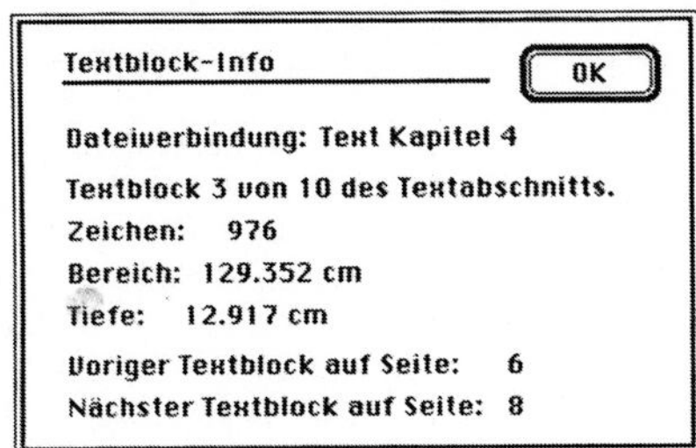

Das Dialogfeld ***Textblock-Info***

Textmodus: Der Befehl steht im Textmodus nicht zur Verfügung.

Textblock...

Funktion: Wechselt zu einem anderen Textblock desselben Textabschnitts.

Anwendung: Ist ein Textblock mit der Zeigefunktion markiert, kann nach Aufruf des Additions im Dialogfeld *Textblock* zum ersten, vorherigen, nächsten oder letzten Textblock des Textabschnitts gewechselt werden. Der gewünschte Textblock wird dann nach dem Klicken auf das OK-Feld auf dem Bildschirm angezeigt und ist markiert.

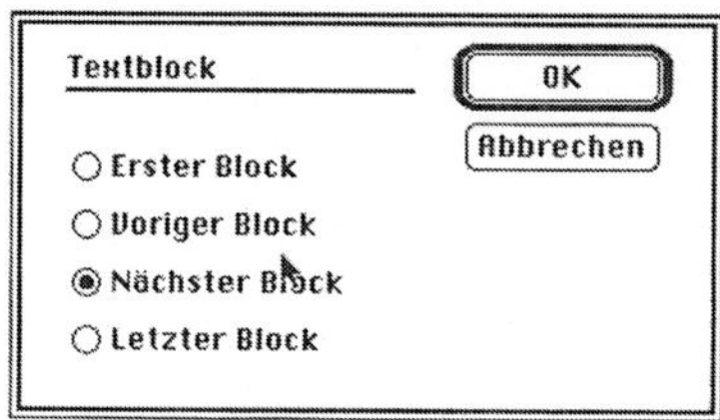

Das Dialogfeld ***Textblock***

Textmodus: Der Befehl steht im Textmodus nicht zur Verfügung.

Menü Seite

Das Menü *Seite,* das nur in der Menüzeile des Layoutmodus enthalten ist, umfaßt insgesamt zwölf Befehle in drei Befehlsgruppen. Alle Befehle zum Einstellen einer aktuellen Darstellungsgröße sind in der ersten Befehlsgruppe zusammengefaßt. Die zweite Gruppe umfaßt die Seitenbefehle zum Löschen, Hinzufügen bzw. zum Anzeigen bestimmter Seiten. Die dritte Gruppe enthält zwei Befehle zum Verwalten der Standardseitenelemente einschließlich der Standardhilfslinien.

Textmodus: Das Menü *Seite* ist nicht in der Menüzeile des Textmodus enthalten.

Ganze Seite ⌘ W

Funktion: Die Darstellungsgröße wird so angepaßt, daß die ganze Seite (bzw. Doppelseite) im Layoutfenster angezeigt werden kann. Die tatsächliche Vergrößerung, die durch diesen Befehl erreicht wird, hängt grundsätzlich von der Anzahl der darstellbaren Bildpunkte des Bildschirms und von der Größe des Layoutfensters ab. Je größer die Anzeigefläche des Bildschirms, desto näher kommt die Anzeige an die Darstellung in Originalgröße bzw. sogar an eine Vergrößerung heran.
Anwendung: In der Ganzseitendarstellung von PageMaker besteht eine gute Kontrolle über alle Elemente einer (Doppel-)Seite. Die Darstellung der ganzen Montagefläche zeigt auch die Elemente an, die neben der Seite zwischenzeitlich abgelegt worden sind. Wenn beim Befehlsaufruf gleichzeitig die Umschalttaste und die Wahltaste gedrückt werden, zeigt PageMaker die gesamte Montagefläche. Dies kann sinnvoll sein, wenn Gestaltungselemente wie Grafiken oder Textabschnitte vorübergehend auf der Montagefläche, außerhalb der Seite, abgelegt worden sind.

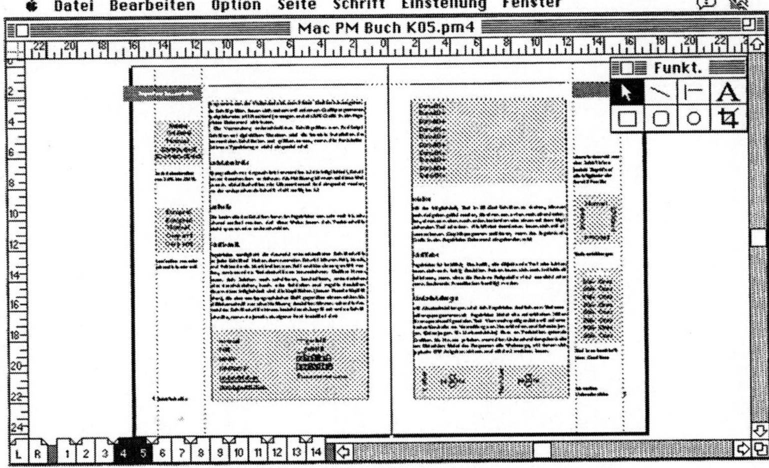

Ganze Seite

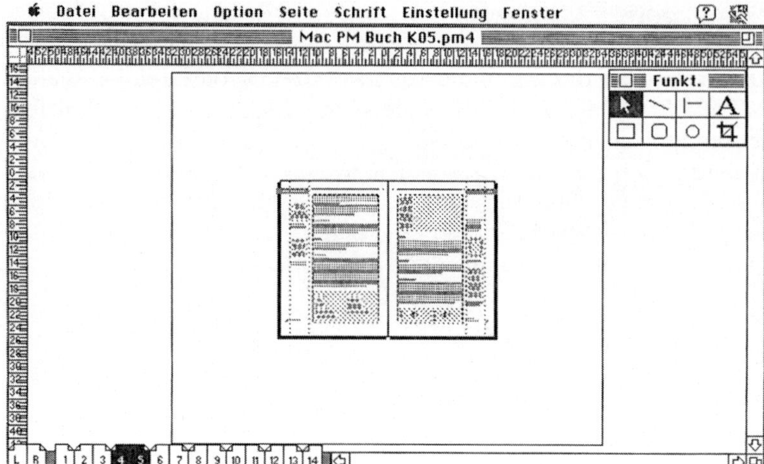

Ganze Montagefläche

Tip: Einheitliche Darstellungsgröße für alle Seiten der Satzdatei wählen

Die mit einem der Befehle aus dem Menü *Seite* gewählte Darstellungsgröße gilt normalerweise nur für die bei Auswahl des Befehls auf dem Bildschirm angezeigte Seite der Satzdatei. Wird bei Aufruf des Befehls für die gewünschte Darstellungsgröße aber gleichzeitig die Wahltaste gedrückt, wirkt sich der Befehl auf alle Seiten der Satzdatei aus. Zuvor auf den einzelnen Seiten unterschiedlich eingestellte Darstellungsgrößen werden also aufgehoben. Dies ist besonders sinnvoll vor dem automatischen Durchblättern der Satzdatei mit dem Befehl *Seite anzeigen.*

Textmodus: Der Befehl steht im Textmodus nicht zur Verfügung.

Verkleinerung auf x%

Funktion: Die Darstellungsgröße wird auf 25%, 50% oder 75% der Originalgröße verkleinert. Die tatsächliche Darstellungsgröße hierbei hängt von der Größe des Bildschirms und der Größe des Layoutfensters ab.

Anwendung: Die Verkleinerungsstufen ermöglichen besonders auf kleinen Bildschirmen einen besseren Überblick über die bearbeitete Seite. Eine typische Arbeitssituation für diese Darstellungsstufen ist beispielsweise das Positionieren von Text- oder Grafikelementen auf der Seite.

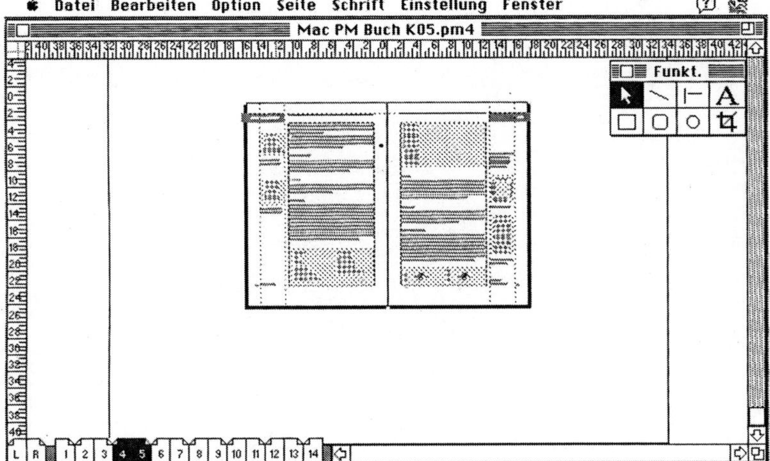

Die drei Verkleinerungsstufen: Verkleinerung auf 25%

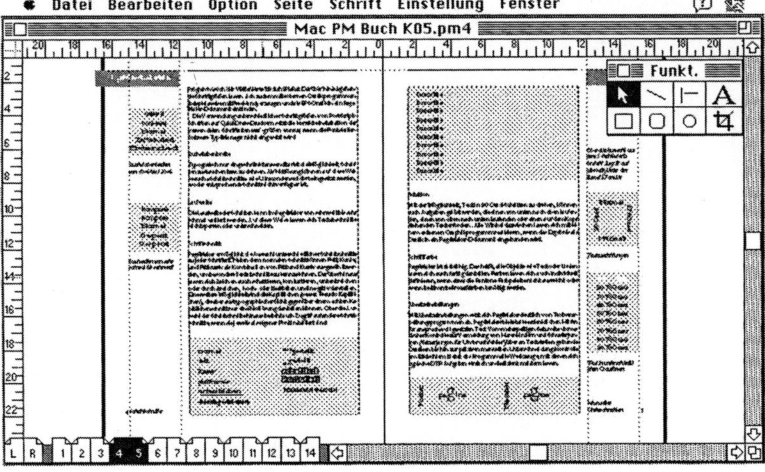

Verkleinerung auf 50%

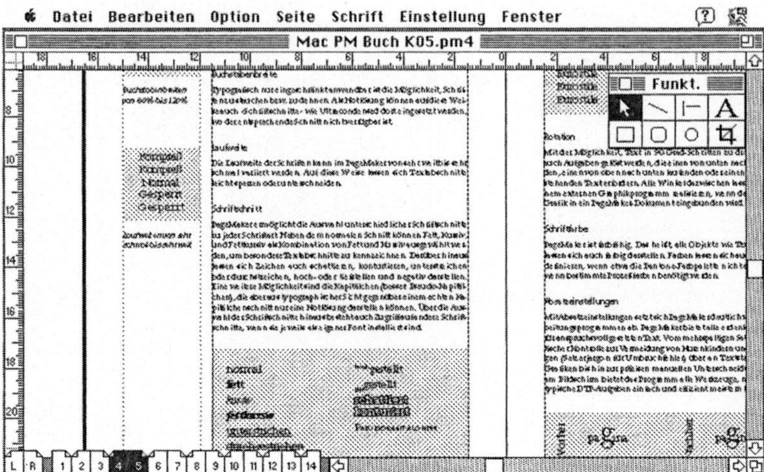

Verkleinerung auf 70%

Tastenkürzel

Die Tastenkürzel für die Verkleinerungsbefehle:

25%	<Befehl><0>
50%	<Befehl><5>
75%	<Befehl><7>

Textmodus: Der Befehl steht im Textmodus nicht zur Verfügung.

Originalgröße ⌘ 1

Funktion: Die Darstellungsgröße wird der Originalgröße angepaßt. Diese Funktion geht von einer bestimmten Auflösung des angeschlossenen Bildschirms aus (etwa 72 dpi), so daß auf allen Bildschirmen mit größerer oder niedriger Auflösung die Darstellung ein wenig zu klein oder zu groß ausfällt.

Anwendung: Diese Darstellungsgröße vermittelt einen guten Eindruck von den tatsächlichen Proportionen einzelner Elemente einer Seite zueinander. Auf kleinen Bildschirmen wie beispielsweise dem Apple-13"-Monitor wird bei dieser Darstellung nur ein Ausschnitt einer DIN-A4-Seite angezeigt. Die Anzeige in Originalgröße kann auch mit einem Mausklick bei gedrückter Tastenkombination Befehls- und Wahltaste eingeschaltet werden.

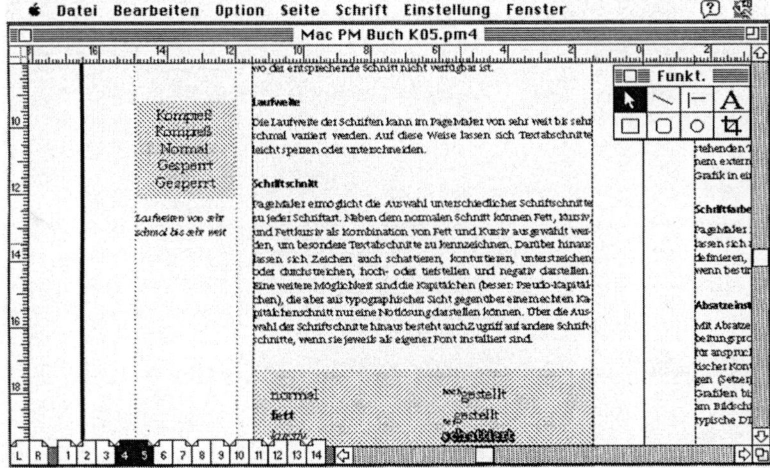

Originalgröße

Textmodus: Der Befehl steht im Textmodus nicht zur Verfügung.

Vergrößerung auf x%

Funktion: Die Darstellungsgröße wird auf 200% oder 400% der Originalgröße vergrößert. Die tatsächliche Darstellungsgröße hierbei hängt von der Größe des Bildschirms und der Größe des Layoutfensters ab.
Anwendung: Über die Darstellungsqualität der Originalgröße gehen die Vergrößerungsstufen hinaus. Sie ermöglichen besonders feine Positionierungen, wie dies etwa beim manuellen Unterschneiden nötig ist. Die Lineale zeigen in der Vergrößerung mehr Teilstriche an, so daß eine gute Kontrolle über die Koordinaten der Elemente auf der Seite besteht.

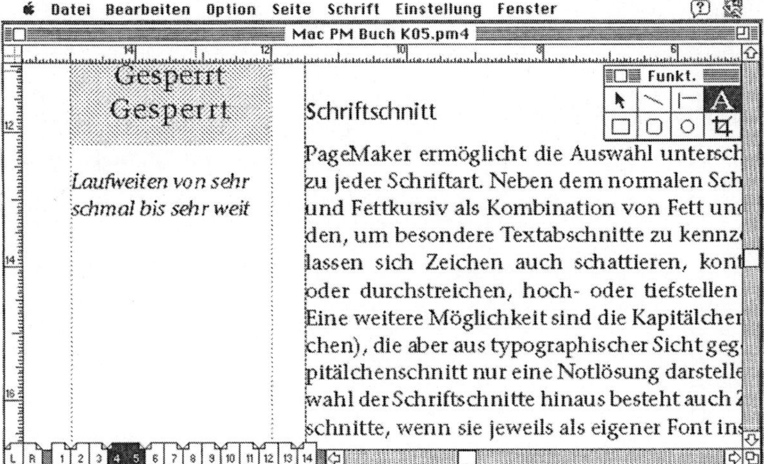

Die beiden Vergrößerungsstufen: Vergrößerung auf 200%

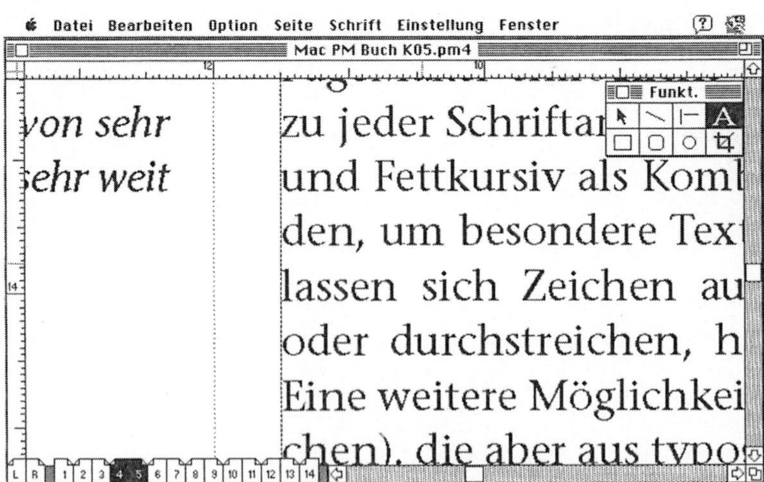

Vergrößerung auf 400%

Tastenkürzel

Die Tastenkürzel für die Vergrößerungsbefehle:

200% <Befehl><2> oder
Mausklick bei gedrückter Tastenkombination
<Befehl><Wahl><Umschalt>

400% <Befehl><4>

Textmodus: Der Befehl steht im Textmodus nicht zur Verfügung.

Seite anzeigen... ⌘ G

Funktion: Eine bestimmte Seite innerhalb der Satzdatei kann zur Bearbeitung aufgerufen werden.
Anwendung: Bei umfangreichen Satzdateien hilft diese Funktion auch, die Seiten direkt aufzurufen, deren Seitensymbol nicht in der Seitensymbolleiste angezeigt wird. Außerdem ersetzt der Befehl *Seite anzeigen...* die Funktion der Seitensymbole, wenn deren Anzeige mit dem Befehl *Rollbalken* aus dem Menü *Fenster* ausgeschaltet worden ist. Die Seitennummer der Seite, zu der verzweigt werden soll, kann in einem Dialogfeld eingegeben werden.

Eine zweite Anwendung des Befehls *Seite anzeigen...* ergibt sich, wenn beim Befehlsaufruf gleichzeitig die Wahl- und die Umschalttaste gedrückt werden. PageMaker zeigt dann nacheinander alle Seiten des Dokumentes für einen Augenblick an, ohne daß im Dialogfeld eine Seite auszuwählen ist. Diese Endlosanzeige läßt sich jederzeit durch einen Mausklick wieder anhalten.

Wenn im Dokument manuell geblättert werden soll, ist die tastaturgesteuerte Methode am besten geeignet. Ein Drücken der Tastenkombination <Befehl><Tabulator> blättert zur nächsten Seite weiter und die Tastenkombination <Befehl><Umschalt><Tabulator> führt zur vorherigen Seite zurück.

Das Dialogfeld *Seite anzeigen*

Das Dialogfeld *Seite anzeigen* ermöglicht die Angabe einer Seite, die für die folgenden Bearbeitungen aufgerufen werden soll.
Gehe zu: wählt eine von drei Optionen. Mit **linker Standardseite** wird die linke Standardseite aufgerufen. (Bei Dokumenten aus Einzelseiten ist diese Option nicht auswählbar.) Mit **rechter Standardseite** wird die Bearbeitung der rechten Standardseite eingeleitet und unter **Seite** kann eine der im Dokument vorkommenden Seitennummern angegeben werden.

Das Dialogfeld
Seite anzeigen

Textmodus: Der Befehl steht im Textmodus nicht zur Verfügung.

Seite(n) einfügen...

Funktion: In die aktuelle Satzdatei lassen sich Seiten einfügen.
Anwendung: Mit diesem Befehl kann jede Satzdatei auf den benötigten Umfang gebracht werden, indem neue Seiten zu den bereits bestehenden hinzugefügt werden. Nach dem Befehlsaufruf erscheint ein Dialogfeld zum Einstellen der Einfügeoptionen. Beim Einfügen von Seiten in ein Dokument aus Doppelseiten ändert das Programm gegebenenfalls die Lage der nachfolgenden Seiten automatisch, um eine durchgängige Seitenstruktur zu bewahren.

Beim Importieren von Text aus einer externen Textdatei über den Befehl *Positionieren* fügt PageMaker automatisch die benötigten Seiten hinzu, wenn die Funktion *Autom. Textanschluß* aus dem Menü *Option* aktiviert ist.

Tip: Umfang der Satzdatei regelt sich automatisch

Das Dialogfeld *Seite(n) einfügen*

Im Dialogfeld *Seite(n) einfügen* wird festgelegt, wieviele Seiten dem Dokument hinzugefügt werden sollen und an welcher Stelle.
Einfügen: ermöglicht die Eingabe, wieviele neue Seiten eingefügt werden sollen, wobei die maximale Seitenanzahl von 999 Seiten in einer Satzdatei nicht überschritten werden darf. Drei unterschiedliche Optionen legen die Einfügestelle für die neuen Seiten fest. Mit **Vor dieser Seite** werden die neuen Seiten vor der aktuellen (Doppel-)Seite, mit **Nach dieser Seite** dahinter eingefügt. Mit **Zwischen diesen Seiten** kann auch zwischen eine linke und rechte Seite eingefügt werden (diese Option ist nur bei Doppelseitenlayouts auswählbar).

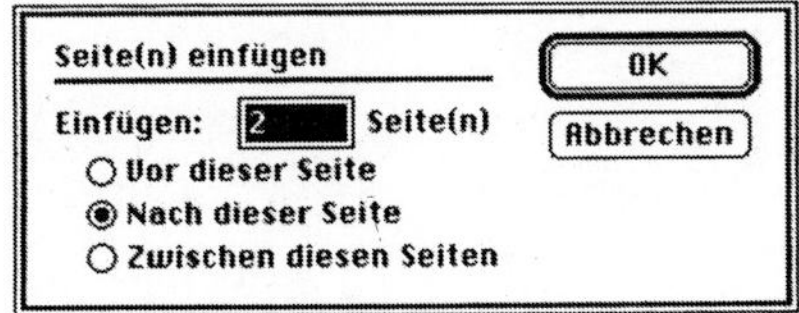

Das Dialogfeld ***Seite(n) einfügen***

Textmodus: Der Befehl steht im Textmodus nicht zur Verfügung.

Seite(n) löschen

Funktion: Aus der aktuellen Satzdatei lassen sich Seiten löschen.
Anwendung: Wenn eine Satzdatei mit zuvielen Seiten angelegt worden ist, kann mit dem Befehl *Seite(n) löschen* durch Löschen von Seiten der optimale Umfang des Dokumentes erreicht werden. Nach dem Befehlsaufruf erscheint ein Dialogfeld zum Einstellen der Löschoptionen. Beim Löschen von Seiten aus einem Doppelseiten-Dokument ändert das Programm gegebenenfalls die Lage der nachfolgenden Seiten automatisch, um eine durchgängige Seitenstruktur zu bewahren.

Das Dialogfeld *Seite(n) löschen*

Im Dialogfeld *Seite(n) löschen* lassen sich die Nummern der Seiten angeben, die aus dem Dokument gelöscht werden sollen.
Seite(n) löschen: gibt die erste zu löschende Seite vor.
bis: gibt die letzte zu löschende Seite vor.

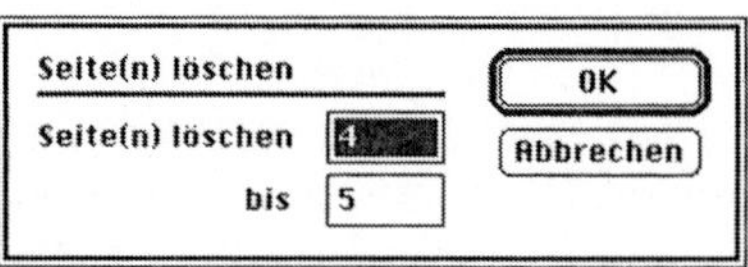

Das Dialogfeld ***Seite(n) löschen***

Textmodus: Der Befehl steht im Textmodus nicht zur Verfügung.

Standardseitenelemente anzeigen

Funktion: Die Standardseitenelemente lassen sich auf der aktuellen Seite ein- oder ausblenden.
Anwendung: Wenn auf einer Seite innerhalb eines Dokumentes auf die Standardseitenelemente verzichtet werden soll, um beispielsweise ein vom übrigen Dokument abweichendes Layout zu realisieren, kann die Funktion *Standardseitenelemente anzeigen* dazu herangezogen werden. Im Normalfall ist diese Funktion aktiv, d.h., die Standardseitenelemente sind eingeblendet. Wenn die Funktion jedoch ausgeschaltet wird, wird alles ausgeblendet, was auf den Standardseiten definiert wurde.

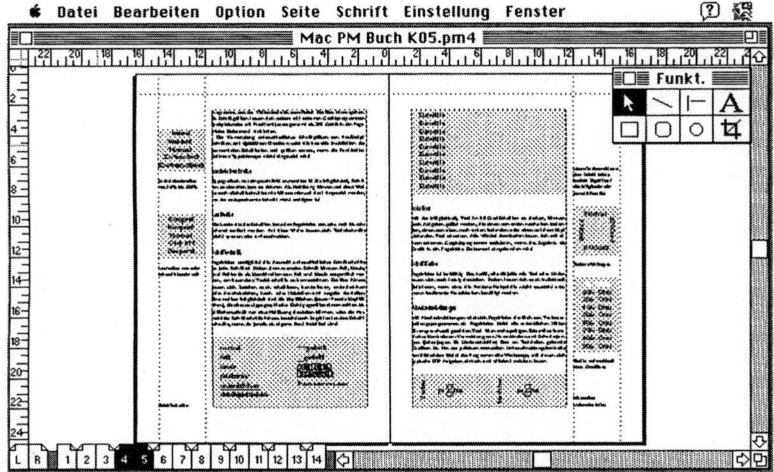

Die Standardseitenelemente sind ausgeblendet ...

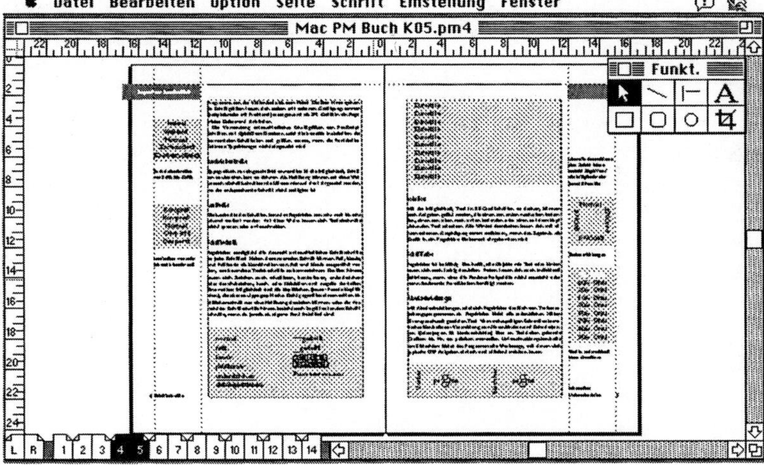

... und wieder eingeblendet

Alle druckenden Elemente der Standardseiten lassen sich auf diese Weise für die Bildschirmdarstellung und den Ausdruck ausblenden. Die nicht druckenden Elemente wie Hilfslinien bleiben bei Anwendung dieser Funktion unberücksichtigt.

Textmodus: Der Befehl steht im Textmodus nicht zur Verfügung.

Standardhilfslinien kopieren

Funktion: Die auf den Standardseiten definierten Hilfslinien werden auf der aktuellen Seite wieder in den ursprünglichen Zustand versetzt, wenn ihre Position geändert worden ist.
Anwendung: Der Befehl *Standardhilfslinien kopieren* kann immer dann eingesetzt werden, wenn die Bearbeitung der Hilfslinien auf einer Dokumentseite zugunsten der Standardhilfslinien wieder verworfen werden soll.

Achtung: Mit dem Aufruf dieses Befehls werden sämtliche individuellen Hilfslinien auf der aktuellen Seite gelöscht, auch solche, die nicht aus einer Standardhilfslinie abgeleitet worden sind.

Tip: Nur letzte Änderung verwerfen

Um eine Änderung der Standardhilfslinien rückgängig zu machen, ohne daß zuvor vorgenommene Änderungen ebenfalls zurückgenommen werden, kann der Befehl *Rückgängig* aus dem Menü *Bearbeiten* herangezogen werden.

Textmodus: Der Befehl steht im Textmodus nicht zur Verfügung.

Menü Textabschnitt

Textabschnitt
Neuer Textabschnitt
Textabschnitt schließen ⌘W
Importieren...

Das Menü *Textabschnitt* ist eine spezielles Menü des Textmodus. Mit ihm können Textfenster geöffnet und geschlossen sowie Text und Grafiken in ein Textfenster importiert werden.

Neuer Textabschnitt

Funktion: Ein neues, leeres Textfenster wird geöffnet.
Anwendung: Soll im Textmodus die Arbeit an einem neuen Textabschnitt begonnen werden, läßt sich dazu mit dem Befehl *Neuer Textabschnitt* ein leeres Textfenster ohne Namen öffnen. In dieses Fenster kann Text eingegeben oder mit dem Befehl *Importieren* importiert werden. Beim Wechseln in den Layoutmodus muß der Textabschnitt in der Satzdatei positioniert werden.

Textabschnitt schließen ⌘ W

Funktion: Das aktuelle Textfenster wird geschlossen.
Anwendung: Nach Abschluß der Arbeit an einem Textabschnitt wird mit diesem Befehl das Fenster geschlossen. Wurde der Textabschnitt noch nicht in der Satzdatei positioniert, erscheint ein Dialogfeld, in dem die weitere Vorgehensweise festgelegt werden kann.

Das Dialogfeld ***Der Textabschnitt wurde nicht positioniert***

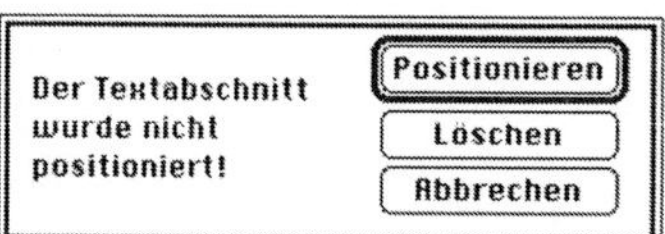

Mit dem Feld **Positionieren** wird mit einem geladenen Textsymbol in den Layoutmodus gewechselt, so daß der Textabschnitt in der Satzdatei positioniert werden kann.
Löschen löscht den Text des Textabschnitts und schließt das Textfenster. Der Text ist somit verloren.
Abbrechen bricht den Befehl ab, und das Textfenster bleibt geöffnet. Wurde der Textabschnitt bereits zuvor in der Satzdatei positioniert, wird das Fenster ohne weitere Abfrage geschlossen und, wenn kein weiteres Textfenster geöffnet ist, zurück in den Layoutmodus gewechselt.

Alternativ zu dem Befehl *Textabschnitt schließen* kann auch auf das Schließfeld des Textfensters geklickt werden.

Importieren...

Funktion: Eine Textdatei oder eine eingebundene Grafik kann in das aktuelle Textfenster importiert werden.
Anwendung: Der Befehl *Importieren* des Textmodus arbeitet ähnlich wie der Befehl *Positionieren* des Layoutmodus. Der Unterschied besteht darin, daß die Datei noch nicht auf der Seite positioniert, sondern nur an der Position der Einfügemarke in das Textfenster importiert wird. So eignet sich diese Importmöglichkeit für Texte besonders dann, wenn der Text eine umfangreiche Bearbeitung im Textmodus erfahren soll.

Nach der Auswahl des Befehls erscheint zunächst zur Auswahl der zu importierenden Datei das Dialogfeld *In den Texteditor importieren,* das identisch mit dem Dialogfeld *Wählen Sie eine Datei* des Befehls *Positionieren* ist (siehe das Kapitel über die Menübefehle im Layoutmodus).

Eine Textdatei kann als neuer Textabschnitt importiert werden, wobei ein neues Textfenster geöffnet wird, die Textdatei kann den Textabschnitt im aktuellen Textfenster ersetzen oder in den Textabschnitt eingefügt werden. Desweiteren gelten dieselben Einstellungsmöglichkeiten wie beim Befehl *Positionieren* (siehe das Kapitel über die Menübefehle Layoutmodus).

Beim Importieren einer Grafik wird diese automatisch als eingebundene Grafik an der Position der Einfügemarke in den aktuellen Textabschnitt eingefügt. Sichtbar wird die Grafik dann allerdings erst nach dem Positionieren des aktuellen Textabschnitts.

Menü Schrift

Schrift
- Schriftart ▸
- Schriftgrad ▸
- Zeilenabstand ▸
- Buchstabenbreite ▸
- Laufweite ▸
- Schriftschnitt ▸
- Schriftfestlegung... ⌘T
- Absatz... ⌘M
- Einzüge/Tabs... ⌘E
- Silbentrennung... ⌘H
- Ausrichtung ▸
- Druckformate ▸
- Druckformate definieren... ⌘3

Das Menü *Schrift* umfaßt insgesamt dreizehn Befehle in vier Gruppen. Alle Befehle bzw. Funktionen zur typographischen Gestaltung eines PageMaker-Dokumentes sind über dieses Menü erreichbar (in früheren Versionen von PageMaker hieß dieses Menü auch Typographie). Zwei der vier Gruppen bestehen aus Menüzeilen, die ihrerseits ein Auswahlmenü öffnen.

Textmodus: Bis auf die beiden Befehle *Einzüge/Tabs* und *Silbentrennung* stehen im Textmodus dieselben Befehle zur Auswahl wie im Layoutmodus.

Die Funktion und die Anwendung der einzelnen Optionen dieses Menüs, ist im Textmodus identisch mit der im Layoutmodus. Zu berücksichtigen bei der Arbeit mit den Befehlen des Menüs *Schrift* im Textmodus ist aber, daß einige Veränderungen im Textfenster nicht angezeigt werden. Sichtbar werden diese Veränderungen erst, wenn der entsprechende Textabschnitt positioniert ist.

Der Text wird unabhängig von der Einstellung im Menü *Schrift* in der Schriftart und dem Schriftgrad angezeigt, welche im Dialogfeld *Vorgaben wählen* für den Textmodus festgelegt wurde Auch die Absatzformatierungen sind im Textmodus nicht sichtbar. Zur besseren Unterscheidung der einzelnen Absätze werden sie mit einem Absatzabstand angezeigt, der aber in keinem direkten Zusammenhang mit dem im Dialogfeld *Absatzformat* eingestellten Absatzabstand steht.

Ist ein Absatz mit einem Druckformat verbunden, wird bei eingeschaltetem Druckformatbalken (*Druckformate anzeigen* im Menü *Option*) der Name dieses Druckformates links des jeweiligen Absatzes angezeigt.

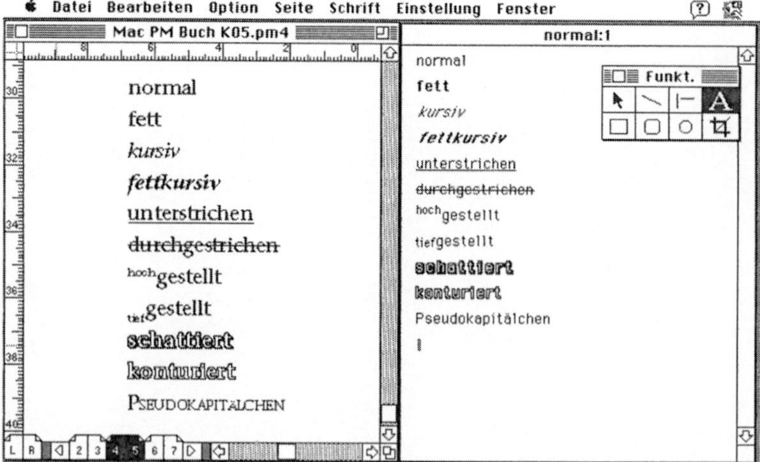

Unterschiedliche Schriftformatierungen im Layout- und Textmodus

Schriftart

Funktion: Ein Auswahlmenü von verfügbaren Schriftarten erscheint, um eine der Schriftarten für die aktuelle oder eine spätere Textformatierung auszuwählen.
Anwendung: Mit diesem Befehl besteht die Möglichkeit, eine Schriftart auszuwählen, ohne dazu das Dialogfeld *Schriftfestlegung* aufrufen zu müssen. Diese schnellere Methode eignet sich besonders dann, wenn die Schriftart das einzige Schriftkriterium ist, das neu eingestellt wird. Darüber hinaus ist dieser Befehl gut geeignet, um die Schriftart einer markierten Textstelle zu kontrollieren, da im Auswahlmenü für die Schriftarten die momentan ausgewählte mit einem Häkchen gekennzeichnet ist. Im Menü werden alle auf dem System installierten Schriften angezeigt.

Auswahlmenü für Schriftarten

Achtung: Wenn viele Schriften installiert sind, kann es vorkommen, daß nicht alle verfügbaren Schriften in diesem Auswahlmenü erscheinen und der Ausschnitt mit den Pfeilen nach oben bzw. nach unten verschoben werden muß (die vertikale Ausdehnung des Bildschirms reicht nicht aus, um die ganze Schriftenliste anzuzeigen). Als Ausweg bietet sich an, ein Programm wie Adobe TypeReunion zu verwenden, das alle Mitglieder einer Schriftfamilie zu einem Untermenü zusammenfaßt.

Textmodus: Der Befehl arbeitet im Textmodus genauso wie im Layoutmodus. Unterschiedliche Schriftarten sind jedoch im Textmodus nicht sichtbar.

Schriftgrad

Anderer...
6
8
9
10
11
✓12
14
18
24
30
36
48
60
72

Auswahlmenü für Schriftgrade

Funktion: Ein Auswahlmenü von verfügbaren Schriftgrößen erscheint, um eine der Schriftgrößen für die aktuelle oder eine spätere Textformatierung auszuwählen.

Anwendung: Der Befehl *Schriftgrad* dient der Auswahl einer Schriftgröße aus einem Auswahlmenü vorgegebener Schriftgrößen. Dieser Befehl bietet gegenüber dem Befehl *Schriftfestlegung* den Vorteil einer schnelleren Auswahl, wenn die Schriftgröße das einzige Schriftkriterium ist, das neu eingestellt wird. Darüber hinaus ist dieser Befehl gut geeignet, um die Schriftgröße einer markierten Textstelle zu kontrollieren, da im Auswahlmenü für den Schriftgrad der momentan ausgewählte mit einem Häkchen gekennzeichnet ist.

PageMaker bietet auch eine tastaturgesteuerte Methode zum Verändern der Schriftgröße an:

<Befehl><Umschalt><.>	nächstgrößerer Standard-Schriftgrad
<Befehl><Umschalt><,>	nächstkleinerer Standard-Schriftgrad
<Befehl><Wahl><Umschalt><.>	Schriftgrad ein Point größer
<Befehl><Wahl><Umschalt><,>	Schriftgrad ein Point kleiner

Diese Änderungen wirken sich genauso aus wie Änderungen im Auswahlmenü für den Schriftgrad.

Zum Einstellen einer anderen Schriftgröße als die im Menü vorgegebenen, dient die Zeile *Anderer...* Nach Auswahl dieser Einstellung erscheint ein Dialogfeld, in dem der Schriftgrad als numerische Angabe erfolgen kann.

Das Dialogfeld *Schriftgrad in Point*

Im Dialogfeld *Schriftgrad in Point* kann ein Wert für die Schriftgröße angegeben werden. Der Wert, der direkt in das Eingabefeld eingetippt wird, darf zwischen 4 und 650 Point mit einer Nachkommastelle liegen.

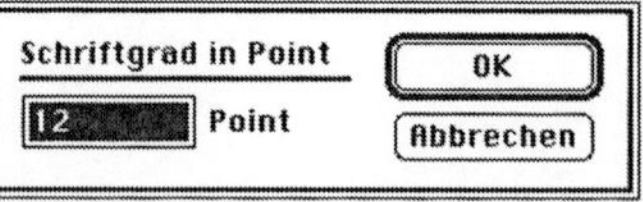

Das Dialogfeld ***Schriftgrad in Point***

Textmodus: Der Befehl arbeitet im Textmodus genauso wie im Layoutmodus. Unterschiedliche Schriftgrößen sind aber im Textmodus nicht sichtbar.

Zeilenabstand

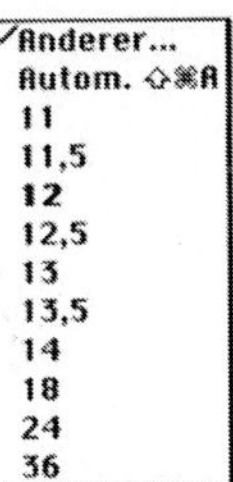

Auswahlmenü für Zeilenabstände

Funktion: Ein Auswahlmenü mit unterschiedlichen Zeilenabständen erscheint, um einen Abstandswert für die aktuelle oder eine spätere Textformatierung auszuwählen.

Anwendung: Mit dem Befehl *Zeilenabstand* kann die Auswahl eines Zeilenabstandes aus einem Auswahlmenü vorgegebener Zeilenabstände vorgenommen werden. Dieser Befehl bietet gegenüber dem Befehl *Schriftfestlegung* den Vorteil einer schnelleren Auswahl, wenn der Zeilenabstand das einzige Schriftkriterium ist, das neu eingestellt wird. Darüber hinaus ist dieser Befehl gut geeignet, um den Zeilenabstand einer markierten Textstelle zu kontrollieren, da im Auswahlmenü für den Zeilenabstand der momentan ausgewählte mit einem Häkchen gekennzeichnet ist.

PageMaker bietet drei unterschiedliche Definitionen des Zeilenabstands an: *Relativ, Oberlänge* oder *Grundlinie.* In welcher Form der Zeilenabstand gemessen wird, wird im Unterdialogfeld *Abstände* des Dialogfeldes *Absatzformat* festgelegt.

Die Auswahl **Autom.** im Menü legt einen Zeilenabstand von 120% der eingestellten Schriftgröße fest. So ergibt sich beispielsweise bei einer 10 Point großen Schrift ein automatischer Zeilenabstand von 12 Point. Der Standardwert für den Zeilenabstand von 120% der eingestellten Schriftgröße kann im Dialogfeld *Absatzformat* auch geändert werden, so daß die Auswahl von *Autom.* einen anderen Zeilenabstand wählt.

Zum Einstellen anderer Zeilenabstände als die im Menü vorgegebenen, dient die Zeile *Anderer....* Nach Auswahl dieser Einstellung erscheint ein Dialogfeld, in dem der Zeilenabstand als numerische Angabe erfolgen kann.

Das Dialogfeld *Zeilenabstand*

Im Dialogfeld *Zeilenabstand* kann ein Wert für den Zeilenabstand angegeben werden. Der Wert, der direkt in das Eingabefeld eingetippt wird, darf zwischen 0 und 1300 Point bei einer Nachkommastelle liegen.

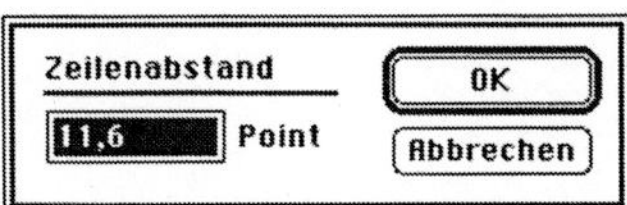

Das Dialogfeld ***Zeilenabstand***

Textmodus: Der Befehl arbeitet im Textmodus genauso wie im Layoutmodus. Unterschiedliche Zeilenabstände sind aber im Textmodus nicht sichtbar.

Buchstabenbreite

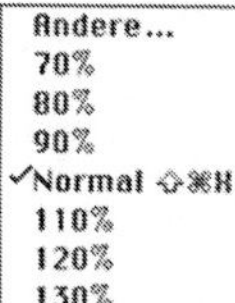

Auswahlmenü für Buchstabenbreiten

Funktion: Ein Auswahlmenü mit unterschiedlichen Buchstabenbreiten erscheint, um eine Zeichenbreite für die aktuelle oder eine spätere Textformatierung auszuwählen.

Anwendung: Der Befehl *Buchstabenbreite* dient der Auswahl einer Zeichenbreite aus einem Auswahlmenü vorgegebener Zeichenbreiten. Dieser Befehl bietet gegenüber dem Befehl *Schriftfestlegung* den Vorteil einer schnelleren Auswahl, wenn die Zeichenbreite das einzige Schriftkriterium ist, das neu eingestellt wird. Darüber hinaus ist dieser Befehl gut geeignet, um die Zeichenbreite einer markierten Textstelle zu kontrollieren, da im Auswahlmenü für die Buchstabenbreite der momentan ausgewählte mit einem Häkchen gekennzeichnet ist.

Zum Einstellen anderer Buchstabenbreiten als die im Menü vorgegebenen, dient die Zeile *Andere....* Nach Auswahl dieser Einstellung erscheint ein Dialogfeld, in dem die Zeichenbreite als numerische Angabe erfolgen kann.

Das Dialogfeld *Buchstabenbreite*

Im Dialogfeld *Buchstabenbreite* kann ein Wert für die Zeichenbreite angegeben werden. Der Wert, der direkt in das Eingabefeld eingetippt wird, darf zwischen 5 und 250 Prozent bei einer Nachkommastelle liegen.

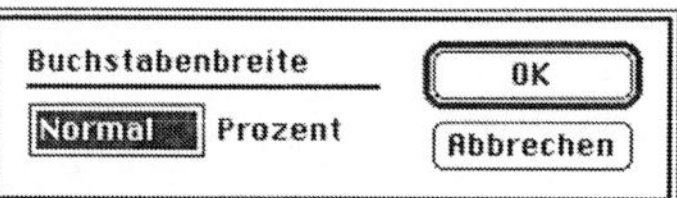

Das Dialogfeld ***Buchstabenbreite***

Textmodus: Der Befehl arbeitet im Textmodus genauso wie im Layoutmodus. Im Textfenster werden jedoch alle Buchstaben mit gleicher Buchstabenbreite angezeigt.

Laufweite

Keine ⇧⌘Q
Sehr weit
Weit
✓Normal
Schmal
Sehr schmal

Auswahlmenü für Laufweiten

Funktion: Ein Auswahlmenü mit unterschiedlichen Laufweiten erscheint, um die Laufweite für die aktuelle oder eine spätere Textformatierung festzulegen.
Anwendung: Mit dem Befehl *Laufweite* kann aus einem Auswahlmenü vorgegebener Laufweiteneinstellungen die Laufweite eingestellt werden. Dieser Befehl bietet gegenüber dem Befehl *Schriftfestlegung* den Vorteil einer schnelleren Auswahl, wenn die Laufweite das einzige Schriftkriterium ist, das neu eingestellt wird. Darüber hinaus ist dieser Befehl gut geeignet, um die Laufweite einer markierten Textstelle zu kontrollieren, da im Auswahlmenü für die Laufweite die momentan ausgewählte mit einem Häkchen gekennzeichnet ist.

Textmodus: Der Befehl arbeitet im Textmodus genauso wie im Layoutmodus. Unterschiedliche Laufweiten sind aber im Textmodus nicht sichtbar.

Schriftschnitt

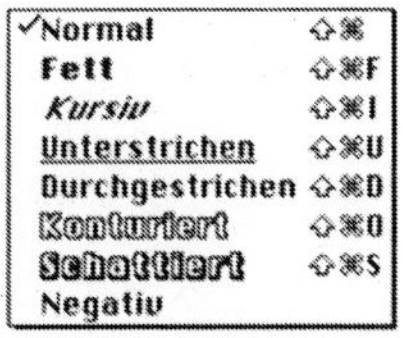

✓Normal ⇧⌘
Fett ⇧⌘F
Kursiv ⇧⌘I
Unterstrichen ⇧⌘U
Durchgestrichen ⇧⌘D
Konturiert ⇧⌘O
Schattiert ⇧⌘S
Negativ

Auswahlmenü für Schriftschnitte

Funktion: Ein Auswahlmenü mit unterschiedlichen Schriftschnitten erscheint, um einen Schriftschnitt für die aktuelle oder eine spätere Textformatierung auszuwählen.
Anwendung: Der Befehl *Schriftschnitt* dient der Auswahl eines von acht unterschiedlichen Schriftschnitten aus einem Auswahlmenü vorgegebener Schriftschnitte. Dieser Befehl bietet gegenüber dem Befehl *Schriftfestlegung* den Vorteil einer schnelleren Auswahl, wenn der Schriftschnitt das einzige Schriftkriterium ist, das neu eingestellt wird. Darüber hinaus ist dieser Befehl gut geeignet, um den Schriftschnitt einer markierten Textstelle zu kontrollieren, da im Auswahlmenü für den Schriftschnitt der momentan ausgewählte Schnitt mit einem Häkchen gekennzeichnet ist.

Achtung: Die Schriftschnittbezeichnungen von PageMaker sind nicht auf die für PostScript-Fonts üblichen Bezeichnungen abgestimmt. Daher sollte bei neu installierten PostScript-Schriften ausprobiert werden, durch welche Kombination aus Schriftart und Schriftschnitt welcher Schnitt tatsächlich ausgewählt wird.

Textmodus: Der Befehl arbeitet im Textmodus genauso wie im Layoutmodus. Die Schriftschnitte *Fett, Kursiv, Unterstrichen, Durchgestrichen, Konturiert* und *Schattiert* werden auch im Textmodus angezeigt. Schriftzeichen mit dem Schriftschnitt *Negativ* werden nicht negativ dargestellt..

Schriftfestlegung... ⌘ T

Funktion: Alle Parameter zur Schrifteinstellung lassen sich innerhalb eines Dialogfeldes vornehmen.
Anwendung: Das nach Aufruf des Befehls *Schriftfestlegung* erscheinende Dialogfeld beinhaltet alle Einstellungsmöglichkeiten der ersten sechs Befehle im Menü *Schrift* und bietet darüber hinaus noch weitere Schriftoptionen. Daher eignet es sich in besonderem Maße zum Vorgeben mehrerer Schriftfestlegungen auf einmal, ohne daß dazu mehrere Befehle nacheinander aufgerufen werden müßten. Der Befehl kann dazu benutzt werden, eine zukünftige Verwendung einer bestimmten Schrift zu definieren, oder aber, wenn ein Textbereich markiert ist, die Schrift im markierten Bereich zu ändern.

Das Dialogfeld *Schriftfestlegung*

Im Dialogfeld *Schriftfestlegung* sind alle wesentlichen typographischen Einstellungen erreichbar.

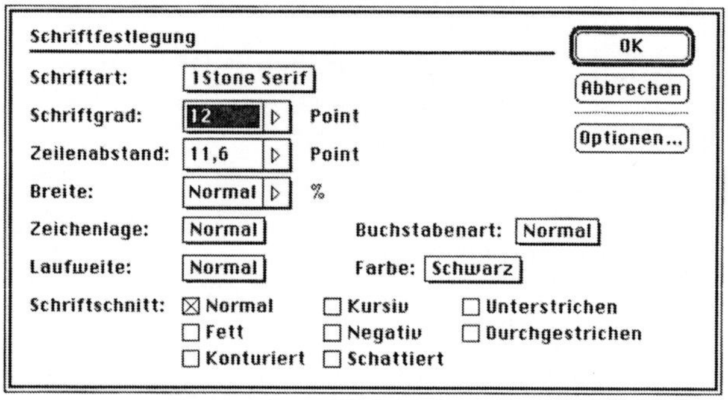

Schriftfestlegung
OK
Abbrechen
Optionen...
Schriftart: I Stone Serif
Schriftgrad: 12 Point
Zeilenabstand: 11,6 Point
Breite: Normal %
Zeichenlage: Normal
Buchstabenart: Normal
Laufweite: Normal
Farbe: Schwarz
Schriftschnitt: ☒ Normal ☐ Kursiv ☐ Unterstrichen ☐ Fett ☐ Negativ ☐ Durchgestrichen ☐ Konturiert ☐ Schattiert

Das Dialogfeld ***Schriftfestlegung***

Schriftart: zeigt die aktuelle Schriftart an bzw. ermöglicht die Auswahl einer anderen Schriftart aus der Schriftartenliste, die nach Anklicken des Feldes erscheint. Die angezeigte Schriftenliste hängt wie beim Befehl *Schriftart* von den auf dem System installierten Schriften ab.
Schriftgrad: zeigt die aktuelle Schriftgröße in Point an bzw. ermöglicht das Ändern der Schriftgröße im Bereich von 6 bis 72 Point durch Auswahl aus der Liste. Darüber hinausgehende Schriftgrößen müssen direkt in das Feld eingegeben werden. Die Werte dürfen zwischen 4 und 650 Point bei einer Nachkommastelle liegen.
Zeilenabstand: bestimmt den Zeilenabstand. Neben der Einstellung *Autom.* (entspricht 120% der Schriftgröße, wenn im Dialogfeld *Absatzformat* keine andere Einstellung vorgenommen worden ist) sind auch andere Vorgabewerte aus einer Liste auswählbar. Darüber hinaus kann auch ein Zeilenabstand zwischen 0 und 1300 Point direkt in das Feld eingetragen werden, wobei auch eine Nachkommastelle zulässig ist.

Breite: bestimmt die Zeichenbreite zwischen **Normal** und den vorgegebenen Prozentwerten **70, 80, 90, 110, 120** und **130.** Darüber hinausgehende Werte lassen sich direkt in das Feld eingeben, wobei sie zwischen 5 und 250% bei einer Nachkommastelle liegen dürfen.
Zeichenlage: ermöglicht neben der normalen Zeichenlage auch die Auswahl von Hochgestellt oder Tiefgestellt. Im Dialogfeld *Schriftoptionen* kann die Wirkung von hoch- und tiefgestellter Schrift noch näher bestimmt werden.
Buchstabenart: ermöglicht neben der normalen Buchstabenart die Auswahl von **Großbuchstaben** oder **Kapitälchen.** Im Dialogfeld *Schriftoptionen* kann die genaue Größe der Kapitälchen bestimmt werden. Die Einstellung *Kapitälchen* wählt nicht einen als eigenständigen Font vorhandenen Kapitälchenschnitt aus, sondern einen mathematisch berechneten, der für alle installierten Schriften zur Verfügung steht.
Laufweite: bestimmt den Zeichenabstand in Relation zur eingestellten Schriftgröße. Die Laufweiten **Keine, Sehr weit, Weit, Normal, Schmal** und **Sehr schmal** stehen dabei zur Auswahl. Eine darüber hinausgehende Zeichenabstandsvorgabe ist im Dialogfeld *Abstände* des Befehls *Absatz...* möglich.
Farbe: ermöglicht neben der Standardfarbe **Schwarz** die Auswahl von anderen Textfarben aus einer Farbliste. Die Liste kann mit dem Befehl *Farben definieren...* aus dem Menü *Einstellung* bearbeitet werden.
Schriftschnitt: ermöglicht die Auswahl eines oder mehrerer Schriftschnitte. Die Schnitte **Normal, Fett, Kursiv, Unterstrichen, Negativ, Durchgestrichen, Konturiert** oder **Schattiert** sind auch untereinander kombinierbar.
Optionen: verzweigt zum Dialogfeld *Schriftoptionen.*

Das Dialogfeld *Schriftoptionen*
Im Dialogfeld *Schriftoptionen* läßt sich die Wirkung der Zeichenlagen (hoch- und tiefgestellt) und Buchstabenarten (Kapitälchengröße) näher bestimmen.

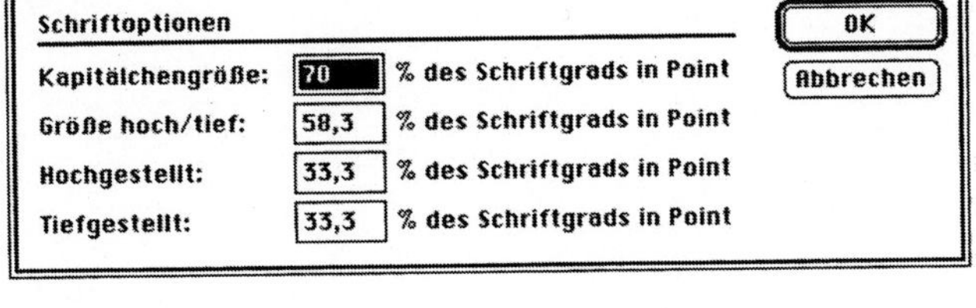

Schriftoptionen

Kapitälchengröße:	70	% des Schriftgrads in Point	OK
Größe hoch/tief:	58,3	% des Schriftgrads in Point	Abbrechen
Hochgestellt:	33,3	% des Schriftgrads in Point	
Tiefgestellt:	33,3	% des Schriftgrads in Point	

Das Dialogfeld ***Schriftoptionen***

Kapitälchengröße: legt die Größe der Kapitälchen in % des Schriftgrades fest. Die Werte dürfen im Bereich von 1 bis 200% bei einer Nachkommastelle liegen. Diese Einstellung wirkt sich nicht auf echte Kapitälchenschnitte aus.

Größe Hoch/Tief: legt die Größe hoch- bzw. tiefgestellter Zeichen in % des Schriftgrades fest. Die Werte dürfen im Bereich von 0 bis 500% bei einer Nachkommastelle liegen.
Hochgestellt: bestimmt die Position hochgestellter Schrift relativ zur Grundlinie in % des Schriftgrades. Die Werte dürfen im Bereich von 1 bis 200% bei einer Nachkommastelle liegen.
Tiefgestellt: bestimmt die Position tiefgestellter Schrift relativ zur Grundlinie in % des Schriftgrades. Die Werte dürfen im Bereich von 1 bis 200% bei einer Nachkommastelle liegen.

Textmodus: Der Befehl arbeitet im Textmodus genauso wie im Layoutmodus. Bis auf die Schriftschnitte sind aber alle Schriftformatierungen im Textmodus nicht sichtbar.

Absatz... ⌘ M

Funktion: Alle Einstellungen zum Absatzformat lassen sich festlegen.
Anwendung: Nach Aufruf dieses Befehls erscheint ein Dialogfeld, in dem alle Absatzformatierungen von PageMaker vorgenommen werden können. Diese Einstellungen am Absatzformat wirken sich auf den aktuellen Absatz aus, wenn die Schreibmarke gesetzt ist bzw. wenn eine Textpassage markiert ist. Wenn beim Befehlsaufruf kein Text markiert ist, sind die Einstellungen für spätere Texteingaben relevant.

Das Dialogfeld *Absatzformat*

Das Dialogfeld *Absatzformat* faßt eine Vielzahl von Einstellungsmöglichkeiten zum Formatieren von Absätzen zusammen.

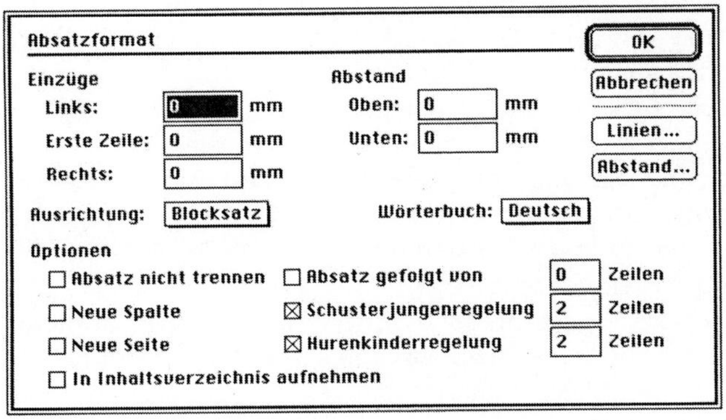

Absatzformat
OK
Abbrechen
Linien...
Abstand...
Einzüge
Links: 0 mm
Erste Zeile: 0 mm
Rechts: 0 mm
Abstand
Oben: 0 mm
Unten: 0 mm
Ausrichtung: Blocksatz
Wörterbuch: Deutsch
Optionen
Absatz nicht trennen
Absatz gefolgt von 0 Zeilen
Neue Spalte
Schusterjungenregelung 2 Zeilen
Neue Seite
Hurenkinderregelung 2 Zeilen
In Inhaltsverzeichnis aufnehmen

Das Dialogfeld ***Absatzformat***

Einzüge: Links: definiert einen linken Einzug in mm vom linken Zeilenrand. Diese Einstellung wirkt sich auch im Dialogfeld *Einzüge/Tabs* aus.
Erste Zeile: definiert einen linken Erstzeileneinzug in mm vom linken Zeilenrand. Diese Einstellung wirkt sich auch im Dialogfeld *Einzüge/Tabs* aus.
Rechts: definiert einen rechten Einzug in mm vom rechten Zeilenrand. Diese Einstellung wirkt sich auch im Dialogfeld *Einzüge/Tabs* aus.
Abstand: Oben: legt einen oberen Absatzabstand in mm fest. Dieser Abstand wirkt sich nur bei einem darüberstehenden Absatz aus, nicht aber am Anfang einer Textspalte.
Unten: legt einen unteren Absatzabstand in mm fest. (Wenn Absatzabstände über diesen Parameter definiert werden, dürfen die Absätze nicht durch Leerzeilen voneinander getrennt sein. Es wird lediglich ein Absatzzeichen am Ende eines jeden Absatzes benötigt.)
Ausrichtung: bestimmt eine von fünf unterschiedlichen Zeilenausrichtungen aus einer Liste. Es stehen **Linksbündig, Zentriert, Rechtsbündig, Blocksatz** und **Erzwungener Blocksatz** zur Auswahl.

Wörterbuch: wählt das Wörterbuch, das für Silbentrennung und Rechtschreibkontrolle herangezogen werden soll. In der Liste werden die installierten Wörterbücher angezeigt. Mit **Kein** wird dem markierten Absatz kein Wörterbuch zugewiesen, so daß in ihm keine automatische Silbentrennung und Rechtschreibprüfung vorgenommen werden können.

Optionen: Absatz nicht trennen: legt fest, daß ein Absatz nicht durch einen Spalten- oder Seitenumbruch gespalten wird. Diese Option wirkt sich auch bei der Konturenführung von Text um Grafiken aus.

Neue Spalte: legt fest, daß ein Absatz in einer neuen Spalte beginnen soll.

Neue Seite: legt fest, daß ein Absatz auf einer neuen Seite beginnen soll.

In Inhaltsverzeichnis aufnehmen: bewirkt, daß ein Absatz in das Inhaltsverzeichnis aufgenommen wird, wie es beispielsweise für Überschriften sinnvoll sein kann. Diese Option ist Voraussetzung für das automatische Generieren von Inhaltsverzeichnissen. Jede Überschrift, die im Inhaltsverzeichnis erscheinen soll, muß mit einem Druckformat versehen sein, bei dem diese Option aktiviert worden ist.

Absatz gefolgt von: legt eine besondere Absatzoption fest, bei der ein Absatz immer an eine bestimmte Anzahl von Zeilen des folgenden Absatzes gebunden bleibt. Die Anzahl der folgenden Zeilen kann im Eingabefeld eingegeben werden.

Schusterjungenregelung: verhindert das Auftreten von sogenannten Schusterjungen am Ende einer Spalte bzw. Seite. Der Wert im Eingabefeld bestimmt die Anzahl der allein stehenden Zeilen, die als Schusterjunge erkannt werden.

Hurenkinderregelung: verhindert das Auftreten von sogenannten Hurenkindern am Anfang einer Spalte bzw. Seite. Der Wert im Eingabefeld bestimmt die Anzahl der allein stehenden Zeilen, die als Hurenkind erkannt werden.

Linien: verzweigt zum Dialogfeld *Absatzlinien.*

Abstand: verzweigt zum Dialogfeld *Abstände.*

Das Dialogfeld *Absatzlinien*

Im Dialogfeld *Absatzlinien* läßt sich von der Möglichkeit Gebrauch machen, ober- und unterhalb von Absätzen Linien zu erzeugen, wie das beispielsweise bei Tabellen sinnvoll sein kann. Das Dialogfeld ist in zwei Bereiche unterteilt, die die Einstellungen für Linien oberhalb und unterhalb eines Absatzes voneinander trennen.

Linie über Absatz: aktiviert das Erzeugen von Linien oberhalb eines Absatzes unter Berücksichtigung der darunter folgenden Einstellungen.

Linienformat: wählt wie das Menü *Linie* eine Linienstärke und ein Linienmuster für eine Absatzlinie aus.

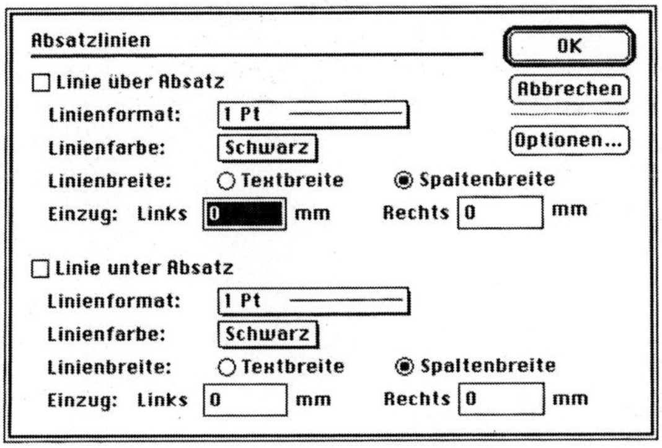

Absatzlinien

☐ Linie über Absatz

Linienformat: 1 Pt

Linienfarbe: Schwarz

Linienbreite: ○ Textbreite ◉ Spaltenbreite

Einzug: Links 0 mm Rechts 0 mm

☐ Linie unter Absatz

Linienformat: 1 Pt

Linienfarbe: Schwarz

Linienbreite: ○ Textbreite ◉ Spaltenbreite

Einzug: Links 0 mm Rechts 0 mm

OK

Abbrechen

Optionen...

Das Dialogfeld ***Absatzlinien***

Linienfarbe: ermöglicht neben der Standardfarbe **Schwarz** die Auswahl von anderen Linienfarben aus einer Farbliste. Die Liste kann mit dem Befehl *Farben definieren...* aus dem Menü *Einstellung* bearbeitet werden.
Linienbreite: wählt eine von zwei alternativen Einstellungen für die Breite der Linie in bezug auf den Absatz. Mit **Textbreite** wird eine Linienbreite festgelegt, die über die gesamte Breite des Textes der ersten Zeile unter Berücksichtigung von Absatzeinzügen und Zeilenumbruch reicht. Mit der Auswahl **Spaltenbreite** erstreckt sich die Absatzlinie über die gesamte Breite der Textspalte.
Einzug Links: zieht das linke Absatzlinienende um den angegebenen Wert in mm ein. Diese Einstellung wirkt sich sowohl bei über die Textbreite als auch bei über die Spaltenbreite reichenden Absatzlinien aus.
Rechts: zieht das rechte Absatzlinienende um den angegebenen Wert in mm ein.
Linie unter Absatz: aktiviert das Erzeugen von Linien unterhalb eines Absatzes unter Berücksichtigung der darunter folgenden Einstellungen. Alle Optionen für die Einstellung der Absatzlinien unterhalb eines Absatzes entsprechen in Anwendung und Wirkung den bereits beschriebenen Optionen für Linien am Anfang eines Absatzes.
Optionen: verzweigt zum Dialogfeld *Absatzlinienoptionen*

Das Dialogfeld *Absatzlinienoptionen*

Im Dialogfeld *Absatzlinienoptionen* wird der Abstand der Absatzlinien von der Grundlinie der ersten Zeile (bei Absatzlinien oberhalb eines Absatzes) bzw. der letzten Zeile (bei Absatzlinien unterhalb eines Absatzes) festgelegt. Außerdem läßt sich eine Absatzformatierung aktivieren, die automatisch für die Registerhaltigkeit von Textzeilen innerhalb eines Absatzes sorgt. (Man spricht von registerhaltig, wenn die Grundlinien von Textzeilen zweier nebeneinander angeordneter Textspalten aneinander so ausgerichtet sind, daß die Zeilen jeweils auf einer Höhe sind.)

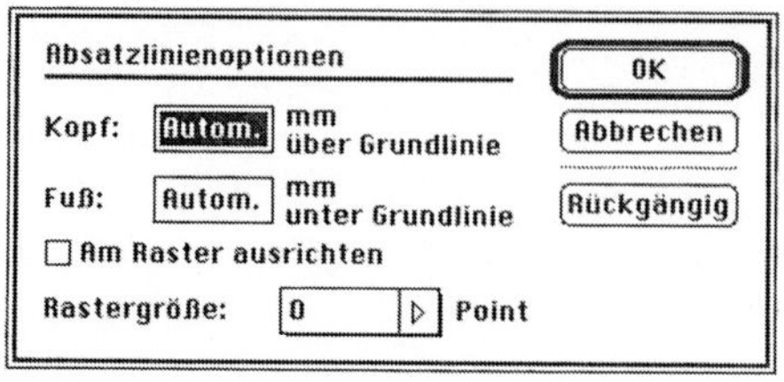

Absatzlinienoptionen
Kopf: Autom. mm über Grundlinie
Fuß: Autom. mm unter Grundlinie
Am Raster ausrichten
Rastergröße: 0 Point
OK
Abbrechen
Rückgängig

Das Dialogfeld ***Absatzlinienoptionen***

Kopf: legt den Abstand einer Absatzlinie am Kopf eines Absatzes von der Grundlinie der ersten Zeile in mm fest.
Fuß: legt den Abstand einer Absatzlinie am Fuß eines Absatzes von der Grundlinie der letzten Zeile in mm fest.
Am Raster ausrichten: aktiviert die automatische Registerhaltigkeit für nebeneinanderliegende Textspalten. Um die Zeilen tatsächlich registerhaltig auszurichten, muß unter *Rastergröße* noch der Zeilenabstand des Fließtextes angegeben werden.
Rastergröße: gibt ein horizontales Raster in Point vor, an dem alle Grundlinien eines Absatzes ausgerichtet werden. Die Rastergröße sollte dem Zeilenabstand im Absatz entsprechen.
Rückgängig: stellt im Dialogfeld wieder die Standardvorgaben ein, wenn daran Änderungen vorgenommen worden sind.

Das Dialogfeld *Abstände*

Das Dialogfeld *Abstände* erscheint nach Anklicken des Feldes *Abstand* im Dialogfeld *Absatzformat.* Es ermöglicht Einstellungen, die den Zeichen-, den Wort- und den Zeilenabstand im Absatz festlegen.

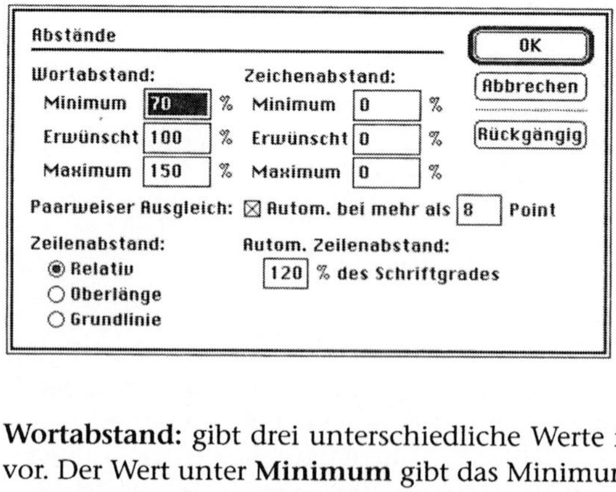

Abstände
Wortabstand: Minimum 70 % Erwünscht 100 % Maximum 150 %
Zeichenabstand: Minimum 0 % Erwünscht 0 % Maximum 0 %
Paarweiser Ausgleich: Autom. bei mehr als 8 Point
Zeilenabstand: Relativ, Oberlänge, Grundlinie
Autom. Zeilenabstand: 120 % des Schriftgrades
OK
Abbrechen
Rückgängig

Das Dialogfeld ***Abstände***

Wortabstand: gibt drei unterschiedliche Werte für den Wortabstand vor. Der Wert unter **Minimum** gibt das Minimum des Wortabstandes in Prozent vom normalen Wert an. Dieser Wert ist für in Blocksatz ausgerichtete Absätze relevant. Der Wert unter **Erwünscht** gibt den Standardwert vor und sollte auf 100% eingestellt sein. Das Maximum bestimmt den maximalen Wortabstand für den Blocksatz in Prozent vom Standardabstand. Die Werte dürfen zwischen 0% und 500% liegen, der Minimum-Wert sollte kleiner als der Maximum-Wert sein.

Zeichenabstand: gibt drei unterschiedliche Werte für den Zeichenabstand vor. Der Wert unter **Minimum** gibt das Minimum des Zeichenabstandes in Prozent vom normalen Wert an. Dieser Wert ist für in Blocksatz ausgeglichene Absätze relevant. Der Wert unter **Erwünscht** gibt den Standardwert vor und sollte auf 0% eingestellt sein, wenn eine normale Laufweite erwünscht ist. Das Maximum bestimmt den maximalen Zeichenabstand für den Blocksatz in Prozent vom Standardabstand. Die Werte dürfen zwischen -200% und 200% liegen, der Minimum-Wert sollte kleiner als der Maximum-Wert sein.
Paarweiser Ausgleich: aktiviert die automatische Unterschneiden-Funktion von PageMaker. Dabei kann angegeben werden, ab welcher Schriftgröße der Zeichenausgleich nach Kerningtabelle angewendet werden soll. (Der Ausgleich kann nur erfolgen, wenn zur verwendeten Schriftart auch Kerningtabellen gehören, wie dies beispielsweise bei allen TrueType- und Type1-Schriften der Fall ist.)
Zeilenabstand: macht drei unterschiedliche Verfahren zur Angabe des Zeilenabstandes auswählbar. Mit **Proportional** wird der proportionale Zeilenabstand gewählt, bei dem die Grundlinie der Zeile im unteren Drittel des Zeilensatzes angesiedelt ist. Bei **Oberlänge** wird der Zeilenabstand vom oberen Rand des Zeichens mit der größten Oberlänge aus gemessen, und bei **Grundlinie** wird der untere Rand des Zeilensatzes auf die Grundlinie gesetzt.
Autom. Zeilenabstand: bestimmt den Wert für den automatischen Zeilenabstand. Dieser Wert wird für die Auswahl von *Autom.* aus dem Untermenü des Befehls *Zeilenabstand* zugrunde gelegt.
Rückgängig: stellt im Dialogfeld wieder die Standardvorgaben ein, wenn daran Änderungen vorgenommen worden sind.

Textmodus: Der Befehl arbeitet im Textmodus genauso wie im Layoutmodus. Unterschiedliche Absatzformatierungen sind aber im Textmodus nicht sichtbar. Absatzabstände und Einzüge werden nur in einer ganz ungenauen Form wiedergegeben.

Einzüge/Tabs... ⌘ E

Funktion: Ein Dialogfeld zum Einstellen von Einzügen und Tabulatoren erscheint auf dem Bildschirm.

Anwendung: Das Dialogfeld *Einzüge/Tabs,* das nach der Auswahl des gleichnamigen Befehls erscheint, ist ein interaktives Werkzeug zum Einstellen von Einzügen und Tabulatoren.

Je nach dem Arbeitsstatus des Programms beim Aufruf dieses Befehls wirken sich die Einstellungen im zugehörigen Dialogfeld unterschiedlich aus. Wenn die Zeigefunktion aktiv ist, wirken sich die Änderungen auf den sogenannten Standardabsatz aus, der jedem im Anschluß daran neu erzeugten Textblock zugrunde gelegt wird. Wenn die Textfunktion aktiv ist und die Einfügemarke im Textblock positioniert ist, wirken sich die Einstellungen auf den Absatz aus, der die Einfügemarke enthält. Bei markiertem Text wirken sich die Änderungen auf alle Absätze im markierten Bereich aus. Und schließlich kann der Befehl auch aufgerufen werden, wenn noch kein Dokument in Bearbeitung ist. Die vorgenommenen Einstellungen ersetzen dann die Standardeinstellungen für alle daran anschließenden Arbeitssitzungen.

Das Dialogfeld *Einzüge/Tabs*

Erstzeileneinzug

linker Einzug

rechter Einzug

Der obere Bereich des Dialogfeldes dient der Auswahl der Einstellungsmöglichkeiten. Der untere Bereich enthält ein Lineal mit einer darüber angeordneten Leiste. Diese Leiste beinhaltet Symbole für Erstzeileneinzug (oberes Dreieck), für linken Einzug (unteres Dreieck), rechten Einzug (Dreieck nach links), für die Stege (gestrichelte Linien) und die Tabulatorsymbole. Zum Setzen eines Tabulators wird nach Auswahl des Typs an die entsprechende Position auf dem Lineal geklickt. Die Einzugssymbole lassen sich ebenso wie die Tabulatoren nach Anklikken bei gedrückt gehaltener Maustaste an eine gewünschte Position verschieben. Für hängende Einzüge kann das Symbol für den linken Einzug bei gedrückter Umschalttaste unabhängig vom Symbol für den Erstzeileneinzug verschoben werden. Welche Position auf dem Lineal dabei erreicht wird, kann einerseits direkt am Lineal abgelesen werden. Noch genauer ist aber die Ablesemöglichkeit im Feld *Position,* in dem die jeweils aktuelle Position angezeigt wird. Der im Dialogfeld *Einzüge/Tabs* angezeigte Ausschnitt des Lineals läßt sich mit den links und rechts angeordneten Pfeilen verschieben.

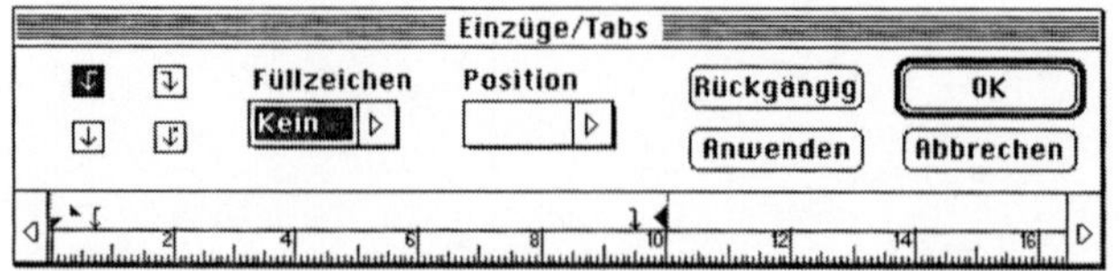

Das Dialogfeld
Einzüge/Tabs

Links ausgerichteter Tabulator: wählt den Typ Links-Tabulator für die im Anschluß daran erzeugten Tabulatoren aus.

Rechts ausgerichteter Tabulator: wählt den Typ Rechts-Tabulator für die im Anschluß daran erzeugten Tabulatoren aus.

Zentrierter Tabulator: wählt den Typ zentrierter Tabulator für die im Anschluß daran erzeugten Tabulatoren aus.

Dezimaltabulator: wählt den Typ Dezimal-Tabulator für die im Anschluß daran erzeugten Tabulatoren aus.

Füllzeichen: wählt nach Klicken auf den Pfeil eines von drei unterschiedlichen Füllzeichen für den in der Linealleiste markierten Tabulator aus, die zwischen mit Tabulatoren ausgerichteten Tabellenspalten erscheinen. Die Auswahl von **Keine** unterdrückt das Einfügen von Füllzeichen. Nach Auswahl von **Vorgabe** können im Eingabefeld zwei beliebige Füllzeichen angegeben werden.

Position: zeigt die aktuelle Position des ausgewählten Symbols und ermöglicht die numerische Eingabe einer Position für den zuvor ausgewählten Tabulatortyp. Klicken auf den Pfeil wählt eine von vier Tabulatorfunktionen für die eingegebene Position.

Tab einfügen: fügt einen Tabulator an der im nebenstehenden Eingabefeld angegebenen Position ein. Der Typ wird bestimmt durch die Auswahl eines der Tabulatorsymbole.

Tab löschen: löscht den markierten Tabulator, bzw. den Tabulator an der im Eingabefeld angegebenen Position.

Tab verschieben: verschiebt den in der Linealleiste markierten Tabulator an die im Eingabefeld angegebene Position.

Tab wiederholen: Erzeugt automatisch eine Reihe gleich weit voneinander entfernter Tabulatoren, deren Abstand vom Abstand des markierten Tabulators zum Linealnullpunkt bestimmt wird.

Rückgängig: setzt alle vorgenommenen Einstellungen auf die Standardvorgaben zurück, wodurch alle gesetzten Tabulatoren gelöscht werden.

Anwenden: wendet die vorgenommenen Einstellungen auf den markierten Absatz an, ohne das Dialogfeld zu schließen, so daß die Auswirkung direkt überprüft und gegebenenfalls geändert werden kann.

Textmodus: Der Befehl steht im Textmodus nicht zur Verfügung.

Silbentrennung... ⌘ H

Funktion: Die automatische Silbentrennfunktion von PageMaker kann absatzorientiert aktiviert oder ganz ausgeschaltet werden.
Anwendung: PageMaker unterscheidet drei unterschiedliche Silbentrennmodi. In einem rein manuellen Modus trennt das Programm nur bei manuell vorgegebenen Trennstrichen oder bei Bindestrichen. Der Modus *manuell plus Wörterbuch* akzeptiert ebenfalls manuell vorgegebene Trennstellen, aber zusätzlich Trennstellen, die in einem externen Wörterbuch vorgegeben sind. Wörter, die nicht im Wörterbuch mit einer Trennstelle vorhanden sind, können vom Programm nicht getrennt werden. Der dritte Modus nutzt ein algorithmisches Verfahren zur Ermittlung von Trennstellen.

Der Trennmodus und weitere Einstellungen lassen sich im Dialogfeld *Silbentrennung* vornehmen, das nach Befehlsaufruf erscheint. Die vorgenommenen Einstellungen wirken sich in allen markierten Absätzen aus, bzw. im Absatz mit der Einfügemarke. Wenn der Befehl bei aktiver Zeigefunktion aufgerufen wird, wirken sich die Einstellungen auf alle neu erzeugten oder importierten Texte aus.

Eine zweite Anwendungsmöglichkeit des Befehls *Silbentrennung* ist die Ergänzung des Wörterbuchs, das für einen der drei Trennmodi von Bedeutung ist. Das beim Aufruf des Befehls markierte Wort kann dann dem Wörterbuch hinzugefügt werden.

Das Dialogfeld *Silbentrennung*

Das Dialogfeld *Silbentrennung* erscheint nach Auswahl des gleichnamigen Befehls und dient zum Einstellen der Trennoptionen.

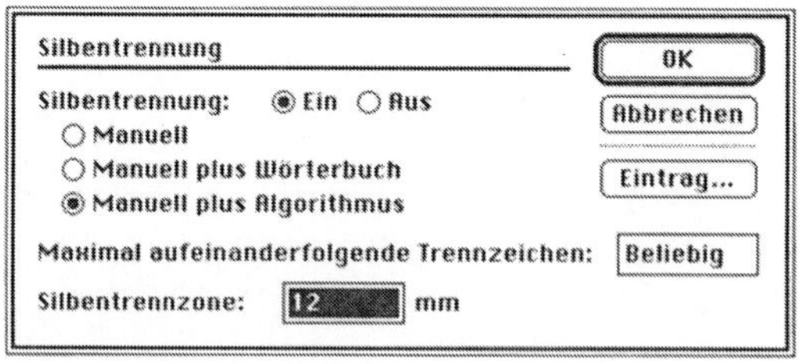

Das Dialogfeld ***Silbentrennung***

Silbentrennung: schaltet die Trennfunktion mit **Ein** ein oder mit **Aus** aus.
Manuell: aktiviert den manuellen Modus für die Silbentrennung, bei dem nur manuell vorgegebene Trennstellen berücksichtigt werden.
Manuell plus Wörterbuch: aktiviert einen Trennmodus, der neben den manuell vorgegebenen Trennstellen auch Trennstellen von Wörtern im Text berücksichtigt, die in einem externen Wörterbuch vorgegeben sind.
Manuell plus Algorithmus: aktiviert einen Trennmodus, der neben den manuell vorgegebenen Trennstellen auch algorithmisch aufgefundene Trennstellen berücksichtigt.

Maximal aufeinanderfolgende Trennzeichen: begrenzt die Anzahl aufeinanderfolgender Trennstellen auf den im Eingabefeld angegebenen Wert. Auf diese Weise lassen sich unschöne Zeilenumbrüche mit mehr als drei aufeinanderfolgenden Trennstellen ausschließen.
Silbentrennzone: bestimmt eine Zone in Millimeter, die maximal als Freiraum am Zeilenende auftreten darf. PageMaker richtet sich dann beim Zeilenumbruch so ein, daß die Zone am Zeilenende unterhalb des angegebenen Wertes bleibt.
Eintrag: verzweigt zum Dialogfeld *In Benutzerwörterbuch aufnehmen*, um das beim Befehlsaufruf markierte Wort in das Silbentrennwörterbuch aufzunehmen.

Das Dialogfeld *In Benutzerwörterbuch aufnehmen*

Das Dialogfeld *In Benutzerwörterbuch aufnehmen* erscheint nach Anklikken des Feldes *Eintrag* im Dialogfeld *Silbentrennung*.

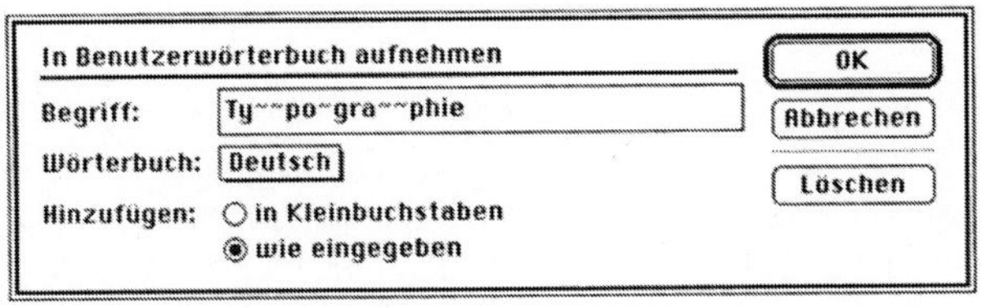

In Benutzerwörterbuch aufnehmen
Begriff: Ty~~po~gra~~phie
Wörterbuch: Deutsch
Hinzufügen: ○ in Kleinbuchstaben
◉ wie eingegeben
OK
Abbrechen
Löschen

Das Dialogfeld ***In Benutzerwörterbuch aufnehmen***

Begriff: zeigt das beim Aufruf des Befehls *Silbentrennung* markierte Wort an und ermöglicht das Vorgeben von möglichen Trennstellen im Wort. Eine Trennstelle wird durch Eingabe einer Tilde (~, Eingabe durch die Tastenkombination <Wahl><N>) an der gewünschten Position angegeben. Durch die Eingabe von zwei bzw. drei Tilden lassen sich Trennstellen vorgeben, die noch akzeptabel bzw. eher eine Notlösung darstellen. Das Eingabefeld unterstützt auch die Eingabe neuer Wörter, um beispielsweise nacheinander mehrere Wörter neu ins Wörterbuch aufzunehmen. Mit dem eigenständigen Utility *WörterbuchEditor* lassen sich die Einträge im Wörterbuch bearbeiten und neue Benutzerwörterbücher erstellen.
Wörterbuch: zeigt das aktuelle Wörterbuch an, bzw. ermöglicht die Auswahl eines anderen Wörterbuchs aus einer Liste aller installierten Wörterbücher für die Aufnahme neuer Trennwörter. Das hier ausgewählte Wörterbuch beeinflußt nicht die Rechtschreibprüfung von PageMaker.
Hinzufügen: wählt zwischen zwei unterschiedlichen Einfügeoptionen. Mit der Option **in Kleinbuchstaben** wird das Wort so ins Wörterbuch eingetragen, daß es auch als Wortbestandteil von Komposita erkannt werden kann. Die Option **wie eingegeben** fügt das Wort als eigenständiges Wort ein.

Textmodus: Der Befehl steht im Textmodus nicht zur Verfügung.

Ausrichtung

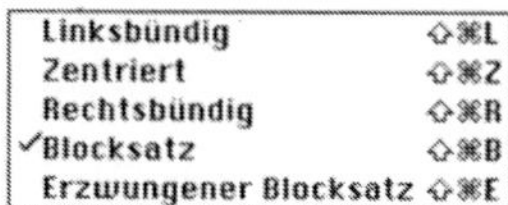

Auswahlmenü für Ausrichtungen

Funktion: Eine von fünf unterschiedlichen Zeilenausrichtungen kann ausgewählt werden.

Anwendung: PageMaker unterstützt fünf unterschiedliche Zeilenausrichtungen: *Linksbündig, Zentriert, Rechtsbündig, Blocksatz* und *Erzwungener Blocksatz.*

Nach der Auswahl des Befehls erscheint ein Untermenü mit den möglichen Ausrichtungen. Wenn ein Absatz markiert oder die Einfügemarke positioniert ist, zeigt ein Häkchen vor einer der Ausrichtungen die Ausrichtung im aktuellen Absatz an. Ansonsten kann die Standardvorgabe für die Zeilenausrichtung neu eingestellt werden.

Textmodus: Der Befehl arbeitet im Textmodus genauso wie im Layoutmodus. Die unterschiedlichen Ausrichtungen werden aber bei der Anzeige im Textfenster nicht wiedergegeben.

Druckformate

*Die Druckformatliste des Befehls **Druckformate** ...*

... und das alternative Druckformatfenster mit denselben Auswahlmöglichkeiten

Funktion: Für die bei Befehlsaufruf markierten Absätze kann ein Druckformat ausgewählt werden.

Anwendung: Neben der Druckformatauswahl aus dem Fenster Druckformatliste, das nach Auswahl des gleichnamigen Befehls aus dem Menü *Fenster* auf den Bildschirm gebracht werden kann, kann der Befehl *Druckformate* dieselbe Aufgabe erfüllen. Dies kann beispielsweise bei kleinen Bildschirmen sinnvoll sein, auf denen die dauerhafte Anzeige der Druckformatliste stört.

Nach der Auswahl des Befehls erscheint ein Untermenü mit allen aktuell definierten Druckformaten. Das Druckformat des markierten Absatzes erscheint mit einem Häkchen ausgezeichnet. Durch Anklikken eines anderen Druckformates wird der Absatz entsprechend neu formatiert.

Textmodus: Der Befehl arbeitet im Textmodus genauso wie im Layoutmodus. Die Formatierungen durch die Druckformate werden aber bis auf wenige Ausnahmen nicht im Textfenster angezeigt. Bei eingeschaltetem Druckformatbalken (*Druckformate anzeigen* im Menü *Option*) wird der Name des angewendeten Druckformats links des jeweiligen Absatzes angezeigt.

Druckformate definieren... ⌘ 3

Funktion: Druckformate zum Festlegen der Formatierung von Absätzen lassen sich neu erstellen, bearbeiten, löschen oder kopieren.
Anwendung: Der Befehl *Druckformate definieren* wird immer dann benötigt, wenn

- Druckformate neu definiert werden sollen,
- bereits erstellte Druckformate abgeändert werden sollen,
- Druckformatlisten aus anderen PageMaker-Dokumenten übernommen werden sollen.

Nach Auswahl des Befehls erscheint ein Dialogfeld, von dem aus zu allen weiteren Dialogfeldern verzweigt werden kann, die zur Bearbeitung von Druckformaten nötig sind.

Das Dialogfeld *Druckformate definieren*

Vom Dialogfeld *Druckformate definieren* aus lassen sich alle Dialogfelder zum Definieren von Textformatierungen aufrufen, um eine bestimmte Kombination aus Zeichen- und Absatzformaten zu einem Druckformat zusammenzustellen.

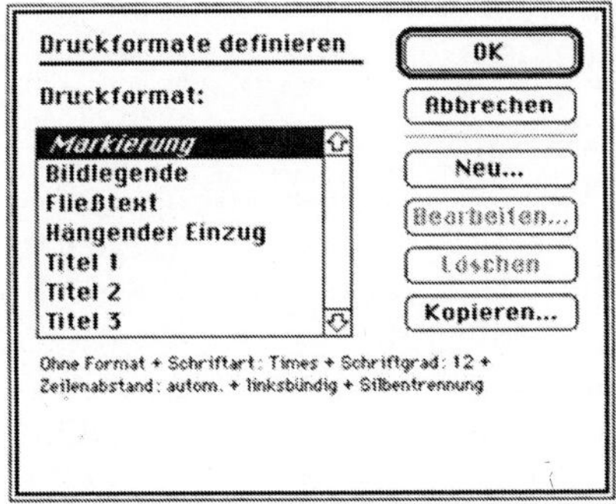

*Das Dialogfeld **Druckformate definieren***

Druckformat: zeigt eine Liste der aktuellen Druckformate an. Durch Anklicken eines der Einträge wird das entsprechende Druckformat für eine nachfolgende Bearbeitung ausgewählt.
Neu...: leitet die Neudefinition eines Druckformates ein, indem zum Dialogfeld *Druckformate bearbeiten* verzweigt wird.
Bearbeiten...: leitet die Bearbeitung des in der Druckformatliste ausgewählten Druckformats ein, indem zum Dialogfeld *Druckformate bearbeiten* verzweigt wird.
Löschen: löscht das in der Druckformatliste ausgewählte Druckformat aus der Liste. Es steht dadurch im Druckformatlistenfenster und im Untermenü des Befehls *Druckformate* nicht mehr zur Verfügung. Alle Absätze im Dokument, die mit dem gelöschten Druckformat formatiert waren, bleiben unverändert, sie erhalten jedoch den Formatnamen *Ohne Format.*

Kopieren...: verzweigt zum Dialogfeld *Druckformate kopieren*, in dem die Satzdatei bzw. die Mustervorlage ausgewählt werden kann, deren Druckformate den Formaten der aktuellen Satzdatei hinzugefügt werden sollen.

Das Dialogfeld *Druckformate bearbeiten*

Das Dialogfeld *Druckformate bearbeiten* erscheint nach Anklicken des Feldes *Neu...* bzw. *Bearbeiten...* des Dialogfeldes *Druckformate definieren*. So kann es einerseits dazu dienen, ein neues Druckformat zu definieren, oder ein bestehendes abzuändern.

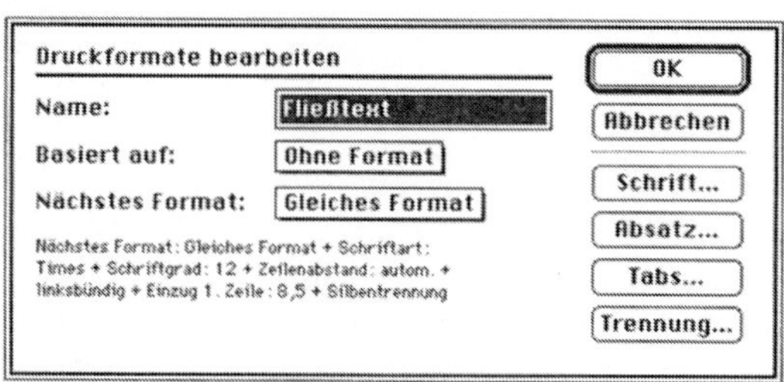

Das Dialogfeld ***Druckformate bearbeiten***

Name: zeigt den Namen des zu bearbeitenden Druckformates an bzw. ermöglicht die Eingabe eines Druckformatnamens für ein neu anzulegendes Format.

Basiert auf: ermöglicht die Auswahl eines Druckformates aus der Druckformatliste, das bei der Neudefinition eines Formates zugrundegelegt werden soll. Die Auswahl eines solchen Formates bietet sich immer dann an, wenn das neu zu erstellende Format nur in wenigen Einstellungen von einem bereits bestehenden abweicht.

Nächstes Format: ermöglicht die Auswahl eines bestehenden Druckformates, das immer auf den mit dem aktuellen Druckformat ausgezeichneten folgenden Absatz angewendet werden soll. Die Auswahl eines solchen Formates bietet sich immer dann an, wenn etwa bei Überschriften das aktuelle Format garantiert ein bestimmtes Format im darauf folgenden Absatz verlangt.

Schrift: verzweigt zum Dialogfeld *Schriftfestlegung*. Alle Einstellungen darin entsprechen denen des gleichnamigen Dialogfeldes, das nach Auswahl des Befehls *Schriftfestlegung* erscheint.

Absatz: verzweigt zum Dialogfeld *Absatzformat*. Alle Einstellungen darin entsprechen denen des gleichnamigen Dialogfeldes, das nach Auswahl des Befehls *Absatz* erscheint.

Tabs: verzweigt zum Dialogfeld *Einzüge/Tabs*. Alle Einstellungen darin entsprechen denen des gleichnamigen Dialogfeldes, das nach Auswahl des Befehls *Einzüge/Tabs* erscheint.

Trennung: verzweigt zum Dialogfeld *Silbentrennung*. Alle Einstellungen darin entsprechen denen des gleichnamigen Dialogfeldes, das nach Auswahl des Befehls *Silbentrennung* erscheint.

Das Dialogfeld *Druckformate kopieren*

Das Dialogfeld *Druckformate kopieren* erscheint nach Anklicken des Feldes *Kopieren...* im Dialogfeld *Druckformate definieren*. Es dient der Auswahl der Satzdatei oder Mustervorlage, deren Druckformate in das aktuelle Dokument kopiert werden sollen. Wenn darin gleichnamige Druckformate enthalten sind, erscheint eine Abfrage, ob die aktuellen Formate von den kopierten überschrieben werden sollen.

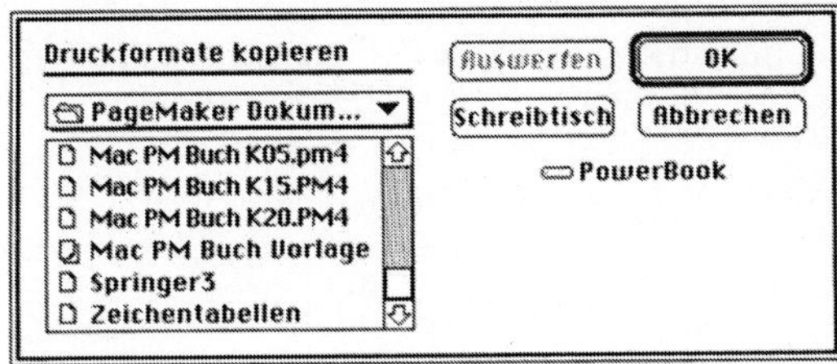

Das Dialogfeld ***Druckformate kopieren***

Textmodus: Der Befehl arbeitet im Textmodus genauso wie im Layoutmodus.

Menü Einstellung

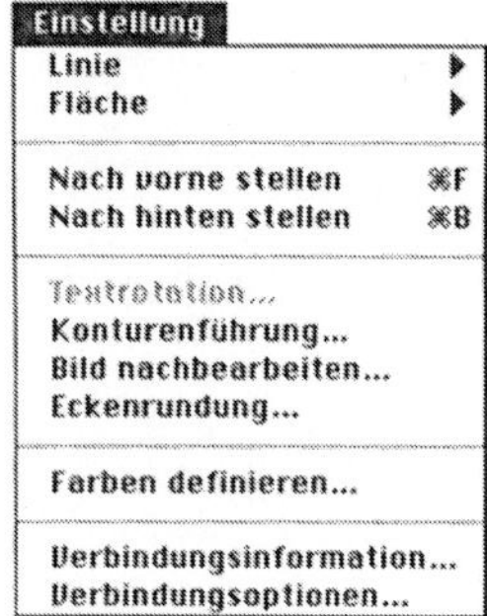

Das Menü *Einstellung,* das nur im Layoutmodus verfügbar ist, umfaßt insgesamt elf Befehle in fünf Befehlsgruppen. Die Befehle der ersten Gruppe legen das Aussehen der PageMaker internen Grafiktypen Linie und Fläche von PageMaker fest. Die Befehle der zweiten Gruppe bestimmen die Lage von Elementen zueinander. Die dritte Gruppe enthält Einstellungsbefehle für Text-, Bild- und Grafikelemente. Mit dem Befehl der vierten Gruppe kann der Anwender eine individuelle Farbpalette anlegen und schließlich sind die Befehle der letzten Gruppe für Verbindungseinstellungen vorgesehen.

Textmodus: Das Menü *Einstellung* ist nicht in der Menüzeile des Textmodus enthalten.

Linie

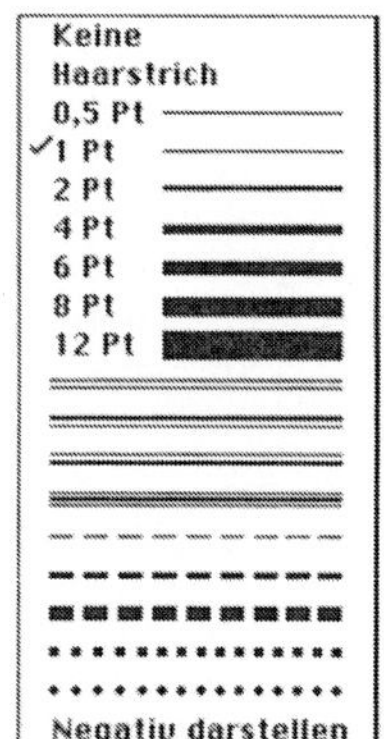

Auswahlmenü für Linienparameter

Funktion: Ein Auswahlmenü mit unterschiedlichen Linienstärken und Linienmustern erscheint, um die aktuelle Linie bzw. Fläche oder die im folgenden erstellten mit neuen Linienattributen zu versehen.
Anwendung: PageMaker stellt für Linien und die Umrandungen von Flächen verschiedene Linienstärken und Linienmuster zur Auswahl. Das nach Befehlsaufruf erscheinende Auswahlmenü für die Linieneinstellungen zeigt die aktuellen Linienparameter einer markierten Linie bzw. Fläche an oder ermöglicht das Neueinstellen dieser Parameter. Zum Anzeigen der aktuellen Linienform wird ein Häkchen vor der entsprechenden Einstellung angezeigt.

Im oberen Bereich des Auswahlmenüs sind die Linienstärken auswählbar. Die Option **Keine** ist für Flächenelemente vorgesehen, die keinen sichtbaren Umriß erhalten sollen. Die Einstellung **Haarstrich** wählt eine 0,2 Point starke Linie (die Bezeichnung ist also etwas irreführend). Die übrigen Linienstärken reichen von 0,5 Point bis 12 Point Stärke.

Im mittleren Bereich des Auswahlmenüs sind insgesamt neun unterschiedliche Linienmuster auswählbar. Zur Auswahl stehen:

- eine 4 Point Doppellinie (aus zwei parallelen Linien von 0,5 Point Breite mit einem Abstand von 3 Point)
- eine 5 Point Doppellinie (mit einer 2,5 Point Linie und einer dazu parallelen 0,5 Point Linie im Abstand von 2 Point)
- eine 5 Point Doppellinie (mit 0,5 Point Linie und einer dazu parallelen 2,5 Point Linie im Abstand von 2 Point)
- eine 6 Point Dreifachlinie (aus zwei 0,5 Point Linien mit einer dazwischenliegenden 2 Point Linie mit einen Abstand von 1,5 Point)
- eine unterbrochene Linie von 1 Point (10 Point langen Strichen mit 3 Point Abständen)
- eine unterbrochene Linie von 3 Point (10 Point langen Strichen mit 3 Point Abständen)

- eine unterbrochene Linie von 6 Point (10 Point langen Strichen mit 3 Point Abständen)
- eine unterbrochene Linie von 4 Point (4 Point langen Strichen mit 4 Point Abständen)
- eine gepunktete Linie von 4 Point (4 Point starke Punkte mit 4 Point Abständen)

Die letzte Auswahlmöglichkeit im Auswahlmenü *Linie*, **Negativ darstellen**, kann für alle darüber ausgewählten Linienformen eine negative Darstellung bewirken.

Die Linienzwischenräume der negativen Liniendarstellung (wie auch der positiven) sind nicht transparent, sondern haben die Farbe »Papier«. Dieser Umstand muß besonders dann berücksichtigt werden, wenn Linien- oder Flächen im Vordergrund von Grafiken oder anderen Flächen definiert werden.

Textmodus: Der Befehl steht im Textmodus nicht zur Verfügung.

Fläche

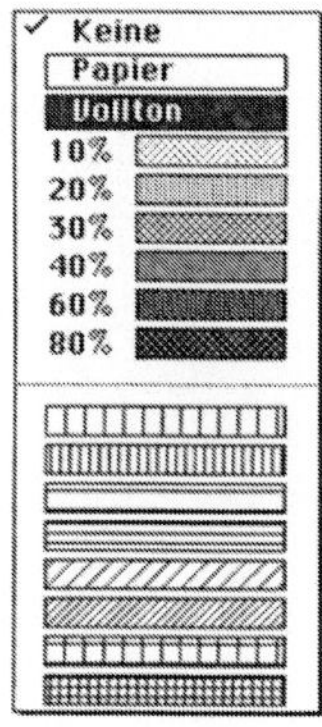

Auswahlmenü ***Fläche***

Funktion: Ein Auswahlmenü mit unterschiedlichen Schattierungen und Mustern erscheint, um die aktuelle Fläche oder die im folgenden erstellten mit neuen Flächenattributen zu versehen.

Anwendung: PageMaker stellt für den Inhalt von Flächen verschiedene Schattierungen und Muster zur Auswahl. Das nach Befehlsaufruf erscheinende Auswahlmenü für die Flächeneinstellungen zeigt die aktuellen Parameter einer markierten Fläche an oder ermöglicht das Neueinstellen dieser Parameter. Zum Anzeigen der aktuellen Flächenattribute wird ein Häkchen vor der entsprechenden Einstellung angezeigt.

Das zweigeteilte Auswahlmenü enthält im oberen Bereich insgesamt neun Einstellungsmöglichkeiten für die Flächenfüllung. Die Auswahl von **Keine** wählt eine transparente Fläche. Bei der Auswahl dieser Option muß darauf geachtet werden, daß die betreffende Fläche mit dem Befehl *Linie* wenigstens eine sichtbare Umrandung erhält. Die Option **Papier** wählt die Papierfarbe als Flächenfarbe aus. Die Option **Vollton** wird ausgewählt, wenn der Fläche eine Farbe aus dem Farbfenster zugeordnet werden soll. Die dortige Einstellung kann sich nur dann auswirken, wenn die Fläche das Attribut *Vollton* erhalten hat. Im weiteren sind noch sechs unterschiedliche Grautöne zwischen 10% und 80% auswählbar. Wird einer mit einem der Grautöne gefüllten Fläche eine Farbe aus der Farbpalette zugeordnet, wird die Farbe entsprechend gerastert.

Im zweiten Abschnitt des Auswahlmenüs für Flächen sind acht unterschiedliche Musterformen auswählbar. Das genaue Aussehen dieser Schraffuren hängt von der Auflösung des Ausgabemediums ab.

Textmodus: Der Befehl steht im Textmodus nicht zur Verfügung.

Nach vorne stellen ⌘ F

Funktion: Die markierten Objekte werden in den Vordergrund gebracht, so daß sie potentiell alle anderen Elemente der Seite verdecken.
Anwendung: Dieser Befehl wird angewendet, um ein von anderen Elementen verdecktes Element in den Vordergrund zu bringen, damit es seinerseits die anderen Objekte verdeckt. Mit diesem Befehl und mit dem Befehl *Nach hinten stellen* lassen sich die Seitenelemente ebenenweise sortieren, um die gewünschten Effekte durch teilweise Überlagerung unterschiedlicher Elemente zu erzielen.

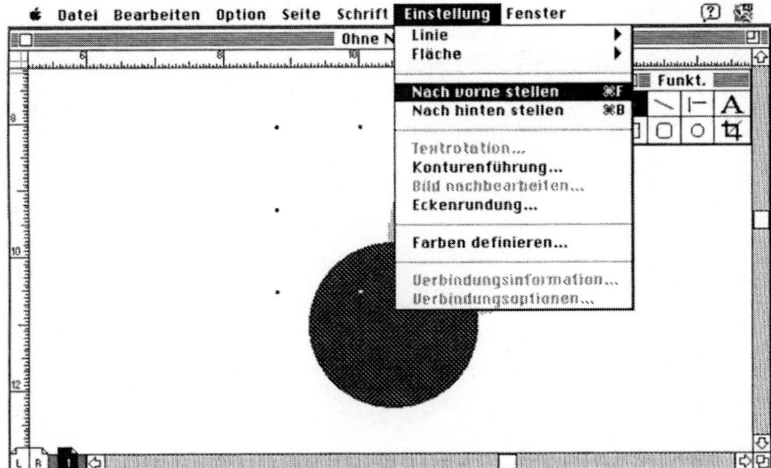

Die Wirkung des Befehls ***Nach vorne stellen****, vorher ...*

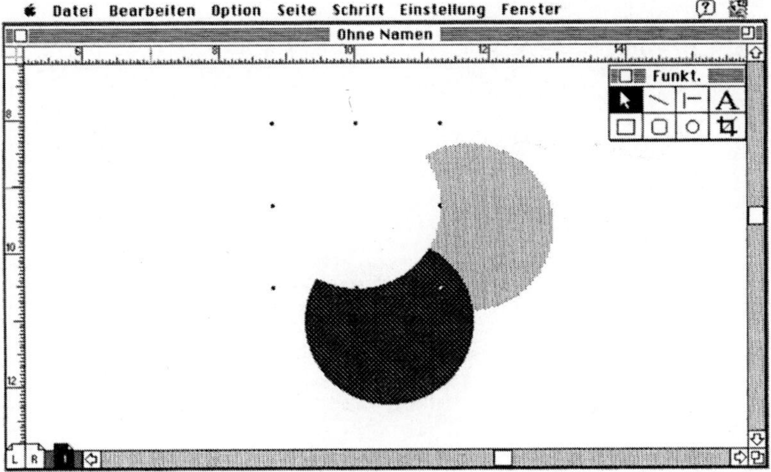

... und nachher

Textmodus: Der Befehl steht im Textmodus nicht zur Verfügung.

Nach hinten stellen ⌘ B

Funktion: Die markierten Objekte werden in den Hintergrund gebracht, so daß sie potentiell von allen übrigen Elementen der Seite verdeckt werden können.
Anwendung: Dieser Befehl wird angewendet, um ein andere Elemente verdeckendes Element in den Hintergrund zu bringen, damit es von den übrigen Objekten verdeckt wird. Mit diesem Befehl und mit dem Befehl *Nach vorne stellen* lassen sich die Seitenelemente ebenenweise sortieren, um die gewünschten Effekte durch teilweise Überlagerung unterschiedlicher Elemente zu erzielen.

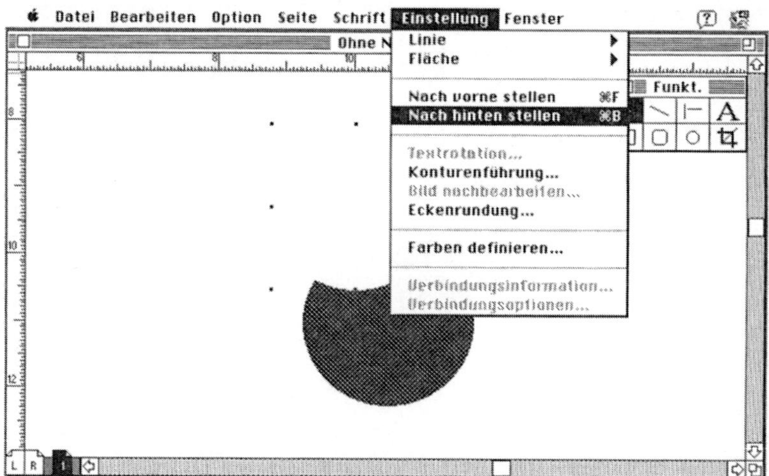

*Die Wirkung des Befehls **Nach hinten stellen**, vorher ...*

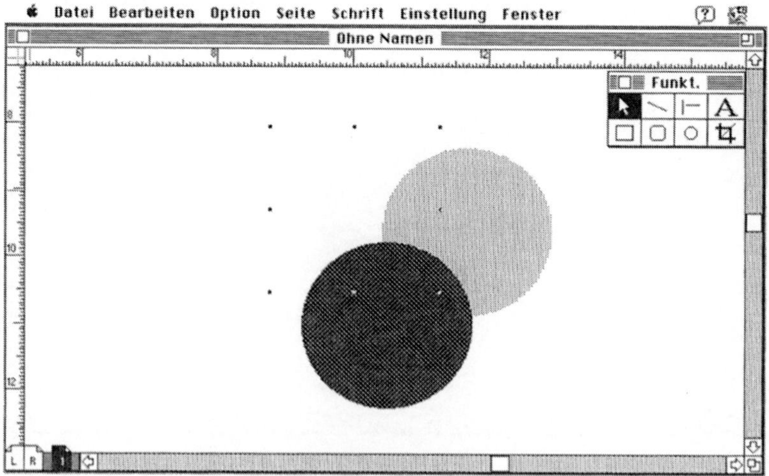

... und nachher

Textmodus: Der Befehl steht im Textmodus nicht zur Verfügung.

Textrotation...

Funktion: Ein markierter Textblock kann gedreht werden.
Anwendung: PageMaker kann Textblöcke in 90-Grad-Stufen drehen, so daß neben dem normalen von links nach rechts laufenden Text auch auf dem Kopf stehender, von oben nach unten oder von unten nach oben laufender Text verwendet werden kann. Nach Auswahl des Befehls erscheint ein Dialogfeld, in dem ein Drehwinkel vorgegeben werden kann. Der Befehl *Textrotation* ist nur auswählbar, wenn ein Textblock mit der Zeigefunktion markiert ist.

Achtung: Gedrehter Text kann nur noch im Textmodus bearbeitet werden. Um gedrehten Text im Layoutmodus zu editieren, muß zunächst die Drehung wieder zurückgenommen werden.

Das Dialogfeld *Textrotation*

Das Dialogfeld Textrotation erscheint nach Auswahl des gleichnamigen Befehls und ermöglicht, einen Drehwinkel für den aktuell markierten Textblock festzulegen. Dazu stehen die Winkel 0°, 90°, 180° und 270° zur Verfügung.

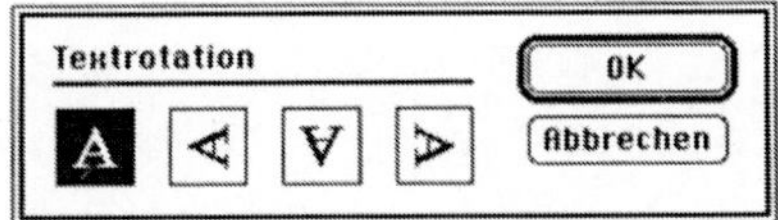

Das Dialogfeld ***Textrotation***

Textmodus: Der Befehl steht im Textmodus nicht zur Verfügung.

Konturenführung...

Funktion: In einem Dialogfeld wird festgelegt, auf welche Weise Grafiken (und Flächenelemente) von Textelementen umflossen werden sollen.

Anwendung: PageMaker kann automatisch den Text so formatieren, daß er auf einer Seite positionierte Grafiken umfließt. Um dies zu erreichen, muß für jede Grafik, auf die die automatische Konturenführung angewendet werden soll, festgelegt werden, in welcher Form die Umfließung erfolgen soll. Die Konturenführung wird durch den Typ der Umfließung und eine Randzone um die Grafik definiert. Die Randzone legt den Abstand des Textes von der Grafik fest. Die eigentlich rechteckige Randzone kann bearbeitet werden, um auch mehreckige oder runde Konturen nachzubilden.

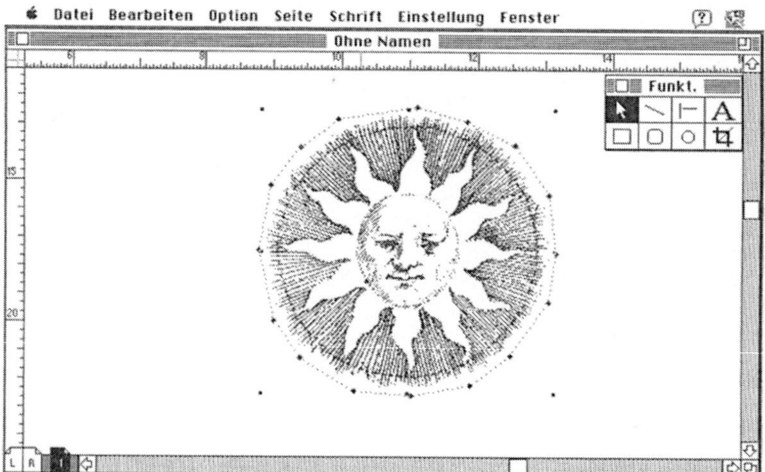

Bearbeiten der Randzone

Das Dialogfeld *Konturenführung*

Das Dialogfeld *Konturenführung* erscheint nach Auswahl des gleichnamigen Befehls aus dem Menü *Einstellung*. Es ermöglicht grundlegende Einstellungen zur Konturenführung.

Das Dialogfeld ***Konturenführung***

Bildbehandlung: aktiviert mit dem zweiten Symbol die automatische Textumfließung der markierten Grafik.

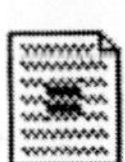

Das erste Symbol schaltet die Textumfließung aus.

Das dritte Symbol erscheint, wenn die Randzone der markierten Grafik bereits bearbeitet worden ist. Um die Bearbeitung zurückzunehmen und die rechteckige Randzone wiederherzustellen, kann das zweite Symbol angeklickt werden.

Textbehandlung: wählt einen von drei unterschiedlichen Umfließungsmodi.

Das erste Symbol (**Spaltenwechsel**) bewirkt einen Spaltenwechsel des Textes unterhalb der Grafik.

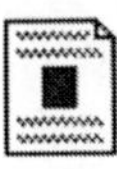

Die zweite Option (**Bild überspringen**) bewirkt einen im Bereich der Grafik unterbrochenen Textfluß, der unterhalb der Grafik wieder fortgesetzt wird.

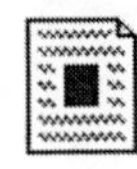

Die dritte Option schließlich (**Herumlegen**) läßt den Text um die Grafik herumfließen, so daß bei hinreichend großer Spaltenbreite links und rechts von der Grafik Text erscheint.

Abstand in (Maßeinheit): definiert in vier Richtungen die Randzone der Grafik, die als Abstand zwischen Grafik und Text eingehalten werden soll.

Textmodus: Der Befehl steht im Textmodus nicht zur Verfügung.

Bild nachbearbeiten...

Funktion: Es lassen sich Grafiken und Bilder hinsichtlich der Helligkeit, des Kontrastes, der Rasterart, der Rasterfrequenz und des Rasterwinkels für die Druckausgabe vorbereiten.
Anwendung: Mit dem Befehl *Bild nachbearbeiten* kann vom Anwender Einfluß auf das spätere Aussehen von ins Dokument eingebundenen Grafiken und Bildern genommen werden. Alle Einstellungen dazu sind in einem Dialogfeld vorzunehmen, das nach Auswahl des Befehls erscheint. Der Befehl ist nur dann auswählbar, wenn die markierte Grafik als Grauwert-TIFF-Bild oder im Paint-Format vorliegt.

Das Dialogfeld *Bild nachbearbeiten*

Das Dialogfeld *Bild nachbearbeiten* dient der Vorgabe von Einstellungen, die das Aussehen von Grafiken oder Bildern beim Ausdruck beeinflussen können.

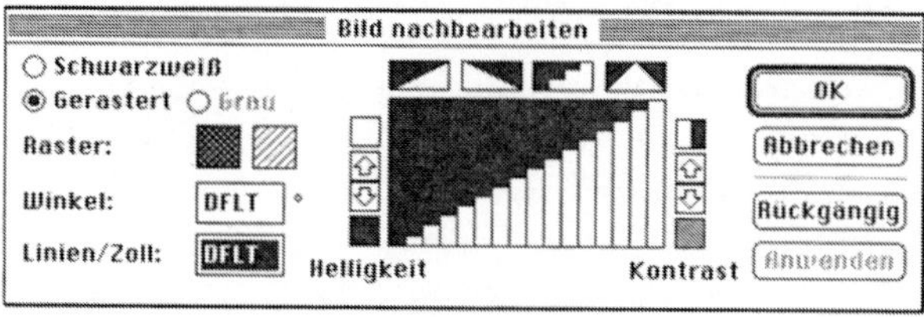

Das Dialogfeld
Bild nachbearbeiten

Graustufenmuster: Zur Auswahl stehen vier unterschiedliche vordefinierte Graustufenmuster: normal, negativ, 4 Graustufen und eine Art Solarisation.
Mit den Optionen **Schwarzweiß**, **Gerastert** und **Grau** wird die Art des Bildes festgelegt. Von dieser Auswahl ist auch abhängig, welche Optionen im Dialogfeld auswählbar sind. Bei Schwarzweißbildern kann zur Bearbeitung die Option **Gerastert** eingeschaltet werden. TIFF-Bilder lassen sich bei einem Macintosh II auf einem Bildschirm, der Graustufen unterstützt, mit der Option **Grau** darstellen.
Raster: wählt eines von zwei Rastertypen: **Punktraster** oder **Linienraster**.
Winkel: ermöglicht die Angabe eines Rasterwinkels in Grad. Der Eintrag **Auto** setzt den Rasterwinkel auf 45 Grad fest.
Linien/Zoll: ermöglicht die Angabe einer Rasterfrequenz in lpi (Linien pro Zoll). Der Eintrag *Auto* setzt den Rasterwinkel in Abhängigkeit vom späteren Ausgabemedium auf 45 Grad fest. Der Vorgabewert beträgt beispielsweise bei Laserdruckern 53 lpi, bei hochauflösenden Satzbelichtern 90 lpi.
Rückgängig: nimmt alle vorgenommenen Einstellungen zurück und setzt alle Werte auf die Standardwerte.

Anwenden: führt die unter Helligkeit und Kontrast vorgenommenen Einstellungsänderungen sofort aus, wodurch die Auswirkung sofort überprüft werden kann, ohne daß dazu das Dialogfeld geschlossen werden muß.
Helligkeit: reguliert die Helligkeit des markierten Bildes im Bereich von -100 bis 100%. Im Rollbalken kann der Wert geändert werden.
Kontrast: reguliert den Kontrast des markierten Bildes im Bereich von -100 bis 100%. Im Rollbalken kann der Wert geändert werden.

Textmodus: Der Befehl steht im Textmodus nicht zur Verfügung.

Eckenrundung...

Funktion: Die Eckenform von Flächenelementen läßt sich einstellen. **Anwendung:** Im nach Befehlsaufruf erscheinenden Dialogfeld *Eckenrundung* läßt sich für die markierte Fläche eine neue Eckenform einstellen. Wenn bei Befehlsaufruf keine Fläche markiert ist, bezieht sich die Auswahl auf alle im Anschluß an die Änderung neu konstruierten Sonderrechtecke.

Das Dialogfeld *Eckenrundung*
Im Dialogfeld *Eckenrundung* kann die aktuelle Eckenform abgeändert oder eine Eckenrundung für alle nachfolgend mit der Sonderrechteckform gezeichneten Flächen vorgegeben werden. Das Dialogfeld kann auch dazu genutzt werden, um Sonderrechtecke in normale (und umgekehrt) umzuwandeln. Neben den richtigen Ecken stehen fünf weitere Formen mit unterschiedlichen Rundungsradien zur Verfügung.

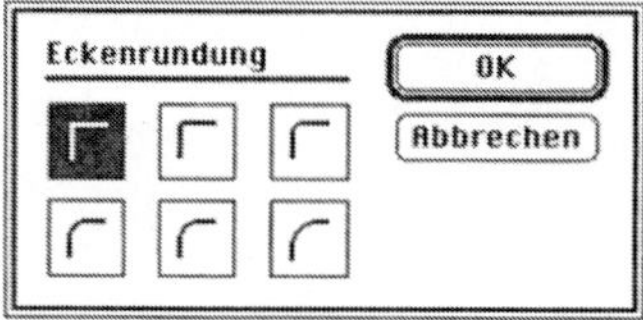

Das Dialogfeld ***Eckenrundung***

Textmodus: Der Befehl steht im Textmodus nicht zur Verfügung.

Farben definieren...

Funktion: Es kann eine individuelle Farbpalette angelegt werden, aus der dann über das Farbpalettenfenster jedem Element eine benutzerdefinierte Farbe zugeordnet werden kann.
Anwendung: PageMaker bietet in seiner Standardfarbpalette die Farben *Papier, Schwarz, Blau, Grün* und *Rot* (die Farbbezeichnung *Paßkreuze* ist nur im Zusammenhang mit Farbauszügen von Bedeutung). Diese Farbpalette kann um benutzerdefinierte Farben ergänzt werden. Alle dazu nötigen Arbeitsschritte lassen sich von einem Dialogfeld steuern, das nach Auswahl des Befehls erscheint.

Das Dialogfeld *Farben definieren*

Das Dialogfeld *Farben definieren* ermöglicht die Neu- oder Umdefinition von Farbwerten.

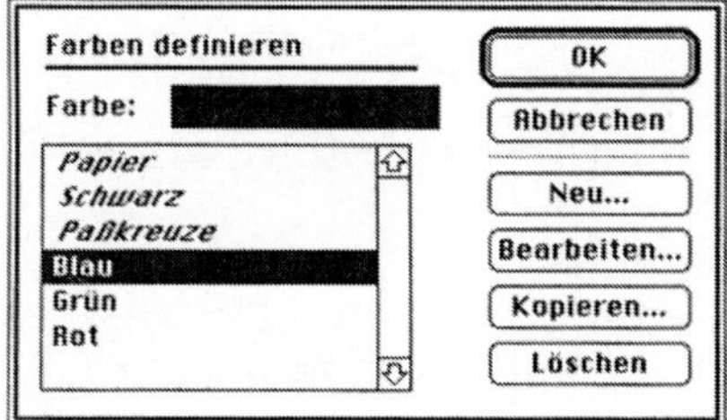

Das Dialogfeld ***Farben definieren***

Farbe: zeigt die in der Farbliste markierte Farbe im Rahmen der Möglichkeiten des Bildschirms an.
Die **Farbliste** zeigt alle definierten Farben an und ermöglicht die Auswahl einer der Farben zur Umdefinition des Farbwertes.
Neu: verzweigt zum Dialogfeld *Farben bearbeiten*, um eine neue Farbe für die Farbpalette zu definieren.
Bearbeiten: verzweigt zum Dialogfeld *Farben bearbeiten*, um die in der Farbenliste markierte Farbe zu ändern. Wird bei Auswahl dieses Feldes gleichzeitig die Tastenkombination Wahl- und Umschalttaste gedrückt, erscheint der Apple-Farbkreis zur Definition von Farben, aus dem eine Farbe ausgewählt werden kann.
Kopieren: verzweigt zum Dialogfeld *Farben kopieren*, um eine Farbliste einer anderen Satzdatei bzw. Mustervorlage in die aktuelle Farbliste einzufügen.
Löschen: löscht die in der Farbliste markierte Farbe aus der aktuellen Farbpalette. Wenn diese Farbe auf Elemente innerhalb des Dokumentes angewendet worden ist, erscheint eine Warnmeldung.

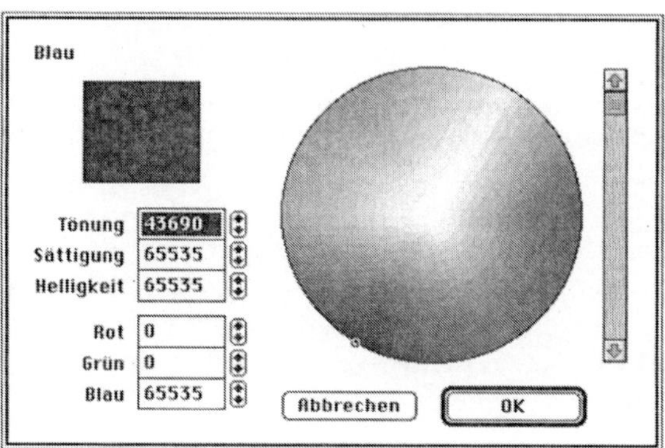

Der Apple-Farbkreis

Das Dialogfeld *Farben bearbeiten*

Das Dialogfeld *Farben bearbeiten* erscheint nach Auswahl des Feldes *Neu* oder *Bearbeiten* aus dem Dialogfeld *Farben definieren*. Bei Auswahl von *Bearbeiten* erscheint der markierte Farbton als Ausgangseinstellung.

Name: zeigt den aktuellen Farbnamen an bzw. ermöglicht die Eingabe eines neuen Namens.

Farbsystem: wählt eines von drei unterschiedlichen Farbsystemen für die folgende Farbdefinition aus.

RGB: wählt das RGB-System aus, das auf den drei Farben Rot, Grün und Blau basiert. Liegt dieses System der folgenden Definition zugrunde, lassen sich für jede Grundfarbe Werte zwischen 0 und 100% Sättigung angeben.

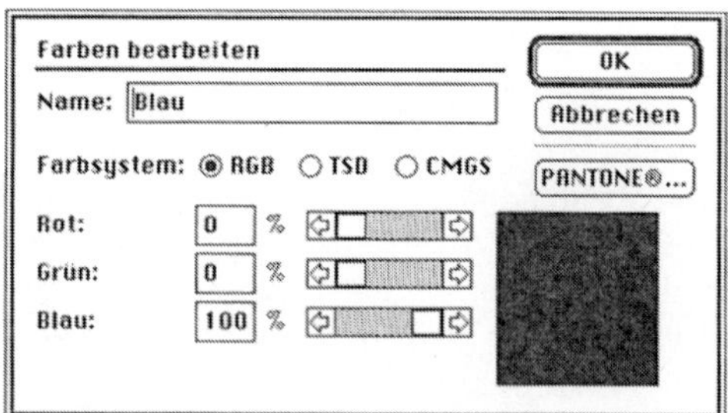

Das Dialogfeld ***Farben bearbeiten*** *mit Farbsystem RGB*

TSD: wählt das TSD-System aus, das auf den drei Parametern Farbton, Dunkelstufe und Sättigung beruht. Liegt dieses System der folgenden Farbdefinition zugrunde, lassen sich für den Farbton Werte zwischen 0 und 360 Grad einstellen, für die Dunkelstufe und für die Sättigung Werte zwischen 0 und 100%.

CMGS: wählt das CMGS-System aus, das auf den vier Grundfarben Cyan, Magenta, Gelb und Schwarz basiert. Liegt dieses System der folgenden Definition zugrunde, lassen sich für jede Grundfarbe Werte zwischen 0 und 100% Sättigung angeben.

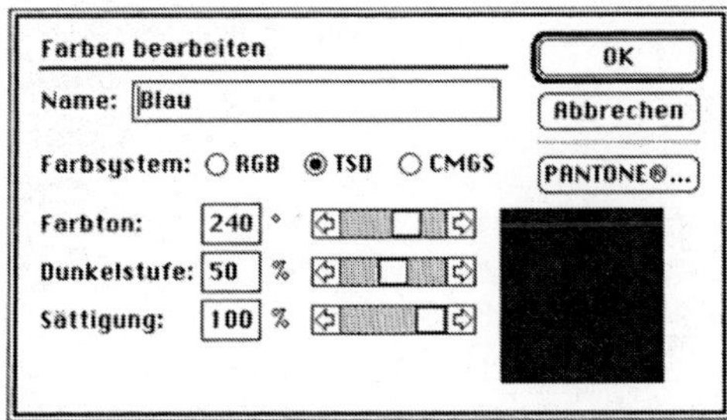

Das Dialogfeld ***Farben bearbeiten*** *mit Farbsystem TSD*

Farben bearbeiten
OK
Name: Blau
Abbrechen
Farbsystem: RGB TSD CMGS
PANTONE®...
Cyan: 100 %
Magenta: 100 %
Gelb: 0 %
Schwarz: 0 %

Das Dialogfeld ***Farben bearbeiten*** *mit Farbsystem CMGS*

Die **Farbfläche** zeigt im oberen Bereich den momentan eingestellten Farbwert und im unteren Bereich den Ausgangsfarbton der Änderung im Rahmen der Möglichkeiten des Bildschirms an.
PANTONE: verzweigt zum Dialogfeld *PANTONE Farbe* zur Auswahl einer neuen Palettenfarbe nach dem Pantone-Standard.

Das Dialogfeld *PANTONE Farbe*

Das Dialogfeld *PANTONE Farbe* erscheint nach Auswahl des Feldes *PANTONE* im Dialogfeld *Farben bearbeiten.*
PANTONE: zeigt die Pantone-Farbnummer der in der Farbliste markierten Pantone-Farbe an bzw. ermöglicht das direkte Eingeben der gewünschten Pantone-Nummer.

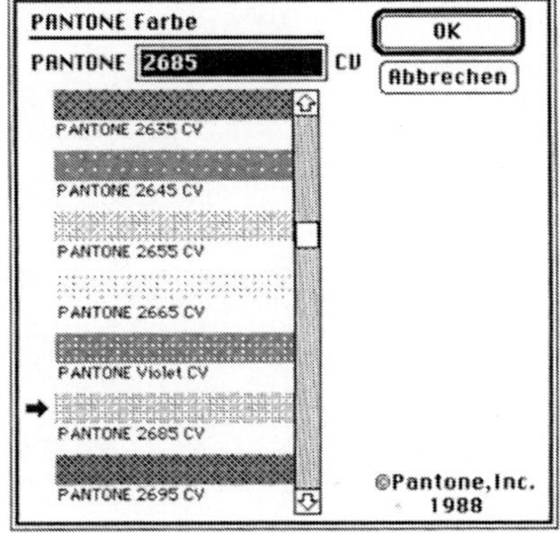

Das Dialogfeld ***PANTONE Farbe***

Die **Farbliste** zeigt eine Liste aller Pantone-Farben. Der sichtbare Ausschnitt aus der Farbliste kann mit der Rollbalkenleiste wie gewohnt verschoben werden.

Achtung: Zur exakten Beurteilung der Pantone-Farben sollte ein Pantone-Farbfächer benutzt werden, da die Darstellung der Farbtöne auf dem Bildschirm von den Pantone-Farben abweicht.

Das Dialogfeld *Farben kopieren*

Das Dialogfeld *Farben kopieren* erscheint nach Anklicken des Feldes *Kopieren...* im Dialogfeld *Farben definieren.* Es dient der Auswahl der Satzdatei oder Mustervorlage, deren Farbpalette in das aktuelle Dokument kopiert werden soll. Wenn darin gleichnamige Farbnamen enthalten sind, erscheint eine Abfrage, ob die aktuellen Farben von den kopierten überschrieben werden sollen.

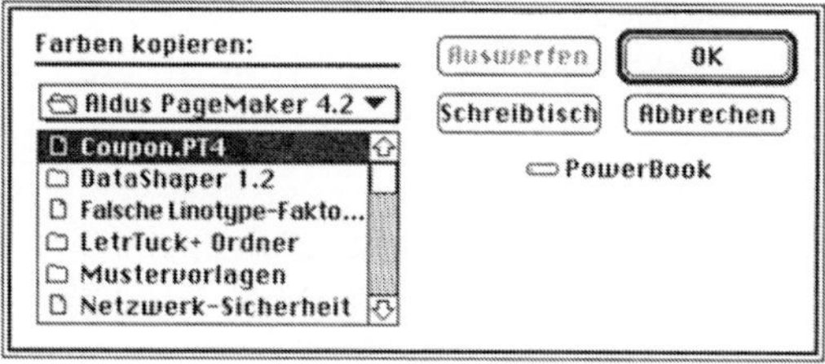

Das Dialogfeld ***Farben kopieren***

Textmodus: Der Befehl steht im Textmodus nicht zur Verfügung.

Verbindungsinformation...

Funktion: Es lassen sich die Verbindungen der aktuellen Satzdatei überprüfen und gegebenenfalls aktualisieren.
Anwendung: Das nach Befehlsauswahl erscheinende Dialogfeld entspricht in Aufbau und Bedienung exakt dem gleichnamigen Dialogfeld, das nach Anklicken des Feldes *Info* im Dialogfeld *Verbindungen* erscheint. Es zeigt die Verbindungsinformationen zum aktuell markierten Text bzw. zur markierten Grafik an und ermöglicht darüber hinaus eine gegebenenfalls erforderliche Aktualisierung der Verbindung.

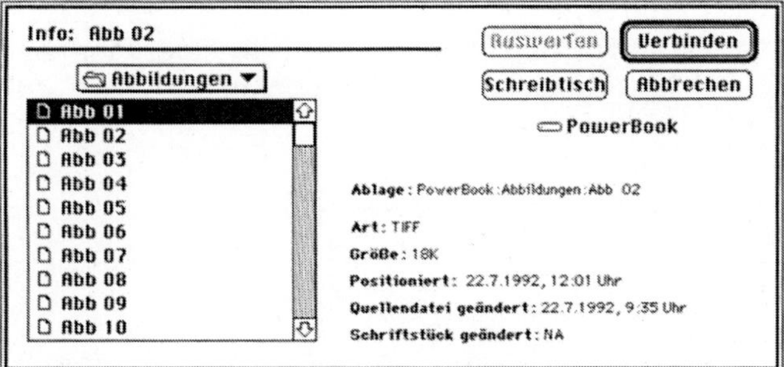

*Das Dialogfeld **Info***

Textmodus: Der Befehl steht im Textmodus nicht zur Verfügung.

Verbindungsoptionen...

Funktion: Es lassen sich die Verbindungsoptionen zu einem markierten Verbindungselement einstellen, bzw. die Verbindungsoptionen als Vorgabe neu definieren.

Anwendung: Das nach Befehlsauswahl erscheinende Dialogfeld entspricht in Aufbau und Bedienung exakt dem gleichnamigen Dialogfeld, das nach Anklicken des Feldes *Optionen* im Dialogfeld *Verbindungen* erscheint. Darin kann für das momentan markierte Verbindungselement bestimmt werden, ob die zugehörige externe Datei als Kopie in der aktuellen Satzdatei abgelegt werden soll und wie bei einer nötigen Aktualisierung zu verfahren ist. Wenn bei Befehlsaufruf keine Satzdatei geöffnet ist oder kein Element mit einer Verbindung markiert ist, erscheint eine Variante des Dialogfeldes zum Einstellen der Verbindungsoptionen als Vorgabe für anschließend vorgenommene Verbindungen.

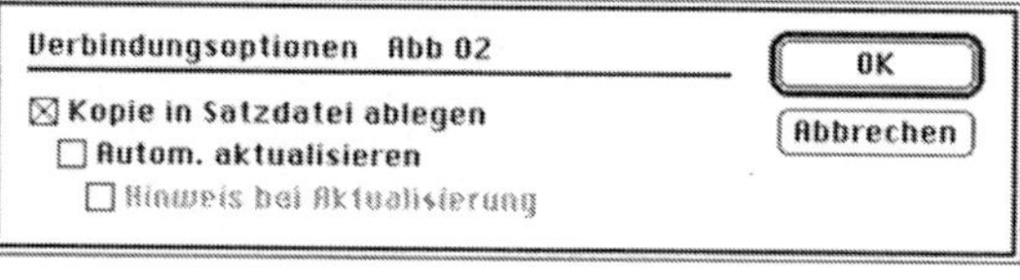

Das Dialogfeld ***Verbindungsoptionen***

Verbindungsoptionen: Vorgaben
OK
Abbrechen
Text:
☒ Kopie in Satzdatei ablegen
☒ Autom. aktualisieren
☐ Hinweis bei Aktualisierung
Grafik:
☐ Kopie in Satzdatei ablegen
☒ Autom. aktualisieren
☐ Hinweis bei Aktualisierung

Das Dialogfeld ***Verbindungsoptionen: Vorgaben***

Textmodus: Der Befehl steht im Textmodus nicht zur Verfügung.

Menü Fenster

Das Menü *Fenster* umfaßt im Layoutmodus fünf Befehle in zwei Gruppen und darüber hinaus für jedes in PageMaker geöffnete Fenster einen entsprechenden Eintrag, mit dem direkt zum benannten Fenster verzweigt werden kann. Der Befehl der ersten Gruppe öffnet die Online-Hilfe, die Befehle der zweiten Gruppe aktivieren die optionalen Bedienungselemente von PageMaker.

Fenster
Hilfe...
✓Funktionen ⌘6
✓Rollbalken
Druckformatliste ⌘Y
Farbpalette ⌘K
Kontrollpalette ⌘9
Mac PM Buch K04.PM4

Textmodus: Das Menü *Fenster* umfaßt im Textmodus nur drei Befehle sowie für jedes in PageMaker geöffnete Fenster einen entsprechenden Eintrag, mit dem direkt zum benannten Fenster verzweigt werden kann.

Hilfe...

Funktion: Der Befehl ermöglicht den Zugriff auf das Online-Hilfsystem von PageMaker.
Anwendung: Da das Hilfesystem von PageMaker weitgehend selbstreferenziell ist, erfolgt im folgenden nur eine Kurzbeschreibung über die unterschiedlichen Hilfsmodi.

Auf das Hilfesystem von PageMaker kann auf zwei unterschiedliche Arten zugegriffen werden: entweder durch Auswahl eines bestimmten Menübefehls bei aktiver situationsbezogener Hilfe oder aber durch Anklicken eines der Felder aus dem Online-Hilfe Fenster, das nach Aufruf des Befehls *Hilfe* erscheint.

Das Online-Hilfe Fenster enthält fünf Felder, über die vom Programm aus Hilfstexte abgefragt werden können. Über das Feld **Hilfe benutzen** wird eine Anleitung für das Arbeiten mit der Hilfefunktion aufgerufen. Das Feld **Hilfe beenden** schließt das Fenster der Online-Hilfe und kehrt zum Arbeitsbildschirm zurück.

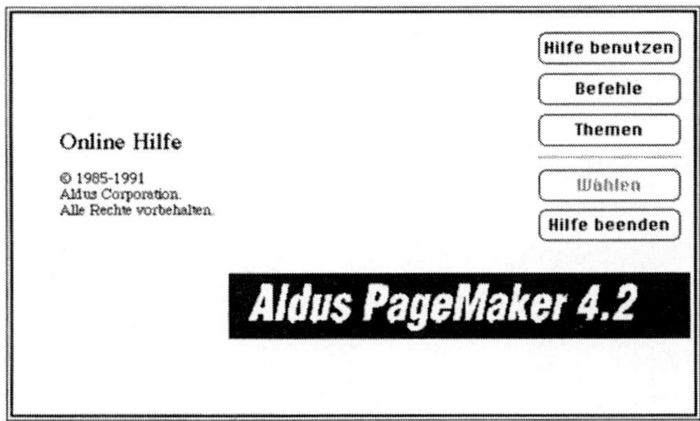

Das Online-Hilfe-Fenster

Die Hilfsfunktion erklärt sich selbst

Aufruf eines Hilfstextes über das Online-Hilfe-Fenster

➊ Wählen von *Hilfe* aus dem Menü *Fenster* (oder aus dem Dialogfeld *Über PageMaker*), um das Online-Hilfe Fenster von PageMaker zu aktivieren.
➋ Auswahl von *Befehle* oder *Themen*, woraufhin eine Liste der auswählbaren Hilfstexte erscheint, die für bestimmte Befehle oder Themen zur Verfügung stehen.
➌ Doppelklick auf den gewünschten Befehls- bzw. Themeneintrag in der Liste oder Klicken auf das Feld *Wählen* bei markiertem Eintrag, woraufhin der Hilfstext erscheint.

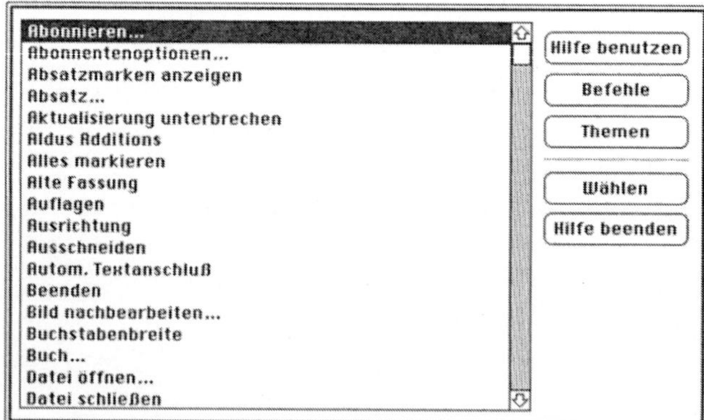

Liste für die Auswahl von Befehlen

Aufruf der situationsbezogenen Hilfe

➊ Drücken der Tastenkombination <Befehl><?> oder auf einer erweiterten Tastatur der Hilfe-Taste. Der Mauszeiger nimmt die Form eines Fragezeichens an.
➋ Wählen eines Befehls aus einem der Menüs oder Eingabe des entsprechenden Kurzbefehls über die Tastatur. Anschließend erscheint der Hilfetext zum gewünschten Befehl auf dem Bildschirm.

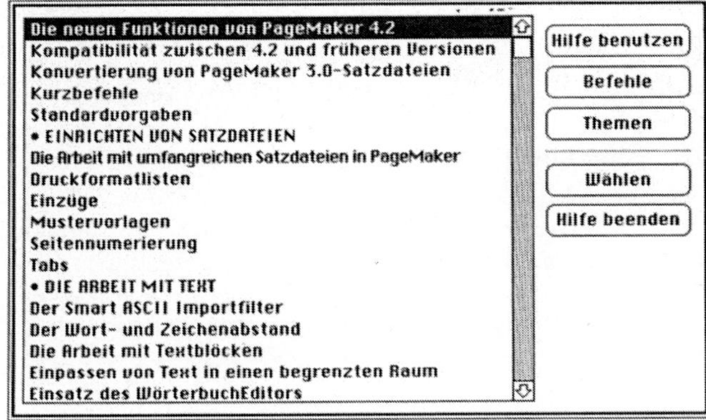

Liste für die Auswahl von Themen

*Themen, die in einem Zusammenhang zum angezeigten stehen, lassen sich über das Einblendmenü **Weitere Hilfe** aufrufen*

Textmodus: Der Befehl arbeitet im Textmodus genauso wie im Layoutmodus.

Funktionen ⌘ 6

Das Funktionenfenster

Funktion: Die Anzeige des Funktionenfensters läßt sich ein- oder wieder ausschalten.
Anwendung: Das Funktionenfenster ist eines der wichtigsten Werkzeuge von PageMaker im Layoutfenster. Mit den Funktionen lassen sich alle Elemente verschieben oder skalieren, Textelemente lassen sich bearbeiten, Linien- und Flächenelemente können erzeugt werden und Grafiken lassen sich zurechtschneiden. Die Funktionen aus dem Funktionenfenster lassen sich alternativ auch über Tastenbefehle aktivieren, auch dann, wenn das Fenster nicht geöffnet ist. Die Position des Fensters auf dem Bildschirm ist durch Verschieben frei wählbar.

Textmodus: Der Befehl steht im Textmodus nicht zur Verfügung.

Rollbalken

Funktion: Die Anzeige der Rollbalken im Layoutfenster zum Verschieben des Fensterausschnittes läßt sich ein- oder ausschalten.
Anwendung: Mit dieser Funktion kann die Anzeige des horizontalen und vertikalen Rollbalkens im Layoutfenster wahlweise ein- oder ausgeschaltet werden. Der Rollbalken dient zum Verschieben des sichtbaren Ausschnitts im Layoutfenster. Das Ausschalten ist beispielsweise sinnvoll, wenn eine Endkontrolle aller Dokumentseiten in der Ganzseitenansicht auf einem kleinen Bildschirm ausgeführt werden soll.

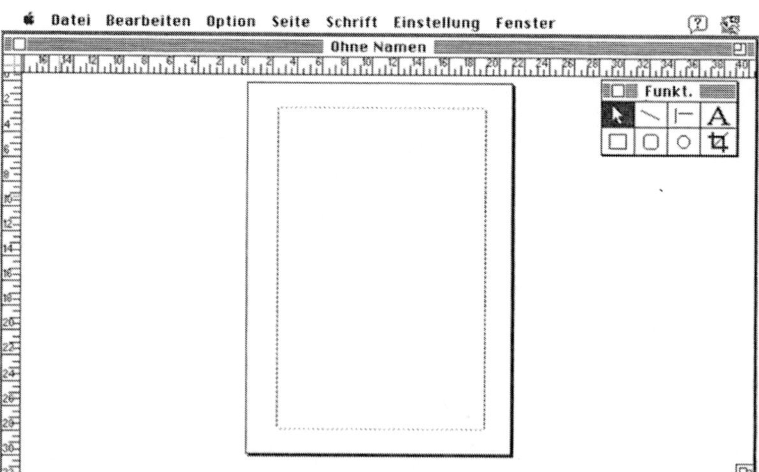

Das Layoutfenster ohne Rollbalken

Textmodus: Der Befehl steht im Textmodus nicht zur Verfügung.

Druckformatliste ⌘ Y

Funktion: Die Anzeige des Druckformatlisten-Fensters läßt sich ein- oder wieder ausschalten.
Anwendung: Die Druckformatliste erleichtert wesentlich die strukturierte Formatierung von Texten. In allen Arbeitsphasen an einem Dokument, bei denen keine Textformatierung nach Druckformaten stattfindet, kann die Anzeige der Liste ausgeschaltet werden, um mehr Platz für die Bildschirmanzeige zu gewinnen, wie dies besonders bei kleinen Bildschirmen wichtig sein kann. Auch wenn die Druckformatliste nicht angezeigt wird, besteht über den Befehl *Druckformate* des Menüs *Schrift* Zugriff auf die Druckformate.

✓ Ohne Format
Bildlegende
Fließtext
Hängender Einzug
Titel 1
Titel 2
Titel 3

Druckformatliste

Textmodus: Der Befehl arbeitet im Textmodus genauso wie im Layoutmodus. Welche Druckformate den einzelnen Absätzen des Textabschnitts zugeordnet sind, kann im Textfenster in der Druckformatspalte (wird mit *Druckformate anzeigen* im Menü *Option* eingeschaltet) angezeigt werden.

Farbpalette ⌘ K

Funktion: Die Anzeige des Farbpalettenfensters läßt sich ein- oder wieder ausschalten.
Anwendung: Das Farbpalettenfenster ist das zentrale Werkzeug zum Zuordnen von Farben. Für die Farbe von Textstellen bzw. ganzen Texten kann auch das Dialogfeld *Schriftfestlegung* des gleichnamigen Befehls aus dem Menü *Schrift* herangezogen werden. Für die Farbänderung aller übrigen PageMaker-Elemente ist die Anzeige der Farbpalette notwendige Voraussetzung.

Die Farben der Farbpalette lassen sich mit dem Befehl *Farben definieren...* aus dem Menü *Einstellung* bearbeiten oder um neue Farben ergänzen. Auf diese Weise kann jeder Anwender eine individuelle Farbpalette erstellen.

Standard-Farbpalette

Textmodus: Der Befehl arbeitet im Textmodus genauso wie im Layoutmodus.

Achtung: Auch die Schriftfarbe wird im Textmodus nicht angezeigt.

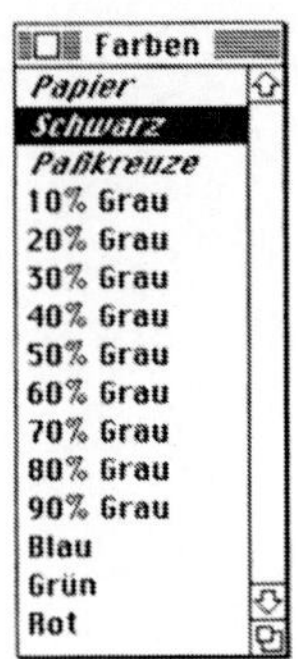

Benutzerdefinierte Farbpalette

Kontrollpalette ⌘ 9

Funktion: Die Anzeige des Kontrollpalettenfensters läßt sich ein- oder wieder ausschalten.
Anwendung: Die Kontrollpalette ist ein unentbehrliches Hilfsmittel für exaktes Arbeiten mit PageMaker. Sie ermöglicht das Positionieren, Skalieren und Beschneiden von Objekten über numerische Werte, die entweder im Fenster abgelesen oder auch direkt eingegeben werden können.

Kontrollpalette

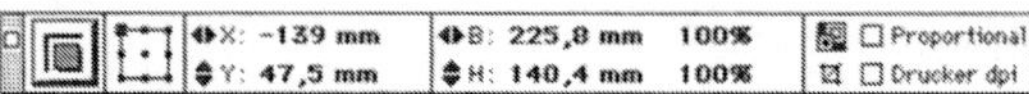

Textmodus: Der Befehl steht im Textmodus nicht zur Verfügung.

»Fenstername1«

Funktion: Die als unterste Menügruppe im Fenster-Menü erscheinende Fensterliste ermöglicht einen einfachen und schnellen Zugriff auf alle geöffneten Fenster.

Anwendung: PageMaker kann zusätzlich zum Layoutfenster auch mehrere Textfenster verwalten. Jedes Textfenster repräsentiert dann einen Textabschnitt innerhalb des aktuellen Dokumentes. Über die am Ende des Fenster-Menüs angezeigten Fensternamen kann einfach zwischen den Fenstern hin- und hergeschaltet werden. Das jeweils aktuelle Fenster erscheint im Vordergrund aller übrigen Fenster.

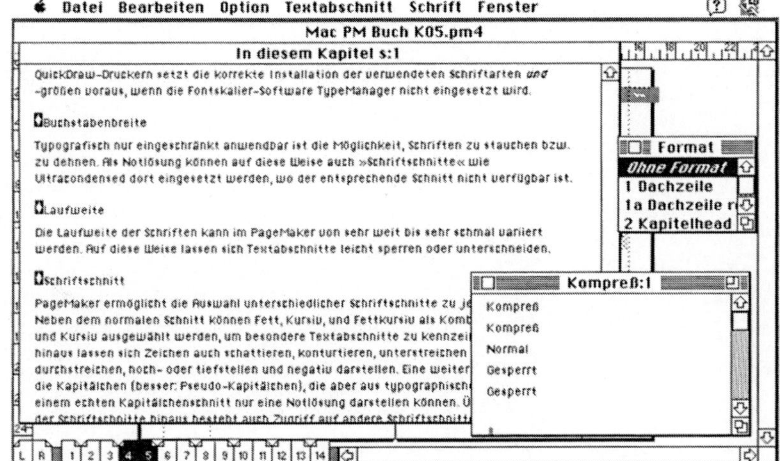

Mehrere Fenster sind geöffnet

Textmodus: Der Befehl arbeitet im Textmodus genauso wie im Layoutmodus. Über die Auswahl des betreffenden Fensters ist ein Wechsel zwischen Text- und Layoutmodus möglich.

Kapitel 8

PageMaker Skript - Programming

8

Skripts sind ganz einfach aufgebaute Additions. Sie enthalten dieselben Befehle und Parameter wie andere Additions auch. Programme wie Excel 3.0 und FreeHand 3.01, die System 7 unterstützen, kommunizieren über dieselben Befehle und Parameter mit PageMaker.

Ein Skript ist eine Art Makro, das eine Liste mit Menübefehlen, Mausbewegungen und Tastatureingaben abarbeitet. Die im Skript verwendeten Befehle beziehen sich ganz speziell auf PageMaker, so daß Skript wesentlich mehr leisten kann als ein normales Makro-Programm wie beispielweise Quickeys. Die Skript-Sprache ist leicht verständlich, da sich die Namen der Befehle direkt von den entsprechenden Menübefehlen innerhalb von PageMaker ableiten.

Skript ist Bestandteil jeder PageMaker-4.2-Version. Handbücher zu Skript werden Sie jedoch im Lieferumfang vergeblich suchen. Stattdessen ist lediglich ein PageMaker-Dokument innerhalb des Installationsordners zu finden, mit dem ein Bestellcoupon für den *Script Language Guide* ausgedruckt werden kann. Aldus bietet damit an, für 30$ zuzüglich der Transportkosten ein Handbuch zu Skript zu verschicken. Da das Handbuch nur in englischer Sprache verfügbar ist und auch mit langen Lieferzeiten zu rechnen ist, findet der Leser im folgenden eine vollständige Übersicht über alle Skript-Befehle. Zu jedem Befehl gibt es auch Beispiele, die die Anwendung des jeweiligen Befehls verdeutlichen.

Grundlagen

Das Schreiben eines Skripts unterscheidet sich vom Programmieren in Programmiersprachen, da es keine »if-then-else«-Abfragen oder »repeat-until«-Schleifen gibt. Ein Skript ist einfach nur eine Aneinanderreihung von Befehlen, Mausbewegungen und Tastatureingaben, die PageMaker in der angegebenen Reihenfolge ausführen soll. Zusätzliche Parameter weisen PageMaker an, wie der einzelne Befehl auszuführen ist.

Die Befehlsnamen leiten sich direkt aus den Namen der Menübefehle der internationalen PageMaker-Version ab, und die Parameter geben die Einstellungen für die jeweiligen Befehlsoptionen an. Auch wenn es keine deutschsprachige Version der Skriptsprache gibt (und auch nicht geben wird), ist sie trotzdem sehr einfach und intuitiv anzuwenden. In der in diesem Kapitel gegebenen Befehlsaufstellung sind jeweils den deutschen Menübefehlen die entsprechenden Skript-Befehle zugeordnet, so daß eine Kenntnis der englischen PageMaker-Befehle nicht erforderlich ist.

Befehl und zugehörige Parameter können durch Leer- oder Tabulatorzeichen voneinander getrennt werden. Die Trennung der Parameter voneinander kann durch Kommata oder Leerzeichen erfolgen. Eine Trennung durch Kommata bietet sich besonders an, da dann das Ende eines Parameters und der Anfang des nächsten gut zu erkennen sind. Die einzelnen Befehle mit ihren Parameter können durch Semikola oder durch Drücken der Eingabetaste voneinander getrennt werden. Bei der Eingabe der Befehlsnamen und der Parameter spielt es keine Rolle, ob große oder kleine Buchstaben verwendet werden.

In Skripts können auch Kommentare eingefügt werden. Diese werden durch zwei Bindestriche eingeleitet. Dabei kann der Kommentar in einer eigenen Zeile stehen oder auch anschließend an einen Befehl in derselben Zeile.

Trennung von Befehl und Parameter durch Leerzeichen ...

```
page next
```

... und durch Tabulator

```
page	next
```

Trennung der Parameter durch Kommata ...

```
place column 1 left, guide 1
```

... und durch Leerzeichen

```
place column 1 left guide 1
```

Positions-Parameter können auch in Klammern eingefaßt werden

```
place (column 1 left, guide 1)
```

Trennung der einzelnen Befehle durch Semikola ...

```
placenext bottom;page next;place 0,0
```

... oder durch Zeilenwechsel mit der Eingabetaste

```
placenext bottom
page next
place 0,0
```

Kommentar in eigener Zeile

```
page next
-- Wechsel zur nächsten Seite
place 0,0
-- Positionieren am Nullpunkt
```

Kommentar hinter einem Befehl

```
page next -- Wechsel zur nächsten Seite
place 0,0 -- Positionieren am Nullpunkt
```

Schreiben eines Skripts

❶ In PageMaker wird ein vorhandenes Dokument geöffnet oder eine neue Satzdatei angelegt.
❷ Im Textmodus wird ein neuer leerer Textabschnitt geöffnet.
❸ Nun werden die Befehle der Reihe nach unter Einhaltung der oben aufgeführten Regeln mit allen Parametern eingegeben.
❹ Mit dem Befehl *Exportieren* aus dem Menü *Datei* wird der gesamte Textabschnitt als reine Textdatei exportiert.
❺ Zum Aufrufen des Skripts wird der Befehl *Skript* aus dem Menü *Aldus Standard-Additions* im Menü *Option* gewählt. Dort kann in der Dateienliste die beim Exportieren erzeugte Textdatei mit dem Skript-Text ausgewählt werden.

Programmierungsstrategien

Das Erstellen eines Skripts ist ganz einfach. Die Befehle müssen nur in der logischen Reihenfolge angeordnet zu werden, in der sie auch bei der normalen Arbeit innerhalb von PageMaker zum Einsatz kommen. So kommt beispielsweise beim Anlegen einer neuen Satzdatei der Befehl **new** (*Neue Datei*) vor dem Befehl **columnguides** (*Spaltenhilfslinien*). Sicherheitshalber sollte die Datei vor jedem Ausführen eines Skripts gespeichert werden. Wenn dann bei der Ausführung des Skripts Fehler auftreten, können mit *Alte Fassung* alle vom Skript durchgeführten Arbeitsschritte verworfen werden.

Konventionen für Koordinaten

Die Koordinaten für das Positionieren oder Zeichnen von Objekten können in einem Skript auf unterschiedliche Arten angegeben werden. Sie können sich auf Spalten oder Hilfslinien, auf das zuletzt gezeichnete Objekt oder auf die Linealkoordinaten beziehen. Die Numerierung ergibt sich dabei wie folgt:

- Spalten werden von links nach rechts numeriert. Bei Doppelseiten muß zusätzlich zur Spaltennummer noch angegeben werden, ob die linke (leftpage) oder die rechte (rightpage) Seite der Doppelseite gemeint ist.

- Hilfslinien werden, unabhängig von ihrer Position, in der Reihenfolge numeriert, in der sie auf der Seite positioniert wurden. Die zuerst positionierte Hilfslinie trägt also die Nummer 1.
- Objekte werden in der Reihenfolge numeriert, wie sie auf der Seite positioniert wurden. Durch Verschieben eines Objektes oder mit den Befehlen **sendtofront** und **sendtoback** ändert sich jedoch die Reihenfolge der Objekte. Das zuerst positionierte und somit zuunterst liegende Objekt trägt die Nummer 1.

Relative Positionsangaben in Skripts

Bezug	Richtung	Positionsangabe	Erklärung
Spalten	x	column n left	n-te Spalte linke Spaltenhilfslinie
		column n right	n-te Spalte rechte Spaltenhilfslinie
		rightpage column n left	rechte Seite n-te Spalte linke Spaltenhilfslinie
		leftpage column n left	linke Seite n-te Spalte linke Spaltenhilfslinie
		rightpage column n right	rechte Seite n-te Spalte rechte Spaltenhilfslinie
		leftpage column n right	linke Seite n-te Spalte rechte Spaltenhilfslinie
	y	column top	obere Spaltenhilfslinie
		column bottom	untere Spaltenhilfslinie
Hilfslinien	x	guide n	n-te senkrechte Hilfslinie
	y	guide n	n-te waagerechte Hilfslinie
Objekt	x	last left	linke Seite des zuletzt gezeichneten Objektes
		last right	rechte Seite des zuletzt gezeichneten Objektes
	y	last top	obere Seite des zuletzt gezeichneten Objektes
		last bottom	untere Seite des zuletzt gezeichneten Objektes

Koordinaten eines Rechtecks bezüglich der Lineale ...

```
box (0,0) (100,150)
-- zeichnet ein Rechteck vom Nullpunkt bis zum Punkt mit
   der Koordinate (100,150) also mit den Seitenlängen von
   100 mm und 150 mm
```

```
box (column 1 left, column top) (column 1 right, column
   bottom)
-- zeichnet ein Rechteck von der linken oberen Ecke der
   ersten Spalte bis zur rechten unteren Ecke dieser
   Spalte

box (guide 1, 10) (column 2 right, guide 2)
-- zeichnet ein Rechteck vom Schnittpunkt der zuerst
   gezeichneten Hilfslinie mit der y-Koordinate 10 bis zum
   Schnittpunkt der rechten Spaltenhilfslinie von Spalte 2
   mit der zweiten Hilfslinie

box (last left, last bottom) (column 1 right, column
   bottom)
-- zeichnet ein Rechteck von der linken unteren Ecke des
   zuletzt positionierten Objektes bis zur rechten unteren
   Ecke von Spalte 1
```

... der Spalten ...

... der Hilfslinien ...

... oder des zuletzt gezeichneten Objektes

Die Linealkoordinaten beziehen sich immer auf den aktuell eingestellten Nullpunkt der Lineale. Ist der Nullpunkt gegenüber seiner Standardposition (linke obere Ecke der Seiten oder obere Mitte der Doppelseite) verschoben, muß dies bei der Angabe der Koordinaten berücksichtigt werden. So wird beispielsweise, wenn sich der Nullpunkt 2 cm rechts und 5 cm unterhalb der oberen linken Seitenecke befindet, mit **box 1,1,2,2** ein Rechteck gezeichnet, dessen linke obere Ecke sich 3 cm rechts und 6 cm unterhalb der oberen linken Seitenecke befindet. Um Fehler zu vermeiden, sollte der Nullpunkt vor der Angabe von Linealkoordinaten mit dem Befehl **zeropointreset** an die Standardposition zurückgebracht werden.

Achtung: Dezimalzahlen werden mit Punkt als Dezimaltrennzeichen eingegeben.

Für Maßangaben werden die zuletzt unter *Vorgaben wählen* eingestellten Einheitensysteme verwendet. Soll der Zahlenwert in einer anderen Einheit eingegeben werden, wird diese zusammen mit dem Zahlenwert angegeben, genauso wie bei der Eingabe in Dialogfelder. (Siehe hierzu im Kapitel *Arbeitsmodi von PageMaker*)

Aufbauen eines Skripts und Fehlersuche

Falls im Skript selbst keine Justierung des Nullpunktes und Einstellungen an den Vorgaben und Standardeinstellungen vorgenommen werden, sollten diese vor dem Starten des Skripts nochmals genau überprüft und gegebenenfalls passend eingestellt werden.

Die korrekte Schreibweise innerhalb des Skripts läßt sich überprüfen, wenn alle Befehlsnamen in ein Benutzerwörterbuch aufgenommen werden und dann die Rechtschreibung im Skript überprüft wird.

Tip: Aufnahme der Skript-Befehlsnamen in ein Benutzerwörterbuch

Im Lieferumfang von PageMaker ist auch eine Datei enthalten, die sämtliche von Skript verwendeten Befehls- und Parameterbezeichnungen auflistet. Dies ist die Datei *Skript-Schreibhilfe*, die sich im Ordner *Hilfsprogramme* innerhalb des Ordners *Aldus* im *Systemordner* befindet. Mit Hilfe des Zusatzprogramms WörterbuchEditor, das im selben Ordner gespeichert ist, läßt sich aus dieser Datei ein Benutzerwörterbuch für die Rechtschreibkontrolle bei Skripts erstellen.

Dazu wird durch Doppelklick auf das Symbol der WörterbuchEditor gestartet und mit dem Befehl *Neue Datei* aus dem Menü *Datei* ein neues Benutzerwörterbuch angelegt. Der deutschsprachige Anwender kann sich die Arbeit wesentlich erleichtern, wenn er das Skript-Benutzerwörterbuch als Teil des englischen Wörterbuches installiert und für den Skript-Text im Dialogfeld *Absatzformat* das englische Wörterbuch auswählt. Dann kann für normalen Text das üblicherweise verwendete Benutzerwörterbuch als Teil des deutschen Wörterbuchs installiert bleiben. (Es kann immer nur ein Benutzerwörterbuch pro Sprache installiert werden.) Natürlich können die Skriptbefehle auch in ein vorhandenes Benutzerwörterbuch aufgenommen werden. Dazu wird dieses Benutzerwörterbuch mit dem Befehl *Datei öffnen* geöffnet.

Nun wird mit dem Befehl *Importieren* die Datei *Skript-Schreibhilfe* importiert. Anschließend wird das Benutzerwörterbuch mit dem Befehl *Speichern* oder *Speichern unter* gespeichert. Vor dem Einsatz des Benutzerwörterbuches muß es noch mit dem Befehl *Installieren* aus dem Menü *Datei* des WörterbuchEditors für die ausgewählte Sprache installiert werden. Dabei wird gegebenenfalls ein anderes bereits installiertes Benutzerwörterbuch deinstalliert.

Durch Angabe von relativen Positionen anstelle von Koordinaten und genaue Planung kann ein Skript in derselben Form oder nur mit kleinen Änderungen auf unterschiedliche Satzdateien angewendet werden, selbst wenn Seitenabmessungen, Ränder, Spalten und Hilfslinien unterschiedlich eingestellt sind.

Bei umfangreicheren Skripts sollten einzelne, in sich abgeschlossene Programmteile separat getestet und erst dann als großes Programm zusammengefügt werden. Zuletzt muß dann das gesamte Programm nochmals getestet werden.

Falls ein Programmteil nicht das gewünschte Ergebnis bringt, sollte wie folgt geprüft werden:

- Stimmt die Reihenfolge der Befehle?
- Stimmt die Syntax der Befehle?
- Wurden alle benötigten Parameter angegeben?
- Wurde eine Position angegeben, die gar nicht existiert (beispielsweise eine Hilfslinie oder ein Objekt)?
- Wurde der Speicherort für importierte Elemente und Grafiken vollständig und korrekt angegeben?

Starten eines Skripts

Skripts lassen sich auf zwei unterschiedliche Arten starten. Beide Methoden verwenden die Addition *Skript...* aus dem Untermenü *Aldus Additions* im Menü *Option*. Bei der ersten Methode befindet sich das Skript in einem Textblock in der aktuellen Satzdatei auf der Seite oder der Montagefläche positioniert. Der Textblock mit dem Skript wird mit der Zeigfunktion markiert oder der gewünschte Text, eventuell auch nur ein Teil des Textes, mit der Textfunktion ausgewählt und dann die Addition *Skript...* aufgerufen. Im daraufhin erscheinenden Dialogfeld wird der markierte Text als Skript ausgeführt, indem auf das Feld *Markierter Text* geklickt wird.

Bei der zweiten Methode befindet sich das Skript nicht in der PageMaker-Satzdatei, sondern wurde als eigenständige Textdatei an einem beliebigen Speicherort gespeichert. Nach Aufruf der Addition *Skript...* läßt sich die Skript-Datei im Dialogfeld auswählen und mit dem Feld *Öffnen* oder durch einen Doppelklick auf den Dateinamen starten.

Im folgenden sind für alle PageMaker-Menübefehle die entsprechenden Skript-Befehle aufgelistet. Dabei werden zu jedem Menübefehl alle zugehörigen Skript-Befehle, ihre Parameter und eine kurze Erläuterung angegeben. Anschließend an die Menübefehle werden alle Befehle aufgelistet, die eine Mausbewegung oder einen Tastaturbefehl definieren.

Parameter

Die meisten Befehle benötigen einen oder mehrere Parameter. Viele Parameter verwenden dieselbe Syntax (on, off; true, false) und einige verwenden beschreibende Zustände (allcaps, center,...), wohingegen andere wiederum Linealpositionen für x-y-Koordinaten verwenden. Die folgende Liste zeigt alle Parametertypen und ihre Namenskonventionen.

b=Boolesch steht für Optionen, die ein- oder ausgeschaltet sein können. Akzeptiert werden true oder false, on oder off, 1 oder 0 (0=off, 1=on).

w=Wahl steht für Auswahlmöglichkeiten in Einblendmenüs oder für Optionen mit mehreren Auswahlmöglichkeiten. Eingegeben wird ein Schlüsselwort oder eine ganze Zahl (keine oder 0, zentriert oder 2).

f=Dateiname steht für Dateiname mit komplettem Speicherplatz als Textstring (beispielsweise bei Befehlen wie *Positionieren, Datei öffnen, Buch)*. Ein Textstring wird immer in gerade Anführungszeichen gesetzt (nicht in schräggestellte!).

n=Zahl steht für einen ganzzahligen Wert wie beispielsweise die Seitenanzahl, Anzahl der Spalten, Anzahl der neuen Seiten usw.

d=Dezimalwert steht für eine Dezimalzahl, beispielsweise für die Schriftgröße, die Seitenabmessungen, den Zeilenabstand usw. Als Dezimalzeichen dient, wie im Englischen üblich, der *Punkt* und nicht wie im Deutschen das Komma.

l=Liste steht für eine Liste von Parametern desselben Typs, beispielsweise alle Dateien einer Position in waagerechter Richtung.

x=x-Koordinate gibt die Position in waagerechter Richtung an. Dies kann die Linealposition (8.5) oder die Nummer der Hilfslinie (1 bis n), die Spaltenseite (column 1 left oder column 3 right) oder die Ecke des zuletzt gezeichneten Objektes (last left) sein. Bei Verwendung der Linealposition wird das aktuell für das Lineal eingestellte Maßsystem verwendet. Es kann aber auch durch Angabe eines anderen Maßsystems überschrieben werden.

y=y-Koordinate gibt die Position in senkrechter Richtung an (siehe x=x-Koordinate).

s=String steht für die Eingabe von Zeichenfolgen, beispielsweise Füllzeichen. Strings werden immer in gerade Anführungszeichen eingefaßt. Sollen innerhalb des Strings Anführungen verwendet werden, muß ihnen ein Backslash (\) vorangestellt werden.

In eckige Klammern eingefaßte Parameter sind optional. Sie können falls benötigt angegeben werden, können aber auch entfallen. Sind mehrere Parameter verschachtelt in eckige Klammern eingefaßt, müssen alle dem gewünschten Parameter vorangehenden Parameter angegeben werden, folgende nicht benötigte können entfallen.

Achtung: Beim Schreiben des Skripts in PageMaker muß beachtet werden, daß die Option *Typographische Anführungszeichen* im Unterdialogfeld *Andere* des Dialogfeldes *Vorgaben wählen* ausgeschaltet ist, damit die Anführungen gerade sind.

Übersicht Befehle und Schlüsselwörter

Menü Datei

Neue Datei

new [nSeiten]

nSeiten	Anzahl der Seiten in der Satzdatei (*Seitenanzahl*), Vorgabe ist 1

Erzeugt eine neue Satzdatei mit der angegebenen Seitenanzahl. Anschließend sollten Befehle für Seitengröße, Ränder etc. folgen, die unter *Seite einrichten* aufgelistet sind.

```
...
new 3
...
```

Beispiel

Das Skript erzeugt eine neue Satzdatei mit drei Seiten.

Datei öffnen

open (fSatzdateiname) (wWie)

fSatzdateiname	Name der Satzdatei, die geöffnet werden soll
wWie	0=original=*Original*, 1=copy=*Kopie*

```
...
open "HD1:Projekte:Brief an Müller", copy
...
```

Beispiel

Das Skript öffnet die Satzdatei *Brief an Müller* als Kopie.

Datei schließen

close

Schließt die Satzdatei, ohne sie zuvor zu speichern. Soll die Satzdatei zuerst gespeichert werden, muß dazu der Befehl **save** aufgerufen werden.

Speichern

save

Speichert die geöffnete Satzdatei und öffnet ein Dialogfeld zur Eingabe eines Dateinamens, falls die Satzdatei zuvor noch nicht gespeichert worden ist.

minisave

Der Befehl speichert alle an der geöffneten Satzdatei vorgenommenen Änderungen und fügt diese Änderungen der originalen Satzdatei an. Eine ähnliche Zwischenspeicherung wird auch bei Operationen wie beispielsweise einem Seitenwechsel automatisch von PageMaker vorgenommen. Mit dem Befehl **revert minisaved** (siehe unter *Alte Fassung*) können dann diese Änderungen alle zusammen wieder rückgängig gemacht werden.

Speichern unter

saveas (fSatzdateiname) (wArt) (bKopieren)

fSatzdateiname	Name der Satzdatei
wArt	0=publication=*Satzdatei,* 1=template=*Mustervorlage*
bKopieren	0=none=*Keine weiteren Dateien* 1=remote=*Dateien für Hintergrunddruck* 2=linked=*Alle verbundenen Dateien*

Beispiel

```
...
saveas "HD1:Briefe:Briefvorlage", template,
   linked
...
```

Das Beispielskript speichert die Satzdatei zusammen mit allen verbundenen Dateien im Ordner Brief als Mustervorlage ab.

Alte Fassung

revert [wArt]

wArt	0=saved=gespeichert, 1=minisaved=Zwischenspeicherung

Die Änderungen an der Satzdatei seit dem letzten Speichern oder seit der letzten Zwischenspeicherung werden verworfen. Es erscheint keine Warnung. Ohne Parameterangabe wird die zuletzt gespeicherte Fassung geöffnet.

Exportieren

export (fDateiname) (sFormat) [bFormatmarken]

fDateiname	Dateiname und Speicherplatz in Anführungen (maximal 91 Zeichen)
sFormat	Dateiformat in Anführungen (maximal 31 Zeichen)

bFormatmarken — 0=off=Option aus (Standardvorgabe), 1=on=Option ein

Exportiert den Text, in dem sich der Textcursor befindet, im ausgewählten Dateiformat in die angegebene Datei. Ist ein Bereich des Textes markiert, wird nur dieser exportiert, anderenfalls der gesamte Textabschnitt. Ohne Angabe des optionalen Parameters *bFormatmarken* ist die Option *Formatmarken exportieren* ausgeschaltet.

```
...
select 1
textedit
export "Brieftext", "Microsoft Word 3.0/4.0"
...
```

Beispiel

Das Beispielskript markiert den Textblock, der sich als unterstes Objekt auf der Seite befindet und setzt die Einfügemarke im Layoutmodus an den Anfang des Textblockes. Anschließend wird der gesamte Text im Word-Format in die Datei *Brieftext* exportiert.

Positionieren

Der Befehl **import** importiert die angegebene Datei und legt fest, wie sie positioniert wird. Anschließend an den Befehl **import** wird die importierte Datei mit **place** in der Satzdatei positioniert.

import (fDatei) (wAlsWas) [bFormatiert [bAnführUmwandeln [bFormatmarken]]]

fDatei	Dateiname der zu positionierenden Datei
wAlsWas	0=independent=*Als unabhängige Grafik* oder 0=newstory=*Als neuen Textabschnitt* 1=replaceentire=*Ganzen Textabschnitt ersetzen* oder 1=inlinegraphic=*Als eingebundene Grafik* 2=inserttext=*Text einfügen* oder 2=replacetext=*Markierten Text ersetzen*
bFormatiert	0=off=Option aus, 1=on=Option ein
bAnführUmwandeln	0=off=Option aus, 1=on=Option ein
bFormatmarken	0=off=Option aus, 1=on=Option ein

place (xPosition) (yPosition)

xPosition	x-Koordinate der Position, an der der Text oder die Grafik aus dem geladenen Text/Grafik-Symbol positioniert werden soll.
yPosition	y-Koordinate der Position

Festlegen der Größe des Textblocks oder der Grafik durch Klicken und Ziehen ist nicht möglich. Die Größe kann anschließend mit dem Befehl **resize** angepaßt werden.

placenext (wTextblockanfasser)

wTextblockanfasser	3=top=oberer Anfasser, 4=bottom=unterer Anfasser

Entspricht dem Klicken auf einen Textblockanfasser, um verbundenen Text zu positionieren

Beispiel

```
...
import "HD1:Projekte:Bericht 91/92", newstory, true,
   true
place column1 left guide 1
placenext bottom
page next
place column 2 left guide 1
...
```

Das Beispielskript importiert die Datei *Bericht 91/92* und positioniert sie als neue Satzdatei mit Formatierungen und Umwandeln der Anführungszeichen auf der aktuellen Seite der Satzdatei an der linken Seite der ersten Spalte unterhalb der ersten Hilfslinie. Anschließend wird der untere Textblockanfasser angeklickt und so das Textsymbol wieder geladen. Nach dem Wechsel zur nächsten Seite wird dort der weitere Text in der zweiten Spalte unterhalb der ersten Hilfslinie positioniert.

Verbindungen

siehe unter *Verbindungsinformation* und *Verbindungsoptionen* im Menü *Einstellung.*

Buch

book (wAutom.Numerierung) (nAnzahlSatzdateien) (lSatzdateinamen)

wAutom.Numerierung	*Seiten-Nr. automatisch aktualisieren*: 0=none=*Keine*, 1=nextpage=*Nächste Seite*, 2=nextodd=*Nächste ungerade Seiten-Nr.*, 3=nexteven=*Nächste gerade Seiten-Nr.*,
nAnzahlSatzdateien	Anzahl der Satzdateien in der Kapitelliste
lSatzdateinamen	Namen der Satzdateien (maximal 91 Zeichen für jeden Namen und Speicherplatz)

Beispiel

```
...
book nextodd 3 "HD1:Buch:Kapitel1",
   "HD1:Buch:Kapitel2", "HD1:Buch:Kapitel3"
...
```

Das Beispielskript faßt die Dateien Kapitel1, Kapitel2 und Kapitel3 in einer Kapitelliste zusammen. Dabei werden die Seiten automatisch fortlaufend numeriert und bei jedem Kapitel mit der nächsten ungeraden Seitenzahl begonnen.

Seite einrichten

Die Optionen des Dialogfeldes *Seite einrichten* und seines Unterdialogfeldes *Seitennumerierung* werden über vier Befehle eingestellt.

Dialogfeld *Seite einrichten*

pagesize (xBreite) (yHöhe)

xBreite	Breite der Seite
yHöhe	Höhe der Seite

Einstellungen für *Seitengröße*

pageoptions (bZweiseitig) [bDoppelseite]

bZweiseitig	0=off=Option aus, 1=on=Option ein
bDoppelseite	0=off=Option aus, 1=on=Option ein (Vorgabe=1)

Einstellungen für *Optionen*. Der Parameter bDoppelseite braucht nur angegeben zu werden, wenn eine zweiseitige Satzdatei keine Doppelseiten haben soll. In der Vorgabeeinstellung ist die Option *Doppelseite* beim Einschalten der Option *Zweiseitig* automatisch auch eingeschaltet.

pagemargins (xLinks) (yKopf) (xRechts) (yFuß)

xLinks	Stegbreite *Links* (*Bund*)
yKopf	Stegbreite *Oben*
xRechts	Stegbreite *Rechts* (*Außen*)
yFuß	Stegbreite *Unten*

Einstellungen für die Optionen unter *Stegbreite*

Dialogfeld *Seite einrichten* und Unterdialogfeld *Seitennumerierung*

pagenumbers (nErsteSeite) (nSeitenanzahl) (nNeueSeitennum) (wFormat) (sPräfix)

nErsteSeite	Nummer für *Erste Seite*
nSeitenanzahl	Anzahl der Seiten in der Satzdatei, -2=dontcare=behält die schon eingestellte Seitenanzahl bei
bNeueSeitennum	0=off=Option aus, 1=on=Option ein, -2=dontcare=beläßt die schon eingestellte Seitennumerierung unverändert

wFormat	0=arabic=*Arabische Ziffern,* 1=upperroman=*Römische Ziffern, groß,* 2=lowerroman=*Römische Ziffern, klein,* 3=upperalpha=*Großbuchstaben,* 4=loweralpha=*Kleinbuchstaben,* -2=dontcare=beläßt das schon eingestellte Seitenformat unverändert
sPräfix	Präfix für *Inhaltsverzeichnis-/Indexpräfix* in Anführungen, soll kein Präfix verwendet werden, werden für diesen Parameter nur die Anführungen ohne Inhalt eingegeben

Einstellen der Seitennumerierung

Beispiel

```
...
new
pagesize 210 297
pageoptions 1
pagemargins 20, 20, 20, 20
pagenumbers 1,10,0,-2,""
...
```

Es wird eine neue zweiseitige Satzdatei ohne Doppelseiten im Format DIN A4 eingerichtet. Auf allen Seiten beträgt die Stegbreite 20 mm. Die Satzdatei umfaßt 10 Seiten. Bei der Seitennumerierung wird mit Seite 1 begonnen und die Numerierung bleibt auch bei automatischer Seitennumerierung unverändert. Das Format der Seitennumerierung wird aus der Vorgabe übernommen und die Seitenzahlen in Index und Inhaltsverzeichnis erhalten kein Präfix.

Drucken

Der Befehl **print** startet den Druckvorgang. Dabei werden nur der Seitenbereich und die Anzahl der Kopien festgelegt. Gegebenenfalls müssen zuvor die anderen Druckoptionen mit den zugehörigen Befehlen eingestellt werden. Druckerart und Papier können nicht in einem Skript eingestellt werden. Sie müssen zuvor in der Satzdatei manuell ausgewählt werden oder es werden der Standarddrucker und das Standardpapier verwendet.

Dialogfeld *Drucker*

print (nKopien) (nErsteSeite) [nLetzteSeite) [PSDateiname]]

nKopien	Anzahl unter *Kopien*
nErsteSeite	Nummer der ersten zu druckenden Seite der Satzdatei oder 0=all=alle Seiten

nLetzteSeite	Nummer der letzten zu druckenden Seite der Satzdatei, falls unter nErsteSeite nicht 0=all angegeben ist
PSDateiname	Dateiname, falls in Datei gedruckt wird (im Befehl printpostscript muß dazu der Parameter wPSDatei nicht auf Null eingestellt sein)

printsetup (bSortiert) (bUmgekehrteReihen) (bPapierzufuhr) (dGröße) (nÜbersicht) (wBuch)

bSortiert	0=off=Option aus, 1=on=Option ein
bUmgekehrteReihen	0=off=Option aus, 1=on=Option ein
bPapierzufuhr	0=manualfeed=*Manuell*, 1=papertray=*Kassette*
dGröße	Maß für *Größe* zwischen 24% und 1000% kann eingegeben werden
nÜbersicht	Zahl bis 64 für die Seitenanzahl auf einer Übersichtsseite oder 0=keine Übersicht
wBuch	0=*Nur diese Satzdatei*, 1=*Gesamtes Buch drucken*

Dialogfeld *Aldus Druckoptionen*

printoptions1 (bProbedruck) (bBeschnittzeichen) (bSchriftOptimieren) (bGlätten) (wUnterteilen) [xÜberlagerung]

bProbedruck	0=off=Option aus, 1=on=Option ein
bBeschnittzeichen	0=off=Option aus, 1=on=Option ein
bSchriftOptimieren	0=off=Option aus, 1=on=Option ein
bGlätten	0=off=Option aus, 1=on=Option ein
wUnterteilen	0=none=*Unterteilen* ausgeschaltet, 1=manualtiling=*Manuell*, 2=autooverlap=*Autom. Überlagerung*
xÜberlagerung	Maß für die minimale Überlagerung, falls unter wUnterteilen *2=autooverlap* eingestellt

printoptions2 (bFormatlage) (bNegativ) (bSpiegelbildlich) (wSeitenzahlen)

bFormatlage	0=off=Orientierung des Papiers stimmt mit Orientierung der Seite überein, 1=on=Orientierung des Papiers und der Seite weichen um 90 Grad voneinander ab
bNegativ	0=off=Option aus, 1=on=Option ein
bSpiegelbildlich	0=off=Option aus, 1=on=Option ein

wSeitenzahlen	0=both=*Beide*, 1=even=*Gerade*, 2=odd=*Ungerade*, stellt die Option unter *Seitenzahlen* ein

printcomposite (bFarbe/Graustufen) (bLeereSeitenDrucken)

bFarbe/Graustufen	0=off=Option aus, 1=on=Option ein (wenn *Farbe/Graustufen* ausgeschaltet ist, ist *Schwarzweiß* eingeschaltet)
bLeereSeitenDrucken	0=off=Option aus, 1=on=Option ein

Drucken einer Probezusammenstellung

printspotcolors (bAussparungen) (bAlleFarben) [sFarbname]

bAussparungen	0=off=Option aus, 1=on=Option ein
bAlleFarben	0=off=Auszüge für die mit sFarbname angegebenen Farben werden gedruckt, 1=on=Auszüge für alle Farben werden gedruckt
sFarbname	Name der Farbe, deren Farbauszug gedruckt werden soll, in Anführungen (maximal 31 Zeichen)

Drucken von Volltonfarbauszügen

Dialogfeld *PostScript-Optionen*

printpostscript (bBitmusterzeichens) (bPS-Zeichensätze) (bSymbolSonderzeichen) (bAldusPrepPermanent) (bLetzteFehlermeldung) (wEinschließlichBilder) (bBilddaten) (wPSDatei) (bAldusPrepEinschl)

bBitmusterzeichens	0=off=Option aus, 1=on=Option ein
bPS-Zeichensätze	0=off=Option aus, 1=on=Option ein
bSymbolSonderzeichen	0=off=Option aus, 1=on=Option ein
bAldusPrepPermanent	0=off=Option aus, 1=on=Option ein
bLetzteFehlermeldung	0=off=Option aus, 1=on=Option ein
wEinschließlichBilder	0=none=Option ist ausgeschaltet, Bilder werden also nicht gedruckt (Vorgabeeinstellung), 1=FPO=*Nur Lage*, 2=optimized=*Optimiert*, 3=normalimage=*Normal*
bBilddaten	0=hex=*Normal (hex)*, 1=binary=*Schneller (binär)*
wPSDatei	0=none=Option *PostScript auf Datenträger schreiben* ist ausgeschaltet, 1=normalpostscript=*Normal*, 2=eps=*EPS*, 3=seps=*Für Farbauszüge*

bAldusPrepEinschl — 0=off=Option aus,
1=on=Option ein, falls *PostScript auf Datenträger schreiben* eingeschaltet ist

```
...
printoptions1 off, on, off, off, none
printpostscript off, on, off, off, off, normalimage, hex,
   normalpostscript, on
printcomposite on, on
printoptions2 off, off, off, odd
print 1, 1, 10, "Druckdatei ungerade Seiten"
printoptions2 off, off, off, even
print 1, 1, 10, "Druckdatei gerade Seiten"
...
```

Beispiel

Das Skript stellt zuerst alle benötigten Druckoptionen ein und startet dann den Druckvorgang. Mit **printoptions1** wird das Drucken von Beschnittmarken eingeschaltet, mit **printpostscript** das Drucken in eine normale PostScript-Datei für die Übertragung auf einen anderen Drucker ausgewählt, wobei die vollständigen Bilddaten hexadezimal versendet werden. Der Befehl **printcomposite** stellt das Drucken als Farbseiten ein, wobei auch leere Seiten gedruckt werden sollen. In der vierten Zeile wird mit **printoptions2** nur das Drucken der ungeraden Seiten eingestellt und anschließend mit **print** in die Datei "Druckdatei ungerade Seiten" gedruckt. In der sechsten Zeile wird nochmals der Befehl **printoptions2** aufgerufen und nun das Drucken der geraden Seiten eingestellt. Anschließend wird mit **print** erneut in eine Datei gedruckt, die diesmal den Dateinamen "Druckdatei gerade Seiten" erhält. Der Befehl **printsetup** wird für dieses Beispiel nicht benötigt.

Beenden

quit

Der Befehl beendet PageMaker, ohne die geöffnete Satzdatei zu speichern.

Menü Bearbeiten

Ausschneiden

cut

Befehl arbeitet wie im Referenzkapitel beschrieben.

Kopieren

copy

Befehl arbeitet wie im Referenzkapitel beschrieben.

Einfügen

paste

Befehl arbeitet wie im Referenzkapitel beschrieben.

Löschen

clear oder **delete**

Befehl arbeitet wie im Referenzkapitel beschrieben.

Mehrfach einfügen

multiplepaste (nAnzahl) (xVersatz) (yVersatz)

nAnzahl	Anzahl der Kopien, die eingefügt werden sollen
xVersatz	Versatz beim Einfügen in x-Richtung
yVersatz	Versatz beim Einfügen in y-Richtung

Beispiel

```
...
select last
copy
multiplepaste 3, 20, 20
...
```

Das Skript wählt das zuletzt positionierte Objekt aus, kopiert es in die Zwischenablage und fügt es dann dreimal mit einem Versatz von 20 mm in horizontaler und vertikaler Richtung ein.

Alles markieren

selectall

Der Befehl markiert alle Objekte auf der (Doppel-)Seite und der Montagefläche, insofern nicht die Text- oder Abschneidefunktion aktiv ist. Bei aktiver Textfunktion arbeitet der Befehl nur, wenn eine Einfügemarke in einen Textblock gesetzt ist. In diesem Fall wird der gesamte Text des zugehörigen Textabschnittes markiert.

Vorgaben wählen

Der Befehl **measureunits** stellt die Einheitensysteme im Dialogfeld *Vorgaben wählen* ein. Über die Parameter des Befehls **preferences** können dann weitere Optionen aus dem Dialogfeld *Vorgaben wählen* und aus dem Unterdialogfeld *Andere* eingestellt werden. Der Befehl **fontdrawing** steuert die Bildschirmanzeige für Schriften (*Schriftart* im Unterdialogfeld *Andere*).

Dialogfeld *Vorgaben wählen*

measureunits (wMaßsystem) (wVertikal) [nVorgabe/Point]

wMaßsystem	0=inches=*Zoll*, 1=inchesdecimal=*Dezimalzoll*, 2=millimeters=*Millimeter*, 3=picas=*Pica*, 4=ciceros=*Cicero*
wVertikal	wie unter wMaßsystem und zusätzlich 5=custom=*Vorgabe*
nVorgabe/Point	Vorgabewert für senkrechtes Lineal in 1/10 Point

Dialogfeld *Vorgaben wählen* und Unterdialogfeld *Andere*

preferences (nSenkrechtesLineal) (wHilfslinien) (wBildschirmdarst) (bBuchstabenabstände) (bAbsatzoptionen) (wSpeicheroptionen) (bTypografischeAnführ) (bPositionierhilfe) (bAlleSeitenAnzeigen)

nSenkrechtesLineal	Anzahl Pixel bei Vorgabe für das senkrechte Lineal
wHilfslinien	0=front=*Vorne*, 1=back=*Hinten*
wBildschirmdarstell	0=gray=*Grau*, 1=normal=*Normal*, 2=highres=*Hohe Auflösung*
wSpeicheroptionen	0=savefaster=*Schneller*, 1=savesmaller=*Besser*
bBuchstabenabstände	0=off=Option aus, 1=on=Option ein
bAbsatzoptionen	0=off=Option aus, 1=on=Option ein
bTypografischeAnführ	0=off=Option aus, 1=on=Option ein
bPositionierhilfe	0=off=Option aus, 1=on=Option ein
bAlleSeitenAnzeigen	0=off=Option aus, 1=on=Option ein

storyeditpref (bFormatmarken) (bDruckformate) (dSchriftgrad) (sSchriftart)

bFormatmarken	0=off=Option aus, 1=on=Option ein
bDruckformate	0=off=Option aus, 1=on=Option ein
dSchriftgrad	Schriftgröße für die Option *Textmodus: Schriftgrad*
sSchriftart	Schriftart für die Option *Textmodus: Schriftart*

Dialogfeld *Andere*

fontdrawing (bATM) (wGleicherZeilenabst)

bATM	1=True=*ATM für schnelleren Textaufbau* ist eingeschaltet, 0=false=Option ist ausgeschaltet
wGleicherZeilenabst	0=preserveline=*Gleicher Zeilenabstand in TrueType*, 1=preservechar=*Gleiche Form in True Type*

Beispiel

```
...
measureunits millimeters, millimeters
preferences 4, front, highres, off, off, faster, off, off,
   off
fontdrawing on, preserveline
storyeditpref on, on, 12, "55 Helvetica Roman"
...
```

Das Beispielskript stellt alle Optionen im Dialogfeld *Vorgaben wählen* und im Dialogfeld *Andere* optimal für einen schnellen Rechner mit 21"-Bildschirm ein. Als Einheit für beide Lineale wird mit measureunits Millimeter gewählt. Der Befehl **preferences** nimmt folgende Einstellungen vor: ab 4 Pixel wird Text exakt angezeigt, die Hilfslinien sind im Vordergrund, Grafiken werden mit hoher Auflösung angezeigt, beide Optionen unter *Layoutprobleme anzeigen* sind ausgeschaltet, als Speicheroption ist *Schneller* ausgewählt und die drei Optionen aus dem Dialogfeld andere (*Alle Seiten anzeigen, Mit Positionierhilfe* und *Typografische Anführungszeichen*) sind ausgeschaltet. Für die Anzeige von Schrift wird mit **fontdrawing** ATM eingeschaltet und der Zeilenabstand in TrueType beibehalten. Für den Textmodus werden die beiden Optionen aus dem Dialogfeld *Andere* eingeschaltet und es wird eine 12 Point Helvetica ausgewählt.

Textmodus

editstory

Der Befehl ruft den Texteditor auf. Befindet sich die Einfügemarke in einem Textabschnitt, wird dieser Textabschnitt im Texteditor geöffnet, anderenfalls wird ein neuer leerer Textabschnitt geöffnet. Der Befehl **editstory** steht am Ende eines Skripts, da für den Textmodus keine Skriptbefehle zur Verfügung stehen.

Original bearbeiten

editoriginal (sNameAnwendung)

sNameAnwendung	Name und Speicherplatz der Anwendung, in der das markierte Objekt bearbeitet werden soll (läuft nur unter System 7).

Menü Option

Aldus Additions

addition (sAdditionname) [sDateinameAddition]

sAdditionname	Name des Additions (max. 31 Zeichen)
sDateinameAddition	Name der Datei, die das Addition enthält (max. 31 Zeichen)

Beispiel

```
...
addition "Initiale..."
...
```

Der Befehl startet das Addition *Initiale*.

Lineale

rulers (bStatus)

bStatus	0=off=Option aus, 1=on=Option ein

Linealpositionierhilfe

snaptorulers (bStatus)

bStatus	0=off=Option aus, 1=on=Option ein

Nullpunktfestsetzung

zerolock (bStatus)

bStatus	0=off=Option aus, 1=on=Option ein

Hilfslinien

guides (bStatus)

bStatus	0=off=Option aus, 1=on=Option ein

Positionierhilfe

snaptoguides (bStatus)

bStatus	0=off=Option aus, 1=on=Option ein

Hilfslinien festsetzen

lockguides (bStatus)

bStatus	0=off=Option aus, 1=on=Option ein

Spaltenhilfslinien

columnguides (nSpaltenanzahl) (xSpaltenabstand) [cSeite]

nSpaltenanzahl	Anzahl der Spalten
xSpaltenabstand	Abstand zwischen den Spalten
wSeite	0=left=linke Seite, 1=right=rechte Seite

Der Befehl richtet gleich breite Spalten mit vorgegebenem Spaltenabstand ein. Ohne den Parameter wSeite erhalten beide Seiten einer Doppelseite dieselben Spalten.

Beispiel

```
...
columnguides 3, 5.5, left
columnguides 2, 5.5, right
...
```

Mit diesen beiden Befehlen werden zuerst auf der linken Seite der Doppelseite drei Spalten mit einem Spaltenabstand von 5,5 mm eingerichtet und dann auf der rechten Seite zwei Spalten wiederum mit einem Spaltenabstand von 5,5 mm.

Autom. Textanschluß

autoflow (bStatus)

bStatus	0=off=Option aus, 1=on=Option ein

Indexeintrag

indexauto

Der Befehl nimmt den markierten Text in den Index auf. Dabei wird die Indexmarke vor die Textmarkierung gesetzt.

indexautoname

Der Befehl nimmt die markierten Wörter als Eigenname in den Index auf. Dabei wird das erste markierte Wort hinter die folgenden gestellt und durch ein Komma abgetrennt. Die Indexmarke wird vor das erste Wort gesetzt.

Index erstellen

Der Befehl **createindex** erzeugt einen Textabschnitt mit dem Index. Das Indexformat wird mit dem Befehl **indexformat** eingestellt.

createindex (sTitel) (bErsetzen) (bBuch) (bLöschen)

sTitel	Titel des Index
bErsetzen	0 für neuen Index, 1 für *Bestehenden Index ersetzen*
bBuch	0 = ohne Buchkapitel, 1= *Buchkapitel integrieren*
bLöschen	0 = alle Einträge, 1 = *Einträge ohne Verweis löschen*

indexformat (bIndexüberschriften) (bLeereBereiche) (wFormat) (sNächster Eintrag) (sZwischenSeitenNr) (sZwischenEinträgen) (sSeitenumfang) (sVorQuerverweis) (sEingabeende)

bIndexüberschriften	0=off=Option aus, 1=on=Option ein
bLeereBereiche	0=off=Option aus, 1=on=Option ein
wFormat	0=nested=*Verschachtelt*, 1=runin=*Fortlaufend*
sNächster Eintrag	die gewünschten Zeichen (max. 7)
sZwischenSeitenNr	die gewünschten Zeichen (max. 7)
sZwischenEinträgen	die gewünschten Zeichen (max. 7)
sSeitenumfang	die gewünschten Zeichen (max. 7)
sVorQuerverweis	die gewünschten Zeichen (max. 7)
sEingabeende	die gewünschten Zeichen (max. 7)

```
...
indexformat on, off, nested, "^>^>", ",^>", ";^>", "^=",
   ";^>", ""
createindex "Stichwortverzeichnis", off, off, on
...
```

Beispiel

Die beiden Befehle erzeugen einen Index mit Überschriften vor jedem neuen Buchstaben, ohne leere Indexbereiche, mit zwei Leerzeichen zwischen Eintrag und Seitenzahl, einem Komma und einem Leerzeichen zwischen zwei Seitenzahlen, einem Semikolon und einem Leerzeichen zwischen weiteren Einträgen, einem Halbgeviert-Bindestrich zwischen erster und letzter Seitenzahl eines Bereichs sowie einem Semikolon und einem Leerzeichen vor einem Querverweis. Der Index erhält die Überschrift Stichwortverzeichnis, wird als neuer Index positioniert, umfaßt keine Buchkapitel und enthält keine Einträge ohne Verweis.

Inhaltsverzeichnis

createtoc (sTitel) (bErsetzen) (bBuch) (wFormat) [sFüllzeichen]

sTitel	Titel des Inhaltsverzeichnisses
bErsetzen	0 für neues Inhaltsverzeichnis, 1 für *Bestehendes Inhaltsverzeichnis ersetzen*
bBuch	0 = ohne Buchkapitel, 1= *Buchkapitel integrieren*
wFormat	0=nonumber=*Keine Seitenzahl,* 1=before=*Seitenzahl vor Eintrag,* 2=after=*Seitenzahl nach Eintrag*
sFüllzeichen	gewünschte Zeichen zwischen Eintrag und Seitenzahl (max. 7 Zeichen)

Beispiel

```
...
createtoc "Inhalt", 1, on, after, "^t"
...
```

Der Befehl erstellt ein Inhaltsverzeichnis mit der Überschrift *Inhalt*, das ein bestehendes Inhaltsverzeichnis ersetzt, alle Buchkapitel umfaßt und bei dem die Seitenzahl durch ein Tabulatorzeichen getrennt hinter dem Eintrag stehen.

Menü Seite

Darstellungsgröße

view (wProzentwert)

Der Befehl beinhaltet gleichzeitig alle Befehle zum Einstellen der Darstellungsgröße.

wProzentwert	25, 50, 75, 100, 200, 400, -3=fit=*Ganze Seite,* -4=pasteboard=*Montagefläche*

Beispiel

```
...
view 100
...
```


Der Befehl wechselt zur Darstellungsgröße *Originalgröße*.

Seite anzeigen

page (nSeitennummer/L/R)

nSeitennummer/L/R	Nummer der Satzdateiseiten oder -3=LM=linke Standardseite, -4=RM=rechte Standardseite, -5=next=nächste Seite, -6=previous=vorhergehende Seite

Beispiel

```
...
page -4
...
```

Der Befehl wechselt zur rechten Standardseite.

showpages

Der Befehl zeigt der Reihe nach alle Seiten der Satzdatei, solange, bis die Operation durch einen Mausklick abgebrochen wird. Vor Aufruf dieses Befehls sollten alle Paletten sowie die Rollbalken und die Hilfslinien ausgeschaltet werden, so daß nur die Seiten und ihr Inhalt sichtbar sind.

Seite(n) einfügen

insertpages (nAnzahl) (wWo)

nAnzahl	Anzahl der einzufügenden Seiten
wWo	0=before=*Vor dieser Seite*, 1=after=*Nach dieser Seite*, 2=between=*Zwischen diesen Seiten*

Beispiel

```
...
insertpages 4, after
...
```

Der Befehl fügt 4 Seiten hinter der aktuellen (Doppel-)Seite ein.

Seite(n) löschen

removepages (nErsteSeite) (nLetzteSeite)

nErsteSeite	Seitennummer der ersten zu löschenden Seite
nLetzteSeite	Seitennummer der letzten zu löschenden Seite

Beispiel

```
...
removepages 27, 35
...
```

Der Befehl löscht die Seiten 27 bis 35 aus der Satzdatei.

Standardseitenelemente anzeigen

masteritems (bStatus)

bStatus	0=off=Option aus, 1=on=Option ein

Standardhilfslinien kopieren

masterguides

Befehl arbeitet wie im Referenzkapitel beschrieben.

Menü Schrift

Schriftart

font (sSchriftname)

sSchriftname	Name des Fonts in Anführungen (max. 63 Zeichen)

Schriftgrad

size (dPointgröße)

dPointgröße	Schriftgrad in Schritten von 1/10 Point (von 4 bis 650)

Zeilenabstand

leading (dPoint)

dPoint	Größe des Zeilabstandes in Schritten von 1/10 Point oder auto=Automatischer Zeilenabstand

Buchstabenbreite

setwidth (dProzentwert)

dProzentwert	Prozentwert von 0.1 bis 250, 100=normal

Laufweite

track (wLaufweite)

wLaufweite	0=notrack=*Keine*, 1=veryloose=*Sehr weit*, 2=loose=*Weit*, 3=normaltrack=*Normal*, 4=tight=*Schmal*, 5=verytight=*Sehr schmal*

Schriftschnitt

typestyle (sSchnitt)

sSchnitt	0=normal=*Normal*, 1=bold=*Fett*, 2=italic=*Kursiv*, 3=underline=*Unterstrichen*, 4=outline=*Konturiert*, 5=shadow=*Schattiert*, 6=strikethru=*Durchgestrichen*, 7=reverse=*Negativ*

Schriftfestlegung

Alle weiter oben im Menü *Schrift* getrennt auswählbaren Schriftattribute werden über eigene Befehle (**font**, **size**, **leading**, **setwidth**, **track** und **typestyle**) eingestellt. Die Befehle **position**, **case** und **color** stellen die weiteren Optionen im Dialogfeld *Schriftfestlegung* ein, und der Befehl **typeoptions** steuert die im Unterdialogfeld *Schriftoptionen* einstellbaren Schriftattribute.

position (wZeichenlage)

wZeichenlage	1=normal=*Normal*, 2=superscript=*Hochgestellt*, 3=subscript=*Tiefgestellt*

case (wBuchstabenart)

wBuchstabenart	0=normal=*Normal*, 1=allcaps=*Großbuchstaben*, 2=smallcaps=*Kapitälchen*

color (sFarbname)

sFarbname	Name der gewünschten Farbe

Dialogfeld *Schriftoptionen*

typeoptions (dKapitälchengröße) (dGrößeHoch/Tief) (dHochgestellt) (dTiefgestellt)

dKapitälchengröße	Prozentwert, -2=dontcare=beläßt die Einstellung unverändert
dGrößeHoch/Tief	Prozentwert, -2=dontcare=beläßt die Einstellung unverändert

dHochgestellt	Prozentwert, -2=dontcare=beläßt die Einstellung unverändert
dTiefgestellt	Prozentwert, -2=dontcare=beläßt die Einstellung unverändert

Beispiel

```
...
font "1Stone Serif"
size 9
leading 11.6
track normaltrack
typestyle bold
position superscript
typeoptions -2, 100, -2, -2
...
```

Das Skript formatiert die markierten Zeichen wie folgt: Stone Serif Semibold, 9 Point, Zeilenabstand 11,6 Point, hochgestellt mit normaler Schriftgröße.

Absatz

Dialogfeld *Absatzformat*

indents (xLinkerEinzug) (xErsteZeile) (xRechterEinzug)

xLinkerEinzug	Wert für linken Absatzeinzug
xErsteZeile	Wert für Erstzeileneinzug (negativer Wert für *Erste Zeile* bei hängendem Einzug)
xRechterEinzug	Wert für rechten Absatzeinzug (negativer Wert für *Erste Zeile* bei hängendem Einzug)

paraspace (yAbstandOben) (yAbstandUnten)

yAbstandOben	Wert für Absatzabstand oben
yAbstandUnten	Wert für Absatzabstand unten
alignment	siehe unter *Ausrichtung*

dictionary (sSprache)

sSprache	Name der Sprache des Wörterbuchs (max. 15 Zeichen) oder none=Kein Wörterbuch

paraoptions (bNichtTrennen) (bNeueSpalte) (bNeueSeite) (bInIHV) (nGefolgtVon) (nSchusterjungen) (nHurenkinder)

bNichtTrennen	0=off=Option aus, 1=on=Option ein oder -2=dontcare=Einstellung unverändert
bNeueSpalte	0=off=Option aus, 1=on=Option ein oder -2=dontcare=Einstellung unverändert

bNeueSeite	0=off=Option aus, 1=on=Option ein oder -2=dontcare=Einstellung unverändert
bInIHV	0=off=Option aus, 1=on=Option ein oder -2=dontcare=Einstellung unverändert
nGefolgtVon	Anzahl der Zeilen oder -2=dontcare=Einstellung unverändert
nSchusterjungen	Anzahl der Zeilen oder -2=dontcare=Einstellung unverändert
nHurenkinder	Anzahl der Zeilen oder -2=dontcare=Einstellung unverändert

Dialogfeld *Absatzlinien*

ruleabove (bEin) (wLinienformat) (sFarbe) (wLinienbreite) (nEinzugLinks) (nEinzugRechts)

bEin	0=off=Option aus, 1=on=Option ein
wLinienformat	siehe unter Linie oder -2=dontcare=Einstellung unverändert
sFarbe	Farbname (max. 31 Zeichen)
wLinienbreite	0=text=*Textbreite*, 1=column=*Spaltenbreite*
nEinzugLinks	Wert für den linken Einzug der Linie
nEinzugRechts	Wert für den rechten Einzug der Linie

rulebelow (bEin) (wLinienformat) (sFarbe) (wLinienbreite) (nEinzugLinks) (nEinzugRechts)

siehe ruleabove

Dialogfeld *Absatzlinienoptionen*

ruleoptions (nKopf) (nFuß) (bAmRasterAusrichten) (nRastergröße)

nKopf	-1=auto=Autom. oder Maß für Abstand über Grundlinie
nFuß	-1=auto=Autom. oder Maß für Abstand unter Grundlinie
bAmRasterAusrichten	0=off=Option aus, 1=on=Option ein
nRastergröße	Rastergröße in 1/10 Point, falls *Am Raster ausrichten* eingeschaltet ist

Dialogfeld *Abstände*

wordspace (dMinimum) (dErwünscht) (dMaximum)

dMinimum	Prozentwerte für *Wortabstand* in 1/10 Prozent von 0 bis 500 oder -2=dontcare=Einstellung unverändert

dErwünscht	0 bis 500 oder -2=dontcare=Einstellung unverändert
dMaximum	0 bis 500 oder -2=dontcare=Einstellung unverändert

letterspace (dMinimum) (dErwünscht) (dMaximum)

dMinimum	Prozentwerte für *Zeichenabstand* in 1/10 Prozent von -200 bis 200
dErwünscht	Prozentwert von -200 bis 200
dMaximum	Prozentwert von -200 bis 200

spaceoptions (bAusgleich) (nPointAusgleich) (wZeilenabstand) (dAutomZeilenabstand)

bAusgleich	0=off=Option aus, 1=on=Option ein
nPointAusgleich	Werte für Beginn des paarweisen Ausgleichs in 1/10 Point
wZeilenabstand	0=proportional=*Relativ*, 1=topofcaps=*Oberlänge*, 2=baseline=*Grundlinie*
dAutomZeilenabstand	Prozentwert in 1/10 Prozent von 0 bis 200

Beispiel

```
...
indents 6, -3, 3
paraspace 2, 0
alignment left
paraoptions on, off, off, off, off, off, off
wordspace 70, 100, 100
letterspace 0, 0, 0
...
```

Das Beispiel stellt die Absatzformatierungen für die erste Zeile des Beispieltextes ein (dabei wurde als Vorgabeeinheit im Dialogfeld *Vorgaben wählen* Millimeter festgelegt). Der Text ist in der ersten Zeile zu beiden Seiten 3 mm eingezogen, weitere Zeilen sind links 6 mm eingezogen. Der Absatzabstand oben beträgt 2 mm, unten wird kein Absatzabstand definiert. Der Absatz darf nicht getrennt werden. Der Wortabstand darf nur auf 70% verringert werden, der Zeichenabstand bleibt immer konstant.

Einzüge/Tabs

indents siehe unter dem Menübefehl *Absatz*

tabs (nAnzahl) {wArt,xPos,sFüllzeichen}

nAnzahl	Anzahl der Tabulatoren insgesamt, 0 löscht alle gesetzten Tabulatoren
{cArt,xPos,sFüllzeichen}	für jeden einzelnen Tabulator werden die folgenden drei Angaben gemacht:
wArt	0=left=Linker Tab, 1=center=Zentrierter Tab, 2=right=Rechter Tab, 3=decimal=Dezimaltab
xPos	Abstand vom linken Rand des Textblockes
sFüllzeichen	maximal 2 Füllzeichen

```
...
indents -35, 35, 0
tabs 1, left, 35, ""
...
```

Beispiel

Das Beispiel formatiert eine zweispaltige Tabelle, wie sie für die Parameterliste in diesem Kapitel verwendet wurde. Jeder Absatz hat einen negativen Erstzeileneinzug um 35 mm, so daß der Text für längere Erklärungen in der zweiten Spalte läuft. Ebenfalls bei 35 mm wird ein linker Tabulator ohne Füllzeichen gesetzt.

Silbentrennung

hyphenation (wStatus) (nAnzahlTrennzeichen) (xSilbentrennzone)

wStatus	0=off=Silbentrennung aus, 1=manualonly=*Manuell*, 2=plusdictionary=*Manuell plus Wörterbuch*, 3=plusalgorithm=*Manuell plus Algorithmus*
nAnzahlTrennzeichen	Anzahl maximal aufeinanderfolgender Trennzeichen (1 bis 255), 0=none=Beliebig
xSilbentrennzone	Größe der Silbentrennzone (max. 508 mm)

```
...
hyphenation plusalgorithm, 3, 10
...
```

Beispiel

Der Befehl wählt die Silbentrennung mit Algorithmus mit maximal 3 aufeinanderfolgenden Trennungen und einer Silbentrennzone von 10 mm.

Ausrichtung

alignment (wArt)

wArt	0=left=*Linksbündig*, 1=center=*Zentriert*, 2=right=*Rechtsbündig*, 3=justify=*Blocksatz*, 4=force=*Erzwungener Blocksatz*

Druckformate

style (sDruckformatname)

sDruckformatname	Name des Druckformates aus der Druckformatliste, das zugewiesen werden soll (max. 31 Zeichen)

Beispiel

```
...
style "4 Lauftext"
...
```

Der Befehl wendet das Druckformat *4 Lauftext* auf den markierten Absatz an.

Druckformate definieren

Zum Definieren eines Druckformates wird mit **stylebegin** das Bearbeiten des angegebenen Druckformates gestartet, dann werden alle Einstellungen mit den entsprechenden Befehlen vorgenommen und zuletzt die Definition mit **styleend** abgeschlossen.

stylebegin (sDruckformatname)

sDruckformatname	Name des Druckformates, das bearbeitet werden soll (max. 31 Zeichen)

basedon (sBasiertAufNameDf)

sBasiertAufNameDf	Name des Druckformates, auf dem das zu definierende Druckformat basieren soll (max. 31 Zeichen)

nextstyle (sNameNächstesDf)

sNameNächstesDf	Name des Druckformates, das auf das zu definierende Druckformat folgen soll (max. 31 Zeichen)

styleend

removestyle (sDruckformatname)

sDruckformatname	Name des Druckformates, das aus der Liste gelöscht werden soll (max. 31 Zeichen)

Der Befehl löscht das ausgewählte Druckformat.

```
...
stylebegin "4a Lauftext ohne"
basedon "4 Lauftext"
nextstyle "4 Lauftext"
indents 0, 0, 0
styleend
...
```

Beispiel

Das Beispielskript definiert ein neues Druckformat *4a Lauftext ohne*, das auf dem Druckformat *4 Lauftext* basiert und auf das auch wieder das Druckformat *4 Lauftext* folgen soll. Mit dem Befehl **indents** werden die Änderungen gegenüber dem Druckformat *4 Lauftext* definiert: Der Absatz erhält keinen Erstzeileneinzug. Dies ist der einzige Unterschied zwischen den beiden Druckformaten, so daß anschließend die Definition mit dem Befehl **styleend** abgeschlossen werden kann.

Menü Einstellung

Linie

linestyle (wLinienformat) [bNegativ]

wLinienformat	-2=dontcare=Einstellung unverändert, 0=none=*Keine,* 1=hairline=*Haarstrich,* 2=halfpoint=*.5 pt,* 3=onepoint=*1 pt,* 4=twopoint=*2 pt,* 5=fourpoint=*4 pt,* 6=sixpoint=*6 pt,* 7=eightpoint=*8 pt,* 8=twelvepoint=*12 pt,* 9=thinthin=dünn dünn, 10=thickthin=dick dünn, 11=thinthick=dünn dick, 12=thinthickthin=dünn dick dünn, 13=thindash=dünne Bindestriche, 14=mediumdash=mittlere Bindestriche, 15=thickdash=dicke Bindestriche, 16=squares=Quadrate, 17=dots=Punkte
bNegativ	0=false=nicht negativ, 1=true=negativ, -2=dontcare=Einstellung unverändert

Fläche

fillstyle (sFlächenmuster)

sFlächenmuster
0=none=*Keine,*
1=paper=*Papier,*
2=solid=*Vollton,*
3=tenpct=*10%,*
4=twentypct=*20%,*
5=thirtypct=*30%,*
6=fortypct=*40%,*
7=sixtypct=*60%,*
8=eightypct=*80%,*
9=vertfew=wenige senkrecht,
10=vertlots=viele senkrecht,
11=horizfew=wenige waagerecht,
12=horizlots=viele waagerecht,
13=diagfew=wenige diagonal,
14=diaglots=viele diagonal,
15=hashfew=wenige Gitter,
16=hashlots=viele Gitter

Beispiel

```
...
line hairline
fillstyle hashfew
...
```

Eine zuvor mit PageMaker gezeichnete und markierte Fläche erhält mit diesem Beispielskript eine Haarstrichlinie als Umrandung und als Füllung ein weites Gitter.

Nach vorne stellen

bringtofront

Beispiel

```
...
select 1
bringtofront
...
```

Das Skript markiert das Objekt in der untersten Ebene und bringt es nach vorne in die erste Ebene.

Nach hinten stellen

sendtoback

```
...
select last
sendtoback
...
```

Beispiel

Das Skript markiert das Objekt in der vordersten Ebene und bringt es nach hinten in die hinterste Ebene.

Textrotation

rotation (sGrad)

sGrad	Rotationswinkel in Schritten von 90 Grad (0, 90, 180, 270)

Konturenführung

textwrap (wBildbehandlung) (wTextbehandlung) (xAbstandLinks) (yAbstandOben) (xAbstandRechts) (yAbstandUnten)

wBildbehandlung	0=none=Keine, 1=rect=Rechteckig, 2=irregular=Individuell (falls die Begrenzung mit dem Befehl **textwarppoly** verändert werden soll)
wTextbehandlung	0=columnbreak=Spaltenwechsel, 1=jumpover=Bild überspringen, 2=allsides=Herumlegen
xAbstandLinks	Wert für *Abstand Links*
yAbstandOben	Wert für *Abstand Oben*
xAbstandRechts	Wert für *Abstand Rechts*
yAbstandUnten	Wert für *Abstand Unten*

textwrappoly (nPunkte) (lPosition)

nPunkte	Anzahl der Punkte der individuellen Bildgrenze
lPosition	Liste mit den x- und y-Koordinaten jedes einzelnen Punktes

```
...
textwrap rect, allsides, 10, 10, 10, 10
...
```

Beispiel

Der Befehl wählt eine rechteckige Konturenführung, bei der die Grafik vom Text umflossen wird, mit einem Abstand von 10 mm auf allen Seiten.

Beispiel

```
...
textwrap irregular, allsides, 0, 0, 0, 0
textwrappoly 4 (0, 10) (0, 30) (20,0) (20, 40)
...
```

Dieses Beispielskript wählt eine individuelle Konturenführung, bei der die Grafik von Text auf allen Seiten umflossen wird. Die vier Eckpunkte des Bildgrenze bilden ein gleichschenkliges Trapez.

Eckenrundung

roundedcorners (sEckenformat)

sEckenformat	0, 1, 2, 3, 4, 5 in der Reihenfolge der Eckenformate im Dialogfeld *Eckenrundung*

Beispiel

```
...
box (0,0) (10,20)
roundedcorners 4
...
```

Das Beispielskript zeichnet ein Rechteck und formatiert dieses Rechteck mit dem vorletzten Eckenrundungstyp.

Farben definieren

editcolor (sFarbname) (wModell) (nWert1) (nWert2) (nWert3) (nWert4)

sFarbname	Name der zu bearbeitenden Farbe
wModell	0=RGB=*RGB*, 1=CMYK=*CMGS*, 2=pantone=PANTONE
nWert1	Prozentwert *Rot* (RGB) oder *Cyan* (CMGS) in 1/10 Prozent
nWert2	Prozentwert *Grün* (RGB) oder *Magenta* (CMGS) in 1/10 Prozent
nWert3	Prozentwert *Blau* (RGB) oder *Gelb* (CMGS) in 1/10 Prozent
nWert4	Prozentwert *Schwarz* (CMGS) in 1/10 Prozent

```
...
editcolor "Hellgrün", CMYK, 35, 5, 50 ,0
editcolor "Orange 021 CV", 2
...
```

Beispiel

Der erste Befehl nimmt die Farbe *Hellgrün* im CGMS-Farbsystem und der zweite die Pantone-Farbe *Orange* in die Farbpalette auf.

Verbindungsinformation

Die Dateiverbindungen von Objekten können mit **unlink** aufgehoben und mit **relink** wieder eingerichtet werden.

unlink

relink [fDateiname]

fDateiname	Name und Speicherplatz der Datei, mit der das markierte Objekt verbunden werden soll. Ohne Angabe eines Dateinamens wird das Objekt wieder mit seiner ursprünglichen Datei verbunden.

Verbindungsoptionen

linkoptions (bTextAutom.) (bTextHinweis) (bKopieInSatzdatei) (bGrafikAutom.) (bGrafikHinweis)

bTextAutom	0=off=Option aus, 1=on=Option ein
bTextHinweis	0=off=Option aus, 1=on=Option ein
bKopieInSatzdatei	0=off=Option aus, 1=on=Option ein
bGrafikAutom	0=off=Option aus, 1=on=Option ein
bGrafikHinweis	0=off=Option aus, 1=on=Option ein

Menü Fenster

Funktionen

toolbox (bStatus)

bStatus	0=off=Option aus, 1=on=Option ein

```
...
toolbox on
...
```

Beispiel

Der Befehl schaltet die Anzeige des Funktionenfensters ein.

Rollbalken

scrollbars (bStatus)

bStatus	0=off=Option aus, 1=on=Option ein

Druckformatliste

stylepalette (bStatus)

bStatus	0=off=Option aus, 1=on=Option ein

Farbpalette

colorpalette (bStatus)

bStatus	0=off=Option aus, 1=on=Option ein

Kontrollpalette

controlpalette (bStatus)

bStatus	0=off=Option aus, 1=on=Option ein

Befehle für die Arbeit mit den Funktionen

Zeigefunktion

Für das *Markieren* und *Demarkieren* mit der Zeigefunktion stehen drei Befehle zur Verfügung. Der Befehl **select** markiert das spezifizierte Objekt und hebt dabei eine eventuelle Markierung anderer Objekte auf. Mit dem Befehl **selectextend** dagegen wird das spezifizierte Objekt markiert, ohne die Markierung anderer Objekt aufzuheben. **Deselect** hebt die Markierung aller Objekte auf.

select (Objekt)

selectextend (Objekt)

Objekt	wird nur eine Zahl angegeben, wird sie als Zeichenreihenfolge behandelt (z.B. zweites auf der Seite positioniertes Objekt), zwei Zahlen geben eine Position innerhalb des Objektes als x-y-Koordinaten an.

deselect

Beispiel

```
...
select 1
...
```

Wählt das zuerst auf der Seite positionierte Objekt aus.

Beispiel

```
...
select 15, 70
...
```

Wählt das Objekt aus, das sich an den Koordinaten (15,70) befindet.

Beispiel

```
...
select rightpage column 2 right, column bottom
...
```

Der Befehl wählt das Objekt aus, das sich auf der rechten Seite der Doppelseite am Schnittpunkt der rechten Spaltenhilfslinie der zweiten Spalte mit der unteren Spaltenhilfslinie dieser Spalte befindet.

Beispiel

```
...
select last
selectextend guidel, guide 5
selectextend guide 1, 50
...
```

Die erste Befehlszeile wählt das zuletzt positionierte Objekt aus und die zweite Zeile markiert zusätzlich das Objekt, das sich am Schnittpunkt der ersten Hilfslinie mit der fünften Hilfslinie befindet. Der Befehl in der dritten Zeile markiert dann noch zusätzlich das Objekt, das sich am Schnittpunkt der ersten Hilfslinie mit der senkrechten Linealkoordinate 50 befindet.

Achtung: Für die Auswahl eines in PageMaker positionierten Objektes reicht es, wenn sich die Koordinaten innerhalb des Objektes befinden (ebenso wie es reicht, mit dem Mauszeiger in das Objekt zu klicken). Bei ungefüllten, mit den Zeichenfunktionen von PageMaker gezeichneten Rechtecken, abgerundeten Rechtecken und Ellipsen jedoch müssen die Koordinaten auf der Umrißlinie des Objektes liegen.

Mit der Zeigefunktion markierte Objekte lassen sich auf drei unterschiedliche Arten *verschieben*. Der Befehl **move** verschiebt das markierte Objekt so, daß sich der ausgewählte Anfasser an der angegebenen Position befindet. Mit dem Befehl **nudge** wird das markierte Objekt um ein bestimmtes Maß verschoben. Zum Verschieben markierter Objekte auf eine andere Seite dient der Befehl **sendtopage**.

move (wAnfasser) (Position)

wAnfasser	0=left=links, 2=right=rechts, 3=top=oben, 4=bottom=unten, 5=lefttop=links oben, 6=leftbottom=links unten, 7=righttop=rechts oben, 8=rightbottom=rechts unten

Position — x- und y-Koordinaten der gewünschten Position des Anfassers

Beispiel

```
...
move leftbottom (column 1 left, column bottom)
...
```

Der Befehl verschiebt das markierte Objekt so, daß sich der linke untere Anfasser auf dem Schnittpunkt der linken Spaltenhilfslinie von Spalte 1 mit der unteren Spaltenhilfslinie befindet.

nudge (xEntfernung) (yEntfernung)

xEntfernung	Entfernung der Verschiebung in x-Richtung
yEntfernung	Entfernung der Verschiebung in y-Richtung

Beispiel

```
...
nudge 0, 10
...
```

Der Befehl verschiebt das markierte Objekt um 10 mm nach unten.

sendtopage (nSeitennummer)

nSeitennummer — Nummer der Seite, auf die die Objekte verschoben werden sollen

Text, der mit **sendtopage** auf eine andere Seite verschoben wird, muß mit der Zeigefunktion markiert sein. Mit der Textfunktion markierter Text kann nicht verschoben werden.

Zum *Skalieren* eines markierten Objektes dient der Befehl **resize**, mit dem der ausgewählte Anfasser an die angegebene Position gezogen wird. Der Befehl **resizepct** skaliert das markierte Objekt auf eine über den Prozentwert angegebene Größe. Bei beiden Skalierbefehlen kann auch proportional und druckeroptimiert skaliert werden.

resize (wAnfasser) (Position) [bProportional [bDruckeroptimiert]]

wAnfasser	Anfasser, der beim Skalieren gezogen werden soll, 0=left=links, 2=right=rechts, 3=top=oben, 4=bottom=unten oder 1=center=Mitte, 5=lefttop=links oben, 6=leftbottom=links unten, 7=righttop=rechts oben, 8=rightbottom=rechts unten
Position	x- und y-Koordinaten der gewünschten Position des Anfassers
bProportional	0=nicht proportionale Skalierung, 1=proportionale Skalierung

bDruckeroptimiert	0=nicht druckeroptimierte Skalierung, 1=Bitmuster-Bilder werden auf die für die Druckerauflösung optimale Größe skaliert

resizepct (wAnfasser) (dxyProzent) [bProportional [bDruckeroptimiert]]

wAnfasser	Anfasser, der beim Skalieren gezogen werden soll, 0=left=links, 2=right=rechts, 3=top=oben, 4=bottom=unten oder 1=center=Mitte, 5=lefttop=links oben, 6=leftbottom=links unten, 7=righttop=rechts oben, 8=rightbottom=rechts unten
dxyProzent	Prozentwerte, um die das Objekt in x- und y-Richtung skaliert werden soll. Befindet sich der ausgewählte Anfasser an einer Seite und nicht auf einer Ecke, braucht nur ein Prozentwert angegeben zu werden.
bProportional	0=nicht proportionale Skalierung, 1=proportionale Skalierung
bDruckeroptimiert	0=nicht druckeroptimierte Skalierung, 1=Bitmuster-Bilder werden auf die für die Druckerauflösung optimale Größe skaliert

Linienfunktionen

line (x1) (y1) (x2) (y2)

x1, y1	Koordinaten des Linienanfangs
x2, y2	Koordinaten des Linienendpunktes

Der Befehl **line** zeichnet ein Linie von (x1,y1) nach (x2,y2).

Textfunktion

Zwei Befehle wechseln von der Zeigefunktion zur Textfunktion. Der Befehl **textedit** setzt im mit der Zeigefunktion markierten Textblock die Einfügemarke vor das erste Zeichen im Textblock. Dabei verbleibt PageMaker im Layoutmodus.Der Befehl **newstory** erzeugt an der angegebenen Position einen leeren Textblock. Dies entspricht dem Klicken mit der Textfunktion an diese Position.

textedit

newstory (x1) (y1)

x1	x-Koordinate für die Grundlinie der ersten Textzeile des Textes
y1	y-Koordinaten für den linken Rand des Textblockes

Die Bewegung der Einfügemarke erfolgt mit dem Befehl **textcursor**, der die Einfügemarke im angegebenen Umfang verschiebt. Der Befehl **textselect** markiert Text mit der Textfunktion durch Ausdehnen der Markierung im angegebenen Umfang.

textcursor (wUmfang) (nAnzahl)

wUmfang	0=+char=ein Zeichen nach rechts, 1=-char=ein Zeichen nach links, 2=+word=ein Wort nach vorne, 3=-word=ein Wort zurück, 4=+line=eine Zeile nach oben, 5=-line=eine Zeile nach unten, 6=+para=ein Absatz nach vorne. 7=-para=ein Absatz zurück, 8=+textblock=zum Ende des Textblockes, 9=-textblock=zum Anfang des Textblockes, 10=+story=zum Ende des Textabschnittes, 11=-story=zum Anfang des Textabschnittes, 12=+eol=zum Ende der Zeile, 13=-eol=zum Anfang der Zeile, 14=+sent=zum Ende des Satzes, 15=-sent=zum Anfang des Satzes
nAnzahl	Anzahl, wie oft die Einfügemarke um das angegebene Maß verschoben werden soll. Standardeinstellung für diesen Parameter ist 1.

textselect (wUmfang) (nAnzahl)

wUmfang	0=+char=ein Zeichen nach rechts, 1=-char=ein Zeichen nach links, 2=+word=ein Wort nach vorne, 3=-word=ein Wort zurück, 4=+line=eine Zeile nach oben, 5=-line=eine Zeile nach unten, 6=+para=ein Absatz nach vorne. 7=-para=ein Absatz zurück, 8=+textblock=zum Ende des Textblockes, 9=-textblock=zum Anfang des Textblockes, 10=+story=zum Ende des Textabschnittes, 11=-story=zum Anfang des Textabschnittes, 12=+eol=zum Ende der Zeile, 13=-eol=zum Anfang der Zeile, 14=+sent=zum Ende des Satzes, 15=-sent=zum Anfang des Satzes, 18=all=gesamter Textabschnitt
nAnzahl	Anzahl, wie oft die Einfügemarke um das angegebene Maß verschoben werden soll. Standardeinstellung für diesen Parameter ist 1.

Die Texteingabe wird mit dem Befehl **textenter** vorgenommen. Dabei wird der hinter dem Befehl in geraden Anführungen angegebene Text an der Position der Einfügemarke eingegeben.

textenter (sText)

sText	Textstring in Anführungen

Beispiel

```
...
newstory (column 1 left, guide 2)
textenter "Dies ist ein Probetext."
textcursor -char, 1
textselect -word, 1
...
```

Der Befehl legt am Schnittpunkt der linken Spaltenhilfslinie von Spalte 1 mit der Hilfslinie 2 einen neuen Textabschnitt an. In diesem leeren Textabschnit wird Text eingegeben. Anschließend wird der Textcursor ein Zeichen zurück gesetzt und dann das Wort *Probetext* markiert.

Rechteckfunktionen

box (xLinks) (yOben) (xRechts) (yUnten)

xLinks, yOben	Koordinaten eines Eckpunktes des Recktecks
xRechts, yUnten	Koordinaten des diagonal gegenüberliegenden Eckpunktes des Rechtecks

Der Befehl **box** zeichnet ein Rechteck mit den vorgegebenen Eckpunkten. Für Sonderrechtecke wird die Eckenrundung mit dem Befehl **roundedcorners** (siehe Menübefehl *Eckenrundung*) eingestellt.

Kreisformenfunktion

oval (xLinks) (yOben) (xRechts) (yUnten)

xLinks, yOben	Koordinaten eines Anfassers des um die Ellipse gedachten Recktecks
xRechts, yUnten	Koordinaten des diagonal gegenüberliegenden Anfassers der Ellipse

Der Befehl zeichnet eine Ellipse mit den vorgegebenen Randpunkten.

Abschneidefunktion

crop (Anfasser) (xyPosition)

wAnfasser	Anfasser, der beim Beschneiden verschoben werden soll, 0=left=links, 2=right=rechts, 3=top=oben, 4=bottom=unten, 5=lefttop=links oben, 6=leftbottom=links unten, 7=righttop=rechts oben, 8=rightbottom=rechts unten
Position	x- und y-Koordinaten der gewünschten Position, an die der Anfasser verschoben werden soll

Der Befehl beschneidet die markierte Grafik. Dabei wird der mit *wAnfasser* ausgewählte Anfasser an die gewünschte Position verschoben.

Befehle für die Arbeit mit Hilfslinien

Hilfslinien lassen sich mit Skript-Befehlen setzen und löschen. Spaltenhilfslinien können auch verschoben werden.

Der Befehl **guidehoriz** setzt eine waagerechte Hilfslinie, der Befehl **guidevert** eine senkrechte Hilfslinie.

guidehoriz (yPosition)

yPosition	Position der Hilfslinie auf y-Achse

guidevert (xPosition)

xPosition	Position der Hilfslinie auf x-Achse

Der Befehl **deletehoriz** löscht eine waagerechte Hilfslinie, der Befehl **deletevert** eine senkrechte Hilfslinie. Mit dem Befehl **deleterulerguides** werden alle Hilfslinien auf der Seite gelöscht.

deletehoriz (yPosition)

yPosition	Position der Hilfslinie auf y-Achse oder *guide* und dann die Nummer der Hilfslinie

deletevert (xPosition)

xPosition	Position der Hilfslinie auf x-Achse oder *guide* und dann die Nummer der Hilfslinie

deleterulerguides

Der Befehl **movecolumn** verschiebt eine Spaltenhilfslinie.

movecolumn (nSpaltennummer) (wSeite) (xPosition) [cSeite]

nSpaltennummer	Nummer der Spalte, deren Spaltenhilfslinie verschoben werden soll (von links nach rechts)

wSeite	0=left=linke Spaltenhilfslinie, 2=right=rechte Spaltenhilfslinie
xPosition	x-Position, an die die Spaltenhilfslinie verschoben werden soll
cSeite	1=leftpage=linke Seite der Doppelseite, 2=rightpage=rechte Seite der Doppelseite

Beispiel

```
...
movecolumn 2, right, 150
...
```

Der Befehl verschiebt die rechte Spaltenhilfslinie der zweiten Spalte auf die Linealposition 150 mm.

Nullpunkt verschieben

zeropoint (xPosition) (yPosition)

xPosition, yPosition	neue Koordinaten des Nullpunktes

Der Befehl **zeropoint** verschiebt den Nullpunkt des Koordinatensystems an eine angegebene Position.

zeropointreset

Der Befehl setzt den Nullpunkt an seine Standardposition zurück.

Befehle für Tastatureingaben

clear

Der Befehl **clear** löscht ein Objekt, ohne es in die Zwischenablage zu bringen

manualkerning (wUmfang)

wUmfang	0=none=manuelles Kerning löschen, 1=closerfine=1/100 näher, 2=apartfine=1/100 weiter, 3=closercoarse=1/25 näher, 4=apartcoarse=1/25 weiter

Das Kerning kann verändert werden.

sizebump (wUmfang)

wUmfang	0=upone=ein Schriftgrad größer, 1=downone=ein Schriftgrad kleiner, 2=upnext=nächst größerer Schriftgrad, 3=downnext=nächst kleinerer Schriftgrad

Der Befehl verändert die Schriftgröße stufenweise wie die Tastenkombinationen <Befehl><Umschalt><.> usw.

Bildschirmaufbau

redraw (bStatus)

bStatus 0=off=Option aus, 1=on=Option ein

Der Befehl **redraw** unterbindet den Neuaufbau des Bildschirms. Dieser kann ausgeschaltet werden, während ein Skript abläuft, um die Arbeitsgeschwindigkeit zu erhöhen. Zur Vermeidung von Fehlern in der Bildschirmanzeige sollte der Bildschirmaufbau jedoch zum Ende des Skriptes wieder eingeschaltet werden.

scroll (xMitte) (yMitte)

xMitte x-Koordinate in der Mitte des Bildschirms

yMitte y-Koordinate in der Mitte des Bildschirms

Der Befehl **scroll** rollt den Bildschirminhalt so, daß sich die angegebenen Koordinaten in der Mittes des Bildschirmes befinden.

Anwendungen für Skript

Eigentlich lassen sich alle Arbeitsvorgänge, die wiederholt durchgeführt werden müssen, durch ein Skript automatisieren, von der einfachen Formatierung bis zum Aufbau einer gesamten Publikation, die immer dieselben grundlegenden Elemente hat wie beispielsweise eine Zeitschrift.

Automatisierter Seiten- und Layoutaufbau

Mit Hilfe von Skript lassen sich ganz schnell komplexe Seiten und Layouts aufbauen, bei denen die Anzahl der Spalten, der Spaltenabstand, Ränder und Hilfslinien geändert oder Text und grafische Elemente positioniert werden. So können beispielsweise bei einer Satzdatei, innerhalb derer in unterschiedlichen Teilen unterschiedliche Seitenlayouts benötigt werden, ganz einfach mit Hilfe mehrerer Skripts die einzelnen Teile nach Bedarf automatisiert gestaltet werden, ähnlich als hätte man mehrere Typen Standardseiten verwendet.

Ändern der Vorgabeeinstellungen

Wenn häufig für unterschiedliche Anwendungen unterschiedliche spezielle Vorgabeeinstellungen benötigt werden, lassen sich Skripts erstellen, die für jeden Anwendungstyp die gewünschten Vorgaben automatisiert einstellen. Anstelle von vielleicht fünf oder auch zehn Arbeitsschritten wird dann nur noch einer, die Auswahl des für den Anwendungstyp benötigten Skripts, durchgeführt.

Schnelle Durchführung besonderer Formatierungen

Kompliziertere Formatierungen wie beispielweise Brüche können mit einem Skript automatisiert werden, das bei Bedarf aufgerufen wird. Anstatt für Formatierungen, die von den in den Druckformaten festgelegten abweichen, jedesmal eine Reihe von Menübefehlen aufzurufen, wird einfach mit *Skript...* das entsprechende Skript ausgewählt.

Kapitel 9

Mikrotypographie

9

Das wesentlichste Werkzeug eines DTP-Programms sind die Schriften. Ihre Verwendung entscheidet maßgeblich über das Gelingen eines Entwurfs. Um mit Schrift richtig umgehen zu können, ist ein gewisses Maß an Wissen, Erfahrung und nicht zuletzt (schrift-)ästhetischem Gefühl nötig. Das Wissen kann man sich leicht aneignen, die Erfahrung kommt von selbst, lediglich die letzte Komponente stellt einen Unsicherheitsfaktor dar. Dieser Faktor wird sich jedoch nicht negativ bemerkbar machen können, wenn das Wissen über Schrift einen Stand erreicht hat, der Sensibilität für alles Typographische in der Welt hervorruft.

Die Macht der Zeichen, vor allem die Macht der Schriftzeichen ist allgegenwärtig. Versucht man ein Szenario zu entwickeln, von einer Welt ohne (Schrift-)Zeichen, tritt durch die dann herrschende, unheimliche Leere besonders kraß hervor, wie stark unsere Welt von Zeichen regiert ist: Im Kühlschrank ständen weiße Verpackungen in Zylinder- und Quaderform, die nur durch Geschmackstests ihrer Inhalte zu unterscheiden wären. Schreibmaschinen und Computer gäbe es nicht, denn erstens, was sollte mit ihnen geschrieben werden ohne Zeichen, und zweitens wie sähe die Tastatur ohne Zeichen aus? Selbst Telefone wären nicht denkbar, denn wie sollte der Zugriff auf einen Gesprächspartner stattfinden, wenn nicht über eine wie auch immer geartete Zeichenfolge? Bücher, Zeitungen, Plakate, all dies wäre in einer zeichenlosen Welt unbekannt. Eine zeichenlose Welt wäre eine Welt ohne Kommunikation.

Eine besondere Form von Zeichen sind unsere Schriftzeichen. Aus ihnen lassen sich durch Kombination alle Zeichen unserer ursprünglich nur gesprochenen Sprache nachformen. Aber fast genauso komplex wie die Sprache selbst hat sich die Schrift entwickelt. So wie jede Handschrift sich in typischen Merkmalen von jeder anderen Handschrift unterscheidet, so unterscheidet sich jede Druckschrift von anderen. (Wenn hier und im folgenden von Schrift die Rede ist, dann ist immer die Druckschrift gemeint.) Und selbst innerhalb einer Druckschrift erkennt der Kundige Varianten, die beispielsweise auf unterschiedliche Schriftschneider hinweisen. Allein in der westlichen Welt werden ungefähr 2000 Schriften unterschieden. Der Typograph findet sich manchmal in der gleichen Lage wie ein Botaniker, wenn er vor dem Problem steht, eine Pflanze bestimmen zu müssen. So wie in der Botanik wird er bei einer vorliegenden Schrift, deren Name er herausbekommen möchte, anhand von typischen Merkmalen stufenweise die Schrift eingrenzen können. In diesem Sinne unterscheidet sich die Typographie von einer Naturwissenschaft nur dadurch, daß der untersuchte Gegenstand ein Werk von Menschenhand ist.

Die Mikrotypographie, die Gegenstand der folgenden Abschnitte sein soll, befaßt sich mit den Schriftzeichen, ihrer Anatomie, ihrer Systematik, ihrer Modifikation und Kombination.

Die Anatomie des Zeichens

Alle Schriftzeichen weisen spezifische Merkmale auf, die die Erkennbarkeit und Unterscheidbarkeit der einzelnen Zeichen im wesentlichen ausmachen. Für die Anwendung von PageMaker ist das Wissen über die Anatomie der Zeichen sicher nicht notwendige Voraussetzung. Trotzdem kann die Kenntnis der Anatomie der Zeichen die Grundlage für gute Ergebnisse sein.

Wichtiger noch als der Aufbau der einzelnen Zeichen einer Schrift für die Anwendung von PageMaker sind die Größenverhältnisse der Zeichen zueinander, und zwar in ihren horizontalen wie vertikalen Ausdehnungen. Wichtig sind diese Größenverhältnisse, wenn es darum geht, einer Schrift eine bestimmte Größe zuzuordnen.

Im DTP wird die Schriftgröße, anders als im Fotosatz üblich, über die Kegelhöhe definiert. Alle, die es gewohnt sind, die Größe einer Schrift an den Großbuchstaben zu messen, werden bei PageMaker umdenken müssen. Prinzipiell gibt es keine Beziehung zwischen der Kegelgröße und der Versalhöhe einer Schrift, so daß es im DTP eher die Regel als die Ausnahme ist, daß zwei unterschiedliche Schriften derselben Schriftgröße unterschiedliche Versalhöhen haben. Bis auf diesen unglücklichen Umstand bietet das aus dem Bleisatz entlehnte Kegelmaß ansonsten aber auch Vorteile. So kann die Einheit für die Kegelhöhe auch für Zeilenabstände und Linienstärken herangezogen werden.

Versalhöhe, Oberlänge, Unterlänge, Minuskelhöhe

Alle mit PageMaker verwendeten Schriftzeichen sind ähnlich wie die Handsatzletter eingepaßt in ein Rechteck, dessen Breite die Dickte des Zeichens ist und dessen Höhe der Schriftgrad (Kegelhöhe). Beim Ausdruck mehrerer Zeichen desselben Schriftgrades, aber unterschiedlicher Schriftart, fällt auf, daß sich die Zeichen in ihren Größenverhältnissen stark unterscheiden können; auf jeden Fall gemeinsam haben sie aber die Grundlinie.

Anhand dieser Abbildung lassen sich alle Begriffe erläutern, die im Zusammenhang mit der Schriftgröße wichtig sind. Die Versalhöhe gibt die Größe der Großbuchstaben an. Dieses Maß ist für DTP-Schriften weitgehend unrelevant. Auch mit den übrigen Maßen Oberlänge, Unterlänge und Minuskelhöhe ist meßtechnisch nichts anzufangen. Bei ästhetischer Beurteilung fällt zusätzlich auf, daß die Minuskelhöhen

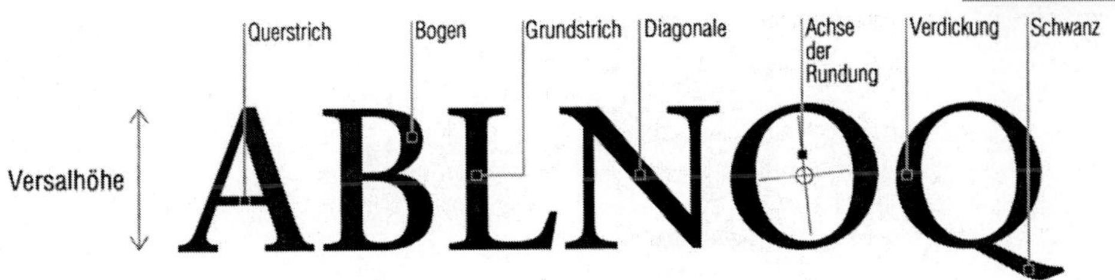

Anatomisches

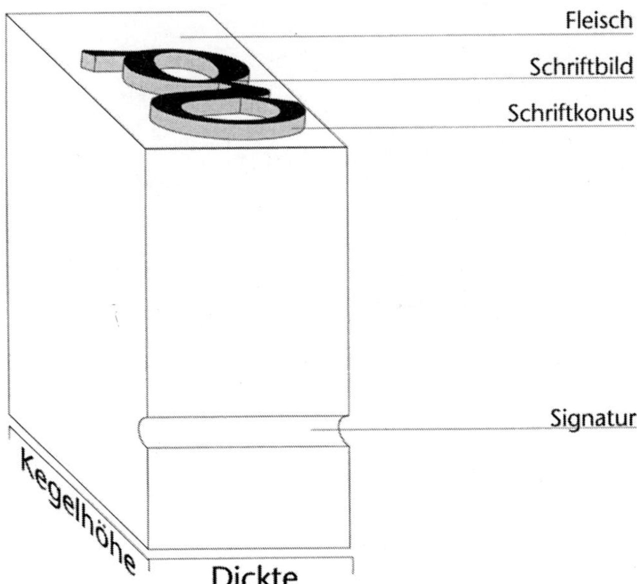

Das Kegelmaß bei einer Handsatzletter

(wie auch die Versalhöhen) unterschiedlicher Schriften desselben Schriftgrades unterschiedlich groß ausfallen. Hierdurch werden bestimmte Kombinationen von Schriften innerhalb einer Zeile ausgeschlossen. Hier wird deutlich, wie die Anatomie der Zeichen ihre Anwendungsmöglichkeiten vorgibt.

Avant Garde Times Helvetica New Century Schoolbook

Kegelhöhe = Schriftgröße
Versalhöhe
Minuskelhöhe
Oberlänge
Unterlänge

Die Größenverhältnisse in PageMaker

Schriftgröße in PageMaker

Das Maß für die Schriftgröße in PageMaker ist der Point. Diese auf das amerikanische Zoll abgestimmte Einheit bezieht sich, wie schon gesehen, auf die Kegelhöhe.

Point =1/72 Zoll = 0,35277 mm

Um nun eine Schriftgröße einzustellen, gibt es mehrere Möglichkeiten. Die einfachste und schnellste nutzt den Menübefehl *Schriftgrad* aus dem Schrift-Menü. Aus einer Liste gebräuchlicher Größen zwischen 6 und 72 Point kann darin ausgewählt werden, welchen Schriftgrad die markierte Textstelle erhalten soll. Eine davon nach oben oder unten abweichende Größe ist nach Auswahl der Option *Anderer...* in einem daraufhin erscheinenden Dialogfeld möglich. Darin kann der Schriftgrad in zehntel-Point Schritten zwischen 4 und 650 Point angegeben werden. Eine weitere Möglichkeit sind die Einstellungen im Dialogfeld *Schriftfestlegung*, das nach Aufruf des gleichnamigen Befehls erscheint.

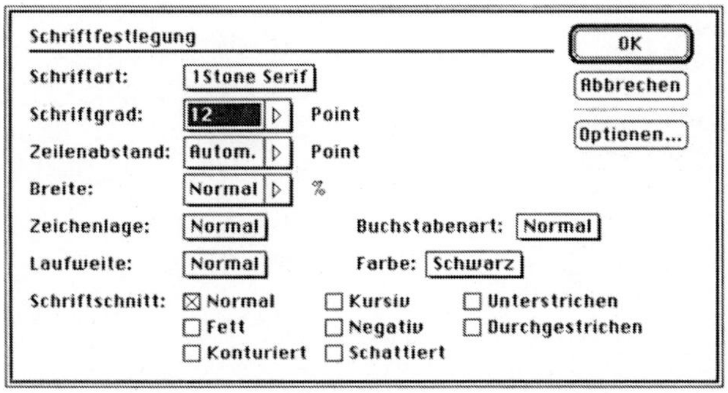

Schriftfestlegung
Schriftart: 1Stone Serif
Schriftgrad: 12 Point
Zeilenabstand: Autom. Point
Breite: Normal %
Zeichenlage: Normal
Buchstabenart: Normal
Laufweite: Normal
Farbe: Schwarz
Schriftschnitt: ☒ Normal ☐ Kursiv ☐ Unterstrichen ☐ Fett ☐ Negativ ☐ Durchgestrichen ☐ Konturiert ☐ Schattiert
OK
Abbrechen
Optionen...

Einstellung der Schriftgröße

Diese vorgestellten Methoden zum Einstellen der Schriftgröße sind durch ihren Aufruf über ein Menü und die Auswahl aus einer Liste oder die Eingabe einer Größe über die Tastatur weniger zum Experimentieren in der Layoutphase geeignet. Für diesen Fall stellt PageMaker eine ultraschnelle Methode zur Verfügung, die auf Tastenkombinationen beruht. Diese Tastenkombinationen wirken sich genauso aus, wie die Auswahl aus dem Menü *Schriftgrad* bzw. aus dem Dialogfeld *Schriftfestlegung*. Wenn nur die Eingabemarke erscheint, wirkt sich die Änderung auf die im Anschluß an die Änderung vorgenommenen Eingaben aus. Wenn eine Textstelle markiert ist, wird die Größe der markierten Stelle geändert.

Die nachfolgende Tabelle zeigt alle Tastenkombinationen zum Ändern der Schriftgröße.

Schriftgröße mit Tastensequenzen einstellen	
Wirkung	**Tastenkombination**
Schriftgrad um 1 Point größer	<Befehl><Wahl><Umschalt><oben>
Schriftgrad um 1 Point kleiner	<Befehl><Wahl><Umschalt><unten>
nächstgrößerer Schriftgrad	<Befehl><Umschalt><oben>
nächstkleinerer Schriftgrad	<Befehl><Umschalt><unten>

6 Point
8 Point
9 Point
10 Point
11 Point
12 Point
14 Point
18 Point
24 Point
30 Point
36 Point
48 Point
60 Point
72 Point

Die Standard-Schriftgrößen von PageMaker

Die maximale Schriftgröße liegt in PageMaker bei 650 Point. Dies reicht wohl in den meisten Fällen aus. Sollte aber doch einmal eine größere Schrift benötigt werden, gibt es auch dafür einen Trick: Im Dialogfeld *Schriftfestlegung* wird die halbe Schriftgröße eingestellt und unter Zeichenlage *Hochgestellt* ausgewählt. Anschließend wird im Dialogfeld *Schriftoptionen* unter *Größe hoch/tief* der Wert *200* und unter *Hochgestellt* der Wert *0* eingegeben und das Dialogfeld geschlossen. Dadurch werden die Zeichen in ihrer Größe verdoppelt und ohne Versatz zur Grundlinie »hochgestellt«.

Tip: Schriftgröße größer als 650 Point einstellen

Wenn PostScript-Schriften verwendet werden, gibt es eine Möglichkeit mit vorgegebener Versalhöhe zu arbeiten. Einige Schriftanbieter bieten zu ihren Schriften Umrechnungsfaktoren zum Einstellen einheitlicher Schriftgrößen an. So ist beispielsweise im »Linotype Library Typeface Handbook« zu jeder verfügbaren Schriftart ein Korrekturfaktor angegeben. Anhand dieser Faktoren kann auch der Anwender von PageMaker in den Genuß kommen, eine einheitliche Versalhöhe für die verwendeten Schriften zu erzielen, bzw. die vom Auftraggeber vorgegebene Versalhöhe einzuhalten.

Tip: Versalhöhe einstellen

Wenn beispielsweise für eine Schrift ein Korrekturfaktor von 1,044 (bei der Bookman) angegeben ist und eine Versalhöhe von 48 Point (Pica) gefordert ist, müßte eine Schriftgröße von 50,1 eingestellt werden. Da PageMaker aber den DTP-Point anstelle des Pica-Points benutzt, muß darüberhinaus noch eine Korrektur für die Maßeinheit sattfinden. Der Korrekturfaktor hierzu beträgt 0,9963, so daß sich beim oben angegebenen Beispiel eine Schriftgröße von 49,9 Point ergibt. Diese Schriftgröße ist einzustellen, wenn eine Versalhöhe von 48 Point gefordert ist. Auch wenn die Korrekturfaktoren nicht dazu verwendet werden, eine in Point vorgegebene Versalhöhe zu erreichen, können die Faktoren wenigstens dafür sorgen, eine einheitliche Versalhöhe innerhalb eines Dokumentes einzustellen.

Auf der folgenden Seite ist eine Tabelle mit den Korrekturfaktoren der Standard-PostScript-Schriften wiedergegeben. Die Korrekturfaktoren gelten nur für Original Adobe- bzw. Linotype-Schriften. Auf vielen PostScript-Controllern sind andere als die Originalschriften implementiert, so daß die Werte in der Tabelle möglicherweise dann nicht anwendbar sind.

Im Kapitel über Third-Party-Additions wird auch das VH-Addition vorgestellt, das für einheitliche Versalhöhen innerhalb von PageMaker sorgt.

Tip: Einheitliche Versalhöhen durch VH-Addition

Wie der Schriftgrad in PageMaker eingestellt wird, ist nun bekannt. Manchmal ist es jedoch nötig, den Schriftgrad einer vorliegenden Schrift zu messen. Das Meßzeug für diese Aufgabe ist ein Typometer. Es dient dem Vermessen einer Schrift hinsichtlich ihrer Größe und ihres Zeilenabstandes. Zusätzlich enthalten die meisten Typometer auch Skalen zum Messen von Linienstärken und Papiergrößen. Herkömmliche Typometer liefern Ergebnisse, die für eine Realisation mit DTP kaum zu gebrauchen sind. Wenn Sie also noch kein Typometer besitzen und eines anschaffen wollen, achten Sie darauf, daß es sich für den DTP-Einsatz eignet. Zu empfehlen ist das DTP-Typomaß von Andreas Maxbauer, das über den MACup-Verlag als PAGE-Typometer vertrieben wird.

Avant Garde Times

Ttbg Ttbg

57,72 Point 64,32 Point

Helvetica New Century Schoolbook

Ttbg Ttbg

59,22 Point 59,10 Point

Einheitliche Versalhöhen von 60 Point

Korrekturfaktoren für PostScript-Schriften	
Schrift	**Korrekturfaktor**
Avant Garde	0,962
Bookman	1,044
Courier	1,267
Gill Sans	1,041
Helvetica	0,987
New Century Schoolbook	0,985
Palatino	1,024
Times	1,072
Zapf Chancery	1,211

Zeichenumfang

Jeder Zeichensatz faßt alle Zeichen einer Schriftart zusammen. Zu den Zeichen einer Schrift gehören neben den Buchstaben noch andere Gruppen von Zeichen, die in ihrer Form und Proportion zu den eigentlichen Buchstaben passen müssen.
Der Umgang mit den einzelnen Zeichentypen innerhalb von PageMaker ist denkbar einfach. Die Eingabe erfolgt wie bei einer Schreibmaschine oder bei einem Computer mit Textprogramm über die Tastatur. Sonderzeichen, die nicht über die Tastatur erreichbar sind, lassen sich durch Tastenkombinationen aufrufen. Leider gibt es hierbei einige Ausnahmen, auf die im folgenden besonders eingegangen wird.

Die Unterteilung der Schriftzeichen in die unterschiedlichen Gruppen ist im Hinblick auf deren Verwendung mit PageMaker eigentlich nur von untergeordneter Bedeutung. Alle Zeichen einer Schriftart sind zusammengefaßt zu einer Schriftdatei oder Font. Jedes Zeichen eines Fonts hat einen Zeichenkode, über den es programmintern aufgerufen werden kann.

Der Zeichenumfang (PostScript)

Versalien	ABCDEFGHIJKLMNOPQRSTUVWXYZ ÄÖÜ
Gemeine	abcdefghijklmnopqrstuvwxyz äöü
Ligaturen	fiflß
Akzente	ÁÂÀ éêè Æ Ññ Åø
Ziffern	0123456789
Punkturen	.,:;!?"()[]{¦}«‹›»„‚'"&
Sonderzeichen	#$£¥©®™

Der Zeichenumfang (PostScript)

Versalien

Versalien (oder auch Majuskeln) sind die Großbuchstaben unserer Schrift. Sie haben typischerweise keine Ober- oder Unterlängen, lediglich die deutschen Umlaute zeigen Oberlängen und in einigen Schriften zeigen das J und das Q Unterlängen. Längere Texte in Versalien gesetzt sind sehr schwer zu lesen, weil das Auge offenbar in der Gleichförmigkeit der Versalzeilen leicht den Überblick verliert.

Gemeine

Gemeine (oder auch Minuskeln) sind die Kleinbuchstaben. Die Formgebung der Gemeinen ist stark differenziert. Einzelne Zeichen wie das a oder e dehnen sich nur im Bereich der Minuskelhöhe aus, während andere Zeichen wie das b oder f Oberlängen, das g und y Unterlängen und das j Ober- und Unterlänge zugleich aufweisen.

Ligaturen

Ligaturen sind eine besondere Art von Schriftzeichen. Sie sind die Verschmelzung zweier Buchstaben zu einem einzelnen. Im Deutschen ist beispielsweise die Ligatur ß fester Bestandteil der Schrift. Andere Ligaturen wie fi und fl finden nur bei aufwendig gesetzten Druckwerken Verwendung. (Die Verwendung von Ligaturen innerhalb von PageMaker setzt voraus, daß der verwendete Zeichensatz auch Ligaturen enthält, wie dies bei allen PostScript-Zeichensätzen der Fall ist). Weitere Ligaturen bieten die sogenannten Expert-Schriften, wie sie beispielsweise mit der Adobe Caslon und Adobe Garamond vorliegen. Eine weitere wichtige Voraussetzung ist, daß der Anwender die Regeln zum Verwenden von Ligaturen beherrscht. Der Aufwand mit der Suchen- und Ersetzen-Funktion von PageMaker zum Austauschen der entsprechenden Zeichen wird ein Weiteres dazu beitragen, daß die Verwendung von Ligaturen mit PageMaker eher die Ausnahme bleiben wird.

Akzente

Die Akzente sind für die romanischen Sprachen von Bedeutung. Auch wenn keine ganzen Texte in Französisch oder Spanisch mit PageMaker aufbereitet werden sollen, sind die Akzente z.B. dann wichtig, wenn ein Name oder ein Buchtitel aus einer romanischen Sprache zitiert werden muß.

Die Eingabe der französischen Akzente in PageMaker wird genauso ausgeführt wie auf einer Schreibmaschine. Beispielsweise wird der Meister der französischen Komödie Molière wie folgt eingetippt:

<Umschalt><M><O><L><I><Umschalt><`><E><R><E>

Andere nicht direkt über die Tastatur erreichbare Akzente lassen sich mit einer Tastenkombination eingeben.

Ziffern

Ziffern sind natürlich Bestandteil jedes Zeichensatzes. Ausnahme bilden da leider die Mediävalziffern, die in ihrer Zurichtung an den Minuskeln orientiert sind, also Ober- und Unterlängen aufweisen. Ihnen sollte bei Zahlenkolonnen wie Telefonnummern, Kontonummern aber auch Seitenzahlen, wo immer es die Verfügbarkeit der dazu nötigen Schrift es ermöglicht, der Vorzug gegeben werden.

0 1 2 3 4 5 6 7 8 9

0 1 2 3 4 5 6 7 8 9

Mediävalziffern erfordern spezielle Zeichensätze

Punkturen

Die Punkturen umfassen alle Satzzeichen wie Punkt, Komma, Semikolon, Ausrufe- und Fragezeichen. Auch die Anführungszeichen zum Kennzeichnen der wörtlichen Rede gehören zu den Punkturen. PageMaker kann beim Importieren von Text automatisch die geraden Anführungen, die durch <Umschalt><2> eingegeben werden, durch typographische Anführungen (Doppelkommata) ersetzen. Eine zweite typographisch korrekte Form der Anführungen sind die sogenannten Gänsefüßchen, die auch als Doppelwinkel bekannt sind. Der Vorteil der Doppelwinkel gegenüber den Doppelkommata ist, daß der Text durch Doppelwinkel nicht unschöne Freiräume erhält, die besonders kraß bei einem Doppelkomma am Zeilenanfang auffallen. Der Grund dafür liegt bei der an den Minuskeln orientierten Zeichenproportion der Doppelwinkel.

„Anführungen“

»Anführungen«

Typographische Anführungen

Die Doppelwinkel fügen sich harmonisch ins Schriftbild ein

Europäische Anführungen	
Dänisch	» ... « oder „ ... “
Deutsch	» ... « oder „ ... “
Englisch	" ... "
Französisch	« ... »
Italienisch	« ... » oder “ ... „
Niederländisch	„ ... “ oder " ... "
Spanisch	« ... » oder " ... "
Schweiz	« ... »
Türkisch	« ... » oder “ ... „

Einige Gedanken zum Gedankenstrich

Die Computertastatur stellt wie ihr Vorbild, die Schreibmaschinentastatur, nur einen Strich für Binde-, Trenn- und Gedankenstrich zur Verfügung. Dieser Strich wird dann auch für alles (und wer weiß was noch) verwendet. Anwender eines Satzprogramms haben da mehr (Aus-)Wahl, und mit der Wahl kommt die Qual. Das muß nicht sein, wenn man die Unterschiede und die Anwendungsbereiche der einzelnen Strichzeichen kennt.

Geviertstrich

Begonnen wird bei der längsten Version des Striches, dem Streckenstrich. Er hat die volle Länge des Gevierts. Anwendung findet der Strekkenstrich vorwiegend bei Preisauszeichnungen. Die beiden Nullstellen hinter dem Komma können durch einen Geviertstrich ersetzt werden.

Halbgeviert (Gedankenstrich)

Der Halbgeviertstrich, sein Name weist darauf hin, entspricht exakt der halben Breite des Gevierts. Anwendung findet dieses Zeichen ausschließlich als Gedankenstrich. Er ist länger als der Binde- bzw. Trennstrich und erfüllt somit gut seine Aufgabe, an einer Textstelle eine kurze Lesepause zu erzwingen.

Weitere Anwendung findet der Gedankenstrich bei Zahlenintervallen, beispielsweise bei 124-128. Intervalle werden ohne Zwischenraum gekennzeichnet, während die Rechenaufgabe 6 - 8 mit zusätzlichem Freiraum zwischen Minuszeichen und Ziffer gesetzt wird.

Divis (Trennstrich)

Noch weniger Raum beansprucht das Divis, das auch Bindestrich oder Trennstrich heißt. (Dieses Zeichen ist notgedrungen das Universalzeichen auf den Schreibmaschinen und natürlich auch bei Textverarbeitungsprogrammen.) Bei Satzprogrammen wie PageMaker sollte es nur für Trenn- und Bindestriche eingesetzt werden. Auch als Minuszeichen sollte es nicht verwendet werden, da es im Vergleich zum Pluszeichen viel zu kurz ist.

Die nachfolgende Tabelle zeigt noch einmal alle Striche und gibt an, mit welcher Tastenkombination sie erzeugt werden.

Divis & Co.

Strich	Name	Tastenkombination
—	Geviert-Strich	<Wahl><Umschalt><->
–	Halbgeviert-Strich	<Wahl><->
-	Divis	<->

Tip: Mathematische Zeichen wie Minuszeichen korrekt verwenden

Das Minuszeichen ist ein weiteres Problem. Typographisch sollte es wie das Pluszeichen ohne senkrechten Strich sein. Ein solches Zeichen ist aber unter PageMaker nicht aufrufbar. Als Lösung für dieses Problem bietet sich an, für mathematische Ausdrücke eine Schriftart zu verwenden, die diese Zeichen enthält, beispielsweise die Schriftart Symbol, die auf den meisten PostScript-Druckern implementiert ist. Sie enthält aufeinander abgestimmte mathematische Zeichen, wozu beispielsweise auch ein Multiplikationszeichen zählt.

$$\nu = \frac{1}{2\pi}\sqrt{\frac{D}{m}}$$

Ein mathematischer Ausdruck in Symbol

Sonderzeichen

Die Sonderzeichen sind ein Sammelsurium von Zeichen, die keiner der bereits vorgestellten Gruppen zugehören. Die für das DTP wichtigsten Zeichensatzarten, die PostScript- und die TrueType-Fonts, bestehen aus maximal 255 Zeichen. Zu den Zeichen, die man üblicherweise auf einer Schreibmaschine findet, kommen noch Sonderzeichen wie das Copyright-Zeichen, das Absatzzeichen, Währungszeichen für englische Pfund und japanische Yen und anderes hinzu. Im Anhang finden sich ausführliche Zeichensatztabellen mit allen Sonderzeichen.

Eingabe von Sonderzeichen

Zeichen	Bezeichnung	Tastenkombination
“	anführendes amerikanisches typographisches Anführungszeichen = schließendes deutsches typographisches Anführungszeichen	<Wahl><2>
„	anführendes deutsches typographisches Anführungszeichen	<Wahl><Umschalt><W>
”	schließendes amerikanisches typographisches Anführungszeichen	<Wahl><Umschalt><2>
‘	halbes anführendes amerik. typographisches Anführungszeichen = halbes schließendes deutsches typographisches Anführungszeichen	<Wahl><#>
‚	halbes anführendes deutsches typographisches Anführungszeichen	<Wahl><S>
’	halbes schließendes amerik. typographisches Anführungszeichen	<Wahl><Umschalt><#>
»	anführender Doppelwinkel	<Wahl><Umschalt><Q>
«	schließender Doppelwinkel	<Wahl><Q>
LS, RS	Paginierungszeichen	<Befehl><Wahl<S>
•	Punkt	<Wahl><Ü>
©	Copyright	<Wahl><G>
®	eingetragenes Warenzeichen	<Wahl><R>
¶	Absatzmarke	<Wahl><3>
\	Backslash (umgekehrter Schrägstrich)	<Wahl><Umschalt><7>
~	Tilde	<Wahl><N>
	vorgegebene Trennstelle	<Befehl><->
-	geschützter Bindestrich	<Befehl><Wahl><->
	geschütztes Leerzeichen	<Wahl><Leertaste>

Tip: Sonderzeichen verwenden

Mit dem Schreibtischprogramm Tastatur, das mit dem gleichnamigen Befehl aus dem Apple-Menü auch von PageMaker aus aufgerufen werden kann, läßt sich die aktuelle Belegung der Tastatur mit Sonderzeichen leicht überprüfen. Achten Sie bei der Verwendung des Programms darauf, daß Sie im Menü *Tastatur* den Font ausgewählt haben, mit dem Sie innerhalb von PageMaker Sonderzeichen erzeugen wollen.

Schreibtischprogramm »Tastatur«

Mit Unsichtbarem sichtbar machen: Leerzeichen

Ganz ähnlich wie es auf einer Schreibmaschine nur eine Taste zum Erzeugen eines Wortzwischenraums gibt, ist dies auch bei der Computertastatur. Aber wie auch bei den Strichen, reicht nur eine Leerraumbreite für Satzaufgaben nicht aus. So stellt PageMaker auch mehrere Varianten des »Leerzeichens« zur Verfügung, jeweils mit unterschiedlicher Breite. Die nachfolgende Tabelle zeigt die Namen der Leerraumzeichen und ihren Tastaturaufruf.

Tastenaufruf für Leerräume

Leerraum	Anwendung	Tasten
Geviert	z.B. Absatzeinzüge	<Befehl><Umschalt><M>
Halbgeviert	z.B. Absatzeinzüge	<Befehl><Umschalt><N>
Viertelgeviert	z.B. Zahlenkolonnen	<Befehl><Umschalt><T>
Normaler Leerraum	Wortzwischenraum	<Leertaste>

Die Ordnung der Schriften

Die Klassifizierung der Schriften durch eine eindeutige Zuordnung jeder Schrift zu einer Gruppe von Schriften ist nicht immer leicht zu treffen. Besonders schwierig ist die Einordnung bei neueren bzw. zeitgenössischen Schriften, bei denen sich teilweise die typischen Merkmale mehrerer Schriftgruppen in einem Schnitt wiederfinden. Außerdem ist die Klassifizierung national unterschiedlich, was nicht nur auf die voneinander abweichende Terminologie zurückzuführen ist, sondern oft auch national-historische Gründe hat.

Das Normblatt DIN 16518 teilt seit 1964 alle Druckschriften in ein System aus insgesamt zehn Gruppen ein, die teilweise historisch und teilweise formspezifisch begründet sind. Die DIN-Norm lehnt sich mit dieser Klassifizierung teilweise an die Klassifikation der Association Typographique Internationale (ATYPI) an. Im folgenden wird eine im Vergleich zur DIN etwas vereinfachte Systematik wiedergegeben, die der äußert akademischen Unterscheidung innerhalb der Renaissance-Antiquas und der Schreibschriften nicht folgt.

Renaissance Antiqua

Die Renaisance-Antiquas stellen historisch die direkten Nachfolger der humanistischen Minuskel des 15. Jahrhunderts dar. Sie sind alle bestimmt durch eine relativ gleichmäßige Strichstärke mit wenig ausgerundeten Serifen. Die Neigung der Achse von Rundungen ist gut wahrnehmbar.

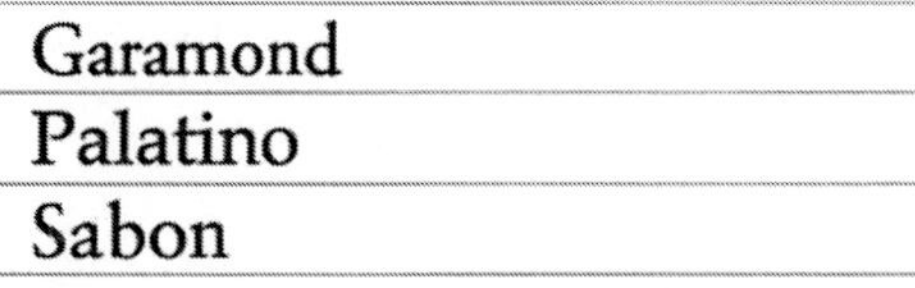

Barock-Antiqua

Die Barock-Antiqua verdankt ihr Schriftbild schon teilweise dem Einfluß der Kupferstecher-Schriften. Sie zeichnet sich durch ein differenzierteres Schriftbild mit deutlichen Unterschieden in der Strichstärke aus. Die oberen Serifen der Minuskeln weisen eine schräge, die unteren eine waagerechte Form auf. Und die Achse der Rundungen ist kaum mehr geneigt.

Bookman
Caslon
New Bakerville
Stone Serif
Times

Klassizistische Antiqua

Serifenbetonte Linear-Antiqua

Die Klassizistische Antiqua lebt vom Kontrast der unterschiedlichen Strichstärken, der durch die Kupferstechtechnik eindeutig beeinflußt ist. Die Serifen zeigen an ihrem Ansatz kaum runde Übergänge und die Achsen der Rundungen stehen exakt senkrecht.

Centennial
New Century Schoolbook

Traditionell ist die Serifenbetonte Linear-Antiqua in der Verwandtschaft zur klassizistischen Antiqua zu sehen. Sie weist ausgeprägte Serifen mit fast gleicher Strichstärke wie die kaum lichteren Haarstriche und Grundlinien. In ihrer Konstruktion verweist die serifenbetonte Linear-Antiqua zwar in Richtung ihres klassizistischen Vorbildes, die Eigenheiten einer klaren, geometrischen Konstruktion überwiegen doch insgesamt.

Aachen
American Typewriter
Courier
Lubalin Graph
Melior

Serifenlose Linear-Antiqua

Die serifenlose Linear-Antiqua ist, man kann es in jedem Schriftenkatalog sehen, die weitaus umfangreichste Gruppe. Dies mag verwundern, wenn man sieht, wie wenig Mengentext in der Endstrichlosen gesetzt wird. Dem Vorurteil der schlechteren Lesbarkeit wird von Schriften wie beispielsweise der News Gothic und der Stone Sans erfolgreich entgegengetreten. Trotzdem steht bei Anwendung der serifenlosen Antiqua wohl immer mehr der grafische Effekt als die Lesbarkeit im Vordergrund.

Avant Garde

Avenir

Futura

Frutiger

Heivetica

Kabel

Stone Sans

Antiqua-Varianten

Die Antiqua-Varianten sind das Sammelsurium für Schriften, die sich sonst keiner anderen Gruppe zuordnen lassen. In der Regel sind es dekorative Varianten der Antiquas bzw. rein konstruierte Schriften.

Benguiat

Cooper Black

Eras

Revue

Stone Informal

traffic

Schreibschriften

Gebrochene Schriften

Die Schreibschriften umfassen alle Druckschriften, die wesentliche Konstruktionsmerkmale von geschriebener Schrift zeigen. Sie leiten sich teilweise von der lateinischen Schulschrift bzw. der Kanzleischrift ab oder sind eher als handschriftliche Interpretation von Antiqua-Varianten anzusehen.

Die gebrochenen Schriften umfassen Gotisch, Rundgotisch, Schwabacher und Fraktur. Sie alle haben ihre Vorbilder in den mittelalterlichen Texturschriften. Wenn auch die möglichen Anwendungen für gebrochene Schriften äußerst eingeschränkt sind, zeichnen sich doch in jüngster Zeit ansatzweise Tendenzen, gebrochene Schriften wieder zu verwenden.

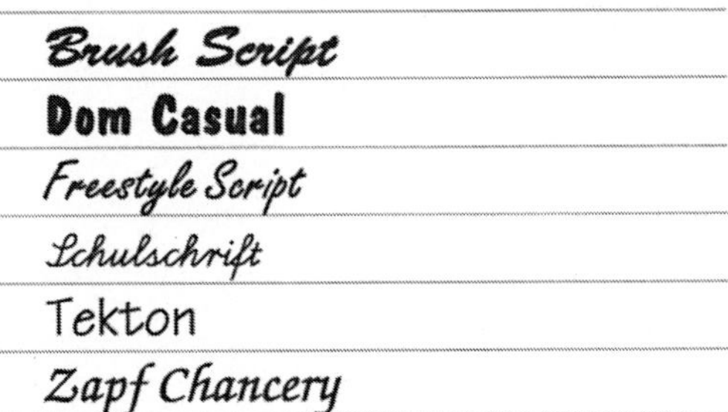

Fraktur

Goudy Text

Die Ordnung der Schriftschnitte

Die meisten Schriften sind in unterschiedlichen Schnitten verfügbar. Alle Schnitte einer Schrift machen eine sogenannte Schriftfamilie aus. Die Schnitte unterscheiden sich voneinander in der Regel nur hinsichtlich der Linienstärke (von mager bis fett) und der Neigung (normal oder kursiv). In neuerer Zeit gibt es aber Bestrebungen einiger Schriftdesigner, eine Schriftfamilie schriftartenübergreifend anzulegen. Die Mitglieder einer solchen Schriftfamilien gehören dann nicht mehr nur einer Gruppe an. Sie können z.B. teilweise an einer Barock-Antiqua mit ihren Varianten und an einer endstrichlosen Antiqua mit Varianten orientiert sein und somit die Familie zu einer Hyperfamilie ausweiten. Eine dieser groß angelegten Schriftfamilien ist die Corporate, die, der Name macht es greifbar, einem großen Unternehmen mit vielfältiger Produktpalette das passende typographische Outfit verpassen soll. Ein anderes Beispiel für eine großangelegte Familie ist die Stone, aus der auch das vorliegende Buch gesetzt ist.

PageMaker unterscheidet in seinem Menü *Schriftschnitte* acht unterschiedliche Schnittformen von denen nur drei mit den typographischen Schnitten übereinstimmen. *Unterstrichen, Durchgestrichen, Konturiert, Schattiert* und *Negativ* gehören eigentlich nicht in ein Menü für Schriftschnitte. Andererseits fehlt die Schnittvariante *Kapitälchen.* Welche Schnittvarianten gewöhnlich unterschieden werden, wird im folgenden kurz umrissen. Wie das ganze dann in einen Zusammenhang mit PageMaker gebracht werden kann, das ist Gegenstand des nächsten Abschnittes.

Stone Sans
Stone Sans Italic
Stone Sans Semibold
Stone Sans Semibold Italic
Stone Sans Bold
Stone Sans Bold Italic
Stone Serif
Stone Serif Italic
Stone Serif Semibold
Stone Serif Semibold Italic
Stone Serif Bold
Stone Serif Bold Italic
Stone Informal
Stone Informal Italic
Stone Informal Semibold
Stone Informal Semibold Italic
Stone Informal Bold
Stone Informal Bold Italic

Die Stone

Normal

Der Normalschnitt ist die ursprüngliche Form einer Schrift. Er ist der Ausgangspunkt für alle möglichen Varianten. Seinen Anwendungsbereich findet der Normalschnitt als Fließtext. Für Auszeichnungen innerhalb des Fließtextes sind die zur Grundschrift passenden Varianten Kursiv, Halbfett und teilweise auch die Kapitälchen geeignet, weil sie in ihrer Erscheinung an ihrer Ausgangsform orientiert sind und daher das insgesamte Schriftbild nicht unnötig überlasten. Als Bezeichnung für Normalschnitte findet man je nach Schriftenanbieter neben *normal* auch *regular*.

Kursiv

Die kursive Variante ist neben der halbfetten die vielleicht wichtigste. Formal und historisch betrachtet ist die Kursive eine eigenständige Schriftform. Sie zeichnet sich im Gegensatz zu ihrer Antiqua-Ausgangsform durch leicht geneigte Zeichen, aber vor allem durch den schmalen Lauf aus. Viele Kursive wirken wie eine handschriftliche Antiqua, was durch die besondere Form einzelner Buchstaben deutlich wird (z.B. a, f, p und q). Diese echte Kursivform ist bei den Serifenlosen eine echte Ausnahme. Sie begnügen sich meist mit einer schräggestellten Variante der Ausgangsform. In der Regel bildet die Kursive eine Unterfamilie mit halbfetter und fetter Variante. Kursive Varianten innerhalb einer Schriftfamilie tragen die Namensattribute *italic* oder *kursiv*.

schräg

Gill Sans italic

Halbfett

Die Halbfette wirkt durch eine verstärkte Strichführung auffälliger als die zugehörige Grundschrift. Ihr Anwendungsbereich ist demnach überall vorbestimmt, wo es auf ein Mehr an Prägnanz ankommt. Die halbfette Variante hat im Vergleich zur Normalen eine größere Laufweite. Teilweise zeigen halbfette Schnitte eigenständige Formelemente, die von den entsprechenden Elementen der Normalen abweichen. Terminologisch geht es in PageMaker in bezug auf die halbfetten und die fetten Schriften leider etwas durcheinander. Durch die englisch-amerikanische Bezeichnung bold für halbfett hat sich in deutschen Programmübersetzungen oft fett als Übersetzung von bold eingeschlichen. Je nach Zusammenstellung der Fonts wählt der Schriftschnitt *fett* entweder einen halbfetten oder einen fetten Schnitt aus. Doch dazu später mehr.

Fett

Die fetten und, in ihrer Steigerung, die extra fetten Schnitte sind aufgrund ihrer grafischen Wirkung reizvoll. Ihre starke Kontrastwirkung machen sie für Auszeichnungen innerhalb von Fließtext unbrauchbar. So ist ihre Anwendung als typographischer Eye-catcher in der Werbung fast zwingend. Fette Schnitte tragen das Namensattribut *black* oder *fett*.

Mager

Die edel wirkenden mageren Varianten einer Schriftfamilie sind für Fließtexte ebenfalls nicht geeignet. Außerdem erfordern sie gutes Papier und ein Druckverfahren, das auch noch feinste Linienführung wiedergeben kann. Als Bezeichnung für magere Schnitte finden sich *mager, leicht* und *light*.

Schmal

Die schmalen Schnitte sind zur Zeit äußerst beliebt. Ganze Bücher und Zeitschriften finden sich beispielsweise in einer Garamond Condensed wieder. Ganz ähnlich wie bei den mageren Schnitten haftet der schmalen Variante auch der Touch des Edlen an. Kombiniert man mager und schmal, hat man alles getan, um eine Schrift aufzuwerten (so denken anscheinend einige Typographen der Werbeszene).

Kapitälchen

Die Kapitälchen sind eine besondere Schnittform. Sie verwenden anstelle der Minuskeln kleine, auf Minuskelgröße zugerichtete Versalien. Ihr Anwendungsspektrum reicht von Wortbetonungen für Personennamen innerhalb des laufenden Textes bis hin zum Titelsatz. Viele DTP-Programme (PageMaker macht da keine Ausnahme) können zu jeder Schrift Kapitälchen generieren. Diese falschen Kapitälchen werden einfach aus verkleinerten Versalien desselben Schnitts »hergestellt«. Das Ergebnis befriedigt in der Regel nicht, da die Strichstärke der verkleinerten Versalien für die Großversalien zu dünn ist.

Schriften auswählen

In den beiden vorangegangenen Abschnitten über Schriftarten und -schnitte mag die Beziehung zu PageMaker zu kurz geraten sein. Dies lag natürlich in der Absicht des Autors, denn die typographische Wirklichkeit und die Steuerung der grundlegenden Typographie mit PageMaker klaffen etwas auseinander. Doch wenn man sich erst einmal mit der in PageMaker üblichen Schriftauswahl vertraut gemacht hat, kommt man auch damit sehr gut zurecht.

Das, was im vorletzten Abschnitt unter den Schriftartgruppen aufgelistet war, die eigentlichen Schriften, sind zunächst einmal nur in begrenztem Umfang in PageMaker verfügbar. Welche Schriften verfügbar sind und welche nicht, ist abhängig von den Schriften, die auf dem Drucker bzw. im System verfügbar sind, mit dem die Arbeiten ausgedruckt werden sollen. Ebenso hängt auch die Verfügbarkeit der Schriftschnitte von den Schriften des Druckers ab. Grundsätzlich ist es so, daß ein Schriftschnitt in einer Schriftdatei abgespeichert ist. Diese Schriftdatei heißt Font. (In Wirklichkeit ist es noch etwas komplizierter, da ein Font meistens in mehreren Dateien gespeichert ist.)

Für die vier Fonts der Schriftfamilie Gill Sans erscheint jedoch lediglich ein Eintrag in der Schriftartenliste. PageMaker verwaltet demnach verschiedene Schnitte einer Schrift unter dem Namen der Schriftfamilie. Um eine normale Gill Sans zu verwenden, wird die *Gill Sans* aus dem Schriftartenmenü ausgewählt und aus dem Schriftschnittme-nü der Schnitt *Normal*. Die fettkursive Gill ist auswählbar durch die Schriftart *Gill Sans* und den Schriftschnitt *Fett* und *Kursiv*. Die nachfolgende Tabelle zeigt die Auswahl der Schnitte am Beispiel der umfangreichen Familie Stone.

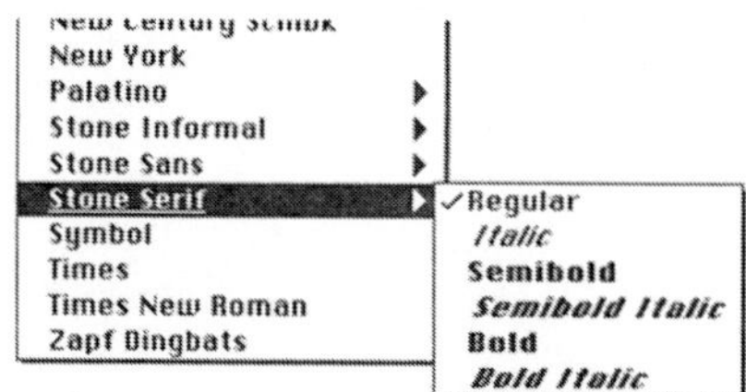

Auswahl der Fonts

Tip: Schriftschnitte ausprobieren

Wenn Sie ein neues Fontpaket auf Ihrem Computer installiert haben, sollten Sie sich die Mühe machen, auszuprobieren, welcher Schriftschnitt welchen Font auswählt. Auf diese Weise können Sie späteren »Überraschungen« entgegenwirken.

Noch etwas komplizierter wird es, wenn Kapitälchen-Schnitte oder die sogenannten Expert-Schnitte mit Ligaturen und Mediävalziffern verwendet werden. Der Anwender muß dann recht gut wissen, unter welchem der Fonts aus der Schriftenliste die gewünschten Zeichen zu finden sind.

Der Zugriff auf die Stone		
Schriftschnitt	**Schriftart**	**Schriftschnitt**
Stone Serif	Stone Serif	Normal
Stone Serif Italic	Stone Serif	Kursiv
Stone Serif Semibold	Stone Serif	Fett
Stone Serif Semibold Italic	Stone Serif	Fett und Kursiv
Stone Serif Bold	Stone Serif Bold	Normal
Stone Serif Bold Italic	Stone Serif Bold	Kursiv
Stone Sans	Stone Sans	Normal
Stone Sans Italic	Stone Sans	Kursiv
Stone Sans Semibold	Stone Sans	Fett
Stone Sans Semibold Italic	Stone Sans	Fett und Kursiv
Stone Sans Bold	Stone Sans Bold	Normal
Stone Sans Bold Italic	Stone Sans Bold	Fett
Stone Informal	Stone Informal	Normal
Stone Informal Italic	Stone Informal	Kursiv
Stone Informal Semibold	Stone Informal	Fett
Stone Informal Semibold Italic	Stone Informal	Fett und Kursiv
Stone Informal Bold	Stone Informal Bold	Normal
Stone Informal Bold Italic	Stone Informal Bold	Kursiv

Ausgleich

Wenn man sich vergegenwärtigt, daß die grundlegenden Zeichenformen auf runde, dreieckige und rechteckige Formen zurückzuführen sind, wird deutlich, daß es bei bestimmten Buchstabenkombinationen zu Problemen kommen kann. Zwei Zeichen, die ihre maximale horizontale Ausdehnung versetzt haben, erscheinen oftmals als zu weit auseinanderstehend, wenn nicht der Zeichenabstand zwischen diesen Zeichen verringert wird.

Die Zeichenformen bestimmen die Regeln für den Ausgleich

Automatischer Ausgleich

PageMaker bietet mehrere Möglichkeiten zum Ausgleich der Zeichen an. Die automatische Zeichenausgleichsfunktion von PageMaker benutzt die vom Schriftenhersteller mitgelieferten Ausgleichstabellen. Diese Tabellen enthalten Korrekturfaktoren für den Ausgleich bestimmter Zeichenkombinationen. PageMaker kann also völlig automatisch dafür sorgen, daß ein Ausgleich für kritische Zeichenkombinationen stattfindet, sofern für die verwendeten Fonts auch Kerningtabellen zur Verfügung stehen.

Aktiviert wird diese Ausgleichsoption im Dialogfeld *Abstände*, das als Unterdialogfeld des Dialogfeldes *Schriftfestlegung* erscheint. Die Option *Paarweiser Ausgleich* mit dem nachfolgenden Wert für die Schriftgröße, ab der der Ausgleich beginnen soll, schaltet den automatischen Ausgleich an.

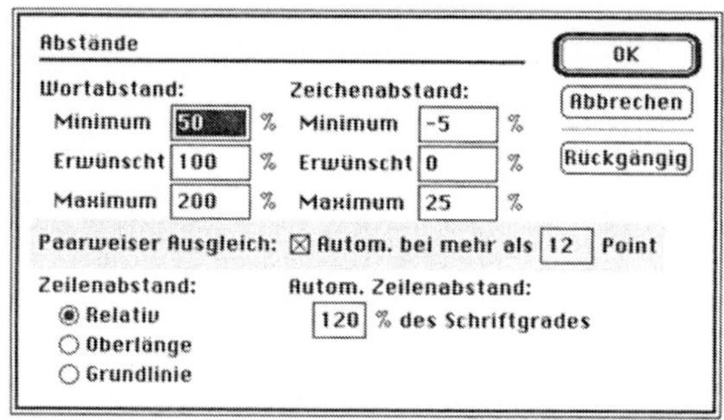

Aktivierung des paarweisen Ausgleichs

Achtung: Diese Einstellung kann sich nur dann auswirken, wenn gleichzeitig unter Laufweite eine andere Einstellung als *Keine* vorgenommen worden ist. Die Einstellung *Keine* würde verhindern, daß ein paarweiser Ausgleich stattfindet, auch wenn der Ausgleich aktiviert ist.

Schriftfestlegung
OK
Abbrechen
Optionen...
Schriftart: Times
Schriftgrad: 12 Point
Zeilenabstand: Autom. Point
Breite: Normal %
Zeichenlage: Normal
Buchstabenart: Normal
Laufweite: Keine / Sehr weit / Weit / ✓Normal / Schmal / Sehr schmal
Farbe: Schwarz
Schriftschnitt: Kursiv, Negativ, Schattiert, ☐ Unterstrichen, ☐ Durchgestrichen

Es muß eine Laufweite für ausgeglichene Schrift eingestellt sein

ohne Ausgleich: AV TA Ta Ty

mit Ausgleich: AV TA Ta Ty

Zeile ohne und mit Ausgleich

Manueller Ausgleich

Die zweite Möglichkeit zum Zeichenausgleich ist der manuelle Ausgleich. Mit ihm kann der Anwender direkt den Abstand zwischen zwei kritischen Zeichen ändern. Die Vorgehensweise dazu ist denkbar einfach. Mit der Textfunktion wird die Schreibmarke an der gewünschten Stelle positioniert, d.h. zwischen den beiden kritischen Zeichen. Anschließend wird eine der Tastenfunktionen aufgerufen, die einen Ausgleich bewirkt (in der unten stehenden Tabelle sind alle Ausgleichstastenkombinationen aufgelistet). Auf dem Bildschirm kann dabei kontrolliert werden, ob der Ausgleich zum gewünschten Resultat geführt hat oder nicht. Wenn das Zusammen- oder Auseinanderrücken nicht ausreichend war, kann durch erneutes Eingeben der Tastenkombination um eine weitere Stufe ausgeglichen werden. Dieser Vorgang kann sich solange wiederholen, bis das Ergebnis zufriedenstellend ist. Alle Ausgleichsschritte lassen sich auf einmal zurücknehmen, wenn die Tastenkombination <Wahl><Befehl><K> verwendet wird.

Der manuelle Ausgleich kann auch globaler vorgenommen werden. Wenn nämlich nicht nur die Einfügemarke gesetzt ist, sondern eine Textstelle markiert ist, wirken sich alle Ausgleichsstufen auf den gesamten markierten Textbereich aus.

Vandale Vandale
Vandale Vandale
Vandale Vandale

Ausgleich zwischen zwei Zeichen und zwischen mehreren Zeichen

Tastenfunktionen für den manuellen Ausgleich

Ausgleich um	Tastenkombination	alternative Tastenkombination auf erweiterter Tastatur
+1/25	<Befehl><rechts>	<Befehl><Umschalt><Lösch>
+1/100	<Befehl><Umschalt><rechts>	<Wahl><Umschalt><Lösch>
-1/25	<Befehl><links>	<Befehl><Lösch>
-1/100	<Befehl><Umschalt><links>	<Wahl><Lösch>
Ausgleich aufheben	<Befehl><Wahl><K> oder <Befehl><Wahl><Umschalt><Rück>	<Wahl><Lösch><K> oder <Wahl><Umschalt><Lösch>

Kapitel 10

Makrotypographie

10

Das Kapitel über Makrotypographie beginnt dort, wo das Kapitel über Mikrotypographie endet. Die hier vertretene Abgrenzung des typographischen Mikro- vom Makrokosmos mag manchem Leser vielleicht als etwas verschoben zum Mikrobereich vorkommen. Der Ansatzpunkt des Makrobereichs bei der Zeile macht jedoch Sinn. Spätestens bei der Zeile nämlich endet der unmittelbare Einfluß der Schrift selbst, und es beginnt der Einfluß des Schriftanwenders zu überwiegen. Allein in seiner Hand liegt es, ob das Ergebnis der ausgewählten Schrift gerecht wird oder nicht.

Im folgenden werden Arbeitstechniken zum Einstellen der makrotypographischen Rahmenbedingungen innerhalb von PageMaker vorgestellt.

Die Zeile

Die Zeile ist nach dem Wort die nächstgrößere typographische Einheit. Ihr kommt für die Lesbarkeit eines Textes eine zentrale Bedeutung zu. Der Rhythmus des Lesens läßt sich weitgehend durch die Makrotypographie steuern. Die dabei beeinflussenden Parameter sind Zeichenabstand, Wortabstand und Zeilenabstand. Grundsätzlich stellt PageMaker diese Parameter in Abhängigkeit von der gewählten Schriftart und Schriftgröße automatisch ein. Mit vom Anwender gesteuerten Vorgaben lassen sich allerdings die nicht immer befriedigenden Vorgaben des Programms durch Parameterangaben ersetzen, die für eine bestimmte Anwendung optimal sind.

Zeichenabstand

Der Zeichenabstand wird einerseits durch die Einstellungen im Auswahlmenü *Laufweite* beeinflußt. Zur Auswahl stehen dabei die Einstellungen *Keine, Sehr weit, Weit, Normal, Schmal* und *Sehr Schmal*. Die Einstellung *Normal* verwendet einen vom Schrifthersteller vorgegebenen Zeichenabstand, der von der eingestellten Schriftgröße abhängig ist (zumindest wenn die Option *Paarweiser Ausgleich* im Dialogfeld *Abstände* aktiv ist). Die Informationen über die Standardlaufweite sind also Bestandteil eines Fonts. Wenn eine der übrigen Einstellungen ausgewählt wird, wird der Zeichenabstand um einen bestimmten Wert verringert bzw. vergrößert.

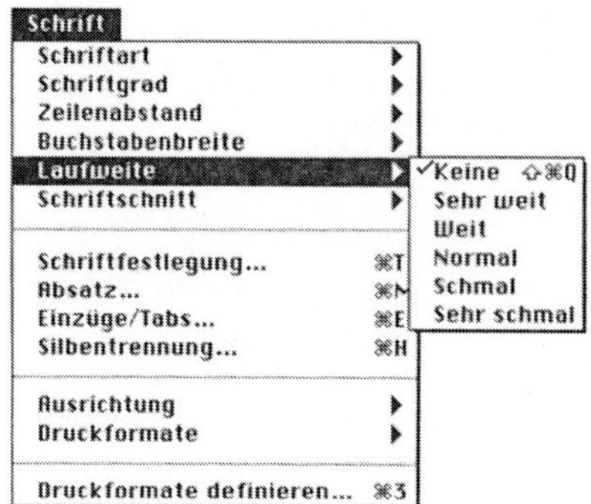

Auswahlmenü ***Laufweite***

Eine andere Möglichkeit zum Bestimmen der Laufweite besteht mit dem Dialogfeld *Abstände*, das als Unterdialogfeld zum Dialogfeld *Absatzformat* erscheint. Hier kann unter *Zeichenabstand erwünscht* ein Wert zwischen -100 und 100 Prozent angegeben werden, um die Laufweite entsprechend einzustellen. Dieser Wert addiert sich zu den im Auswahlmenü *Laufweite* angegebenen Einstellungen, so daß dort die Einstellung *Keine* oder *Normal* vorgenommen werden sollte. Darauf sollte besonders beim Definieren von Druckformaten geachtet werden.

Die etwas kompliziert anmutende Laufweitenregelung über das Auswahlmenü *Laufweite* einerseits und das Dialogfeld *Abstände* andererseits garantiert weitgehenden Einfluß auf das Schriftbild. Im folgenden soll kurz dargestellt werden, wie sich die einzelnen Einstellungen auswirken und in welchem Zusammenhang die Laufweite zum paarweisen Ausgleich steht.

Abstände
OK
Abbrechen
Rückgängig
Wortabstand: Minimum 50 % Erwünscht 100 % Maximum 200 %
Zeichenabstand: Minimum -5 % Erwünscht 0 % Maximum 25 %
Paarweiser Ausgleich: ☒ Autom. bei mehr als 12 Point
Zeilenabstand: ◉ Relativ ○ Oberlänge ○ Grundlinie
Autom. Zeilenabstand: 120 % des Schriftgrades

Dialogfeld ***Abstände***

Die Laufweiteneinstellung *Keine* im Auswahlmenü *Laufweite* bewirkt das Unterdrücken der Anpassung der Laufweite an die gewählte Schriftgröße. In den Fonts sind Laufweiteninformationen in Abhängigkeit zur Schriftgröße vorhanden. Diese wirken sich so aus, daß die

Laufweite umso geringer wird, je größer der Schriftgrad ist. Sinnvoll ist dieses Verfahren, weil die Zeichenabstände optisch weniger relativ als vielmehr absolut wahrgenommen werden. Eine auf Plakatgröße vergrößerte Textzeile aus einem normalen Fließtext würde uns mit zu großem Zeichenabstand erscheinen, also gesperrt, weil die Zeichenabstände zentimetergroß wären. Umgekehrt würde eine auf 9 Point verkleinerte Plakatzeile als kompreß erscheinen. Mit der Laufweiteneinstellung *Normal* wird die größenabhängige Laufweitenregelung aktiviert. Diese Einstellung sollte unbedingt bei allen Schriftgraden oberhalb von 36 Point aktiv sein, da ansonsten eine manuelle Laufweitenverringerung stattfinden müßte. Die übrigen Laufweiten sind ebenfalls größenabhängige Laufweiten. Sie wirken sich umso stärker aus, je größer der eingestellte Schriftgrad ist.

Laufweite
Laufweite

Die Laufweiten
Keine** und **Normal

Achtung: PageMaker neigt zum Überkompensieren der Laufweite bei besonders großen Schriftgraden. Oberhalb von 72 Point erscheint die Laufweite als zu gering, selbst wenn die Einstellung *Normal* zugrunde liegt. Bei großen Schriftgraden oberhalb von 72 Point erreicht man mit der Laufweite *Weit* in der Regel bessere Ergebnisse.

Unabhängig von der Laufweite, aber doch die Laufweite bestimmend, ist auch die Einstellung *Paarweiser Ausgleich* im Dialogfeld *Abstände*. Mit ihr lassen sich kritische Zeichenkombinationen hinsichtlich ihres Abstandes harmonisieren. Für den paarweisen Ausgleich läßt sich ein Schwellenwert angeben, oberhalb dessen ein Ausgleich stattfindet. In der Grundkonfiguration von PageMaker ist dieser Schwellenwert auf 12 Point festgelegt. Er sollte jedoch ruhig auf den Schriftgrößenwert der Grundschrift in einem Dokument minus 1 Point eingestellt werden, um ein ausgeglicheneres Schriftbild zu erhalten. Wenn beispielsweise die Grundschriftgröße 9 Point beträgt, muß für den Schwellenwert 8 Point angegeben werden, damit sich der Ausgleich auf die Grundschrift auswirken kann.

Tip: Schrift sperren mit Zeichenabstand

Wenn die Laufweite *Sehr weit* aus dem Laufweiten-Auswahlmenü zum Sperren einer Schrift nicht ausreicht, kann über *Zeichenabstand Erwünscht* im Dialogfeld *Abstände* ein Wert bis zu 200% angegeben werden. Minimal vergrößert werden kann dieser Zeichenabstand noch durch die zusätzliche Auswahl von *Sehr weit* im Auswahlmenü *Laufweite*.

g e s p e r r t
g e s p e r r t

Maximal gesperrte Schrift

Tip: Noch mehr Einfluß auf Laufweite und Unterschneidung

Im Kapitel über Third-Party-Additions wird mit dem PM-Tracker ein Zusatzprogramm von Impressed vorgestellt, mit dem Sie Laufweiten und Unterschneidungstabellen numerisch exakt definieren können.

Wortabstand

Genauso entscheidend für den Lesekomfort wie der Zeichenabstand ist der Wortabstand. Ein zu großer Wortabstand reißt Lücken in den Text, was nicht nur häßlich ist, sondern zudem noch den Lesefluß hemmt. Ein zu klein bemessener Wortabstand läßt Wörter verschmelzen, so daß der Leser Schwierigkeiten bekommt, einzelne Wörter zu erkennen. Die Aufgabe des Typographen muß es sein, einen harmonischen Mittelweg zu finden.

PageMaker erzeugt automatisch einen Standardwortabstand, der sich nach der Schriftart und der Schriftgröße richtet. Um Einfluß auf den Wortabstand nehmen zu können, ist das Dialogfeld *Abstände* vorgesehen. Hier kann unter *Wortabstand Erwünscht* ein Wert zwischen 0 und 500 Prozent angegeben werden. Der Wert von 100% entspricht dem sogenannten Spatienkeil der ausgewählten Schrift. Ein Wert von 200% ergibt entsprechend einen doppelt so großen, ein Wert von 50% einen halb so großen Wortabstand.

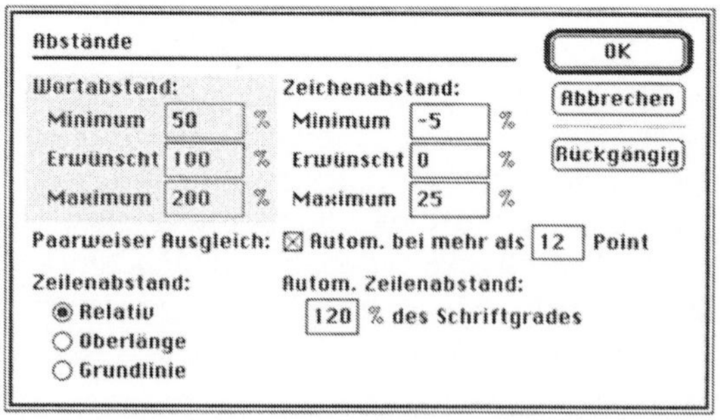

Dialogfeld ***Abstände***

Jeder Typograph hat sein eigenes Geheimrezept zum Einstellen eines Wortabstandes. Viele verwenden die Regel, daß sich ein guter Wortabstand aus einem drittel Geviert ergibt. Die vom Autor bevorzugte Methode verwendet als optimalen Wortabstand die Breite eines i. Mit dieser Regel muß für jede Schriftart der optimale Wortabstand durch ausprobieren ermittelt werden. Dazu kann wie folgt vorgegangen werden:

Fortune plango vulnera stillantibus ocellis, quod sua michi munera subtrahit rebellis. Verum est, quod legitur, fronte capillata, sed plerumque sequitur occasio calvata. In Fortune solio sederam elatus, prosperitatis vario flore coconatus; quicquid enim florui felix et beatus, nunc a summo corrui gloria privatus. Fortune rota volvitur descendo minoratus, alter in altum tollitur, nimis exaltatus rex sedet in vertice - caveat ruinam! Nam sub axe legimus hecubam redinam.

Fortune plango vulnera stillantibus ocellis, quod sua michi munera subtrahit rebellis. Verum est, quod legitur, fronte capillata, sed plerumque sequitur occasio calvata. In Fortune solio sederam elatus, prosperitatis vario flore coconatus; quicquid enim florui felix et beatus, nunc a summo corrui gloria privatus. Fortune rota volvitur descendo minoratus, alter in altum tollitur, nimis exaltatus rex sedet in vertice - caveat ruinam! Nam sub axe legimus hecubam redinam.

Fortune plango vulnera stillantibus ocellis, quod sua michi munera subtrahit rebellis. Verum est, quod legitur, fronte capillata, sed plerumque sequitur occasio calvata. In Fortune solio sederam elatus, prosperitatis vario flore coconatus; quicquid enim florui felix et beatus, nunc a summo corrui gloria privatus. Fortune rota volvitur descendo minoratus, alter in altum tollitur, nimis exaltatus rex sedet in vertice - caveat ruinam! Nam sub axe legimus hecubam redinam.

Zu enger Wortabstand und auch zu großer Wortabstand hemmen den Lesefluß

Optimalen Wortabstand bestimmen

❶ Erzeugen eines Textblocks in der gewünschten Grundschrift und in der richtigen Größe. Als Text empfiehlt sich eine Reihe von i, ein Leerzeichen und eine weitere Reihe von i (iiii iiii)

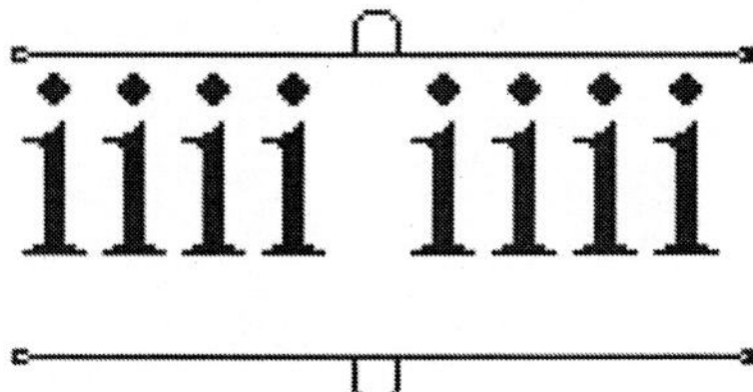

Der erste Textblock

❷ Erzeugen eines zweiten Textblocks mit einem einzelnen i in derselben Schriftart und Schriftgröße wie der erste Textblock.

Der zweite Textblock enthält nur ein i

❸ Positionieren des Einzelzeichens in die Lücke zwischen den beiden »Wörtern« aus i.

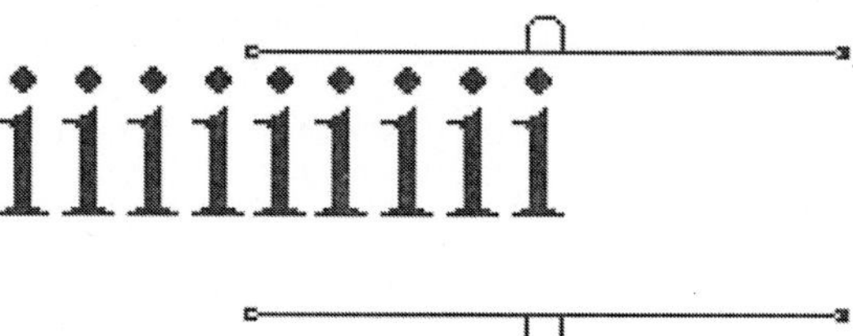

Das i wird zwischen beide »Wörter« eingepaßt

❹ Nun kann der Wortabstand des ersten Textblocks so geändert werden, bis eine gleichmäßige Kette aus i entstanden ist. Dazu wird das Dialogfeld *Absatz* mit dem gleichnamigen Befehl aus dem Menü *Schrift* aufgerufen und die Schaltfläche *Abstand* angeklickt. Im daraufhin erscheinenden Dialogfeld *Abstände* wird unter *Wortabstand Erwünscht* ein neuer Wert angegeben, der voraussichtlich dem gesuchten Wortabstand entspricht. Gegebenenfalls muß dieser Vorgang mehrmals ausgeführt werden.

Abstände

OK | Abbrechen | Rückgängig

Wortabstand:			Zeichenabstand:		
Minimum	50	%	Minimum	-5	%
Erwünscht	106	%	Erwünscht	0	%
Maximum	200	%	Maximum	25	%

Paarweiser Ausgleich: ☒ Autom. bei mehr als 12 Point

Zeilenabstand: ◉ Relativ ○ Oberlänge ○ Grundlinie

Autom. Zeilenabstand: 120 % des Schriftgrades

Der optimale Wortabstand ist gefunden

Achtung: Die Mühen, einen optimalen Wortabstand zu finden, werden übrigens nur bei Flattersatz belohnt. Zeilen in Blocksatz gleichen durch Vergrößerung (oder Verringerung) der Wortabstände die in einer Zeile »fehlenden« Zeichen aus. Für einen optimalen Lesefluß sind also Texte im Flattersatz die bessere Voraussetzung, weil nur sie einen einheitlichen Wortabstand aufweisen. Besonders bei schmalen Textspalten in Blocksatz kommt der negative Begleiteffekt der uneinheitlichen Wortabstände schwer zum Tragen.

Zeilenbreite

Bei der Planung der Zeilenbreite sollten nicht nur die äußeren Gegebenheiten der Seite berücksichtigt werden, sondern für ein angenehmes Leseerlebnis ist eine auf die Schriftgröße abgestimmte Zeilenbreite ebenso wichtig wie Laufweite und Wortabstand. Auch für die Zeilenbreite gibt es goldene Regeln, deren Einhaltung in den meisten Fällen zu einem tadellosen Ergebnis führen. Eine dieser Regeln, die hier weitergegeben (oder in Erinnerung gerufen) werden sollen, ist, daß die Zeilenbreite gleich zweimal das Alphabet plus fünf Buchstaben sein sollte.

Fortune plango vulnera stillantibus ocellis, quod sua michi
munera subtrahit rebellis. Verum est, quod legitur, fronte
capillata, sed plerumque sequitur occasio calvata. In Fortune
solio sederam elatus, prosperitatis vario flore coconatus;
quicquid enim florui felix et beatus, nunc a summo corrui
gloria privatus. Fortune rota volvitur descendo minoratus,
alter in altum tollitur, nimis exaltatus rex sedet in vertice -
caveat ruinam! Nam sub axe legimus hecubam redinam.

Fortune plango vulnera stillantibus ocellis, quod sua michi
munera subtrahit rebellis. Verum est, quod legitur, fronte
capillata, sed plerumque sequitur occasio calvata. In
Fortune solio sederam elatus, prosperitatis vario flore
coconatus; quicquid enim florui felix et beatus, nunc a
summo corrui gloria privatus. Fortune rota volvitur
descendo minoratus, alter in altum tollitur, nimis exaltatus
rex sedet in vertice - caveat ruinam! Nam sub axe legimus
hecubam redinam.

Fortune plango vulnera stillantibus ocellis, quod sua michi
munera subtrahit rebellis. Verum est, quod legitur, fronte
capillata, sed plerumque sequitur occasio calvata. In
Fortune solio sederam elatus, prosperitatis vario flore
coconatus; quicquid enim florui felix et beatus, nunc a
summo corrui gloria privatus. Fortune rota volvitur
descendo minoratus, alter in altum tollitur, nimis exaltatus
rex sedet in vertice - caveat ruinam! Nam sub axe legimus
hecubam redinam.

Verschiedene Zeilenbreiten in Abhängigkeit zur Schriftgröße

Die Einhaltung dieser Regel, die wie alle übrigen Regeln immer nur als Anhaltspunkt gelten soll, nicht aber als ehernes Gesetz, läßt sich mit PageMaker einfach erreichen.

Optimale Zeilenbreite bestimmen

❶ Bei aktiver Textfunktion die Einfügemarke bei der linken Satzspiegelhilfslinie positionieren und zweimal alle Buchstaben des Alphabets und fünf weitere Zeichen eintippen. Anschließend alle Zeichen markieren und alle übrigen Schriftparameter wie Schriftart, Schriftgröße, Laufweite und paarweiser Ausgleich festlegen.

Der Textblock enthält die nötigen Zeichen

❷ Verschieben des Skalennullpunktes der Lineale auf den Satzspiegel. Dazu wird die Markierung am Schnittpunkt der Lineale angeklickt und bei gedrückt gehaltener Maustaste verschoben.

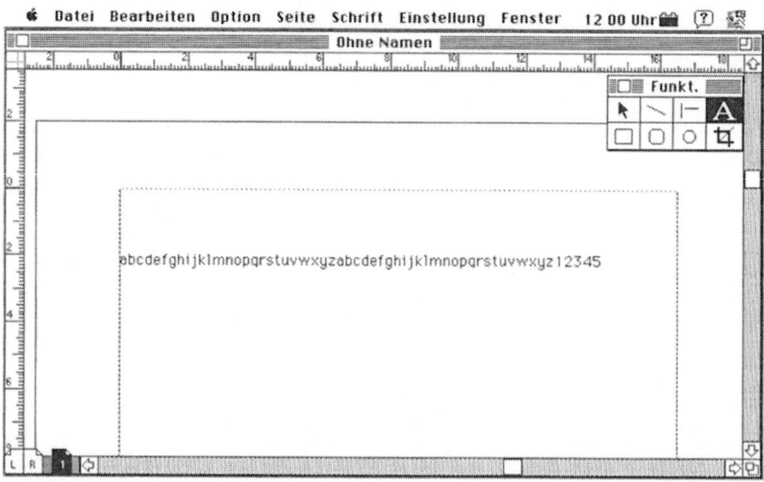

Die Skalennullpunkte sind neu festgelegt

❸ Vertikale Hilfslinie aus dem vertikalen Lineal herausziehen und am Ende der Textzeile positionieren, wodurch die gesuchte Zeilenbreite am horizontalen Lineal abgelesen werden kann.

Nach diesem Verfahren kann die gemessene Zeilenbreite beispielsweise durch Anlegen von Liniealhilfslinien eingehalten werden. Anhand dieser Hilfslinien kann auch beim Positionieren eines neuen Textabschnittes direkt die gewünschte Zeilenbreite eingestellt werden, wenn das anstelle des Cursors erscheinende Textpositioniersymbol auf die linke Hilfslinie gesetzt wird, die Maustaste gedrückt wird und solange gedrückt bleibt, bis durch Mausbewegung die rechte Hilfslinie erreicht ist. Auf diese Weise erhält der Textblock die gewünschte Breite.

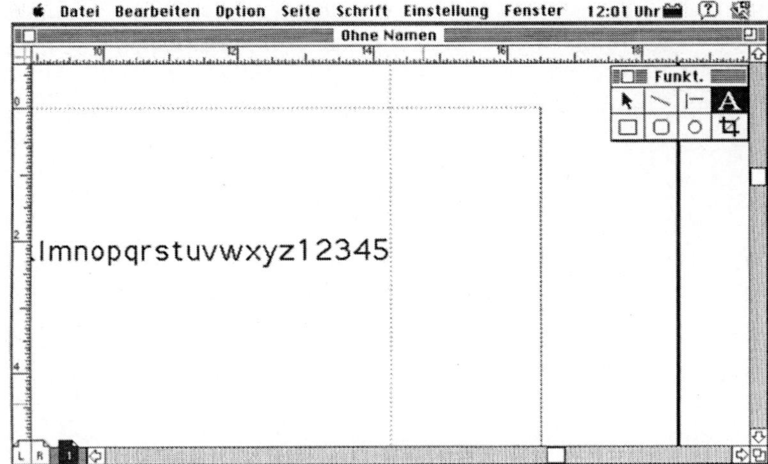

Die gesuchte Zeilenbreite kann abgelesen werden

Der Absatz

Während die bisher vorgestellten makrotypographischen Parameter den Text mehr oder minder subtil innerhalb der Zeile ändern, sind Parameter wie Zeilenabstand, Zeilenausrichtung, Absatzabstand, Absatzeinzüge und Tabulatoren schon Einstellungen, die das Aussehen der Seite entscheidend beeinflussen.

Zeilenabstand

Der Zeilenabstand ist ein weiterer wichtiger Faktor, mit dem der Lesekomfort weitgehend beeinflußbar ist. Text mit zu geringem Zeilenabstand ist schwer zu lesen, weil beim Lesen kaum die Zeile gehalten werden kann. Die Zeile löst sich dabei auf in eine flächige, willkürlich wirkende Anordnung von Buchstaben. Das andere Extrem, der zu weite Zeilenabstand, beeinflußt zwar die Lesegeschwindigkeit kaum, doch aus ästhetischen Gründen verbietet sich der zu große Zeilenabstand und, was für die Praxis sicher noch entscheidender ist, aus ökonomischen Gründen. So ist der optimale Zeilenabstand immer ein Kompromiß zwischen Lesefreundlichkeit, Ästhetik und verfügbarem Platz.

Der Zeilenabstand wird bei PageMaker über das Auswahlmenü *Zeilenabstand* bzw. über das Dialogfeld *Schriftfestlegung* eingestellt. Die Einheit für den Zeilenabstand ist als Prozent des Schriftgrades festgelegt. Der Zeilenabstand wird also nicht absolut, sondern relativ zur Schriftgröße bestimmt. Ein Wert von 100% bewirkt bei einer 10 Point Schrift einen Zeilenabstand von 10 Point. Die Schriftkegel werden also ohne zusätzlichen Abstand untereinander angefügt. Ein Wert von 120% für den Zeilenabstand würde im genannten Beispiel zu einem Zeilenabstand von 12 Point führen. Darüber hinaus kann auch über den Befehl *Zeilenabstand* ein Wert in Point angegeben werden, wenn im erscheinenden Auswahlmenü die Zeile *Anderer* angeklickt wird. Nach welchem der drei möglichen Verfahren *Relativ, Oberlänge* und *Grundlinie* der Zeilenabstand gemessen wird, läßt sich im Unterdialogfeld *Abstände* des Dialogfeldes *Absatzformat* auswählen.

Fortune plango vulnera stillantibus ocellis, quod sua michi munera subtrahit rebellis. Verum est, quod legitur, fronte capillata, sed plerumque sequitur occasio calvata. In Fortune solio sederam elatus, prosperitatis vario flore coconatus; quicquid enim florui felix et beatus, nunc a summo corrui gloria privatus. Fortune rota volvitur descendo minoratus, alter in altum tollitur, nimis exaltatus rex sedet in vertice - caveat ruinam! Nam sub axe legimus hecubam redinam.

Fortune plango vulnera stillantibus ocellis, quod sua michi munera subtrahit rebellis. Verum est, quod legitur, fronte capillata, sed plerumque sequitur occasio calvata. In Fortune solio sederam elatus, prosperitatis vario flore coconatus; quicquid enim florui felix et beatus, nunc a summo corrui gloria privatus. Fortune rota volvitur descendo minoratus, alter in altum tollitur, nimis exaltatus rex sedet in vertice - caveat ruinam! Nam sub axe legimus hecubam redinam.

Fortune plango vulnera stillantibus ocellis, quod sua michi munera subtrahit rebellis. Verum est, quod legitur, fronte capillata, sed plerumque sequitur occasio calvata. In Fortune solio sederam elatus, prosperitatis vario flore coconatus; quicquid enim florui felix et beatus, nunc a summo corrui gloria privatus. Fortune rota volvitur descendo minoratus, alter in altum tollitur, nimis exaltatus rex sedet in vertice - caveat ruinam! Nam sub axe legimus hecubam redinam.

Der Zeilenabstand beeinflußt stark die optische Wirkung eines Textes

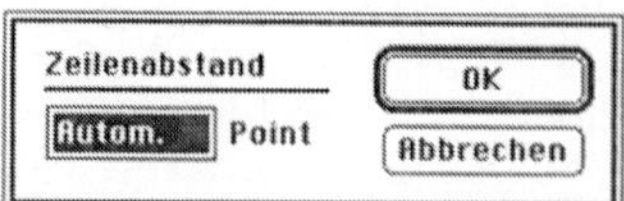

Dialogfeld ***Zeilenabstand***

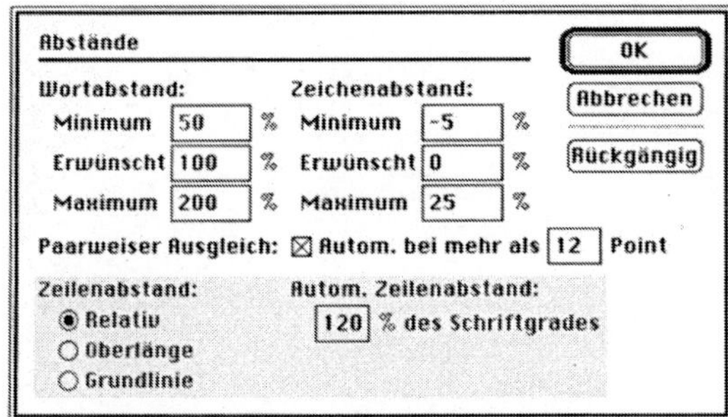

*Im Dialogfeld **Abstände** kann ein Wert für den automatischen Zeilenabstand vorgegeben werden*

Zeilenabstand **Relativ**

2/3 zu 1/3 Teilung

Zeilenabstand **Oberlänge**

Grundlinie orientiert sich an der Versalhöhe

Zeilenabstand **Grundlinie**

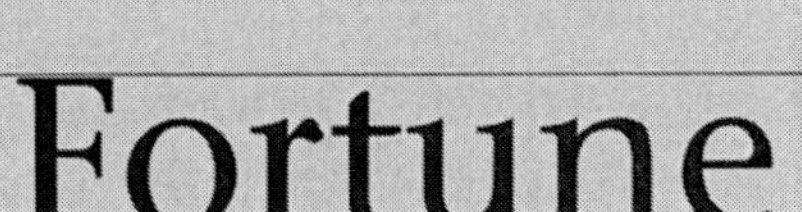

Grundlinie befindet sich am unteren Rand des Zeilensatzes

Die Definition des Zeilenabstandes bei PageMaker

In der Grundkonfiguration geht PageMaker von einem Zeilenabstand von 120% aus. Die Einstellung *Autom.* führt zu diesem Abstand. Um für den automatischen Zeilenabstand einen anderen Wert als 120% des Schriftgrades zu definieren, kann unter *Autom. Zeilenabstand* im Dialogfeld *Abstände* der gewünschte Wert angegeben werden. Ansonsten kann der gewünschte Wert aber auch in den entsprechenden Auswahlmenüs und Dialogfeldern individuell eingestellt werden, ohne daß die Einstellung für den automatischen Zeilenabstand geändert werden müßte.

Der Standardwert für den Zeilenabstand von 120% der Schriftgröße (etwas mehr ist besser) gründet sich auf eine der schon erwähnten typographischen Regeln, deren Befolgung in den meisten Fällen zu brauchbaren Ergebnissen führt. Vergegenwärtigt man sich jedoch, daß optisch ein harmonischer Zeilenabstand von der Höhe der Minuskeln abhängt, nicht aber von der Kegelhöhe der Schrift, wird deutlich, daß die Regel und damit der Standardwert mit Vorsicht zu genießen ist.

Fortune plango vulnera stillantibus ocellis, quod sua michi munera subtrahit rebellis. Verum est, quod legitur, fronte capillata, sed plerumque sequitur occasio calvata. In Fortune solio sederam elatus, prosperitatis vario flore coconatus; quicquid enim florui felix et beatus, nunc a summo corrui gloria privatus. Fortune rota volvitur descendo minoratus, alter in altum tollitur, nimis exaltatus rex sedet in vertice - caveat ruinam! Nam sub axe legimus hecubam redinam.

Fortune plango vulnera stillantibus ocellis, quod sua michi munera subtrahit rebellis. Verum est, quod legitur, fronte capillata, sed plerumque sequitur occasio calvata. In Fortune solio sederam elatus, prosperitatis vario flore coconatus; quicquid enim florui felix et beatus, nunc a summo corrui gloria privatus. Fortune rota volvitur descendo minoratus, alter in altum tollitur, nimis exaltatus rex sedet in vertice - caveat ruinam! Nam sub axe legimus hecubam redinam.

Zwei Schriften mit unterschiedlicher Minuskelhöhe bei gleichem Zeilenabstand

Linksbündig

Die linksbündige Zeilenausrichtung ist die wohl (zumindest in unserem Kulturkreis) gängigste Möglichkeit, einen Text zu formatieren. Jeder handschriftliche Brief und auch die meisten maschinengeschriebenen sind mehr oder weniger linksbündig angelegt. Jedes Kind wird, wenn es schreiben lernt, zuerst mit linksbündigen Texten konfrontiert, einfach weil unsere Schrift von links nach rechts strukturiert ist (es gibt schließlich auch von rechts nach links laufende Schriften und auch von oben nach unten laufende). Einen gemeinsamen Zeilenanfang zu finden, ist kein Problem, wohl aber bedarf es einigen Aufwandes, die Wörter der Zeilen auf die gesamte Zeilenbreite auszugleichen.

Fortune plango vulnera stillantibus ocellis, quod
sua michi munera subtrahit rebellis. Verum est,
quod legitur, fronte capillata, sed plerumque
sequitur occasio calvata. In Fortune solio sederam
elatus, prosperitatis vario flore coconatus;
quicquid enim florui felix et beatus, nunc a
summo corrui gloria privatus. Fortune rota
volvitur descendo minoratus, alter in altum
tollitur, nimis exaltatus rex sedet in vertice -
caveat ruinam! Nam sub axe legimus hecubam
redinam.

Linksbündiger Text

Der Flattersatz oder auch Rauhsatz bietet gegenüber dem Blocksatz den Vorteil eines einheitlichen Wortabstandes. Um allerdings einen nicht allzu stark flatternden rechten Rand innerhalb einer Spalte zu erzielen, ist doch einiger Aufwand bei der Silbentrennung zu betreiben. Dazu bietet PageMaker gute Kontroll- und Einstellmöglichkeiten. So läßt sich bei der automatischen Silbentrennung (im Dialogfeld *Silbentrennung* des gleichnamigen Befehls aus dem Menü *Schrift*) die sogenannte Silbentrennzone definieren. Sie bestimmt einen zulässigen Freiraum am Zeilenende. Wird dieser unterschritten, so wird versucht, durch Trennung des nicht mehr in die Zeile passenden Wortes den Freiraum zu verkleinern.

Zusammen mit der Möglichkeit, Zeilen, die die vorgegebenen Bedingungen nicht erfüllen, für die Bildschirmanzeige hervorzuheben, hat der Anwender hervorragende Werkzeuge zum Erzeugen eines harmonischen Flattersatzes. (Die Anzeige von problematischen Zeilen wird durch die Option *Layoutprobleme anzeigen Buchstabenabstände* im Dialogfeld *Vorgaben wählen* aktiviert.)

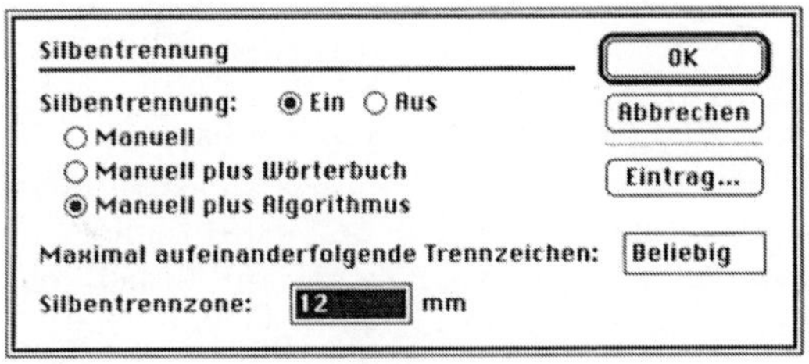

Silbentrennung

OK

Silbentrennung: ◉ Ein ○ Aus

Abbrechen

○ Manuell

○ Manuell plus Wörterbuch

Eintrag...

◉ Manuell plus Algorithmus

Maximal aufeinanderfolgende Trennzeichen: Beliebig

Silbentrennzone: 12 mm

Dialogfeld **Silbentrennung**

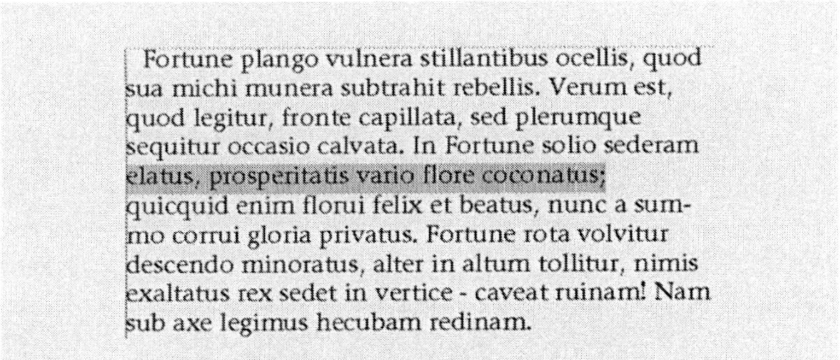

Fortune plango vulnera stillantibus ocellis, quod sua michi munera subtrahit rebellis. Verum est, quod legitur, fronte capillata, sed plerumque sequitur occasio calvata. In Fortune solio sederam elatus, prosperitatis vario flore coconatus; quicquid enim florui felix et beatus, nunc a summo corrui gloria privatus. Fortune rota volvitur descendo minoratus, alter in altum tollitur, nimis exaltatus rex sedet in vertice - caveat ruinam! Nam sub axe legimus hecubam redinam.

Im Absatz wurde eine zu große Randzone entdeckt

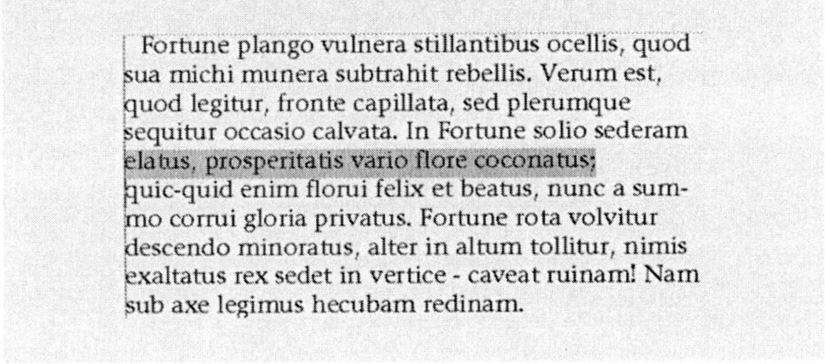

Fortune plango vulnera stillantibus ocellis, quod sua michi munera subtrahit rebellis. Verum est, quod legitur, fronte capillata, sed plerumque sequitur occasio calvata. In Fortune solio sederam elatus, prosperitatis vario flore coconatus; quic-quid enim florui felix et beatus, nunc a summo corrui gloria privatus. Fortune rota volvitur descendo minoratus, alter in altum tollitur, nimis exaltatus rex sedet in vertice - caveat ruinam! Nam sub axe legimus hecubam redinam.

In der folgenden Zeile wird durch die Tastenkombination <Befehl><-> eine Trennmöglichkeit vorgegeben

Fortune plango vulnera stillantibus ocellis, quod sua michi munera subtrahit rebellis. Verum est, quod legitur, fronte capillata, sed plerumque sequitur occasio calvata. In Fortune solio sederam elatus, prosperitatis vario flore coconatus; quicquid enim florui felix et beatus, nunc a summo corrui gloria privatus. Fortune rota volvitur descendo minoratus, alter in altum tollitur, nimis exaltatus rex sedet in vertice - caveat ruinam! Nam sub axe legimus hecubam redinam.

Der Zeilenumbruch ist harmonisiert

Rechtsbündig

Das Gegenstück zum linksbündigen Flattersatz ist die rechtsbündige Zeilenausrichtung. Der rechtsbündige Flattersatz stellt die normale Lesegewohnheit eines einheitlichen Zeilenanfangs zugunsten eines interessanten grafischen Effektes auf den Kopf. Der Anwendungsbereich dieser Zeilenausrichtung umfaßt daher auch nicht umfangreichere Lesetexte, sondern ist eher beschränkt auf kurze Schautexte.

Die Einstellungsmöglichkeiten, um einen harmonisch wirkenden rechtsbündigen Flattersatz zu erhalten, entsprechen exakt denen für linksbündigen Satz, so daß die Informationen im Abschnitt über den linksbündigen Flattersatz auch auf den rechtsbündigen anwendbar sind.

Fortune plango vulnera stillantibus ocellis, quod sua michi munera subtrahit rebellis. Verum est, quod legitur, fronte capillata, sed plerumque sequitur occasio calvata. In Fortune solio sederam elatus, prosperitatis vario flore coconatus; quicquid enim florui felix et beatus, nunc a summo corrui gloria privatus. Fortune rota volvitur descendo minoratus, alter in altum tollitur, nimis exaltatus rex sedet in vertice - caveat ruinam! Nam sub axe legimus hecubam redinam.

Rechtsbündiger Text

Tip: Zweispaltensatz mit einheitlicher Mitte und flatternden Rändern

Für einen kleineren zweispaltigen Text innerhalb einer Seite kann auch einmal eine ausgefallene Art der Zeilenausrichtung angewendet werden. Der Text der linken Spalte wird rechtsbündig, der der rechten Spalte linksbündig formatiert, wodurch sich ein ungewohnter grafischer Effekt ergibt.

Fortune plango vulnera stillantibus ocellis, quod sua michi munera subtrahit rebellis. Verum est, quod legitur, fronte capillata, sed plerumque sequitur occasio calvata. In Fortune solio sederam elatus, prosperitatis vario flore coconatus; quicquid enim florui felix et beatus, nunc a summo corrui gloria privatus. Fortune rota volvitur descendo minoratus, alter in altum tollitur, nimis exaltatus rex sedet in vertice - caveat ruinam! Nam sub axe legimus hecubam redinam.

Flora veris leta facies mundo propinatur, hiemalis acies victa iam fugatur. In vestitu vario Flora principatur, nemorum dulcisiono que cantu celebratur, fronte capillata. Flore fusus gremio Phebus novo more risum dat, hoc vario iam stipate flore. Zephyrus nectareo spirans in odore, certiam pro bravio curramus in amore. Cytharizat cantico dulcis Philomena, flore rident fronte vario prata iam serena, salit cetus avium silve per amena, iam gaudia millena.

Ein interessanter Effekt ergibt sich durch die Kombination von links- und rechtsbündigem Flattersatz bei zwei Textspalten

Zentriert

Die zentrierte Zeilenausrichtung hat ihre Anwendungsbereiche beispielsweise für die Titelgestaltung, bei Überschriften und Briefköpfen. Die in zentrierter Zeilenausrichtung formatierten Zeilen werden am Anfang und Ende so ausgeglichen, daß sie mittig auf der Textblockbreite ausgerichtet sind. Es »flattern« sozusagen beide Enden.

Fortune plango vulnera stillantibus ocellis, quod sua michi munera subtrahit rebellis. Verum est, quod legitur, fronte capillata, sed plerumque sequitur occasio calvata. In Fortune solio sederam elatus, prosperitatis vario flore coconatus; quicquid enim florui felix et beatus, nunc a summo corrui gloria privatus. Fortune rota volvitur descendo minoratus, alter in altum tollitur, nimis exaltatus rex sedet in vertice - caveat ruinam! Nam sub axe legimus hecubam redinam.

Zentrierter Text

Hinsichtlich der freien Randzonen ist der zentrierte Satz nicht so kritisch wie die einseitig ausgerichteten Varianten, da sich die Randzone dadurch halbiert, daß sie aufgeteilt auf beide Seiten des Textblockes erscheint. Aber der Reiz der zentrierten Zeilenausrichtung liegt gerade in den unterschiedlichen Zeilenlängen aufeinanderfolgender Zeilen.

Blocksatz

Der Blocksatz ist zumindest im Buch- und Zeitschriftensatz die verbreiteste Satzart. Beim Blocksatz werden durch Änderungen am Wortabstand (und in Extremfällen auch am Zeichenabstand) die Wörter einer Zeile über die gesamte Spaltenbreite verteilt. Es ergibt sich dadurch ein gleichmäßiges Schriftbild, das die Satzspiegelgestaltung am deutlichsten hervorbringt. (Der Blocksatz ist übrigens beim Buchsatz bis in die frühesten Anfänge verwurzelt. Angefangen bei der ersten Gutenberg-Bibel hat sich dieser Zeilenausgleich durchgängig bis in die heutige Zeit erhalten. Allerdings wurde der Ausgleich bei Gutenberg nicht über den Wortabstand, sondern über die Zeichenbreite geregelt. Das Alphabet der 36zeiligen Bibel bestand beispielsweise aus 202 unterschiedlichen Zeichen.)

Fortune plango vulnera stillantibus ocellis, quod sua michi munera subtrahit rebellis. Verum est, quod legitur, fronte capillata, sed plerumque sequitur occasio calvata. In Fortune solio sederam elatus, prosperitatis vario flore coconatus; quicquid enim florui felix et beatus, nunc a summo corrui gloria privatus. Fortune rota volvitur descendo minoratus, alter in altum tollitur, nimis exaltatus rex sedet in vertice - caveat ruinam! Nam sub axe legimus hecubam redinam.

Text im Blocksatz

Noch mehr als beim Flattersatz sollte beim Blocksatz auf eine ausgewogene Silbentrennung geachtet werden. Besonders bei schmalen Textspalten, wie sie im Mehrspaltensatz angewendet werden, treten Mängel bei der Silbentrennung durch zu große Wortabstände hervor, die regelrechte Löcher in den Text reißen. Mit der Option *Layoutprobleme anzeigen* kann sich aber auch hier der Anwender vom Programm die Zeilen anzeigen lassen, die den Vorgaben nicht entsprechen. Mit manueller Silbentrennung kann dann versucht werden, einen einheitlichen Wortabstand herzustellen.

Wichtig dazu sind die Abstandswerte, die im Dialogfeld *Abstände* vorgegeben werden können. Die Werte unter *Wortabstand Minimum* und *Wortabstand Maximum* geben dabei die Extremwerte für den Ausgleich über den Wortabstand vor. Sobald die Werte nicht eingehalten werden können, erscheinen sie als Layoutproblem grau markiert, wenn die entsprechende Option im Dialogfeld *Vorgaben wählen* aktiviert ist. Die Werte unter *Zeichenabstand Minimum* und *Zeichenabstand Maximum* können sich ebenfalls auswirken. Wenn nämlich der Wortabstand bis zum Maximal- bzw. Minimalwert ausgenutzt wurde, kann PageMaker auch den Zeichenabstand variieren. Dieser sehr unschöne Effekt kann beispielsweise dadurch verhindert werden, daß die drei Werte für den Zeichenabstand den gleichen Wert erhalten.

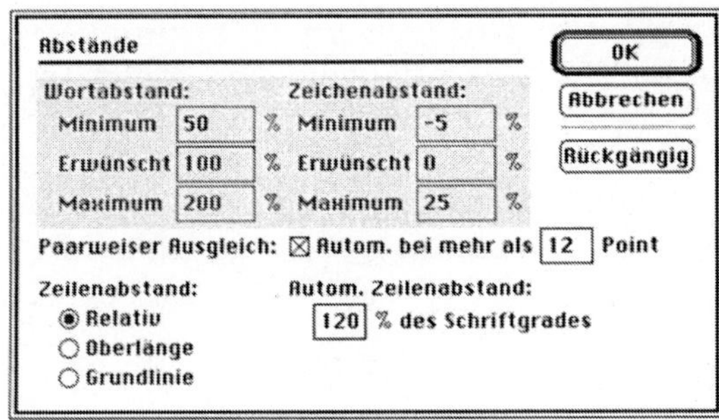

Dialogfeld ***Abstände***

Um die Vorgaben im Dialogfeld *Abstände* optimal einstellen zu können, ist es hilfreich, sich zu vergegenwärtigen, wie PageMaker beim Ausgleich für den Blocksatz vorgeht. Die Vorgehensweise ist durch die folgenden Arbeitsschritte zu erklären:

- Zuerst werden die Wortabstände unter Berücksichtigung der Einstellungen im Dialogfeld *Abstände* verändert.
- Wenn diese Änderungen nicht ausreichen, um die Zeile zu füllen, werden Trennungen durchgeführt. Dieser Arbeitsschritt wird nur bei aktiver Silbentrennfunktion ausgeführt.
- Wenn Änderungen am Wortabstand und die Silbentrennung zusammen nicht ausreichen, die Zeilen vollständig zu füllen, wird mit Änderungen am Zeichenabstand versucht, die erforderliche Zeilenbreite zu erreichen. Dabei werden die Werte für den minimalen bzw. maximalen Zeichenabstand im Dialogfeld *Abstände* eingehalten.
- Wenn diese Arbeitsschritte noch immer nicht ausreichen, ändert PageMaker den Wortabstand und später auch den Zeichenabstand über die zulässigen Werte hinaus.

Erzwungener Blocksatz

Der erzwungene Blocksatz macht seinem Namen alle Ehre. Er zwingt alle Wörter einer Zeile dazu, die gesamte Textbreite zu nutzen. Das Ergebnis ist entsprechend. Sogar die letzte Zeile eines Absatzes wird auf die gesamte Breite gedehnt. Und wenn nur ein Wort in der letzten Absatzzeile steht, wird sogar eine Sperrung über die gesamte Spaltenbreite durchgeführt.

Tip: Erzwungener Blocksatz kann zum Sperren verwendet werden

Oftmals will man mehrere Zeilen auf dieselbe Zeilenbreite bringen, ohne ausschließlich den Wortabstand zu vergrößern. Vielmehr soll durch Sperrung jede Zeile auf die geforderte Breite gebracht werden. Wenn man dies versucht, indem man in jeder Zeile eine entsprechende Laufweite vorgibt, wird das optimale Ergebnis erst nach zahlreichen

Fehlversuchen erreichbar sein. Verwendet man jedoch für diese Zeilen den erzwungenen Blocksatz, stellt sich das gewünschte Ergebnis automatisch ein. Wenn mehrere Wörter in einer Zeile stehen, muß das Leerzeichen dazwischen als geschütztes Leerzeichen mit der Tastenkombination aus Wahltaste und Leertaste eingetippt werden, da ansonsten ein Ausgleich über den Wortabstand stattfinden würde.

Fortune plango vulnera stillantibus ocellis, quod sua michi munera subtrahit rebellis. Verum est, quod legitur, fronte capillata, sed plerumque sequitur occasio calvata. In Fortune solio sederam elatus, prosperitatis vario flore coconatus; quicquid enim florui felix et beatus, nunc a summo corrui gloria privatus. Fortune rota volvitur descendo minoratus, alter in altum tollitur, nimis exaltatus rex sedet in vertice - caveat ruinam! Nam sub axe legimus hecubam redinam.

Text im erzwungenen Blocksatz

e r z w u n g e n e r

B l o c k s a t z

Durch Sperren abgestimmte Zeilen

Absatzabstand

Es gibt unterschiedliche Methoden, einen Text absatzweise zu strukturieren. Eine Methode ist beispielsweise ein im Vergleich zum Zeilenabstand vergrößerter Absatzabstand. Diese Form verwendet beispielsweise jeder, der einen Text auf einer Schreibmaschine schreibt. Er setzt Absätze durch eine Leerzeile voneinander ab. PageMaker erlaubt einen vom Zeilenabstand unabhängigen Wert für den Absatzabstand zu definieren.

Bedauerlicherweise weicht PageMaker hinsichtlich der Einheit für den Absatzabstand vom typographischen Maßsystem ab und verwendet hierbei die metrische Einheit Millimeter. Eingestellt wird der Absatzabstand im Dialogfeld *Absatzformat* unter *Abstand*.

Um eine andere Einheit als Millimeter eingeben zu können, kann beim Eintrag in das Eingabefeld auch ein Einheitenkürzel mitangegeben werden. Um beispielsweise einen Absatzabstand von 12 Point anzugeben, wird p12 in das Eingabefeld eingetippt.

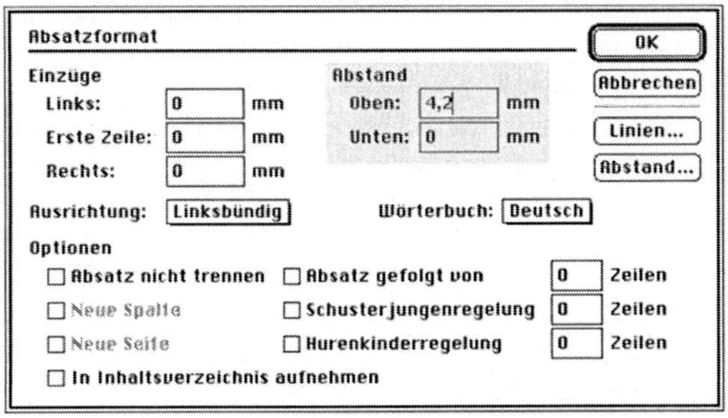

Absatzformat

Einzüge
Links: 0 mm
Erste Zeile: 0 mm
Rechts: 0 mm

Abstand
Oben: 4,2 mm
Unten: 0 mm

OK
Abbrechen
Linien...
Abstand...

Ausrichtung: Linksbündig
Wörterbuch: Deutsch

Optionen
☐ Absatz nicht trennen
☐ Neue Spalte
☐ Neue Seite
☐ In Inhaltsverzeichnis aufnehmen
☐ Absatz gefolgt von 0 Zeilen
☐ Schusterjungenregelung 0 Zeilen
☐ Hurenkinderregelung 0 Zeilen

Dialogfeld ***Absatzformat***

Fortune plango vulnera stillantibus ocellis, quod sua michi munera subtrahit rebellis. Verum est, quod legitur, fronte capillata, sed plerumque sequitur occasio calvata.
In Fortune solio sederam elatus, prosperitatis vario flore coconatus; quicquid enim florui felix et beatus, nunc a summo corrui gloria privatus.

Fortune plango vulnera stillantibus ocellis, quod sua michi munera subtrahit rebellis. Verum est, quod legitur, fronte capillata, sed plerumque sequitur occasio calvata.

In Fortune solio sederam elatus, prosperitatis vario flore coconatus; quicquid enim florui felix et beatus, nunc a summo corrui gloria privatus.

Fortune plango vulnera stillantibus ocellis, quod sua michi munera subtrahit rebellis. Verum est, quod legitur, fronte capillata, sed plerumque sequitur occasio calvata.

In Fortune solio sederam elatus, prosperitatis vario flore coconatus; quicquid enim florui felix et beatus, nunc a summo corrui gloria privatus.

Fortune plango vulnera stillantibus ocellis, quod sua michi munera subtrahit rebellis. Verum est, quod legitur, fronte capillata, sed plerumque sequitur occasio calvata.

In Fortune solio sederam elatus, prosperitatis vario flore coconatus; quicquid enim florui felix et beatus, nunc a summo corrui gloria privatus.

Unterschiedliche Absatzabstände

Achtung: Die Verwendung anderer Einheiten als die standardmäßig vorgegebenen führt zu sehr ungenauen Werten, da PageMaker umgerechnete Einheiten auf eine Nachkommastelle rundet. Bei den kompatiblen Einheiten Point und Pica ist dies nicht so gravierend, jedoch beim Wechsel vom metrischen ins typographische System sind die Rundungen nicht mehr tolerabel.

Der Absatzabstand läßt sich durch einen Wert oberhalb und einen unterhalb des aktuellen Absatzes festlegen. Der so definierte Abstand wird zusätzlich zu dem definierten Zeilenabstand hinzugefügt. Im Normalfall sollte der Absatzabstand nur über den oberen Abstand angegeben werden. PageMaker wendet einen oben definierten Abstand nur an, wenn oberhalb des Absatzes ein weiterer Absatz steht, nicht aber, wenn der Absatz als erster Absatz in einer Textspalte vorkommt. Die Angabe eines oberen und unteren Wertes führt besonders bei unterschiedlichen Absatzabständen zu unkontrollierbaren Ergebnissen.

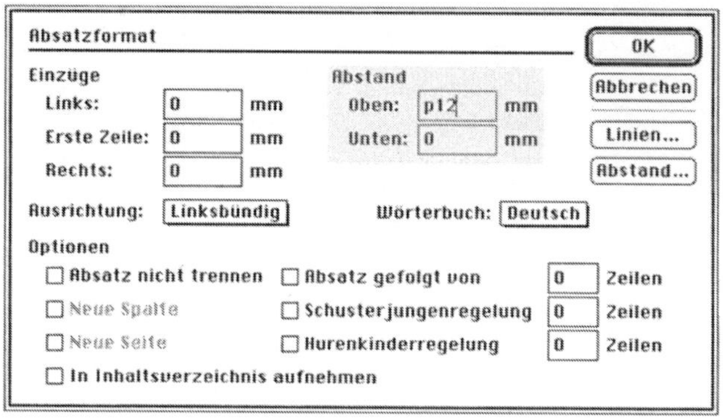

Der Absatzabstand kann auch in den anderen Maßsystemen von PageMaker angegeben werden

Achtung: Ein in Relation zum Zeilenabstand vergrößerter Absatzabstand kann hinsichtlich der Registerhaltigkeit der Textzeilen zu Problemen führen. Besonders macht sich dies beim Mehrspaltensatz bemerkbar. Aber auch im Wiederdruck der Zeilen auf einer Rückseite (bei beidseitig bedruckten Seiten) macht sich fehlende Registerhaltigkeit störend bemerkbar. Vermieden werden kann dies entweder durch einen Absatzabstand, der genau einer Leerzeile entspricht oder einer anderen Absatzauszeichnung wie beispielsweise einem Absatzeinzug.

Absatzeinzüge

Die Absatzeinzüge sind die ursprüngliche Methode zum Auszeichnen unterschiedlicher Absätze innerhalb eines Textes. Sie gründet sich auf die nicht mehr geläufigen Absatzzeichen in alten Handschriften, in Inkunabeln und den frühen Drucken. Der Schreiber oder Drucker hat für die Absatzzeichen einen Freiraum am Zeilenanfang gelassen. Dieser Freiraum wurde erst später vom Rubrikator mit den Absatzzeichen in roter Farbe (lat. rubrum) gefüllt. Die Gewohnheit, einen Freiraum am Absatzanfang zu lassen, hat sich länger gehalten, als die kostspielige Arbeit des Rubrikators, so daß sich dieser Freiraum für das Absatzzeichen als Absatzeinzug etablieren konnte. Jeder Computeranwender kennt übrigens das Absatzzeichen. Es erscheint in Textverarbeitungsprogrammen und auch im Textmodus von PageMaker zur Auszeichnung eines Absatzendes.

Die Definition des Absatzeinzuges kann im Dialogfeld *Absatzformat* oder im Dialogfeld *Einzüge/Tabs* vorgenommen werden. PageMaker unterscheidet linke und rechte Einzüge sowie Erstzeileneinzüge. Die linken und rechten Einzüge werden benötigt, um eine geringere Zeilenbreite als die Breite des Textblocks zu definieren. Immer wenn Zeilen aus dem normalen Zeilengefüge herausgerückt erscheinen sollen, muß für den übrigen Text ein Einzug definiert werden, da Text in der Regel nicht über die Breite des Textblockes herausragen kann. Der Erstzeileneinzug ist der eigentliche Absatzeinzug. Wird für den Erstzeileneinzug ein positiver Wert eingegeben, ergibt sich ein nach links eingezogener Absatzanfang. Bei negativen Werten ergibt sich ein hängender Einzug.

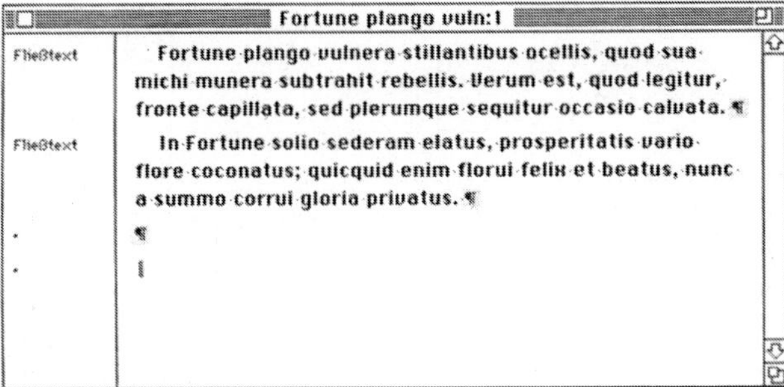

Das Absatzzeichen

Fortune plango vulnera stillantibus ocellis, quod sua michi munera subtrahit rebellis. Verum est, quod legitur, fronte capillata, sed plerumque sequitur occasio calvata.

In Fortune solio sederam elatus, prosperitatis vario flore coconatus; quicquid enim florui felix et beatus, nunc a summo corrui gloria privatus.

Fortune plango vulnera stillantibus ocellis, quod sua michi munera subtrahit rebellis. Verum est, quod legitur, fronte capillata, sed plerumque sequitur occasio calvata.

In Fortune solio sederam elatus, prosperitatis vario flore coconatus; quicquid enim florui felix et beatus, nunc a summo corrui gloria privatus.

Fortune plango vulnera stillantibus ocellis, quod sua michi munera subtrahit rebellis. Verum est, quod legitur, fronte capillata, sed plerumque sequitur occasio calvata.

In Fortune solio sederam elatus, prosperitatis vario flore coconatus; quicquid enim florui felix et beatus, nunc a summo corrui gloria privatus.

Fortune plango vulnera stillantibus ocellis, quod sua michi munera subtrahit rebellis. Verum est, quod legitur, fronte capillata, sed plerumque sequitur occasio calvata.

In Fortune solio sederam elatus, prosperitatis vario flore coconatus; quicquid enim florui felix et beatus, nunc a summo corrui gloria privatus.

Unterschiedliche Einzüge

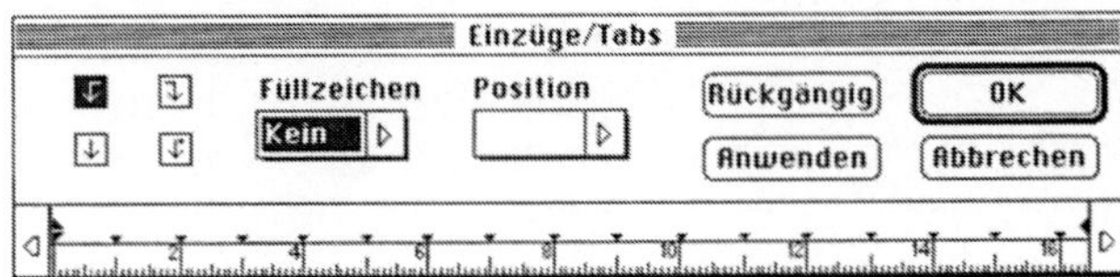

Dialogfeld ***Einzüge/Tabs***

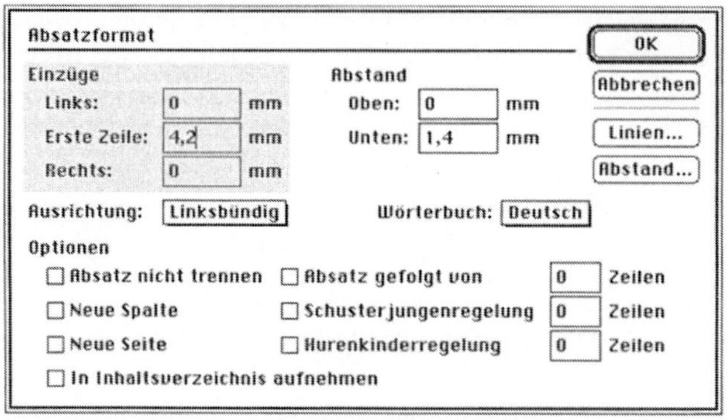

Dialogfeld
Absatzformat

Tip: Textblock über die gesamte Satzspiegelbreite

Bei Layouts, die beispielsweise zur Darstellung unterschiedlicher Überschriftenebenen verschieden herausgezogene Absätze verwenden, empfiehlt es sich besonders auch für den normalen Fließtext, einen linken Einzug zu definieren. Denn dann lassen sich alle Formen von hängenden Einzügen im Textblock realisieren, ohne daß alle herausgestellten Zeilen in separate Textblöcke kopiert werden müßten.

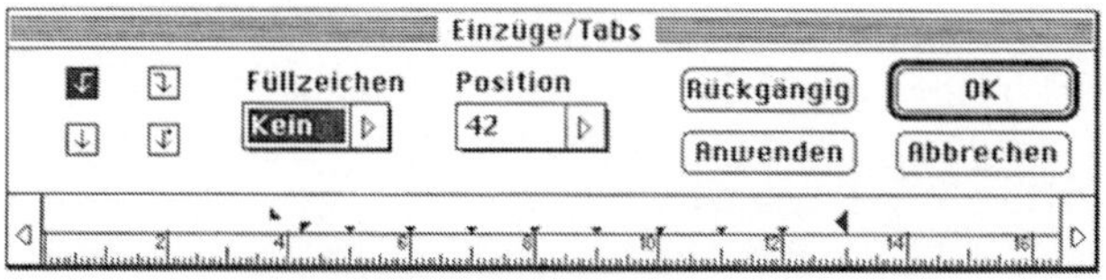

Überschrift

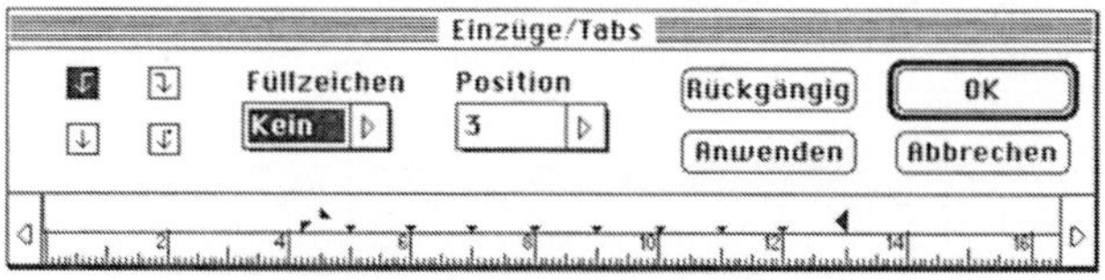

Fließtext

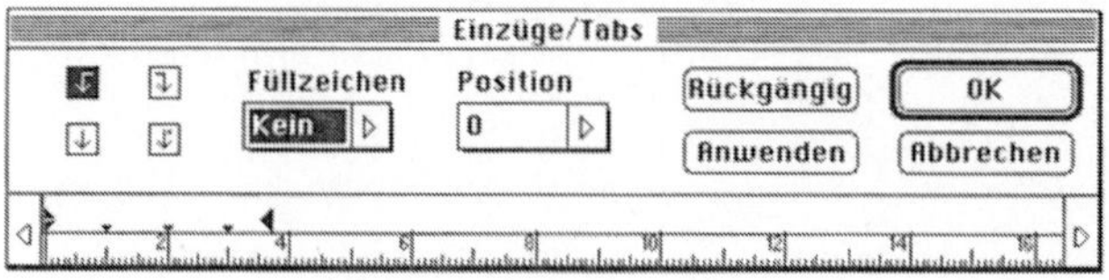

Marginalie

Absatzlinien

Eine wirkungsvolle Gestaltungsmöglichkeit für Absätze bietet PageMaker mit den Absatzlinien. Sie ermöglichen ober- und unterhalb von Absätzen Linien zu erzeugen, die entweder über die Textbreite oder über die gesamte Spaltenbreite reichen. Die Einstellungen für die Absatzlinien werden im Dialogfeld *Absatzlinien* festgelegt. Als Linienattribute stehen bis auf negative Linien alle üblichen Linienstärken und Linienmuster zur Auswahl (wie im Auswahlmenü *Linien*).

Fortune plango vulnera stillantibus ocellis, quod sua michi munera subtrahit rebellis. Verum est, quod legitur, fronte capillata, sed plerumque sequitur occasio calvata.

In Fortune solio sederam elatus, prosperitatis vario flore coconatus; quicquid enim florui felix et beatus, nunc a summo co…

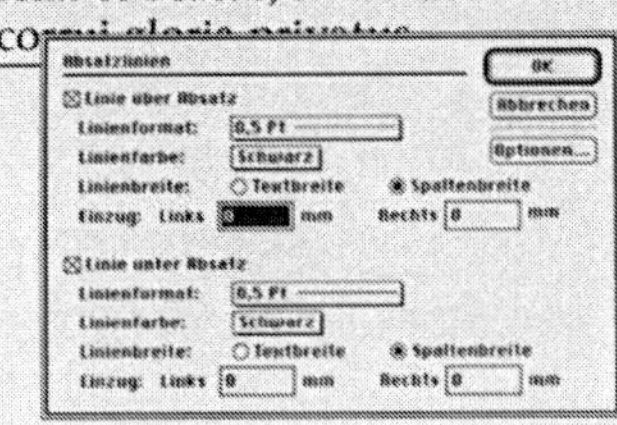

Fortune plango vulnera stillantibus ocellis, quod sua michi munera subtrahit rebellis. Verum est, quod legitur, fronte capillata, sed plerumque sequitur occasio calvata.

In Fortune solio sederam elatus, prosperitatis vario flore coconatus; quicquid enim florui felix et beatus, nunc a summo c…

Fortune plango vulnera stillantibus ocellis, quod sua michi munera subtrahit rebellis. Verum est, quod legitur, fronte capillata, sed plerumque sequitur occasio calvata.

In Fortune solio sederam elatus, prosperitatis vario flore coconatus; quicquid enim florui felix et beatus, nunc a summo co…

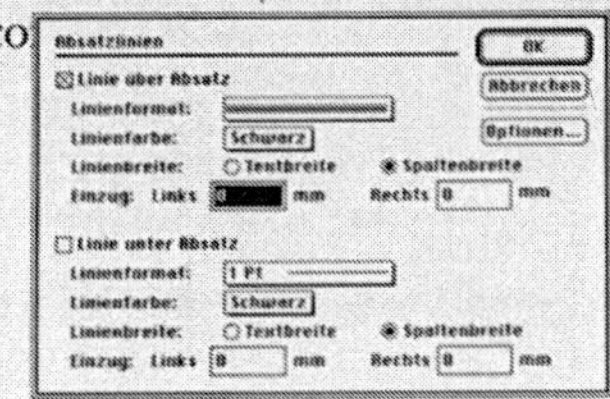

Fortune plango vulnera stillantibus ocellis, quod sua michi munera subtrahit rebellis. Verum est, quod legitur, fronte capillata, sed plerumque sequitur occasio calvata.

In Fortune solio sederam elatus, prosperitatis vario flore coconatus; quicquid enim florui felix et beatus, nunc a summo co…

Unterschiedliche Formen der Absatzlinien

Der Abstand der Linie vom Text ist einerseits vom Zeilenabstand abhängig. Unbedingt erforderlich ist dabei, daß der Zeilenabstand relativ definiert ist, da ansonsten Linien ober- und unterhalb eines Absatz nicht die gleichen Abstände vom Text einhalten. Grundsätzlich gilt, daß die Absatzlinien den gesamten Schriftkegel mit dem definierten Zeilenabstand einfassen. Zusätzlich dazu kann im Dialogfeld *Absatzlinienoptionen* ein Wert definiert werden, der auch größere Abstände ermöglicht, ohne daß der Zeilenabstand dazu vergrößert werden müßte.

Fortune plango vulnera stillantibus ocellis, quod sua michi munera subtrahit rebellis. Verum est, quod legitur, fronte capillata, sed plerumque sequitur occasio calvata.

In Fortune solio sederam elatus, prosperitatis vario flore coconatus; quicquid enim florui felix et beatus, nunc a summo corrui gloria privatus.

Relativ

Fortune plango vulnera stillantibus ocellis, quod sua michi munera subtrahit rebellis. Verum est, quod legitur, fronte capillata, sed plerumque sequitur occasio calvata.

In Fortune solio sederam elatus, prosperitatis vario flore coconatus; quicquid enim florui felix et beatus, nunc a summo corrui gloria privatus.

Oberlänge

Fortune plango vulnera stillantibus ocellis, quod sua michi munera subtrahit rebellis. Verum est, quod legitur, fronte capillata, sed plerumque sequitur occasio calvata.

In Fortune solio sederam elatus, prosperitatis vario flore coconatus; quicquid enim florui felix et beatus, nunc a summo corrui gloria privatus.

Grundlinie

*Absatzlinien bei relativem Zeilenabstand und bei den absoluten Zeilenabständen **Oberlänge** und **Grundlinie***

Tip: Mit unsichtbaren Absatzlinien Raum oberhalb eines Textblockes schaffen

Oftmals ist es wünschenswert, daß die erste Textzeile in einem Textblock nicht bis zum oberen Ende des Blocks reicht.

Fortune plango vulnera stillantibus ocellis, quod sua michi munera subtrahit rebellis. Verum est, quod legitur, fronte capillata, sed plerumque sequitur occasio calvata.

Der Textblock beginnt ganz oben

Mit einer unsichtbaren Absatzlinie oberhalb des Absatzes läßt sich ein beliebiger Abstand der ersten Zeile zum Blockanfang definieren. Dazu wird im Dialogfeld *Absatzlinien* die Option *Linie über Absatz* aktiviert und als Linienformat *Keine* ausgewählt. Im Dialogfeld *Absatzlinienoptionen* kann unter *Kopf* der gewünschte Abstand angegeben werden.

Fortune plango vulnera stillantibus ocellis, quod sua michi munera subtrahit rebellis. Verum est, quod legitur, fronte capillata, sed plerumque sequitur occasio calvata.

Die erste Zeile des Blockes erscheint nach unten verschoben

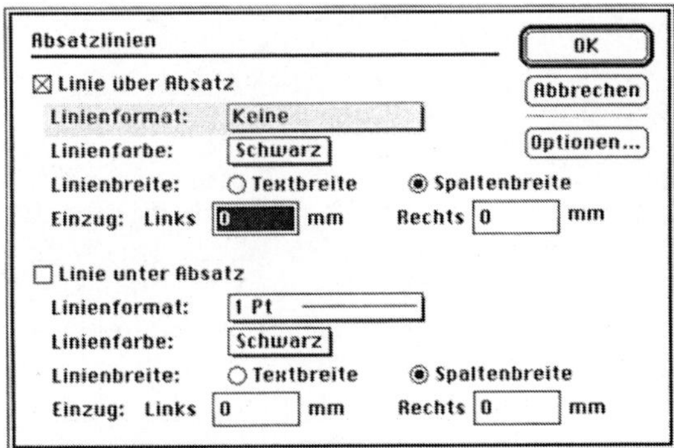

Zeilen registerhaltig

PageMaker bietet die Möglichkeit, alle Textzeilen einer Seite an einem Raster auszurichten, so daß auch Zeilen in nebeneinanderliegenden Textspalten auf jeweils gleicher Höhe liegen. Die Registerhaltigkeit von Zeilen ist aber nicht nur für Mehrspaltensatz sinnvoll, sondern auch für alle Dokumente, die beidseitig gedruckt werden sollen. Auf diese Weise läßt sich vermeiden, daß die Zeilen der Papierrückseite auf die Vorderseite des Papiers durchschimmern und dadurch einen unangenehmen Effekt verursachen.

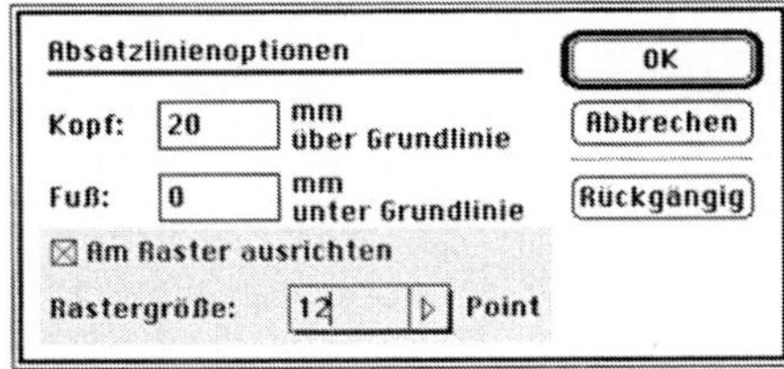

Dialogfeld ***Absatzlinienoptionen***

Die Option, mit der sich die Registerhaltigkeit der Zeilen aktivieren läßt, ist im Dialogfeld *Absatzlinienoptionen* (ja man muß es schon so formulieren) versteckt. Wenn dort die Option *Am Raster ausrichten* aktiviert ist, kann unter *Rastergröße* ein Wert angegeben werden, der den Abstand der Rasterlinien bestimmt, an denen die Zeilen ausgerichtet erscheinen sollen. Der Wert für die Rastergröße sollte dem Wert für den Zeilenabstand des Fließtextes entsprechen.

Fortune plango vulnera
stillantibus ocellis, quod sua
michi munera subtrahit rebellis.
Verum est, quod legitur, fronte
capillata, sed plerumque
sequitur occasio calvata.

In Fortune solio sederam
elatus, prosperitatis vario flore
coconatus; quicquid enim florui
felix et beatus, nunc a summo
corrui gloria privatus.

Fortune plango vulnera
stillantibus ocellis, quod sua
michi munera subtrahit rebellis.
Verum est, quod legitur, fronte
capillata, sed plerumque
sequitur occasio calvata.

In Fortune solio sederam
elatus, prosperitatis vario flore
coconatus; quicquid enim florui
felix et beatus, nunc a summo
corrui gloria privatus.

Textspalten ohne und mit der Option ***Am Raster ausrichten***

Achtung: Durch das Anpassen der Zeilen an das Raster können nicht alle der vorgegebenen Absatzabstände eingehalten werden. PageMaker nutzt die Absatzabstände durch Vergrößern für den Grundlinienausgleich aus, so daß in vielen Fällen unregelmäßige Absatzabstände (beispielsweise bei Überschriften) auftreten können.

Tabulatoren

Tabulatoren sind ein universelles Werkzeug zum Ausrichten von Wörtern (oder anderen Zeichengruppen) innerhalb einer Zeile an bestimmten Positionen. Mit Tabulatoren lassen sich Einzüge, Tabellen und Spalten, Verzeichnisse und vieles mehr realisieren. PageMaker unterscheidet grundsätzlich vier unterschiedliche Tabulatortypen, die im folgenden am Beispiel einer Tabelle vorgestellt werden sollen.

	Millimeter	Zoll	Dezimal-Zoll	Pica
1 Millimeter	1	0,254	0,254	0,236
1 Zoll	25,4	1	1	6
1 Dezimal-Zoll	25,4	1	1	6
1 Pica	4,233	1/6	1/6	1

Eine unformatierte Tabelle versteckt ihre Informationen eher, als daß sie die Information leicht erfaßbar macht

Die Tabulatorformen

Der linksbündige Tabulator eignet sich in besonderer Weise für alle Tabellenformen. Er kommt der Lesegewohnheit durch die linksbündige Ausrichtung entgegen. Auch für Einrückungen am Zeilenanfang läßt sich dieser Tabulatortyp einsetzen, wenn nicht eine Einrückung des gesamten Absatzes durch ein entsprechendes Absatzformat erforderlich ist.

Der rechtsbündige Tabulator sowie auch der zentrierte Tabulator können als Sonderformen gelten, die innerhalb von Tabellen eine ausgefallene Struktur erzeugen können. Der rechtsbündige Tabulator kann auch eingesetzt werden, um einen Bereich einer ansonsten links ausgerichteten Zeile an den äußersten rechten Rand zu binden.

Neben dem linksbündigen Tabulator ist der Dezimaltabulator die wohl wichtigste Form. Mit ihm lassen sich Tabellen leicht gestalten, die in ihren Spalten Zahlenmaterial vergleichbar machen sollen. Die Besonderheit dabei ist, daß der Text bzw. die Zahl mit ihrem Dezimalzeichen an die Tabulatorposition gebunden wird, unabhängig davon, wieviele Stellen vor oder nach dem Komma vorkommen.

Die Verwendung von Tabulatoren setzt zwei grundsätzliche Arbeitsgänge mit unterschiedlichen Werkzeugen voraus, die scheinbar in keinem Zusammenhang stehen.

	Millimeter	Zoll	Dezimal-Zoll	Pica
1 Millimeter	1	0,254	0,254	0,236
1 Zoll	25,4	1	1	6
1 Dezimal-Zoll	25,4	1	1	6
1 Pica	4,233	1/6	1/6	1

linksbündiger Tabulator

	Millimeter	Zoll	Dezimal-Zoll	Pica
1 Millimeter	1	0,254	0,254	0,236
1 Zoll	25,4	1	1	6
1 Dezimal-Zoll	25,4	1	1	6
1 Pica	4,233	1/6	1/6	1

rechtsbündiger Tabulator

	Millimeter	Zoll	Dezimal-Zoll	Pica
1 Millimeter	1	0,254	0,254	0,236
1 Zoll	25,4	1	1	6
1 Dezimal-Zoll	25,4	1	1	6
1 Pica	4,233	1/6	1/6	1

zentrierter Tabulator

	Millimeter	Zoll	Dezimal-Zoll	Pica
1 Millimeter	1	0,254	0,254	0,236
1 Zoll	25,4	1	1	6
1 Dezimal-Zoll	25,4	1	1	6
1 Pica	4,233	1/6	1/6	1

Dezimaltabulator

- Es müssen die Textstellen, die an einem Tabulator ausgerichtet werden sollen, mit einem Tabulatorzeichen gekennzeichnet werden.
- Es müssen die Tabulatorpositionen bestimmt werden, die den Ausrichtungen zugrunde liegen sollen.

Die Reihenfolge der Arbeitschritte ist auch austauschbar, so daß zuerst die Positionen definiert werden und anschließend die zu positionierenden Wörter ausgezeichnet werden.

Der erste Arbeitsschritt kann im Layoutmodus oder im Textmodus ausgeführt werden, indem die Einfügemarke vor das auszurichtende Wort gebracht und anschließend die Tabulatortaste gedrückt wird. Der zweite Arbeitsschritt wird mit Hilfe des Dialogfeldes *Einzüge/Tabs* ausgeführt.

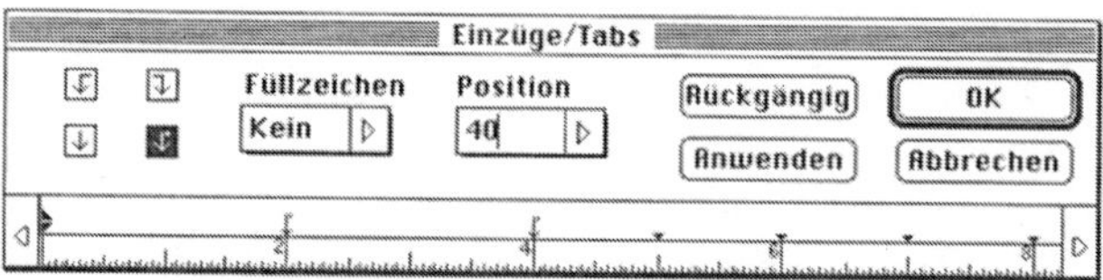

Das Dialogfeld ***Einzüge/Tabs***

Füllzeichen für Tabulatoren

Für zweispaltige Tabellen, die mit einem rechtsbündigen bzw. mit einem Dezimaltabulator formatiert sind, bietet sich an, den Zwischenraum der Spalten mit Füllzeichen zu versehen, so daß beim Lesen ein unbeabsichtigter Zeilensprung vermieden wird. Diese Tabellenform kennt sicher jeder Leser von Inhaltsverzeichnissen (auch Inhaltsverzeichnisse sind Tabellen) oder Preislisten.

Kapitel 1 14
Kapitel 2 28
Kapitel 3 68
Kapitel 4 82
Kapitel 5 114

Eine Tabelle mit Füllzeichen versehen

PageMaker bietet dazu eine Reihe unterschiedlicher Füllzeichen an, es läßt sich aber auch jedes beliebige Zeichen (oder auch Zeichenkombinationen) dafür angeben. Dies geschieht ebenfalls im Dialogfeld *Einzüge/Tabs*. Nach Klicken auf den Pfeil unter *Füllzeichen* erscheint ein Auswahlmenü. Durch die Auswahl von Vorgabe kann im nebenstehenden Feld ein beliebiges Zeichen angegeben werden. Die Definition der Füllzeichen muß bei markiertem Tabulator vorgenommen werden. Wenn mehrere Tabulatoren mit den gleichen Füllzeichen versehen werden sollen, kann das Füllzeichen auch vor deren Erzeugen bestimmt werden.

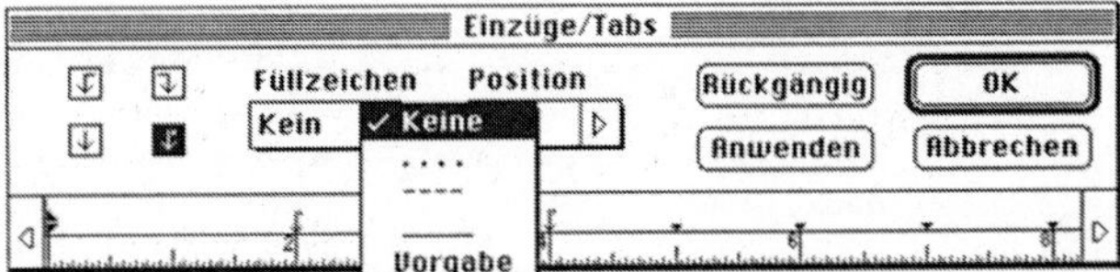

*Das Dialogfeld **Einzüge/Tabs** mit dem Auswahlmenü für **Füllzeichen***

Tip: Füllzeichen anders formatieren als den vorhergehenden Text

Wenn mit Hilfe des Befehl *Einzüge/Tabs* Füllzeichen für Tabulatoren festgelegt werden, erhalten sie die Formatierung des letzten Zeichens vor dem Tabulatorzeichen. Dies kann Schwierigkeiten bereiten, wenn beispielsweise der Text unterstrichen formatiert ist oder mit einem Zapf-Dingats-Zeichen endet. Sollen die Füllzeichen eine andere Schrift oder ein anderes Schriftattribut als der vorhergehende Text erhalten, läßt sich das ganz einfach erreichen, indem vor dem Tabulatorzeichen ein Leerzeichen eingegeben und dieses wie für die Füllzeichen gewünscht formatiert wird.

Die Seite

Neben den ausgefeilten Möglichkeiten der Einflußnahme auf die Zeilen- und Absatzform bietet PageMaker mindestens ebensolche für die größte typographische Struktur, für die Spalte bzw. Seite an. Viele Umbruchprobleme kann PageMaker automatisch vermeiden. Dazu zählt beispielsweise eine automatische Schusterjungen- und Hurenkinder-Erkennung sowie eine Funktion, die verhindert, daß zuviele Trennungen in aufeinanderfolgenden Zeilen vorkommen. Werden diese Optionen vom Anwender richtig genutzt, kann der Satzvorgang weitgehend automatisiert werden, ohne daß die DTP-typischen Fehler auftreten.

Schusterjungen und Hurenkinder

Zwei der typischen Umbruchfehler tragen im Drucker- bzw. Setzerjargon wunderschön bildhafte Bezeichnungen. Anfangszeilen eines Absatzes, die als letzte Zeilen einer Spalte oder Seite auftreten, werden als Schusterjungen bezeichnet. Hurenkinder dagegen sind Schlußzeilen eines Absatzes, die durch ungeschickten Umbruch auf einen Spalten- oder Seitenanfang geraten sind. Beide Fehler wirken nicht nur optisch störend, sie beeinflussen auch den Lesefluß negativ.

Das Dialogfeld *Absatzformat* macht zwei Optionen verfügbar, mit denen sich Schusterjungen und Hurenkinder beim Spalten- und Seitenumbruch verhindern lassen. Unter *Schusterjungenregelung* läßt sich die Anzahl von Zeilen angeben, die mindestens am Ende einer Spalte bzw. eines Absatzes stehen sollten. Bei kurzen Absätzen kann es trotz aktivierter Funktion zu Problemen führen. Diese lassen sich bei aktivierter Option *Absatzoptionen* (im Dialogfeld *Vorgaben wählen* unter der Überschrift *Layoutprobleme anzeigen*) auf dem Bildschirm kenntlich machen.

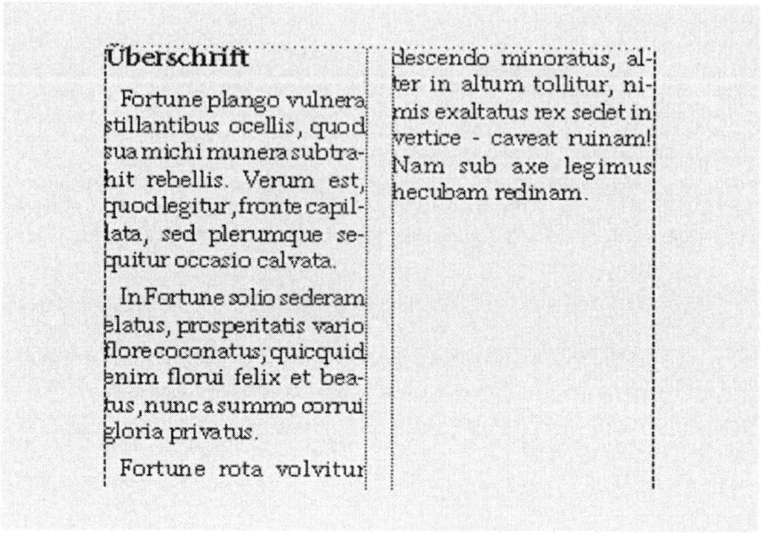

Überschrift

Fortune plango vulnera
stillantibus ocellis, quod
sua michi munera subtra-
hit rebellis. Verum est,
quod legitur, fronte capillata, sed plerumque se-
quitur occasio calvata.

In Fortune solio sederam
elatus, prosperitatis vario
flore coconatus; quicquid
enim florui felix et bea-
tus, nunc a summo corrui
gloria privatus.

Fortune rota volvitur

descendo minoratus, al-
ter in altum tollitur, nimis exaltatus rex sedet in
vertice - caveat ruinam!
Nam sub axe legimus
hecubam redinam.

Beispiel für Schusterjungen...

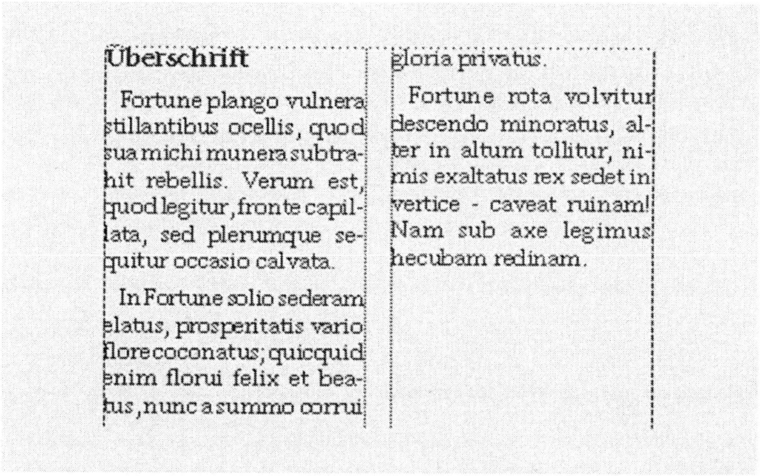

Überschrift

Fortune plango vulnera
stillantibus ocellis, quod
sua michi munera subtra-
hit rebellis. Verum est,
quod legitur, fronte capillata, sed plerumque se-
quitur occasio calvata.

In Fortune solio sederam
elatus, prosperitatis vario
flore coconatus; quicquid
enim florui felix et bea-
tus, nunc a summo corrui

gloria privatus.

Fortune rota volvitur
descendo minoratus, al-
ter in altum tollitur, nimis exaltatus rex sedet in
vertice - caveat ruinam!
Nam sub axe legimus
hecubam redinam.

... und Hurenkind

Die zweite Option im Dialogfeld *Absatzformat* zur Vermeidung von Umbruchfehlern ist unter *Hurenkindregelung* aktivierbar. Die Zeilenangabe bestimmt dabei die Anzahl von Zeilen eines Absatzes, die mindestens am Spalten- und Seitenanfang stehen sollen. Auch hierbei kann es passieren, daß die Vorgabe nicht eingehalten werden kann, weil der Absatz aus zu wenigen Zeilen besteht. Ein solches Problem wird auf dem Bildschirm durch Unterlegung der betreffenden Zeilen mit einem gelben Balken bzw. mit einem grauen Raster angezeigt, wenn die Layoutproblemanzeige im Dialogfeld *Vorgaben wählen* aktiviert ist.

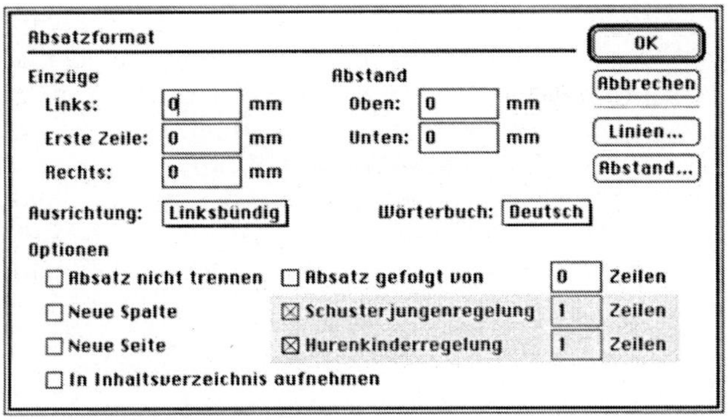

Absatzformat

Einzüge
Links: 0 mm
Erste Zeile: 0 mm
Rechts: 0 mm

Abstand
Oben: 0 mm
Unten: 0 mm

OK
Abbrechen
Linien...
Abstand...

Ausrichtung: Linksbündig
Wörterbuch: Deutsch

Optionen
☐ Absatz nicht trennen ☐ Absatz gefolgt von 0 Zeilen
☐ Neue Spalte ☒ Schusterjungenregelung 1 Zeilen
☐ Neue Seite ☒ Hurenkinderregelung 1 Zeilen
☐ In Inhaltsverzeichnis aufnehmen

Dialogfeld ***Absatzformat***

Überschrift

Fortune plango vulnera stillantibus ocellis, quod sua michi munera subtrahit rebellis. Verum est, quod legitur, fronte capillata, sed plerumque sequitur occasio calvata.

In Fortune solio sederam elatus, prosperitatis vario flore coconatus; quicquid enim florui felix et beatus, nunc a summo corrui gloria privatus.

Fortune rota volvitur descendo minoratus, alter in altum tollitur, nimis exaltatus rex sedet in vertice - caveat ruinam! Nam sub axe legimus hecubam redinam.

Der Umbruch ist geändert

Überschrift

Fortune plango vulnera stillantibus ocellis, quod sua michi munera subtrahit rebellis. Verum est, quod legitur, fronte capillata, sed plerumque sequitur occasio calvata.

In Fortune solio sederam elatus, prosperitatis vario flore coconatus; quicquid enim florui felix et beatus, nunc a summo corrui gloria privatus.

Fortune rota volvitur descendo minoratus, alter in altum tollitur, nimis exaltatus rex sedet in vertice - caveat ruinam! Nam sub axe legimus hecubam redinam.

Die Hurenkinderregelung hat den Umbruchfehler verhindert

PageMaker kann aber auch noch andere Umbruchfehler erkennen und vermeiden. Überschriften beispielsweise sollten nicht allein am Spalten- bzw. Seitenende auftreten, weil sie dadurch ihren inhaltlichen und optischen Bezug zum nachfolgenden Text verlieren.

Die Option des Dialogfeldes *Absatzformat*, die diesen Umbruchfehler vermeiden hilft, heißt *Absatz gefolgt von x Zeilen*. Der angegebene Wert bestimmt eine Anzahl von Zeilen, die mindestens einem mit diesem Absatzformat ausgezeichneten Absatz folgen müssen.

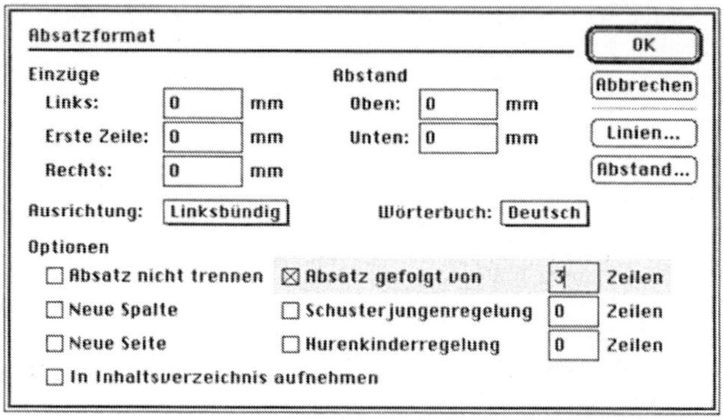

Absatzformat
OK
Abbrechen
Linien...
Abstand...
Einzüge
Links: 0 mm
Erste Zeile: 0 mm
Rechts: 0 mm
Abstand
Oben: 0 mm
Unten: 0 mm
Ausrichtung: Linksbündig
Wörterbuch: Deutsch
Optionen
☐ Absatz nicht trennen ☒ Absatz gefolgt von 3 Zeilen
☐ Neue Spalte ☐ Schusterjungenregelung 0 Zeilen
☐ Neue Seite ☐ Hurenkinderregelung 0 Zeilen
☐ In Inhaltsverzeichnis aufnehmen

Dialogfeld ***Absatzformat***

Überschrift

Fortune plango vulnera stillantibus ocellis, quod sua michi munera subtrahit rebellis. Verum est, quod legitur, fronte capillata, sed plerumque sequitur occasio calvata.

In Fortune solio sederam elatus, prosperitatis vario flore coconatus; quicquid enim florui felix et beatus, nunc a summo corrui gloria privatus.

Überschrift

Fortune rota volvitur descendo minoratus, alter in altum tollitur, nimis exaltatus rex sedet in vertice - caveat ruinam! Nam sub axe legimus hecubam redinam.

Fortune plango vulnera stillantibus ocellis, quod sua michi munera subtrahit rebellis. Verum est, quod legitur, fronte capillata, sed plerumque sequitur occasio calvata.

Eine Überschrift am Ende einer Spalte

Taste(n)	Funktion
<Rück>	löscht das Zeichen links vom Cursor
<Eingabe>	führt einen Zeilenumbruch aus; der Cursor geht an den Anfang der nächsten Zeile
<links> oder <4>	setzt den Cursor um ein Zeichen nach links
<rechts> oder <6>	setzt den Cursor um ein Zeichen nach rechts
<oben> oder <8>	setzt den Cursor um eine Zeile nach oben

Taste(n)	Funktion
<unten> oder <2>	setzt den Cursor um eine Zeile nach unten
<7>	setzt den Cursor an den Anfang der aktuellen Zeile
<1>	setzt den Cursor an das Ende der aktuellen Zeile
<9>	setzt den Cursor einen Bildschirmausschnitt nach oben
<3>	setzt den Cursor einen Bildschirmausschnitt nach unten
<Befehl><links>	setzt den Cursor an den Anfang des aktuellen Wortes bzw. an den Anfang des links stehenden Wortes
<Befehl><rechts>	setzt den Cursor an den Anfang des nächsten Wortes
<Befehl><oben>	setzt den Cursor an den Anfang des Absatzes
<Befehl><unten>	setzt den Cursor an das Ende des Absatzes
<Befehl><7>	setzt den Cursor an den Anfang des Satzes
<Befehl><1>	setzt den Cursor an das Ende des Satzes
<Befehl><9>	setzt den Cursor an den Anfang des Textabschnittes
<Befehl><3>	setzt den Cursor an das Ende des Textabschnittes

Tabelle über mehrere Spalten

Tip: Tabellen in zwei Spalten mit zwei Titelleisten

Wenn aus Platzgründen eine Tabelle auf mehrere Spalten aufgeteilt werden muß, sollte der Tabellenkopf auf jeden Fall am Anfang jeder Spalte wiederholt werden, damit dem Leser in jedem Tabellenteil eine Übersicht über die Spaltentitel ermöglicht wird.

Mit einer weiteren Option des Dialogfeldes *Absatzformat* kann ein Umbruch innerhalb eines Absatzes vollständig verhindert werden. Dies ist immer dann sinnvoll, wenn die im Absatz enthaltenen Informationen nur zusammenhängend erfaßt werden sollen. Beispielsweise kann es für Tabellen wichtig sein, daß sie nicht durch einen Umbruch auseinandergerissen werden. Mit der Option *Absatz nicht trennen* läßt sich für einen gesamten Absatz festlegen, daß er nicht durch Spalten- oder Seitenumbrüche getrennt wird.

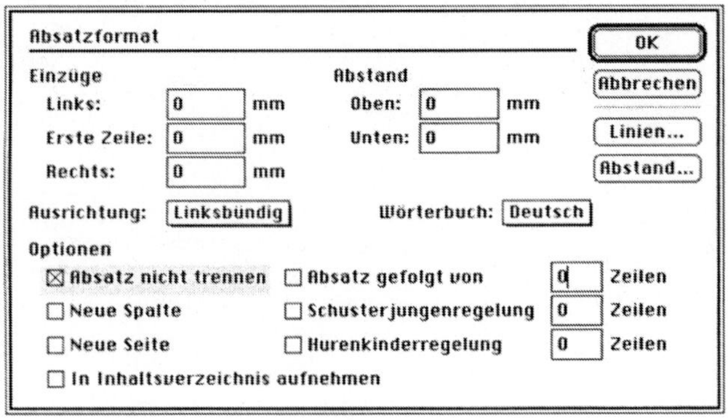

Absatzformat [OK] [Abbrechen]
Einzüge — Links: 0 mm; Erste Zeile: 0 mm; Rechts: 0 mm
Abstand — Oben: 0 mm; Unten: 0 mm
[Linien...] [Abstand...]
Ausrichtung: Linksbündig — Wörterbuch: Deutsch
Optionen
☒ Absatz nicht trennen — ☐ Absatz gefolgt von 0 Zeilen
☐ Neue Spalte — ☐ Schusterjungenregelung 0 Zeilen
☐ Neue Seite — ☐ Hurenkinderregelung 0 Zeilen
☐ In Inhaltsverzeichnis aufnehmen

Dialogfeld ***Absatzformat***

Neue Spalte / Neue Seite

PageMaker bietet einige automatische Kontrollmöglichkeiten für den Umbruch von Spalten und Seiten. Oftmals will man sich jedoch nicht auf die automatischen Kontrollen verlassen und lieber einen Absatz in jedem Fall oben in einer Spalte bzw. oben auf der Seite beginnen. In

Handbüchern wird es beispielsweise oft der besseren Übersicht wegen so gehandhabt, daß alle Unterkapitel oben auf einer Seite beginnen. Für Fälle dieser Art stellt das Dialogfeld *Absatzformat* die Optionen *Neue Spalte* und *Neue Seite* zur Verfügung. Sie führen vor dem mit dieser Option versehenen Absatz zu einem Spalten- bzw. Seitenumbruch.

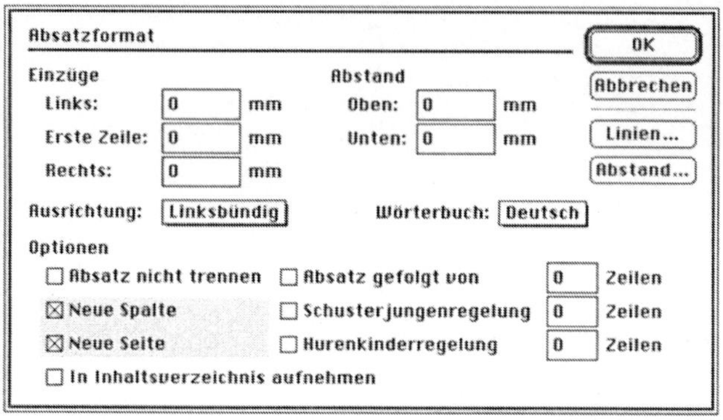

Absatzformat

Einzüge
Links: 0 mm
Erste Zeile: 0 mm
Rechts: 0 mm

Abstand
Oben: 0 mm
Unten: 0 mm

OK
Abbrechen
Linien...
Abstand...

Ausrichtung: Linksbündig
Wörterbuch: Deutsch

Optionen
☐ Absatz nicht trennen
☒ Neue Spalte
☒ Neue Seite
☐ In Inhaltsverzeichnis aufnehmen
☐ Absatz gefolgt von 0 Zeilen
☐ Schusterjungenregelung 0 Zeilen
☐ Hurenkinderregelung 0 Zeilen

Dialogfeld ***Absatzformat***

Überschrift

Fortune plango vulnera stillantibus ocellis, quod sua michi munera subtrahit rebellis. Verum est, quod legitur, fronte capillata, sed plerumque sequitur occasio calvata.

In Fortune solio sederam elatus, prosperitatis vario flore coconatus; quicquid enim florui felix et beatus, nunc a summo corrui gloria privatus.

Fortune rota volvitur descendo minoratus, alter in altum tollitur, nimis exaltatus rex sedet in vertice - caveat ruinam! Nam sub axe legimus hecubam redinam.

Überschrift

Fortune plango vulnera stillantibus ocellis, quod sua michi munera subtrahit rebellis. Verum est, quod legitur, fronte capillata, sed plerumque sequitur occasio calvata.

In Fortune solio sederam elatus, prosperitatis vario flore coconatus; quicquid enim florui felix et beatus, nunc a summo corrui gloria privatus.

Fortune rota volvitur descendo minoratus, alter in altum tollitur, nimis exaltatus rex sedet in vertice - caveat ruinam! Nam sub axe legimus hecubam redinam.

Absätze lassen sich in eine neue Spalte oder auf eine neue Seite umbrechen

Silbentrennung

Im Zusammenhang mit der automatischen Silbentrennungsfunktion bietet PageMaker eine Kontrollfunktion über die Anzahl der untereinanderliegenden Trennstellen. Um einen unschönen Spaltenrand, besonders bei in Blocksatz gesetzten Absätzen, zu vermeiden, sollten nicht mehr als drei Trennungen untereinander vorkommen (einige Typographen können auch noch vier aufeinanderfolgende Trennungen akzeptieren).

> Fortune plango vulnera stillantibus ocellis, quod sua
> michi munera subtrahit rebellis. Verum est, quod le-
> gitur, fronte capillata, sed plerumque sequitur oc-
> casio calvata. In Fortune solio sederam elatus, pro-
> speritatis vario flore coconatus; quicquid enim flor-
> ui felix et beatus, nunc a summo corrui gloria priva-
> tus. Fortune rota volvitur descendo minoratus, alter
> in altum tollitur, nimis exaltatus rex sedet in vertice
> - caveat ruinam! Nam sub axe legimus hecubam re-
> dinam.

Ein solcher Zeilenumbruch ist wenig erfreulich

Im Dialogfeld *Silbentrennung* des gleichnamigen Befehls aus dem Menü *Schrift* kann die Anzahl der aufeinanderfolgenden Trennzeichen angegeben werden. Die hier angegebene Maximalanzahl kann nur bei eingeschalteter Silbentrennung eingehalten werden.

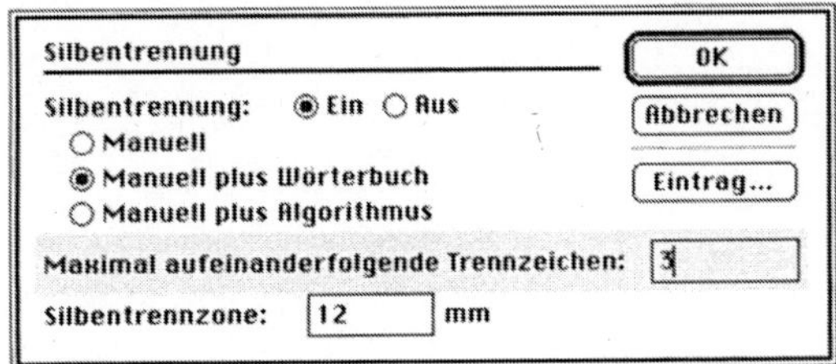

Dialogfeld ***Silbentrennung***

Fortune plango vulnera stillantibus ocellis, quod sua michi munera subtrahit rebellis. Verum est, quod legitur, fronte capillata, sed plerumque sequitur oc-
casio calvata. In Fortune solio sederam elatus, prosperitatis vario flore coconatus; quicquid enim
florui felix et beatus, nunc a summo corrui gloria
privatus. Fortune rota volvitur descendo minoratus,
alter in altum tollitur, nimis exaltatus rex sedet in
vertice - caveat ruinam! Nam sub axe legimus hecubam redinam.

PageMaker verhindert automatisch zu viele aufeinanderfolgende Trennungen

Kapitel 11

Typo-Graphisches

11

In diesem Kapitel soll gezeigt werden, was mit den Funktionen von PageMaker typographisch machbar ist. Hier wird weniger die naheliegendste Anwendung einer Programmfunktion im Vordergrund stehen, sondern vielmehr das Ungewöhnliche. Auf diese Weise soll gezeigt werden, daß das Funktionenpotential von PageMaker durchaus ausreicht, auch anspruchsvolle Aufgaben zu bewältigen.

Initiale mit PageMaker

Besonders im Zeitungs- und Zeitschriftenlayout findet man sie immer wieder: die Initiale. Die übergroßen Anfangsbuchstaben, die aufgrund ihres grafischen Reizes die Hemmschwelle zum Lesen durchbrechen sollen, haben ihren Ursprung in der Buchgestaltung. Jeder Leser wird schon einmal die wunderschön gestalteten Initiale alter Bibelausgaben gesehen haben. Zunächst sollen einmal einige der grundsätzlichen Typen von Initialen vorgestellt werden.

Freigestelltes Initial

Das freigestellte Initial ist nicht nur, was die Realisation angeht, die einfachste Initialform. Es besteht lediglich aus einem vergrößerten Anfangsbuchstaben am Anfang der ersten Zeile des Textes. Oft findet man diesen Typ in Kombination mit Kapitälchen oder einem fetten Schnitt für die ersten folgenden Wörter bzw. für die gesamte erste Zeile.

Richtig freigestelltes Initial

Besonders bei Schriften mit Serifen sollte beim Freistellen eines Initials darauf geachtet werden, daß das Zeichen optisch am Anfang der Zeile steht. Es kann also nötig sein, das Zeichen über den linken Textrand herauszurücken, um es optisch linksbündig auszurichten. Bei Groteskschriften sind es die Zeichen mit dreieckiger oder runder Grundform wie A, V, W und O, die einen optischen Ausgleich erfordern.

Fortune plango vulnera stillantibus ocellis, quod sua michi munera subtrahit rebellis. Verum est, quod legitur, fronte capillata, sed plerumque sequitur occasio calvata. In Fortune solio sederam elatus, prosperitatis vario flore coconatus; quic-quid enim florui felix et beatus, nunc a summo corrui gloria privatus. Fortune rota volvitur descendo minoratus, alter in altum tollitur, nimis exaltatus rex sedet in vertice - caveat ruinam! Nam sub axe legimus hecubam redinam.

Freigestelltes Initial

Fortune plango vulnera stillantibus ocellis, quod sua michi munera subtrahit rebellis. Verum est, quod legitur, fronte capillata, sed plerumque sequitur occasio calvata. In Fortune solio sederam elatus, prosperitatis vario flore coconatus; quic-quid enim florui felix et beatus, nunc a summo corrui gloria privatus. Fortune rota volvitur descendo minoratus, alter in altum tollitur, nimis exaltatus rex sedet in vertice - caveat ruinam! Nam sub axe legimus hecubam redinam.

Richtig freigestelltes Initial

Fortune plango vulnera stillantibus ocellis, quod sua michi munera subtrahit rebellis. Verum est, quod legitur, fronte capillata, sed plerumque sequitur occasio calvata. In Fortune solio sederam elatus, prosperitatis vario flore coconatus; quic-quid enim florui felix et beatus, nunc a summo corrui gloria privatus. Fortune rota volvitur descendo minoratus, alter in altum tollitur, nimis exaltatus rex sedet in vertice - caveat ruinam! Nam sub axe legimus hecubam redinam.

Ausgespartes Initial

Ausgespartes Initial

Das ausgesparte Initial ist in seiner Größe so auf die Größe der Grundschrift angepaßt, daß es über zwei, drei, vier oder mehr Textzeilen reicht. Dabei ist es auf der Grundlinie der zweiten, dritten, vierten oder entsprechenden Textzeile ausgerichtet. Es nimmt dabei einen rechteckigen Raum ein, der im wesentlichen der Versalhöhe und der Zeichenbreite entspricht.

Umsponnenes Initial

Das umsponnene Initial darf hinsichtlich der Realisation als die anspruchsvollste Variante gelten. Es ist eine Spezialform des ausgesparten Initials, mit dem Unterschied, daß es nicht auf einer rechteckigen Freifläche steht, sondern der umgebende Text sich an die Zeichenform anschmiegt. Besonders bei übergroßen Initialen ist diese Variante empfehlenswert.

Fortune plango vulnera stillantibus ocellis, quod sua michi munera subtrahit rebellis. Verum est, quod legitur, fronte capillata, sed plerumque sequitur occasio calvata. In Fortune solio sederam elatus, prosperitatis vario flore coconatus; quic-quid enim florui felix et beatus, nunc a summo corrui gloria privatus. Fortune rota volvitur descendo minoratus, alter in altum tollitur, nimis exaltatus rex sedet in vertice - caveat ruinam! Nam sub axe legimus hecubam redinam.

Umsponnenes Initial

Fortune plango vulnera stillantibus ocellis, quod sua michi munera subtrahit rebellis. Verum est, quod legitur, fronte capillata, sed plerumque sequitur occasio calvata. In Fortune solio sederam elatus, prosperitatis vario flore coconatus; quic-quid enim florui felix et beatus, nunc a summo corrui gloria privatus. Fortune rota volvitur descendo minoratus, alter in altum tollitur, nimis exaltatus rex sedet in vertice - caveat ruinam! Nam sub axe legimus hecubam

Freie Formen

Freie Formen

Neben den vorgestellten Grundformen sind nun etliche Nebenformen denkbar. Beispielsweise kann das Initial halb ausgerückt werden. Oder es kann mit einer Rasterfläche unterlegt werden.

Bei den nachfolgenden Beispielen wird jeweils von einer Schriftgröße von 10 Point ausgegangen mit einem Zeilenabstand von 12 Point und einer Initialgröße von 48 Point.

Erzeugen eines freigestellten Initials

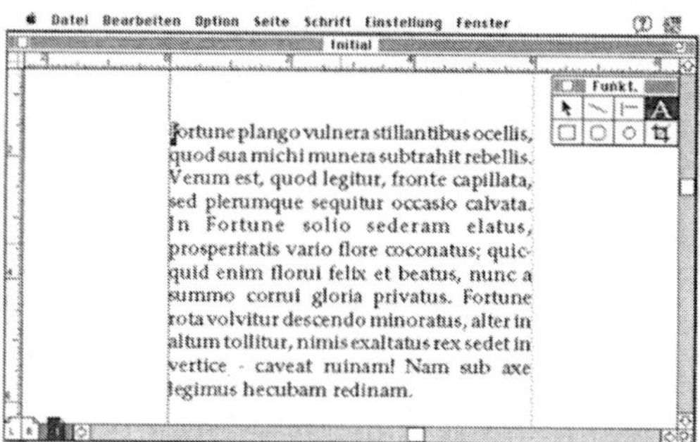

❶ Ersten Buchstaben des Textblockes markieren und mit *Schriftgrad* aus dem Menü *Schrift* die Schriftgröße 48 Point einstellen.

Das erste Zeichen im Textblock wird vergrößert

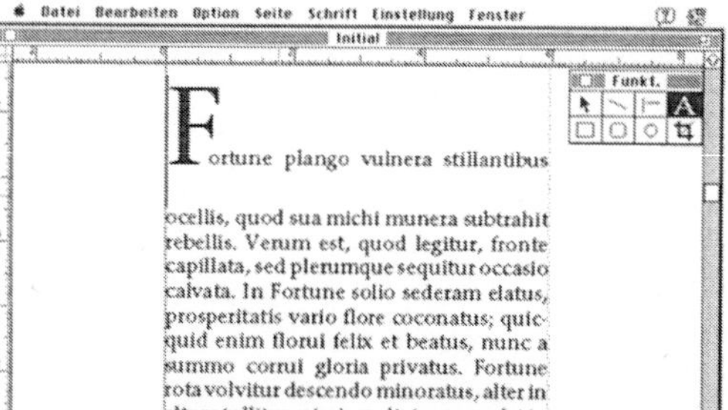

❷ Zeilenabstand mit *Zeilenabstand* aus dem Menü *Schrift* von *Autom.* auf 12 Point einstellen, um den großen Abstand zwischen der ersten und den folgenden Zeilen zu verringern.

Der Zeilenabstand muß verringert werden

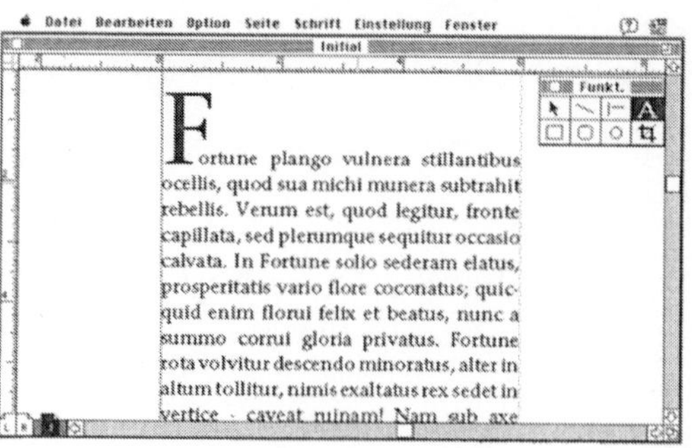

❸ Die Einfügemarke vor den ersten auf das Initial folgenden Buchstaben setzen, und mit der Tastenkombination <Befehl>-<Umschalt><rechts> den Zeichenabstand gegebenenfalls in mehreren Schritten verringern.

Der Abstand zwischen Initial und nachfolgenden Zeichen muß verringert werden

Erzeugen eines richtig freigestellten Initials

❶ Ersten Buchstaben des Textblockes markieren und mit *Schriftgrad* aus dem Menü *Schrift* eine Schriftgröße von 48 Point einstellen.

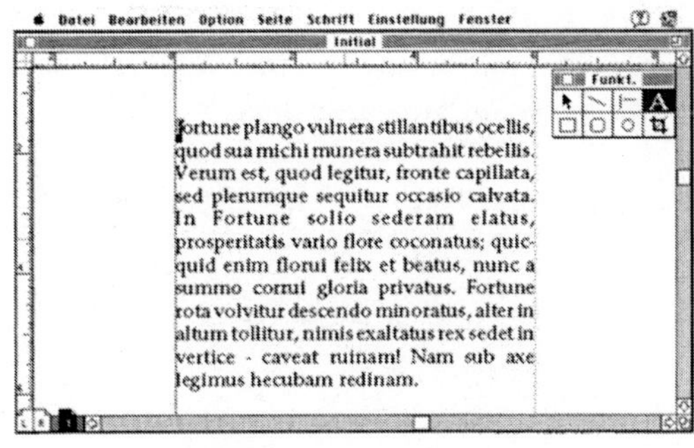

Das erste Zeichen im Textblock wird vergrößert

❷ Zeilenabstand mit *Zeilenabstand* aus dem Menü *Schrift* von *Autom.* auf 12 Point einstellen, um den großen Abstand zwischen der ersten und den folgenden Zeilen zu verringern.

Der Zeilenabstand muß verringert werden

❸ Vor dem Initial noch ein geschütztes Leerzeichen (<Wahl><Leertaste>) eingeben, um anschließend mit der Unterschneidenfunktion das Zeichen über den linken Textrand herausrücken zu können. Mit der Tastenkombination <Befehl><Umschalt>-<links> wird das Initial gegebenenfalls in mehreren Schritten soweit ausgerückt, bis es optisch linksbündig abschließt.

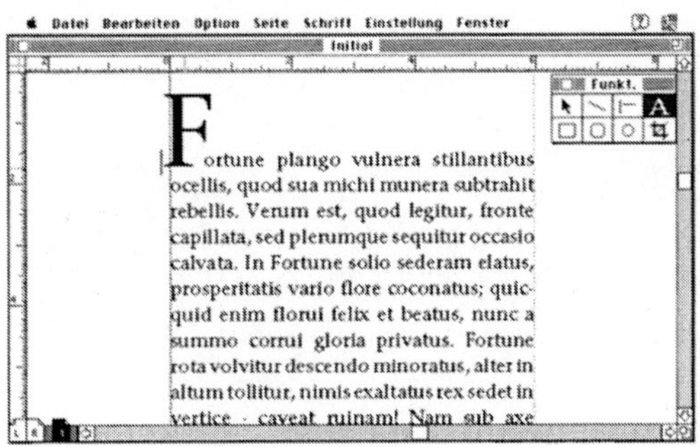

Das Initial muß ausgerückt werden

❹ Die Einfügemarke vor den ersten auf das Initial folgenden Buchstaben setzen, und mit der Tastenkombination <Befehl>-<Umschalt><links> den Zeichenabstand gegebenenfalls in mehreren Schritten verringern.

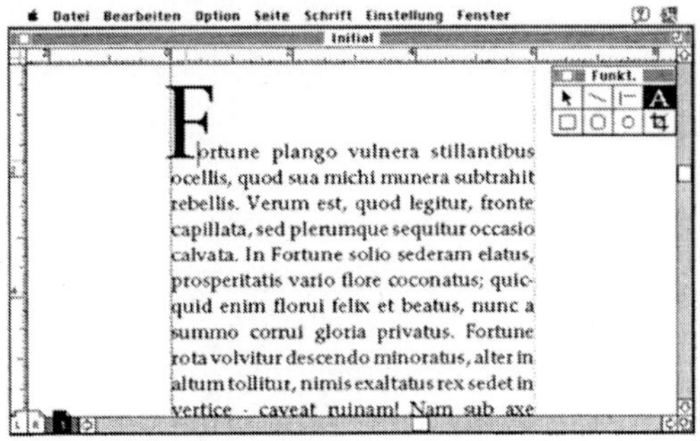

Der Abstand zwischen Initial und nachfolgenden Zeichen muß verringert werden

Für ausgesparte Initiale bietet PageMaker 4.2 das vollständig automatisierte Aldus Standard-Addition *Initiale.*

Erzeugen eines ausgesparten Initials

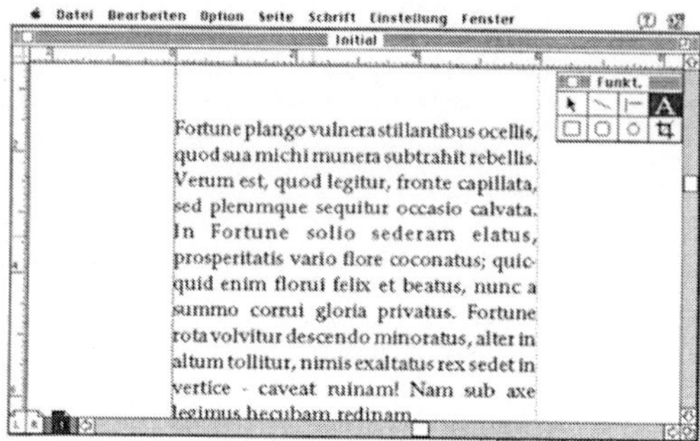

❶ Die Einfügemarke mit der Textfunktion an eine beliebige Stelle innerhalb des Absatzes setzen, der ein ausgespartes Initial erhalten soll.

Die Einfügemarke steht im Absatz

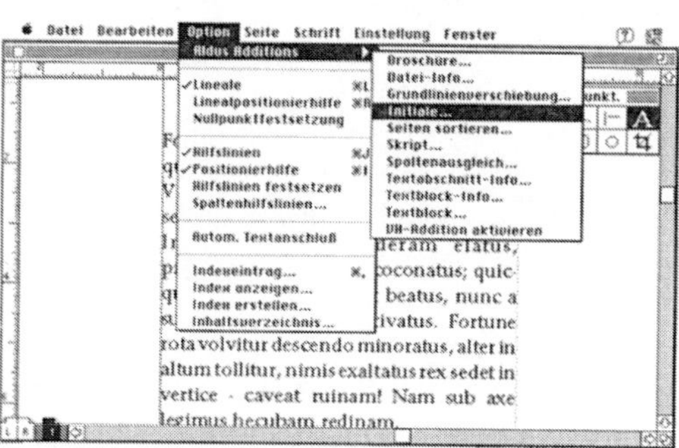

❷ Das Addition starten (*Initiale* aus dem Menü *Aldus Additions*).

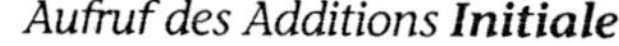
Aufruf des Additions ***Initiale***

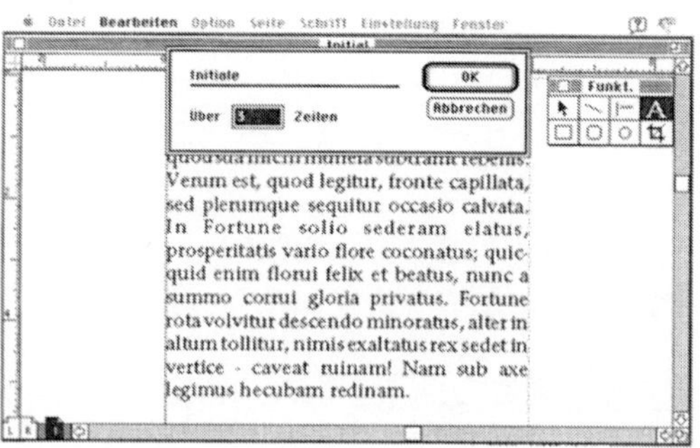

❸ Im Dialogfeld *Initiale* einggeben, über wieviele Zeilen sich das Initial erstrecken soll.

Das Dialogfeld ***Initiale***

❹ Drücken des Feldes *OK* startet den Vorgang.

*Ein mit dem Addition **Initial** erzeugtes ausgespartes Initial*

❺ Gegebenenfalls muß noch der Abstand zwischen dem Initial und dem ersten Buchstaben des Fließtextes mit Hilfe der Tastenkombination <Befehl><Umschalt>-<rechts> vergrößert werden.

Der Abstand zwischen dem Initial und dem ersten Buchstaben wurden vergrößert

Für das Erzeugen des umsponnen Initials wird die Standardmethode von PageMaker angewendet. Sie ist im Vergleich zur Tabulatormethode aufwendiger, aber besonders für übergroße umsponnene Initiale vielseitiger anwendbar.

Erzeugen eines umsponnenen Initials

❶ Löschen des ersten Buchstabens durch die Rücktaste.

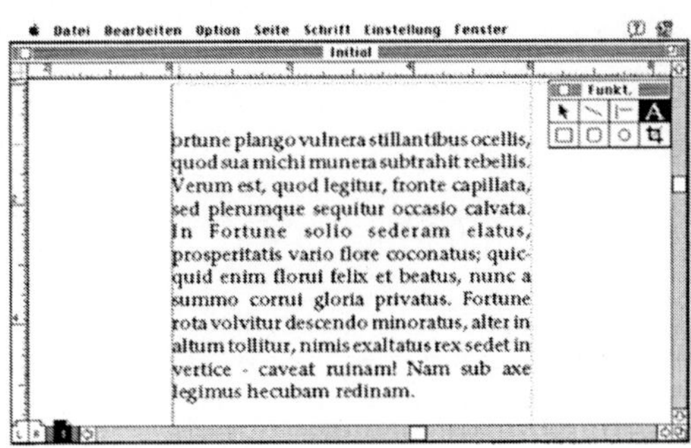

Der erste Buchstabe wird gelöscht ...

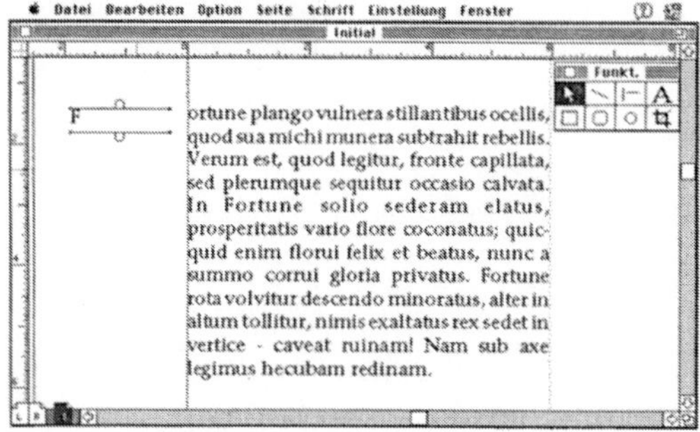

❷ Einfügemarke außerhalb des Textblocks durch Mausbewegung bei gedrückt gehaltener Maustaste positionieren und den Anfangsbuchstaben eingeben. Eingefügtes Zeichen markieren.

... und in einem separaten Textblock wieder eingegeben

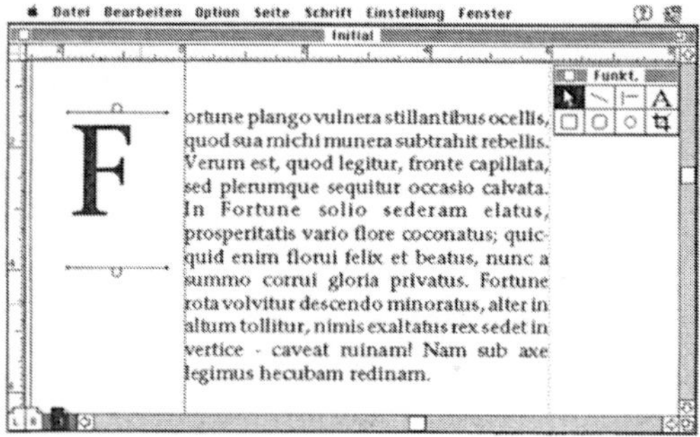

❸ Aufrufen von *Schriftfestlegung* aus dem Menü *Schrift*. Im Dialogfeld *Schriftfestlegung* die gewünschte Schriftart und Schriftgröße (und gegebenenfalls auch Schriftfarbe) einstellen und *OK* anklicken.

Das Initial wird auf die gewünschte Größe gebracht

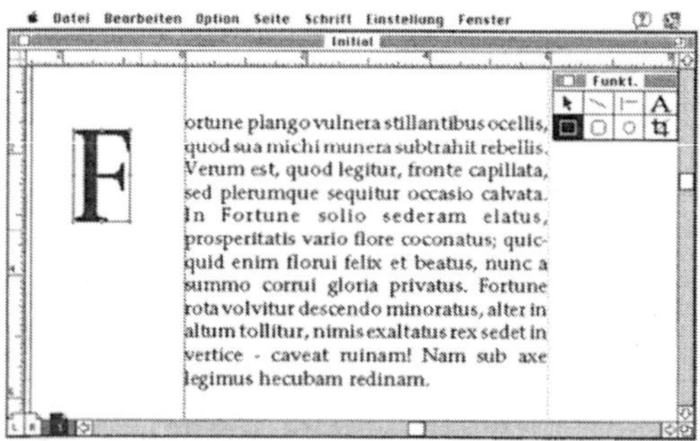

❹ Aufziehen eines Rechtecks bei aktiver Rechteckfunktion in Größe des Initials. (Wenn eine Flächenfarbe eingestellt war, verdeckt die Fläche das Initial. In diesem Fall muß mit *Fläche* aus dem Menü *Einstellungen* für die Fläche des Rechtecks die Einstellung *Keine* ausgewählt werden.)

Das Initial wird mit einer durchsichtigen Fläche überlagert

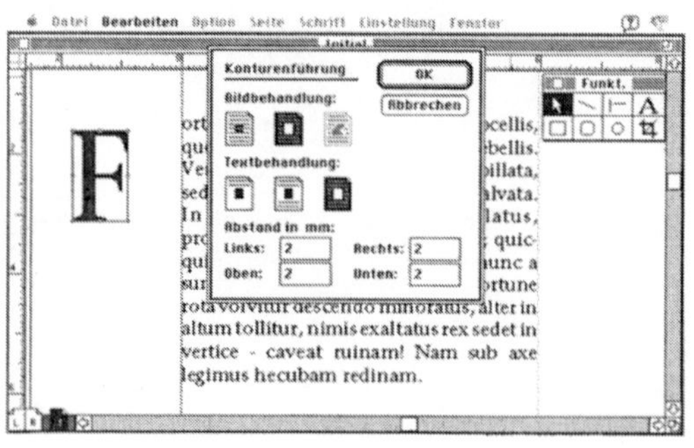

❺ Auswählen von *Konturenführung* aus dem Menü *Einstellung*, um den Modus für die Konturenführung zu definieren. Unter *Bildbehandlung* muß das mittlere Symbol ausgewählt werden. Und unter *Abstand in Zoll* wird für alle vier Parameter jeweils der Wert *2* eingetragen.

*Die Einstellungen im Dialogfeld **Konturenführung** definieren eine Randzone um das Rechteck*

❻ Bearbeiten der Randzone zum Nachformen der Zeichenform mit der Zeigefunktion. Anklicken einer Stelle auf der Randzonenmarkierung erzeugt einen neuen Knoten. Durch Ziehen lassen sich die Knoten neu positionieren.

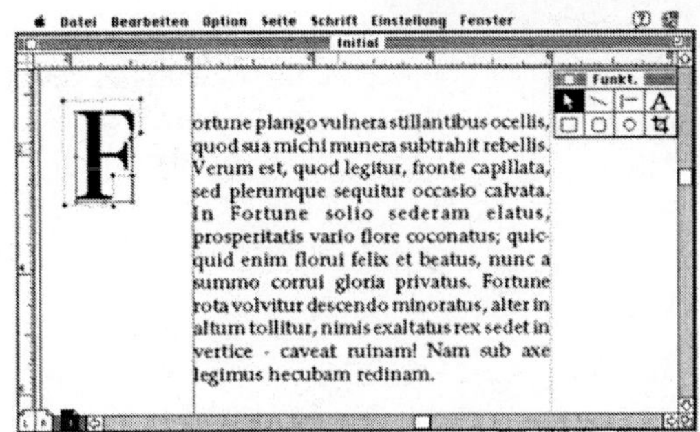

Die Randzone ist der Zeichenform angepaßt

❼ Positionieren des Initials am Anfang des Textes, so daß es wie gewünscht ausgerichtet ist.

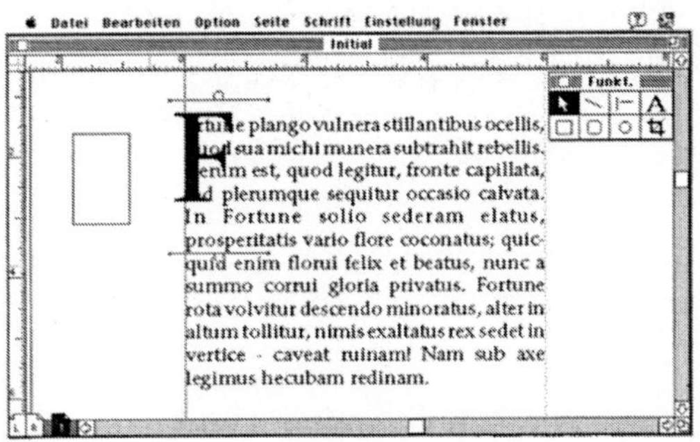

Noch verdeckt das Initial den Text

❽ Das Flächenelement genauso über dem Initial positionieren, wie es bei der Bearbeitung der Kontur positioniert war. Der Text wird dabei so umformatiert, daß das Initial vom Text umsponnen wird.

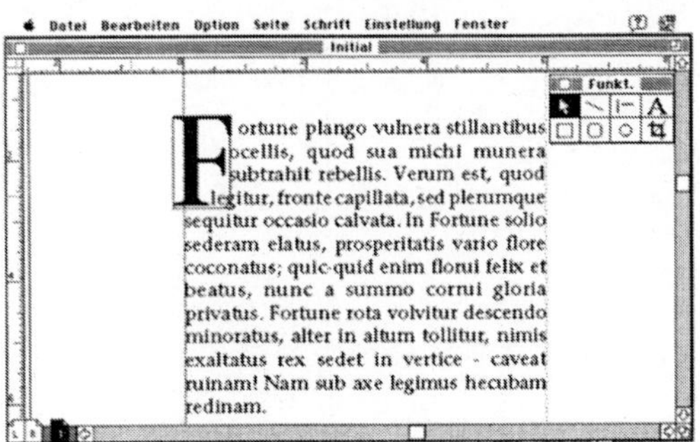

Noch stört der Umriß der Fläche

❾ Dem Flächenelement mit *Linie* aus dem Menü *Einstellung* die Linienform *Keine* zuordnen, wodurch das Erzeugen des Initials abgeschlossen ist.

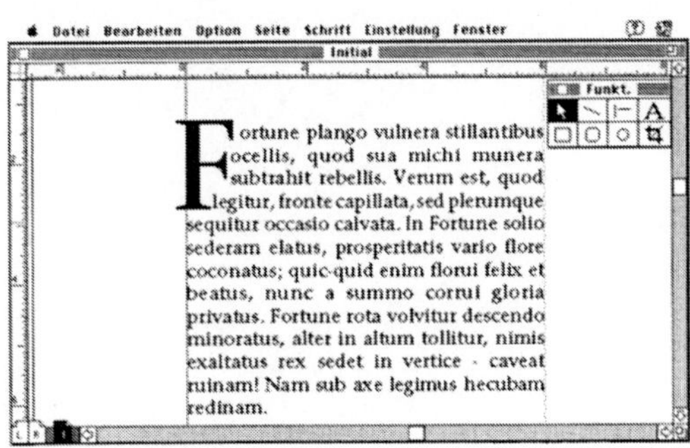

Das fertige Resultat

Tip: Richtig freigestelltes Initial durch Unterschneiden

Starkvergrößerte Zeichen am Anfang einer Zeile wirken im Vergleich zu den darunterstehenden Zeilenanfängen zu stark eingerückt. Das hat seine Ursache in der Randzone jedes Zeichens, die bei großen Zeichen entsprechend größer ist. Die manuelle Unterschneidenfunktion mit der Tastenkombination <Befehl><links> und <Befehl><rechts> (zum Ausgleichen um 1/25 Geviert) bzw. <Befehl><Umschalt><links> und <Befehl><Umschalt><rechts> (zum Ausgleichen um 1/100 Geviert) versagt am Zeilenanfang. Wenn jedoch zunächst ein geschütztes Leerzeichen (<Wahl><Leertaste>) eingegeben wird, kann die Unterschneidenfunktion problemlos angewendet werden, sogar soweit, daß das Zeichen weit über den linken Textrand reicht.

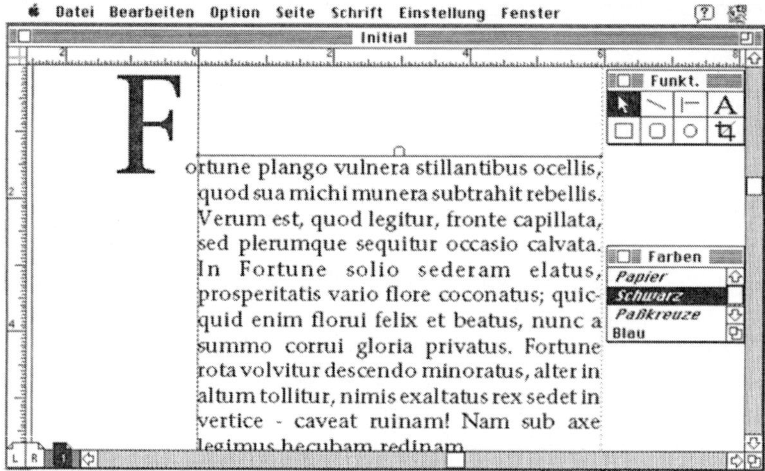

Die Unterschneidenfunktion kann auch am Zeilenanfang Anwendung finden

In einem späteren Kapitel wird noch eine weitere Methode zum Erzeugen von Initialen vorgestellt. Bei dieser wird besonderes Gewicht auf die Gestaltung des Initials selber gelegt, das mit einem separaten Grafikprogramm erstellt und in ein PageMaker-Dokument als Grafik eingebunden wird.

Schrifteffekte

Dieses Kapitel stellt die Möglichkeiten von PageMaker vor, mit denen besondere (typo)graphische Effekte erzeugt werden können. Zu jedem Effekt werden alle nötigen Arbeitsschritte und Einstellungen vorgestellt, so daß jeder Effekt einfach nachvollzogen werden kann. Darüber hinaus kann dieser Teil auch als Ideenquelle dienen, um die eine oder andere interessante Möglichkeit selbst innerhalb eines eigenen Projektes einmal anzuwenden.

Schmale Schrift

Schmale Schrift benötigt normalerweise spezielle Schriftschnitte. Diese Condensed-Schnitte sind in vielen Schriftfamilien integriert, und sie erfreuen sich in einer Zeit, die fast alle Nahrungsmittel auch in einer Light-Version hervorbringt, größter Beliebtheit. Wenn die Kosten für einen bestimmten Condensed-Schnitt gescheut werden, kann man sich mit PageMaker auch anderweitig helfen. Das Ergebnis sollte aber nur als Notlösung angesehen werden.

Das Dialogfeld *Schriftfestlegung*, das nach Aufruf des gleichnamigen Befehls erscheint, bietet die Möglichkeit, in großem Umfang Einfluß auf die Zeichenbreite zu nehmen. Alternativ dazu kann auch der Befehl *Buchstabenbreite* des Schrift-Menüs verwendet werden. Der Wert für die Buchstabenbreite darf im Bereich von 1 bis 250% liegen. Alle Werte unter 100% verschmälern die Zeichenbreite, während Werte über 100% zu einer Verbreiterung des Zeichens führen.

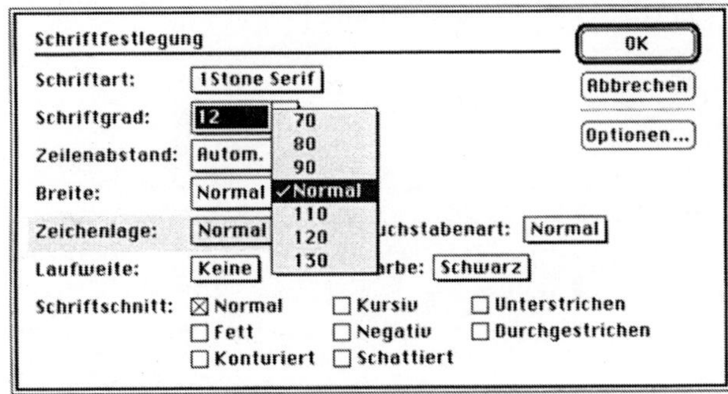

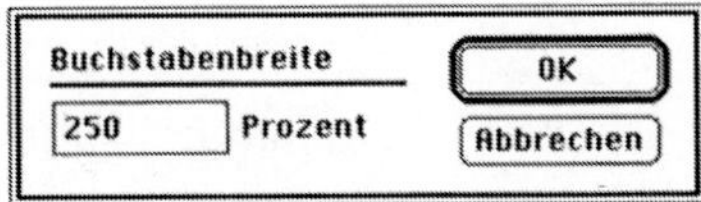

Die Dialogfelder zum Variieren der Zeichenbreite

Der Vorteil der Schriftstauchung mit PageMaker liegt in der Möglichkeit, die Zeichenbreite in Schritten zu 0,1% von 1% bis 100% zu variieren. So lassen sich vom Layout her geforderte Zeichenbreiten exakt anfertigen. Der Nachteil liegt aber darin, daß die Zeichenform mehr oder weniger entstellt wird. Beim Stauchen in horizontaler Richtung werden alle vertikalen Linienformen in ihrer Breite verändert, während horizontale Linien in ihrer Stärke unverändert bleiben.

Tip: Zeichenbreite verringern, um Platz zu sparen

In der Arbeitspraxis gibt es oftmals Platzprobleme. So kann es beispielsweise vorkommen, daß eine Headline, wenn sie nur ein Zeichen weniger hätte, ohne Umbruch in ein Zeile passen würde. In solchen Fällen kann eine minimale Reduzierung der Zeichenbreite, des Zeichenabstandes oder des Wortabstandes eine Lösung darstellen, bei der weder der Text selbst geändert werden müßte noch die Schriftgröße.

Eurostile Condensed

Eurostile schmal

Eine echte Condensed im Vergleich zur PageMaker-Variante

Breite Schrift

So wie schmale Schrift benötigt auch eine breite Schrift spezielle Schriftschnitte. Im Dialogfeld *Schriftfestlegung* kann auch eine Verbreiterung von Schrift vorgegeben werden, wenn der Wert für die Buchstabenbreite größer als 100% gewählt wird. Die so entstehende Schriftvariante weist dieselben Veränderungen an den Zeichenproportionen auf wie die schmalen Schriften, mit dem Unterschied, daß nun die Vertikalen eine Strichstärkenzunahme erfahren.

Eurostile breit

Eine mit PageMaker verbreiterte Schrift

Negative Schrift

Negative Schrift, also weiße Schrift auf schwarzem Untergrund, kann mit PageMaker leicht erzeugt werden. Damit trägt das Programm dem Umstand Rechnung, daß weiße Schrift auf dunklem Untergrund eine interessante Wirkung hat, die die Zeichenform teilweise als völlig neue Interpretation erscheinen läßt. Zum Erzeugen negativer Schrift mit PageMaker gibt es zwei unterschiedliche Verfahren, die dasselbe Resultat zur Folge haben.

Die erste Methode verwendet aus dem Auswahlmenü *Schriftschnitte* die Einstellung *Negativ*. Hier wird der markierten Textstelle *Negativ* als Schriftschnitt zugeordnet. Die zweite Methode paßt eher ins Gesamtkonzept von PageMaker. Sie nutzt die Farbpalette, aus der über das Dialogfeld *Schriftfestlegung* oder aus dem Farbpalettenfenster die Farbe *Papier* auswählbar ist.

Nach Einstellen der Schriftfarbe *Papier* bzw. des Schriftschnittes *Negativ* ist die so ausgezeichnete Textstelle zunächst einmal nicht mehr sichtbar. Sichtbar wird sie erst, wenn ein schwarzer Hintergrund erzeugt wird. Natürlich sind auch alle übrigen Hintergrundfarben denkbar, insbesondere Grautöne. Zum Erzeugen des Hintergrundes wird einfach eine Linie oder ein Rechteck über der Textstelle angelegt. Bei der Linie sollte darauf geachtet werden, daß sie eine ausreichende Linienstärke erhält. Für große negative Schriften sind nur noch Rechtecke als Hintergrund geeignet, da die Linienstärke auf 12 Point begrenzt ist.

Die Auswahlmöglichkeiten für negative Schrift

Stone Sans negativ

Negative Schrift

Tip: Negative Schrift über Grafiken

Der dunkle Hintergrund zur negativen Schrift muß natürlich nicht immer eine (langweilige) monochrome Fläche sein. Denkbar sind auch Grafiken im Hintergrund negativer Schrift. Alle Grafikformate sind für diesen Effekt geeignet.

Tip: Hintergrund mit Schrift ausfüllen

Ein interessanter Effekt entsteht, wenn die negative Schrift so auf einem dunklen Hintergrund plaziert wird, daß sie den Grund vollständig ausfüllt. Die Zeichenformen erhalten dadurch eine neuartige Interpretation, die besonders stark die Binnenräume der einzelnen Zeichen hervorhebt.

Negative Schrift füllt den Hintergrund aus

Outline-Schrift

Bei einer Outline-Schrift erhält jedes Zeichen der Schrift nur einen dünnen Umriß und keine Füllung. PageMaker liefert dafür als Schriftschnitt im Menü *Schrift* das Schriftattribut *Konturiert*. Alle so formatierten Schriftzeichen haben eine schwarzen Umriß (oder einen Umriß in der festgelegten Farbe) und sind durchsichtig. Die Stärke des Umrisses läßt sich nicht beeinflussen.

Negative Schrift auf Grafik

Stone Sans Outline

Outline Schrift

Graue Schrift

In der Standardfarbpalette von PageMaker fehlen die Grautöne. Um grauen Text erzeugen zu können, muß also zunächst die Farbpalette so erweitert werden, daß die gewünschten Grautöne darin enthalten sind. Da PageMaker beim Ausdruck auf nicht farbfähigen Druckern alle Farben in Grautöne umwandelt, könnte auch eine der Standardfarben herangezogen werden, um grauen Text ausdrucken zu können. Aber selbst der Grauwert von Grün ist für die meisten Anwendungen noch zu dunkel. Die Grautöne lassen sich beispielsweise im CMGS-System dadurch definieren, daß für Schwarz ein Prozentwert größer 0% und für Cyan, Magenta und Gelb jeweils 0% angegeben wird. Die andere Möglichkeit besteht aus den Cool-Grey-Tönen der Pantone-Farbpalette.

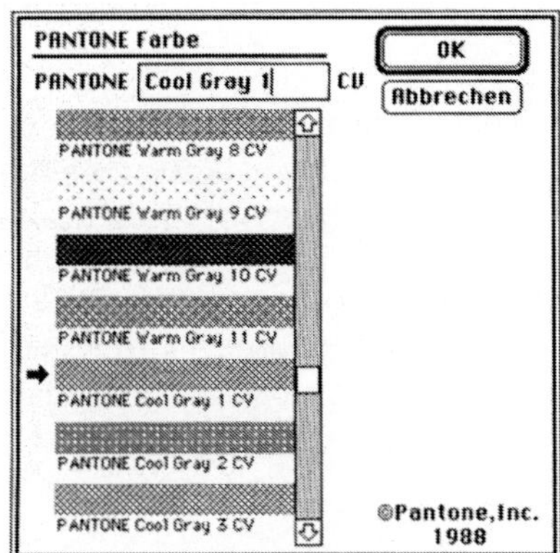

Farbdefinition

Achtung: Ein beispielsweise als 20%iges Grau definierter Grauton wird je nach Ausgabegerät unterschiedlich ausfallen. Besonders bei dunklen Grautönen oberhalb von 50% macht sich der Tonwertzuwachs bemerkbar, der aufgrund der systembedingten Punktform einzelner Rasterpunkte zu dunkle Grautöne erzeugt. Dies kann aber dadurch leicht kompensiert werden, daß anstelle des tatsächlich gewünschten Grauwertes ein hellerer verwendet wird, der erst durch das Ausdrucken den beabsichtigten Wert annimmt.

10% Grau
20% Grau
30% Grau
40% Grau
50% Grau
60% Grau
70% Grau
80% Grau
90% Grau

Graue Schrift in unterschiedlichen Abstufungen

Achtung: Beim Ausdruck von Dokumenten mit grauen Textpassagen muß darauf geachtet werden, daß die Option *Schwarzweiß* im Dialogfeld *Aldus Druckoptionen* (Unterdialogfeld des Befehls *Drucken*) abgewählt ist. Die grauen Farbtöne werden von PageMaker genauso behandelt wie alle bunten Farben, so daß im Ausdruck bei aktiver Option *Schwarzweiß* alle grauen Textstellen als normale schwarze Textstellen behandelt werden.

Schatten

Schattierte Schrift läßt sich mit PageMaker direkt mit dem Schriftattribut *Schattiert* im Auswahlmenü *Schriftschnitt* formatieren. Dieser Schriftschnitt erzeugt aber eine Outline-Schrift mit schwarzem Schatten, bei der die Schriftzeichen durchsichtig sind. Soll schwarze Schrift mit einem grauen Schatten hinterlegt werden, muß dies manuell mit einem kleinen Trick gemacht werden. Dabei wird von der Farbfähigkeit und von der Möglichkeit Gebrauch gemacht, Objekte übereinander anzuordnen.

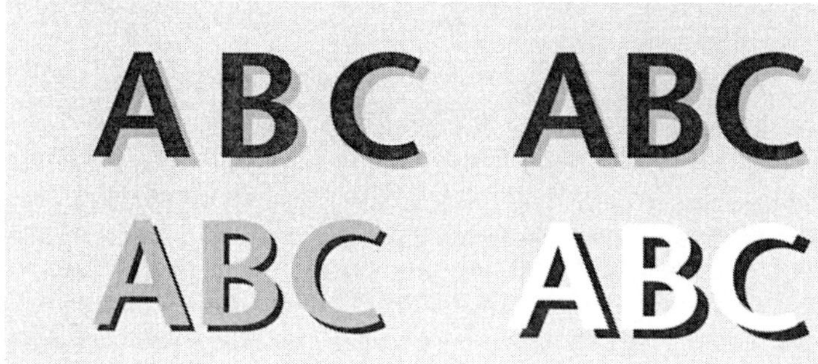

Schattierung mit dem PageMaker-Schriftschnitt ***Schattiert*** *und einige andere Schattierungsformen*

Echte schattierte Schrift erzeugen

❶ Erzeugen des Textblockes, der einen Schriftschatten erhalten soll. Er sollte schon mit allen gewünschten Schriftattributen ausgestattet sein.

Textblock

❷ Mit *Kopieren* aus dem Menü *Bearbeiten* wird der Textblock in die Zwischenablage kopiert und mit *Einfügen* gleich wieder auf der Seite eingefügt, wodurch das Textelement dupliziert wird. Beim Kopieren sollte das Textobjekt mit der Zeigefunktion markiert sein.

Das duplizierte Textelement

❸ Dem neu entstandenen Textelement kann nun mit der Farbpalette ein gewünschter Grauwert zugeordnet werden. (Voraussetzung ist dabei, daß der gewünschte Grauwert in der Palette enthalten ist. Wenn nicht, kann dies mit dem Befehl *Farben definieren* noch nachgeholt werden.)

Der Text im Vordergrund ist grau

❹ Abschließend wird der graue Text, der eigentlich als Schatten vorgesehen war, mit *Nach hinten stellen* aus dem Menü *Einstellung* in den Hintergrund gebracht.

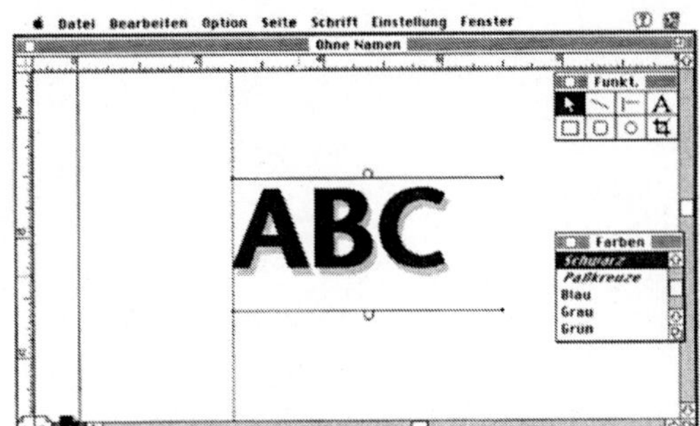

Die fertige Schattierung

Unterstreichungen

Unterstrichene Schrift mit Schriftattribut

Für unterstrichene Schrift gibt es innerhalb von PageMaker ein entsprechendes Schriftattribut, das im Auswahlmenü *Schriftschnitte* auswählbar ist. Dieses Schriftattribut regelt völlig selbständig in Abhängigkeit der Schriftart und -größe den Abstand des Unterstrichs von der Grundlinie und dessen Stärke. Der Anwender hat dabei keinen Einfluß auf Unterstrich-Abstand und -stärke.

6 8 10 12 14 16 18 24 30 36

Unterstreichungen unterschiedlicher Schriftgrößen

Unterstrichene Schrift durch Linienelemente

Die zweite Möglichkeit, die hinsichtlich der Parameter für eine Unterstreichung wesentlich flexibler ist, ist die Unterstreichung mit den Linienelementen von PageMaker. Diese Methode arbeitet zwar nicht automatisiert, weswegen sie sich nicht für Unterstreichungen im laufenden Text eignet, dafür bietet sie aber die optimale Kontrolle über das Ergebnis. Beispielsweise eignet sich die Linienmethode auch für typographisch anspruchsvolle Unterstreichungen, die bei Wortzwischenräumen und Unterlängen ausgespart bleiben.

Unterstreichung

Unterstreichung

Unterstreichung

Unterstreichungen mit Linien

Um bei unterbrochenen Unterstreichungen einen einheitlichen Unterstrichabstand einhalten zu können, sollte eine Linealhilfslinie mit entsprechendem Abstand zur Grundlinie positioniert werden.

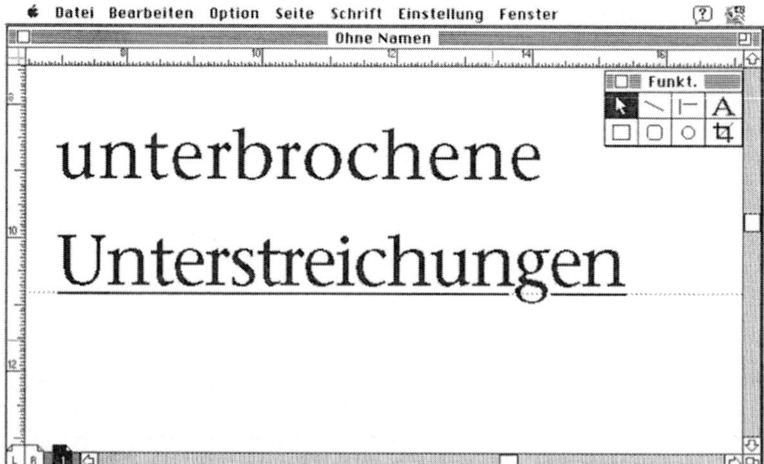

Eine Linealhilfslinie erleichtert das Unterstreichen mit Linien

Unterstrichene Schrift durch überlagerte Textblöcke

Die dritte Methode bietet eine recht ausgefallene Variante von Unterstreichungen, die sich beispielsweise für übergroße, effektvolle Headlines anwenden läßt. Die Idee dabei ist, daß jeder Buchstabe eine individuelle Unterstreichung erhält. Die Unterstreichung entspricht dabei genau der jeweiligen unteren Zeichenform.

HEADLINE

Unterstrichene Headline

Erzeugen der Headline

➊ Der Textblock für die Headline wird mit allen gewünschten Schriftattributen versehen.

Zunächst ist ein Textobjekt vorhanden

➋ Anschließend wird der Textblock bei aktiver Zeigefunktion in die Zwischenablage kopiert. Sodann wird mit der Rechteckfunktion ein papierfarbenes Rechteck ohne Umriß so auf dem Textblock positioniert, daß unten nur ein Bereich unverdeckt bleibt, der der Linienstärke des Textes entspricht.

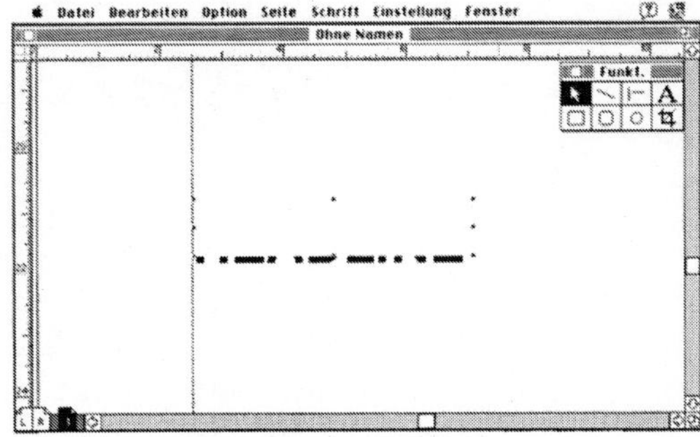

Der Text ist fast vollständig verdeckt

➌ Abschließend wird mit *Einfügen* aus dem Menü *Bearbeiten* das Textobjekt auf den Textblock und die weiße Fläche kopiert. Durch Positionieren wird das neu eingefügte Textobjekt so ausgerichtet, daß der gewünschte Effekt erzielt wird.

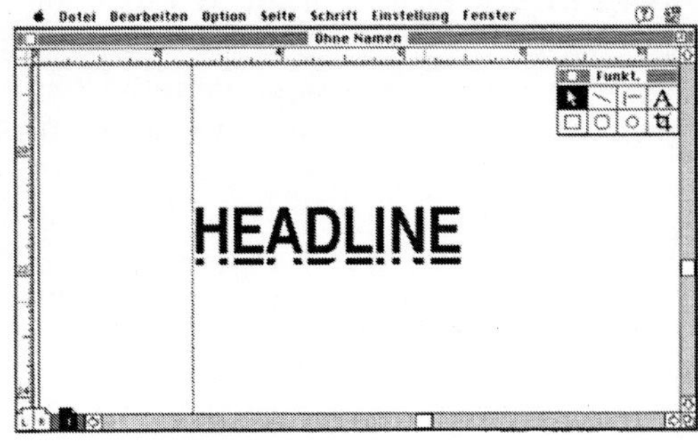

Die Unterstreichung ist fertig

Gedrehter Text

Gedrehter Text ist ein einfach zu erzielender Effekt, um bestimmte Bereiche einer Seite besonders hervorzuheben. PageMaker erlaubt gedrehten Text in den vier 90-Grad-Winkeln, womit der Anwender für viele Anwendungsbereiche gedrehter Textstellen bereits gut gerüstet ist.

	Spalte 1	Spalte 2	Spalte 3
Zeile 1	x	x	
Zeile 2			x
Zeile 3	x		x

Anwendungsbeispiel gedrehter Text

	Spalte 1	Spalte 2	Spalte 3
Zeile 1	x	x	
Zeile 2			x
Zeile 3	x		x

Gedrehter Text mit externen Grafikprogrammen

Für alle Winkel dazwischen kann auf ein Zusatzprogramm zugegriffen werden. Beispielsweise FreeHand und Illustrator ermöglichen, Textobjekte um beliebige Winkel zu drehen. Die gedrehten Textpassagen lassen sich dann als PICT- oder EPS-Dateien positionieren.

Tip: Gedrehten Text bearbeiten

Ziemlich unhandlich präsentiert sich die Bearbeitungsmöglichkeit eines gedrehten Textblocks im Layoutmodus. Ein gedrehter Textblock kann nur mit der Zeigefunktion (verschieben, Ändern der Zeilenbreite usw.), nicht aber mit der Textfunktion bearbeitet werden. Für alle Änderungen an der Textformatierung müßte der Drehwinkel wieder auf die normale Zeilenlage umgestellt und nach der Texteditierung wieder der Drehwinkel eingestellt werden. Einfacher ist da die Bearbeitung im Textmodus. Mit einem Dreifachklick auf einen gedrehten Textblock (bei aktiver Zeigefunktion) wird der zugehörige Text in einem separaten Textfenster angezeigt und ist auf diese Weise leicht editierbar. Beim Schließen des Fensters werden alle Änderungen übernommen.

Relief-Effekt

Als besonderer Effekt darf der Relief-Effekt gelten, der ebenfalls ohne Zusatzprogramm allein mit den Möglichkeiten von PageMaker realisierbar ist. Als Anwendungsbereich für diesen Effekt sind beispielsweise Hinweismarken denkbar, die in der Marginalspalte eines umfangreicheren Textes auf eine wichtige Textstelle hinweisen.

Erzeugen des Relief-Effektes

❶ Für den Relieftext wird ein Textblock erzeugt und mit allen gewünschten Schriftattributen ausgezeichnet. Als Textfarbe ist Schwarz vorgesehen.

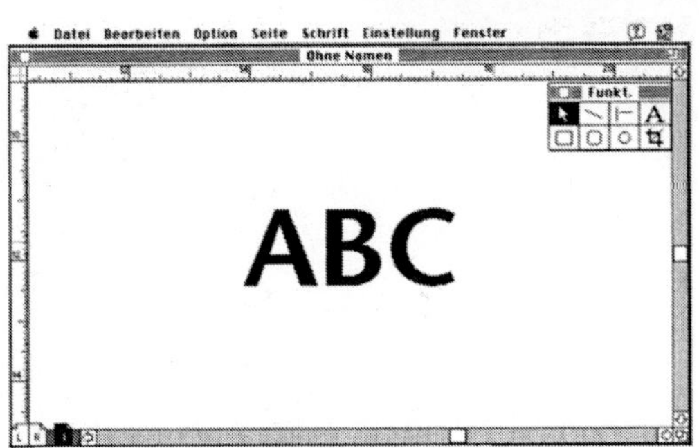

Der Relieftext

❷ Anschließend wird der Textblock bei aktiver Zeigefunktion in die Zwischenablage kopiert. Sodann wird mit der Rechteckfunktion ein graues Rechteck um den Textblock angelegt, das mit dem Befehl *Nach hinten stellen* des Menüs *Einstellung* in den Hintergrund des Textobjektes gebracht wird.

Der Text hat als Hintergrund eine graue Fläche erhalten

❸ Mit *Einfügen* wird der Textblock ein zweites Mal in das Dokument eingefügt. Mit der Textfunktion wird der gesamte Text markiert und als Textfarbe *Papier* ausgewählt. Der Textblock muß nun so positioniert werden, daß er etwas nach links und oben zum schwarzen Text versetzt steht.

Der zweite Textblock erscheint ein wenig versetzt

❹ Abschließend wird mit *Einfügen* aus dem Menü *Bearbeiten* das Textobjekt ein drittes Mal eingefügt. Es erhält als Textfarbe das Grau der rechteckigen Fläche des Hintergrundes und wird so positioniert, daß es in horizontaler und vertikaler Richtung jeweils nur um die Hälfte des Betrages relativ zum schwarzen Text versetzt ist (wie der weiße Text). Gegebenenfalls kann dies durch entsprechende Hilfslinien vereinfacht werden.

Das Relief ist fertiggestellt

Relief-Effekt

Effekte mit *Hochgestellt* und *Tiefgestellt*

Die Zeichenlagen hoch- und tiefgestellt sind eigentlich für Formelsatz (Indizes) vorgesehen. Auch Fußnotenverweise werden häufig durch hochgestellte Ziffern im Text markiert. Da PageMaker für die konkrete Auswirkung von hoch- und tiefgestellter Schrift zwei wichtige Parameter veränderbar zur Verfügung stellt, vergrößert sich das Anwendungsspektrum dieser Schriftoption erheblich. Im Dialogfeld *Schriftoptionen* läßt sich die Größe für hoch- und tiefgestellte Schrift einstellen und ein Wert, der bestimmt, um wieviel in Prozent des aktuellen Schriftgrades sich die Hochverstellung bzw. die Tiefverstellung auswirken soll. Mit diesen beiden Parametern sind interessante Möglichkeiten offengestellt, wie auch schon im Abschnitt über Initiale zu sehen war.

Im folgenden soll eine besondere Logotype realisiert werden, deren erster und letzter Versalbuchstabe genau soweit tiefergestellt ist, daß die Oberkante der Versalien mit der Minuskelhöhe abschließt.

Erzeugen der Logotype

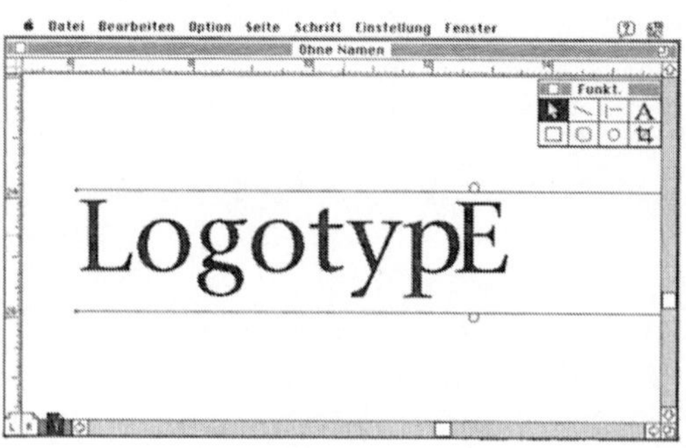

❶ Der Text für die Logotype wird mit der Textfunktion eingegeben und wie gewünscht formatiert.

Der Text der Logotype

❷ Anschließend wird der erste Buchstabe markiert und der Befehl *Schriftfestlegung* aufgerufen. Im erscheinenden Dialogfeld wird unter *Zeichenlage Tiefgestellt* ausgewählt und durch Anklicken des Feldes *Optionen* zum Dialogfeld *Schriftoptionen* gewechselt. Darin wird unter *Größe Hoch/Tief 100%* eingestellt. Unter *Tiefgestellt* wird *14%* eingestellt. (Dieser letzte Wert ist abhängig von der verwendeten Schriftgröße und -art.)

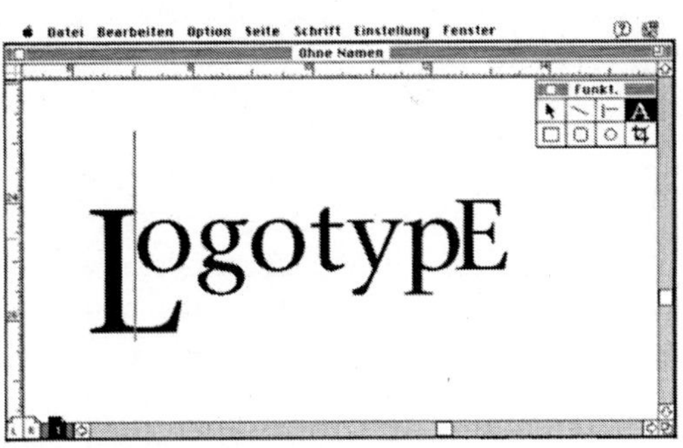

Der erste Buchstabe ist bereits tiefgestellt und mit manuellem Ausgleich näher an den übrigen Text herangerückt

❸ Für den letzten Buchstaben der Logotype werden dieselben Einstellungen vorgenommen wie für den ersten. Wenn mehrere unterschiedliche Wörter auf diese Weise formatiert werden sollen (z.B. für Headlines), empfiehlt sich bereits das Anlegen eines Druckformates.

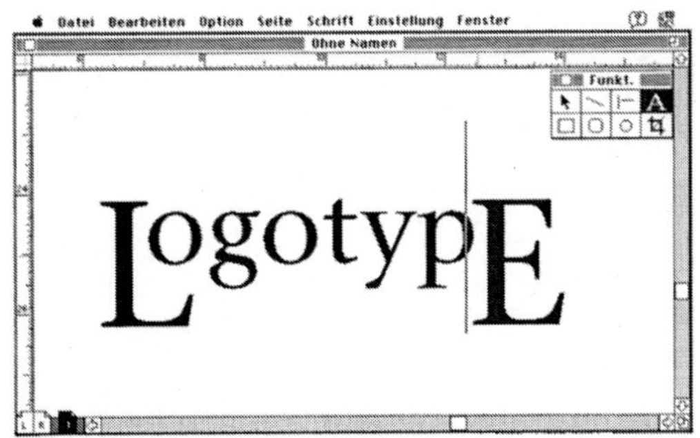

Die Logotype ist fast fertiggestellt

❹ Abschließend kann im mittleren Bereich noch ein Linienelement eingefügt werden.

Die Logotype wird durch eine Linie vollendet

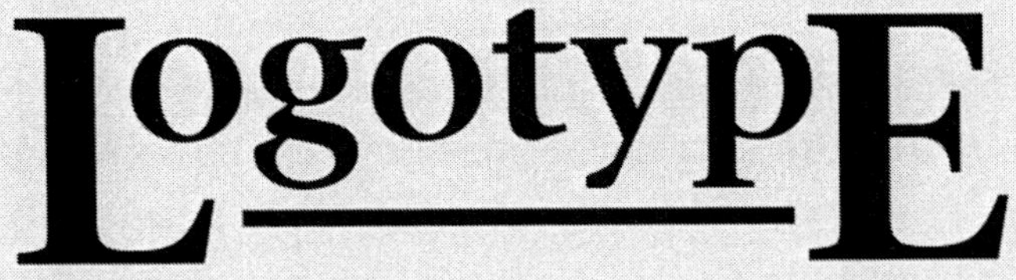

Logotype

Formsatz

Formsatz ist der vielleicht anspruchsvollste typographische Eingriff in die Satzform einer Seite. Unter dem Begriff Formsatz werden alle Satzformen zusammengefaßt, die in irgendeiner Weise die normale, durchgehende und geradlinige Zeilenform durch eine freie Form ablösen. Einerseits sind dies die Varianten, bei denen die Grundlinie von Textzeilen einer anderen Form als der Linie folgt. Diese Variante ist allein mit PageMaker nicht realisierbar. Ausweg sind da Programme wie FreeHand oder Illustrator, mit denen Aufgaben aus diesem Bereich hervorragend gemeistert werden können. Die so extern angefertigten »Textzeilen« lassen sich über eines der Grafikformate in ein PageMaker-Dokument einbinden.

Die andere große Gruppe des Formsatzes umfaßt die Varianten, bei denen Text mit geradlinig verlaufenden Grundlinien durch unterschiedliche Zeilenlängen einer grafischen Form angeglichen ist. Hierzu bietet PageMaker auch ohne fremde Hilfe alle nötigen Werkzeuge.

konzentrische Kreise konzentrische Kreise konzentrische Kreise

Kreise Kreise

Kreissatz

Fortune plango vulnera stillantibus ocellis,
quod sua michi munera subtrahit rebellis.
Verum est, quod legitur, fronte
capillata, sed plerumque
sequitur occasio calvata. In
Fortune solio sederam
elatus, prosperitatis vario
flore coconatus; quicquid
enim florui felix et beatus,
nunc a summo corrui
gloria privatus. Fortune
rota volvitur descendo
minoratus, alter in altum
tollitur, nimis exaltatus rex sedet
in vertice - caveat ruinam! Nam sub axe
legimus hecubam redinam.

Eine Textspalte nimmt eine runde Form auf

Im folgenden werden anhand zweier Beispiele die möglichen Arbeitstechniken zum Erzeugen von Textspalten im Formsatz vorgestellt. Das erste Beispiel besteht aus einer kreisförmigen Grafik, die mittig zwischen zwei Textspalten ausgerichtet ist. Das zweite Beispiel nutzt die Konturfunktion von PageMaker sozusagen indirekt, um einen interessanten Effekt zu erzielen.

Beispiel 1:
Ausgangspunkt für das Formsatzbeispiel sind ein kleiner einspaltiger Text und eine kleine Bitmap-Grafik.

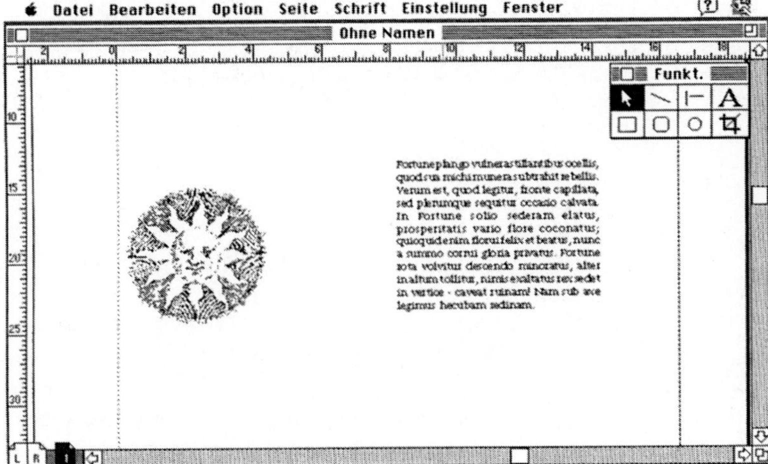

Die Ausgangsobjekte

Beispiel 1 Formsatz

❶ Markieren der Grafik und Auswählen von *Konturenführung* aus dem Menü *Einstellung*, um den Modus für die Konturenführung zu definieren. Unter *Bildbehandlung* muß das mittlere Symbol ausgewählt werden. Und unter *Abstand in mm* wird für alle vier Parameter jeweils der Wert *0* eingetragen.

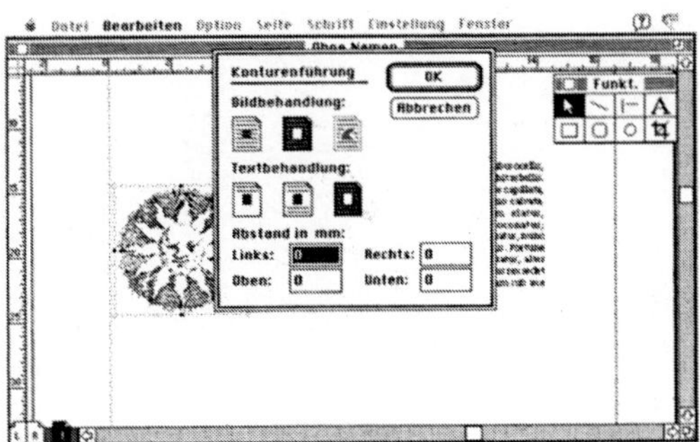

*Die Einstellungen im Dialogfeld **Konturenführung** definieren eine zunächst rechteckige Randzone um das Rechteck*

❷ Bearbeiten der Randzone zum Nachformen der runden Grafikform mit der Zeigefunktion. Anklicken einer Stelle auf der Randzonenmarkierung erzeugt einen neuen Knoten. Durch Anklicken und gedrückt gehaltener Maustaste lassen sich die Knoten neu positionieren. Um eine halbwegs kreisförmige Kontur zu erhalten, sind etwa 12 Knoten nötig.

Die Randzone ist der Grafik angepaßt

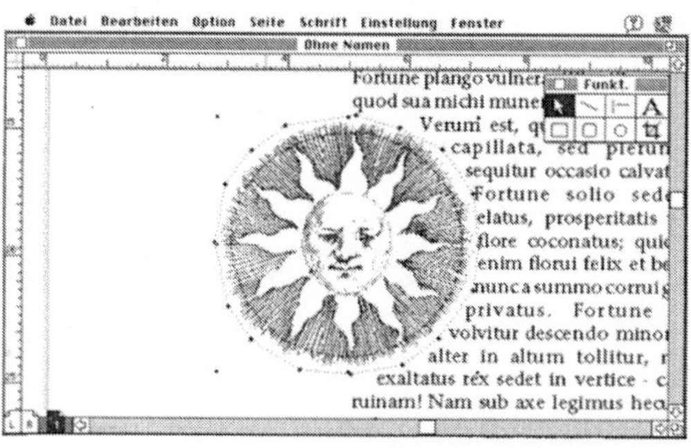

❸ Positionieren der Grafik zwischen den beiden Textspalten, woraufhin PageMaker den Text sofort neu formatiert.

Eventuell sind noch kleine Korrekturen an der Kontur nötig

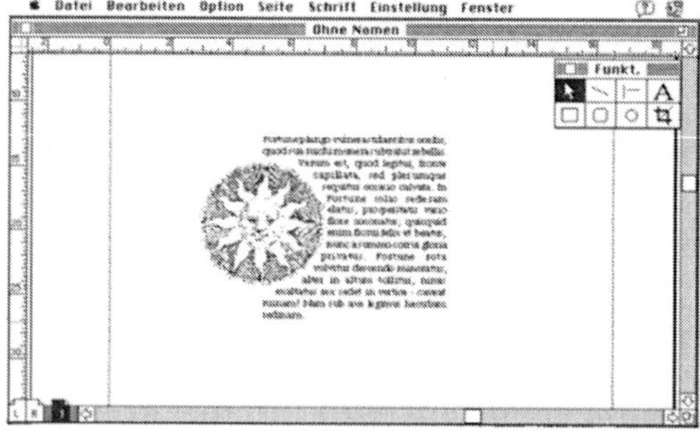

❹ Sollten sich einige Zeilen noch nicht, wie gewünscht, der Kontur annähern, können entweder die Knoten der Kontur noch etwas verschoben werden, oder oft hilft auch ein Verschieben der Grafik in vertikaler Richtung.

Das Ergebnis des ersten Versuchs

Beispiel 2:
Ausgangspunkt für dieses zweite Formsatzbeispiel sind drei nebeneinanderliegende, schmale Textspalten, die über die gesamte Satzspiegelbreite reichen. Die mittige Spalte ist breiter als die beiden außen stehenden Spalten. Die Textspalte in der Mitte soll nun so bearbeitet werden, daß sie sich links oben der linken Spalte und rechts unten der rechten Spalten annähert. Die drei Spalten nehmen also in etwa die Form eines N ein.

Die Spalten sind einfach zu erzeugen, wenn mit dem Befehl *Spaltenhilfslinien* aus dem Menü *Option* 4 Spalten angelegt werden. Die linke und rechte Spalte haben die Breite von einer Spalte, die mittige Textspalte erstreckt sich über zwei Spalten in der Mitte.

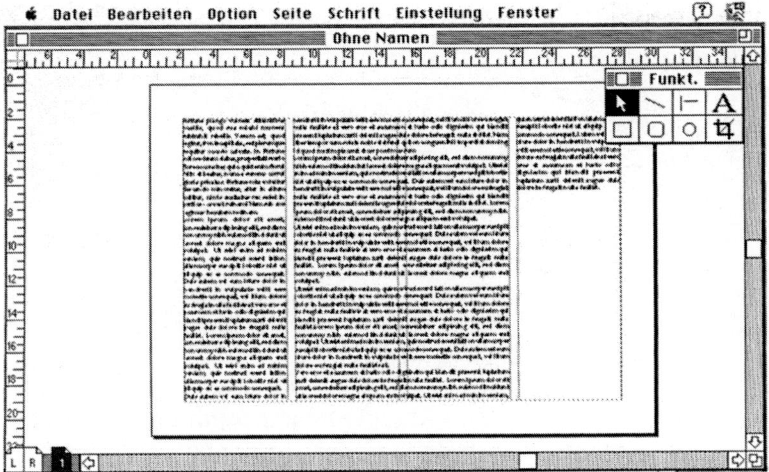

Die Ausgangssituation mit den drei Textspalten

Beispiel 2 Formsatz

❶ Mit der Rechteckfunktion werden zwei Rechtecke so aufgezogen, daß sie jeweils im Spaltenabstand der Textspalten liegen. Als Flächenattribut empfiehlt sich die Einstellung *Keine*; der Umriß sollte noch sichtbar sein, etwa durch die Einstellung *Haarstrich.*

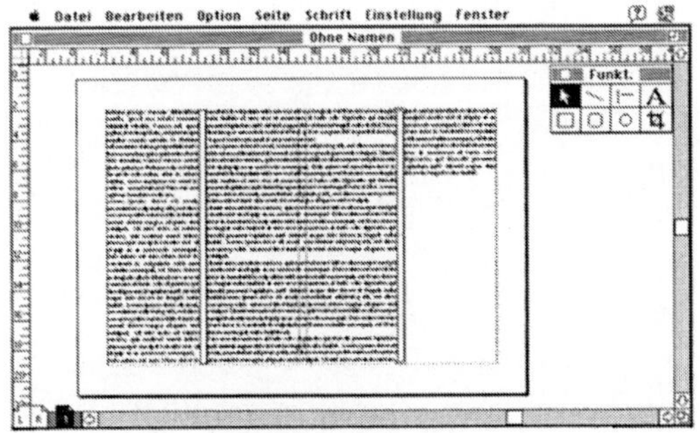

Die beiden Rechtecke zwischen den Textspalten

❷ Beide Rechtecke werden mit *Konturenführung* aus dem Menü *Einstellung* für die Konturenführung vorbereitet. Unter *Bildbehandlung* im Dialogfeld *Konturenführung* wird das zweite Symbol ausgewählt und unter *Abstand* werden alle Werte mit *0* angegeben.

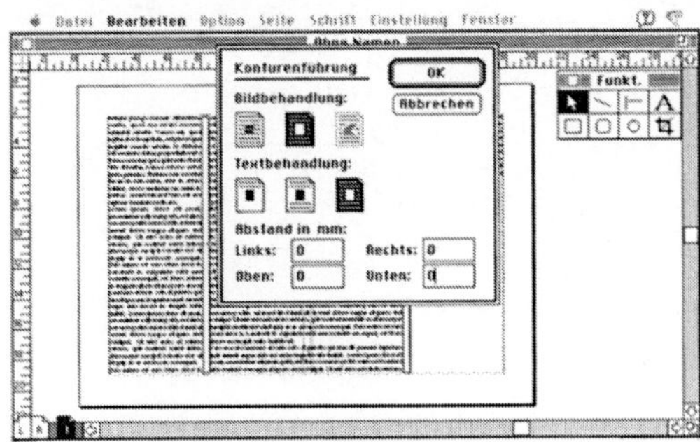

Die Einstellungen im Dialogfeld ***Konturenführung***

❸ Die Kontur der linken Fläche kann nun bei aktiver Zeigefunktion bearbeitet werden. Dazu wird die rechte untere Ecke der Flächenkontur angeklickt und bei gedrückt gehaltener Maustaste exakt in horizontaler Richtung auf die rechte Hilfslinie der mittleren Textspalte gezogen, wodurch der Text in der mittleren Textspalte bereits geändert wird.

Die mittlere Textspalte hat nun bereits versetzte Zeilenanfänge

❹ Im Anschluß daran kann die Kontur des rechten Flächenelementes bearbeitet werden. Dazu wird die linke obere Ecke der Flächenkontur angeklickt und bei gedrückt gehaltener Maustaste exakt in horizontaler Richtung auf die linke Hilfslinie der mittleren Textspalte gezogen, wodurch der Text in der mittleren Textspalte bereits seine gewünschte Form annimmt.

Zeilenanfänge und Zeilenenden sind nun versetzt

❺ Die sichtbaren Umrisse müssen im letzten Arbeitsschritt noch beseitigt werden, indem das Linienattribut der Flächen mit dem Befehl *Linie* auf *Keine* eingestellt wird. Wenn die Breite der mittleren Textspalte nun etwas zu schmal erscheinen sollte, kann das dadurch geändert werden, daß die schräg verlaufenden Konturlinien noch leicht nach außen verschoben werden. Die mittlere Textspalte erhält dadurch eine größere Breite.

Das Ergebnis ist perfekt

Tip: Kontur umstülpen

Die beiden Beispiele haben deutlich gemacht, wie die Kontur einer Grafik oder eines Flächenelementes Text innerhalb eines Textblockes verdrängen kann. Dieser Effekt läßt sich durch einen einfachen Trick umkehren, so daß der Text nicht mehr verdrängt wird, sondern vielmehr in die Kontur einfließt. Dazu sind nach dem Anlegen der rechteckigen Kontur mit dem Befehl *Konturenführung* die beiden rechten Knoten soweit nach links zu verschieben, daß sie nach dem Verschieben links von den linken Knoten stehen. Wenn nun die Kontur über einen Textblock gelegt wird, erscheint der Text innerhalb der Kontur.

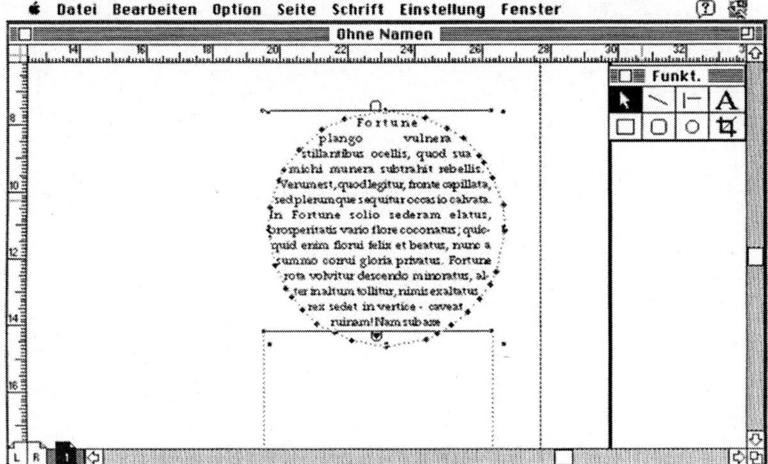

Eine Kontur nimmt Text auf

Kapitel 12

Textbearbeitung

12

Ein ganz erheblicher Teil der Arbeit an einem PageMaker-Dokument umfaßt das Bearbeiten von Text. Text kann in PageMaker in zwei unterschiedlichen Modi bearbeitet werden: im Textmodus und im Layoutmodus. Im Textmodus, dem Texteditor, stehen zum Teil andere Funktionen zur Verfügung als im normalen Layoutmodus, so daß je nach Aufgabe nur im Textmodus oder nur im Layoutmodus oder aber auch wahlweise in beiden Modi gearbeitet werden kann.

Der Texteditor

Der Texteditor ist eine kleine Textverarbeitung innerhalb von PageMaker. Er bietet einige für Textverarbeitungen typische Funktionen, die in der normalen Seitenbearbeitung von PageMaker, dem Layoutmodus, nicht verfügbar sind. Dies sind insbesondere die Funktionen zum Suchen und Ersetzen von Text bzw. Formatierungen sowie die Rechtschreibprüfung.

Vorteilhaft bei der Arbeit im Texteditor ist, daß nur der Text und einige wenige Formatierungen angezeigt werden, nicht aber das Layout der Seite und insbesondere keine Grafiken. Auf diese Weise muß das Programm während der Textbearbeitung nicht jedesmal die Seite neu aufbauen, und die Bildschirmanzeige arbeitet fast verzögerungsfrei.

Der Texteditor arbeitet in einem zum Arbeitsfenster des Layoutmodus überlagerten Fenster, dem Textfenster. Für jeden Textabschnitt des Dokumentes kann ein eigenes Fenster geöffnet werden.

Öffnen des Texteditors

Zum Öffnen des Texteditors dient der Befehl *Textmodus* aus dem Menü *Bearbeiten*. Für welchen Textabschnitt ein Textfenster geöffnet wird, ist abhängig von der Position der Einfügemarke bei Aufruf des Befehls. Wenn die Einfügemarke auf der Seite innerhalb eines Textblocks positioniert ist, wird ein Textfenster mit dem Textabschnitt dieses Textblocks geöffnet, und die Einfügemarke befindet sich im Textfenster an derselben Stelle im Text wie zuvor im Layoutmodus. Ist eine andere Funktion als die Textfunktion aktiviert oder befindet sich die Einfügemarke in keinem Textabschnitt, wird ein neues, leeres Textfenster geöffnet, in dem ein neuer Textabschnitt erstellt werden kann. Durch dreimaliges Klicken auf einen Textblock mit der Zeigefunktion wird ebenfalls in den Texteditor gewechselt und das Textfenster mit dem Textabschnitt dieses Textblocks geöffnet. Die Einfügemarke befindet sich dann im Fenster am Anfang des Textes.

Wurde schon zuvor im Texteditor gearbeitet und wurden beim Wechsel in den Layoutmodus nicht alle Textfenster geschlossen, kann auch durch Auswahl des betreffenden Fensters aus der Fensterliste, das im unteren Teil des Menüs *Fenster* angezeigt wird, in den Textmodus zurückgewechselt werden.

PageMaker kann innerhalb eines Dokumentes mehrere Texte als voneinander unabhängige Textabschnitte verwalten.

Einstellen der Bildschirmanzeige im Texteditor

Im Texteditor können mehrere Fenster gleichzeitig geöffnet sein. Das Fenster des Layoutmodus liegt hinter den Fenstern des Texteditors und kann auf einem größeren Bildschirm auch in verkleinerter Form neben den Textfenstern angezeigt werden. Die Größe und die Position jedes Fensters lassen sich individuell einstellen. Ist nur ein Textfenster sichtbar, kann mit Hilfe der Liste der geöffneten Fenster im unteren Teil des Menüs *Fenster* zu einem anderen Fenster gewechselt werden.

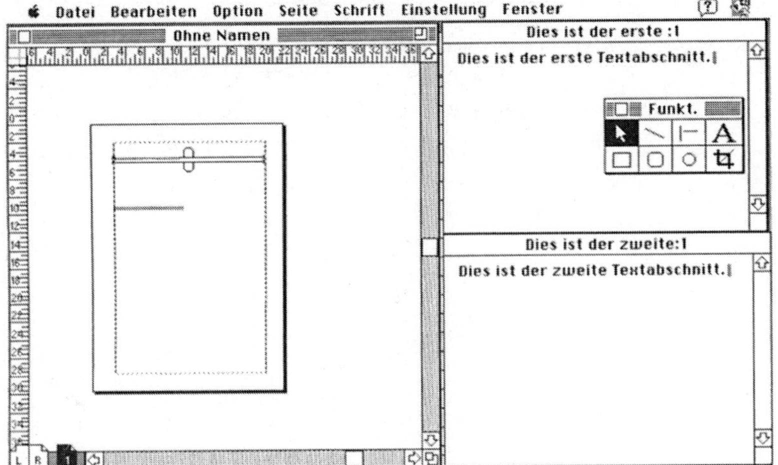

Mehrere Textfenster und auch das Layoutfenster werden gleichzeitig angezeigt

Im Textfenster wird nur eine Schriftart und eine Schriftgröße angezeigt. Schriftschnitte wie kursiv oder fett werden unabhängig von der ausgewählten Schriftart und -größe auch fett und kursiv angezeigt. Die im Textmodus verwendete Schriftart und -größe wird im Dialogfeld *Vorgaben wählen* mit den Optionen *Schriftgrad* und *Schriftart* eingestellt, die sich im unteren Teil des Dialogfeldes unter der Überschrift *Textmodus* finden. Dabei sollten eine für die Bildschirmgröße optimale, gut lesbare Schriftart und Schriftgröße ausgewählt werden. Die hier angezeigte Schrift ist völlig unabhängig von der Schrift im Layoutmodus.

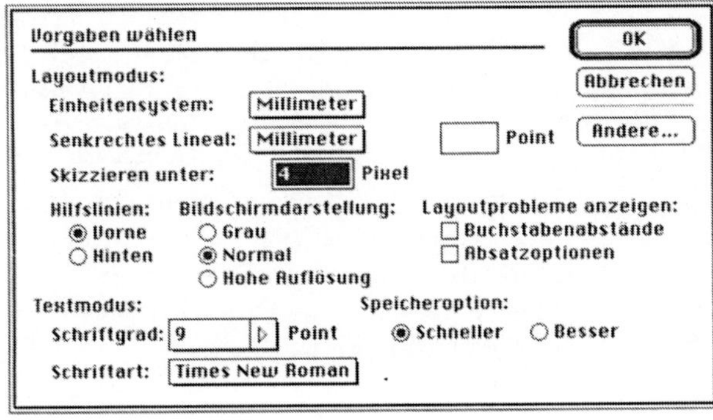

Das Dialogfeld ***Vorgaben wählen***

Im Menü *Option* des Texteditors lassen sich zwei Einstellungen vornehmen, die für jedes Textfenster individuell gewählt werden können. Mit dem Befehl *Absatzmarken anzeigen* wird die Anzeige von Sonderzeichen im aktuellen Textfenster ein- oder ausgeschaltet. Bei eingeschalteter Anzeige der Absatzmarken erscheint in der Menüzeile ein Häkchen vor der Option. Die folgende Tabelle zeigt, welche Sonderzeichen mit der Option *Absatzmarken anzeigen* im Textfenster angezeigt werden:

Sonderzeichen im Textmodus		
Symbol	**Sonderzeichen**	**Tastenkombination für Eingabe**
¶	Absatzmarke	<Eingabe>
↵	Zeilenschaltung	<Umschalt><Eingabe>
(kleiner Punkt)	Leerzeichen	<Leertaste>
➔	Tabulator	<Tabulator>

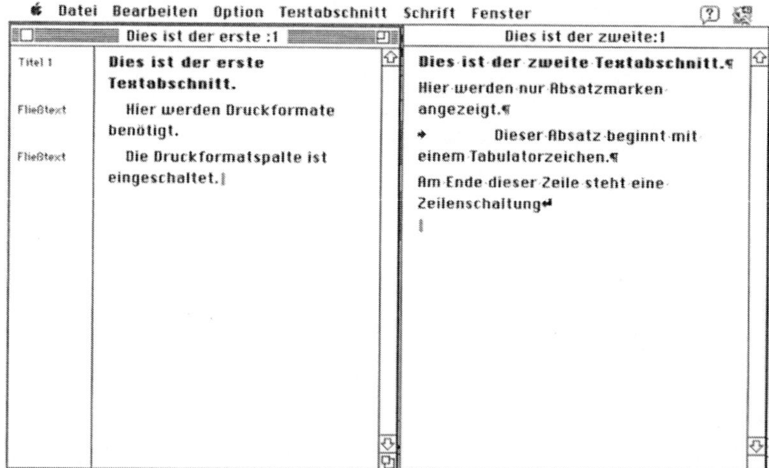

Die Bildschirmanzeige wurde für die Textfenster individuell eingestellt

Dabei lassen sich aber die unterschiedlichen Sonderzeichen für Leerzeichen (Geviert, Halbgeviert) nicht vom normalen Leerzeichen unterscheiden. Unabhängig von der Einstellung der Option *Absatzmarken anzeigen* werden im Textfenster immer Paginierungszeichen, Indexmarken und ein Symbol für eingebundene Grafiken angezeigt.

Eine weitere Arbeitshilfe bietet die Option *Druckformate anzeigen*, mit der im linken Teil des Textfensters ein Seitenbalken ein- und ausgeblendet wird, in dem für jeden Absatz der Name des zugehörigen Druckformates angezeigt wird. Bei eingeschalteter Druckformatespalte erscheint in der Menüzeile vor der Option ein Häkchen.

Im Unterdialogfeld *Andere* des Dialogfeldes *Vorgaben wählen* kann eingestellt werden, ob die Optionen *Formatmarken anzeigen* und *Druckformate anzeigen* als Vorgabe beim Starten des Programms aktiv sein sollen oder nicht. Unabhängig von der hier gewählten Einstellung lassen sich beide Optionen über das Menü *Option* für jedes Textfenster individuell ein- und ausschalten.

Wechsel in den Layoutmodus

Für den Wechsel in den Layoutmodus gibt es unterschiedliche Verfahren. Dabei ist zu unterscheiden, ob beim Wechsel das aktuelle Textfenster geschlossen wird oder geöffnet bleibt.

Werden, wie in der oben gezeigten Abbildung, gleichzeitig Textfenster und das Layoutfenster auf dem Bildschirm angezeigt, wird einfach durch Klicken in das entsprechende Fenster zwischen den beiden Modi hin- und hergewechselt. Dabei bleiben alle Fenster geöffnet.

Ähnlich arbeitet der Befehl *Layoutmodus* im Menü *Bearbeiten.* Auch hier bleibt das Textfenster geöffnet, wird aber vollständig vom Layoutfenster verdeckt. Durch Auswahl des Fensters aus der Fensterliste im Menü *Fenster* oder mit dem Befehl *Textmodus,* der im Layoutmodus den Befehl *Layoutmodus* ersetzt, kann wieder zum Textfenster zurückgekehrt werden.

Anders ist es beim Befehl *Textabschnitt schließen* im Menü *Textabschnitt* und bei einem Mausklick auf das Schließfeld des Textfensters. Bei diesen beiden Methoden wird das Fenster des Textabschnitts geschlossen. Sind keine weiteren Textfenster geöffnet, wird automatisch in den Layoutmodus gewechselt, ansonsten wird das nächste Textfenster aktiviert. Falls der Textabschnitt noch nicht in der Satzdatei positioniert worden ist, erscheint ein Dialogfeld, in dem die weitere Vorgehensweise festgelegt werden kann. Der Text kann entweder mit dem Feld *Positionieren* in der Satzdatei noch positioniert oder mit dem Feld *Löschen* ganz gelöscht werden. Außerdem besteht die Möglichkeit, den Befehl mit dem Feld *Abbrechen* vorzeitig abzubrechen, so daß das Textfenster geöffnet bleibt.

Die folgende Tabelle liefert einen Überblick, bei welcher Methode das Textfenster geöffnet bleibt und wann es geschlossen wird.

Methoden für den Wechsel in den Layoutmodus	
Verfahren/Befehl	**Status des Textfensters**
Befehl Layoutmodus im Menü Bearbeiten	geöffnet
Auswahl des Layoutfensters aus der Fensterliste im Menü Fenster	geöffnet
Befehl Textabschnitt schließen im Menü Textabschnitt	geschlossen
Mausklick auf dem Schließfeld des Textfensters	geschlossen

Das Dialogfeld ***Der Textabschnitt wurde nicht positioniert***

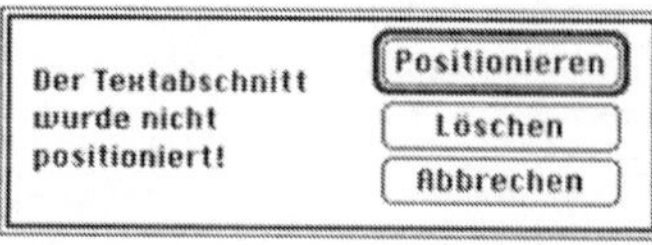

Text markieren

Viele Textbearbeitungsfunktionen setzen voraus, daß der Text, auf den die Funktion angewendet werden soll, markiert ist. Der Text kann dafür sowohl im Textmodus als auch im Layoutmodus markiert werden. Dabei unterscheiden sich die Markiertechniken nur wenig. Zum Markieren von Text im Layoutmodus muß immer die Textfunktion aktiviert sein. Mit der Zeigefunktion können nur Textblöcke, aber nicht der Text selbst markiert werden.

Bis auf die letzte sind die folgenden Maustechniken sowohl im Text- als auch im Layoutmodus anwendbar:

- Ein beliebiger Teil des Textes kann markiert werden, indem der Textcursor an den Anfang des Textteils gesetzt und dann bei gedrückter Maustaste bis zum Ende gezogen wird.
- Alternativ dazu kann ebenfalls ein beliebiger Textbereich markiert werden, wenn zuerst an den Anfang des Textbereichs und dann bei gedrückter Umschalttaste an das Ende des Bereichs geklickt wird.
- Doppelklick markiert ein ganzes Wort, und durch Ziehen der Maus nach einem Doppelklick wird der folgende Text wortweise markiert.
- Ein Dreifachklick markiert einen ganzen Absatz. Auch hier kann durch Ziehen der Maus anschließend absatzweise weiter markiert werden.
- Im Texteditor läßt sich bei eingeschalteter Druckformatspalte durch Klicken auf den Druckformatnamen in der Druckformatspalte der gesamte zugehörige Absatz markieren.

Mit dem Befehl *Alles markieren* aus dem Menü *Bearbeiten* wird in beiden Modi der gesamte Textabschnitt markiert.

Auch das Markieren ohne Maus ist in beiden Modi fast gleich. Für alle Ausdehnungen der Markierung muß die Umschalttaste gedrückt gehalten werden. Die Tastenkombinationen lassen sich auch hintereinander kombinieren. Die Tabelle auf der folgenden Seite liefert einen Überblick.

Text formatieren

Bevor Text formatiert werden kann, muß er markiert sein. Bei Formatierungen, die auf einzelne Zeichen wirken, müssen alle zu formatierenden Zeichen markiert werden. Für Absatzformatierungen dagegen reicht es, wenn sich die Einfügemarke im betroffenen Absatz befindet oder wenn ein Teil des Absatzes markiert ist.

Textmarkierung mit den Pfeiltasten und den Zifferntasten auf dem numerischen Tastenblock	
Tastenkombination(en)	**Markierrichtung**
<Umschalt><rechts> <Umschalt><6>	ein Zeichen nach rechts
<Umschalt><links> <Umschalt><4>	ein Zeichen nach links
<Umschalt><unten> <Umschalt><2>	eine Zeile nach unten
<Umschalt><oben> <Umschalt><8>	eine Zeile nach oben
<Umschalt><1>	bis zum Ende der Zeile
<Umschalt><7>	bis zum Anfang der Zeile
<Umschalt><3>	einen Bildschirmausschnitt nach unten
<Umschalt><9>	einen Bildschirmausschnitt nach oben
<Befehl><Umschalt><6>	bis zum Ende des Wortes
<Befehl><Umschalt><4>	bis zum Anfang des Wortes
<Befehl><Umschalt><unten> <Befehl><Umschalt><2>	bis zum Ende des Absatzes
<Befehl><Umschalt><oben> <Befehl><Umschalt><8>	bis zum Anfang des Absatzes
<Befehl><Umschalt><1>	bis zum Ende des Satzes
<Befehl><Umschalt><7>	bis zum Anfang des Satzes
<Befehl><Umschalt><3>	bis zum Ende des Textabschnittes
<Befehl><Umschalt><9>	bis zum Anfang des Textabschnittes

Direkte Formatierungen

Für direkte Formatierungen wird der betreffende Teil des Textes markiert, und anschließend können alle benötigten Einstellungen vorgenommen werden. Die Markierung bleibt solange unverändert, bis sie wieder aufgehoben wird, so daß auch mehrere Befehle hintereinander für denselben Textteil aufgerufen werden können. Die Tabelle auf der folgenden Seite liefert einen Überblick darüber, welche Formatierungen auf einzelne Zeichen und welche nur auf ganze Absätze wirken.

Fast alle Zeichen- und Absatzformatierungen lassen sich im Layout- und Textmodus vornehmen. Ausnahmen bilden nur der Befehl *Silbentrennung* und der Befehl *Einzüge/Tabs*, mit dem die Einzüge und die Tabulatoren auf einem Lineal eingestellt werden. Mit dem Befehl *Absatz* lassen sich jedoch auch im Textmodus Absatzeinzüge über Zahlenwerte einstellen.

Beim Formatieren im Textmodus ist auch zu berücksichtigen, daß einige Veränderungen im Textfenster nicht angezeigt werden. Sichtbar werden diese Veränderungen erst im Layoutmodus, wenn der entsprechende Textabschnitt auf der Seite positioniert ist. Der Text wird unabhängig von der Formatierung in der im Dialogfeld *Vorgaben wählen* eingestellten Schriftart und Schriftgröße angezeigt. Auch die sonstigen Schriftfestlegungen wie Zeilenabstand, Buchstabenbreite usw. sind im Textmodus nicht sichtbar. Der *Schriftschnitt* ist das einzige Schriftattribut, das auch im Textmodus angezeigt wird (außer dem Schriftschnitt *Negativ*). Auch alle Absatzformatierungen sind im Textmodus nicht sichtbar. Zur besseren Unterscheidung der einzelnen Absätze werden sie mit einem Absatzabstand angezeigt, der aber unabhängig von dem im Dialogfeld *Absatzformat* eingestellten Absatzabstand ist.

Zeichen- und Absatzformatierungen

Befehl	wirkt auf
Alle Befehle im ersten Teil des Menüs Schrift und im Dialogfeld Schriftfestlegung	Zeichen
Absatz	Absatz
Einzüge/Tabs	Absatz
Silbentrennung	Absatz
Ausrichtung	Absatz
Druckformate	Absatz

Auszeichnungen mit Druckformaten

Ein Druckformat ist eine Sammlung von Formatierungen, die in dieser Zusammenstellung auf Absätze angewendet werden. Beim Formatieren mit Druckformaten wird die Formatierung also nicht im Text selbst sondern im Druckformat eingestellt. Dazu dient der Befehl *Druckformate definieren*, in dem sich Druckformate neu erstellen, bearbeiten, löschen oder kopieren lassen. Das Bearbeiten und Anwenden von Druckformaten ist sowohl im Texteditor als auch im Layoutmodus möglich.

Eine Liste aller in der aktuellen Satzdatei definierten Druckformate läßt sich mit dem Befehl *Druckformate* aus dem Menü *Schrift* anzeigen. Mit dem Befehl *Druckformatliste* aus dem Menü *Fenster* wird die Liste ähnlich wie das Funktionenfenster als eigenständiges Fenster auf dem Bildschirm angezeigt.

Druckformate erstellen, bearbeiten, löschen und kopieren

Nach Auswahl des Befehls *Druckformate definieren* erscheint ein Dialogfeld, von dem aus zu allen weiteren Dialogfeldern verzweigt werden kann, die zur Bearbeitung von Druckformaten nötig sind. In der Druckformatliste des Dialogfeldes werden alle aktuellen Druckformate angezeigt. Durch Anklicken eines der Einträge wird das entsprechende Druckformat für eine nachfolgende Bearbeitung ausgewählt. Der Eintrag *[Markierung]* wird gewählt, wenn ein neues Druckformat definiert werden soll, das auf der Formatierung des markierten Textes beruht.

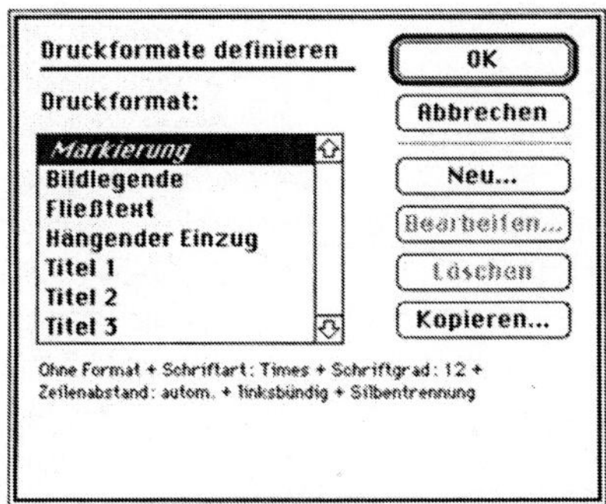

Das Dialogfeld ***Druckformate definieren***

Mit dem Feld *Neu* wird das Dialogfeld *Druckformate bearbeiten* geöffnet, und es kann ein neues Druckformat definiert werden. Dieses neue Druckformat beruht entweder auf der Formatierung des markierten Textes (wenn bei Aufruf des Befehls der Eintrag *[Markierung]* ausgewählt war) oder auf einem in der Liste der Druckformate ausgewählten, bereits definierten Druckformat. Über die Felder *Schrift, Absatz, Tabs* und *Trennungen* wird zu Dialogfeldern verzweigt, in denen die Formatierungen des Druckformates eingestellt werden. Die Dialogfelder entsprechen den Dialogfeldern *Schriftfestlegung, Absatzformat, Einzüge/Tabs* und *Silbentrennung* aus dem Menü *Schrift.*

Das Dialogfeld ***Druckformate bearbeiten***

Bei der Neudefinition von Druckformaten wird dem Druckformat ein Name gegeben, und unter *Basiert auf:* kann aus der Druckformatliste ein Druckformat ausgewählt werden, das bei der Neudefinition des Druckformates zugrundegelegt werden soll. Die Auswahl eines solchen Formates bietet sich immer dann an, wenn das neu zu erstellende Format nur in wenigen Einstellungen von einem bereits bestehenden abweicht. Durch Auswahl eines Druckformates unter *Nächstes Format:* wird festgelegt, welches Druckformat auf den Absatz angewendet werden soll, der auf den Absatz mit dem aktuellen Druckformat folgt. Die Auswahl eines solchen Formates bietet sich immer dann an, wenn etwa bei Überschriften das aktuelle Format garantiert ein bestimmtes Format im darauf folgenden Absatz verlangt. Die Einstellung unter *Nächstes Format:* wirkt sich jedoch nur auf Absätze aus, die neu geschrieben werden, nicht aber beim nachträglichen Anwenden von Druckformaten auf bereits fertige Absätze. Nachdem alle Formatierungen in den entsprechenden Unterdialogfeldern eingestellt sind und auf das Feld *OK* geklickt wurde, erscheint das neu definierte Druckformat in der Druckformatliste.

Zum Bearbeiten eines vorhandenen Druckformates wird das Druckformat im Dialogfeld *Druckformate definieren* markiert und dann das Feld *Bearbeiten* gewählt. Auch hier wird wieder zum Dialogfeld *Druckformate bearbeiten* verzweigt, in dem nun die Formatierung des Druckformates eingesehen und verändert werden kann.

Mit dem Feld *Löschen* wird das in der Druckformatliste ausgewählte Druckformat aus der Druckformatliste gelöscht. Alle Absätze im Dokument, die mit dem gelöschten Druckformat formatiert waren, bleiben unverändert, sie erhalten jedoch den Formatnamen *Ohne Format.*

Alternativ zum Neudefinieren von Druckformaten lassen sich auch Druckformate aus anderen Satzdateien kopieren. Dazu dient das Dialogfeld *Druckformate kopieren*, das durch Klicken auf das Feld *Kopieren* geöffnet wird. Hier wird die Satzdatei bzw. die Mustervorlage ausgewählt, deren Druckformate in die aktuelle Satzdatei kopiert werden sollen. Wenn darin gleichnamige Druckformate enthalten sind, erscheint eine Abfrage, ob die aktuellen Formate von den kopierten überschrieben werden sollen.

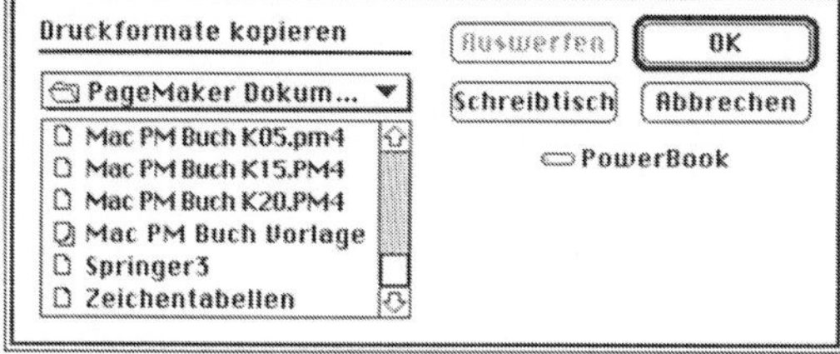

Das Dialogfeld **Druckformate kopieren**

Druckformate, die beim Importieren von Text aus einer Textverarbeitung mit importiert worden sind, erscheinen in der Druckformatliste durch einen Stern gekennzeichnet. Sie müssen in PageMaker bearbeitet werden. Nach dem Bearbeiten ist das Druckformat nicht mehr durch einen Stern gekennzeichnet. Dazu reicht es, die eingestellten und aus der Textverarbeitung übernommenen Formatierungen zu überprüfen und das Dialogfeld *Druckformat bearbeiten* wieder zu schließen. Wenn das Druckformat in der Textverarbeitung bereits wie in PageMaker erwünscht formatiert wurde, müssen keine weiteren Änderungen am Druckformat vorgenommen werden.

Tip: Druckformat während des Formatierens bearbeiten

Zum Bearbeiten eines vorhandenen Druckformates kann auch in der Druckformatliste oder in der Liste der Druckformate, die nach Aufruf des Befehls *Druckformate* erscheint, bei gedrückter Befehlstaste auf den Namen des Druckformates geklickt werden. Daraufhin wird direkt das Dialogfeld *Druckformate bearbeiten* für das betreffende Druckformat geöffnet. Wird bei gedrückter Befehlstaste in der Liste auf *[Ohne Format]* geklickt, wird das Dialogfeld *Druckformate bearbeiten* für ein neues Druckformat geöffnet.

Druckformate anwenden

Zum Anwenden eines Druckformates auf einen Absatz wird einfach, wenn der Absatz markiert ist, in der Druckformatliste auf den Namen des Druckformates geklickt, wodurch der Absatz sofort wie gewünscht formatiert wird. Fällt das Ergebnis anders als erwartet aus, lassen sich mit der Tastenkombination <Befehl><Umschalt><Leertaste> direkte Formatierungen aus dem Absatz löschen. Dabei sollte der gesamte Absatz markiert werden, um auch wirklich alle Zeichenformatierungen zu löschen. Anschließend wird das Druckformat nochmals angewendet.

Achtung: Wenn aus der Formatierung eines markierten Absatzes ein Druckformat definiert wurde, muß dieses Druckformat anschließend auch auf den Absatz selbst angewendet werden. Das Erstellen und das Anwenden eines Druckformates sind zwei völlig unabhängige Vorgänge.

Welches Druckformat auf die einzelnen Absätze angewendet wurde, läßt sich ganz leicht überprüfen, da in der Druckformatliste immer der Name des Druckformates invertiert angezeigt wird, mit dem der markierte Absatz verbunden ist. Wurde auf diesen Absatz kein Druckformat angewendet, oder wurde das angewendete Druckformat gelöscht, ist der Eintrag *[Ohne Format]* markiert. Im Textmodus wird bei eingeschaltetem Druckformatbalken (*Druckformate anzeigen* im Menü *Option*) der Name des angewendeten Druckformates links des jeweiligen Absatzes angezeigt, die daraus resultierenden Formatierungen sind aber nicht alle sichtbar. Bei Absätzen, die mit keinem Druckformat formatiert sind, erscheint in der Druckformatspalte ein kleiner Punkt.

Nachdem ein Absatz mit einem Druckformat formatiert ist, können noch innerhalb des Absatzes zusätzliche Formatierungen vorgenommen werden. Diese zusätzlichen Formatierungen bleiben erhalten, wenn ein anderes Druckformat auf den Absatz angewendet oder wenn die Formatierung des Druckformates geändert wird. Wenn sich die Einfügemarke im Absatz an einer Stelle mit einer solchen zusätzlichen Formatierung befindet, erscheint in der Druckformatliste hinter dem Namen des Druckformates ein Plus-Zeichen.

Ein Druckformat mit einer zusätzlichen Formatierung und ein importiertes Druckformat

Nachdem ein Druckformat umformatiert worden ist, sind automatisch auch alle mit diesem Druckformat verbundenen Absätze neu formatiert. Die Änderung der Formatierung eines Druckformates wirkt sich auch auf alle Druckformate, die auf diesem Druckformat basieren, und die damit verbundenen Absätze aus. Dies ist einer der Hauptgründe, für den Einsatz der Option *Basiert auf.*

Suchen und Ersetzen

Die Befehle *Suchen* und *Ersetzen* stehen nur im Textmodus zur Verfügung. Mit den Befehlen können bestimmte Textstellen oder Schriftformatierungen gesucht und gegebenenfalls auch durch andere ersetzt werden.

Suchen

Nach Auswahl des Befehls *Suchen* erscheint das Dialogfeld *Suchen*. Es ist ein eigenes Fenster, das verschoben werden kann und solange geöffnet bleibt, bis es über das Schließfeld wieder geschlossen wird. Soll der Befehl *Suchen* mehrfach verwendet werden, kann das Dialogfeld während der gesamten Zeit geöffnet bleiben. Während das Dialogfeld geöffnet ist, können auch andere Operationen an der Satzdatei durchgeführt werden, sogar das Wechseln in den Layoutmodus ist möglich.

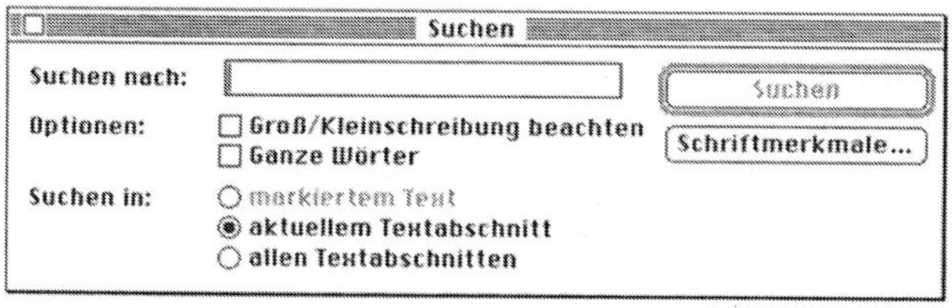

Suchen
Suchen nach:
Suchen
Optionen: Groß/Kleinschreibung beachten
Ganze Wörter
Schriftmerkmale...
Suchen in: markiertem Text
aktuellem Textabschnitt
allen Textabschnitten

Das Dialogfeld ***Suchen***

Für die Suche nach bestimmten Textstellen wird der gesuchte Text im Feld *Suchen nach:* eingegeben. Dabei können auch Sonderzeichen und Wildcards als Platzhalter eingegeben werden. Die Zeichenfolge *^?* steht für ein beliebiges Zeichen. Soll beispielsweise nach den Namen *Maier* und *Meier* gesucht werden, kann mit dem Suchtext *M^?ier* gleichzeitig nach beiden Schreibweisen gesucht werden.

Mit der Einstellung unter *Optionen:* läßt sich die Suche näher einengen, und unter *Suchen in:* wird festgelegt, in welchem Teil des Dokumentes die Suche durchgeführt werden soll.

Soll nach Schriftformatierungen gesucht werden, werden diese im Dialogfeld *Schriftmerkmale* eingestellt, das über das gleichnamige Feld geöffnet wird. Dabei kann nach Schriftformatierungen in Verbindung mit im Dialogfeld *Suchen* eingegebenem Text gesucht werden oder aber, unabhängig vom Text, nur nach Schriftformatierungen. Zur Auswahl stehen Schriftart, Schriftgröße, Schriftschnitt und Druckformate (im Dialogfeld *Absatzformat* genannt). Die Einstellung *Beliebig* läßt das jeweilige Schriftmerkmal bei der Suche unberücksichtigt. Sobald ein Schriftmerkmal für die Suche ausgewählt wurde, wird im Dialogfeld *Suchen* die Feldbezeichnung *Suchen nach:* unterstrichen angezeigt.

Mit dem Feld *Suchen* wird die Suche gestartet und mit *Nächstes suchen* wird sie fortgesetzt, nachdem der Suchbegriff oder das gesuchte Schriftmerkmal gefunden wurde. Anstelle des Feldes *Nächstes suchen* kann auch der gleichnamige Befehl aus dem Menü *Bearbeiten* verwendet werden. Nach Abschluß der Suche, wenn der Suchbegriff nicht mehr gefunden werden konnte, erscheint eine entsprechende Meldung.

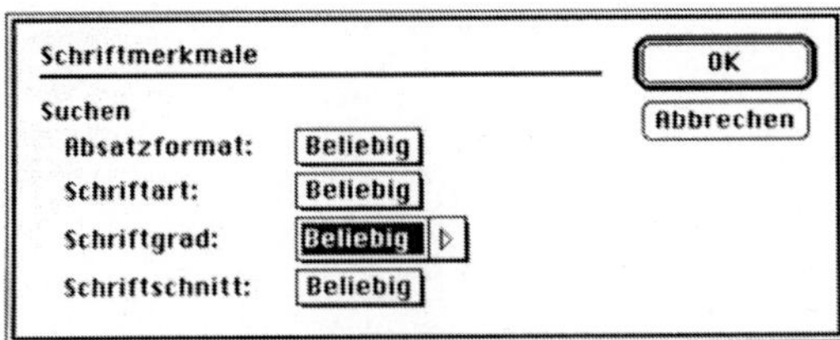

Das Dialogfeld ***Schriftmerkmale*** *des Befehls* ***Suchen***

Ersetzen

Als Erweiterung zum Befehl *Suchen* können mit den Befehl *Ersetzen* die gesuchten Textstellen und Schriftmerkmale auch durch andere ersetzt werden. Dies ermöglicht beispielsweise automatische Korrketurvorgänge.

Nach Auswahl des Befehls erscheint das Dialogfeld *Ersetzen*. Es ähnelt dem Dialogfeld *Suchen*, ist aber um die Eingabemöglichkeit für den Ersatztext erweitert. Auch hier kann über das Feld *Schriftmerkmale* ein Dialogfeld *Schriftmerkmale* aufgerufen werden, das die Eingabe von Schriftmerkmalen für die Suche und für das Ersetzen ermöglicht. Die Eingabe des Textes, die Auswahl der Schriftmerkmale und das Einstellen der Optionen entspricht der im Dialogfeld *Suchen*.

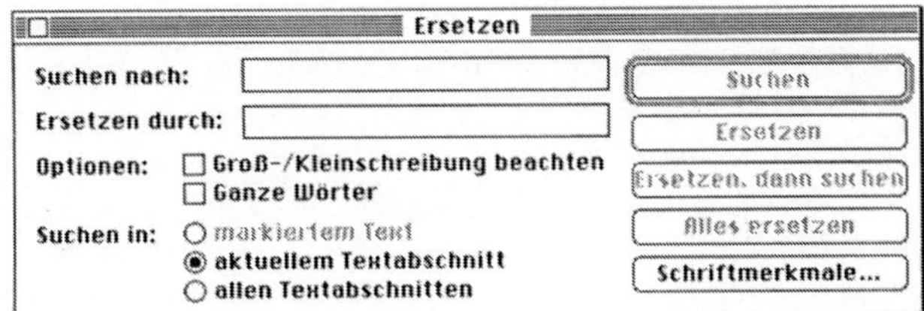

Das Dialogfeld ***Ersetzen***

Mit einem Mausklick auf das Feld *Suchen* wird der Suchvorgang gestartet, ohne daß dabei automatisch ersetzt wird. Es kann dann für jede Stelle einzeln entschieden werden, ob ersetzt wird oder nicht. Zum automatischen Suchen und Ersetzen aller gefundenen Textstellen und/oder Schriftmerkmale dient das Feld *Alles Ersetzen*. Hier erfolgt keine weitere Abfrage, bevor die Textstellen ersetzt werden.

Achtung: Die Auswirkung des Befehls *Ersetzen* kann nicht mit dem Befehl *Rückgängig* aufgehoben werden. Deshalb sollte das Feld *Alles ersetzen* nur verwendet werden, wenn die Suchkriterien klar definiert sind. Sicherer ist die Arbeit mit *Ersetzen, dann suchen*, wobei bei jedem Auftreten des Suchbegriffs einzeln entschieden werden kann, ob ersetzt werden soll oder nicht.

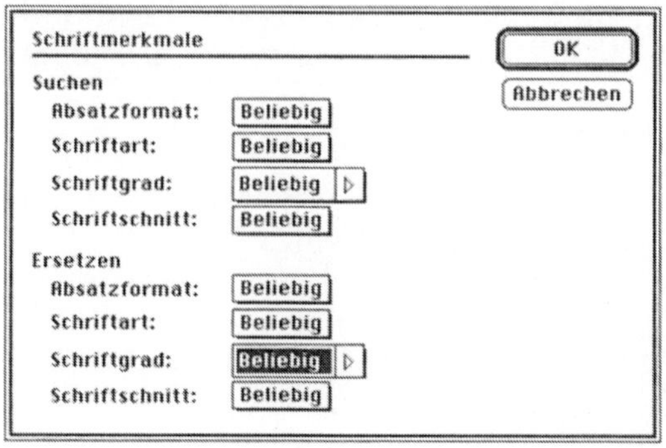

Schriftmerkmale

OK

Abbrechen

Suchen
Absatzformat: Beliebig
Schriftart: Beliebig
Schriftgrad: Beliebig
Schriftschnitt: Beliebig

Ersetzen
Absatzformat: Beliebig
Schriftart: Beliebig
Schriftgrad: Beliebig
Schriftschnitt: Beliebig

*Das Dialogfeld **Schriftmerkmale** des Befehls **Ersetzen***

Tip: Automatisches Umformatieren

Auch bei der Ersetzen-Funktion von PageMaker wird wieder deutlich, welche Vorteile die Formatierung über Druckformate bietet. So kann beispielsweise mit dem Befehl *Ersetzen* ein Druckformat automatisch durch ein anderes ersetzt werden.

Rechtschreibprüfung

Die Rechtschreibprüfung kann ausschließlich im Textmodus vorgenommen werden. Sie wird mit dem Befehl *Rechtschreibung* aus dem Menü *Bearbeiten* aktiviert. Über diesen Befehl besteht auch die Möglichkeit, das Wörterbuch für die automatische Rechtschreibprüfung und die Silbentrennung zu erweitern.

Für die Rechtschreibprüfung innerhalb von PageMaker gilt prinzipiell dasselbe wie für alle automatischen, computergestützten Korrekturhilfen auch: Das Korrekturlesen durch einen erfahrenen Korrektor bleibt weiterhin unumgänglich. Die Rechtschreibprogramme können keine Fehler in der Satzstellung, keine Kommafehler und schon gar keine inhaltlichen Fehler aufspüren. Daher der Rat, verlassen Sie sich nicht allein auf die Rechtschreibprüfung von Ihrer Textverarbeitung oder von PageMaker.

Rechtschreibung überprüfen

Eine Rechtschreibprüfung braucht in der Regel nur dann durchgeführt werden, wenn die Texte direkt mit PageMaker erstellt worden sind. Bei importierten Texten kann meist davon ausgegangen werden, daß eine Rechtschreibprüfung bereits mit einem externen Textprogramm ausgeführt worden ist. Bei der Rechtschreibprüfung wird jedes Wort des ausgewählten Textbereichs mit einem Wörterbuch verglichen. Sind mehrere Wörterbücher installiert, kann im Dialogfeld *Absatzformat* (*Absatz* im Menü *Schrift*) unter *Wörterbuch* das gewünschte Wörterbuch ausgewählt werden.

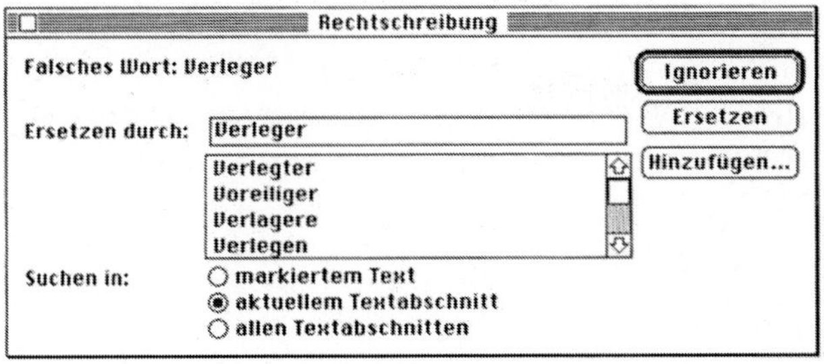

Rechtschreibung

Falsches Wort: Verleger

Ersetzen durch: Verleger

Verlegter
Voreiliger
Verlagere
Verlegen

Suchen in:
markiertem Text
aktuellem Textabschnitt
allen Textabschnitten

Ignorieren
Ersetzen
Hinzufügen...

Das Dialogfeld ***Rechtschreibung***

Durch Auswahl des Befehls *Rechtschreibung...* wird das Dialogfeld *Rechtschreibung* geöffnet, das wie das Dialogfeld *Suchen* oder das Dialogfeld *Ersetzen* ein eigenes Fenster ist, das über die Bildschirmfläche frei verschoben werden kann und das über das Schließfeld geschlossen werden muß. Während das Dialogfeld geöffnet ist, können andere Operationen an der Satzdatei durchgeführt werden, und sogar das Wechseln in den Layoutmodus ist möglich.

Alle Wörter des zu prüfenden Textes, die PageMaker nicht im Wörterbuch finden kann, werden im Dialogfeld im Feld *Ersetzen durch:* des Dialogfeldes angezeigt. Zur Korrektur kann die richtige Schreibweise in dieses Feld eingegeben oder das richtige Wort aus der Liste mit den von PageMaker vorgeschlagenen Verbesserungen ausgewählt werden. Mit einem Mausklick auf dem Feld *Ersetzen* wird diese Korrektur dann ausgeführt. Soll ein nicht im Wörterbuch gefundenes Wort unverändert im Text erhalten bleiben, wird es durch Klicken des Feldes *Ignorieren* übergangen. Anschließend wird dieses Wort im gesamten weiteren Verlauf der Rechtschreibprüfung und auch bei allen weiteren Rechtschreibprüfungen in derselben und in anderen Satzdateien übergangen. Erst ein Neustart von PageMaker würde die Rechtschreibprüfung veranlassen, das Wort wieder zu berücksichtigen.

Wörterbuch erweitern

Wenn ein korrekt geschriebener Begriff von PageMaker bei der Rechtschreibprüfung als fehlerhaft angezeigt wird, kann er mit dem Dialogfeld *In Benutzerwörterbuch aufnehmen* dem Wörterbuch hinzugefügt werden, so daß er künftig bei der Rechtschreibprüfung in seiner korrekten Schreibweise erkannt wird. Dies empfiehlt sich besonders bei Wörtern, die auch in anderen Dokumenten häufiger verwendet werden. Das Dialogfeld wird über das Feld *Hinzufügen* im Dialogfeld *Rechtschreibung* geöffnet.

Das Wörterbuch wird gleichzeitig auch von der Silbentrennfunktion benutzt. Aus diesem Grund werden die Wörter mit möglichen Trennstellen gespeichert, die im Feld durch Tilden (~) dargestellt sind. Dabei sind nicht alle Trennstellen gleichwertig, sondern die Trennstellen können hierarchisch strukturiert sein. Eine Trennstelle, die durch eine Tilde gekennzeichnet ist, ist die Haupttrennstelle und soll demnach bevorzugt verwendet werden. Trennstellen mit zwei oder drei Tilden sind weniger akzeptabel, und sie sollen nur in Ausnahmefällen Anwendung finden. Vor der Aufnahme in das Wörterbuch können die Trennstellen im Feld *Begriff* des Dialogfeldes *In Benutzerwörterbuch aufnehmen* editiert werden.

In Benutzerwörterbuch aufnehmen
Begriff: Ver~~le~~ger
Wörterbuch: Deutsch
Hinzufügen: in Kleinbuchstaben / wie eingegeben
OK
Abbrechen
Löschen

Das Dialogfeld ***In Benutzerwörterbuch aufnehmen***

Tip: Genitivendungen vereinheitlichen

Mit dem Feld *Löschen* können fehlerhafte oder falsch eingegebene Begriffe aus dem Wörterbuch gelöscht werden. Dies kann beispielsweise bei Genitivformen von Substantiven sinnvoll sein, die sowohl mit der Endung -es als auch mit der Endung -s gebildet werden können. Wenn nur die bevorzugte Deklinationsendung im Wörterbuch enthalten ist, werden alle Stellen, an denen versehentlich die andere Endung verwendet wurde, mit der Rechtschreibprüfung korrigiert.

Silbentrennung

Die automatische Silbentrennfunktion von PageMaker, die nur im Layoutmodus verfügbar ist, kann absatzorientiert aktiviert oder ganz ausgeschaltet werden. Im Textmodus werden keine Trennungen angezeigt. PageMaker unterscheidet drei unterschiedliche Silbentrennmodi. In einem rein manuellen Modus trennt das Programm nur bei manuell vorgegebenen Trennstrichen oder bei Bindestrichen. Der Modus *manuell plus Wörterbuch* akzeptiert ebenfalls manuell vorgegebene Trennstellen aber zusätzlich Trennstellen, die in einem externen Wörterbuch vorgegeben sind. Wörter, die nicht im Wörterbuch mit einer Trennstelle angegeben sind, können vom Programm nicht getrennt werden. Der dritte Modus nutzt ein algorithmisches Verfahren zur Ermittlung von Trennstellen.

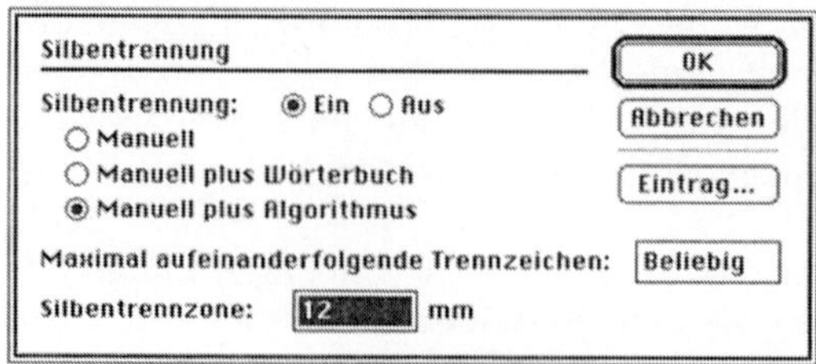

Das Dialogfeld ***Silbentrennung***

Die Anzahl aufeinanderfolgender Trennstellen kann über die Option *Maximal aufeinanderfolgende Trennzeichen* begrenzt werden. Auf diese Weise lassen sich unschöne Zeilenumbrüche mit mehr als drei aufeinanderfolgenden Trennstellen ausschließen. Mit der Option *Silbentrennzone* wird eine Zone in Millimeter bestimmt, die beim Flattersatz maximal als Freiraum am Zeilenende auftreten darf. PageMaker stellt dann den Zeilenumbruch so ein, daß die Zone am Zeilenende unterhalb des angegebenen Wertes bleibt. In einigen Fällen ist dies aber beim eingestellten Silbentrennmodus nicht möglich.

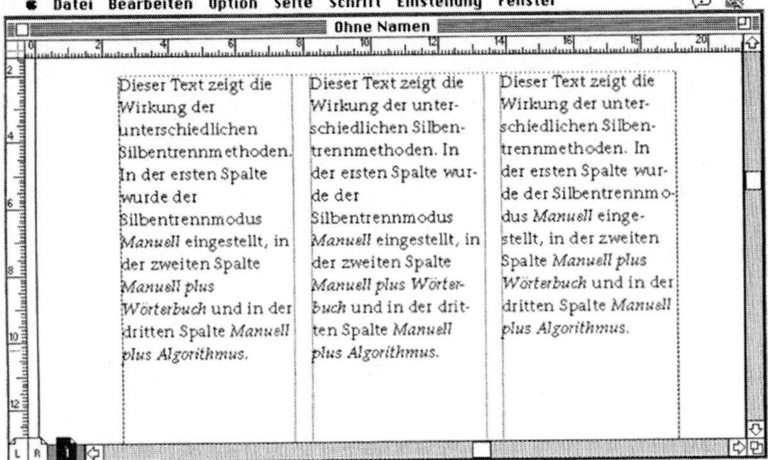

Die Wirkung der unterschiedlichen Trennmethoden an einem Beispiel

Tip: Einhaltung der Silbentrennzone prüfen

Mit der Option *Layoutprobleme anzeigen Buchstabenabstände* im Dialogfeld *Vorgaben wählen* lassen sich alle Textstellen grau unterlegt anzeigen, an denen die vorgegebene Silbentrennzone nicht oder nur unter Verwendung eines nicht zulässigen Buchstabenabstands eingehalten werden konnte. An diesen Stellen können dann manuell zusätzliche Trennstellen eingegeben werden.

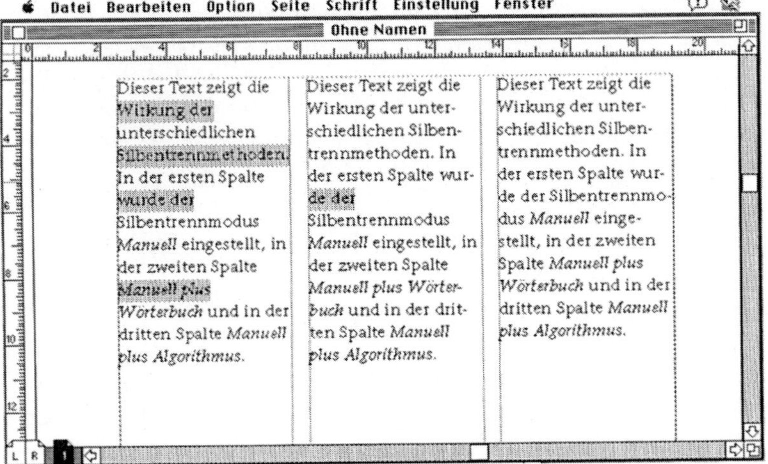

Die Silbentrennzone konnte nicht an allen Stellen eingehalten werden

Der Silbentrennmodus *Manuell plus Algorithmus* erzeugt die meisten Trennstellen und liefert somit insbesondere im Blocksatz ein ausgewogeneres Schriftbild mit gleichmäßigeren Wort- und Buchstabenabständen. Auch bei einer kleinen Silbentrennzone für den Flattersatz ist die Silbentrennung mit Algorithmus vorteilhaft.

Achtung: Grundsätzlich sollten, nachdem das Dokument sein endgültiges Layout erhalten hat, alle Trennstellen überprüft werden, denn weder das Wörterbuch noch der Trennalgorithmus arbeiten fehlerfrei.

Fehlerhafte Trennstellen lassen sich wie folgt korrigieren

Bei allen Silbentrennmodi können an der erwünschten Trennstelle mit der Tastenkombination <Befehl><-> geschützte Trennzeichen eingegeben werden. (Die Eingabe der geschützten Trennzeichen ist auch im Textmodus möglich.) Das geschützte Trennzeichen hat Vorrang vor allen anderen Trennzeichen und braucht innerhalb des gesamten Dokumentes nur einmal in das Wort eingegeben zu werden. Tritt das Wort an einer anderen Stelle im Text nochmals auf, wird auch dort automatisch das geschützte Trennzeichen an der einmal festgelegten Position berücksichtigt. Soll ein Wort keinesfalls getrennt werden, wird der geschützte Bindestrich vor dem Wort eingegeben. Geschützte Trennzeichen werden weder im Text- noch im Layoutmodus auf dem Bildschirm angezeigt.

Wenn ein Wort bei der Silbentrennung mit Wörterbuch falsch getrennt wird, sollte es mit den korrekten Trennstellen in das Wörterbuch eingegeben werden, so daß es künftig immer automatisch richtig getrennt wird. Das Wörterbuch ist mit dem von der Rechtschreibprüfung verwendeten identisch. Über das Feld *Eintrag* im Dialogfeld *Silbentrennung* wird dasselbe Dialogfeld *In Benutzerwörterbuch aufnehmen* geöffnet wie über das Feld *Hinzufügen* im Dialogfeld *Rechtschreibung.* Unter *Begriff:* wird das beim Aufruf des Befehls *Silbentrennung* markierte Wort angezeigt. Hier kann durch Eingabe einer Tilde (~) mit der Tastenkombination <Wahl><N> an der gewünschten Position eine Trennstelle angegeben werden. Durch die Eingabe von zwei bzw. drei Tilden lassen sich Trennstellen vorgeben, die noch akzeptabel sind bzw. eher eine Notlösung darstellen. Wird im Dialogfeld vor einem Begriff ein geschütztes Trennzeichen eingegeben, wird dieses Wort niemals getrennt. Das Eingabefeld unterstützt auch die Eingabe neuer Wörter, um beispielsweise nacheinander mehrere Wörter neu ins Wörterbuch aufzunehmen.

Arbeiten mit dem WörterbuchEditor

PageMaker 4.2 bietet mit dem WörterbuchEditor ein eigenständiges Utility zum Bearbeiten der Wörterbücher, die von der Rechtschreib- und der Silbentrennfunktion benutzt werden. Mit ihm lassen sich beispielsweise mehrere Wörter auf einmal in ein Wörterbuch einfügen.

Beim Installieren von PageMaker wurde das Utility automatisch im Ordner System/Aldus/Hilfsprogramme installiert und kann durch Doppelklick auf das entsprechende Icon gestartet werden. Über das Menü *Datei* kann nun mit *Datei öffnen* ein vorhandenes Wörterbuch geöffnet oder mit *Neue Datei* ein neues angelegt werden. Für jedes Wörterbuch wird ein eigenes Fenster geöffnet. In diesem Fenster werden in einer Liste alle Einträge des jeweiligen Wörterbuchs angezeigt. Doppelklick auf einen Begriff holt diesen zum Editieren in das Eingabefeld. Nachdem das Wort bearbeitet ist, wird das überarbeitete Wort mit *Ersetzen* anstelle des ursprünglichen Wortes in das Wörterbuch aufgenommen. Neue Begriffe lassen sich direkt in das Eingabefeld eingeben und mit *Hinzufügen* in das Wörterbuch aufnehmen.

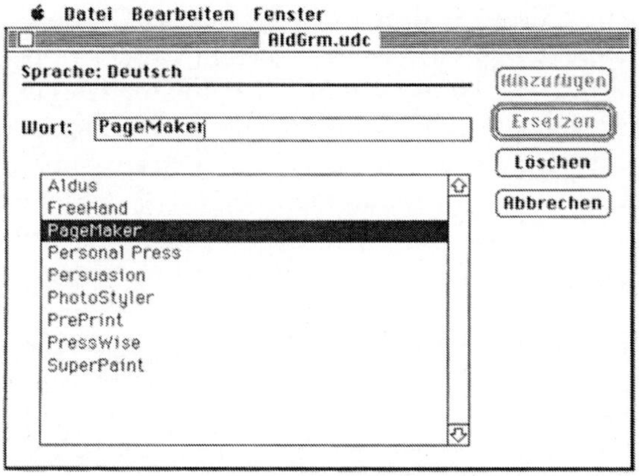

Der WörterbuchEditor

Damit die Änderungen wirksam werden, muß das Wörterbuch abschließend mit *Speichern* oder *Speichern unter* aus dem Menü *Datei* gespeichert werden. Das Menü *Datei* bietet außerdem die Möglichkeit, Begriffe aus einem anderen Wörterbuch bzw. einer Textdatei in das geöffnete Wörterbuch zu importieren, das Wörterbuch als Textdatei zu exportieren sowie das Wörterbuch auszudrucken.

Im Menü *Bearbeiten* stehen der Befehl *Rückgängig*, die üblichen Zwischenablage-Befehle und die Befehle *Suchen* sowie *Nächstes Suchen* zum Auffinden eines Begriffs oder einer Zeichenfolge im Wörterbuch zur Verfügung. Mit *Silbentrennung* werden in das zur Bearbeitung ausgewählte Wort unter Verwendung des Trennalgorithmus Trennstellen (durch Tilden gekennzeichnet) eingefügt. Weitere Trennstellen lassen sich genauso wie im Dialogfeld *In Benutzerwörterbuch aufnehmen* des Befehls *Silbentrennung* oder *Rechtschreibung* einfügen.

Tip: Wörterbuch automatisch erstellen

Aus einem garantiert fehlerfreien Text läßt sich ganz leicht ein Benutzerwörterbuch erstellen oder ein vorhandenes Benutzerwörterbuch erweitern, indem der als reine Textdatei gespeicherte Text in das Benutzerwörterbuch importiert wird.

Inhaltsverzeichnis erstellen

Jedes etwas größere Schriftstück benötigt ein Inhaltsverzeichnis oder eine Gliederung. Mit PageMaker ist das Erstellen eines Inhaltsverzeichnisses ein fast automatischer Vorgang. Das Inhaltsverzeichnis kann sowohl im Text- also auch im Layoutmodus erstellt werden.

Vorbereiten des Inhaltsverzeichnisses

Als Vorbereitung für das Erstellen eines Inhaltsverzeichnisses müssen alle Überschriften markiert werden, die in das Inhaltsverzeichnis aufgenommen werden sollen. Die Markierung der Überschriften erfolgt direkt über die Druckformate für die einzelnen Überschriftenebenen. Im Dialogfeld *Absatzformat* findet sich am unteren Ende des Dialogfeldes die Option *In Inhaltsverzeichnis aufnehmen*. Alle mit dieser Option formatierten Absätze werden als kompletter Absatz Bestandteil des Inhaltsverzeichnisses. Natürlich kann die Option, wenn keine Druckformate zum Formatieren des Textes verwendet wurden, auch einzeln für jede betroffene Überschrift eingeschaltet werden.

Das Inhaltsverzeichnis generieren

Nach abgeschlossener Markierung aller Überschriften, die in das Inhaltsverzeichnis aufgenommen werden sollen, wird das Inhaltsverzeichnis mit dem Befehl *Inhaltsverzeichnis erstellen* generiert. Bevor PageMaker das Verzeichnis generiert, lassen sich im Dialogfeld des Befehls noch zusätzliche Einstellungen vornehmen sowie Umfang und Aussehen des Verzeichnisses beeinflussen.

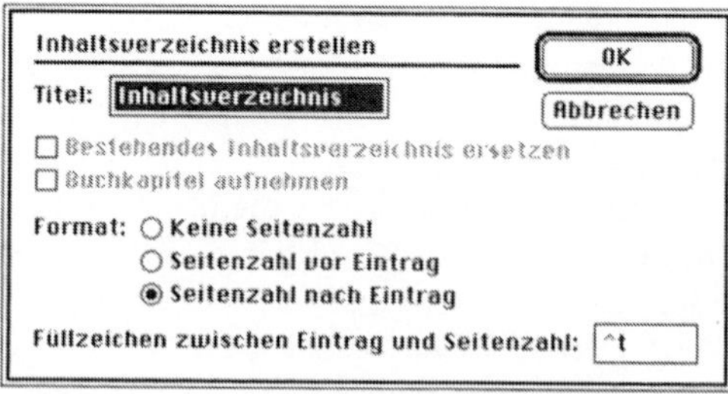
Inhaltsverzeichnis erstellen
Titel: Inhaltsverzeichnis
OK
Abbrechen
☐ Bestehendes Inhaltsverzeichnis ersetzen
☐ Buchkapitel aufnehmen
Format: ○ Keine Seitenzahl
○ Seitenzahl vor Eintrag
◉ Seitenzahl nach Eintrag
Füllzeichen zwischen Eintrag und Seitenzahl: ^t

Das Dialogfeld ***Inhaltsverzeichnis erstellen***

Unter *Titel* wird der Titel des Inhaltsverzeichnisses festgelegt, der am Anfang des erzeugten Verzeichnistextes als Überschrift steht. Die Vorbelegung *Inhaltsverzeichnis* kann beliebig geändert werden, beispielsweise in *Inhalt*. Mit der Option *Format* werden die Position der Seitenzahl sowie die Füllzeichen zwischen dem Eintrag und der Seitenzahl festgelegt. Vorgegeben ist ein Tabulator am rechten Spaltenrand und Punkte als Füllzeichen.

Mit *Bestehendes Inhaltsverzeichnis ersetzen* kann ein vorhandenes Inhaltsverzeichnis durch das neu generierte ersetzt werden. Dabei werden alle im alten Inhaltsverzeichnis geänderten Formatierungen in das neue Inhaltsverzeichnis übernommen. Soll das Inhaltsverzeichnis für ein Buch aus mehreren Satzdateien erstellt werden, muß die Option *Buchkapitel aufnehmen* eingeschaltet sein.

Achtung: Wird ein Inhaltsverzeichnis für ein über eine Kapitelliste definiertes Buch erstellt, muß das Inhaltsverzeichnis in der Satzdatei generiert werden, die die Kapitelliste enthält.

Das Inhaltsverzeichnis positionieren

Nachdem das Generieren des Inhaltsverzeichnisses durch Klicken auf das Feld *OK* im Dialogfeld *Inhaltsverzeichnis erstellen* ausgelöst ist, erscheint im Layoutmodus ein geladenes Textsymbol, das das Inhaltsverzeichnis enthält und nun in der Satzdatei positioniert werden muß. Im Textmodus wird für das neu generierte Inhaltsverzeichnis ein neues Textfenster geöffnet.

Tip 1: Korrekte Seitennummern im Inhaltsverzeichnis

Das Positionieren des Inhaltsverzeichnisses bedarf einiger Vorüberlegungen. Wird das Inhaltsverzeichnis vor den eigentlichen Text gesetzt, ändert sich dadurch die Paginierung, und das Inhaltsverzeichnis muß anschließend nochmals erstellt werden. Dabei wird das neue Inhaltsverzeichnis mit der Option *Bestehendes Inhaltsverzeichnis ersetzen* automatisch anstelle des alten positioniert. Dies ist aber die einzig sinnvolle Lösung, wenn die Seitennumerierung schon beim Inhaltsverzeichnis beginnen soll.

Tip 2: Korrekte Seitennummern im Inhaltsverzeichnis

Anders ist die Vorgehensweise, wenn der Text unabhängig von den Seiten des Inhaltsverzeichnisses numeriert sein soll. In diesem Fall kann das Inhaltsverzeichnis nicht in der Satzdatei vor dem Text positioniert werden, da sonst der Text nicht mehr mit der Seitennummer 1 beginnen kann. Das Inhaltsverzeichnis muß also in einer eigenen Satzdatei positioniert werden. Dafür bietet sich beispielsweise eine Satzdatei an, die auch die Titelseite des Werkes, Danksagungen, das Vorwort usw. enthält. Wird das Inhaltsverzeichnis über mehrere Satzdateien erstellt, die mit der Buchfunktion in einer Kapitelliste zusammengefaßt sind, sollte sich auch die Kapitelliste in dieser Titel-Satzdatei befinden. Wichtig ist, daß die Titel-Satzdatei selbst nicht in der Kapitelliste enthalten sein darf, damit sie nicht in die Paginierung einbezogen wird. Nach dem Generieren kann das Inhaltsverzeichnis dann ganz einfach an der gewünschten Stelle innerhalb der Titel-Satzdatei positioniert werden.

Tip 3: Korrekte Seitennummern im Inhaltsverzeichnis

Schwieriger wird es, wenn das Inhaltsverzeichnis nur über eine einzige Satzdatei erstellt wird, aber nicht die Paginierung beeinflussen soll. In diesem Fall muß das Inhaltsverzeichnis zuerst am Ende der Satzdatei positioniert werden. Als erster Arbeitsschritt sollte die Satzdatei in der Version vor dem Generieren des Inhaltsverzeichnisses gespeichert werden. Gegebenenfalls müssen dann beim Positionieren des Inhaltsverzeichnisses weitere Seiten an das Ende der Satzdatei angefügt werden. Nachdem das Inhaltsverzeichnis in der Satzdatei positioniert ist, werden alle Textblöcke des Inhaltsverzeichnisses mit dem Befehl *Ausschneiden* in die Zwischenablage gebracht. Nun wird eine neue Satzdatei für das Inhaltsverzeichnis angelegt oder geöffnet. Dabei werden alle Änderungen an der ursprünglichen Satzdatei verworfen. In diese neue Satzdatei kann das Inhaltsverzeichnis aus der Zwischenablage eingefügt werden, ohne daß sich die Paginierung im Text ändert.

Das Inhaltsverzeichnis formatieren

Das neu erstellte Inhaltsverzeichnis ist in der ersten Ebenen mit der für die Überschriften verwendeten Schriftart in Fett und 12 Point formatiert. Die Schrift der zweiten Ebene ist Normal und 10 Point. Dabei wurden für jedes Druckformat, in dem die Option *In Inhaltsverzeichnis aufnehmen* eingeschaltet ist, neue Druckformate angelegt, bei deren Druckformatnamen vor den Namen des Ausgangsdruckformates die Bezeichnung *IHV* für Inhaltsverzeichnis gesetzt wurde, so daß sie direkt als Druckformate für das Inhaltsverzeichnis erkennbar sind. Das Druckformat *IHV-Titel* formatiert den im Dialogfeld *Inhaltsverzeichnis erstellen* festgelegten Titel des Inhaltsverzeichnisses. Hier wird als Standard die vorgewählte Schrift in Fett und 30 Point eingesetzt.

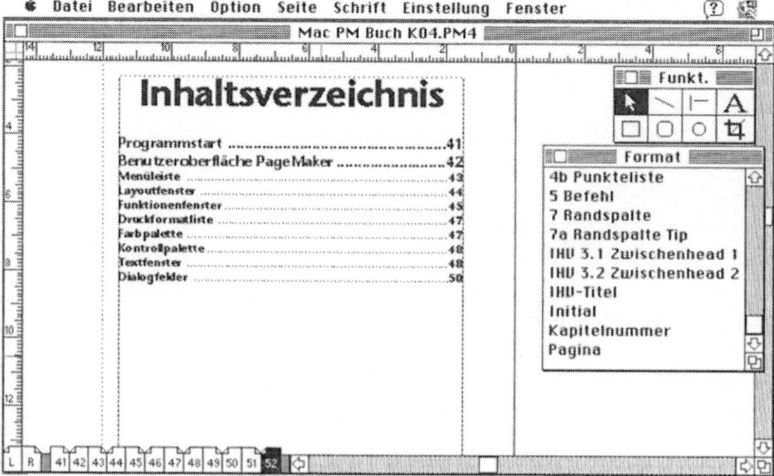

Das Inhaltsverzeichnis direkt nach dem Positionieren und die Druckformatliste mit den neuen Druckformaten

Die neuen IHV-Druckformate können nun wie gewünscht formatiert werden. Alle Änderungen spiegeln sich direkt im Inhaltsverzeichnis wieder, da die Druckformate bereits auf die Einträge angewendet sind. Falls im Dialogfeld *Inhaltsverzeichnis erstellen* als Trennzeichen zwischen Seitenzahl und Eintrag ein Tabulator festgelegt wurde, lassen sich die Füllzeichen zwischen dem Eintrag und der Seitenzahl über die Druckformate ändern, da sie durch einen rechtsbündigen Tabulator mit Punkten als Füllzeichen gebildet werden.

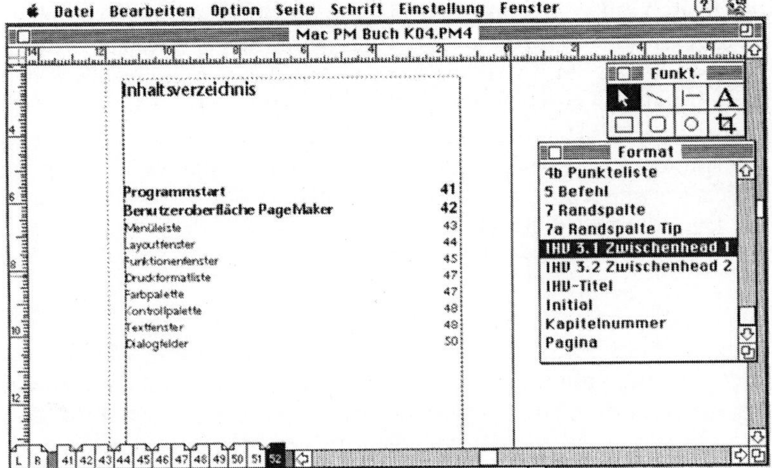

Das Inhaltsverzeichnis wurde neu formatiert und die Punkte als Füllzeichen wurden gelöscht

Tip: Gliederung für einen Bericht erstellen

Ganz leicht läßt sich mit dem Befehl *Inhaltsverzeichnis erstellen* auch eine Gliederung für einen Bericht erstellen. Voraussetzung ist, daß die Überschriften für die Gliederung mit der Option *In Inhaltsverzeichnis aufnehmen* formatiert sind. Wird nun im Dialogfeld *Inhaltsverzeichnis erstellen* unter *Format* die Option *Keine Seitenzahl* gewählt, werden alle Überschriften des Berichts der Reihe nach aufgelistet, ohne daß wie bei einem Inhaltsverzeichnis Seitenzahlen angegeben werden. Diese Gliederung kann selbstverständlich völlig problemlos vor dem Text positioniert werden. Dazu wird entweder vor der ersten Seite der Satzdatei eine neue Seite eingefügt oder der obere Textblockanfasser des ersten Textblocks auf der ersten Seiten so weit wie nötig nach unten gezogen.

Index erstellen

Auch der Index kann in beiden Arbeitsmodi erstellt werden. Das Markieren der Indexeinträge im Textmodus kann vorteilhaft sein, da in diesem Modus an den Stellen, an denen ein Indexeintrag festgelegt wurde, Indexmarken angezeigt werden, die sich im Layoutmodus nicht darstellen lassen.

Indexeinträge markieren

Bevor der Index erstellt werden kann, müssen alle Textstellen markiert werden, die in den Index aufgenommen werden sollen. Dies läßt sich aber nicht wie beim Inhaltsverzeichnis automatisieren, sondern muß manuell für jeden Eintrag einzeln durchgeführt werden und kann sehr zeitintensiv sein.

Das Markieren einer Textstelle für den Index erfolgt mit dem Befehl *Indexeintrag*, mit dem eine Indexliste angelegt wird. Um einen einfach aufgebauten Index zu erstellen, reicht gewöhnlich die Schnellform der Indexaufnahme aus, bei der ein markierter Text innerhalb eines Textblockes mit der Tastenkombination <Befehl><Umschalt><,> in die Indexliste eingetragen wird, ohne daß dabei ein Dialogfeld erscheint. Über das Dialogfeld *Indexeintrag erstellen* lassen sich Indexeinträge in mehreren Ebenen, Indexeinträge, deren Schreibweise von der im Text verwendeten abweicht, und Querverweise erzeugen. Außerdem kann der Seitenbereich für jeden Eintrag festgelegt werden. Einzelheiten hierzu finden sich in Kapitel 7.

Tip: Indexeinträge mit Suchen und Ersetzen automatisch erstellen

Mit dem Befehl *Ersetzen* lassen sich vorgegebene Begriffe automatisch für einen Eintrag in den Index markieren. Dazu wird im Dialogfeld *Ersetzen* der als Indexeintrag vorgesehene Begriff unter *Suchen nach:* eingegeben und im Feld *Ersetzen durch:* nur das Sonderzeichen für die Indexmarke (^;). Für alle weiteren Begriffe braucht dann nur noch der jeweilige Begriff im Feld *Suchen nach:* geändert zu werden. Später können überflüssige Einträge im Dialogfeld *Index anzeigen* wieder gelöscht werden.

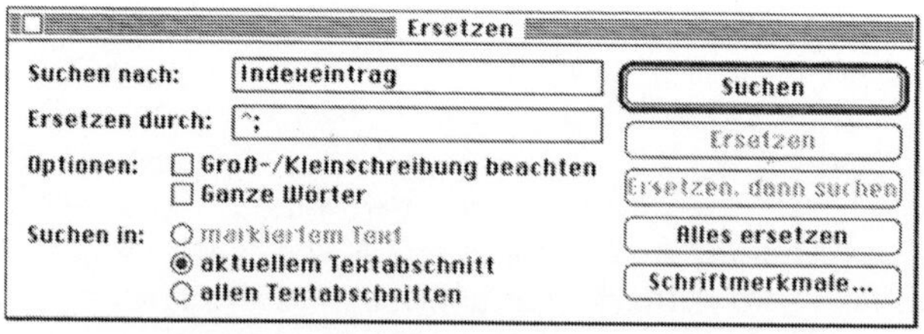

Das Dialogfeld ***Ersetzen*** *für das Markieren eines Indexeintrags*

Nach dem Einfügen aller Einträge kann mit dem Befehl *Index anzeigen...* die Indexliste aufgerufen werden. Die Einträge sind in der Liste nach Bereichen geordnet, so daß für jeden Anfangsbuchstaben ein eigener Bereich angelegt wird. In der Liste lassen sich noch vor dem endgültigen Erstellen des Indexes Änderungen an den Einträgen vornehmen, da vom Dialogfeld des Befehls *Index anzeigen* aus alle Dialogfelder des Befehls *Indexeintrag* aufgerufen werden können. Mit dem Feld *Löschen* lassen sich auch überflüssige Einträge wieder aus der Liste löschen.

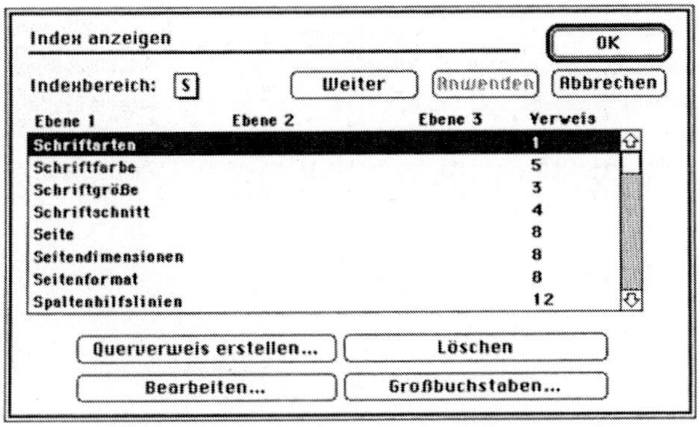

Index anzeigen

OK

Indexbereich: S

Weiter | Anwenden | Abbrechen

Ebene 1	Ebene 2	Ebene 3	Verweis
Schriftarten			1
Schriftfarbe			5
Schriftgröße			3
Schriftschnitt			4
Seite			8
Seitendimensionen			8
Seitenformat			8
Spaltenhilfslinien			12

Querverweis erstellen... | Löschen

Bearbeiten... | Großbuchstaben...

Das Dialogfeld ***Index anzeigen***

Tip: Einen bestimmten Indexeintrag bearbeiten

Wird bei der Überarbeitung des Textes festgestellt, daß ein bestimmter Indexeintrag bearbeitet werden muß, läßt sich im Textmodus ganz einfach das Dialogfeld *Indexeintrag erstellen* für diesen Eintrag öffnen. Dazu wird im Text die Indexmarke vor dem für den Index vorgesehenen Begriff markiert und dann der Befehl *Indexeintrag* aufgerufen.

Index generieren

Nachdem alle Indexeinträge markiert sind, und der Index in der Liste überprüft worden ist, kann er mit dem Befehl *Index erstellen* generiert werden. Dieser Vorgang läuft wie das Erstellen des Inhaltsverzeichnisses automatisch ab.

Zuvor sollten jedoch noch einige Einstellungen vorgenommen werden, die die Generierung des Indexes näher bestimmen. Nach Aufruf des Befehls *Index erstellen* kann der Titel für den Index eingegeben werden. Außerdem lassen sich Einträge ohne Verweis löschen. Ist die Satzdatei in einer Kapitelliste enthalten und soll nur für die einzelne Satzdatei ein Index erstellt werden, muß die dann automatisch eingeschaltete Option *Buchkapitel integrieren* ausgeschaltet werden. Falls für die Satzdatei bereits ein Index generiert worden ist, kann ausgewählt werden, ob der neue Index den vorhandenen ersetzen oder zusätzlich in die Satzdatei aufgenommen werden soll.

Über das Feld *Format* wird das Dialogfeld *Indexformat* aufgerufen, in dem nähere Angaben über die äußere Form des Index gemacht werden. So können beispielsweise automatisch die Anfangsbuchstaben der Wörter eines Indexbereiches als Überschrift in den Index eingefügt und auch leere Bereiche berücksichtigt werden. Für jeden leeren Bereich erscheint dann der Text *Keine Einträge.* Unter *Format* läßt sich die Formatierung von Einträgen mit Subebenen einstellen. Zur Auswahl stehen die Option *Verschachtelt,* bei der jede Unterebene relativ zur darüber stehenden Ebene eingerückt wird und alle Einträge einer Ebene zu einem Absatz zusammengefaßt werden, und die Option *Fortlaufend,* bei der alle Ebenen eines Eintrages als gemeinsamer Absatz formatiert werden. Außerdem werden die Zeichen festgelegt, die die unterschiedlichen Einträge und Seitenzahlen trennen.

Indexformat

☒ Indexüberschriften einfügen
☐ Leere Indexbereiche einbeziehen

Format: ◉ Verschachtelt ○ Fortlaufend

Nächster Eintrag: ^>^> Seitenumfang: ^=
Zwischen Seiten-Nr.: ,^> Vor Querverweis: .^>
Zwischen Einträgen: ;^> Eingabeende:

OK
Abbrechen

Beispiel: Indexbefehle 1-4
Indexeintrag 1, 3. Siehe auch Index
Index anzeigen 2-4

Das Dialogfeld ***Indexformat***

Index positionieren und formatieren

Nachdem das Generieren des Index durch Klicken auf das Feld *OK* im Dialogfeld *Index erstellen* ausgelöst ist, erscheint im Layoutmodus ein geladenes Textsymbol, das den Index enthält und nun in der Satzdatei positioniert werden muß. Im Textmodus wird für den generierten Index ein neues Textfenster geöffnet. Das Positionieren des Indexes bereitet weniger Probleme als das Positionieren des Inhaltsverzeichnisses, da er üblicherweise an das Ende einer Satzdatei oder eines Buches gesetzt wird und somit nicht die Paginierung der Textseiten beeinflußt.

Im neu erstellten Index sind alle Einträge mit einer Helvetica in 10 Point formatiert. Für die Bereichsüberschriften wird eine fette Helvetica in 12 Point verwendet und für den Titel eine fette Helvetica in 30 Point. Subebenen werden gegenüber höherstehenden Ebenen eingezogen. Die Druckformatliste ist durch die Generierung um einige Index-Druckformate erweitert worden. Für jede Indexebene, für die Bereichsüberschriften und für den Titel des Indexes wird ein neues Druckformat angelegt.

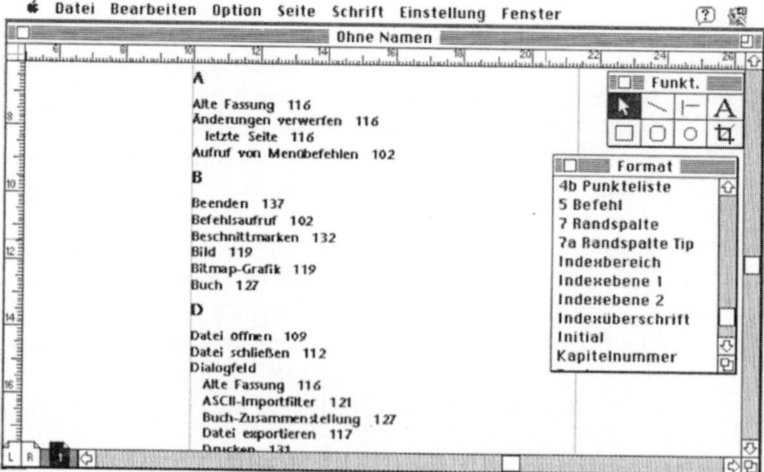

Der Index direkt nach dem Positionieren und die Druckformatliste mit den neuen Druckformaten

Die neuen Index-Druckformate können nun wie gewünscht formatiert werden. Alle Änderungen spiegeln sich direkt im Index wieder, da die Druckformate bereits auf die Einträge angewendet sind.

Wenn der Index erneut generiert wird, werden dieselben Druckformate angewendet, so daß er dann direkt wie in den Druckformaten eingestellt formatiert ist.

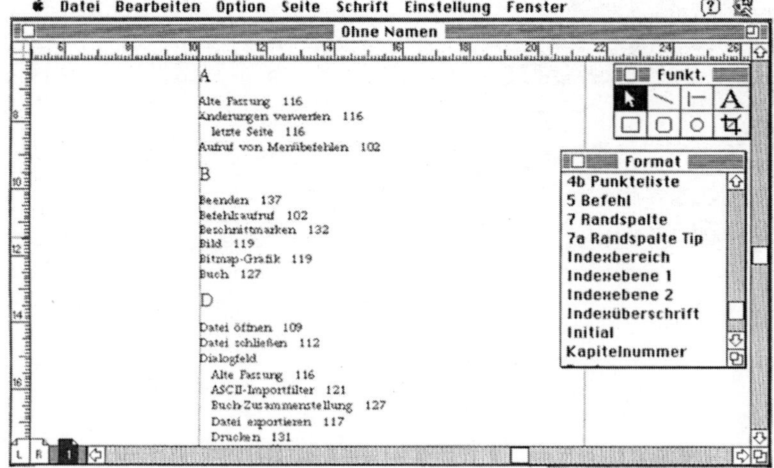

Der Index wurde neu formatiert

In der endgültigen Version des Index können dann noch die Seitenverweise bearbeitet werden. So sollten bei Seitenverweisen mit zwei aufeinanderfolgenden Seitenzahlen diese beiden Verweise zusammengefaßt werden. Beispielsweise wird aus der Folge *122, 123* der neue Seitenverweis *122f.* Bei Seitenverweisen mit mehr als zwei aufeinanderfolgenden Seitenzahlen wird mit *ff* abgekürzt, so wird beispielsweise aus *122, 123, 124* der Seitenverweis *122ff.*

Tip: Aufeinanderfolgende Seitenverweise zusammenfassen

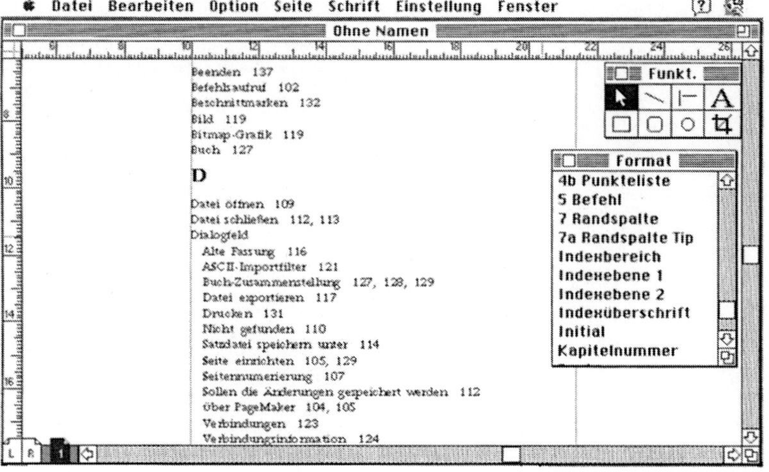

Ein Index mit nicht zusammengefaßten Seitenverweisen

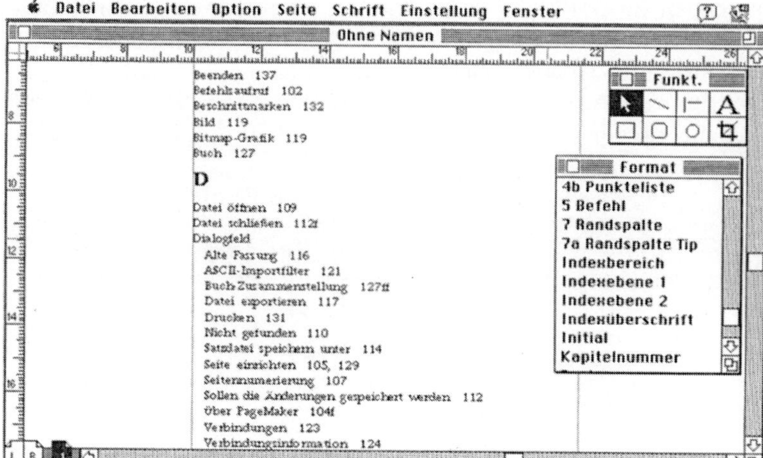

Ein Index mit zusammengefaßten Seitenverweisen

Kapitel 13

Schnittstelle zur Textverarbeitung

13

Der Text für die PageMaker-Satzdatei muß nicht unbedingt in PageMaker selbst eingegeben werden. Er kann in jedem beliebigen Textverarbeitungsprogramm geschrieben und dann in PageMaker importiert werden. Dabei gibt es zwei grundsätzliche Importmöglichkeiten: das Einfügen des Textes über die Zwischenablage und das Positionieren einer externen Textdatei.

Import und Export über die Zwischenablage

Die einfachste und schnellste Art für den Austausch von Daten zwischen zwei Anwendungen ist die Zwischenablage, mit der sich Texte (und auch Grafiken, siehe im Kapitel über Vektorgrafiken) von einem Programm zu einem anderen übertragen lassen. Alle Textverarbeitungsprogramme auf dem Mac (Microsoft Word ,WriteNow, MacWrite u.a.) unterstützen die Zwischenablage. Sie haben im Menü *Bearbeiten* dieselben Befehle für den Umgang mit der Zwischenablage wie PageMaker selbst.

Der Text gelangt über die Befehle *Kopieren* oder *Ausschneiden* in die Zwischenablage. Beim Kopieren verbleibt der ausgewählte Text unverändert im Dokument, während er durch den Befehl *Ausschneiden* aus dem Dokument gelöscht wird und somit nur noch in der Zwischenablage vorhanden ist.

Mit dem Befehl *Einfügen* (oder *Einsetzen*) wird dann der Text aus der Zwischenablage in eine andere Anwendung eingefügt. Der Befehl fügt lediglich eine Kopie des Inhaltes der Zwischenablage in das Dokument des laufenden Programms ein. Der Inhalt der Zwischenablage ändert sich dadurch nicht, so daß der Inhalt mehrmals in dasselbe Dokument oder auch hintereinander in unterschiedliche Anwendungen eingefügt werden kann.

Auf dieselbe Weise, wie mit der Zwischenablage Text aus der Textverarbeitung in PageMaker importiert werden kann, kann natürlich auch Text aus PageMaker in ein Textverarbeitungsprogramm (oder auch in ein Grafikprogramm) exportiert werden.

Datei Bearb. Ansicht Einfügen Format Schrift Extras Fenster

Lorem Ipsum

facilisis at vero eros et accumsan et iusto odio dignissim qui blandit praesent luptatum zzril delenit augue duis dolore te feugait nulla facilisi. Lorem ipsum dolor sit amet, consectetuer adipiscing elit, sed diam nonummy nibh euismod tincidunt ut laoreet dolore magna aliquam erat volutpat. Ut wisi enim ad minim veniam, quis nostrud exerci tation ullamcorper suscipit lobortis nisl ut aliquip ex ea commodo consequat.¶
Duis autem vel eum iriure dolor in hendrerit in vulputate velit esse molestie consequat, vel illum dolore eu feugiat nulla facilisis at vero eros et accumsan et iusto odio dignissim qui blandit praesent luptatum zzril delenit augue duis dolore te feugait nulla facilisi. Nam liber tempor cum soluta nobis eleifend option congue nihil imperdiet doming id quod mazim placerat facer possim assum.¶
Lorem ipsum dolor sit amet, consectetuer adipiscing elit, sed diam nonummy nibh euismod tincidunt ut laoreet dolore magna aliquam erat volutpat. Ut wisi enim ad minim veniam, quis nostrud exerci tation ullamcorper suscipit lobortis nisl ut aliquip ex ea commodo consequat. Duis autem vel eum iriure dolor in hendrerit in vulputate velit esse molestie consequat, vel illum dolore eu feugiat nulla

Seite 1 Normal

*Der in Word markierte Text kann mit den Befehlen **Kopieren** oder **Ausschneiden** in die Zwischenablage kopiert werden*

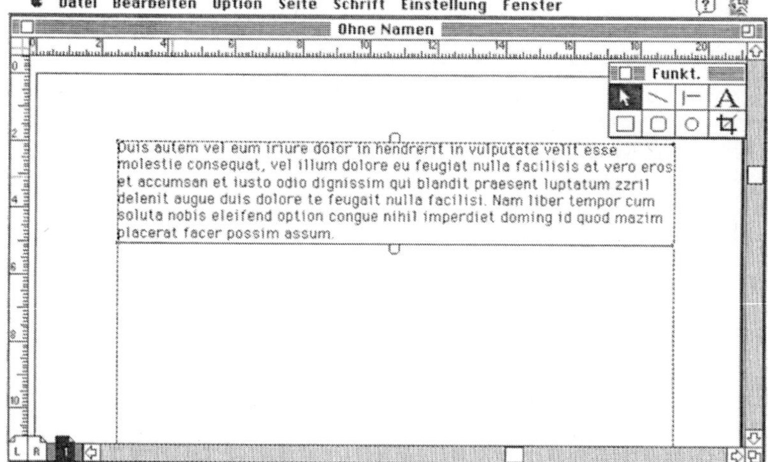

Der in der vorhergehenden Abbildung markierte Word-Text wurde aus der Zwischenablage in PageMaker eingefügt

Der aktuelle Inhalt der Zwischenablage kann vom Anwender jederzeit kontrolliert werden. Mit dem Befehl *Zwischenablage* aus dem Menü *Bearbeiten* läßt sich das Fenster der Zwischenablage öffnen und der Inhalt auf dem Bildschirm anzeigen. Dieser Befehl ist in vielen Programmen sowie im Finder verfügbar.

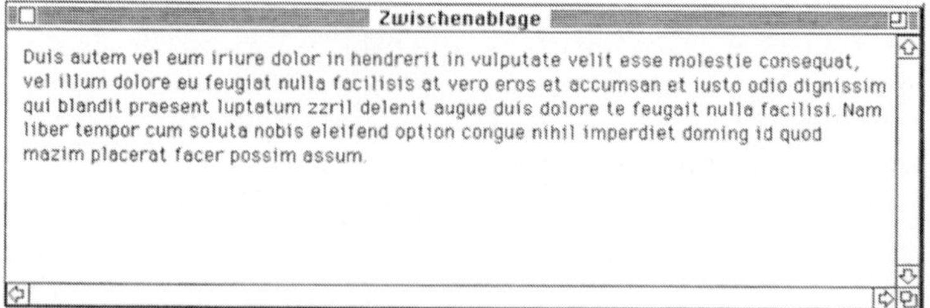

Das Fenster der Zwischenablage mit dem Word-Text

Beim Importieren von Text in ein PageMaker-Dokument über die Zwischenablage kann nicht von der Verbindungsmöglichkeit mit externen Dateien Gebrauch gemacht werden. Sind Verbindungen erwünscht, sollte der Text in der Textverarbeitung gespeichert und dann mit dem Befehl *Positionieren* in die Satzdatei eingefügt werden.

Tastenfunktionen für die Zwischenablage	
Taste(n)	**Funktion**
<Befehl><X>	schneidet die Auswahl aus einer Anwendung aus und stellt sie in die Zwischenablage
<Befehl><C>	kopiert die Auswahl aus einer Anwendung und stellt sie in die Zwischenablage
<Befehl><V>	fügt den Inhalt der Zwischenablage in ein Dokument ein

Textimport aus Textverarbeitungsdateien

Das Importieren des Textes über eine Textverarbeitungsdatei bietet einige Vorteile gegenüber dem Importieren über die Zwischenablage. Der erste Vorteil ist, daß der Text als eigenständige Datei vorliegt, die mit der PageMaker-Satzdatei verbunden ist. Wird die Datei in der Textverarbeitung überarbeitet, kann sie über die Verbindungsoptionen in der Satzdatei automatisch aktualisiert werden. Ein zweiter Vorteil ist die Möglichkeit, schon direkt beim Importieren des Textes bestimmte Zeichen- und Formatumwandlungen vornehmen zu lassen.

Importformate für Text

Text kann aus den unterschiedlichsten Textverarbeitungsprogrammen importiert werden. Voraussetzung für das Importieren einer Datei aus einer Textverarbeitung ist, daß der entsprechende Importfilter installiert wurde. Welche Importfilter installiert sind, läßt sich ganz leicht überprüfen. Wenn bei gedrückter Befehlstaste der Befehl *Über PageMaker* aus dem Apple-Menü aufgerufen wird, erscheint ein Liste der installierten Import- und Exportfilter. Ist der gewünschte Filter in dieser Liste nicht enthalten, muß er noch installiert werden (im Anhang ist die Installation von Filterdateien beschrieben). PageMaker erkennt bei Auswahl der Datei im Dialogfeld *Wählen Sie eine Datei* das Format der Datei an einer internen Dateiinformation.

PageMaker bietet Importfilter für alle gängigen Textverarbeitungsprogramme auf dem Mac, und für einige IBM-PC kompatible Textverarbeitungsprogramme. Soll der Text aus einem Textverarbeitungsprogramm importiert werden, für das kein spezieller Importfilter vorliegt, sollte die Datei in der Textverarbeitung in einem üblichen Datenaustauschformat wie DCA, RTF oder ASCII abgespeichert werden. Welches Format gewählt wird, ist von den Konvertierungsmöglichkeiten innerhalb der Textverarbeitung abhängig. Das Speichern als ASCII-Datei ist in nahezu allen Programmen möglich, mit denen Text verarbeitet wird. Das ASCII-Format hat aber den Nachteil, daß sämtliche Formatierungen (Schriftauszeichnungen oder Absatzformate) verloren gehen. Die Datei wird dann als reiner Text gespeichert. Welche Formatierungen bei den Formaten DCA und RTF erhalten bleiben, kann der Tabelle entnommen werden.

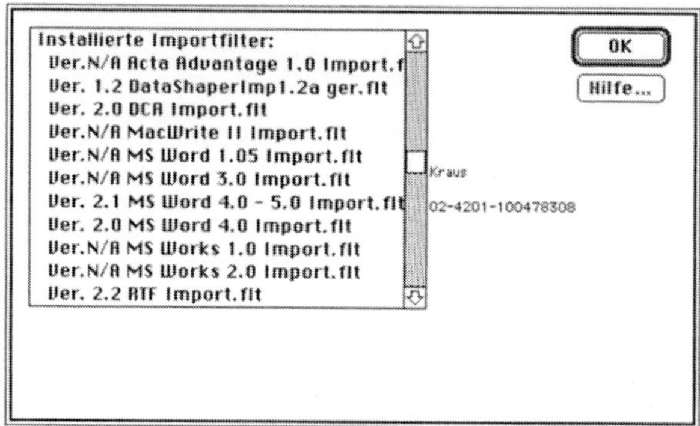

Liste der installierten Import- und Exportfilter

Für das Importieren von Dateien aus PC-Textverarbeitungen ist es unbedingt erforderlich, daß sie die korrekten Dateinamenserweiterungen haben, wie sie auch in der folgenden Tabelle aufgelistet sind. Dateien aus Microsoft Word für DOS sollten entweder im RTF-Format gespeichert oder zuerst in Word für Mac geöffnet und dann dort als Mac-Word-Datei gespeichert werden.

Dateinnamenserweiterungen beim PC-Textimport	
Importformat	**Dateinamenserweiterung**
ASCII	.TXT
DCA	.DCA
Microsoft Rich Text Format RTF	.RTF
Word Perfect 4.2	.WP
Word Perfect 5.1	.WP5
XyWrite III Plus	.XY3

Häufig können in Textverarbeitungsprogrammen die Texte auch im Dateiformat einer anderen Textverarbeitung gespeichert werden. Eine Alternative für Programme, deren Standardformat nicht PageMaker-kompatibel ist, ist also, den Text in der Textverarbeitung in einem Dateiformat einer anderen Textverarbeitung zu speichern, für die ein PageMaker-Importfilter vorliegt.

Im folgenden soll ein kleiner Überblick darüber gegeben werden, welche Formatierungen beim Importieren von Textverarbeitungsdateien aus den gängigsten Mac-Textverarbeitungsprogrammen und in den Datenaustauschformaten DCA und RTF übernommen werden.

Textformatierungen, die beim Importieren übernommen werden

Formatierung	MS Word 3.02/4.0	Mac Write 5.0/II	MS Works 2.00a	Word Perfect 1.02	DCA	RTF
Schriftformatierungen						
Schriftart	ja	ja	ja	ja	ja	ja
Ganze Schriftgrade	ja	ja	ja	ja	ja	ja
1/2 Point Schriftgrade	-	-/ja	-	-	ja	ja
128-650 Point Text	-	-/nein	-	-	ja	ja
fett	ja	ja	ja	ja	ja	ja
kursiv	ja	ja	ja	ja	-	ja
unterstrichen	ja	ja	ja	ja	ja	ja
durchgestrichen	ja	-/ja	-	ja	ja	ja
konturiert	ja	ja	ja	ja	-	ja
schattiert	ja	ja	ja	ja	-	ja
weit/schmal laufend	nein/ja	-	-	-	-	ja
verborgener Text	nein	-	-	-	-	nein
Kapitälchen	-	-	-	-	-	ja
hochgestellt	ja	ja	ja	ja	ja	ja
tiefgestellt	ja	ja	ja	ja	ja	ja
Größe Hoch/Tief	nein/ja	ja	ja	nein	-	ja
Sonderzeichen	ja	ja	ja	ja	-	ja
farbiger Text	-/ja	-/nein	nein	nein	ja	ja
Abstände						
Buchstabenabstand	-	-	-	nein	-	-
Wortabstand	-	-	-	-	-	ja
Zeilenabstand	ja	ja	ja	ja	ja	ja
Absatzabstand	ja	-/ja	-	-	-	ja
relativer Zeilenabstand	-	-	-	-	-	ja
Silbentrennung						
Silbentrennzone	-	-	-	nein	-	ja

Textformatierungen, die beim Importieren übernommen werden						
Formatierung	**MS Word 3.02/4.0**	**Mac Write 5.0/II**	**MS Works 2.00a**	**Word Perfect 1.02**	**DCA**	**RTF**
Tabulatoren						
linksbündig	ja	ja	ja	ja	ja	ja
rechtsbündig	ja	-/ja	ja	ja	ja	ja
zentriert	ja	-/ja	ja	ja	ja	ja
dezimal	ja	ja	ja	ja	ja	ja
Spezial	ja	-	-	-	-	ja
Füllzeichen						
Punkt	ja	-/ja	-	-	-	ja
Bindestrich	ja	-/ja	-	-	-	ja
Unterstreichung	ja	-/ja	-	-	-	ja
Zeichenvorgabe	-	-/nein	-	-	-	-
Einzüge						
Hängender Einzug	ja	ja	ja	ja	ja	ja
Fortlaufender Einzug	ja	ja	ja	ja	ja	ja
Ausrichtung						
linksbündig	ja	ja	ja	ja	ja	ja
rechtsbündig	ja	ja	ja	ja	ja	ja
zentriert	ja	ja	ja	ja	ja	ja
Blocksatz	ja	ja	ja	ja	ja	ja
Sonstige Formatierungen						
Spaltenumbruch	-/ja	-/nein	-	-	ja	ja
Seitenumbruch	nein/ja	nein	nein	nein	ja	ja
Absatz nicht trennen	nein/ja	-	-	-	-	ja
Absatz gefolgt von...	nein/ja	-	-	-	-	ja
Textblockmarkierung	-	-	-	nein	-	-
Linie über Absatz	-/ja	-	-	-	-	ja
Linie unter Absatz	nein/ja	-	-	-	-	ja
In IHV* aufnehmen	nein/ja	-	-	nein	ja	ja
Hurenkinder/Schusterjungen	nein	-	-	nein	-	ja
»Nächstes Format«	nein/ja	-	-	-	-	ja

* IHV= Inhaltsverzeichnis

Formatierung	MS Word 3.02/4.0	Mac Write 5.0/II	MS Works 2.00a	Word Perfect 1.02	DCA	RTF
Textformatierungen, die beim Importieren übernommen werden						
Sonderfunktionen						
Spalten	nein	-/nein	-	nein	-	nein
Kopf-/Fuflzeilen	nein	nein	nein	ja	nein	nein
Paginierung	nein	nein/ja	nein	nein	nein	nein
Fuflnoten	ja	-/ja	-	ja	ja	ja
Indexeinträge	nein/ja	-	-	nein	ja	ja
Indexebenen	-/ja	-	-	nein	-	ja
Gliederung	ja	-	-	nein	ja	ja
Druckformatlisten	ja	-	-	nein	-	ja
IHV-Einträge*	ja	-	-	nein	-	ja
Grafiken	ja	ja	nein	nein	-	ja
Einfassungen	nein/ja	-	-	-	-	ja
Tabellen	-/ja	-	-	-	-	ja
Autom. Zeilenausgleich	-	-	-	-	-	-
Manueller Zeilenausgleich	-	-	-	-	-	-
Laufweite	-	-	-	ja	-	-
Absatznumeriuerng	-	-	-	ja	-	-

* IHV= Inhaltsverzeichnis

Optionen für das Importieren und Positionieren von Textdateien

Alle in der Tabelle aufgelisteten Formatierungen werden importiert, wenn beim Positionieren der Datei im Dialogfeld *Wählen Sie eine Datei* die Option *Formatiert* eingeschaltet ist (oder beim Importieren im Textmodus im Dialogfeld *In Texteditor importieren*). Wurde der Text in einem geeigneten Textverarbeitungsprogramm erstellt und gut formatiert, kann er auf diese Weise schon fast fertig formatiert in PageMaker positioniert werden. Besonders geeignet ist dazu Microsoft Word.

Sollen nur die Druckformatzuordnungen aus der Textverarbeitung übernommen werden, nicht aber die Formatierungen selbst, bleibt die Option *Formatiert* ausgeschaltet. Der Text ist dann nicht formatiert, aber jedem Absatz ist der Druckformatname aus der Textverarbeitung zugeordnet. Die importierten Druckformatnamen erscheinen mit einem Stern gekennzeichnet in der Druckformatliste und können dann in PageMaker beliebig formatiert werden.

Die Option *Formatmarken lesen* wird bei Textdateien aus Textprogrammen verwendet, die keine eigene Druckformatfunktion haben (beispielsweise MacWrite). Der Text kann in der Textverarbeitung mit Formatmarken versehen werden. Formatmarken sind in spitze Klam mern eingegebene Namen von Druckformaten, die am Anfang jedes Absatzes stehen, auf den ein anderes Druckformat angewendet werden soll als auf den vorhergehenden. Beim Importieren mit der Option *Formatmarken lesen* werden dann alle Absätze mit dem Druckformatnamen aus der letzten Formatmarke versehen. Sind die Druckformate bereits vor dem Importieren des Textes in PageMaker formatiert worden, ist der Text nach dem Importieren schon entsprechend den Druckformaten formatiert.

Wählen Sie eine Datei:
Aldus PageMaker 4.2
Additions - Wichtig
Aldus Protokoll
Aldus-Diagnose
Bruch.script
Coupon.PT4
Farbfelder.script
Mustervorlagen
Netzwerk-Sicherheit

Auswerfen | OK
Schreibtisch | Abbrechen
HFEK

Positionieren:
(•) Als neuen Textabschnitt
( ) Ganzen Textabschnitt ersetzen
( ) Text einfügen

Optionen: [x] Formatiert
[x] Anführungszeichen umwandeln
[ ] Formatmarken lesen

Das Dialogfeld ***Wählen Sie eine Datei*** *für den Import einer Textverarbeitungsdatei*

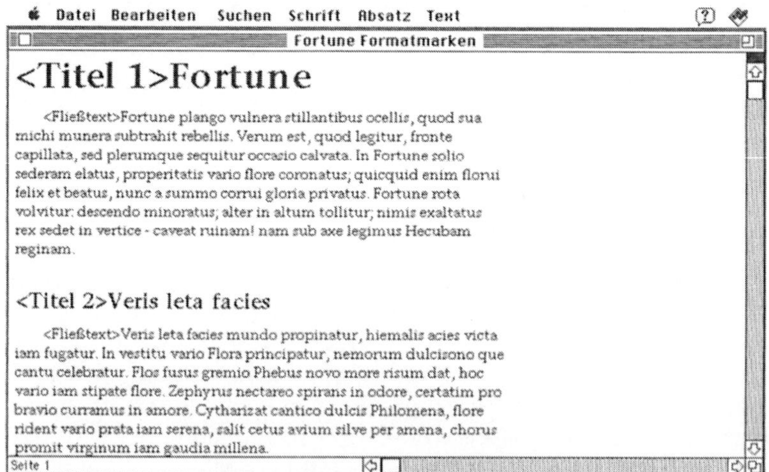

<Titel 1>Fortune

<Fließtext>Fortune plango vulnera stillantibus ocellis, quod sua michi munera subtrahit rebellis. Verum est, quod legitur, fronte capillata, sed plerumque sequitur occasio calvata. In Fortune solio sederam elatus, properitatis vario flore coronatus; quicquid enim florui felix et beatus, nunc a summo corrui gloria privatus. Fortune rota volvitur: descendo minoratus; alter in altum tollitur; nimis exaltatus rex sedet in vertice - caveat ruinam! nam sub axe legimus Hecubam reginam.

<Titel 2>Veris leta facies

<Fließtext>Veris leta facies mundo propinatur, hiemalis acies victa iam fugatur. In vestitu vario Flora principatur, nemorum dulcisono que cantu celebratur. Flos fusus gremio Phebus novo more risum dat, hoc vario iam stipate flore. Zephyrus nectareo spirans in odore, certatim pro bravio curramus in amore. Cytharizat cantico dulcis Philomena, flore rident vario prata iam serena, salit cetus avium silve per amena, chorus promit virginum iam gaudia millena.

Text mit Formatmarken in einer einfachen Textverarbeitung ohne Druckformatfunktion

Sollen im Text typographische Anführungszeichen verwendet werden, wird beim Importieren die Option *Anführungszeichen umwandeln* eingeschaltet. Aus den identischen Zeichen für das öffnende und das schließende Anführungszeichen werden zwei unterschiedliche Zeichen, die anführende und die schließende typographische Anführung.

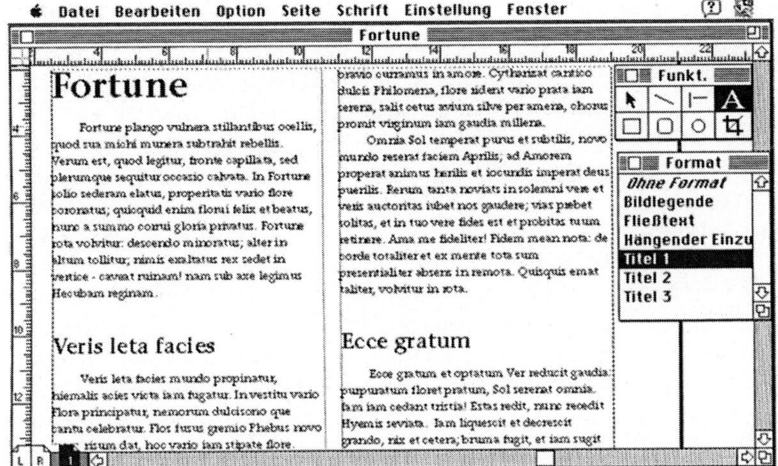

*Der Text aus der einfachen Textverarbeitung wurde mit der Option **Formatmarken lesen** in PageMaker positioniert*

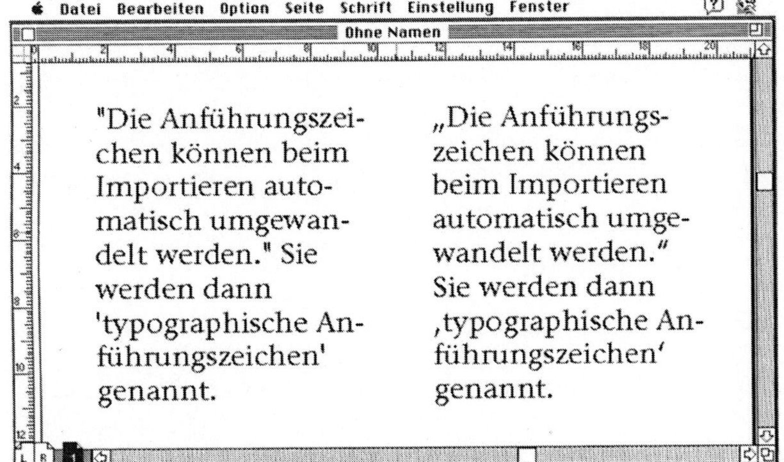

Der linke Text wurde ohne und der rechte mit Umwandeln der Anführungszeichen importiert

Importieren mit Voreinstellung von Schriftformatierungen

Sollen aus einer Textdatei keine Formatierungen und keine Druckformatnamen übernommen werden, kann die Schriftformatierung und gegebenenfalls auch die Absatzformatierung, die für den größten Teil des importierten Textes gelten soll, schon vor dem Importieren des Textes in PageMaker eingestellt werden. Zum Positionieren des Textes in der Satzdatei müssen dazu im Dialogfeld *Wählen Sie eine Datei* die Optionen *Formatiert* und *Formatmarken lesen* ausgeschaltet sein. Der Text ist dann nach dem Positionieren in der Satzdatei direkt entsprechend der Voreinstellung formatiert.

Importieren aus Microsoft Word

Beim Importieren einer Datei aus Microsoft Word lassen sich im speziellen Importdialogfeld *Microsoft Word 4.0 Importfilter* zusätzliche Import-Optionen auswählen. Um dieses Dialogfeld vor dem Importieren des Textes aufzurufen, wird nach Auswahl der Word-Datei beim Klikken des OK-Feldes im Dialogfeld *Wählen Sie eine Datei* die Umschalttaste gedrückt gehalten.

Im Dialogfeld läßt sich mit der Option *Inhaltsverzeichniseinträge importieren* auswählen, ob Inhaltsverzeichniseinträge übernommen werden sollen und in welcher Form sie in Word erstellt wurden (*.c.-Absätze* oder *Gliederung*). Auch mit *.i.* markierte Indexeinträge lassen sich aus Word importieren. Für Text, dessen Laufweite in Word verändert wurde, kann unter drei Methoden für die Übertragung der geänderten Laufweiten in PageMaker gewählt werden. Dies sind eine geänderte Zeichenbreite, manueller Zeichenausgleich zwischen jedem Zeichen oder eine der sechs in PageMaker verfügbaren Laufweiten von *Sehr schmal* bis *Sehr weit*. Mit der Option *Seitenwechsel oberhalb Absatz importieren* wird auf alle Absätze, oberhalb von denen in Word mit der Absatz-Option *Seitenwechsel oberhalb* ein Seitenumbruch eingestellt wurde, das Absatzformat *Neue Seite* oder *Neue Spalte* angewendet. In Word über die Tastatur eingegebene Seitenumbrüche werden jedoch von PageMaker nicht übernommen.

Text in der Textverarbeitung vorbereiten

Besonders bei umfangreichen Textdateien kann die Arbeit in PageMaker wesentlich verringert werden, wenn der Text vor dem Positionieren in der Textverarbeitung gut vorbereitet wurde. Das Formatieren des Textes in PageMaker kann sehr langwierig sein, da der Bildschirm immer wieder neu aufgebaut werden muß. Dies dauert wesentlich länger als in der Textverarbeitung. Die Bildschirmaufbauzeiten können auch mit dem Texteditor von PageMaker umgangen werden, aber hier sind viele Formatierungen nicht sichtbar.

In Microsoft Word beispielsweise wird auch in der Druckbildanzeige, in der alle Formatierungen sichtbar sind, der Bildschirm ohne größere Verzögerungen aufgebaut. Mit Hilfe der Zeichenleiste und des Absatzlineals können für jedes Zeichen und jeden Absatz Schriftart, Schriftgrad, Schriftschnitt, Ausrichtung, Tabulatoren usw. und auch das Druckformat überprüft werden.

Formatieren mit Druckformaten

Da das Formatieren des Textes in PageMaker auf Druckformaten beruht, sollte der Text auch in der Textverarbeitung schon mit Druckformaten formatiert werden. Ausreichend ist, wenn die verschiedenen

Textelemente wie Überschriften unterschiedlicher Ebenen, Fließtext, Abbildungsunterschriften, Aufzählungen und Tabellen jeweils ein eigenes Druckformat erhalten.

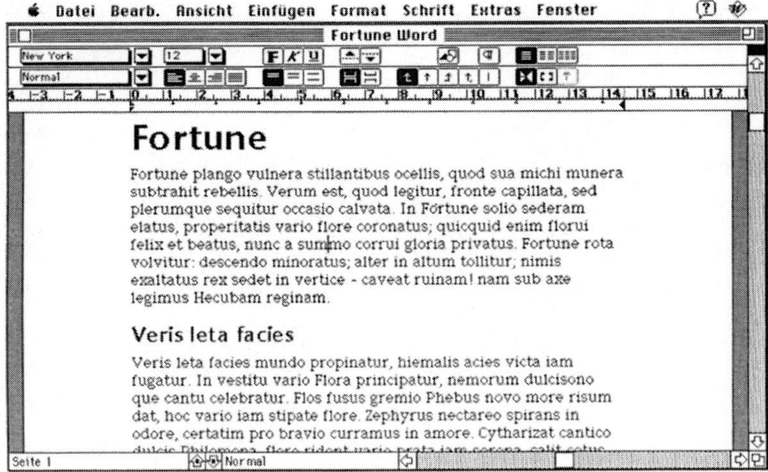

Ein Text in Microsoft Word

Am einfachsten ist es, wenn die Druckformate in der Textverarbeitung auch schon dieselben Druckformatnamen erhalten wie die entsprechenden Druckformate in PageMaker. Die Formatierung der Druckformate innerhalb der Textverarbeitung spielt dabei keine Rolle. Werden die Druckformate in PageMaker schon vor dem Positionieren des Textes formatiert, ist der Text nach dem Positionieren mit der Option *Formatiert* schon direkt entsprechend den einzelnen Druckformaten formatiert. Dabei werden dann auch lokale Formatierungen, wie kursiv oder fett ausgezeichnete Textstellen, mit übernommen.

Der Text ist bei identischen Druckformatnamen in der Textverarbeitung anders formatiert ...

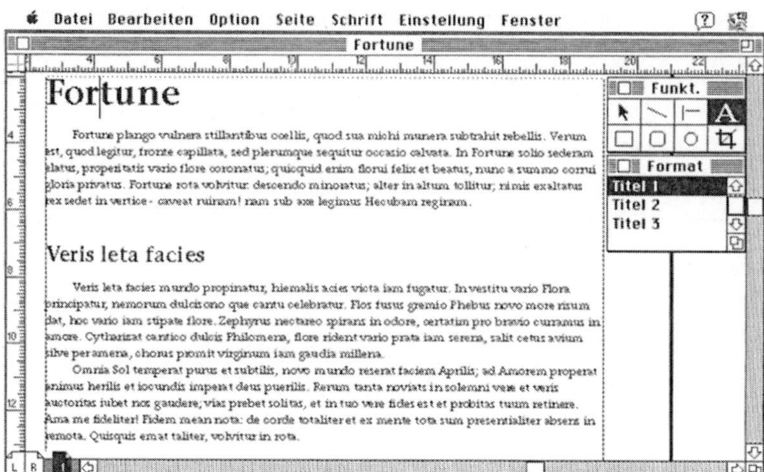

... als in PageMaker

Die Druckformatliste enthält die Namen der aus der Textverarbeitung importierten Druckformate

Der Name des Druckformates in der Textverarbeitung muß aber nicht notwendigerweise mit dem des entsprechenden Druckformates in PageMaker identisch sein. Nach dem Positionieren des Textes erscheinen die neuen Druckformatnamen aus der Textdatei in der Druckformatliste und sind durch einen Stern hinter dem Namen gekennzeichnet. Der Stern bedeutet, daß dem Druckformat bisher in PageMaker noch keine Formatierung gegeben wurde. Existieren in der Satzdatei noch keine Druckformate für den Text, können nun die Druckformate aus der Textverarbeitung formatiert werden. Nach dem Formatieren sind die entsprechenden Druckformatnamen in der Liste nicht mehr mit einem Stern gekennzeichnet.

Alternativ können auch nach dem Positionieren des Textes alle Druckformate aus der Textverarbeitung mit der Ersetzen-Funktion durch die zugehörigen PageMaker-Druckformate ersetzt werden. Dazu dient im Unterdialogfeld *Schriftmerkmale* des Befehls *Ersetzen* (Textmodus) die Liste *Absatzformat*, die alle Druckformate aus der Druckformatliste enthält. Beim Wechseln des Druckformates bleiben aber die lokalen Formatierungen (wie Textauszeichnungen mit fett und kursiv) erhalten.

Schriftmerkmale

OK

Abbrechen

Suchen

Absatzformat: Normal

Schriftart: Beliebig

Schriftgrad: Beliebig

Schriftschnitt: Beliebig

Ersetzen

Absatzformat: Fließtext

Schriftart: Beliebig

Schriftgrad: Beliebig

Schriftschnitt: Beliebig

Mit dem Befehl ***Ersetzen*** *wird im gesamten Textabschnitt ein Druckformat durch ein anderes ersetzt*

Wird der Text in einer Textverarbeitung erstellt, die keine eigene Druckformatfunktion hat, sollten Druckformatmarken als Text eingegeben werden. Diese Formatmarken können dann beim Positionieren gelesen werden. Sind für die Formatmarken bereits Druckformate formatiert worden, wird der Text automatisch mit diesen Druckformaten formatiert. Falls noch keine Druckformate mit diesem Namen definiert worden sind, erscheinen die Druckformatnamen in der Druckformatliste durch einen Stern gekennzeichnet und können nun formatiert oder ersetzt werden.

Text in PageMaker positionieren

Nachdem nun der Text in der Textverarbeitung fertig vorbereitet ist, kann er in der PageMaker-Satzdatei positioniert werden. Unabhängig von den Einstellungen im Dialogfeld *Wählen Sie eine Datei* gibt es drei unterschiedliche Verfahren für das Positionieren des Textes auf den Seiten der Satzdatei: mit manuellem Textanschluß, mit halbautomatischem Textanschluß und mit automatischem Textanschluß.

Positionieren mit manuellem Textanschluß

Beim Positionieren mit manuellem Textanschluß fließt der Text in jede Spalte einzeln ein. Dabei kann die Reihenfolge der Spalten beliebig gewählt werden. Es können also auch Spalten übersprungen werden, und der Text muß nicht oben in der Spalte beginnen.

Für den manuellen Textanschluß wird die Option *Autom. Textanschluß* im Menü *Option* ausgeschaltet. Nachdem im Dialogfeld *Wählen Sie eine Datei* auf das Feld *OK* geklickt wurde, wird der Text importiert, und es erscheint das geladene Textsymbol für den manuellen Textanschluß, die linke und obere Kante eines Quadrates, das mit stilisierten Textzeilen gefüllt ist.

Bevor nun der Text positioniert wird, kann zu einer anderen Seite der Satzdatei gewechselt werden. Auch lassen sich bei Bedarf noch weitere Seiten hinzufügen. Erscheint das Symbol des automatischen Textanschlusses (durchgehender, gewundener Pfeil im Symbol), ist die Option *Autom. Textanschluß* eingeschaltet. Sie kann an dieser Stelle noch vor dem Positionieren des Textes im Menü ausgeschaltet werden. Das Symbol verändert sich dann entsprechend. Bei eingeschalteter Option *Autom. Textanschluß* kann auch zum manuellen Textanschluß gewechselt werden, indem beim Positionieren des Textsymbols die Befehlstaste gedrückt gehalten wird.

Zum Positionieren des Textes wird das geladene Textsymbol an die gewünschte Stelle auf der Seite gesetzt und die Maustaste geklickt. Der Text fließt dann von der Position des Textsymbols über die gesamte Breite der Spalte bis zum unteren Ende der Spalte. Wurde noch nicht der gesamte importierte Text positioniert, enthält der untere Textblockanfasser ein rotes Dreieck. Durch Klicken auf diesen Textblockanfasser wird das Textsymbol erneut geladen, und der folgende Text kann in der Satzdatei positioniert werden. Dies muß nun solange fortgesetzt werden, bis der gesamte Text positioniert, also der untere Textblockanfasser leer ist.

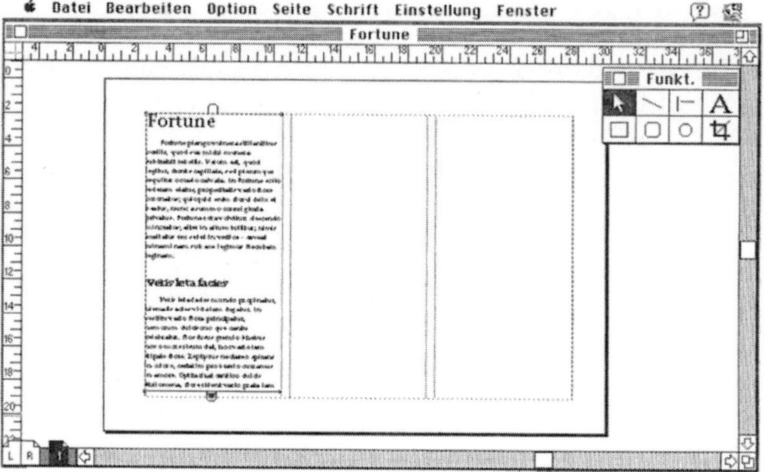

Der Text ist in die Spalte eingeflossen, der untere Textblockanfasser zeigt, daß noch weiterer Text positioniert werden muß

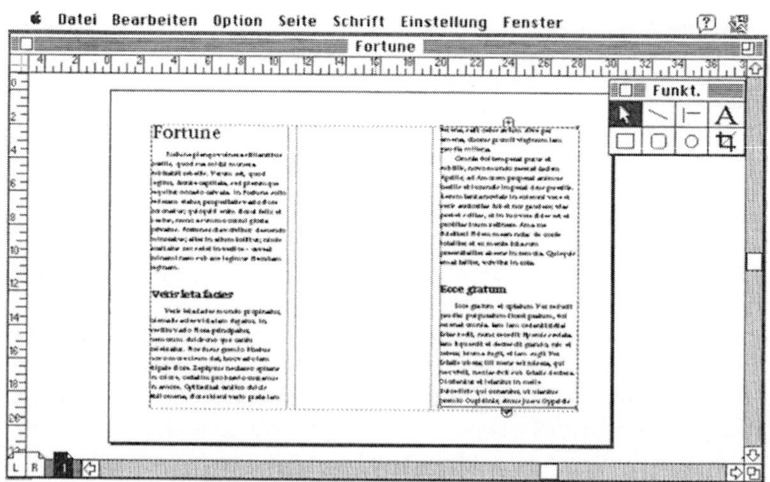

Der nächste Textblock wurde nicht in der folgenden Spalte positioniert

Bevor das Textsymbol wieder geladen wird, können vorher positionierte Textblöcke verschoben und in der Größe verändert werden. Dabei darf aber nicht auf den letzten unteren Textblockanfasser geklickt werden.

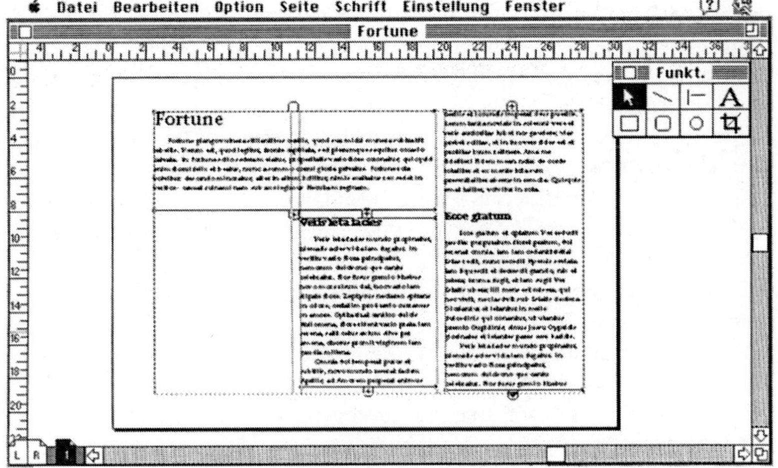

Die Textblöcke aus der vorhergehenden Abbildung wurden in der Größe verändert und verschoben, bevor der restliche Text positioniert ist

Positionieren mit halbautomatischem Textanschluß

Sind keine weiteren Bearbeitungen wie Verschieben und Verändern der Größe an den schon positionierten Textblöcken nötig, bevor der nächste Textblock positioniert wird, kann auch mit dem halbautomatischen Textanschluß gearbeitet werden. Der Unterschied zum automatischen Textanschluß ist, daß nach dem Positionieren eines Textblocks automatisch das Textsymbol wieder geladen ist, sofern noch nicht der gesamte importierte Text positioniert wurde. Der halbautomatische Textanschluß erspart also das Klicken auf den unteren Textblockanfasser.

Für den halbautomatischen Textanschluß muß beim Positionieren des Textblocks die Umschalttaste gedrückt werden. Sobald die Umschalttaste gedrückt wird, verändert sich das Textsymbol zum Symbol des halbautomatischen Textanschlusses, ein gestrichelter, gewundener Pfeil im Symbol. Während des Positionierens eines längeren Textes, der mehrere Textblöcke umfaßt, kann beliebig zwischen halbautomatischem und manuellem Textanschluß gewechselt werden. Auch wenn die Option *Autom. Textanschluß* im Menü *Option* eingeschaltet ist, kann zum halbautomatischen Textanschluß gewechselt werden, indem beim Positionieren des Textsymbols die Umschalttaste gedrückt gehalten wird. So kann beispielsweise der erste Teil eines Textes halbautomatisch und anschließend der Rest automatisch positioniert werden.

Positionieren mit automatischem Textanschluß

Beim Positionieren mit automatischem Textanschluß muß die Option *Autom. Textanschluß* im Menü *Option* eingeschaltet sein oder bei ausgeschalteter Option *Autom. Textanschluß* die Befehlstaste gedrückt gehalten werden. Nachdem im Dialogfeld *Wählen Sie eine Datei* auf das Feld

OK geklickt wurde, wird der Text importiert und es erscheint das geladene Textsymbol für den automatischen Textanschluß, das einen durchgehenden, gewundenen Pfeil enthält. Falls anstelle dieses Textsymbols das Textsymbol des manuellen Textanschlusses erscheint, kann noch vor dem Positionieren die Option *Autom. Textanschluß* eingeschaltet oder die Befehlstaste gedrückt werden.

Sobald der Text durch Klicken der Maustaste positioniert wurde, fließt der gesamte folgende Text automatisch der Reihe nach in die folgenden Spalten und Seiten ein. Dabei werden auch bei Bedarf automatisch weitere Seiten hinzugefügt. Es genügt also, wenn die Satzdatei beim Importieren nur aus einer Seite besteht, die restlichen Seiten werden von PageMaker beim Positionieren des Textes angelegt. Soll der Text auf den Seiten in mehrere Spalten fließen, müssen die Spaltenhilfslinien auf den Standardseiten definiert sein, denn sonst erhalten alle von PageMaker neu hinzugefügten Seiten nur eine Spalte.

Im Unterdialogfeld *Andere* des Dialogfeldes *Vorgaben wählen* läßt sich mit der Option *Autom. Textanschluß: Alle Seiten anzeigen* einstellen, ob beim Importieren mit automatischem Textanschluß alle Seiten der Reihe nach angezeigt werden sollen oder ob nur nach dem Positionieren des letzten Textblockes die letzte Seite angezeigt wird. Dies spart bei großen Texten viel Zeit, da die Seiten nicht erst auf dem Bildschirm aufgebaut werden müssen, bevor der nächste Textblock positioniert wird.

Der automatische Textanschluß ist immer dann zu empfehlen, wenn der Text auf allen Seiten in allen Spalten fortlaufend positioniert werden soll, insbesondere dann, wenn die benötigte Seitenanzahl nicht bekannt ist. Bei größeren Satzdateien, bei denen nur wenige Spalten verändert werden sollen, sollte der Text ohne Berücksichtigung dieser Spalten mit automatischem Textanschluß importiert werden. Die Zeitersparnis ist erheblich. Die betreffenden Textblöcke können dann noch später, nachdem der gesamte Text positioniert ist, verändert werden. Der Text fließt dabei automatisch zwischen den Textblöcken. Eventuell ist dann lediglich am Ende des letzten Textblocks neuer Text manuell in einer weiteren Spalte zu positionieren.

Soll in einer Satzdatei der Text nur bei einigen Spalten auf den ersten Seiten nicht durchgehend und fortlaufend positioniert werden, wird der Text in diesen Spalten mit manuellem oder halbautomatischem Textanschluß positioniert. Für die folgenden Seiten kann dann der automatische Textanschluß eingeschaltet werden.

Verbindungen zu den Textverarbeitungsdateien

Wenn Text über eine Datei in PageMaker importiert worden ist, ist diese automatisch mit der Satzdatei verbunden. Über den Befehl *Verbindungen* aus dem Menü *Datei* lassen sich alle mit der aktuellen Satzdatei verbundenen externen Dateien anzeigen und mit dem Befehl *Original bearbeiten* aus dem Menü *Bearbeiten*, kann die Datei direkt von PageMaker aus im Ursprungsprogramm geladen werden. Wird die importierte Textdatei im Textverarbeitungsprogramm überarbeitet und soll diese Überarbeitung auch in PageMaker Berücksichtigung finden, kann PageMaker die Datei automatisch aktualisieren (siehe auch Kapitel 15). Dies kann eine große Zeitersparnis sein, insbesondere da die veränderten Textstellen nicht erst im Text aufgesucht werden müssen.

Wird der Text in einer Textverarbeitung erstellt, die Auflagen und das Abonnieren unterstützt, kann die Datei auch über den Befehl *Abonnieren* aus dem Untermenü *Auflagen* im Menü *Bearbeiten* in die Satzdatei importiert werden. Dies empfiehlt sich insbesondere dann, wenn mehrere Personen in unterschiedlichen Arbeitsphasen an einem Projekt arbeiten. Eine so positionierte Textdatei wird nach einer Überarbeitung in der Textverarbeitung vollständig automatisch in der PageMaker-Satzdatei aktualisiert. Dabei besteht über das Dialogfeld *Abonnentenoptionen* auch die Möglichkeit, das Aktualisieren nur nach Bestätigung durchführen zu lassen.

Problematisch wird das automatische Aktualisieren von Texten, wenn der importierte Text bereits in PageMaker bearbeitet worden ist. Eine denkbare Bearbeitung bei Texten ist das Auszeichnen mit Druckformaten. Beim Aktualisieren des Textes würden dann alle Formatierungen verloren gehen. In diesem Fall gibt PageMaker mit einem Dialogfeld die Möglichkeit, die automatische Aktualisierung zu verhindern.

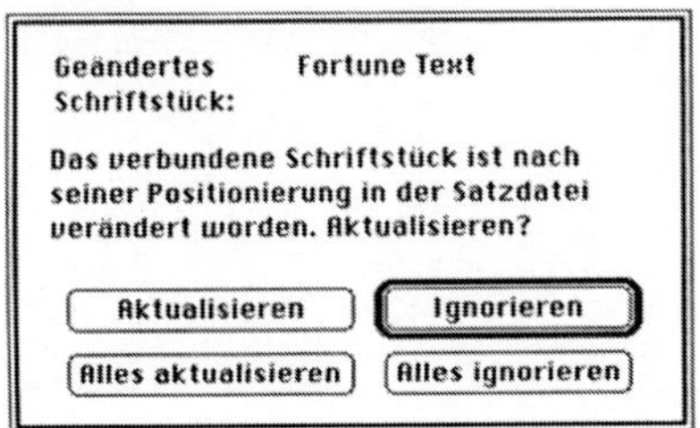

Dialogfeld zum Abbrechen der Aktualisierung

Die Konsequenz aus diesem Verhalten von PageMaker sollte sein, so wenig wie möglich an importierten Texten zu ändern. Die Probleme bei aktualisierten Texten lassen sich dadurch umgehen, daß die in PageMaker verwendeten Druckformate bereits in der Textverarbeitung eingesetzt werden. In diesen Fällen braucht PageMaker lediglich den Inhalt der importierten Elemente zu ändern, nicht aber die äußere Form.

Export von Text aus PageMaker

In einigen Fällen kann es auch sinnvoll sein, einen in PageMaker erstellten oder überarbeiteten Text in eine Textverarbeitung zu exportieren. Durch das Exportieren eines PageMaker-Textes besteht die Möglichkeit, den Text in der Textverarbeitung zu überarbeiten und dann in PageMaker automatisch aktualisieren zu lassen. Und wurde ein aus einer Textverarbeitung importierter Text in PageMaker wesentlich verändert, sollte er aus PageMaker exportiert werden, bevor er dann in der Textverarbeitung überarbeitet wird. So bleiben dann beim Aktualisieren die Formatierungen erhalten. Für den Export von Text stehen aber weniger Formate zur Auswahl als für den Import.

Ebenso wie beim Importieren ist es auch beim Exportieren abhängig vom Dateiformat, welche Formatierungen übertragen werden und welche nicht. Die Option *ASCII Text Export* erzeugt eine reine Textdatei ohne jegliche Formatierungen. Voraussetzung für das Exportieren eines Textes in eine Textverarbeitungsdatei ist natürlich, daß der entsprechende Exportfilter installiert wurde. Beim Exportieren werden alle Formatierungen übertragen , die auch in der betreffenden Textverarbeitung möglich sind.

Nach Auswahl des Befehls *Exportieren,* der nur bei aktivierter Textfunktion oder im Textmodus zur Verfügung steht, erscheint das Dialogfeld *Datei exportieren,* in dem Speicherplatz, Dateiname und Dateiformat für die Exportdatei ausgewählt werden können. Außerdem kann entweder der gesamte Textabschnitt oder nur der markierte Text (falls Text markiert ist) exportiert werden. Bei eingeschalteter Option *Formatmarken exportieren* werden die Namen der auf die einzelnen Absätze angewendeten Druckformate in spitzen Klammern als Formatmarken vor den Text des Absatzes gesetzt.

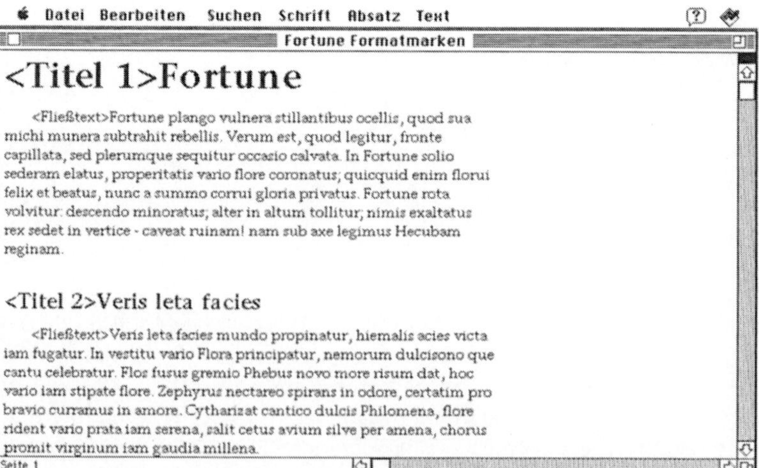

Ein Text wurde mit Formatmarken exportiert

Kapitel 14

Arbeitshilfen

14

Leicht benutzbare Arbeitshilfen sind die wichtigsten Vorbedingungen für den effizienten bzw. professionellen Einsatz eines so komplexen Programms wie PageMaker. Im Gegensatz zum Layouten und Setzen mit herkömmlichen Methoden bietet der Computereinsatz zahlreiche Möglichkeiten, die vielen Tausend Arbeitsschritte, die für eine gestaltete Seite mit Text- und Grafikelementen nötig sein können, auf möglichst wenige zu reduzieren. Einerseits kann dies erreicht werden, wenn möglichst wenig zu korrigieren ist (eine Korrektur bedeutet in der Regel schon die doppelte Arbeit). Im günstigsten Fall ist der Entwurf schon gleich das Ergebnis. Aber auch, wenn sich immer wiederkehrende Arbeitsschritte für spätere Anwendungen automatisieren lassen, kann viel Zeit gespart werden, denn ein einmal korrekt ablaufender Prozeß wird auch immer wieder korrekt ablaufen, wenn er auf geeignete Weise fixiert worden ist.

Tip: Änderungen an der Systemkonfiguration

Alle Änderungen an der Konfiguration von PageMaker, die vorgenommen werden, ohne daß eine Datei geladen ist, werden als Grundeinstellungen gespeichert, die nach jedem Neustart von PageMaker wieder zur Verfügung stehen. Das betrifft die Einstellungen im Dialogfeld *Vorgaben wählen* und auch Schrift-, Linien und Flächeneinstellungen werden als Standardeinstellungen beibehalten.

Im folgenden werden einige Wege gezeigt und weitere Tips und Tricks verraten, mit denen sich die Arbeit mit PageMaker erleichtern läßt.

Fehlerkorrektur

PageMaker bietet zwei leistungsstarke Befehle zur einfachen und schnellen Korrektur versehentlich ausgeführter oder mißglückter Operationen an. Mit *Alte Fassung* aus dem Menü *Datei* lassen sich alle Arbeitsschritte seit dem letzten Zwischenspeichern mit dem Befehl *Speichern* bzw. *Speichern unter* auf einmal rückgängig machen. Dabei wird die aktuelle Version der Satzdatei aus dem Arbeitsspeicher gelöscht und die auf der Festplatte gespeicherte Version geladen. Der Befehl *Rückgängig* aus dem Menü *Bearbeiten* dagegen nimmt nur die zuletzt ausgeführte Operation zurück. Nicht alle Operationen lassen sich mit dem Befehl *Rückgängig* auch tatsächlich wieder zurücknehmen. Wenn eine Operation rückgängig gemacht werden kann, zeigt dies die Menübefehlszeile auch an. Wenn beispielsweise eine Bearbeitung an einem Objekt mit der Zeigefunktion zurückgenommen werden soll, zeigt die Menüzeile des Befehls *Rückgängig* den Eintrag *Bearbeitung rückgängig* an. Ist eine Operation nicht rückgängig zu machen, zeigt die graue Darstellung der Menüzeile an, daß der Befehl *Rückgängig* gesperrt ist.

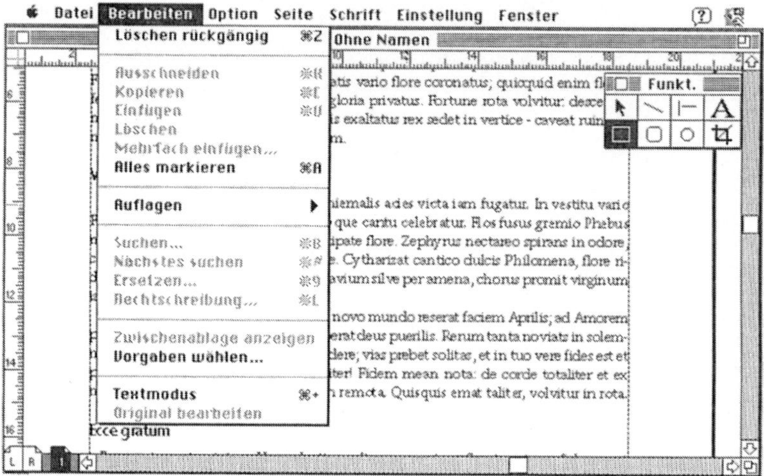

Die Menüzeile des Befehls ***Rückgängig*** *zeigt an, ob die letzte Operation zurückgenommen werden kann oder nicht*

Besonders wichtig ist die Anwendung des Befehls *Rückgängig,* wenn die letzte von mehreren Änderungen am Dokument nicht das beabsichtigte Resultat liefert. Hierbei kann der Befehl *Alte Fassung* nicht verwendet werden, denn er würde nicht nur die letzte, sondern alle Gestaltungen seit dem letzten Speichern löschen. Interessanter kann da schon die Sonderform des Befehls *Alte Fassung* sein, die alle Operationen seit der letzten automatischen Zwischenspeicherung zurücknimmt. Diese Form des Befehls *Alte Fassung* wird aufgerufen, indem bei Befehlsaufruf gleichzeitig die Umschalttaste gedrückt wird.

Die Wirkung des Befehls *Rückgängig* kann ihrerseits mit demselben Befehl rückgängig gemacht werden, was immer dann nötig sein wird, wenn die Rücknahme nicht den Fehler ausgleicht (wenn beispielsweise der Fehler schon einige Arbeitsschritte zurück unterlaufen ist). Hier hilft dann gegebenenfalls noch der Befehl *Alte Fassung* bzw. seine Sonderform.

Achtung: Der Befehl *Rückgängig* läßt sich nur anwenden, wenn der Fehler sofort erkannt wird und danach keine Operationen durchgeführt werden, die ihrerseits mit dem Befehl zurückgenommen werden können. Nur die jeweils letzte Operation läßt sich wieder zurücknehmen.

Verwerfen durch Sicherungskopie

Der Befehl *Rückgängig* nimmt nur die zuletzt ausgeführte Objektoperation zurück. Wenn eine ganze Reihe von Operationen zurückgenommen werden soll, hilft in der Regel der Befehl *Alte Fassung* weiter. Die gewinnbringende Anwendung dieser Methode setzt allerdings einiges an Arbeitsdisziplin voraus, denn nach jedem erfolgreichen Arbeitsabschnitt sollte der aktuelle Stand des Dokumentes mit dem Befehl *Sichern* oder *Sichern unter* abgespeichert werden. Der Einsatz dieser Methode ist also immer dann angebracht, wenn eine ganze Arbeitsphase rückgängig gemacht werden soll. Der Aufwand des Zwischenspeicherns lohnt sich in jedem Fall, denn er erspart nicht nur aufwendiges Rekonstruieren älterer Bearbeitungsstufen, er beugt auch einem Datenverlust durch nicht vorhersehbare Umstände vor.

Für die Anwendung der Sonderform des Befehls *Alte Fassung*, die nur die Änderungen seit der letzten automatischen Zwischenspeicherung von PageMaker zurücknimmt, ist vor entscheidenden Arbeitsphasen lediglich ein kurzer Seitenwechsel nötig, der eine Zwischenspeicherung zur Folge hat. Auf diese Weise läßt sich der Aufruf eines der beiden Speichern-Befehle umgehen, und trotzdem bleiben alle Möglichkeiten zur Befehlsrücknahme offen.

Bildschirmanzeige

PageMakers Arbeitsbildschirm ist dem Leser bereits als interaktive Schnittstelle zwischen Benutzer und Programm bekannt. Im folgenden soll die Bildschirmanzeige noch stärker unter dem Aspekt einer Anwender-Programm-Schnittstelle betrachtet werden. Es wird dabei gezeigt, wie die auf bestimmte Arbeitsabläufe angepaßte Darstellung auf dem Bildschirm die Arbeitsgeschwindigkeit optimieren kann.

Textdarstellung

Der Adobe TypeManager erweitert die Benutzeroberfläche des Macintosh und die meisten darauf ablaufenden Programme, so auch PageMaker, um die Möglichkeit, Text so darzustellen, wie er auch nach einem Ausdruck erscheint (dasselbe Ergebnis wie der TypeManager bei PostScript-Schriften liefert, ist durch die TrueType-Technologie unter System 7 auch mit TrueType-Fonts gegeben). Seit Jahren werben viele Programmentwickler mit dem Schlagwort WYSIWYG (What You See Is What You Get), das sie für die Bildschirmdarstellung ihrer Programme in Anspruch nehmen wollen. Nicht einmal PageMaker kann bei installiertem TypeManager dem Hintergrund des Begriffs WYSIWYG gerecht werden. Doch die Darstellungsqualität kommt, zumindest was die Textdarstellung betrifft, diesem Anspruch schon recht nahe. Doch gibt es einige Einschränkungen, die für erfolgreiches Arbeiten unbedingt beachtet werden sollten.

Trotz installiertem TypeManager wird für extrem klein dargestellte Textzeilen auf dem Bildschirm ein grauer Balken angezeigt, der eine Wirkung ähnlich einer Layoutskizze vermittelt. Der Balken läßt natürlich nicht den Text selber erkennen, er vermittelt jedoch einen guten Überblick über Verteilung der Textzeilen auf der Seite. Erkennbar sind dabei alle wesentlichen Absatzformatierungen wie Zeilenausrichtung, Absatzeinzüge, Zeilen- und Absatzabstand.

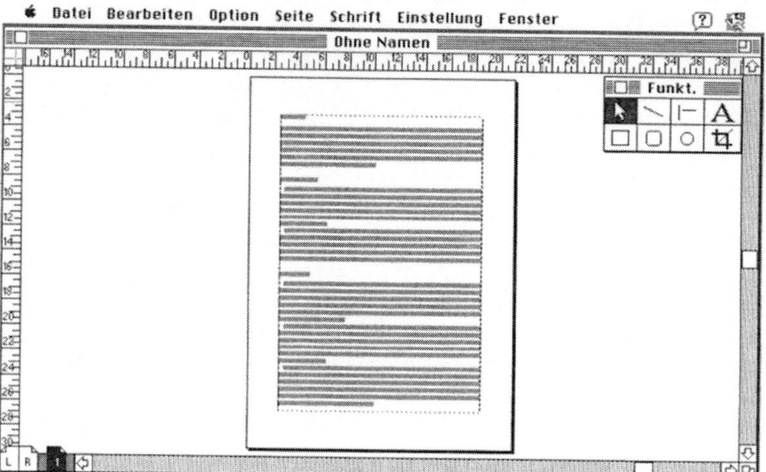

Die Darstellung skizzierter Schrift im Layoutmodus

Mit der Option *Skizzieren unter* im Dialogfeld *Vorgaben wählen* kann ein Wert vorgegeben werden, der bestimmt, unterhalb welcher Zeichengröße skizziert werden soll. Der anzugebende Wert versteht sich als Zeichengröße in Bildschirmpunkten. So bedeutet beispielsweise ein Wert von 9 Punkten, daß alle Zeichen, die in vertikaler Ausdehnung aus weniger als 9 Bildschirmpixeln aufgebaut würden, skizziert werden. Der Wert läßt sich so niedrig einstellen, daß die Skizzierung weitgehend unterdrückt wird. Der TypeManager stellt die Zeichen dann auch in sehr kleinen Zeichengrößen als Textzeichen dar.

Vorgaben wählen
OK
Abbrechen
Layoutmodus:
Einheitensystem: Millimeter
Senkrechtes Lineal: Millimeter Point Andere...
Skizzieren unter: 4 Pixel
Hilfslinien: Vorne / Hinten
Bildschirmdarstellung: Grau / Normal / Hohe Auflösung
Layoutprobleme anzeigen: Buchstabenabstände / Absatzoptionen
Textmodus:
Schriftgrad: 12 Point
Speicheroption: Schneller / Besser
Schriftart: Chicago

Das Dialogfeld ***Vorgaben wählen***

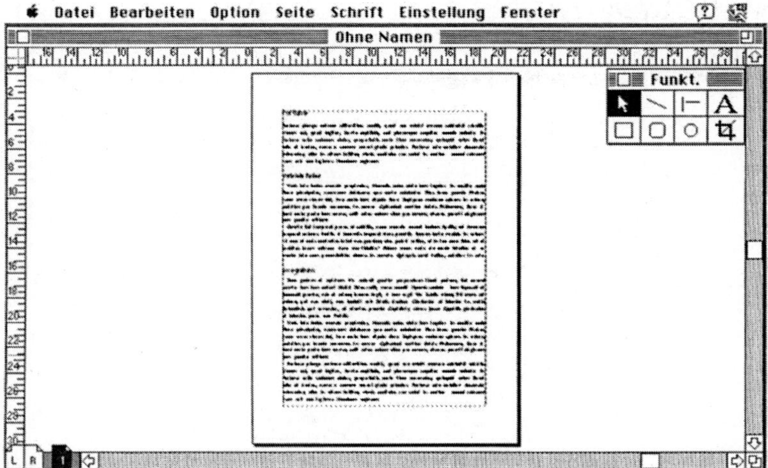

Die Darstellung nicht skizzierter Schrift kleiner Größe im Layoutmodus

Achtung: ATM kann nicht unbegrenzt viele Schriften verwalten. Wenn Sie jedoch zusätzlich zum TypeManager noch ein Fontmanagement-Programm wie beispielsweise Suitcase benutzen, sollte sich die Begrenzung in der Regel nicht bemerkbar machen. Und wenn Sie doch mal einen Schriftenkatalog erstellen wollen, dann können Sie ihn ja auf mehrere Dokumente aufteilen.

Textdarstellung im Textmodus

Die WYSIWYG-Anzeige ist innerhalb eines Textfensters weitgehend außer Kraft gesetzt. Trotzdem ist für die Darstellung innerhalb des Textmodus ebenfalls der TypeManager aktiv. Da nun die Algorithmen für die Zeichengenerierung des TypeManagers primär auf Arbeitsgeschwindigkeit optimiert sind, sehen die Zeichen in kleinen Schriftgraden auf dem Bildschirm nicht ganz so gleichmäßig geformt aus, wie ein vergleichbarer »von Hand« optimierter Bitmap-Font. Gerade für die Textdarstellung innerhalb der Textfenster sollte daher eine Schriftart und -größe gewählt werden, die unter Berücksichtigung des eingesetzten Bildschirms ein gutes Lesegefühl vermittelt. Wenn für die gewünschte Schriftart- und -größenkombination ein Original Bitmap-Font installiert ist, dürfte die Darstellung optimal sein. Anwender von Bildschirmen mit größerer Auflösung als auf einem 13"-Bildschirm können eine großzügige Schriftgröße von etwa 12 Point einstellen. Sie erhalten dadurch einerseits eine gut lesbare Schrift und es werden immer noch ausreichend viele Zeichen pro Zeile und Zeilen pro (Bildschirm-)Seite angezeigt. Problematischer ist da die Abstimmung bei 13"-Bildschirmen. Sie werden einen Kompromiß aus lesbarer Schriftgröße und ausreichender Zeichenanzahl pro Zeile eingehen müssen. Ein wenig Einfluß kann auch über die gewählte Schriftart ausgeübt werden. Natürlich spielt bei der Auswahl der geeigneten Schrift auch der persönliche Geschmack eine nicht unwesentliche Rolle, so daß über die Empfehlungen hinaus, Experimente mit den verfügbaren Schriften auch zu anderen Einstellungen führen können.

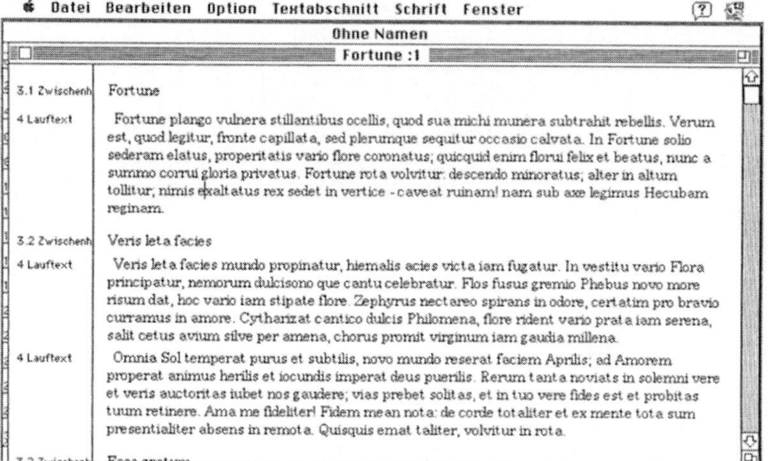

Die Wahl der Schrift für die Darstellung im Textmodus beeinflußt den Lesekomfort

*Die Einstellungen im Dialogfeld **Vorgaben wählen***

Die nötigen Einstellungen zur Auswahl der Schriftart und -größe innerhalb des Textmodus lassen sich im Dialogfeld des Befehls *Vorgaben wählen* unter der Option *Textmodus* vornehmen.

Grafik

PageMaker ist als Seitenlayoutprogramm stark darauf angewiesen, die unterschiedlichsten Formen von Bildern und Grafiken verarbeiten zu können. Hinsichtlich der Bildschirmanzeige und der Druckmöglichkeiten ist das Programm bestens gerüstet. So werden alle farbigen Grafiken auch farbig auf dem Bildschirm dargestellt. Einschränkungen gibt es nur durch die eingesetzte Grafikkarte bzw. durch den angeschlossenen Bildschirm. Grundsätzlich kann PageMaker sogar TIFF-Bilder mit einer Farbtiefe von 24 Bit (gleich 16 Millionen Farben) anzeigen.

Aber auch Bilder aus »nur« 16 oder 256 Farben beanspruchen für die Bildschirmdarstellung ein hohes Maß an Prozessorleistung. Dies macht sich im stark verzögerten Bildaufbau bei den Seiten bemerkbar, auf denen farbige Bilder oder Grafiken positioniert sind. Um in Arbeitsphasen, die eine genaue Beurteilung von Grafiken auf dem Bildschirm nicht unbedingt erforderlich machen, ein Optimum an Arbeitsgeschwindigkeit erzielen zu können, haben die Programmentwickler an eine Möglichkeit gedacht, die Darstellungsqualität von Bildern vorübergehend zu mindern. Im Dialogfeld *Vorgaben wählen* läßt sich einer von drei unterschiedlichen Darstellungsmodi für Grafiken vorgeben. Die Option *Grau* bewirkt, daß alle Grafiken als graue Fläche angezeigt werden. Diese Einstellung garantiert höchste Verarbeitungsgeschwindigkeit. Die Einstellung *Normal* ist ein Kompromiß aus mittlerer Darstellungsqualität und noch guter Verarbeitungsgeschwindigkeit. Mit der Option *Hohe Auflösung* werden Bilder (in Abhängigkeit von der Bildschirmvergößerung) in ihrer tatsächlichen Auflösung angezeigt. Die Wirkung der unterschiedlichen Modi ist in der Abbildung auf der folgenden Seite verdeutlicht.

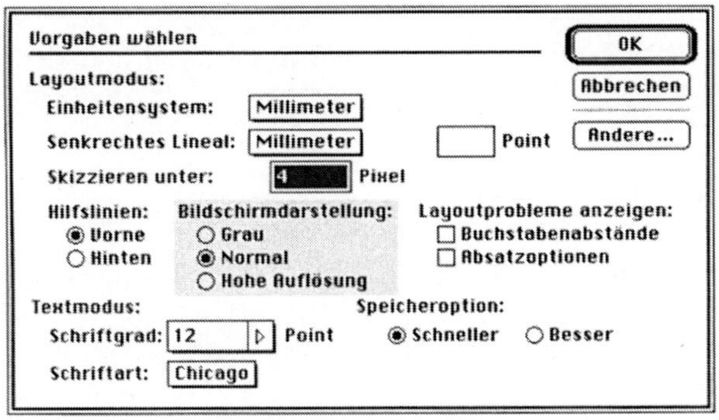

*Die Einstellungen im Dialogfeld **Vorgaben wählen** ...*

... und ihre Wirkung

Zoom

Die Darstellungsgrößenbefehle des Menüs *Seite* sind neben den anderen Positionierhilfen von PageMaker das wohl wichtigste Instrument zum präzisen Anordnen der unterschiedlichen Elemente einer Seite. Eine stark vergrößerte Darstellung beispielsweise erleichtert wesentlich die Beurteilung des Zeichenausgleichs bei großen Schriften.

Der Anwender kann von der Darstellung der gesamten möglichen Arbeitsfläche (von 1155 x 1155 mm) über mehrere Verkleinerungsstufen und über die Darstellung in Originalgröße bis zu einer 4fachen Vergrößerung (400%) zoomen. Dazwischen ist noch eine Darstellungsgröße, die die gesamte momentan bearbeitete Seite anzeigt. Die Auswahl der einzelnen Vergrößerungsstufen erfolgt über die Befehle im Menü *Seite* bzw. über deren Tastaturkürzel.

Tip: Darstellungsgrößen mit Mausklick wechseln

Zu einigen Vergrößerungsstufen kann auch durch Mausklick gewechselt werden: Der Wechsel zur *Originalgröße* erfolgt durch einen Mausklick bei gedrückter Befehls- und Wahltaste. Dabei wird auf den mit der Maus angeklickten Bereich gezoomt. Wird diese Tastenkombination bei der Anzeige in *Originalgröße* angewendet, wechselt PageMaker zur Dastellungsgröße *Ganze Seite*. Die *Vergrößerung auf 200%* kann durch einen Mausklick bei gedrückter Befehl-, Wahl- und Umschalttaste eingestellt werden. Dabei wird wieder auf den mit der Maus angeklickten Bereich gezoomt.

Achtung: Die Anzeige der gesamten Arbeitsfläche kann nur über den Befehl *Ganze Seite* bei gedrückt gehaltener Umschalttaste aktiviert werden.

Tip: Maximale Anzeigefläche

Für Präsentationen auf dem Bildschirm ist es wünschenswert, die Bildschirmfläche für die Anzeige optimal auszunutzen. Alle optionalen Bedienungs- und Anzeigeelemente lassen sich ausblenden, um über ein Maximum an Darstellungsfläche zu verfügen. Dazu sollten im Menü *Option* die Anzeige der Lineale und Hilfslinien ausgeschaltet werden und im Menü *Fenster* die Darstellung des Funktionenfensters, der Farbpalette, der Rollbalken, des Druckformatfensters und der Kontrollpalette. Zudem kann noch mit dem Erweiterungsfeld die maximale Fenstergröße eingestellt werden.

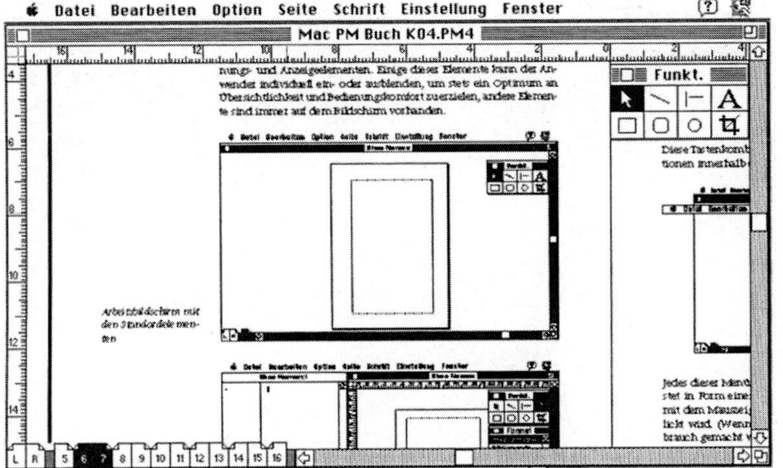

Die Darstellungsgrößen, die auch mit einem Mausklick aktiviert werden können:

Ganze Seite

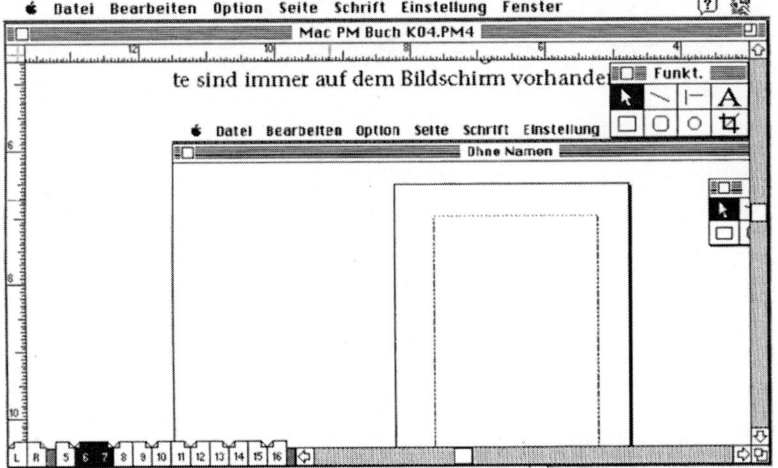

Originalgröße

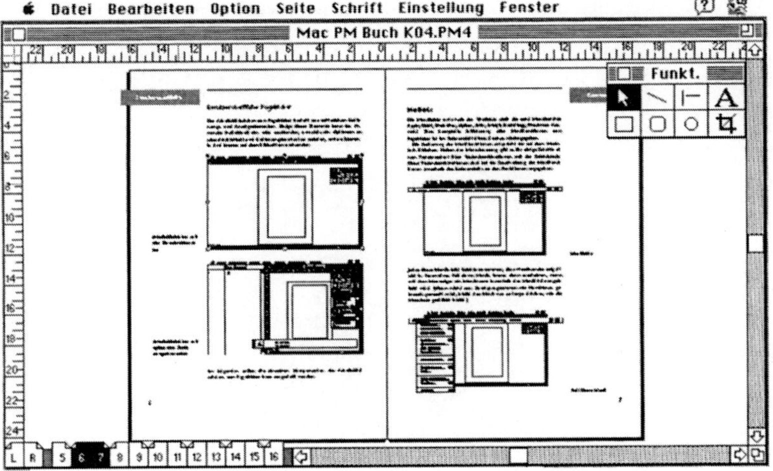

Vergrößerung auf 200%

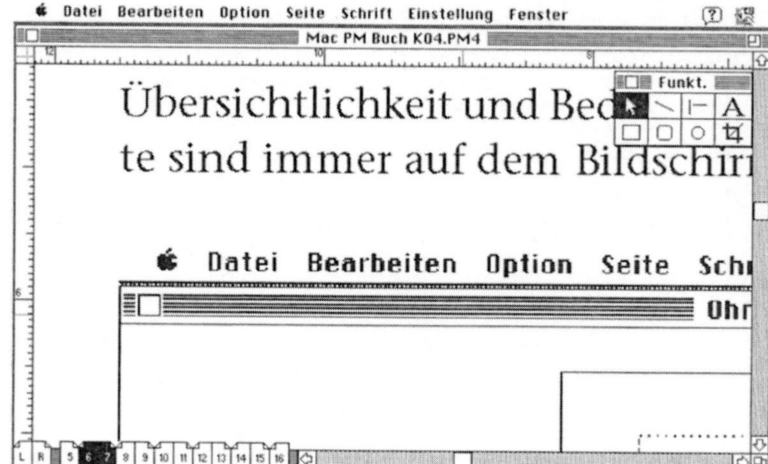

... und die Extreme des Makro- und Mikrobereichs:

Vergrößerung auf 400%

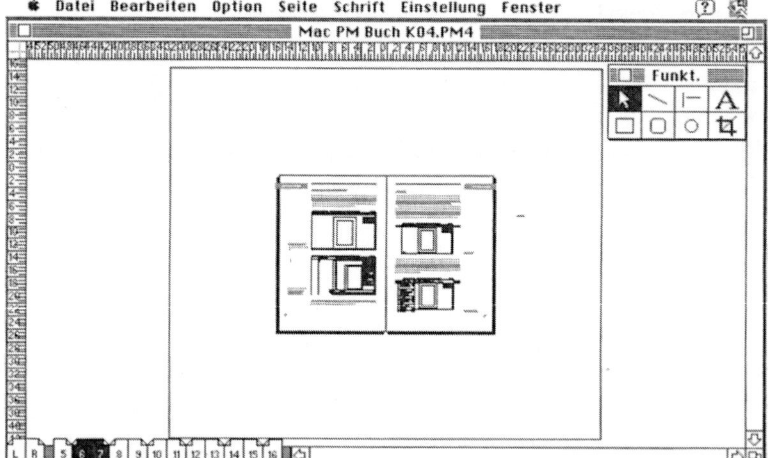

Montagefläche

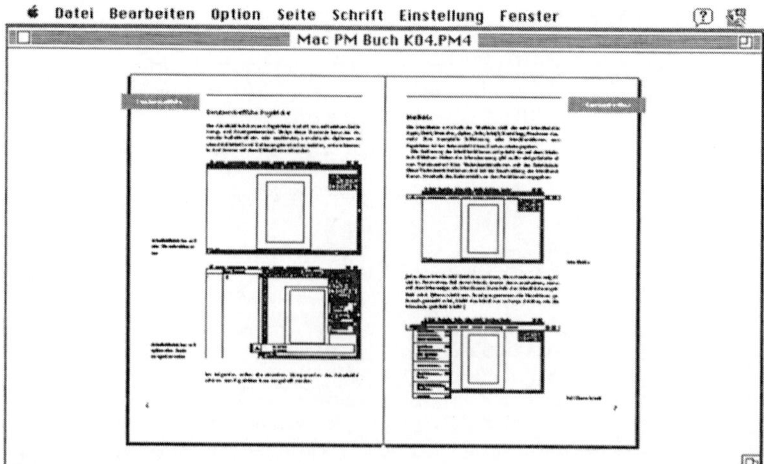

Maximale Anzeigefläche durch Ausblenden aller optionalen Bildschirmelemente

Die mit einem der Befehle aus dem Menü *Seite* gewählte Darstellungsgröße gilt normalerweise nur für die bei Auswahl des Befehls auf dem Bildschirm angezeigte Seite der Satzdatei. Wird bei Aufruf des Befehls für die gewünschte Darstellungsgröße aber gleichzeitig die Wahltaste gedrückt, wirkt sich der Befehl auf alle Seiten der Satzdatei aus. Zuvor auf den einzelnen Seiten unterschiedlich eingestellte Darstellungsgrößen werden also aufgehoben. Dies ist besonders sinnvoll vor dem automatischen Durchblättern der Satzdatei mit dem Befehl *Seite anzeigen*.

Tip: Einheitliche Darstellungsgröße für alle Seiten der Satzdatei wählen

Scrollen und Autoscrollen

Eine Eigenschaft von PageMaker erleichtert erheblich das Bearbeiten von Objekten bei optimaler Bildschirmvergrößerung. Immer wenn durch das Neukonstruieren bzw. Bearbeiten von Objekten mit dem Mauszeiger der Fensterrand erreicht wird, wird automatisch der Ausschnitt in die entsprechende Richtung verschoben. Auf diese Weise kann die Bildschirmvergrößerung immer so eingestellt sein, daß eine gute Kontrolle des Objektes bzw. seiner Position gewährleistet ist. Verkleinernde Bildschirmdarstellungen werden nur zur Beurteilung der gesamten Seite benötigt.

Um den sichtbaren Ausschnitt zu verschieben, ohne daß dabei irgendein Element bearbeitet werden soll, werden die Rolleisten verwendet, die in ihrer Funktionsweise dem Mac-Standard entsprechen. Außerdem läßt sich der Bildschirmausschnitt mit der sogenannten PageMaker-Hand beliebig verschieben. Dazu wird bei gedrückter Wahltaste in das Arbeitsfenster geklickt und der Fensterinhalt dann wie gewünscht verschoben. Wird gleichzeitig auch noch die Umschalttaste gedrückt, verschiebt sich der Fensterinhalt nur waagerecht oder senkrecht, je nachdem, in welche Richtung die erste Bewegung erfolgte. Diese Methode eignet sich besonders dann, wenn mit dem Befehl *Rollbalken* aus dem Menü *Fenster* die Anzeige der Rollbalken ausgeschaltet worden ist.

Lineale

Die Lineale von PageMaker sind, anders als ihre namensgebenden Vorbilder, weniger dazu geeignet, Strecken zu messen oder Geraden zu ziehen. Sie geben vielmehr einen Überblick über die Absolutkoordinaten auf einer Seite. Die linke obere Ecke einer Einzelseite liegt im Ursprung der Lineale (0 Millimeter horizontal und 0 Millimeter vertikal). So sind alle Positionen auf der Seite definiert als Abstände von der linken oberen Blattecke in horizontaler und vertikaler Richtung. Bei Doppelseiten liegt der Ursprung in der linken oberen Ecke der rechten Seite. Die Skalen für die linke Seite einer Doppelseite messen dann die Abstände von der rechten oberen Seitenecke. Die Seitenkoordinaten orientieren sich also am Bundsteg. Die Anzeige der Lineale kann auch ausgeschaltet werden, wenn beispielsweise eine maximale Anzeigefläche auf dem Bildschirm erforderlich ist. Der dazu notwendige Befehl ist der Befehl *Lineale* im Menü *Option*.

Die Lineale geben auch bei stark vergrößerter Bildschirmdarstellung eine gute Übersicht über die Lage des angezeigten Objektes in bezug auf die Gesamtseite. In Verbindung mit der Linealpositionierhilfe offenbart sich die Stärke der Lineale. Die Lineale sorgen für die Übersicht über die Absolutposition aller Elemente auf einer Seite. Und die Linealpositionierhilfe hilft beim Positionieren auf beispielsweise ganze Millimeter oder halbe Millimeter, je nach eingestellter Darstellungsgröße.

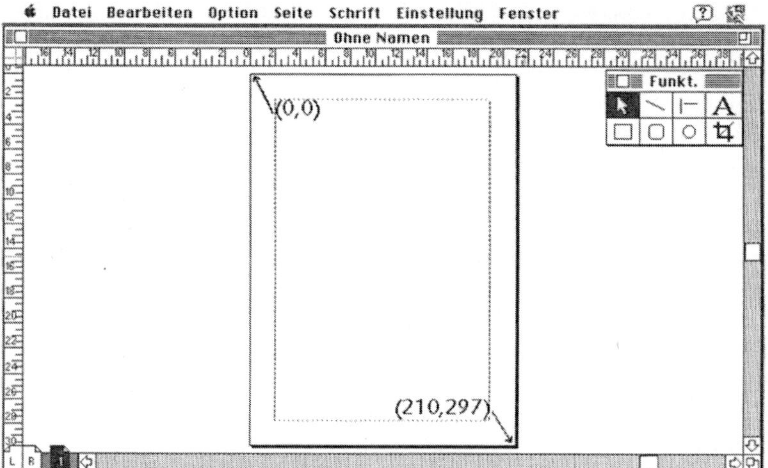

Koordinaten einer Dokumentseite

Einheiten für Lineale ändern

Ein wichtiger Aspekt für den Umgang mit den Linealen als Positionierhilfe ist die Möglichkeit, die Einheiten für die Lineale der jeweiligen Anwendung anzupassen. Dabei läßt sich sogar für das senkrechte Lineal eine Einheit einstellen, die von der Einheit des horizontalen Lineals abweicht. Das Instrument für die Einheitenwahl der Lineale ist im Dialogfeld *Vorgaben wählen* implementiert.

Vorgaben wählen
OK
Abbrechen
Andere...
Layoutmodus:
Einheitensystem: Millimeter
Senkrechtes Lineal: Vorgabe 12 Point
Skizzieren unter: 4 Pixel
Hilfslinien: Vorne, Hinten
Bildschirmdarstellung: Grau, Normal, Hohe Auflösung
Layoutprobleme anzeigen: Buchstabenabstände, Absatzoptionen
Textmodus:
Schriftgrad: 12 Point
Schriftart: Helvetica
Speicheroption: Schneller, Besser

Das Dialogfeld **Vorgaben wählen**

Dort kann unter *Einheitensystem* eine Art globale Einheit für alle nicht-typographischen Angaben eingestellt werden. Und unter *Senkrechtes Lineal* wird die Einheit des senkrechten Lineals bestimmt. Zur Auswahl stehen in beiden Fällen die Einheiten *Millimeter, Zoll, Dezimal-Zoll, Pica* und *Cicero*. Für das senkrechte Lineal kann darüber hinaus auch die Einheit *Point* ausgewählt werden, wenn aus der Einheitenliste *Vorgabe* ausgewählt wird. Im dahinterliegenden Feld kann dann ein Wert in Point angegeben werden, der die Abstände der einzelnen Teilstriche bestimmt. Auf diese Weise lassen sich die Teilstriche des Lineals beispielsweise dem Zeilenabstand anpassen.

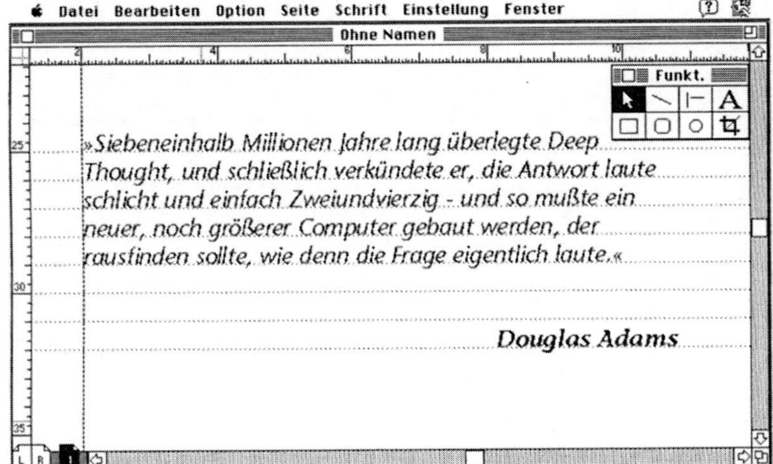

Die Linealteilstriche entsprechen dem Zeilenabstand

Ursprung neu bestimmen

Die Flexibilität der Lineale wird wesentlich von der Möglichkeit erweitert, den Ursprung der Lineale auf jede beliebige Position einer Seite zu fixieren. Dies wird mit dem Linealursprungsfeld im Schnittpunkt der beiden Linealskalen ausgeführt. Nach Anklicken dieser Markierung, kann bei gedrückt gehaltener Maustaste der Ursprung frei über die Seite bewegt werden. Während des Verschiebens markiert ein Fadenkreuz die momentane Position des Ursprungs. Beim Lösen der Maustaste wird der Ursprung an der aktuellen Position des Fadenkreuzes fixiert.

Der Ursprung kann an seiner Standardposition oder auch an jeder neu eingestellten Position gegen ein versehentliches Verschieben gesichert werden. Mit dem Befehl *Nullpunktfestlegung* aus dem Menü *Option* kann der momentane Linealursprung fixiert oder wieder für eine Bearbeitung freigegeben werden. Bei gesichertem Nullpunkt ist das Feld im Schnittpunkt der beiden Lineale leer.

Der Nullpunkt kann auch ganz einfach wieder in seine Standardposition zurück gebracht werden: Zweimaliges Klicken auf das Linealursprungsfeld im Schnittpunkt der beiden Linealskalen bringt den Nullpunkt wieder zurück.

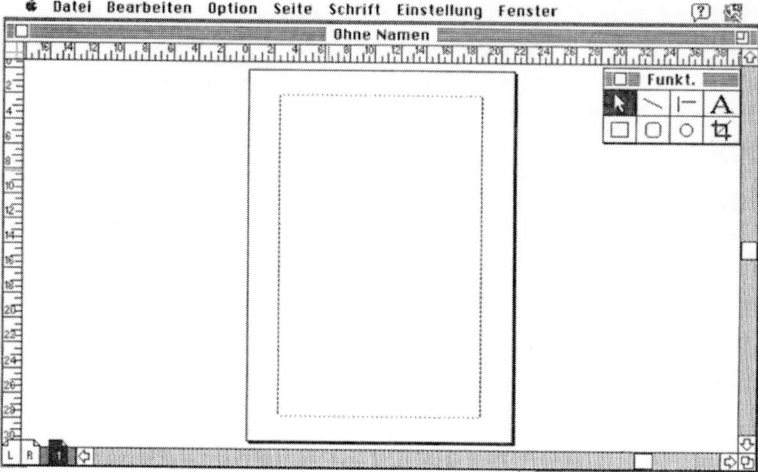

Der in der oberen linken Seitenecke liegende Linealursprung ....

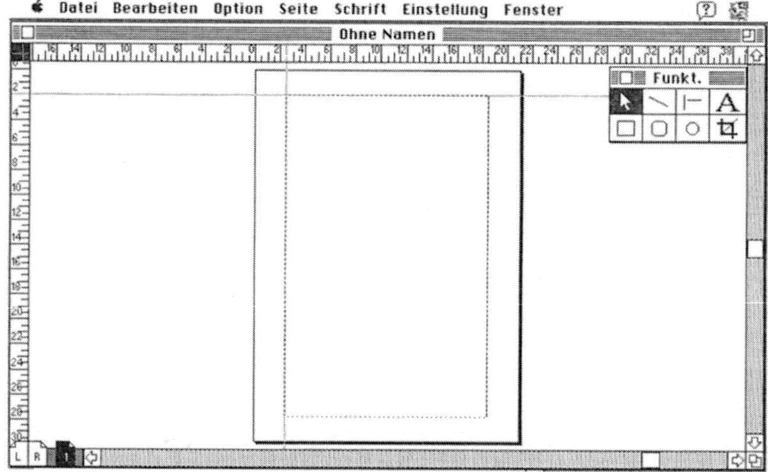

... wird durch Anklikken der Ursprungsmarkierung beliebig verschoben ...

... und durch Lösen der Maustaste neu fixiert

Achtung: Die Einstellungen für die Lineale wie Skaleneinheiten und Ursprung haben global im gesamten Dokument ihre Gültigkeit. Änderungen an den Linealeinstellungen wirken sich somit auf alle Seiten des Dokumentes aus.

Tip: Ursprung in den Satzspiegel legen

Für viele Arbeitssituationen kann es sinnvoll sein, daß der Linealnullpunkt nicht als Seitenecke, sondern als Ecke des Satzspiegels definiert ist. Die Lineale zeigen dann nicht mehr die Position der Seitenelemente relativ zur gesamten Seite, sondern relativ zum Satzspiegel an.

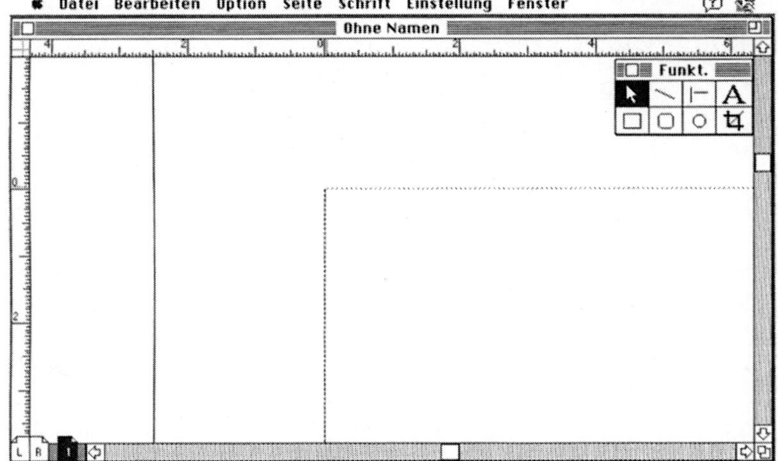

Der Linealnullpunkt ist fixiert auf die linke obere Ecke des Satzspiegels

Tip: Relatives Positionieren

Wenn mehrere Objekte relativ zu einem bereits korrekt positionierten Objekt ausgerichtet werden sollen, können Sie den Linealursprung vorübergehend auf eine Ecke des Bezugobjektes legen. Alle übrigen Objekte lassen sich dann durch einfaches Ablesen der Abstände an den Linealskalen relativ zum Bezugsobjekt ausrichten.

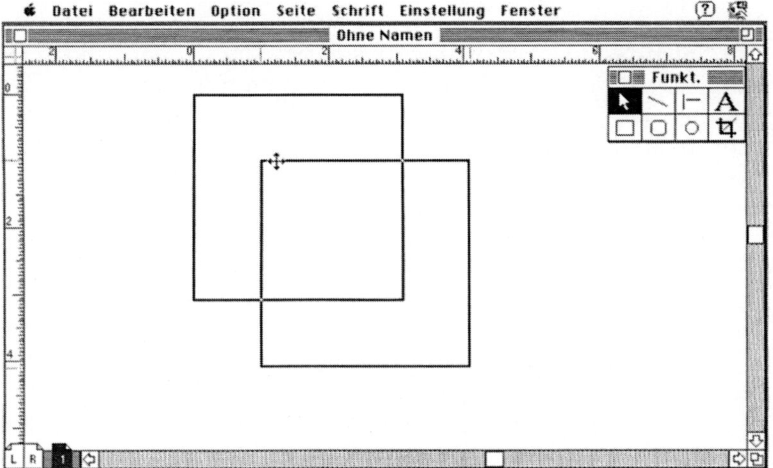

Relatives Positionieren wird erleichtert, wenn der Linealursprung im Bezugsobjekt fixiert wird

Linealpositionierhilfe

Die Linealpositionierhilfe sorgt für schnelles und doch genaues Arbeiten. Die aktivierte Linealpositionierhilfe (mit dem Befehl *Linealpositionierhilfe* aus dem Menü *Option*) zwingt den Mauszeiger auf die Positionen der Seite, die den Teilstrichen der Lineale entsprechen. Durch eine geschickte Wahl der Darstellungsgröße (mit den entsprechenden Befehlen aus dem Menü *Seite*) lassen sich viele Operationen wie Skalieren oder Positionieren präzisieren. Die Wahl der geeigneten Darstellungsgröße ist deshalb von Bedeutung, da die Positionierhilfe nur die jeweils sichtbaren Teilstriche der Linealskalen berücksichtigt. So wird bei Darstellung in Originalgröße eine Millimeterskala angezeigt. Bereits ab der 200%-Vergrößerung erscheinen auch die Teilstriche für halbe Millimeter. Die Einstellung *Ganze Seite* liefert (bei A4-Seitenformat und auf einem 13"-Bildschirm) lediglich Teilstriche im Abstand von 5 Millimetern.

Achtung: Nach dem Einstellen der Skaleneinheiten und der richtigen Darstellungsgröße sollte nicht vergessen werden, die Positionierhilfe auch mit dem Befehl *Linealpositionierhilfe* oder der Tastenkombination <Befehl><R> zu aktivieren. Die aktivierte Positionierhilfe wirkt sich auch dann aus, wenn die Anzeige der Lineale ausgeschaltet ist.

Tip: Ungenauigkeiten bei metrischen Maßen

Besonders bei geringen Druckerauflösungen (unter 150 dpi) kann es zu Ungenauigkeiten beim Ausdruck kommen, wenn den Linealen das metrische Maß Millimeter zugrunde liegt. Die für das Drucken notwendige Umrechnung von Millimeter in Zoll ist verantwortlich für diese »Rundungsfehler«. Sie lassen sich jedoch einfach vermeiden, wenn schon beim Zeichnen die Einheit Zoll verwendet wird.

Hilfslinien

Im engen Zusammenhang zu den Linealen als Layouthilfen stehen die Hilfslinien. Sie sind eine grafisch orientierte Zeichenhilfe, die die Eigenschaften der Lineale und der Linealpositionierhilfe in sich vereinen. Realisiert sind die Hilfslinien durch horizontal oder vertikal verlaufende Linien innerhalb der Seitenbegrenzungen eines Dokumentes. Einerseits helfen die Hilfslinien allein durch ihre Darstellung auf dem Bildschirm. Darüber hinaus wirken die Hilfslinien beim Neuanlegen und Positionieren von Objekten sozusagen »magnetisch«. Sie ziehen nämlich (wenn sie entsprechend aktiviert sind) Objekte in ihrer Nähe an, so daß die Objekte sowohl beim Neuerzeugen als auch beim Bearbeiten bevorzugt genau auf diesen Linien positioniert werden.

PageMaker unterscheidet zwei Arten von Hilfslinien. Die Linealhilfslinien sind vertikal oder horizontal verlaufende Linien, die vom Anwender individuell angelegt werden müssen. Die Spaltenhilfslinien dagegen werden vom Programm nach Angabe der Spaltenanzahl und des Spaltenabstandes auf eine Seite eingefügt. PageMaker-Anwender mit Farbbildschirmen kommen in den Genuß, die Linealhilfslinien farblich abgesetzt zu sehen. Die Linealhilfslinien werden in Cyan dargestellt und die Spaltenhilfslinien in Blau (die Steghilfslinien, mit denen über das Dialogfeld *Seitenlayout* der Satzspiegel der Dokumentseiten definiert wird, erscheinen als schwarze Linien). Die Definition aller Hilfslinien ist seitenorientiert, so daß auf jeder Dokumentseite unterschiedliche Hilfslinien verwendet werden können. Hilfslinien, die auf sämtlichen Seiten eines Dokumentes benötigt werden, lassen sich auf den Standardseiten anlegen.

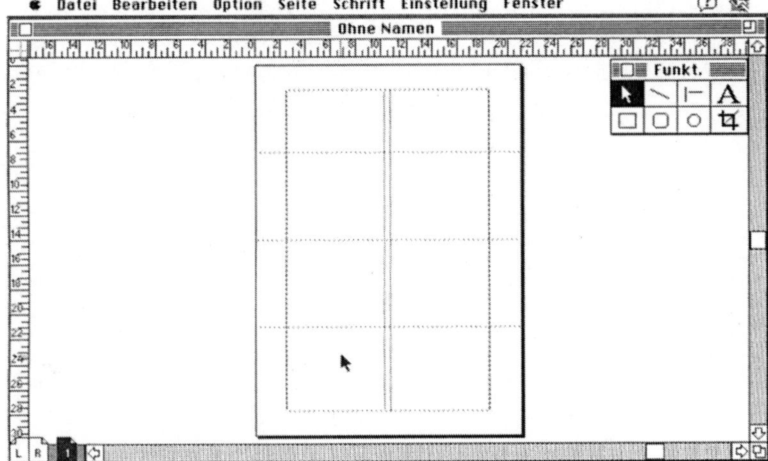

Hilfslinien auf einer Dokumentseite

Hilfslinien setzen

Die Methode zum Erzeugen von Linealhilfslinien erlaubt das einfache, intuitive Setzen von Hilfslinien mit dem Mauszeiger. Voraussetzung hierbei ist, daß die Anzeige der Lineale aktiviert ist. Der Mauszeiger wird in einem der Lineale positioniert und mit gedrückt gehaltener Maustaste in das Zeichenfenster bewegt. Dabei wird innerhalb des Zeichenfensters eine Linie sichtbar, die der Mausbewegung folgt. Sobald die Maustaste losgelassen wird, ist die neue Hilfslinie fixiert. Das Bewegen vom horizontalen Lineal am oberen Rand des Arbeitsfensters erzeugt horizontal verlaufende Hilfslinien, das Ziehen vom vertikalen Lineal aus erzeugt senkrechte Linien. Das exakte Positionieren wird durch die Koordinatenanzeige des Mauszeigers in den Linealen und durch die Linealpositionierhilfe, die beim Erzeugen von Hilfslinien aktiviert sein sollte, erleichtert. Noch genauer lassen sich die Hilfslinien mit Hilfe der Kontrollpalette positionieren, auf der die exakte Position numerisch angezeigt wird.

Die Spaltenhilfslinien werden mit dem Befehl *Spaltenhilfslinien* aus dem Menü *Option* gesetzt. Nach Aufruf des Befehls erscheint ein Dialogfeld, in dem sich die Spaltenanzahl und der Spaltenabstand vorgeben läßt. Nach Eingabe der gewünschten Werte und Anklicken der OK-Schaltfläche berechnet PageMaker aus den Vorgaben und den im Dialogfeld *Seite einrichten* definierten Stegbreiten die genaue Position der Hilfslinien.

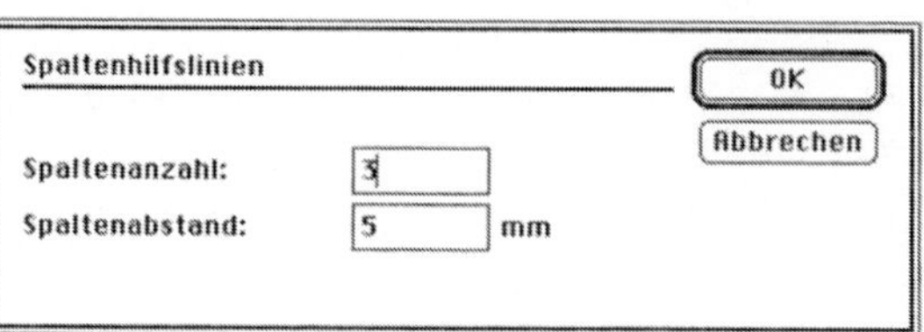

*Die Einstellungen im Dialogfeld **Spaltenhilfslinien** ...*

... und das resultierende Ergebnis

Tip: Unterschiedliche Spaltenabstände

Das Dialogfeld *Spaltenhilfslinien* bietet nur Spalten mit gleichem Abstand an. Für unterschiedliche Abstände zwischen den einzelnen Spalten hilft ein kleiner Trick weiter. Zuerst werden im Dialogfeld *Spaltenhilfslinien* die benötigten Spalten eingerichtet, wobei als Spaltenabstand der kleinst benötigte Spaltenabstand eingegeben wird. Für ein Spaltenzwischenräume, die größer als der minimale Spaltenzwischenraum werden sollen wird dann wie folgt vorgegangen. Bei ausgeschalteter Positionierhilfe wird im Spaltenzwischenraum, genau in der Mitte zwischen den beiden Spaltenhilfslinien, eine dünne senkrechte Linie gezogen. Anschließend wird die Linie mit der Zeigefunktion markiert und der Befehl *Konturenführung* aus dem Menü *Einstellung* aufgerufen. Dort wird unter *Textbehandlung* eine rechteckige Konturenführung (2. Symbol) und unter *Bildbehandlung* das Umfließen (3. Symbol) gewählt. In die Felder *Links* und *Rechts* wird jeweils der halbe Wert des benötigten Zwischenraums eingegeben. Auf diese Weise umfließt der Text die Linie mit dem gewünschten Abstand. Zuletzt erhält die Linie die Dicke *Keine*, so daß sie nicht mehr sichtbar ist, aber dennoch ihre Wirkung hat.

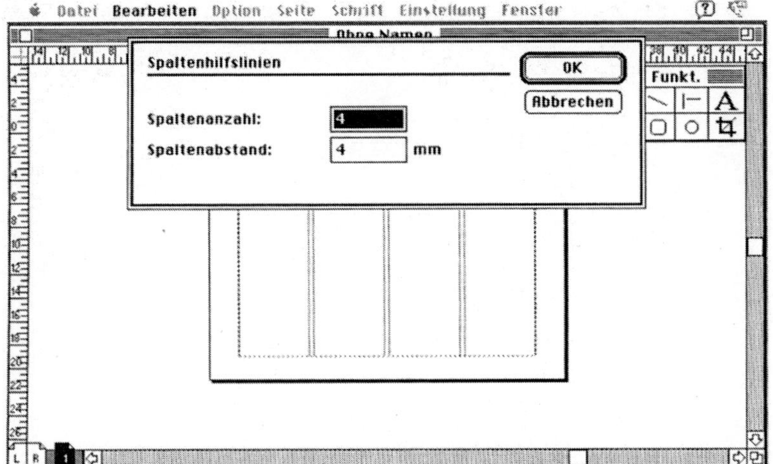

Die Spalten werden mit dem ninimal benötigten Spaltenabstand eingerichtet

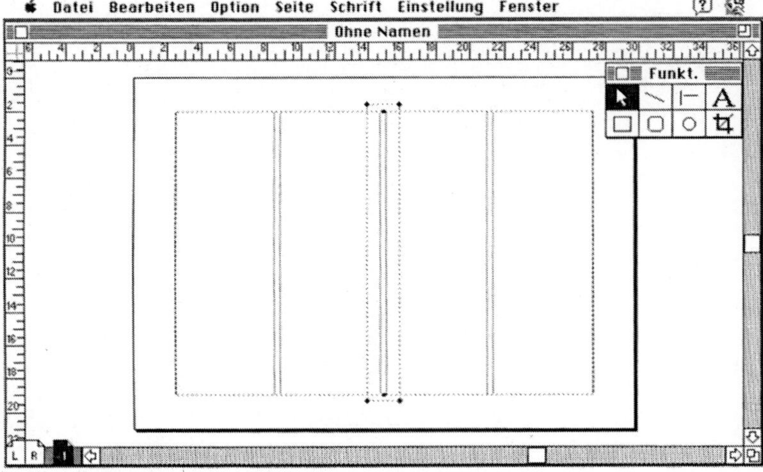

Zwischen die Spalten werden unsihctbare Linien mit einer Konturenführung im gewünschten Abstand gesetzt

Hilfslinien aktivieren

Die gesetzten Hilfslinien müssen noch aktiviert werden, damit sie ihre Wirkung als Positionierhilfe zeigen. Dazu dient der Befehl *Positionierhilfe* im Menü *Option*.

Hilfslinien verschieben

Jede Hilfslinie kann jederzeit an eine andere Position verschoben und auch wieder gelöscht werden. Eine angeklickte Hilfslinie läßt sich bei gedrückt gehaltener Maustaste beliebig verschieben. Beim Verschieben einer Spaltenhilfslinie wird nur die Spaltenbreite geändert, der Spaltenabstand bleibt konstant. Dies wird dadurch erreicht, daß sich nach der Auswahl einer Spaltenhilfslinie immer auch die benachbarte Spaltenhilfslinie mitverschiebt. Das bedeutet, daß durch das Ändern einer

Spalte in der Regel die danebenstehende ebenfalls geändert wird. Auch hier wird wieder auf den Linealen und in der Kontrollpalette die Position der Spaltenhilfslinie angezeigt.

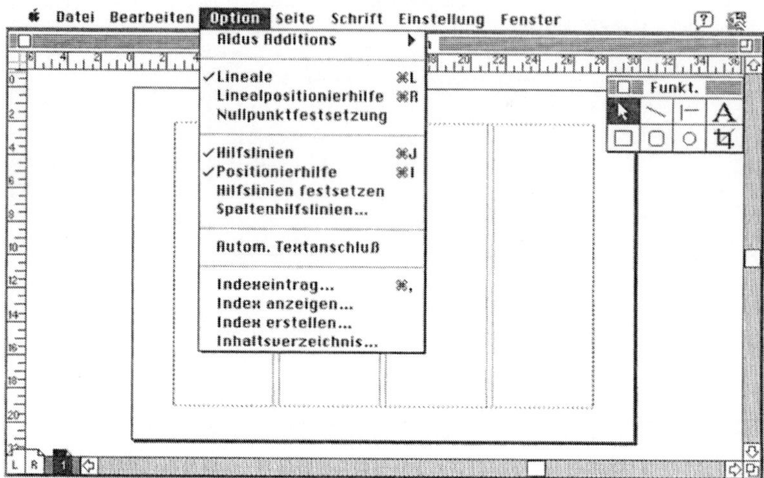

Die Hilfslinien müssen »magnetisiert« werden

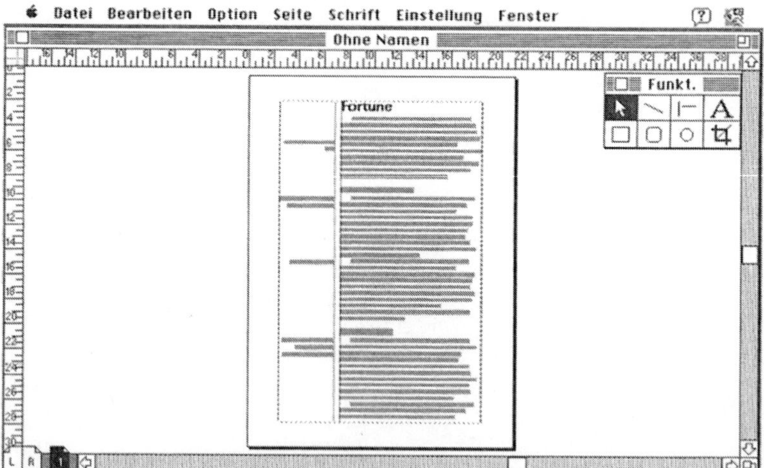

Durch das Verschieben von Spaltenhilfslinien lassen sich auch unsymmetrische Spaltenlayouts realisieren

Oftmals passiert es, daß bei der Arbeit versehentlich eine Hilfslinie verschoben wird. Das muß keine weiteren Folgen haben, wenn sofort bemerkt wird, daß eine Hilfslinie anstelle eines Elementes verschoben wurde. Mit dem Befehl *Rückgängig* aus dem Menü *Bearbeiten* kann der Fehler leicht wieder korrigiert werden. Wenn der Befehl die Fehlerkorrektur ermöglicht, erscheint in der entsprechenden Menüzeile der Eintrag *Hilfslinien verschieben rückgängig*. Sobald nach dem versehentlichen Verschieben eine andere Operation ausgeführt wird, kann der Rückgängig-Befehl die Hilfslinienposition nicht wieder rekonstruieren.

Beim versehentlichen Verschieben einer global definierten Hilfslinie (alle Hilfslinien auf den Standardseiten sind global für alle Dokumentseiten gültig) hilft der Befehl *Standardhilfslinien kopieren* aus dem Menü *Seite* weiter. Er kopiert die globalen Hilfslinien erneut auf die aktuelle Seite, so daß die versehentlich verschobene Hilfslinie an ihrer alten Position erscheint. Nachteil dieser Methode ist, daß alle lokal auf der Seite eingefügten Hilfslinien einschließlich aller absichtlich verschobenen Hilfslinien gelöscht werden.

Tip: Hilfslinien gegen versehentliches Verschieben schützen

Die Wahrscheinlichkeit, eine Hilfslinie anstelle eines Elementes zu verschieben, läßt sich weitgehend reduzieren, wenn die Lage der Hilfslinien als im Hintergrund liegend definiert wird. Dies kann im Dialogfeld *Vorgaben wählen* des gleichnamigen Befehls aus dem Menü *Bearbeiten* unter *Hilfslinien* veranlaßt werden.

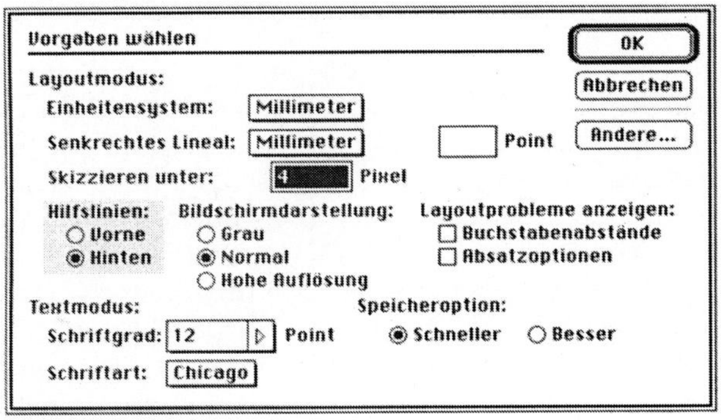

Das Dialogfeld ***Vorgaben wählen***

Hilfslinien löschen

Zum Löschen einzelner Hilfslinien ist kein spezieller Befehl vorgesehen. So müssen Hilfslinien, die nicht mehr benötigt werden, einzeln durch Verschieben zurück zum jeweils erzeugenden Lineal gelöscht werden. Durch Auswahl des Befehls *Hilfslinien* aus dem Menü *Option* bei gedrückt gehaltener Umschalttaste werden auf der angezeigten (Doppel-)Seite alle Linealhilfslinien gelöscht, auch die auf den Standardseiten definierten. Mit dem Befehl *Standardhilfslinien kopieren* können dann, falls erwünscht, die Standardhilfslinien wieder aktiviert werden.

Wenn die Darstellung der Hilfslinien nur vorübergehend unerwünscht ist, brauchen die Hilfslinien nicht gleich gelöscht zu werden. Vielmehr lassen sie sich mit dem Befehl *Hilfslinien* aus dem Menü *Option* bzw. mit der Tastenkombination <Befehl><J> ausblenden. Die Darstellung der Seiten ohne Hilfslinien ermöglicht eine bessere Kontrolle der Gesamtwirkung, weil die Bildschirmdarstellung dann weitgehend dem Ergebnis nach einem Ausdruck entspricht. Erneutes Auswählen des Befehls bringt alle Hilfslinien unverändert wieder zur Anzeige.

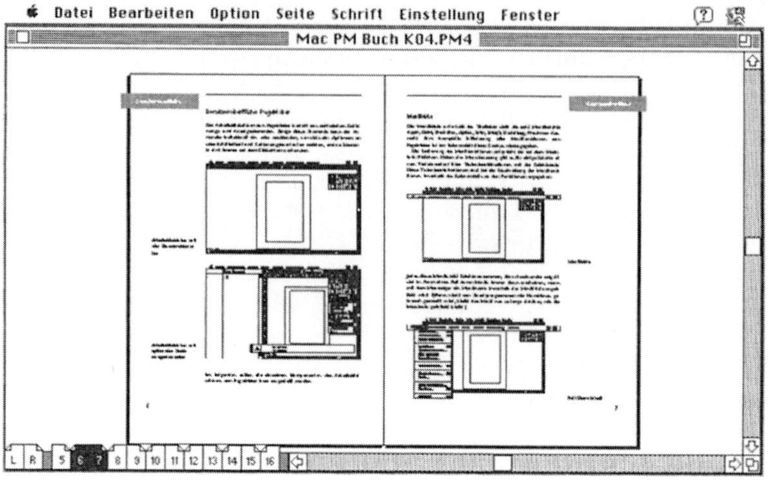

Ohne Anzeige der Hilfslinien kann eine gute Endkontrolle für eine Satzdatei stattfinden

Tip: Automatisches Blättern bei Endkontrolle

Vor jedem Probe- und erst recht vor jedem Endausdruck sollte die Satzdatei noch einmal durchblättert werden, um mögliche Fehler oder noch nicht fertiggestellte Bereiche aufzufinden. Diese Kontrolle kann sehr komfortabel mit dem Befehl *Seite anzeigen* aus dem Menü *Seite* ausgeführt werden, wenn bei Befehlsaufruf die Umschalt- und die Befehlstaste gedrückt werden. PageMaker zeigt dann für jeweils zwei Sekunden eine Dokumentseite (oder Doppelseite) an und blättert anschließend automatisch zur nächsten. Wenn bei der Kontrolle zuvor die Ansicht der Hilfslinien ausgeschaltet worden ist und die Darstellungsgröße *Ganze Seite* für alle Seiten des Dokumentes eingestellt wurde (Befehlsauswahl bei gedrückter Wahltaste), kommt die angezeigte »Schau« dem Durchblättern eines Ausdruckes ziemlich nahe. Das Blättern kann jederzeit durch einen Mausklick gestoppt werden.

Hilfslinien fixieren

Der absolute Schutz gegen unbeabsichtigtes Verschieben von Hilfslinien ist mit dem Befehl *Hilfslinien festsetzen* aus dem Menü *Option* gegeben. Mit ihm lassen sich alle Hilfslinien im Dokument an ihrer augenblicklichen Position fixieren. Verschieben oder Löschen einzelner Hilfslinien ist erst dann wieder möglich, wenn der Befehl durch erneutes Auswählen aufgehoben wird.

Tip: Nach der Layoutphase Hilfslinien fixieren

Nach Abschluß der Layoutarbeiten am Dokument sollten Sie die Lage der Hilfslinien gegen versehentliches Verschieben oder Löschen fixieren. Dazu wählen Sie den Befehl *Hilfslinien festsetzen* aus dem Menü *Option*, so daß in der entsprechenden Menüzeile ein Häkchen erscheint. Auch wenn diese Option aktiviert ist, können Sie neue Linealhilfslinien erzeugen. Diese sollten dann jedoch äußerst behutsam an die gewünschte Position gebracht werden, da das nachträgliche Verschieben erst wieder nach Freigabe aller Hilfslinien möglich ist.

Gestaltungsraster

Die wohl wichtigste Anwendung der Hilfslinien ist das Anlegen eines Gestaltungsrasters. Ein solches Raster dient der Einhaltung eines einheitlichen Layouts bei mehrseitigen Dokumenten. Gestaltungsraster helfen, ein abwechslungsreiches Layout mit gemeinsamen Gestaltungselementen zu finden.

Das Raster wird aus Spaltenhilfslinien für die Vertikalen und aus Linealhilfslinien für die Horizontalen angelegt. Alle Hilfslinien für das Gestaltungsraster sollten auf den Standardseiten angelegt sein, damit sie auf allen Seiten des Dokumentes erscheinen.

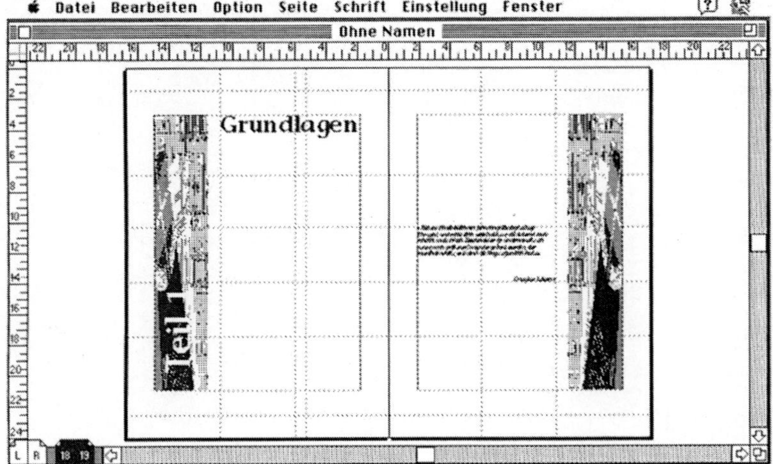

Ein Gestaltungsraster

Im Hinblick auf die Besonderheiten der Verwendung von Bildern und Grafiken in einem DTP-Programm wird sich zeigen, daß ein Gestaltungsraster teilweise zu stark einschränkt. Beispielsweise lassen sich Bilder in Bitmap-Formaten nicht frei skalieren, ohne Einbußen an der Bildqualität hinnehmen zu müssen. In diesen Fällen sollten Sie dann eher vom Raster abweichen, als daß Sie Einschränkungen an der Bildqualität hinnehmen (zumindest werden Ihre Auftraggeber schlechte Bildqualitäten nicht hinnehmen wollen).

Achtung: Hilfslinien der Standardseiten erscheinen als globale Hilfslinien nur auf anschließend neu hinzugefügten Seiten oder auf Seiten, auf denen bis dahin noch keine lokalen Hilfslinien definiert waren. Auf Seiten mit bereits vorhandenen Hilfslinien müssen die globalen Hilfslinien mit dem Befehl *Standardhilfslinien kopieren* eingefügt werden, was allerdings alle lokal definierten Hilfslinien löscht.

Tip: Elemente auf der Seite zentrieren

PageMaker hat nicht wie einige Grafikprogramme eine Funktion zum zentrierten Positionieren von Elementen auf einer Seite. Trotzdem kann mit dem folgenden Verfahren jedes beliebige Objekt auf einer Seite exakt in horizontaler und vertikaler Ausrichtung mittig ausgerichtet werden.

Dazu werden zunächst zwei Linien diagonal über die Seite (oder den Satzspiegel) gezeichnet. Der Schnittpunkt beider Linien fällt mit dem Mittelpunkt der Seite (bzw. des Satzspiegels) zusammen.

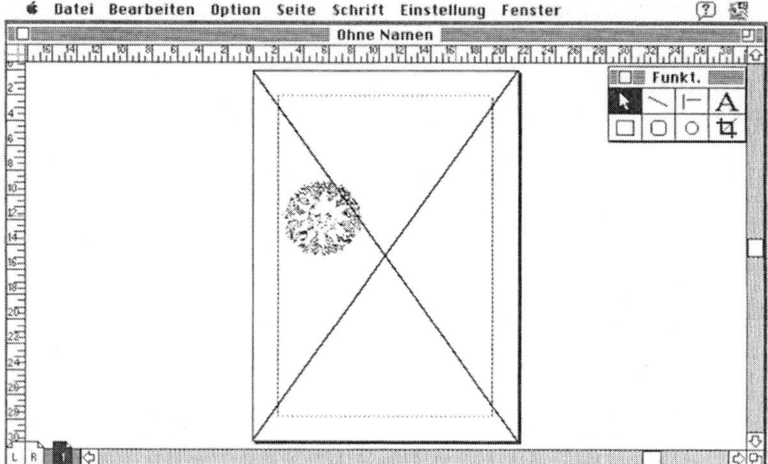

Der Mittelpunkt ist durch zwei diagonale Linienelemente ermittelt

Anschließend lassen sich zwei Linealhilfslinien, eine senkrechte und eine waagerechte durch den Mittelpunkt legen. Die nichtdruckenden Hilfslinien markieren ebenfalls den Seitenmittelpunkt, so daß die druckenden Linien gelöscht werden können.

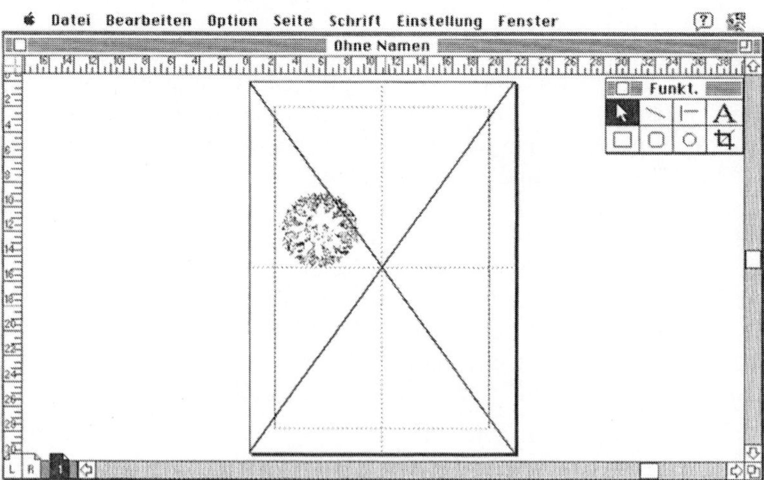

Der Mittelpunkt ist nun durch Hilfslinien markiert

Diese Hilfslinien helfen bei der zentrierten Positionierung von Elementen auf einer Seite, weil sich die Anfasser eines Objektes beim Verschieben sehr leicht genau auf die Hilfslinien bringen lassen. Natürlich lassen sich die Hilfslinien auch verwenden, um Elemente nur an einer der beiden Mittelachsen auszurichten.

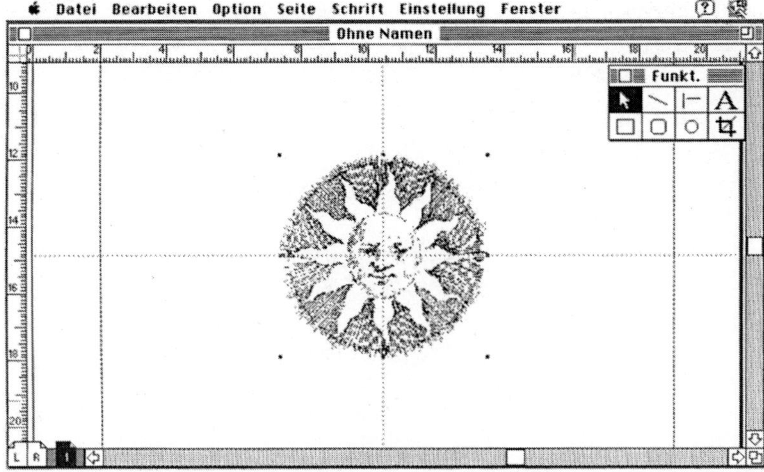

Die Anfasser zentrierter Objekte fallen mit den Hilfslinien zusammen

Dieselbe Methode läßt sich auch für das Zentrieren von Elementen innerhalb von anderen Elementen anwenden. In diesem Fall werden die Diagonalen innerhalb eines umschreibenden Rechtecks angelegt. In den Schnittpunkt der Diagonalen lassen sich dann Linealhilfslinien positionieren. Anhand dieser Linien läßt sich jedes Element mittig im umschreibenden Rechteck positionieren.

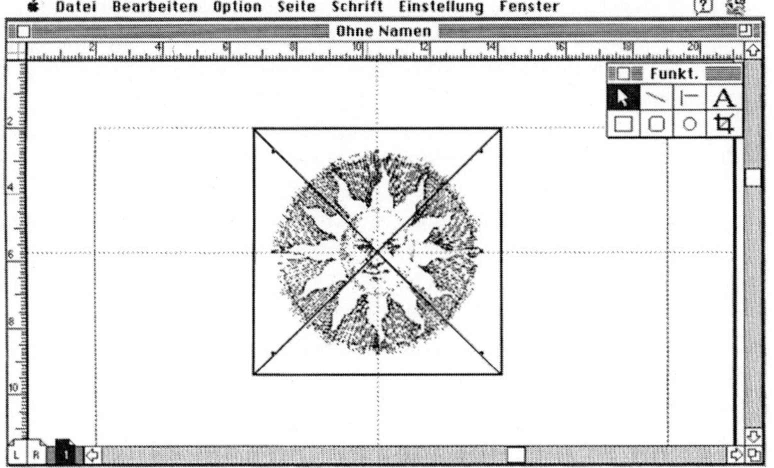

Dieselbe Methode läßt sich auch zum Zentrieren innerhalb anderer Elemente verwenden

Numerisches Positionieren

Eine unverzichtbare Hilfestellung beim Positionieren, Skalieren, Zeichnen und Beschneiden von Objekten bietet die Kontrollpalette. Die Kontrollpalette ist ein eigenes Fenster, ähnlich dem Funktionenfenster, dessen Anzeige auf dem Bildschirm mit dem Befehl *Kontrollpalette* aus dem Menü *Einstellung* ein- und ausgeschaltet werden kann. In der Kontrollpalette werden numerische Werte zum markierten Objekt, zur markierten Hilfslinie oder, falls keine Objekte markiert sind, zur Position des Zeigers angezeigt.

Die Kontrollpalette

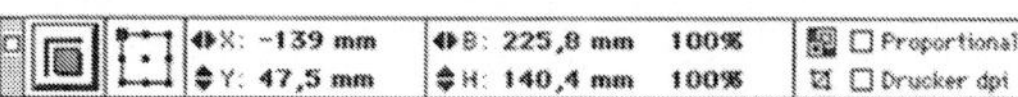

Alle Positionier-, Skalier- und Beschneidoperationen lassen sich mit der Kontrollpalette numerisch vornehmen. Dazu wird zuerst das entsprechende Objekt markiert und dann entweder der gewünschte Anfasser direkt am markierten Objekt oder der entsprechende Bezugspunkt in der Kontrollpalette angeklickt. In der Kontrollpalette können nun im Positionsfeld die Werte für die Position des Bezugspunktes und im Größenfeld die Werte für die Größe des markierten Objektes als Absolut- oder Prozentwert bzw. für die Werte für Ausschnittsgröße eingegeben werden. Anschließend wird die Änderung mit der Eingabetaste oder durch Klicken auf das Symbolfeld angeschlossen.

Soll das markierte Objekt beim Skalieren oder Verschieben mit der Kontrollpalette an einer Hilfslinie ausgerichtet werden, kann im Unterdialogfeld *Andere* des Dialogfeldes *Vorgaben wählen* (Menü *Bearbeiten*) mit der Option *Kontrollpalette: Positionierhilfe* eine Magnetisierung der Hilfslinien eingeschaltet werden, die sich auf alle in der Kontrollpalette eingegebenen Zahlenwerte auswirkt. Wird dann eine Koordinate oder eine Größe eingegeben, die sich nahe einer Hilfslinie befindet, nimmt die Eingabe automatisch den Wert der Hilfslinienposition an. Der Wirkungsradius der magnetisierten Hilfslinien hängt, ebenso wie bei der Positionierhilfe, von der gewählten Darstellungsgröße ab.

Auch beim Zeichnen von Linien, Rechtecken und Ellipsen sowie beim Verschieben von Hilfslinien leistet die Kontrollpalette gute Dienste. Die Koordinaten der Hilfslinie bzw. des Anfangspunktes beim Zeichnen werden angezeigt und, sobald der Anfangspunkt durch Drücken der Maustaste fixiert ist, auch die Größe des Elementes. Auf diese Weise lassen sich Position und Größe des Elementes schon direkt beim Zeichnen recht genau festlegen.

Im folgenden Beispiel soll ein Rechteck in der Größe eines Kleinformatbildes (24 x 36 mm) gezeichnet werden.

Rechteck mit vorgegebener Größe zeichnen

❶ Zuerst wird mit der Rechteckfunktion ein Rechteck aufgezogen. Dazu wird der Maßzeiger an den Zeichenausgangspunkt gesetzt und die Position in der Kontrollpalette überprüft.

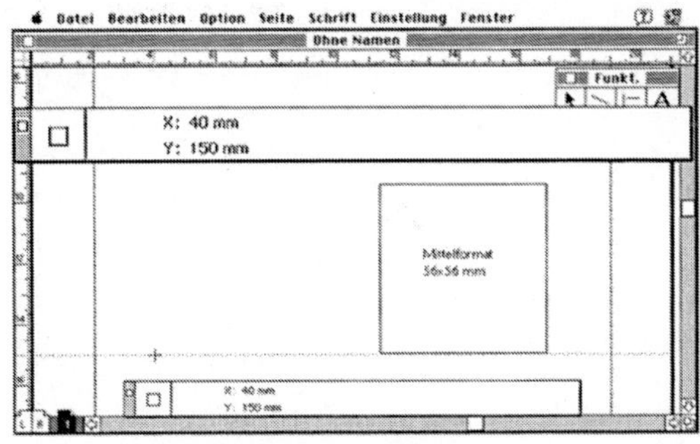

Der Ausgangspunkt für das Zeichnen des Rechtecks wird in der Kontrollpalette angezeigt

❷ Nach dem Klicken der Maustaste wird das Rechteck aufgezogen. Die Größe des Rechtecks läßt sich dabei schon grob in der Kontrollpalette ablesen.

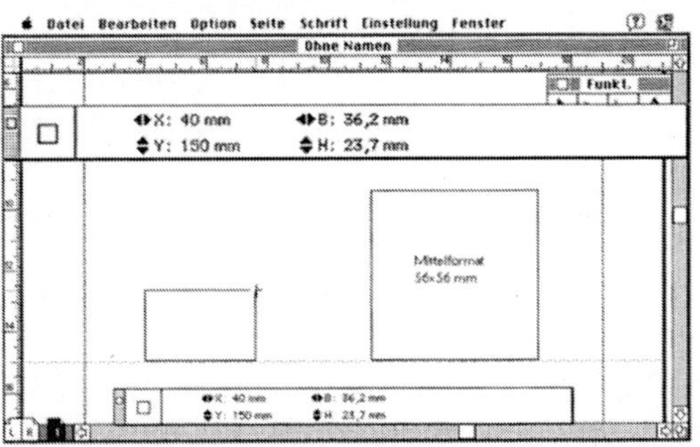

Ausgangspunkt und Größe des Rechtecks werden beim Zeichnen in der Kontrollpalette angezeigt

❸ Anschließend wird zur Zeigefunktion gewechselt und das Rechteck markiert.

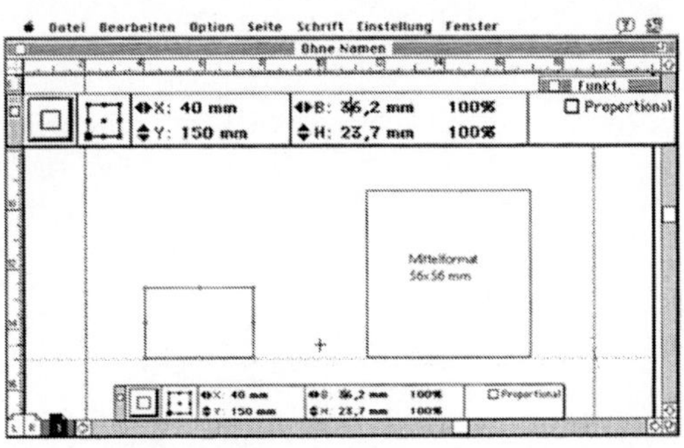

Das Rechteck hat noch nicht genau die gewünschte Größe

❹ In der Kontrollpalette werden nun die exakten Werte für die Höhe und die Breite des Rechtecks eingegeben.

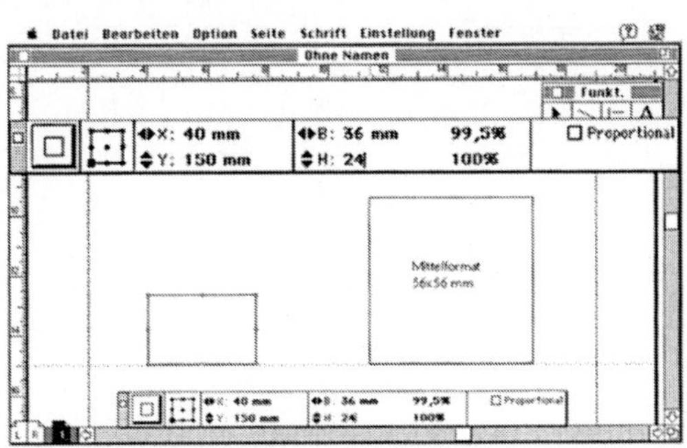

Die exakten Werte für die Seiten des Rechtecks wurden in die Kontrollpalette eingegeben

Verbindungen

Die Verbindungen, die PageMaker automatisch bei allen importierten Daten zu der zugehörigen externen Datei anlegt, können die Arbeit an einer Satzdatei entscheidend vereinfachen. Wenn während eines Projektes mit PageMaker mehrere extern angefertigte Texte bzw. Grafiken zu einer Satzdatei zusammenfügt werden, sollte gleich daran gedacht werden, daß sich oftmals noch kurzfristige Änderungen an den Texten oder Grafiken ergeben können. Wenn diese Änderungen manuell im Dokument berücksichtigt werden müßten, würde das nicht nur einen großen zusätzlichen Zeitaufwand bedeuten (beispielsweise müssen die relevanten Textstellen zunächst aufgefunden werden) sondern vor allem eine nicht überschaubare und zudem völlig unnötige Fehlerquelle.

Aus diesem Grund bietet PageMaker eine automatische Aktualisierung von eingebundenen Texten oder Grafiken. Immer, wenn das Programm eine Änderung an einer Verbindungsdatei bemerkt, werden die zugehörigen Elemente in der Satzdatei automatisch daran angepaßt, so daß die Elemente innerhalb der Satzdatei stets genauso aktuell sind wie die externen Dateien, mit denen die entsprechenden Elemente verbunden sind.

Verbindungen automatisch aktualisieren

An einem Beispiel soll im folgenden gezeigt werden, wie sich die Verbindungen mit automatischer Aktualisierung auswirken, wenn die externe Datei eine Bearbeitung erfährt. Voraussetzung für die automatische Aktualisierung ist, daß im Dialogfeld *Verbindungsoptionen* für das betreffende Element die Option *Autom. aktualisieren* aktiviert ist oder daß es über das Menü *Auflagen* als Auflage importiert wurde.

Verbindungsoptionen SONNE.TIF

☒ Kopie in Satzdatei ablegen
☒ Autom. aktualisieren
☐ Hinweis bei Aktualisierung

OK
Abbrechen

*Dialogfeld **Verbindungsoptionen***

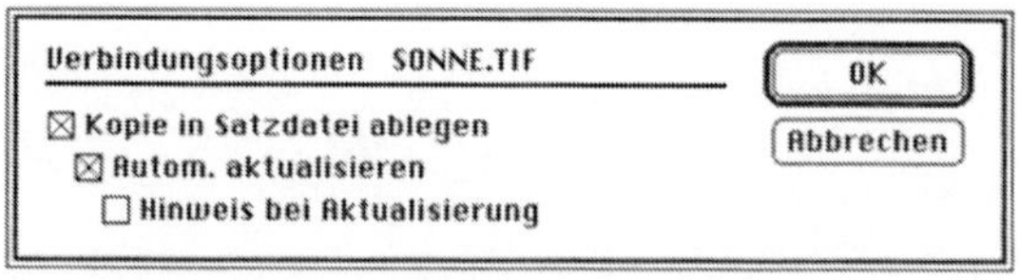

Eine mit Photoshop angefertigte und in ein PageMaker-Dokument eingebundene Grafik benötigt eine Überarbeitung, da die Qualität der Grafik nicht den Anforderungen entspricht.

Die Änderungen werden in Photoshop ausgeführt und die Grafik wird unter demselben Namen wieder abgespeichert.

Nach dem nächsten Öffnen der Satzdatei mit der eingefügten und nun modifizierten Grafik erscheint die Grafik bereits den Änderungen durch SuperPaint angepaßt.

Die in PageMaker eingebundene Grafik ...

... mußte modifiziert werden, ...

... was PageMaker mit einer automatischen Aktualisierung quittiert

Die Leistung der automatisch aktualisierenden Verbindungen gehen noch weit über das gezeigte hinaus. So aktualisiert PageMaker beispielsweise beliebig viele überarbeitete externe Dateien, unabhängig davon, ob es sich dabei um Textdateien oder Grafikdateien handelt.

Problematisch wird die automatische Aktualisierung, wenn die importierten Texte oder Grafiken innerhalb von PageMaker bearbeitet worden sind. Eine denkbare Bearbeitung bei Texten könnte beispielsweise das Auszeichnen mit Druckformaten sein. Und Grafiken könnten beispielsweise hinsichtlich ihres Ausschnittes bearbeitet oder es könnten Änderungen mit dem Befehl *Bild nachbearbeiten* vorgenommen worden sein. In diesem Fall gibt PageMaker mit einem Dialogfeld die Möglichkeit, die automatische Aktualisierung zu verhindern.

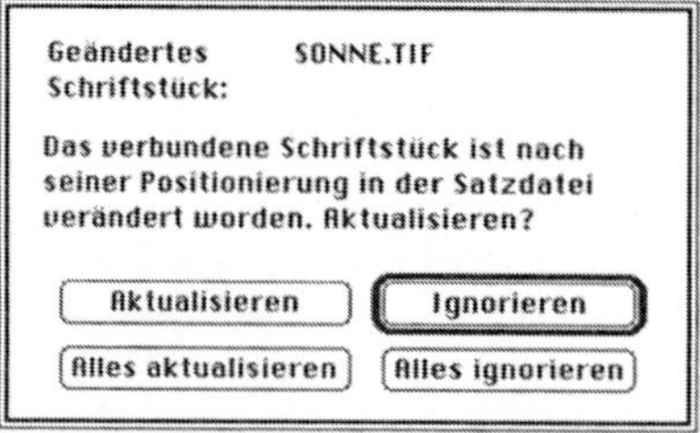

Dialogfeld zum Abbrechen der Aktualisierung

Die Konsequenz aus diesem Verhalten von PageMaker sollte sein, so wenig wie möglich an importierten Elementen zu ändern. So sollten möglichst schon im Grafikprogramm alle gewünschten Bildparameter vorgegeben werden. Die Probleme bei aktualisierten Texten lassen sich dadurch umgehen, daß die in PageMaker verwendeten Druckformate bereits in der Textverarbeitung eingesetzt werden. In diesen Fällen braucht PageMaker lediglich den Inhalt der importierten Elemente zu ändern, nicht aber die äußere Form.

Achtung: Aktualisierungen von Texten und auch von eingebundenen Bildern können zu Änderungen am Zeilen- und Seitenumbruch führen. Es sollte also nach einer Aktualisierung noch eine Kontrollierung erfolgen.

Hotlinks

Unter System 7 lassen sich alle in einer Satzdatei positionierten Grafiken und Texte, die in einem anderen Programm erstellt worden sind, ganz einfach von PageMaker aus im Ursprungsprogramm bearbeiten und in der Satzdatei aktualisieren. Zu unterscheiden sind dabei als Abonnent positionierte Elemente und verbundene Grafik- oder Textdateien.

Verlegerprogramm öffnen

Zum Öffnen des Verlegerprogramms wird der Abonnent im Layoutmodus mit der Zeigefunktion markiert und dann bei gedrückter Wahltaste zweimal auf ihn geklickt. Alternativ dazu kann der Befehl *Original bearbeiten* aus dem Menü *Bearbeiten* gewählt werden. Eine weitere Möglichkeit bietet der Befehl *Abonnentenoptionen* aus dem Untermenü *Auflagen* im Menü *Bearbeiten.* Er öffnet das Dialogfeld *Abonnent von,* in dem mit dem Feld *Verleger öffnen* das Verlegerprogramm geöffnet wird. Im Textmodus stehen dieselben Methoden zur Verfügung. Hier wird die Einfügemarke an eine beliebige Stelle innerhalb des Textfensters in den Text gesetzt oder das Symbol für die betreffende eingebundene Grafik markiert.

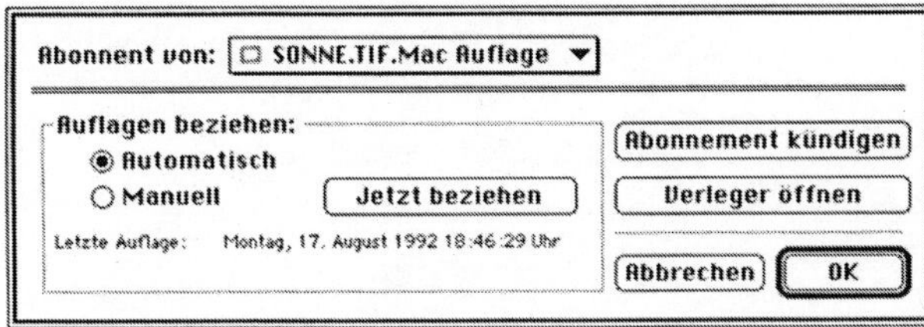

Das Dialogfeld ***Abonnent von***

Im Verlegerprogramm ist dann automatisch die Originaldatei der in PageMaker positionierten Auflagedatei geöffnet oder wird als oberstes angezeigt, falls das Verlegerprogramm bereits geöffnet war. Alle Änderungen, die an der Originaldatei vorgenommen und gespeichert werden, wirken sich automatisch auf alle in der PageMaker-Satzdatei positionierten Abonnenten dieser Originaldatei aus. Sie werden automatisch aktualisiert, sofern nicht die automatische Aktualisierung ausgeschaltet worden ist.

Erzeugerprogramm öffnen

Bei einer normalen, verbundenen Datei besteht die Möglichkeit, die Datei entweder in ihrem Erzeugerprogramm oder in einem anderen Programm, das die betreffende Datei verarbeiten kann, zu öffnen. Dazu wird zuerst die Grafik oder der Text markiert. Auch hier kann im Layout- sowie im Textmodus markiert werden. Soll das Erzeugerprogramm geöffnet werden, wird entweder bei gedrückter Wahltaste zweimal auf dem markierten Objekt geklickt oder der Befehl *Original bearbeiten* aus dem Menü *Bearbeiten* gewählt.

Zum Öffnen eines anderen Bearbeitungsprogramms muß bei gedrückter Wahl- und Umschalttaste zweimal auf dem markierten Objekt geklickt oder bei Auswahl des Befehls *Original bearbeiten* aus dem Menü *Bearbeiten* gleichzeitig die Umschalttaste gedrückt werden. Dies öffnet das Dialogfeld *Editor wählen,* in dem das Editoralias des gewünschten Bearbeitungsprogramms ausgewählt werden kann. Außerdem liefert das Dialogfeld weitere Informationen über das ausgewählte

Programm und die markierte Datei wie beispielsweise das Erzeugerprogramm der Datei, ob die Datei im ausgewählten Bearbeitungsprogramm bearbeitet werden kann, ob das Programm bereits geöffnet ist und wie die Aktualisierung erfolgt. Für die Aktualiserung der überarbeiteten Datei sind vier Fälle zu unterscheiden: Hotlinkdateien, im Layoutmodus markierte Grafiken, im Textmodus markierte Grafiken und Textdateien.

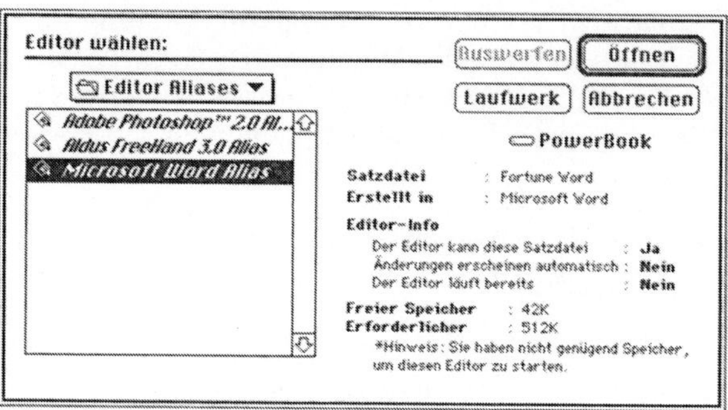

Das Dialogfeld ***Editor wählen***

Hotlinkdateien

Hotlinkdateien sind Dateien, die in FreeHand 3.1 oder ColorStudio 1.5 erstellt wurden sowie PICT-Exportdateien aus dem TabellenEditor. Sie können für die Überarbeitung im Layout- oder im Textmodus markiert werden. Wird eine Hotlinkdatei in ihrem Erzeugerprogramm überarbeitet und gespeichert, wird sie beim Speichern automatisch auch an jeder Stelle aktualisiert, an der sie in der PageMaker-Satzdatei positioniert worden ist. Sie verhält sich also ähnlich wie eine Auflagedatei.

Im Layoutmodus markierte Grafiken

Wird eine nicht in FreeHand 3.1 oder ColorStudio 1.5 erstellte Grafik im Layoutmodus markiert und dann im Erzeugerprogramm oder einem anderen Bearbeitungsprogramm überarbeitet, wird sie beim Speichern nicht automatisch in der PageMaker-Satzdatei aktualisiert. Die Aktualisierung erfolgt erst bei der Rückkehr zu PageMaker. Dabei werden dann die entsprechenden Verbindungsoptionen berücksichtigt.

Im Textmodus markierte Grafiken

Bei im Textmodus markierten eingebundenen Grafiken wird nach einer Überarbeitung auch beim Wechsel zu PageMaker zurück keine Aktualisierung durchgeführt. Zum Aktualisieren dieser Dateien muß erst in den Layoutmodus gewechselt und die Grafik dort mit der Zeigefunktion markiert werden. Dann läßt sich die Grafik mit dem Befehl *Verbindungsinformation* aus dem Menü *Einstellung* aktualisieren, indem sie neu mit derselben Datei verbunden wird.

Textdateien
Textdateien lassen sich ebenso wie Grafiken in ihrem Erzeugerprogramm oder in einer anderen Textverarbeitung überarbeiten. Aber unabhängig davon, ob die Textdatei im Layout- oder Textmodus für die Überarbeitung ausgewählt wurde, wird nach der Rückkehr keine Aktualisierung des Textes in der PageMaker-Satzdatei vorgenommen. Auch hier muß der Text zuerst im Layoutmodus mit der Zeigefunktion markiert werden, damit er dann mit dem Befehl *Verbindungsinformation* aus dem Menü *Einstellung* aktualisiert werden kann.

Editor Aliases erzeugen
Das Auswählen eines Programms für die Überarbeitung läßt sich erheblich erleichtern, wenn im Ordner *Aldus* und dort im Ordner *Editor Aliases* für alle benötigten und auf dem System installierten Bearbeitungsprogramme (Editoren) Aliasdateien angelegt werden. Eine Aliasdatei für einen Editor ist eine Datei, die auf den Speicherplatz dieses Editors hinweist. Auf diese Weise müssen die Bearbeitungsprogramme nicht in ihrem jeweiligen Ordner gesucht werden, sondern können direkt aus dem Ordner *Editor Aliases* heraus gestartet werden.

Symbol einer Aliasdatei

Aliasdateien lassen sich ganz leicht erstellen und beanspruchen nur wenig Speicherplatz.

Erstellen einer Editor-Aliasdatei

❶ Die Anwendung markieren.
❷ Den Befehl *Alias erzeugen* aus dem Menü *Ablage* wählen. Es erscheint ein neues Symbol, in dem der Dateiname kursiv dargestellt ist. Außerdem wird ihm das Wort Alias angefügt.
❸ Die neue Aliasdatei in den Ordner *Editor Aliases* ziehen.

Die Hilfe-Funktion

Auf das Hilfesystem von PageMaker kann auf zwei unterschiedliche Arten zugegriffen werden: entweder durch Anklicken eines der Einträge aus dem Online-Hilfe-Fenster, das nach Aufruf des Befehls *Hilfe* erscheint oder aber durch Auswahl eines bestimmten Menübefehls bei aktiver situationsbezogener Hilfe .

Die Online-Hilfe

Das Online-Hilfesystem von PageMaker ist weitestgehend selbstreferenziell. Realisiert ist die Hilfefunktion als eigenes Fenster, das nach Anklicken des Feldes *Hilfe* im Dialogfeld *Über PageMaker* oder nach Auswahl des Befehls *Hilfe* aus dem Menü *Fenster* auf dem Bildschirm erscheint. Die hervorragende Benutzerführung des Hilfssystems von PageMaker geht soweit, daß es seine Bedienung selbst erläutert. Nach Auswahl des Feldes *Hilfe benutzen* erscheint ein Informationstext mit Erläuterungen zum Hilfesystem selbst.

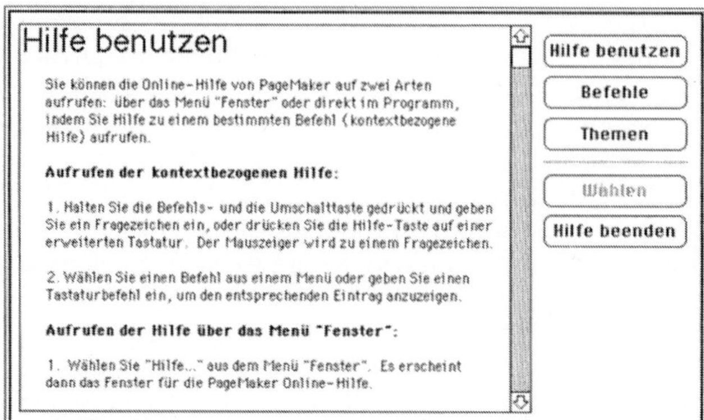

Ein Hilfesystem, das sich selbst erklärt

Das Online-Hilfe-Fenster enthält fünf Felder, über die vom Programm aus Hilfstexte abgefragt werden können. Über das Feld *Hilfe benutzen* wird eine Anleitung für das Arbeiten mit der Hilfefunktion aufgerufen. Das Feld *Hilfe beenden* schließt das Fenster der Online-Hilfe und kehrt zum Arbeitsbildschirm zurück. *Befehle* listet in alphabetischer Reihenfolge alle Befehle auf, und *Themen* zeigt eine Auswahlliste mit Einträgen, die ein bestimmtes Thema, Arbeitsverfahren oder Addition abhandeln. Der gewünschte Informationstext wird aus der Liste ausgewählt, indem der Eintrag markiert und anschließend das Feld *Wählen* angeklickt wird. Alternativ dazu kann auch durch Doppelklick auf dem Eintrag ausgewählt werden.

Nachdem ein Informationstext aufgerufen ist, kann er zum Lesen mit den Rollbalken durch das Anzeigefeld gerollt werden. Weitere Hilfstexte, die in engerem sachlichen Zusammenhang zum ausgewählten stehen, lassen sich aus dem Pop-up-Menü auswählen, das über die Menüoption *Weitere Hilfe... in* der unteren rechten Ecke des Textfensters geöffnet wird.

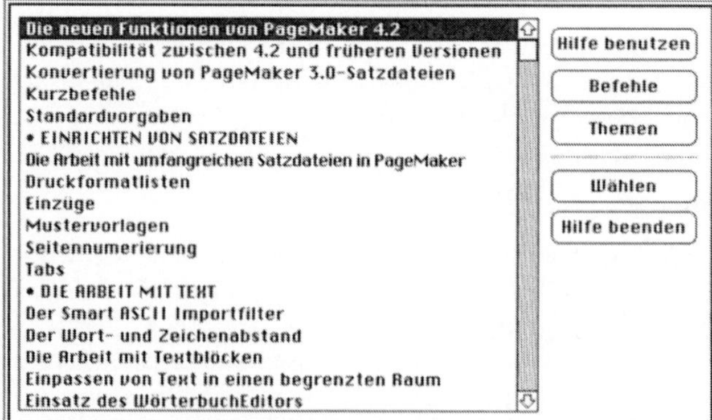

Der themenorientierte Index des Hilfesystems

Das kontextabhängige Hilfesystem

Besonders für die Einarbeitungsphase in PageMaker ist die kontextabhängige Hilfefunktion gut geeignet. Sie bietet einen außerordentlich schnellen Zugriff auf Informationen, wenn es einmal an einer Stelle »nicht weitergeht«. Ganz einfach lassen sich zu jedem Menübefehl die Hilfetexte aufrufen: Nach Drücken der Tastensequenz <Befehl><?> erscheint anstelle des normalen Mauszeigers ein Fragezeichen, das nach Auswahl eines Befehls mit der Maus oder über eine Tastenkombination nicht den Befehl ausführt, sondern stattdessen die Hilfefunktion für den ausgewählten Befehl aufruft.

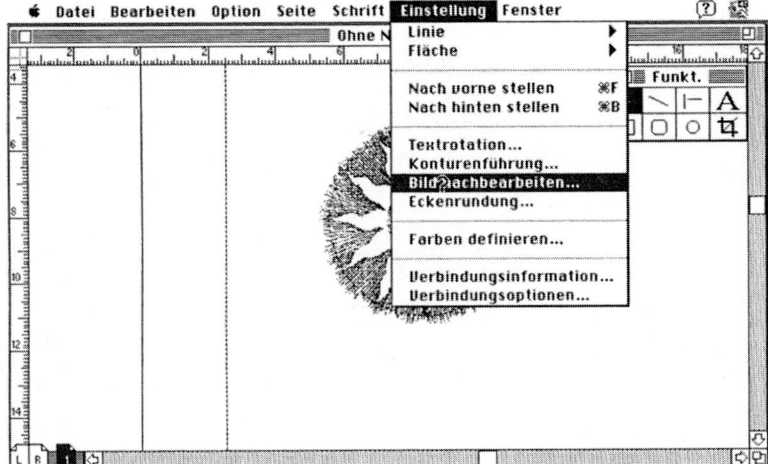

Nach der Befehlsauswahl mit dem Fragezeichen wird nicht der Befehl ausgeführt ...

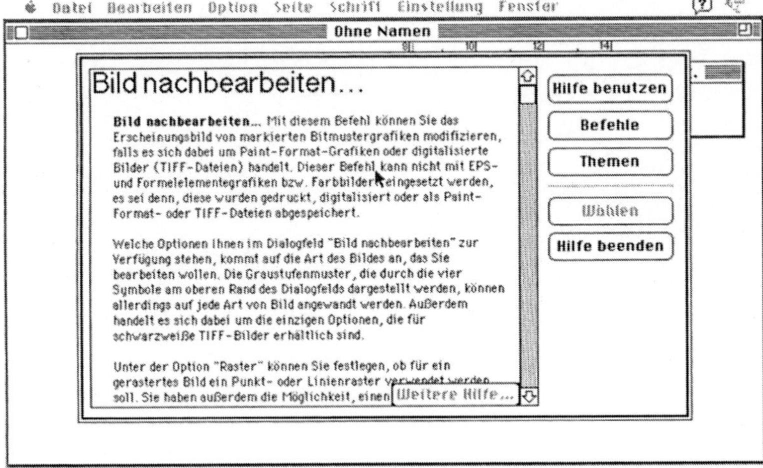

... sondern der zugehörige Informationstext der Hilfefunktion aufgerufen

Achtung: Bevor in PageMaker weitergearbeitet werden kann, muß das Fenster der Hilfe-Funktion mit *Hilfe beenden* wieder geschossen werden.

Kapitel 15

Third-party-Additions

15

Mit seiner neuen, offenen Struktur ist PageMaker wesentlich flexibler geworden, weil nun der Anwender sich aufbauend auf den Grundfunktionen von PageMaker eine Layout-Software zusammenstellen kann, die genau seinen Anforderungen gerecht wird. Mit den Additions hat Aldus eine Schnittstelle geschaffen, mit der sich Erweiterungen zu PageMaker nahtlos in das Hauptprogramm einklinken können. Einige Additions sind bereits im Lieferumfang enthalten. (Ihre Anwendung ist im Referenzteil sowie in einzelnen Kapiteln des Praxisteils abgehandelt.) Durch die Skript-Programmierung lassen sich Erweiterungen auch von Anwendern erstellen, die keine Programmierkenntnisse haben. Und schließlich stellt der Markt einige interessante Erweiterungen zur Verfügung, von denen einige im folgenden vorgestellt werden. Auf diese Weise kann sich der Leser einen Überblick über die in Deutschland verfügbaren Additions verschaffen und anhand der kurzen Bedienungsreferenz abschätzen, ob das ein oder andere Addition für seinen Einsatzbereich von PageMaker nutzbringend eingesetzt werden kann.

Die vorgestellten Third-party-Additions sind aufgeteilt in drei Gruppen: Erweiterungen der Benutzeroberfläche, typographische Erweiterungen und grafische Erweiterungen. Die Erweiterungen in der ersten der vorgestellten Gruppen dürften grundsätzlich für alle Anwender von PageMaker interessant sein, da diese Additions das allgemeine Handling mit dem Programm verbessern können. Die typographischen Erweiterungen sind für Anwender interessant, die mit den typographischen Funktionen von PageMaker nicht zufrieden sind. Sie werden hierbei sicherlich einige ihrer »Wunschfunktionen« wiederfinden. Die grafischen Erweiterungen zu PageMaker können nützlich sein, wenn Bilddaten aus der PC-Welt zu übernehmen sind bzw. wenn innerhalb des Layouts auch mit gedrehten Grafiken oder Bildern gearbeitet werden soll.

Erweiterungen der Benutzeroberfläche

Zephyr Palettes

ZP
Schriftart
Schriftgrad
Schriftschnitt
Abstand
Laufweite
Ausrichtung
Ansicht
Alle Paletten anzeigen
Paletten gruppieren
Vorgaben...
Über Zephyr Palettes

*Das Menü **ZP***

PageMaker arbeitet mit Palettenfenstern für die Auswahl von Druckformaten, für die Farbauswahl und für die numerische Positionierung von Objekten. Viele Anwender würden sich vielleicht weitere Palettenfenster wünschen, um auch andere Funktionen so schnell und unkompliziert aufrufen zu können, wie dies mit den Paletten im allgemeinen möglich ist. Die Zephyr Palettes stellen insgesamt sieben neue Paletten für PageMaker zur Verfügung. Sechs Paletten sind für die typographischen Funktionen Schriftart, Schriftgrad, Schriftschnitt, Zeilenabstand, Laufweite und Zeilenausrichtung. Und eine Palette macht die Vergrößerungsstufen für die Bildschirmanzeige per Mausklick auswählbar.

Nach der Installation der Zephyr Palettes erscheint hinter dem Menüeintrag *Fenster* ein weiteres Menü *ZP*. Mit diesem Menü läßt sich die Anzeige der einzelnen Paletten aktivieren und es können grundsätzliche Einstellungen vorgenommen werden.

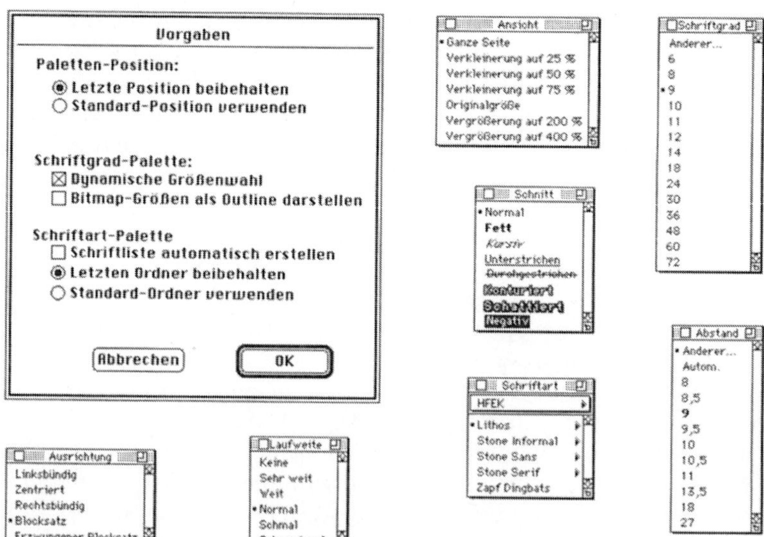

Mit bis zu sieben zusätzlichen Paletten kann der Anwender von PageMaker arbeiten, wenn die Zephyr Palettes installiert sind

Eine Funktion der Zephyr Palettes sei hier hervorgehoben: die Organisation von Schriftenlisten. Die Schriftartenpalette zeigt nicht eine alphabetische Liste aller installierten Schriftschnitte an, sondern eine Liste von Schriftfamilien. Diese Schriftfamilien fassen alle Schriftschnitte einer Schrift zu einem Eintrag in der Palette zusammen. Hinter einem Schriftfamilieneintrag erscheint dann eine Pfeilmarkierung, die auf ein vorhandenes Untermenü hinweist. Die einzelnen Schriftschnitte einer Familie erscheinen erst im Untermenü der Schriftenliste. Damit ist die Schriftartenpalette vergleichbar mit dem Schriftartenmenü bei installiertem Adobe TypeReunion.

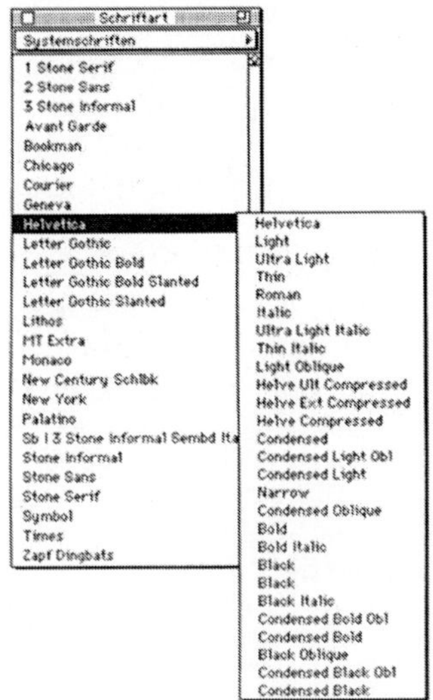

Die große Schriftfamilie Helvetica wird zu einem Menüeintrag zusammengefaßt

Als Kopfzeile der Schriftartenpalette erscheint ein Palettenname. Durch Anklicken dieser Namensleiste kann ein Menü ausgeklappt werden, das einige Befehle zum Anlegen neuer Paletten bzw. zum Verwalten bereits angelegter Paletten enthält.

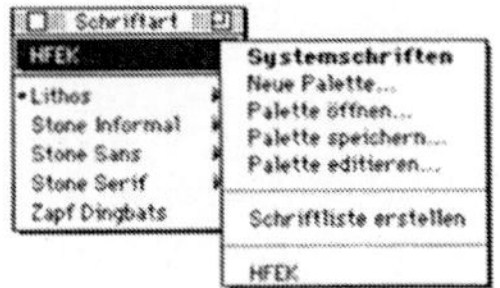

Die Schriftartenpalette mit herausgeklapptem Menü

Nach Auswahl der Menüzeile *Palette editieren...* erscheint ein Dialogfeld, das ein neues Zusammenstellen der Schriftliste erlaubt. Dabei können beliebige Schnitte aus den im System installierten Schriften ausgewählt und einer Schriftenliste zugeordnet werden. So lassen sich recht einfach Sets von Schriften für unterschiedliche Aufgaben zusammenstellen.

Elseware CheckList

Vielleicht wird der ein oder andere Leser auf ein kleines Programm aufmerksam geworden sein, das sich nach der Installation von PageMaker im Ordner der Programmdateien befindet: CheckList 1.0. Sollte er darauf aufmerksam geworden sein, wird er das Programm sicherlich auch ausprobiert haben. Dabei dürfte er festgestellt haben, daß CheckList ein durchaus nützliches Werkzeug zum Vermeiden von Druckproblemen sein kann. Denn CheckList kann »von außen« in ein PageMaker-Dokument hineinsehen und dabei anzeigen, welche Schriften im Dokument verwendet worden sind und welche Verbindungen mit weiteren Dateien bestehen. Auf diese Weise kann der Operator am Belichter ***vor*** einem mißglückten Belichtungsversuch dafür Sorge tragen, daß auf alle benötigten Fonts und alle eingebundenen Grafikdateien korrekter Zugriff besteht.

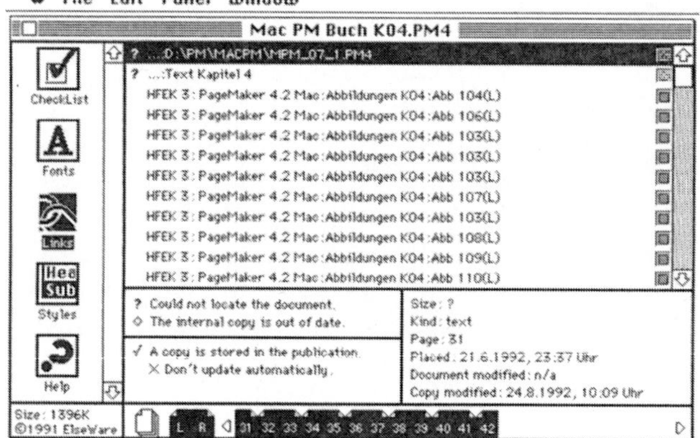

Schon die Free-offer-Version von CheckList kann nützlich sein

Mit CheckList 2.0 liegt die eigentliche Vollversion des Zusatzprogramms zu PageMaker vor. Diese Version zeichnet sich gegenüber der Freiversion beispielweise dadurch aus, daß die Kontrolle über die benötigten Fonts auch TrueType-Fonts und auch Fonts in eingebetteten Grafiken berücksichtigt. Außerdem kann CheckList mit PageMaker angefertigte PostScript- bzw. EPS-Dateien drucken.

Besonders erwähnenswert erscheint bei CheckList die Möglichkeit, PageMaker-Dateien zu komprimieren. Jeder, der schon einmal ein größeres DTP-Projekt realisiert hat, wird wissen, daß die anfallenden Dateigrößen leicht die maximal auf Diskette unterzubringende Datenkapazität übersteigen können. Natürlich kann in solchen Fällen auf Speichermedien mit größerer Kapazität zurückgegriffen werden, beispielsweise auf die verbreiteten Syquest-Wechselplatten. Doch selbst deren Kapazität ist begrenzt und außerdem benötigt jedes Medium an Empfängerstelle ein gleichwertiges Laufwerk. Auch für Archivierungszwecke ist eine möglichst kompakte Datenstruktur von Vorteil, da sie die Archivierungskosten senkt. CheckList kann PageMaker-Dokumente, PostScript-Druckdateien sowie EPS-Dateien komprimieren, wodurch sich der Datenumfang auf teilweise 50% und mehr verringern läßt. Besonders interessant dabei ist, daß das Programm selbstauspakkende Dateien erzeugt, so daß der Empfänger der komprimierten Dateien nicht seinerseits CheckList installiert haben muß.

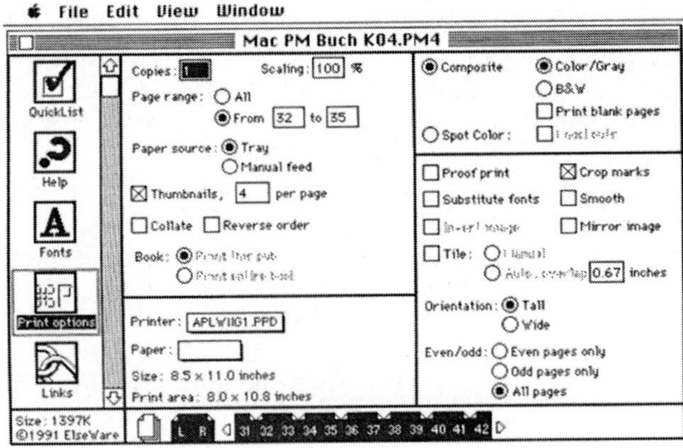

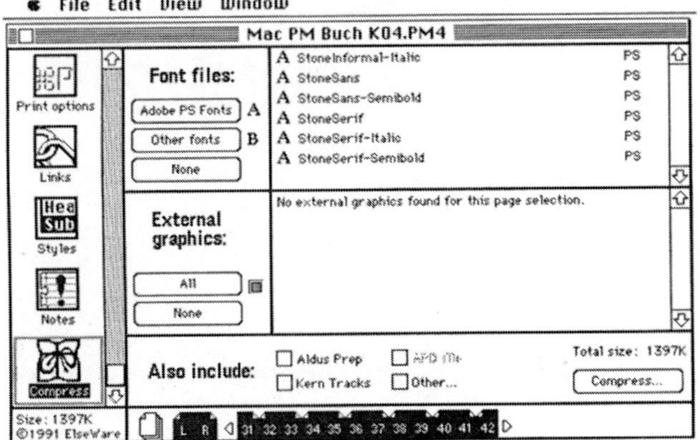

CheckList 2.0 verfügt über ein breiteres Funktionenspektrum

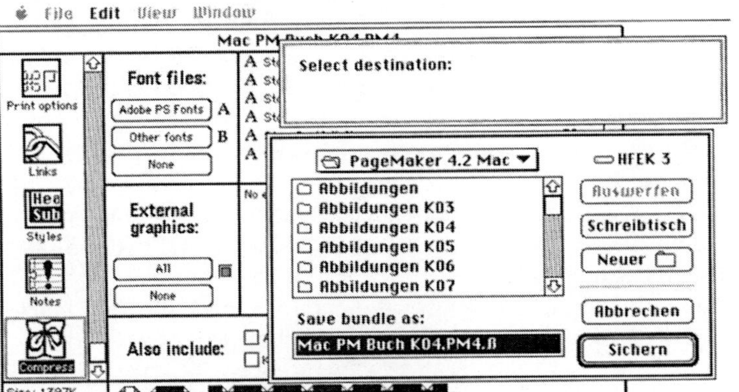

Beim Komprimieren lassen sich auch Fonts und Grafiken einbinden

Typographische Erweiterungen

PMtracker

Die Laufweitenregelung von PageMaker ist einfach, unkompliziert und leider auch recht unflexibel. Es stehen lediglich fünf unterschiedliche Laufweiteneinstellungen zur Verfügung. Zwei davon bieten eine weitere Laufweite als die Normaleinstellung und zwei eine engere. Um darüber hinausgehende Laufweiten zu definieren, kann noch der Zeichenabstand variiert werden, was jedoch zu einer oft unberechenbaren Überlagerung zweier unterschiedlicher Parameter führt.

Das Zusatzprogramm PMtracker von Impressed kann Modifizierungen an der für die Laufweitensteuerung von PageMaker verantwortlichen Datei Kern Tracks vornehmen. Das Programm kann für jede im System installierte Schrift eine eigene Laufweitentabelle definieren.

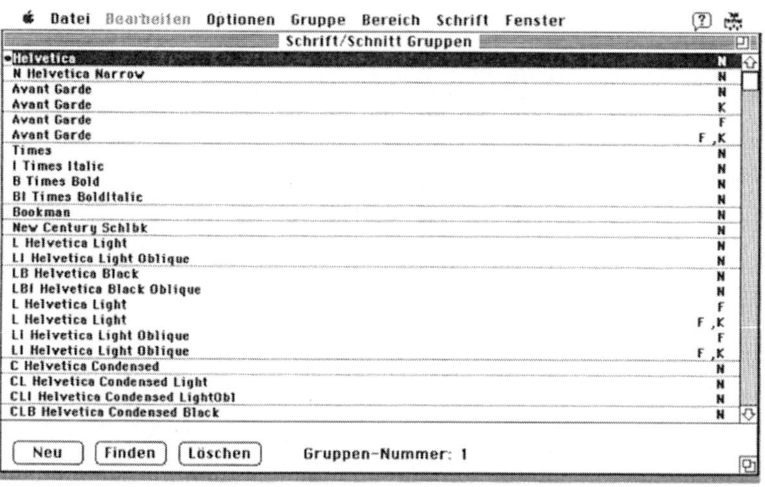

Das Dialogfeld ***Schrift/Schnitt Gruppen***

Die eigentliche Laufweitenregulierung wird für den im Dialogfeld *Schrift/Schnitt Gruppen* ausgewählten Font in einem weiteren Dialogfeld vorgenommen. Dabei können bezogen auf bis zu 126 unterschiedliche Größenbereiche die Laufweite für die PageMaker-Einstellungen *Sehr schmal (SE)*, *Schmal (E)*, *Normal (N)*, *Weit (W)* und *Sehr weit (SW)* definiert werden.

Die mit PMtracker vorgenommenen Modifikationen werden in der Datei *Kern Tracks* abgespeichert. Diese Datei (sie befindet sich im Ordner Aldus innerhalb des Systemordners) regelt die aktuellen Laufweiten für die Arbeit im Programm und für die Ausgabe auf Drucker oder Belichter. Wichtig ist, daß die modifizierte Datei *Kern Tracks* bei einer Belichtung über ein Belichtungsstudio den PageMaker-Dateien beigefügt wird, da ansonsten die Ausdrucke fehlerhaft sein können.

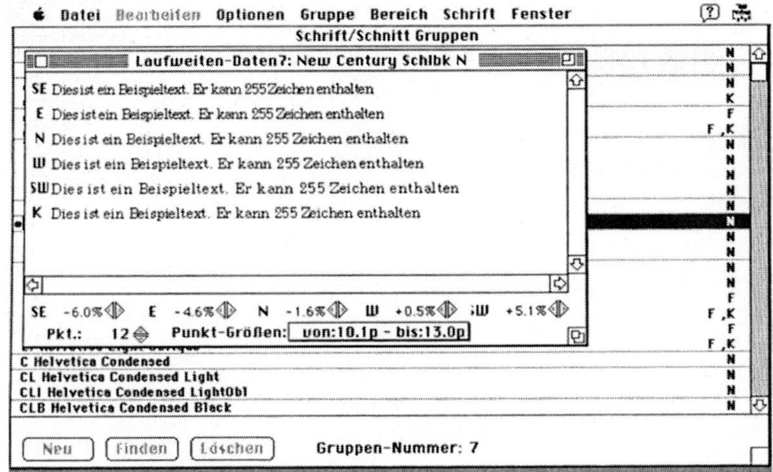

Das Arbeitsfenster zum Einstellen der Laufweite

VH-Addition

Im Kapitel über Mikrotypographie war als Tip ein zugegebenermaßen etwas umständliches Verfahren vorgestellt worden, mit dem sich innerhalb eines Dokumentes einheitliche Versalhöhen verwenden lassen. Die Idee bei diesem Verfahren war, mit Hilfe von Korrekturfaktoren die uneinheitlichen Kegelhöhen von PostScript-Schriften auf eine einheitliche Versalhöhe umzurechnen.

Mit der Anschaffung des VH-Additions von TransForm läßt sich die Schriftgröße auch in PageMaker als Versalhöhe angeben, gerade so, als ob das Programm diese Möglichkeit der Schriftgrößendefinition schon immer beherrscht hätte. Doch auch der automatische und nicht gebührenfreie Ausweg aus der Kegelhöhen-Misere hat einen kleinen Schönheitsfehler, der aber weniger dem Addition als vielmehr PageMaker selbst anzulasten ist. Das Addition kann sich leider nicht über die Genauigkeitsgrenze von PageMaker hinwegsetzen. Und somit hält die nach Versalhöhe eingestellte Schrift ihre Größe lediglich auf 0,057 mm genau ein. Doch selbst für Lesegrößen ist dieser Fehlerbereich tolerabel, bietet das Versalhöhen-Addition doch ansonsten den Komfort, den nur professionelle (aber ansonsten langweilige) Satzsysteme bieten.

Nach der Installation des Additions muß es noch für die Arbeit in PageMaker über das Menü *Option* im Untermenü *Aldus Additions* durch Auswahl der Menüzeile *Versalhöhe aktivieren* aktiviert werden. Daraufhin erscheint ein zusätzliches Palettenfenster für die Versalhöhe.

Nach der Aktivierung kann die gewünschte Versalhöhe überall dort eingegeben werden, wo sie auch bisher als Kegelhöhe festgelegt worden ist. Also im Dialogfeld *Schriftfestlegung* und im Dialogfeld *Schriftgrad*. Es müssen nur, wie immer, wenn eine vom Standard abweichende Maßangabe erfolgen soll, die Maßkürzel dem eingegebenen Zahlenwert nachgestellt werden. Im Falle der Millimeter-Versalhöhe muß das Einheitenkürzel **vh** angegeben werden.

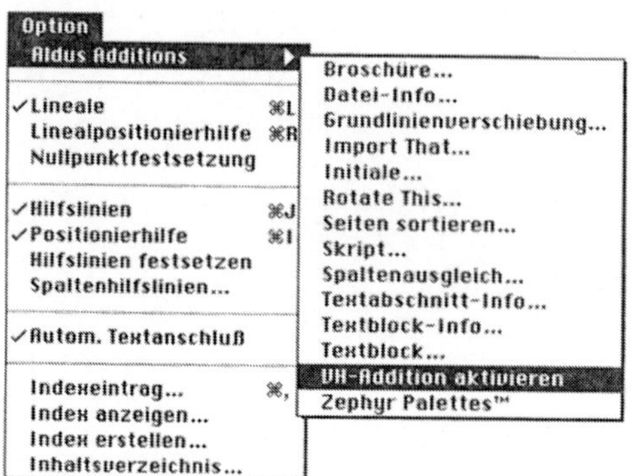

Die Aktivierung des VH-Additions ...

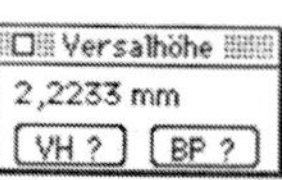

... und die daraufhin erscheinende Palette

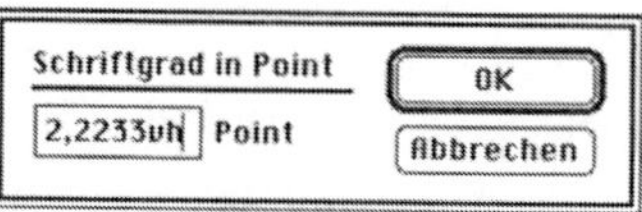

Die Angabe der Versalhöhe erfolgt durch Nachstellen des Einheitenkürzels

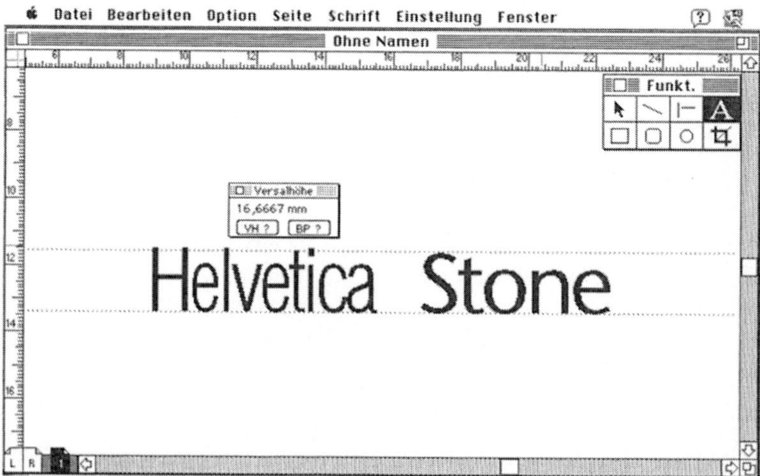

Mit dem VH-Addition wird die Versalhöhe gemessen

Die Palette des VH-Addition ist eine Art Typometer. Mit ihr kann die Schriftgröße des markierten Textes als Versalhöhe in Millimeter oder als Kegelhöhe in Berthold-Punkt abgefragt werden. Der »Berthold-Punkt« ist die zweite vom VH-Addition unterstützte Maßeinheit, auf die mit dem Einheitenkürzel bp zugegriffen werden kann. Mit dieser Einheit kann auch der PageMaker-Anwender in Einklang mit den auf Berthold-Satzsystemen verwendeten Maßsystemen arbeiten.

Beide Schriften haben bei gleichem Schriftgrad eine unterschiedliche Versalhöhe

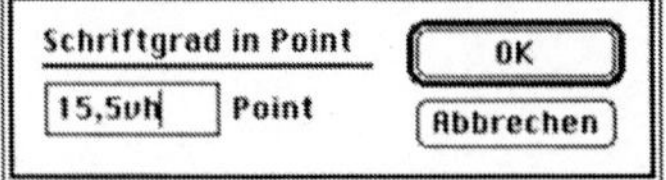

Die Versalhöhe wird für beide Schriften einheitlich eingestellt

Einheitliche Versalhöhen von 15,5 mm mit dem VH-Addition

Grafische Erweiterungen

Import That!

Im Kapitel über Halbtonvorlagen ist die beschränkte Importfähigkeit von PageMaker zur Sprache gekommen. Abhilfe verschaffen teils aufwendige Konvertierungen mit mehreren Programmen nach dem Schema: Mit dem ersten Programm das Bild laden und im Format UVW abspeichern. Ein weiteres Programm kann UVW-Bilder laden und als XYZ-Bilder abspeichern. Diese XYZ-Bilder lassen sich dann endlich in PageMaker importieren. (Es kommt nicht selten vor, daß noch mehr Programme an einer solchen Konvertieraktion beteiligt sind.)

Import That! erweitert die Palette Grafikformate, die sich in PageMaker-Dokumenten positionieren lassen. Die folgende Tabelle gibt eine Übersicht über die von Import That! unterstützten Grafikformate.

Von Import That unterstützte Grafikformate

Format	Verwendung
BOB	Bildformat für Farbbilder mit bis zu 256 Palettenfarben
BMP	Eines der Standard-Grafikformate unter Windows (PC)
CUT	Grafikformat von Dr. Halo
IFF LBM	Grafikformate von Deluxe Paint (Amiga und PC)
IMG	Standardgrafikformat unter GEM (PC und Atari)
Lotus PIC	Grafikformat von Lotus 1-2-3
MSP Type 1	Grafikformat von Microsoft Paint
PCP	Grafikformat von PC-Paint für monochrome Bilder
PCX/PCC	Ein weiteres Standardgrafikformat für Windows (PC)
Photoshop	Standardformat für Farbbilder von Adobe Photoshop
QuickTime	Neues Bildformat für Macintosh
Pixar	Standardgrafikformat von Pixar-Programmen (Macintosh und Sun)
QDV	Grafikformat von Random Dot Software
Raw RGB	Grafikformat für True-color-Bilder
RLE	Monochromes Bildformat von CompuServe und anderen Online-Datensystemen
TGA	Targa/Truevision
WPG	Grafikformat von WordPerfect

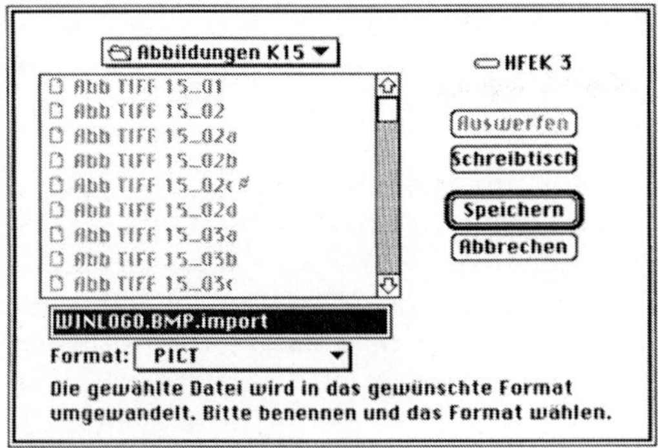

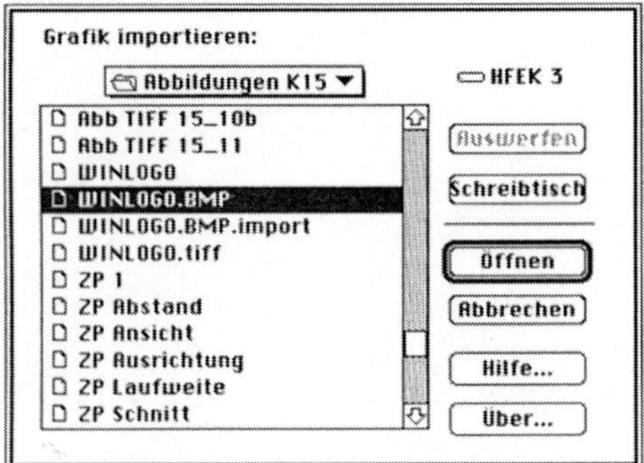

Mit Import That! lassen sich auch Bilder aus anderen Rechnerwelten übernehmen

Rotate This!

PageMaker ist ein »geradliniges« Programm. Textblöcke lassen sich gerade mal in 90-Grad-Schritten drehen und Grafiken bzw. Bilder überhaupt nicht. Zumindest was Grafiken und Bilder angeht kann ein Addition zu PageMaker Abhilfe schaffen: Rotate This! Dieses Addition vermag in PageMaker-Dokumenten positionierte Bilder zu spiegeln oder mit einer Genauigkeit von 0,0001 Grad um jeden beliebigen Winkel zu drehen.

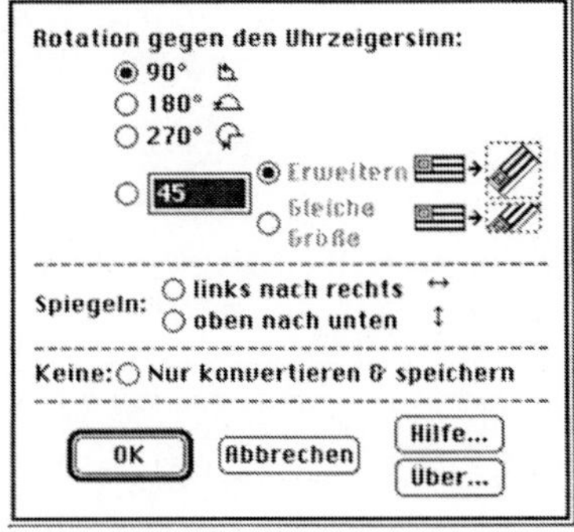

Das Dialogfeld von Rotate This!

Das Arbeitsprinzip von Rotate This! ist einfach. Nach der Auswahl eines positionierten Bildes wird das Addition aus dem Menü *Aldus Addition* aufgerufen. Daraufhin erscheint ein Dialogfeld, in dem die Rotation festgelegt werden kann.

Nach dem Vorgeben eines Rotationswinkels berechnet das Addition ein neues Bild, speichert dieses auf der Festplatte ab und ersetzt das markierte Bild durch die gedrehte Fassung. Das von Rotate This! verwendete Grafikformat ist entweder PICT oder TIFF. Die Abbildung auf der folgenden Seite zeigt eine Übersicht über die unterschiedlichen Rotationsoptionen.

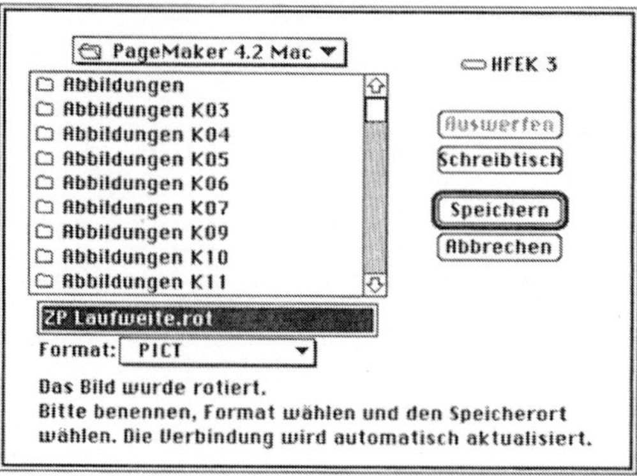

Die gedrehte Grafik wird gespeichert

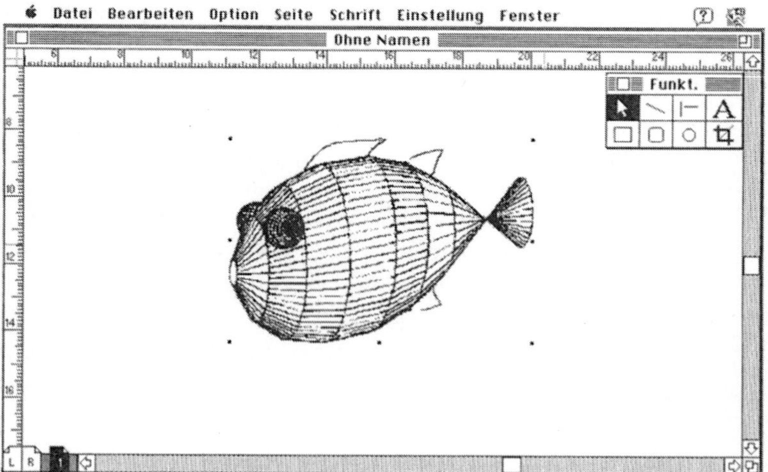

Die Rotationsoptionen von Rotate This!:

Die Ausgangsgrafik

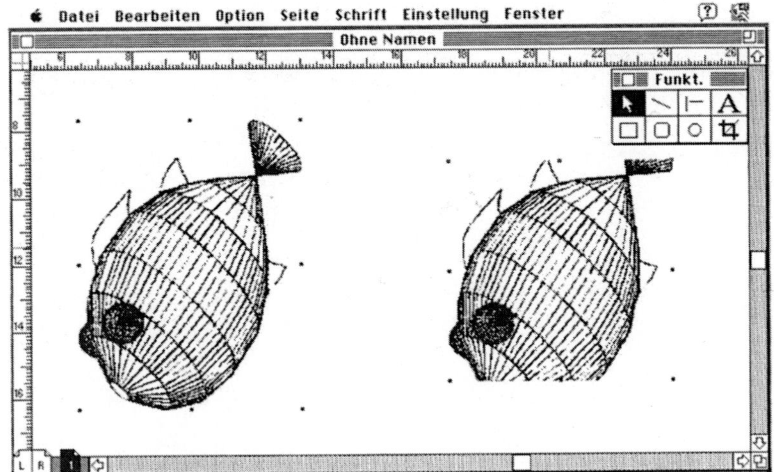

Rotation mit der Option ***Erweitern*** *und der Option* ***Gleiche Größe***

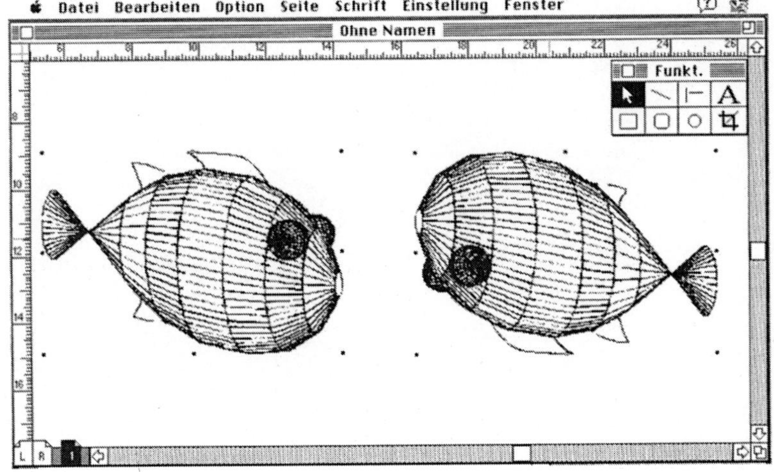

Spiegeln mit der Option ***links nach rechts*** *und der Option* ***oben nach unten***

Kapitel 16

Punkt, Punkt, Komma, Strich ...

16

Neben den hervorragenden Möglichkeiten von PageMaker mit Text umzugehen (die vorangegangenen Kapitel haben dies gezeigt) verfügt das Programm auch über einfache grafische Elemente, mit denen sich Seiten über die rein typographischen Mittel hinaus strukturieren lassen. Mit PageMaker lassen sich Linien- und Flächenelemente in zahlreichen Varianten erzeugen. Auf den ersten Blick mag der Fundus an grafischen Objekttypen (Linie, Rechteck und Ellipse) recht bescheiden erscheinen, doch wird man im Umgang mit diesen einfachen grafischen Elementen feststellen, daß sie für nahezu alle Anwendungen ausreichen. Für die wenigen Fälle, die sich nicht mit dem angebotenen Material realisieren lassen, kann dann ja immer noch auf externe Grafikprogramme zurückgegriffen werden, die im Mittelpunkt der folgenden drei Kapitel stehen.

Linien

Linienelemente sind für alle Bereiche der Seitengestaltung von Bedeutung. Beispielsweise kommen sie als Spaltenlinien vor, um zwei oder mehr Textspalten voneinander über die optische Wirkung des Spaltenabstands hinaus abzugrenzen (Spiegel-Lesern wird diese Art der Spaltenabgrenzung bekannt sein). Auch für Tabellen sind vertikale Linien zum Abgrenzen der einzelnen Spalten und horizontale Linien zum Abgrenzen der Zeilen wichtige Gestaltungselemente, die im Dienste einer verbesserten Struktur stehen.

Linien anlegen

Die Werkzeuge zum Zeichnen von Linien sind aus dem Funktionenfenster auswählbar. Mit der Freiwinkelfunktion lassen sich Linien in jedem beliebigen Winkel zum Seitenrand zeichnen. Die Festwinkelfunktion schränkt die Winkel auf alle Winkel der 45-Grad-Stufung ein.

Funktionenfenster mit Linienfunktionen

Die Vorgehensweise beim Zeichnen einer Linie ist denkbar einfach. Nach der Auswahl der gewünschten Linienfunktion wird der Mauszeiger (in Form eines kleinen Fadenkreuzes) an den Anfangspunkt der zu zeichnenden Linie gesetzt. Mit gedrückt gehaltener Maustaste wird dann die Linie wie ein Gummiband aufgezogen und durch Lösen der Maustaste an ihrem Endpunkt fixiert.

Die Arbeitsschritte beim Zeichnen einer Linie

Besonders bei großen Linienstärken fällt auf, daß sich die Stärke der Linie nicht gleichmäßig rechts und links bzw. ober- und unterhalb der Linienposition verteilt. Vielmehr ist die gesamte Linienstärke auf einer Seite der Linienposition. Deutlich wird dies, wenn eine Linie von 12 Point Stärke entlang einer Linealhilfslinie gezeichnet werden soll. Je nach Mauszeigerposition relativ zur Hilfslinie springt die Linie so, daß sie entweder vollständig diesseits oder jenseits der Hilfslinie erscheint. Beim Anlegen mehrerer äquidistanter Linien sollte unbedingt darauf geachtet werden, daß alle Linien zu derselben Seite ausgerichtet sind, da ansonsten Unregelmäßigkeiten im Linienabstand sichtbar werden könnten.

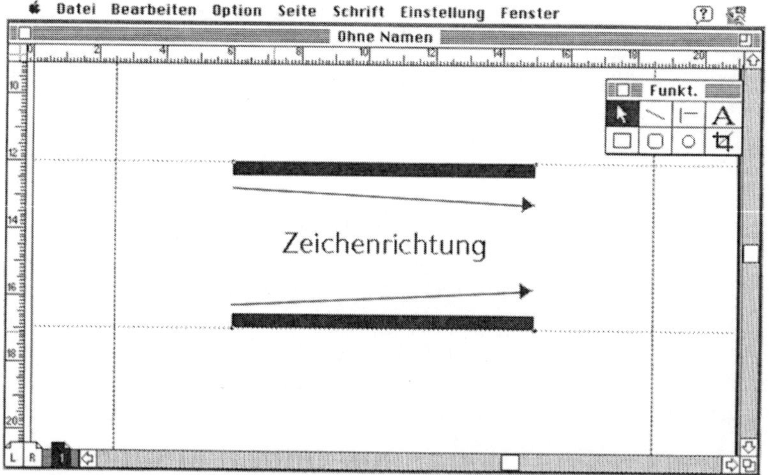

Mit dem Mauszeiger kann beim Zeichnen von Linien die Ausrichtung der Linienstärke beeinflußt werden

Linienattribute

Die Linienattribute, die über den Befehl *Linien* des Menüs *Einstellung* definierbar sind, bestimmen wesentlich das Aussehen einer Linie. Zur Auswahl stehen acht unterschiedliche Linienstärken und neun unterschiedliche Linienformen.

Die Einstellung in der Menüauswahl kann vor dem Zeichnen der Linie erfolgen und wirkt sich dann auf alle daran anschließend neu gezeichneten Linien aus. Es kann aber auch erst eine Linie mit den geltenden Standardattributen gezeichnet werden, und anschließend kann die Attributauswahl vorgenommen werden. Die erste Methode sollte besonders dann angewendet werden, wenn viele Linien desselben Typs gezeichnet werden sollen.

Die Attribute lassen sich auch jederzeit für eine Gruppe von Linien ändern. Alle zum Zeitpunkt des Befehlsaufrufs markierten Linien sind von den Einstellungen im Auswahlmenü betroffen. Die gewünschten Linien lassen sich dazu einzeln markieren (mit gedrückter Umschalttaste), oder sie lassen sich durch ein mit der Zeigefunktion aufgezogenes Auswahlrechteck um alle gewünschten Linien markieren.

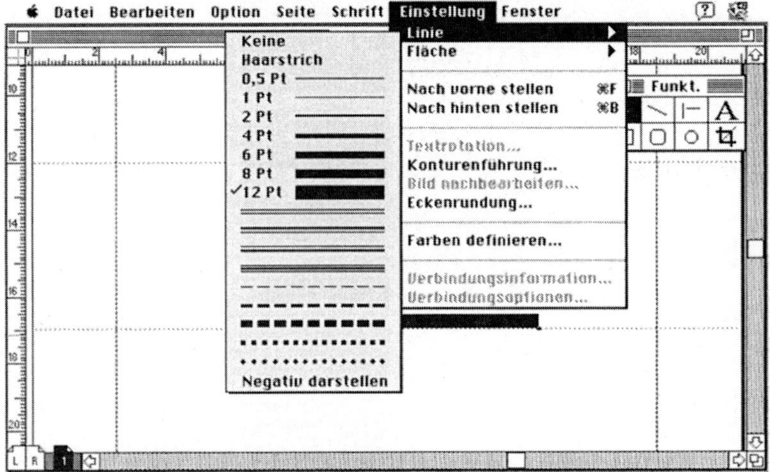

*Die Auswahl der Linienstärke bzw. Linienform im Auswahlmenü **Linie***

Diese Auswahl der Linienattribute zusammen mit der Möglichkeit, den Linien auch eine Farbe aus der Farbpalette von PageMaker zuordnen zu können, eröffnet ein beachtliches Spektrum an Linienvarianten. Die folgende Abbildung zeigt alle Linienstärken und Linienformen in unterschiedlichen Farben und auf unterschiedlichen Untergründen. Die graue Linienfärbung steht dabei stellvertretend für alle übrigen Grautöne und auch für alle Farben.

Die Option *Negativ darstellen* im Auswahlmenü *Linien* ist für weiße (Papierfarbe) Linien auf dunklem Grund vorgesehen. Problematisch wird diese Option jedoch für die Linienmuster. Die Zwischenräume der unterbrochenen oder geteilten Linienmuster erhalten nämlich nicht die Farbe des Untergrundes, sondern sie sind schwarz. Solange negative Linien auf schwarzem Untergrund positioniert sind, zeigt sich auch das erwartete Ergebnis. Wenn aber der Untergrund eine Grautönung aufweist, zeigt sich die unschöne Färbung der Linienzwischenräume. Besonders bei gepunkteten Linien weicht das (möglicherweise) erwartete Ergebnis kraß vom tatsächlichen ab.

Achtung: Die Zwischenräume der Linienmuster sind nicht etwa transparent, sondern haben immer Papierfarbe. Diese sollte berücksichtigt werden, wenn beispielsweise unterbrochene Linien durch graue (oder farbige) Flächen bzw. Grafiken gelegt werden sollen.

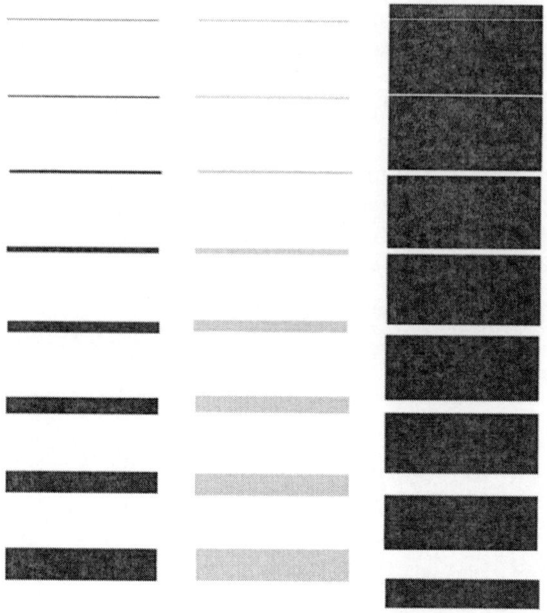

Haarstrich

0,5 Pt

1 Pt

2 Pt

4 Pt

6 Pt

8 Pt

12 Pt

Linienstärken

Doppellinie 4 Pt

Doppellinie 5 Pt

Doppellinie 5 Pt

Dreifachlinie 6 Pt

unterbr. Linie 1 Pt

unterbr. Linie 3 Pt

unterbr. Linie 6 Pt

unterbr. Linie 4 Pt

Punktlinie 4 Pt

Linienmuster

Tip: Punktlinien aus Textblöcken

Zugegeben, die Auswahl an Punktlinien ist dürftig. Doch Punktlinien lassen sich einfach mit Textblöcken anlegen, wobei sich Größe der Punkte, Form und Abstand nahezu beliebig einstellen lassen. Dazu reichen zwei Standardfonts wie die Helvetica (mit quadratischen Punkten) und die Times (mit kreisförmigen Punkten) bereits völlig aus. Die Auswahl des Fonts bestimmt also die Punktform. Die Größe der Punkte wird über die Schriftgröße eingestellt. Und der Punktabstand wird durch den Zeichen- oder Wortabstand reguliert. Zur Vorgehensweise: Tippen Sie einfach eine Reihe von Punkten (mit der Taste <.>) im Layoutmodus mit der Textfunktion ein. Markieren Sie anschließend die Punkte, und nehmen Sie im Dialogfeld *Schriftfestlegung* die Einstellungen vor, die aus den Textzeichen die gewünschte Punktlinie erzeugen.

Der Nachteil dieser perfekt anmutenden Methode soll an dieser Stelle nicht verheimlicht werden: Punktlinien aus Textzeichen sind nur in horizontaler und vertikaler Ausdehnung realisierbar, weil die Drehung von Textblöcken mit dem Befehl *Textrotation* nur in Schritten zu 90 Grad möglich ist.

Punktlinien mit beliebiger Punktgröße, -form und -abstand lassen sich mit Textblöcken anfertigen

Die aus Zeichenpunkten zusammengesetzten Punktlinien erfüllen übrigens auch die Erwartung hinsichtlich ihrer Wirkung auf grauen Flächen. Auch die negative Form der gepunkteten Linien (Textfarbe weiß) aus Textzeichen ist tadellos für dunkle Hintergründe geeignet.

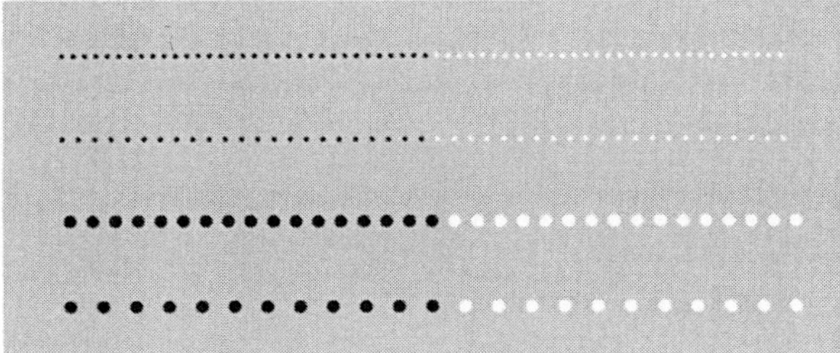

Positive wie negative Linien lassen sich auf dunklen Untergründen positionieren

Absatzlinien

Alle Einstellungen für mit den beiden Linienfunktionen gezeichneten Linien aus dem Auswahlmenü für Linien sind auch für Absatzlinien vorgesehen. PageMaker kann mit der Absatzlinienoption ober- oder unterhalb von Absätzen Linien definieren, für die dieselben Strichstärken und Linienmuster zur Verfügung stehen wie für die übrigen Linien auch. Die Einstellungen dazu werden im Dialogfeld *Absatzlinien* vorgenommen.

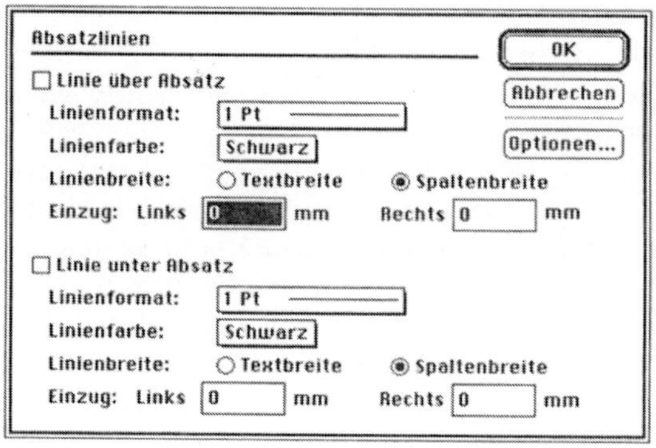

Absatzlinien

OK

Abbrechen

Optionen...

☐ Linie über Absatz

Linienformat: 1 Pt

Linienfarbe: Schwarz

Linienbreite: ○ Textbreite ◉ Spaltenbreite

Einzug: Links 0 mm Rechts 0 mm

☐ Linie unter Absatz

Linienformat: 1 Pt

Linienfarbe: Schwarz

Linienbreite: ○ Textbreite ◉ Spaltenbreite

Einzug: Links 0 mm Rechts 0 mm

Dialogfelder ***Absatzlinien …***

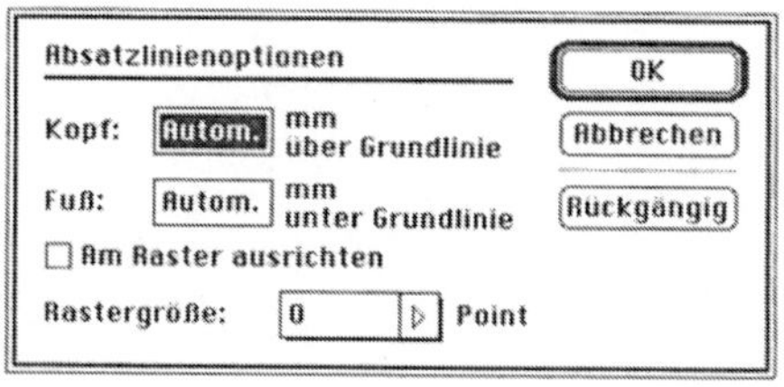

Absatzlinienoptionen

OK

Abbrechen

Rückgängig

Kopf: Autom. mm über Grundlinie

Fuß: Autom. mm unter Grundlinie

☐ Am Raster ausrichten

Rastergröße: 0 Point

… und ***Absatzlinienoptionen***

Fortune plango vulnera stillantibus ocellis, quod sua michi munera subtrahit rebellis.

In Fortune solio sederam elatus, properitatis vario flore coronatus; quicquid enim florui felix et beatus, nunc a summo corrui gloria privatus.

Fortune rota volvitur: descendo minoratus; alter in altum tollitur; nimis exaltatus rex sedet in vertice - caveat ruinam! nam sub axe legimus Hecubam reginam.

Veris leta facies mundo propinatur, hiemalis acies victa iam fugatur.

Unterschiedliche Linienformen als Absatzlinien

PageMaker unterstützt nur horizontal verlaufende Absatzlinien. Einen vertikalen Linientyp für Textspalten gibt es nicht. Allerdings lassen sich Spaltenlinien leicht mit der Festwinkellinien-Funktion konstruieren. Bei mehrseitigen Spaltentexten können die Spaltenlinien auf den Standardseiten angelegt werden. Sie erscheinen dann automatisch auf allen Seiten des Dokumentes an der richtigen Position. Für Überschriften, die über mehrere Spalten reichen, lassen sich die Spaltenlinien mit einer weißen Fläche überdecken. Dasselbe Verfahren eignet sich auch für Abbildungen, die über mehrere Spalten reichen.

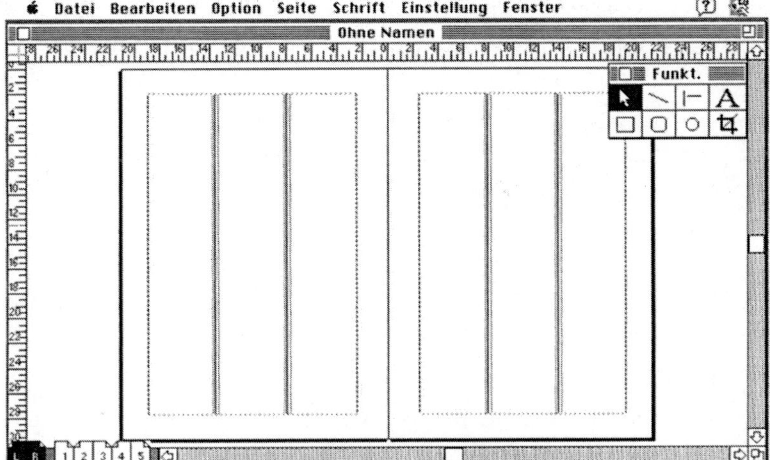

Spaltenlinien lassen sich auf den Standardseiten definieren ...

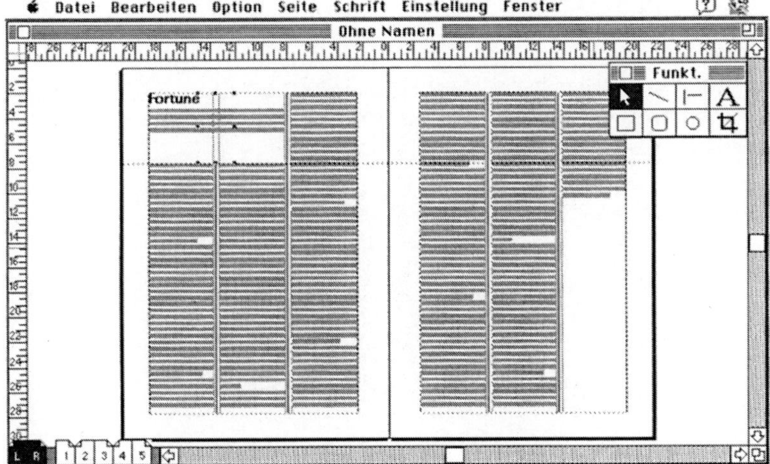

... und gegebenenfalls auf den Dokumentseiten überdecken

Flächen

Flächen erweitern die Strukturierungsmöglichkeiten für Seiten um ein weiteres. Ganze Textstellen lassen sich beispielsweise mit einer Fläche unterlegen, um sie gegenüber anderen abzusetzen. Dies läßt sich beispielsweise besonders bei der Gestaltung von Tabellen gewinnbringend einsetzen.

PageMaker unterscheidet in der Funktionenpalette drei unterschiedliche Flächenformen: die Rechtecke, die Sonderrechtecke (mit abgerundeten Ecken) und die Ellipsen. Je nach ausgewählter Funktion kann daran anschließend das entsprechende Flächenelement gezeichnet werden. Die Rechtecke und die Sonderrechtecke sind eigentlich gar keine unterschiedlichen Objekttypen. So lassen sich mit dem Befehl

Funktionenfenster mit Flächenfunktionen

Eckenrundung aus dem Menü *Einstellung* auch nachträglich noch alle Rechtecke in Rechtecke mit abgerundeten Ecken umwandeln und umgekehrt.

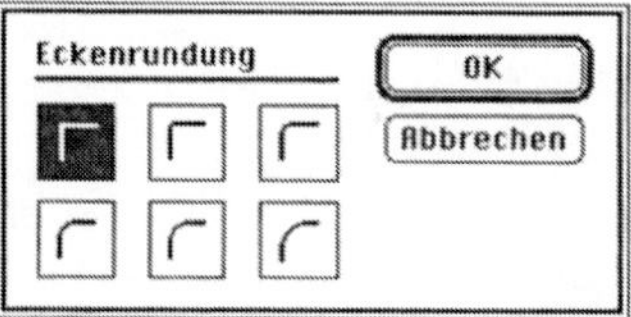

Dialogfeld ***Eckenrundung***

Flächen anlegen

Die Vorgehensweise beim Zeichnen von Rechtecken bzw. Ellipsen ist vergleichbar mit dem Zeichnen von Linien. Nach der Auswahl der gewünschten Flächenform aus dem Funktionenfenster wird der Mauszeiger (in Form eines kleinen Fadenkreuzes) an die gedachte obere linke Ecke der zu zeichnenden Form gesetzt. Mit gedrückt gehaltener Maustaste wird dann die Fläche aufgezogen und durch Lösen der Maustaste an ihrer rechten unteren Ecke fixiert. Das Zeichnen von Quadraten mit der Rechteckfunktion bzw. von Kreisen mit der Ellipsenfunktion wird möglich, wenn während des Aufziehens der Fläche die Umschalttaste gedrückt wird.

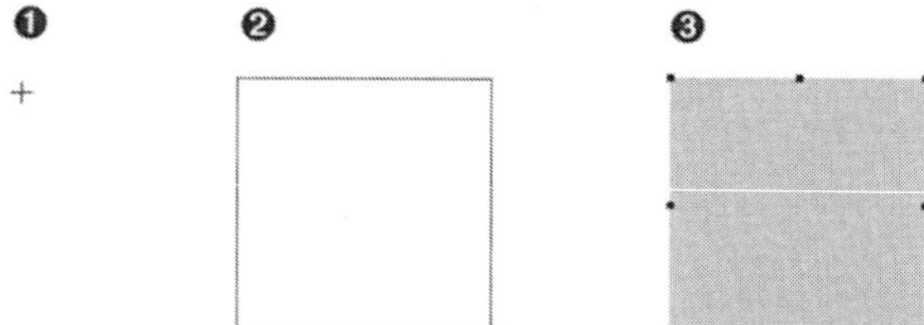

Die Arbeitsschritte beim Zeichnen einer Fläche

Flächenattribute

Die Flächenattribute, die über den Befehl *Fläche* des Menüs *Einstellung* definierbar sind, bestimmen wesentlich das Aussehen einer Fläche. Zur Auswahl stehen acht unterschiedliche Schattierungen und acht unterschiedliche Flächenmuster.

Die Einstellung in der Menüauswahl kann so wie auch bei den Linien vor dem Zeichnen der Fläche erfolgen und wirkt sich dann auf alle daran anschließend neu gezeichneten Flächenelemente aus. Es kann aber auch zunächst ein Flächenelement mit den geltenden Standardattributen gezeichnet werden, und anschließend kann die Attributauswahl vorgenommen werden. Die erste Methode eignet sich besonders zum Zeichnen mehrerer Flächen mit denselben Attributen.

Die Attribute lassen sich auch jederzeit für eine Gruppe von Flächenelementen ändern. Alle zum Zeitpunkt des Befehlsaufrufs markierten Flächen sind von den Einstellungen im Auswahlmenü betroffen. Die gewünschten Flächen lassen sich dazu einzeln markieren (bei gedrückt gehaltener Umschalttaste), oder sie lassen sich durch ein mit der Zeigefunktion aufgezogenes Auswahlrechteck um alle gewünschten Elemente markieren.

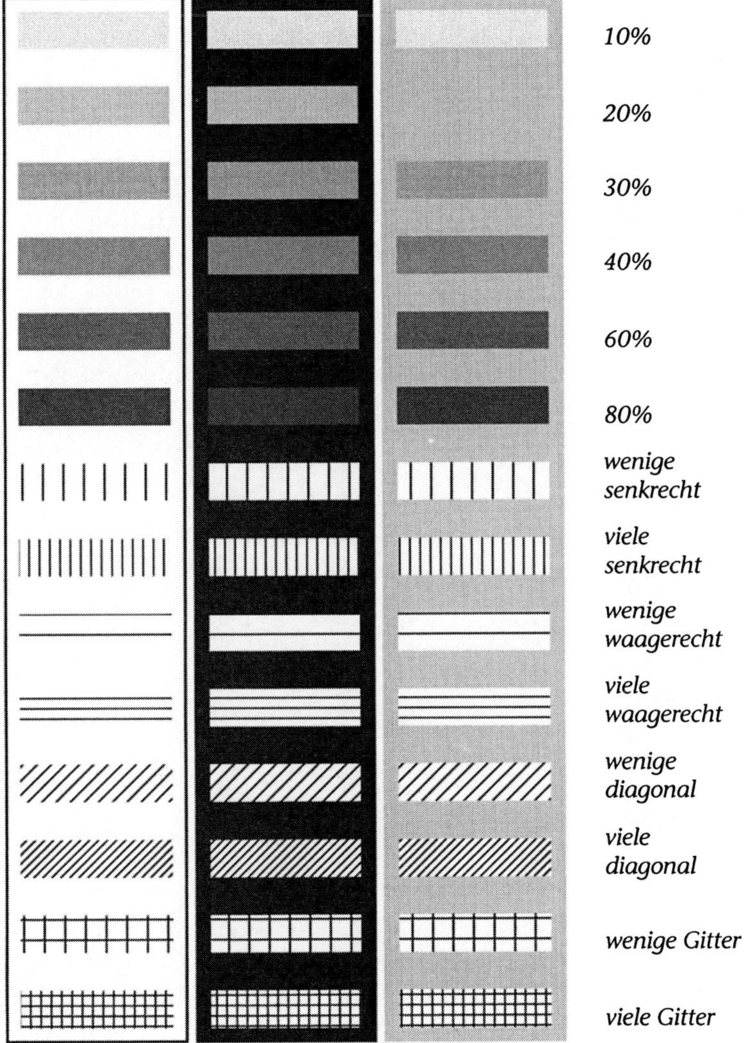

Übersicht Flächen

Die Auswahl der Flächenattribute ermöglicht bereits zahlreiche Flächenvarianten. Neben den sechs Schattierungen der Volltonfarbe stehen auch acht unterschiedliche Schraffuren zur Verfügung. Zu allen Einstellungen kann aus der Farbpalette noch eine Farbe gewählt werden. Beispielsweise ergibt die Auswahl der 30%igen Schattierung mit der Farbe Schwarz zusammen ein 30%iges Grau. Dieselbe Schattierung würde zusammen mit der Farbe Rot ein helles Rot ergeben. Die folgende Abbildung zeigt alle Flächeneinstellungen in unterschiedlichen Farben und auf unterschiedlichen Untergründen. Die graue Flächenfärbung steht dabei stellvertretend für alle übrigen Grautöne und auch für alle Farben.

Erweitert werden die Flächenvarianten noch durch die Möglichkeit über das Linienauswahlmenü einen sichtbaren Umriß zu definieren. Gedacht ist diese Möglichkeit für Flächenformen, die kein Füllraster erhalten sollen, sondern nur als Rahmen dienen sollen. Grundsätzlich sind alle Linienattribute auch für Flächen einstellbar. Problematisch sind lediglich die Linienmuster bei abgerundeten Rechtecken und Ellipsen. Die Strichelungen bzw. Punktierungen werden auf gebogenen Linien als durchgezogene Linien gezeichnet, so daß der gesamte Umriß von Ellipsen und die gerundeten Ecken von Rechtecken als durchgezogene Liniensegmente erscheinen.

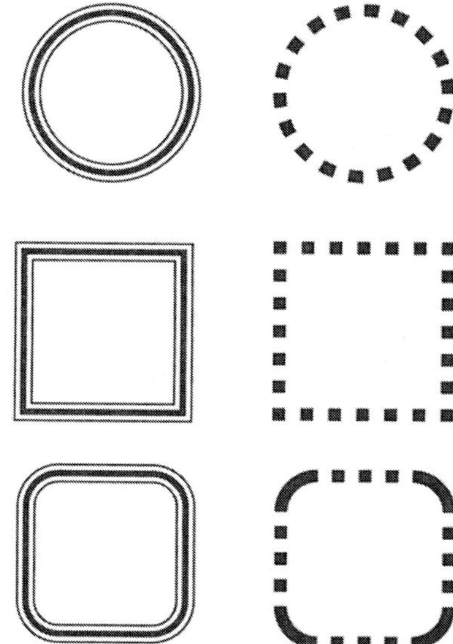

Flächen mit unterschiedlichen Umrissen

Tip: Flächenumriß und Flächenfüllung in unterschiedlichen Farben

Die Farbauswahl für eine Fläche betrifft gleichermaßen den Umriß und die Füllung. Wenn für einen Flächenumriß eine von der Flächenfarbe abweichende Farbe erwünscht ist, kann zunächst eine Fläche mit nur der gewünschten Füllfarbe aufgezogen werden. Anschließend wird eine genauso große Fläche nur mit einem Umriß gezeichnet. Für die Füllung muß dabei im Auswahlmenü *Fläche Keine* ausgewählt sein. Die Farbe des Umrisses ist frei einstellbar. Durch den Umriß hindurch bleibt die Fläche im Hintergrund zu sehen, und der gewünschte Effekt der unterschiedlichen Färbung von Umriß und Füllung ist realisiert.

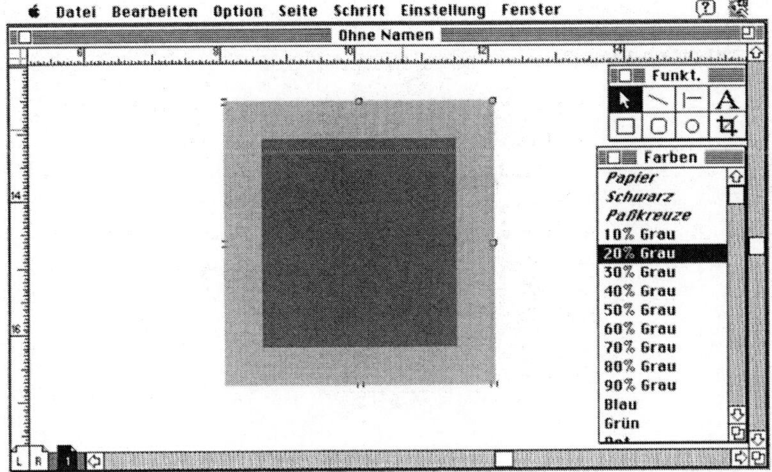

Über einen Umweg können Umriß- und Flächenfarbe getrennt voneinander eingestellt werden

Tip: Zusätzliche, feinere Grauraster erzeugen

Für viele Anwendungen reichen die unter PageMaker verfügbaren Graustufen für Flächenfüllungen nicht aus. Außerdem werden sie auf Laserdruckern mit 300 dpi stark gerastert wiedergegeben. Ein feineres Raster in jedem beliebigen Grauwert läßt sich ganz einfach erzeugen. Dazu wird in einem Pixelprogramm, beispielsweise in SuperPaint oder MacPaint, ein ganz schwarzes Dokument angelegt und als TIFF- oder PAINT-Datei gespeichert. Dieses Dokument wird dann in PageMaker positioniert und auf die gewünschte Größe beschnitten. Anschließend wird für dieses Bild der Befehl *Bild nachbearbeiten* aufgerufen und bei aktivierter Option *Gerastert* ein Rasterwinkel von **45 Grad** sowie eine Rasterweite von **75 lpi** eingestellt. Durch Ändern der Helligkeit lassen sich nun beliebige Grauwerte erzeugen. Obwohl die Eingabe leider nicht numerisch erfolgen kann, sind doch wesentlich feinere Abstufungen möglich als mit den im Auswahlmenü *Fläche* angebotenen sechs Graustufen.

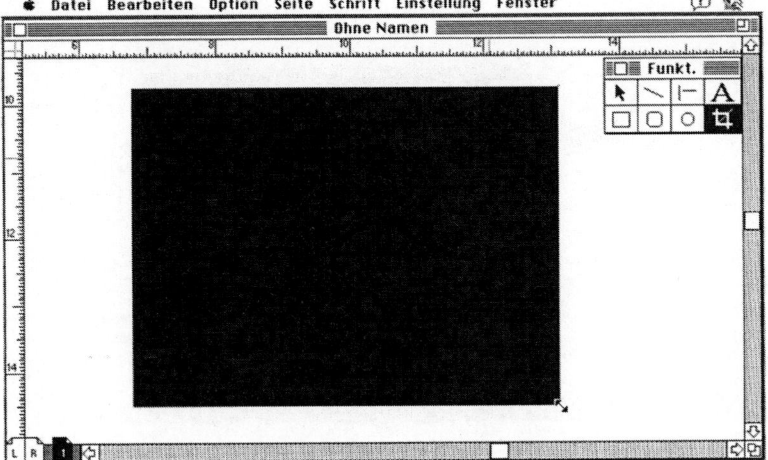

Das schwarze Pixeldokument wird in PageMaker positioniert und beschnitten

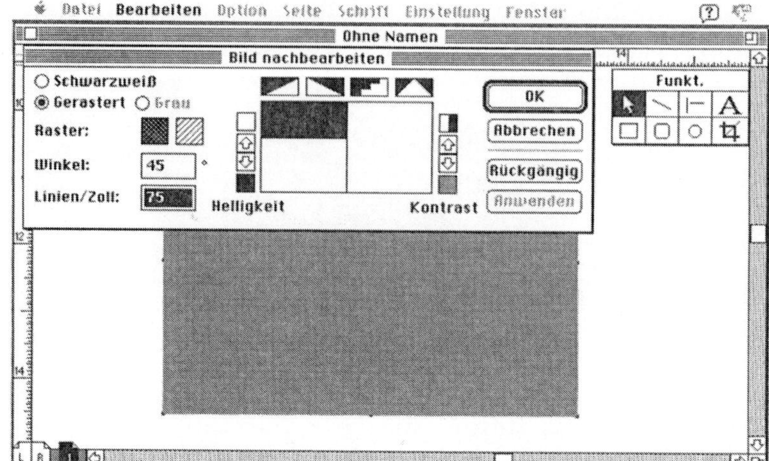

*Die Fläche wird mit dem Befehl **Bild nachbearbeiten** auf die gewünschte Helligkeit gebracht*

Tip: Dreiecke mit PageMaker

Dreiecke werden sicher nur selten benötigt. Wenn sie dann aber benötigt werden, dann ist es besonders ärgerlich, wenn sie nur mit externen Programmen gezeichnet werden können. Ein kleiner Trick hilft auch hier weiter: Im Font Zapf Dingbats (Standard für PostScript-Drucker) sind einige recht hübsche Grafikzeichen enthalten, unter anderem auch Dreiecke. Da PageMaker Schriftgrößen bis zu 650 Point (die sich sogar auf bis zu 1300 Point steigern lassen) erlaubt, lassen sich Dreiecke in nahezu beliebiger Größe dadurch erstellen, daß sie als einzelnes Textzeichen aus dem Dingbats-Font in einem separaten Textrahmen eingegeben werden. Die Flächenfarbe wird dann durch die Schriftfarbe bestimmt. Um beispielsweise ein mit der Spitze nach unten weisendes Dreieck zu zeichnen, läßt sich ein kleines t verwenden, das als Zapf Dingbats formatiert wird.

Auch Zapf Dingbats lassen sich als Flächenelemente verwenden

Tip: Halbkreise

Mit ein wenig zusätzlichem Aufwand lassen sich mit den Flächentypen von PageMaker sogar Halb- und Viertelkreise zeichnen. Die Idee dabei ist, daß zunächst der volle Kreis gezeichnet und anschließend eine Hälfte mit einem weißen Rechteck abgedeckt wird. Sollte der Kreis nur aus einem Umriß bestehen, muß als dritter Arbeitsschritt mit der Linienfunktion noch eine Linie in Länge des Kreisdurchmessers hinzugefügt werden. Durch zweifache Abdeckung lassen sich auch Viertelkreise zeichnen. Nachteil der auf diese Weise gezeichneten Halb- und Viertelkreise ist, daß sie nur rechtwinkelig zu den Seitenbegrenzungen angelegt werden können.

Eine solche Konstruktion sollte nur als Notlösung angesehen werden. Dieses Verfahren sollte nur zeigen, daß die wenigen Flächen- und Linientypen, die PageMaker zur Verfügung stellt, auch für mehr Anwendungen geeignet sind, als auf den ersten Blick zu vermuten wäre.

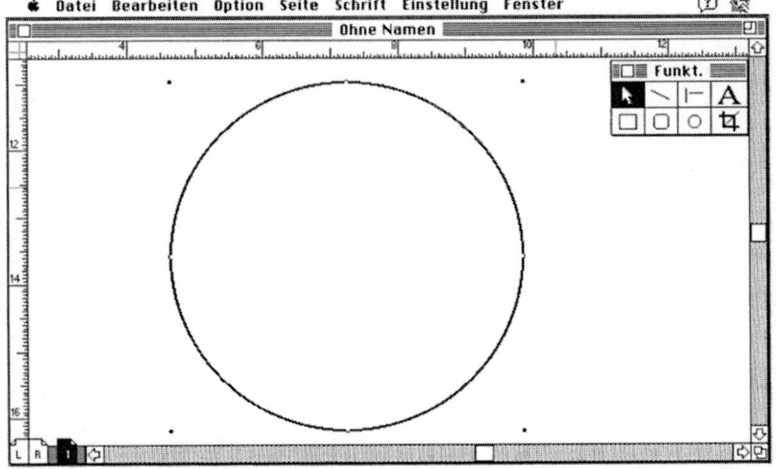

Zunächst wird ein Kreis gezeichnet, ...

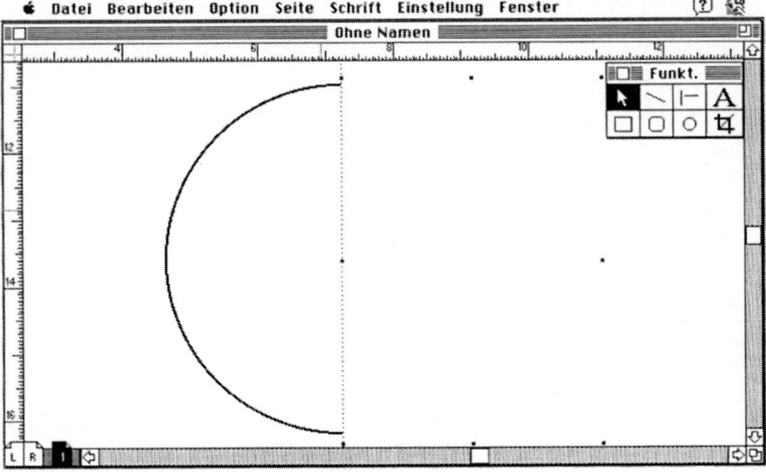

... der dann von einem Rechteck halb verdeckt wird, ...

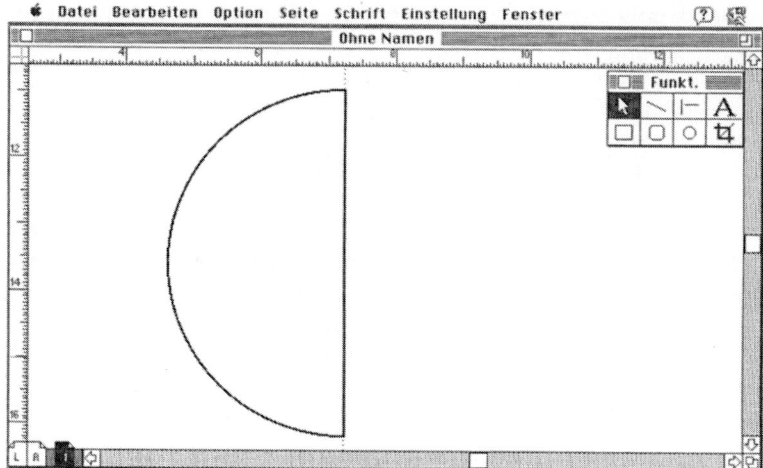

... um mit einem hinzugefügten Linienelement einen perfekten Halbkreis anzufertigen

Tip: Linien- und Flächenelemente gruppieren

Wenn wie im obigen Beispiel eine Grafik als Kombination aus unterschiedlichen Linien- und Flächenelemente gebildet wird, wäre es hilfreich, diese Elemente so zu gruppieren, daß sie nicht mehr versehentlich gegeneinander verschoben werden können. Dies ist in PageMaker nicht vorgesehen. Einen Ausweg bietet sich aber mit dem auf dem Macintosh implementierten Album. Dabei werden alle Elemente der Grafik markiert und in die Zwischenablage ausgeschnitten. Anschließend wird aus dem Apple-Menü die Funktion *Album* ausgewählt. Das Albumfenster wird geöffnet und das erste darin gespeicherte Objekt angezeigt. Mit dem Befehl *Einsetzen* aus dem Menü *Bearbeiten* des Albums lassen sich nun die in der Zwischenablage gespeicherten Elemente als Bild im Album speichern.

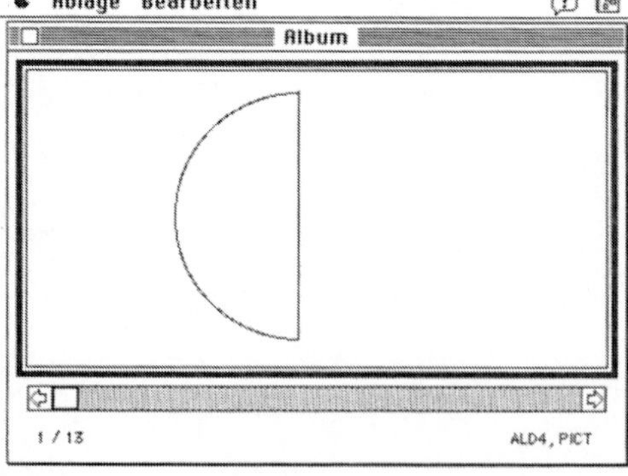

Die Elemente wurden in das Album eingesetzt

Anschließend wird das Album wieder geschlossen und das im Album gespeicherte Bild mit dem Befehl *Positionieren* in PageMaker positioniert. Dazu wird im Dialogfeld *Wählen Sie eine Datei* der Ordner *Systemordner* und darin die Datei *Albumdatei* ausgewählt. Es erscheint das geladene Grafiksymbol mit dem Zeichen für Albumdatei sowie der

Anzahl der im Album gespeicherten Objekte. Das zuletzt gespeicherte Objekt, also unsere Grafik, ist geladen. Nun wird das Objekt an der gewünschten Position plaziert. Nachdem das erste Objekt positioniert ist, ist das Symbol weiter mit dem folgenden Objekt aus der Albumdatei geladen. Klicken auf die Zeigfunktion im Funktionenfenster beendet das Positionieren aus der Albumdatei. Die aus dem Album positionierte Grafik ist nun nur noch ein einziges Objekt und keine Gruppe von Objekten mehr.

Achtung: Eine auf diese Weise erzeugte Gruppe von Objekten kann nicht mehr in Einzelobjekte umgewandelt werden.

Flächenelemente aus externen Programmen

PageMaker hat seine Grenzen. Aber durch die offene Struktur von PageMaker, die es erlaubt, Daten jeglicher Art über die Zwischenablage oder über den Import von externen Dateien in Dokumente zu übernehmen, sind die Grenzen durch externe Werkzeuge leicht zu überwinden.

Prinzipiell lassen sich alle Flächen (und auch alle Linientypen), die PageMaker mit seinen eigenen Mitteln nicht erzeugen kann, mit externen Grafikprogrammen anlegen. Dabei ist es weitgehend egal, ob dazu ein vektororientiert arbeitendes oder ein punktorientiert arbeitendes Programm verwendet wird. Vektorprogramme bieten vor allem bei der hochauflösenden Belichtung für hochwertige Druckvorlagen Vorteile. Mit Bitmap-Programmen lassen sich dagegen die Rasterpunkte auf niedrig auflösendere Druckverfahren genau anpassen, so daß auch auf Laserdruckern zufriedenstellende Ergebnisse erzielt werden können.

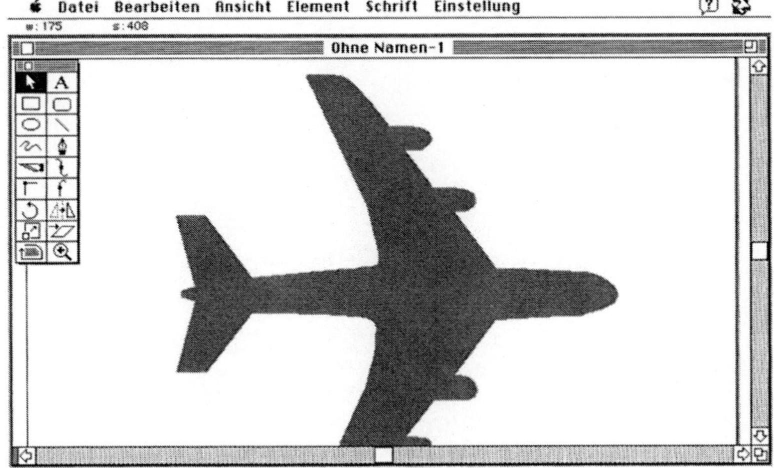

Ausgefallenere Flächenformen lassen sich mit Vektorprogrammen (FreeHand) ...

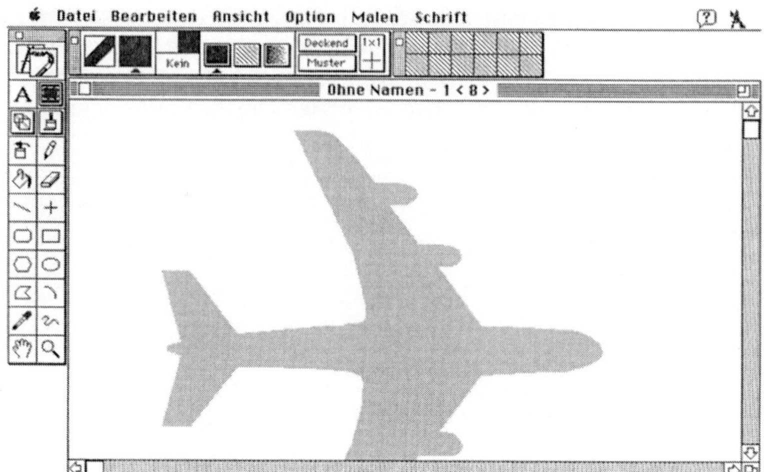

... oder auch mit Pixelprogrammen (SuperPaint) zeichnen

Kapitel 17

Vektorgrafiken mit PageMaker

17

Als Layoutprogramm versteht sich PageMaker als das zentrale Werkzeug im DTP-Prozeß. Mit ihm werden die unterschiedlichen Elemente wie Texte, Bilder und Grafiken endgültig für die Druckausgabe auf einem Laserdrucker oder die Veredlung durch einen Filmrekorder auf den Seiten montiert. Die Übergabeschnittstelle zwischen den Zuarbeitern Grafik- und Bildbearbeitungsprogramm auf der einen Seite und PageMaker auf der anderen Seite ist für Vektorgrafiken mit den von PageMaker unterstützten Grafikformaten gegeben. Vektorgrafiken lassen sich nicht in die Zwischenablage kopieren.

Nachdem eine Grafik in ein Dokument eingebunden worden ist, läßt sie sich in ihrer Größe und Proportion weitgehend dem Layout anpassen. Auch ein Ausschnitt aus einer Grafik kann gewählt werden, um nicht benötigte Partien auszublenden. Im folgenden werden alle Beispiele anhand der Zusammenarbeit von PageMaker und SuperPaint bzw. FreeHand als Vertreter von Vektorgrafikprogrammen ausgeführt. Die gezeigten Arbeitsanleitungen lassen sich so oder in ähnlicher Weise auch auf die Zusammenarbeit mit anderen objektorientiert arbeitenden Grafikprogrammen übertragen.

Import und Export über die Zwischenablage

Der schnelle Austausch von Grafiken über die Zwischenablage wird nicht von allen Vektorgrafikprogrammen unterstützt. Voraussetzung für die Verwendung der Zwischenablage ist, daß die Daten dort PICT-kompatibel abgelegt werden. Dies ist leider weder bei Adobe Illustrator noch bei Aldus FreeHand der Fall. Daher wird bei dem folgenden Beispiel das Programm Aldus SuperPaint verwendet.

Beispiel Initial

Im ersten Beispiel zum Datenaustausch über die Zwischenablage soll mit einem externen Grafikprogramm (SuperPaint) ein Initial erstellt und in ein PageMaker-Dokument eingebunden werden.

Ausgangspunkt für die im folgenden beschriebenen Arbeitsschritte ist, daß PageMaker und SuperPaint bereits vom Finder aus gestartet sind.

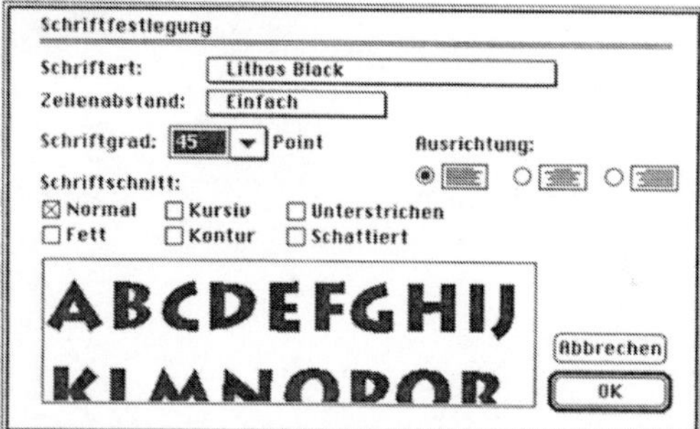

❶ SuperPaint durch Auswahl aus dem Menü *Programme* aktivieren und das Initial in der gewünschten Größe, Form usw. erstellen.

Dialogfeld ***Schriftfestlegung***

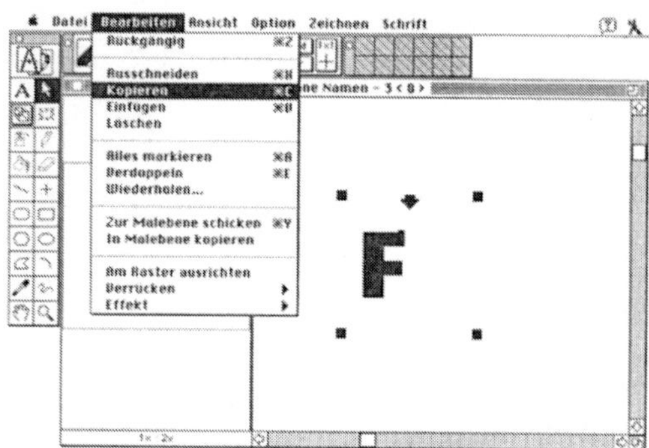

❷ Aufrufen des Befehls *Kopieren* aus dem Menü *Bearbeiten.* Dabei muß das gewünschte Objekt (das Initial) selektiert sein. Anschließend kann SuperPaint ausgeblendet werden.

Selektiertes Initial

❸ Im Finder das Fenster der Zwischenablage mit dem Befehl *Zwischenablage* aus dem Menü *Bearbeiten* öffnen, um das kopierte Objekt zu kontrollieren.

Objekt in Zwischenablage

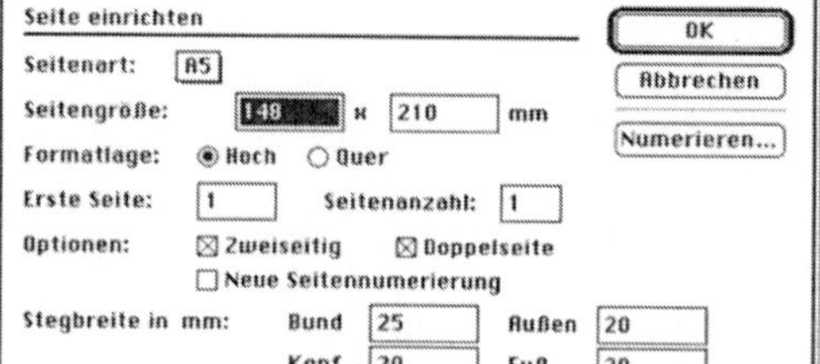

❹ Nach dem Schließen des Zwischenablagenfensters und dem Einblenden von PageMaker beginnt die Arbeit am Dokument.

Dialogfeld ***Seite einrichten***

❺ Text mit dem Befehl *Positionieren* aus einer externen Textdatei importieren oder manuell eingeben. Bei der manuellen Texteingabe kann im Textmodus oder direkt im Layoutmodus gearbeitet werden.

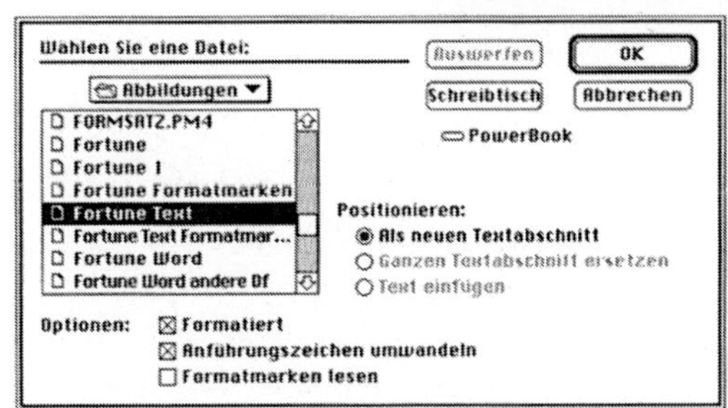

Dialogfeld ***Wählen Sie eine Datei***

❻ Mit dem Befehl *Einfügen* aus dem Menü *Bearbeiten* wird das Initial auf der aktuellen Seite eingefügt.

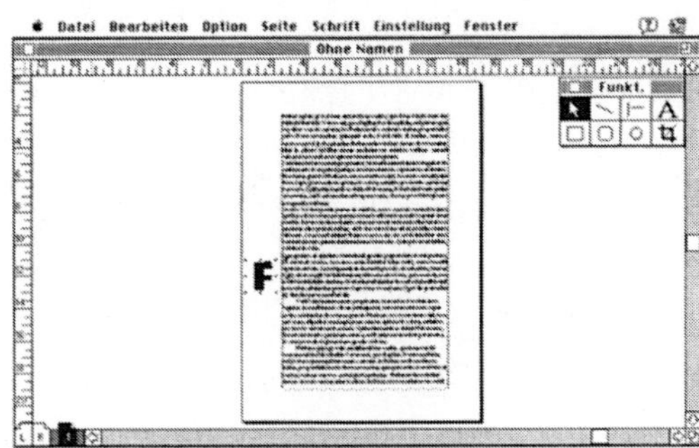

Initial auf der Seite

❼ Das Initial wird am Anfang des Textes positioniert, und im Dialogfeld *Konturenführung* werden die Einstellungen vorgenommen, die nötig sind, um den Text um das Initial herumfließen zu lassen. Dabei wird eine Randzone von einem Millimeter definiert. Das Dialogfeld wird mit dem Befehl *Konturenführung* aus dem Menü *Einstellung* aufgerufen.

Dialogfeld ***Konturenführung***

❽ Je nach Zeichenform des Initials läßt sich die Randzone des Zeichens auch noch individuell bearbeiten. Auf diese Weise läßt sich beispielsweise der Text sehr nah an die Zeichenform heranführen.

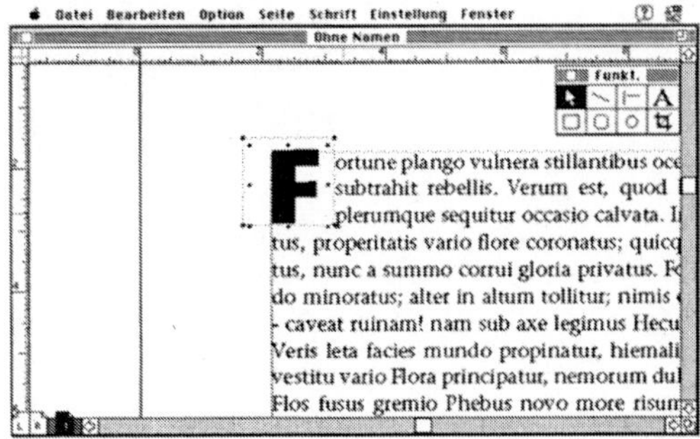

Das fertige Initial

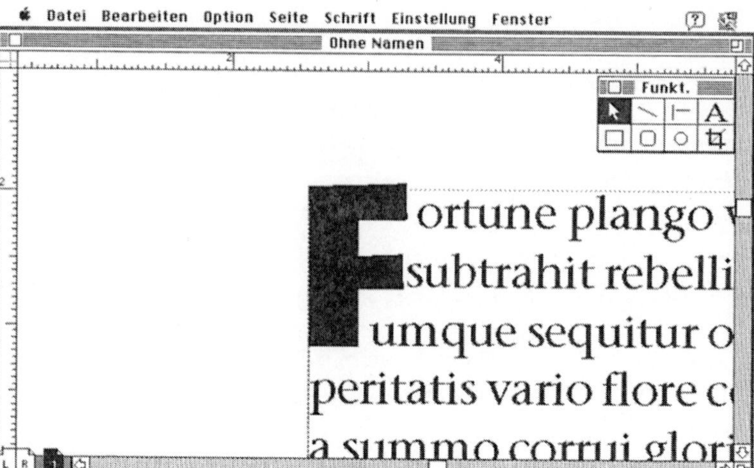

Variante

Achtung: Beim Importieren von Grafiken in ein PageMaker-Dokument über die Zwischenablage kann nicht von der Verbindungsmöglichkeit mit externen Dateien Gebrauch gemacht werden. Wenn dies erwünscht ist, sollte die Grafikdatei direkt mit dem Befehl *Positionieren* in das Dokument eingebunden werden.

Austausch über Grafikformate

Für den Import vektororientierter Grafiken bietet PageMaker zwei Grafikformate an. Das EPS-Format und das PICT-oder PICT2-Format. (EPS steht für Encapsulated PostScript) Beide Formate haben ihre speziellen Vor- und Nachteile, die prinzipiell vom Anwender und seiner individuellen Software-Umgebung selbst ausgelotet werden müssen.

Eine wichtige Einschränkung für das leistungsstärkere Format EPS ergibt sich im Hinblick auf den Drucker und die Bildschirmanzeige. Eine reine EPS-Datei wird auf dem Bildschirm nur als graues Kästchen angezeigt. Einige Grafikprogramme, die im EPS-Format exportieren können, beispielsweise auch FreeHand, können eine Bitmap-Interpretation der Grafik in die EPS-Datei integrieren. Diese als Header bezeichnete Bitmap kann von PageMaker angezeigt werden. Wenn es irgend möglich ist, sollte jeder EPS-Datei eine solche Bitmap-Interpretation zugeordnet werden. Der dadurch vergrößerte Speicherplatzbedarf der Datei läßt sich durch die verbesserte Anzeigequalität sicher gut verschmerzen. Bei der Druckausgabe von als EPS-Datei positionierten Grafiken mit Bitmap-Interpretation auf nicht PostScript-fähigen Geräten orientiert sich PageMaker weitgehend an der Bildschirmanzeige und druckt das, was auf dem Bildschirm zu sehen ist, also entweder nur ein graues Kästchen oder, falls vorhanden, die Bitmap-Interpretation.

Die Druckqualität entspricht dabei der Anzeigequalität der Grafik auf dem Bildschirm (72 dpi). Auch hierbei zeigt sich der Vorteil einer EPS-Datei mit Bitmap-Interpretation.

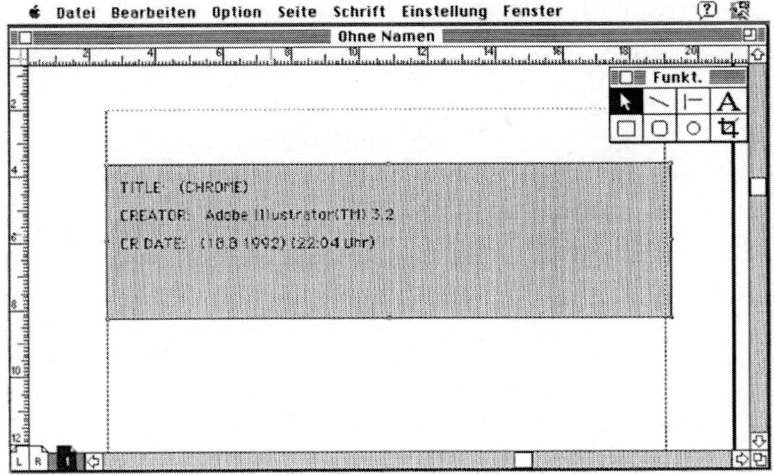

Die Anzeige einer EPS-Datei ohne Bitmap-Interpretation

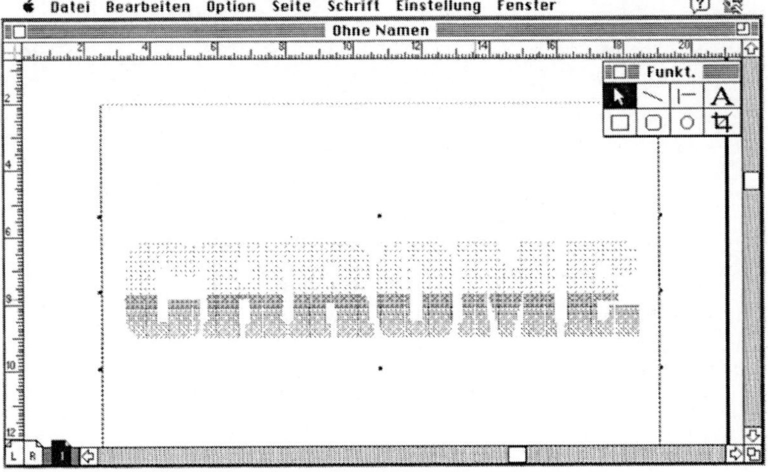

Die Anzeige einer EPS-Datei mit Bitmap-Interpretation

Das PICT-Format gibt es sowohl für Bitmap- als auch für Vektorgrafiken. Das ursprüngliche PICT-Format unterstützt nur bis zu acht Farben. Eine Erweiterung bietet da das Format PICT2, von dem es eine Variante für 8 Bit Farben und eine für 24 Bit Farben gibt. Auf dem Apple Macintosh Computern Plus und SE lassen sich jedoch keine Grafiken im PICT2-Format speichern. Bei Satzdateien, von denen später mit einem speziellen Programm wie beispielsweise Aldus PrePrint Prozeßfarbauszüge erstellt werden sollen, sollten Vektorgrafiken immer im EPS-Format und nicht als PICT-Datei positioniert werden.

Beispiel Komplexe Grafik EPS (Chrome-Logo)

Im Beispiel für den Datenaustausch einer komplexen Grafik soll ein mit FreeHand angefertigtes Logo über das EPS-Format in ein PageMaker-Dokument eingebunden werden.

Komplexe EPS-Grafik positionieren

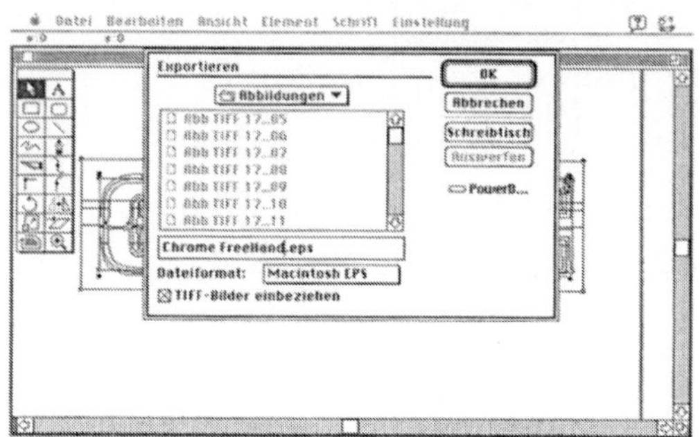

❶ Die mit FreeHand angefertigte Grafik wird im EPS-Format exportiert. Dabei sollte das Exportformat *Macintosh EPS* ausgewählt werden, das eine Bitmap-Version der Grafik enthält. Anschließend wird zu PageMaker gewechselt.

Exportieren der Grafik

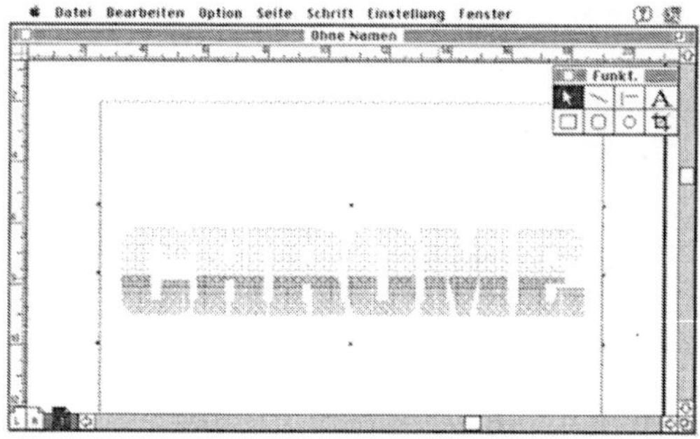

❷ Mit *Positionieren* aus dem Menü *Datei* wird die EPS-Datei in das aktuelle PageMaker-Dokument importiert.

Die EPS-Grafik ist eingebunden

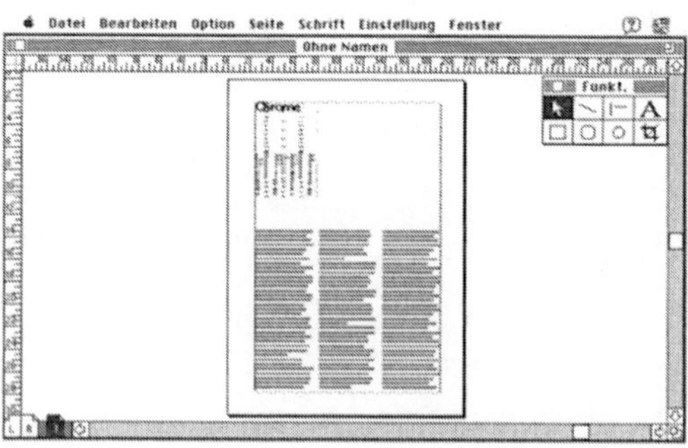

❸ Die Grafik ist nun beliebig skalierbar und kann durch Verschieben so positioniert werden, daß sie sich in das Layout des aktuellen Dokumentes einfügt.

Die Grafik ist skaliert und positioniert

Achtung: Als EPS-Datei eingebundene Grafiken lassen sich nur auf PostScript-Druckern ausdrucken. Auf nicht-PostScript-fähigen Geräten entspricht der Ausdruck der Darstellung auf dem Bildschirm.

Als Alternative zum vorgestellten Weg über das EPS-Format bietet sich für alle Anwender, die keinen PostScript-fähigen Drucker verwenden können, das PICT-Format an, das auch als Exportformat unter FreeHand zur Verfügung steht.

Auf dem Markt sind zahlreiche Grafikbibliotheken verfügbar, die Grafiken zu vielen Anwendungsbereichen enthalten. Mit dieser Grafikkost »aus der Dose« kann sich der DTP-Anwender bei enger Terminlage oft helfen, indem er eine Grafik nicht selbst neu anfertigt, sondern auf bereits Bestehendes zurückgreift. Die in den Bibliotheken enthaltenen Grafiken liegen oft als TIFF- bzw. als EPS-Dateien vor, so daß die Übernahme in ein PageMaker-Dokument ohne Umweg über eine Grafiksoftware zeitsparend stattfinden kann.

Tip: Grafikbibliotheken stellen eine Vielzahl von Grafiken und Bildern für die Layoutarbeit zur Verfügung

Grafiken bearbeiten

Die Bearbeitungsmöglichkeiten einer importierten Grafik sind unabhängig von dem Importformat. Die möglichen Bearbeitungsoperationen umfassen Veränderungen an

- der Größe,
- der Proportion und
- am Ausschnitt.

Darüber hinausgehende Operationen lassen sich in externen Grafikprogrammen vornehmen. Beispielsweise kann eine Grafik schon innerhalb des Grafikprogramms gedreht werden, um sie erst danach zu exportieren. Auf diese Weise läßt sich die Einschränkung von PageMaker, Grafiken nicht drehen zu können, geschickt umgehen.

Beispiel Komplexe Grafik (Größe, Proportion, Ausschnitt verändern)

Skalieren

Der Vorteil von Vektorgrafiken gegenüber von Bitmap-Grafiken ist die freie Skalierbarkeit. Ohne Qualitätsverluste kann eine Vektorgrafik beliebig vergrößert oder verkleinert werden.

Skalieren der Vektorgrafik

❶ Grafik mit der Zeigefunktion markieren.

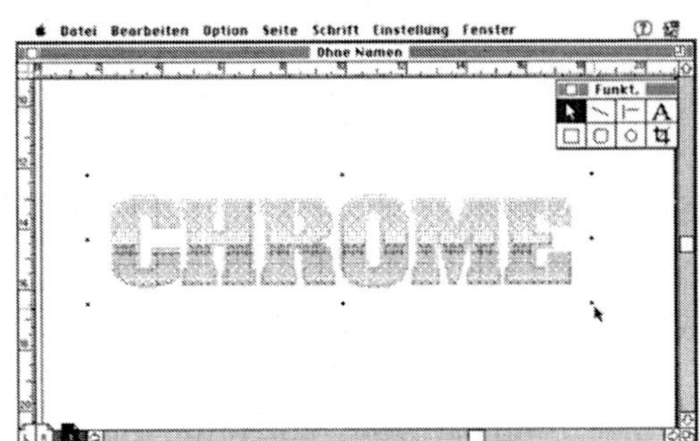

Die markierte Grafik

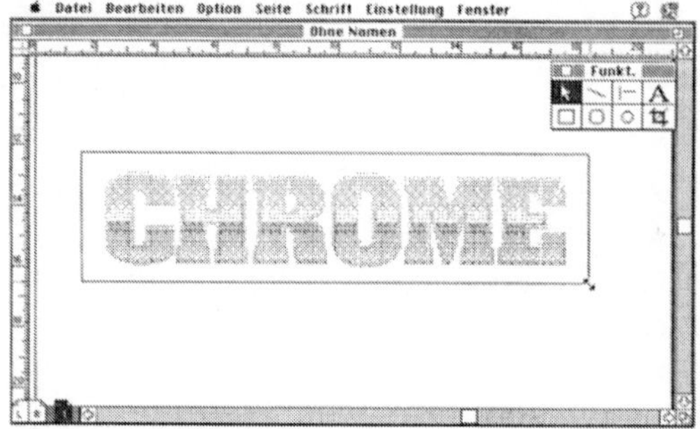

❷ Mauszeiger auf einen der vier Eckanfasser setzen, Maustaste drücken und gedrückt halten.

Die Grafik kann skaliert werden

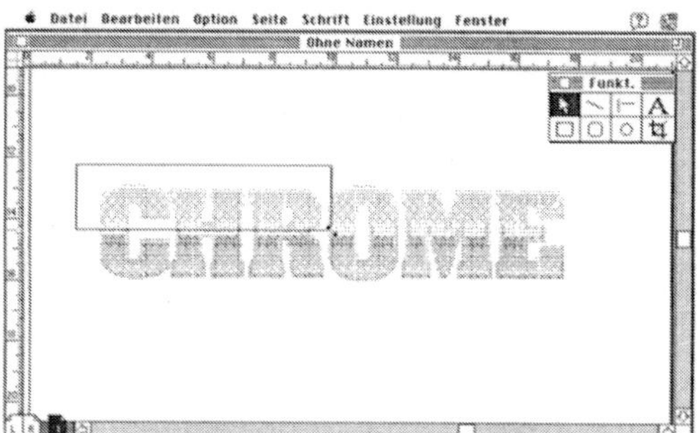

❸ Objekt mit gedrückt gehaltener Umschalttaste und Maustaste durch Mausbewegung auf die gewünschte Größe bringen.

Während des Skalierens wird nur ein Rechteck angezeigt

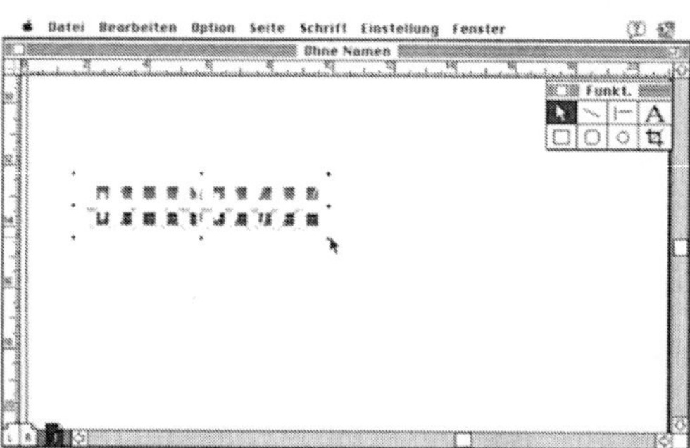

❹ Lösen der Maustaste fixiert das Objekt in seiner neuen Größe.

Die Skalierung ist abgeschlossen

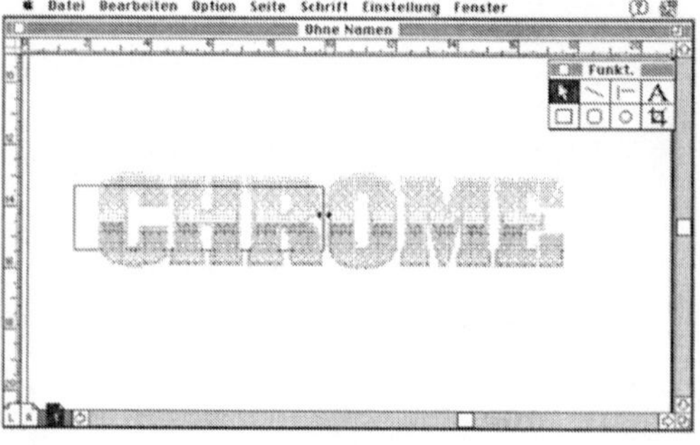

Alternativ lassen sich auch die Anfasser in der Seitenmitte zum Skalieren verwenden (auch dabei muß die Umschalttaste gedrückt werden). Die Grafik bleibt dann nur mit der gegenüberliegenden Seite fixiert, während es über die drei übrigen Seiten seine Größe verändert.

Skalierung mit den Seitenmarkierungen

Ändern der Proportion

Für das Ändern der Proportion einer Grafik in einem Vektorformat gilt das gleiche wie auch für das Skalieren. Jede Verzerrung der Form führt nicht zu Qualitätseinbußen hinsichtlich der Druckqualität. Mit einer extremen Verzerrung (Stauchung) der Form lassen sich übrigens interessante Effekte erzeugen.

Verzerren der Vektorgrafik

❶ Grafik mit der Zeigefunktion markieren.

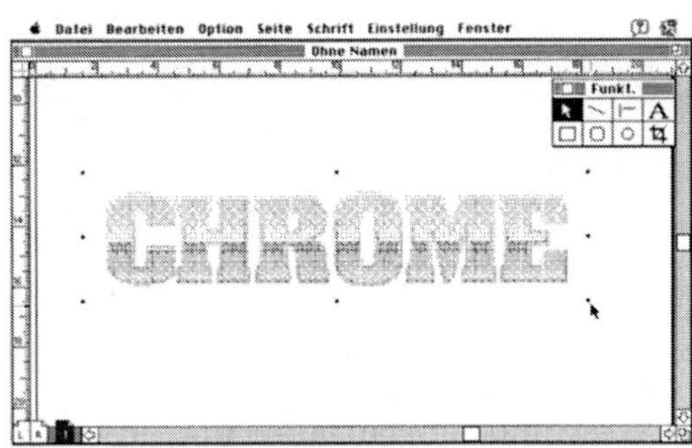

Die Grafik ist für die folgende Operation ausgewählt ...

❷ Mauszeiger auf einen der vier (oben, unten, rechts oder links) Anfasser an den Seiten setzen, Maustaste drücken und gedrückt halten.

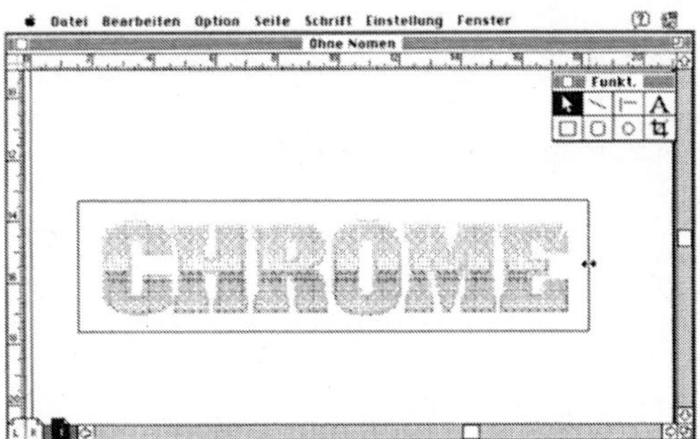

... und kann nun wie gewünscht gedehnt oder gestaucht werden

❸ Objekt mit gedrückt gehaltener Maustaste durch Mausbewegung in der gewünschten Richtung strecken oder stauchen.

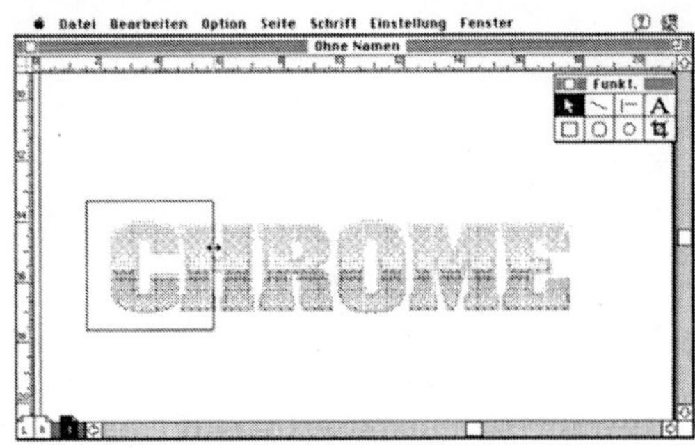

Der Umfang der Bearbeitung wird durch ein Rechteck angezeigt

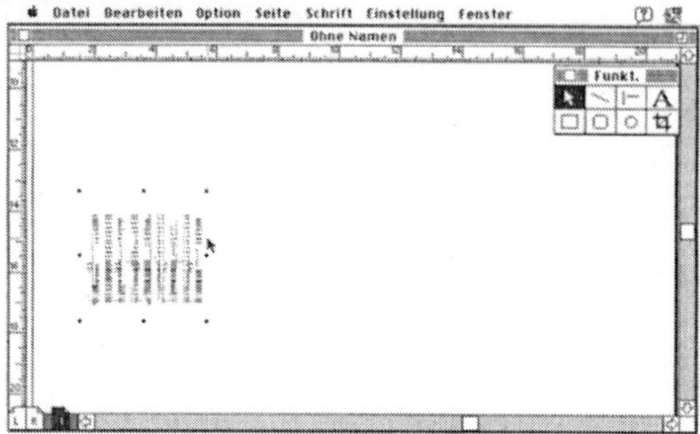

❹ Lösen der Maustaste fixiert das Objekt in seiner neuen Form.

Die verzerrte Grafik wird angezeigt

Ändern des Ausschnitts

Auch wenn PageMaker grundsätzlich das Ändern des Bildausschnitts von Vektorgrafiken mit der Abschneidefunktion zuläßt, ist doch äußerste Vorsicht angebracht, da manchmal unerwartete Effekte auftreten können. Auf jeden Fall sollte ein Probeausdruck angefertigt werden, bevor eine Datei mit bearbeiteten Grafiken zu einem Belichtungsunternehmen gegeben wird.

Zurechtschneiden der Vektorgrafik

❶ Wählen der Abschneidefunktion aus dem Funktionenfenster und markieren der gewünschten Grafik.

Die Grafik ist zum Zurechtschneiden markiert

❷ Mauszeiger in Form des Abschneidesinnbildes auf einen der Anfasser so positionieren, daß die Anfassermarkierung in der Mitte des Mauszeigers liegt.

Die Wahl des Anfassers bestimmt die Beschnittseite(n)

❸ Drücken der Maustaste und bei gedrückt gehaltener Maustaste den Anfasser so verschieben, daß die wegzuschneidenden Bildpartien verschwinden.

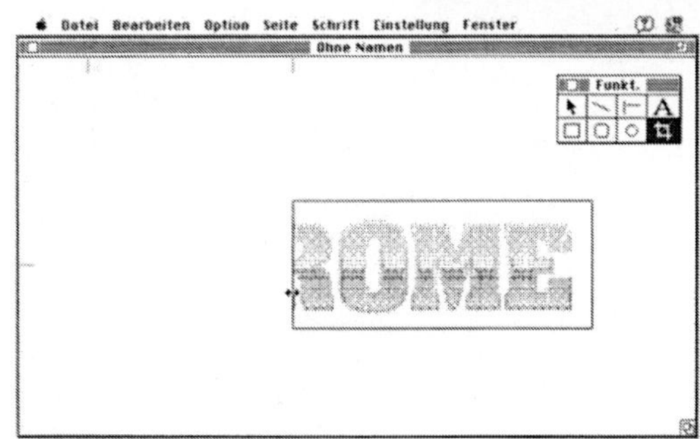

Beim Verschieben des Anfassers läßt sich die Wirkung gut beurteilen

❹ Lösen der Maustaste fixiert das Bild mit dem aktuellen Ausschnitt.

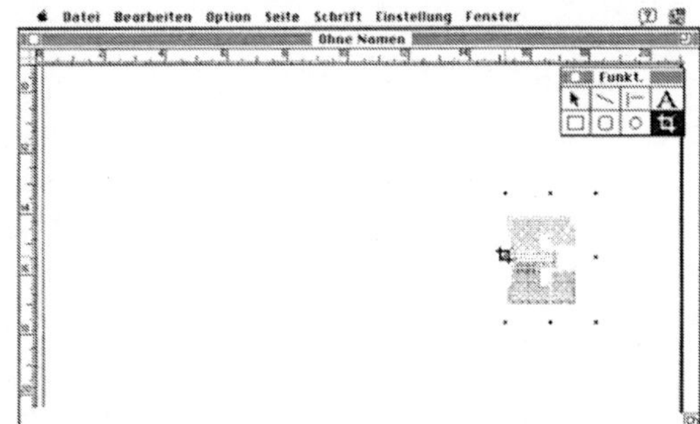

Die Grafik erscheint zurechtgeschnitten

Anschließend kann die zurechtgeschnittene Grafik noch innerhalb der Umrandungen genauer ausgerichtet werden, so daß wirklich nur der gewünschte Bereich sichtbar ist. Dazu wird zunächst das Abschneidesymbol irgendwo innerhalb der Grafik positioniert. Bei gedrückt gehaltener Maustaste kann dann der Inhalt in der Umrandung frei verschoben werden.

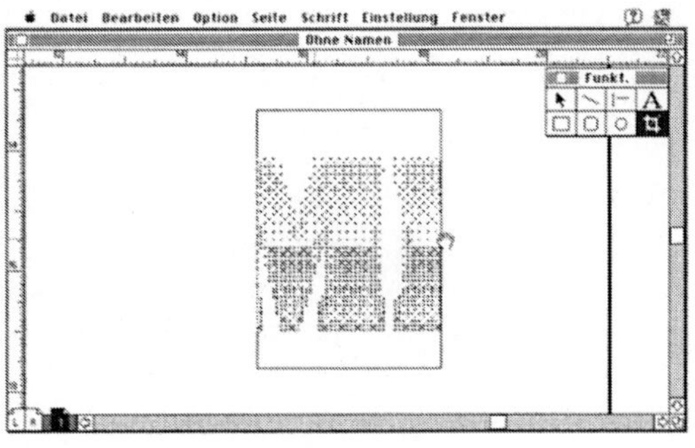

Der Bildinhalt kann mit der Abschneidefunktion auch verschoben werden

Tip: Ausschnitt durch Maskentechnik

Die Abschneidefunktion läßt sich auch auf Grafiken anwenden, die in einem Vektorformat in PageMaker importiert worden sind. Manchmal kommt es im Zusammenhang mit der Abschneidefunktion zu unerwünschten Effekten. Beispielsweise kann es passieren, daß bestimmte abgeschnittene Bereiche der Grafik im Ausdruck vergrößert erscheinen und die gesamte Arbeit dadurch wertlos machen. Diesen Problemen kann man jedoch auf einfache Weise aus dem Weg gehen. Als Alternative zur Abschneidefunktion bietet sich nämlich auch das Abdecken unerwünschter Bildpartien mit weißen Rechtecken an, die so über der Grafik plaziert werden, daß sie Passepartout-artig die unerwünschten Partien verdecken.

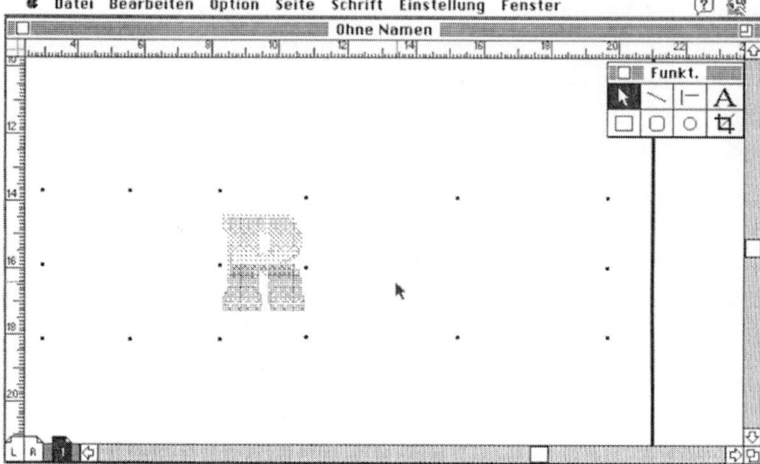

Unerwünschte Bildpartien werden mit weißen Flächen verdeckt

Drucken von Vektorgrafiken

PageMaker bietet keine internen Kontrollmöglichkeiten über die Rasterart, Rasterweite und den Rasterwinkel von importierten Vektorgrafiken beim Ausdrucken bzw. Belichten. Grundsätzlich verwendet PageMaker als Vorgabewerte für die Ausgabe auf Laserdruckern ein Punktraster mit 53 lpi Rasterweite und einem Winkel von 45 Grad. Bei der Ausgabe auf Satzbelichtern steigert das Programm die Rasterweite auf 90 lpi. Dadurch wird gewährleistet, daß alle Raster auf einer Seite grundsätzlich gleich sind. Also sowohl für die internen Grafikelemente wie Linien oder Flächen und auch für graue Schrift wird ein und dasselbe Raster verwendet. Lediglich bei bestimmten Bitmap-Bildern besteht die Möglichkeit, von den Standardeinstellungen abweichende Werte zu definieren.

Wenn ein PageMaker-Dokument jedoch bei einem Belichtungsunternehmen ausbelichtet wird, kann von dieser Seite aus Einfluß auf die Rasterparameter genommen werden. Der Belichter kann mit separat vorgegebenen Werten arbeiten. Sprechen Sie daher vor der Belichtung mit den Fachleuten im Belichtungsstudio und fixieren Sie ihre Sonderwünsche im Belichtungsauftrag. Auf diese Weise lassen sich unerfreuliche und zumeist auch teure Mißverständnisse wirkungsvoll im voraus ausräumen.

Die dritte Möglichkeit der Einflußnahme auf die Rasterparameter, zumindest für die importierten Grafiken, ist mit dem Grafikprogramm selbst gegeben. Voraussetzung ist dabei allerdings, daß als Grafikformat EPS gewählt wird. In Grafikprogrammen wie beispielsweise FreeHand lassen sich für alle Flächen auch die Rasterparameter für Rasterart, -weite und -winkel angeben. Diese Einstellungen behalten auch dann ihre Gültigkeit, wenn nach dem Import in PageMaker ansonsten andere Rasterparameter gültig sind. Mit diesen externen Vorgaben lassen sich unabhängig von den übrigen Rastereinstellungen bzw. Vorgaben beliebige Rasterarten verwenden, so daß auf einer Seite unterschiedliche Raster benutzt werden können.

Die PageMaker-Standardraster für Laserdrucker ...

... und Satzbelichter

Über die Belichtung lassen sich auch andere Werte festlegen

Tip: Rasterverläufe erfordern viele Graustufen

Besonders bei der Anwendung von Rasterverläufen sollte die Anzahl der darstellbaren Graustufen berücksichtigt werden. Je weniger Graustufen bei der beabsichtigten Druckauflösung und Rasterweite darstellbar sind, umso stufiger erscheint der Verlauf. Ein »stufenloser« Verlauf wird erst mit über hundert Graustufen erreicht.

Tip: Testausdrucke helfen beim Einstellen der Grauwerte

Wenn nur wenige Graustufen in einer Grafik verwendet werden, kann die Abbildungsqualität verbessert werden, indem ein eher zu feines Raster gewählt wird und die Grauwerte manuell an die gewünschten angepaßt werden. Anhand von Testausdrucken und einer Grauwerttabelle lassen sich die nötigen Korrekturwerte ermitteln.

Kapitel 18

Halbtonvorlagen

18

Die Verarbeitung von Halbtonvorlagen stellt die höchsten Anforderungen an die Hardware-Komponenten eines DTP-Systems, angefangen beim Eingabegerät, dem Scanner, über die verarbeitenden Komponenten bis hin zum Ausgabegerät, dem Drucker oder Belichter. Wegen der großen Datenmengen von Halbtonbildern werden schnelle Computer mit großem Arbeitsspeicher benötigt. Und nicht zuletzt müssen auch geeignete Speichermedien vorliegen, um die Bilddaten aufzunehmen und auch für die Ausgabe auf Satzbelichtern transportabel zu machen.

Grundlagen

Wie werden Grautöne gedruckt?

Ein einfacher Druck besteht allgemein betrachtet aus zwei Komponenten: dem (weißen) Papier und der (schwarzen) Druckfarbe. Dies gilt nicht nur für Druckverfahren, mit denen Bücher, Zeitungen usw. gedruckt werden, sondern auch für die Verfahren, die direkt am Macintosh Verwendung finden. So sorgt beispielsweise bei Nadeldruckern das Farbband und bei Laserdruckern der Toner für die schwarze Komponente des Drucks. Daß mit der Kombination aus dunkler Farbe und hellem Papier Text und auch zweifarbige Grafiken gedruckt werden können, ist einleuchtend. Die eine Farbe (die dunkle) entspricht der Druckfarbe, die andere (helle) dem Papier. Druckfarbe wird also nur da aufgetragen, wo dunkle Bereiche entstehen sollen.

Um nun, wie es beim Druck einer Fotografie nötig wäre, eine Skala unterschiedlicher Grautöne zu drucken, müßte für jeden Grauton eine entsprechende Druckfarbe verwendet werden. Ein solches Druckverfahren wäre extrem unwirtschaftlich: Um eine Skala aus hundert Graustufen zu drucken, würden hundert verschiedene Druckvorlagen (die Tonwertauszüge), hundert verschiedene Druckfarben und hundert Druckvorgänge benötigt.

Dem tatsächlich angewendeten Druckverfahren liegt eine einfache Idee zugrunde, bei der für alle Grautöne lediglich eine Druckfarbe, nämlich Schwarz, benutzt wird. Dabei wird die Beschränkung auf die beiden Möglichkeiten »Farbe auftragen« (gleich Schwarz) und »Farbe nicht auftragen« (gleich Weiß) dadurch umgangen, daß mit einem Raster aus unterschiedlich großen Druckpunkten, die voneinander einen konstanten Abstand haben, gearbeitet wird. Beim Druck der größten Punkte entsteht eine vollständig gedeckte Farbfläche, beim Druck kleinerer Punkte entsteht zwischen den Punkten ein Zwischenraum, durch den das Papier sichtbar bleibt. An diesen Stellen entsteht der Eindruck eines Grautons, der um so heller erscheint, je kleiner die Rasterpunkte sind. Bei einem 50%igen Grau nehmen die Rasterpunkte exakt dieselbe Fläche ein, wie die dazwischenliegenden Freiräume, durch die das Papier sichtbar bleibt. Entsprechend ist ein 25%iges Grau aus Punkten aufgebaut, die nur ein Viertel der Papierfläche bedecken.

Entscheidend für die Qualität des Druckes ist nun der Abstand und die Größe der Rasterpunkte. Im Idealfall sind diese so klein und liegen so dicht beieinander, daß sie vom Auge nicht mehr als einzelne Punkte wahrgenommen werden.

Wie klein die Druckpunkte bestenfalls sein können, hängt von der Auflösung des Druckmediums ab. Denn bei digitalen Druckvorlagen (und nur die werden hier behandelt) sind die Rasterpunkte wiederum aus Punkten, den Druckpunkten, zusammengesetzt. Ein Druckpunkt stellt die kleinste druckbare Einheit eines Druckers (bzw. Belichters) dar.

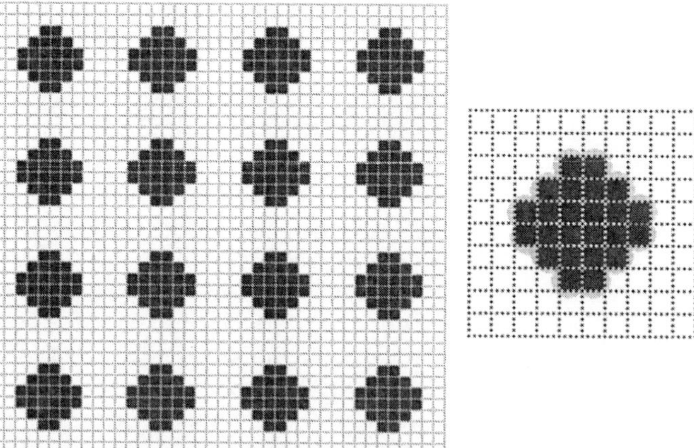

Rasterpunkte aus Druckpunkten zusammengesetzt

Zwei Maßeinheiten sind in diesem Zusammenhang wichtig und müssen klar voneinander getrennt werden: die Druckerauflösung und die Rasterweite.

Die Druckerauflösung wird angegeben als Anzahl von Druckpunkten pro Inch (dpi). Sie gibt an, aus wieviel nebeneinanderliegenden Druckpunkten eine Linie von einem Inch Länge zusammengesetzt ist.

Die Rasterweite (auch Rasterfrequenz genannt) wird angegeben als die Anzahl von Linien pro Inch (lpi). Sie gibt an, wieviele Rasterpunkte pro Inch für die Rasterung herangezogen werden. Ein Raster von 60 lpi benutzt also innerhalb eines Quadrats mit einem Inch Kantenlänge 60 mal 60 Rasterpunkte zur Darstellung von Grautönen.

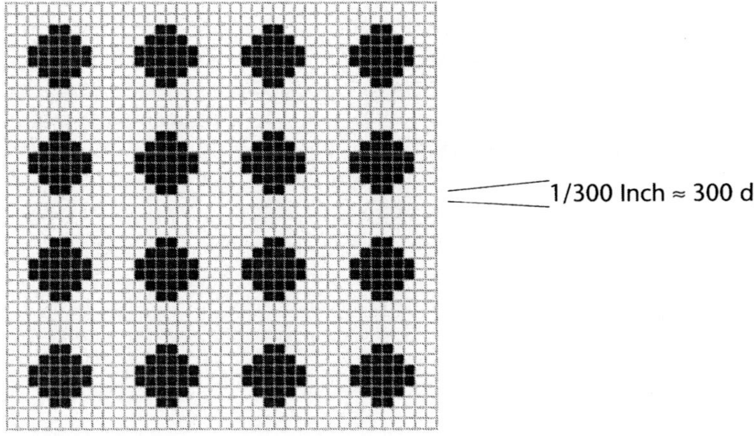

Druckauflösung als (Druck-)Punkte pro Inch

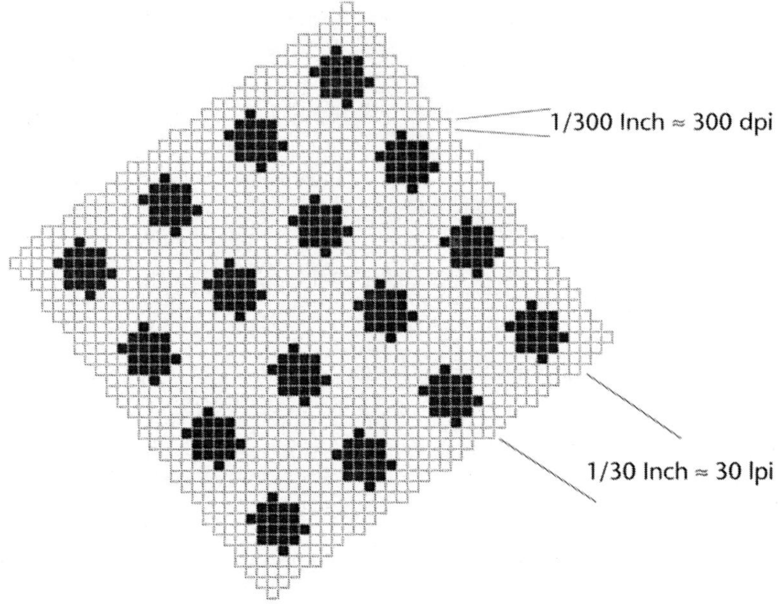

Rasterweite als Linien pro Inch

Ein anderes in unserem Sprachraum gebräuchlicheres Maß für die Rasterweite ist Linien pro Zentimeter (l/cm). Da innerhalb von PageMaker und vielen anderen DTP- und Grafikprogrammen die Rasterweite nur im angelsächsischen Maß gewählt werden kann (auch wenn ansonsten viele Einheiten in Millimeter angegeben werden), muß dies bei den angegebenen Werten berücksichtigt werden. Der Korrekturfaktor ist 2,54: Das hochfeine 120er Raster entspricht dem »amerikanischen« 300er Raster. Oder anders herum: Das von PageMaker verwendete Raster für 300-dpi-Laserdrucker von 53 lpi entspricht einem 21er Raster mit 21 Linien pro Zentimeter.

Und noch ein dritter Faktor bestimmt die Druckqualität: die Anzahl der Graustufen. Diese ist von der Rasterweite und der Druckauflösung abhängig. Je nach zur Verfügung stehender Druckauflösung und geforderter Rasterweite wird jeder Rasterpunkt in einer Druckpunktmatrix von vier mal vier, sechs mal sechs, acht mal acht Punkten zusammengesetzt. Die möglichen Graustufen errechnen sich aus der Punktanzahl der Druckpunktmatrix plus eins. Die Matrix mit vier mal vier Punkten ermöglicht demnach 17 Graustufen, die acht-mal-acht-Matrix 65 Graustufen, wobei jeweils Weiß (kein Punkt der Matrix) und Schwarz (alle Punkte der Matrix) als Graustufen mitzählen.

Die nachfolgend abgedruckte Tabelle gibt eine Übersicht über die bei einer vorgegebenen Rasterweite erzielbaren Graustufen in Abhängigkeit von der Druckauflösung. Die Auflösungen 150 dpi und 300 dpi sind für Laserdrucker bzw. Tintenstrahldrucker interessant, die hohen Auflösungen 1270 dpi und 2540 dpi werden nur von Belichtern (wie beispielsweise von Linotype) erreicht. Belichter anderer Hersteller wie beispielsweise Agfa Compugraphic können auch mit anderen Auflösungen (1200 dpi bzw. 2400 dpi) arbeiten. Mit einer einfachen Formel läßt sich eine Beziehung zwischen der erforderlichen Rasterweite und den dabei erzielbaren Graustufen herstellen:

$$\text{Rasterweite}^2 = \text{Auflösung}/\text{Anzahl der Graustufen}$$

Um also beispielsweise mindestens 64 Graustufen auf einem Laserdrucker mit 300 dpi darstellen zu können, ist eine Rasterweite von 37 lpi erforderlich. Die Anzahl der erzielbaren Graustufen bei vorgegebener Belichterauflösung und Rasterweite ergibt sich aus der Beziehung

$$\text{Anzahl der Graustufen} = (\text{Auflösung}/\text{Rasterweite})^2$$

Bei einer Ausgabe eines Bildes auf einem Belichter mit 1270 dpi bei einer eingestellten Rasterweite von 110 lpi sind lediglich 133 Graustufen zu erwarten.

Rasterweiten und daraus resultierende Graustufen

	150 dpi	300 dpi	1270 dpi	2540 dpi
26	32	133	>256	>256
53		32	>256	>256
90		10	199	>256
120			112	>256
150			71	>256

Tip: Grafiken mit nur wenigen Graustufen

Wenn ein Halbtonbild nur aus wenigen Tonwerten aufgebaut ist, kann für die Ausgabe auf einem nicht sehr hoch auflösenden Ausgabemedium (z.B. Laserdrucker) ruhig eine höhere Auflösung gewählt werden. Die Einbuße an darstellbaren Graustufen fällt bei nur wenigen Tonwerten nicht ins Gewicht. Allerdings sollten die Grauwerte gleichmäßig über die Grauskala verteilt sein, da ansonsten doch eine Reduzierung der Graustufen stattfindet.

Zum Erzielen optimaler Druckergebnisse sollten noch einige wichtige Zusammenhänge vergegenwärtigt werden.

- Die Rasterweite sollte immer im Hinblick auf das Ausgabegerät gewählt werden. Eine zu feine Rasterweite, wie 90 lpi bei Laserdrukkern, führt zu einem »Zulaufen« der Raster, was die gesamte darstellbare Rasterskala zum Schwarzen hin verschiebt: alle Grauwerte erscheinen zu dunkel.
- Soll eine Grafik auf einem Belichter ausgegeben werden, sollte das angestrebte Druckverfahren berücksichtigt werden. Auch hier gilt es, ein gutes Mittelmaß zwischen feinem (= nicht sichtbarem) Raster und noch guter Wiedergabe der Grauwerte zu finden. Zu feine Raster führen beim Druck zum »Aufreißen« der hellen Flächen und zum »Zulaufen« der dunklen Flächen.
- Die Angabe der Rasterweite als Linien pro Inch (lpi) ist in Europa unüblich. Gewöhnlich wird die Rasterweite als Linien pro Zentimeter (l/cm) angegeben. Ein Verwechseln dieser beiden Einheiten hat fatale Folgen: Die erzielte Rasterweite wird von der gewünschten um den Faktor 2,54 abweichen.

Datenaustausch ...

Der Datenaustausch zwischen einem pixelorientiert arbeitenden Programm wie SuperPaint oder Aldus Photoshop oder einem Scanner-Programm kann über die Zwischenablage oder über Grafikdateien abgewickelt werden. Die einfache und schnelle Methode, die allerdings auch ihre Nachteile hat, ist die Zwischenablage. Die sichere Methode nutzt ein Grafikformat, das von allen beteiligten Applikationen unterstützt wird.

... über die Zwischenablage

Die einfachste und schnellste Art für den Austausch von Daten zwischen zwei Anwendungsprogrammen ist die Zwischenablage. Mit ihr lassen sich Texte und Grafiken von einem Programm zu einem anderen übertragen. Alle Macintosh-Programme haben im Menü Bearbeiten im Prinzip die gleichen Befehle für den Umgang mit der Zwischenablage.

Das Belegen der Zwischenablage geschieht über die Befehle *Kopieren* oder *Ausschneiden*. Beim Kopieren bleibt das ausgewählte Objekt unverändert im Dokument, während es durch den Ausschneiden-Befehl aus dem Dokument entfernt wird und somit nur noch in der Zwischenablage vorhanden ist.

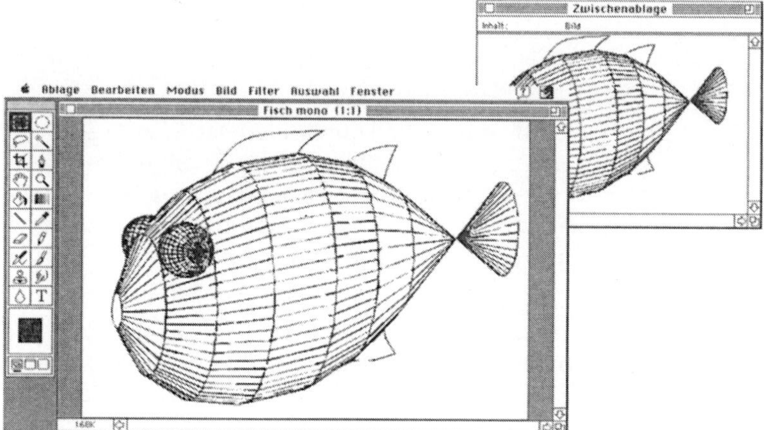

Die Wirkung von ***Kopieren*** *...*

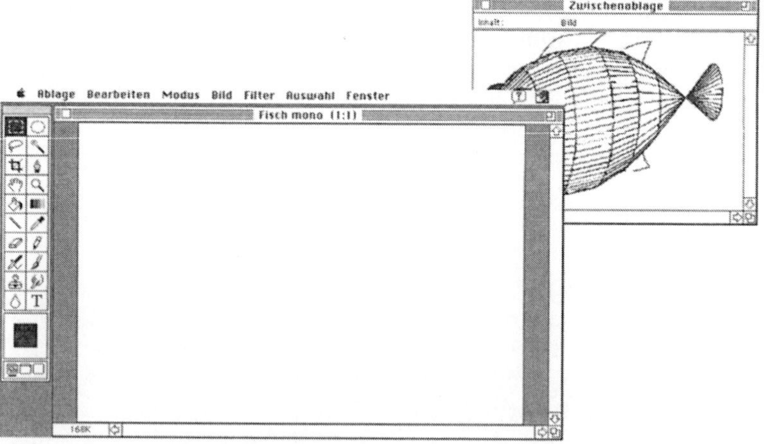

... und ***Ausschneiden***

Der Datentransfer von der Zwischenablage in eine Anwendung geschieht über den Befehl *Einfügen* bzw. *Einsetzen*. Durch Anwendung dieses Befehls wird eine Kopie des Inhaltes der Zwischenablage in das Dokument des laufenden Programms eingefügt. Der Inhalt der Zwischenablage ändert sich dadurch nicht, so daß der Inhalt mehrmals in dasselbe Dokument oder auch hintereinander in unterschiedliche Anwendungen eingefügt werden kann.

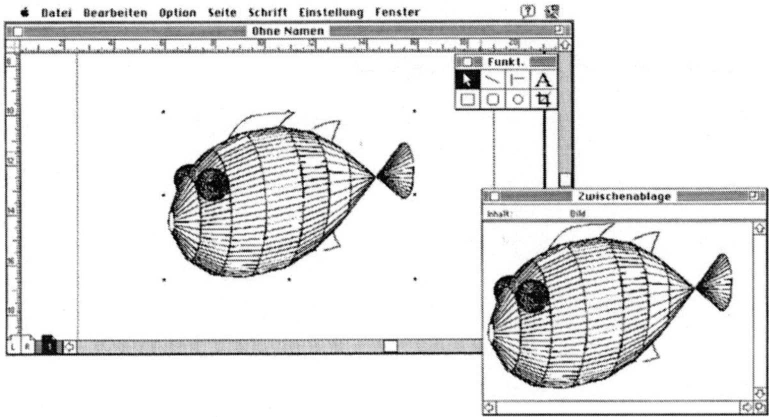

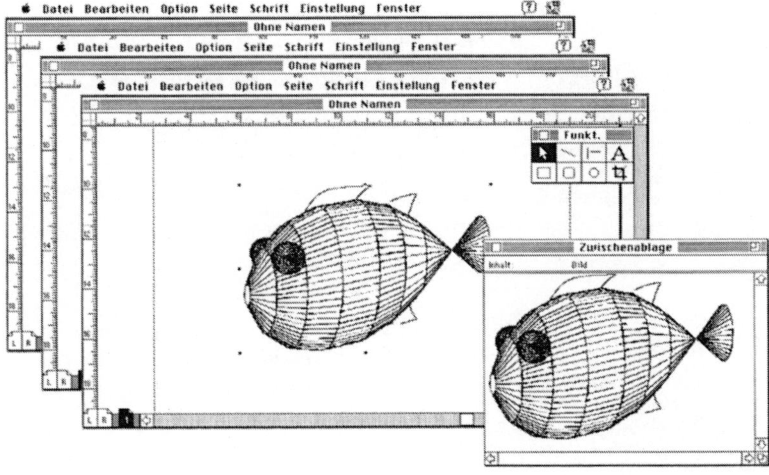

Einfügen aus der Zwischenablage

Achtung: Das Kopieren eines Bitmap-Bildes in die Zwischenablage und anschließender Wechsel zu PageMaker führt dazu, daß der Inhalt der Zwischenablage ins PICT-Format konvertiert wird. Das so in PageMaker eingefügte Bild hat dieselben Eigenschaften, wie ein Bild, das im PICT-Format vorliegt und mit dem Positionieren-Befehl importiert worden ist.

Der aktuelle Inhalt der Zwischenablage kann vom Anwender jederzeit kontrolliert werden. Mit dem Befehl *Zwischenablage* oder *Zwischenablage anzeigen* im Menü *Bearbeiten* läßt sich das Fenster der Ablage öffnen und der Inhalt auf dem Bildschirm anzeigen.

Als Beispiel soll ein Bild aus Photoshop über die Zwischenablage in ein PageMaker-Dokument eingebunden werden. Da das Bild zunächst in Photoshop geladen werden muß, wäre auch in diesem Fall der direkte Import der Datei über den Befehl *Positionieren* naheliegender.

Tastenfunktionen für die Zwischenablage	
Taste(n)	**Funktion**
<Befehl><X>	schneidet die Auswahl aus einer Anwendung aus und stellt sie in die Zwischenablage
<Befehl><C>	kopiert die Auswahl aus einer Anwendung und stellt sie in die Zwischenablage
<Befehl><V>	fügt den Inhalt der Zwischenablage in ein Dokument ein

Bei der folgenden Arbeitsanleitung wird vorausgesetzt, daß Photoshop gestartet und ein Bild geladen ist. PageMaker sollte bereits geöffnet sein.

Bild aus der Zwischenablage einfügen

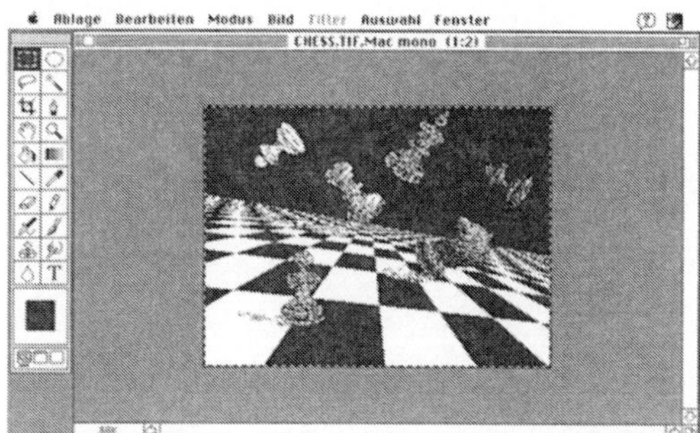

Mit dem Markieren-Werkzeug von Photoshop einen möglichst großen Bereich der Grafik auswählen. Natürlich kann auch der Befehl *Alles markieren* verwendet werden.

Zunächst wird ein Bereich innerhalb der Grafik markiert

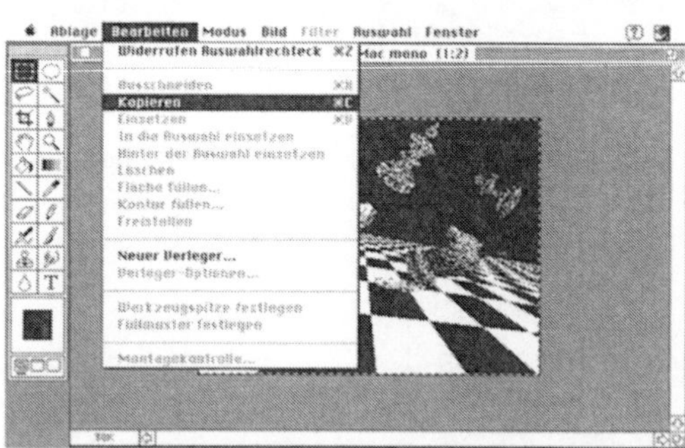

Mit dem Befehl *Kopieren* oder *Ausschneiden* aus dem Menü *Bearbeiten* wird der markierte Bereich in die Zwischenablage kopiert.

Der markierte Bereich wird in die Zwischenablage kopiert

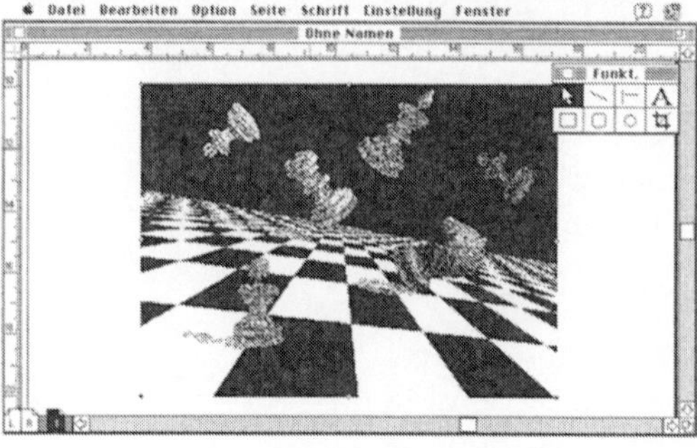

Photoshop wird verlassen und zu PageMaker gewechselt. Beim Wechsel erscheint kurz eine Meldung auf dem Bildschirm, die darauf aufmerksam macht, daß der Inhalt der Zwischenablage ins PICT-Format konvertiert wird. Mit *Einfügen* wird der Inhalt der Zwischenablage in das aktuelle Dokument eingefügt.

Die Grafik ist eingefügt

Tip: Zwischenablage für den Austausch zwischen zwei PageMaker-Dokumenten

Eine als Grafik eingebundene Datei kann jederzeit über die Zwischenablage in ein anderes PageMaker-Dokument kopiert werden. Dieser Weg funktioniert sogar dann, wenn zu der Grafik keine Datei vorhanden ist, also das Einbinden über den Befehl *Positionieren* scheitern würde.

Bei den Vorteilen, die Zwischenablage einzusetzen, darf nie der entscheidende Nachteil dieses Weges außer acht gelassen werden. Eine über die Zwischenablage eingebundene Grafik kann nicht automatisch mit der zugehörigen Grafikdatei verbunden sein. Das bedeutet einerseits, daß sie vollständig in der Satzdatei abgespeichert sein muß (was bei zahlreichen Grafiken zu unhandlichen Dateigrößen führt) und andererseits, daß Änderungen an der Grafik nicht automatisch berücksichtigt werden können. Wenn also die Alternative, die Grafikdatei, zur Verfügung steht, sollte ihr immer der Vorzug gegeben werden.

... über Grafikformate

Auch bei der Übernahme von Halbtonbildern wird das Positionieren einer separat vorliegenden Grafikdatei der für die Praxis empfehlenswertere Weg sein. PageMaker unterstützt dazu die beiden Bitmuster-Formate: Paint-Format für Bitmuster-Grafiken und TIFF für digitalisierte Bilder.

Im folgenden Beispiel wird es darum gehen, ein Foto zu scannen und mit einem Bildbearbeitungsprogramm das Bild als TIFF-Bild abzuspeichern, um diese Datei in ein PageMaker-Dokument einzubinden. Die Vorgehensweise dabei ist auch übertragbar auf andere Scann- oder Bildbearbeitungsprogramme, so daß die Arbeitsschritte so oder ähnlich auch bei Verwendung anderer Software vorkommen werden.

Die Voraussetzung für die im folgenden beschriebenen Arbeitsschritte ist, daß das Bildbearbeitungsprogramm, in unserem Beispiel Photoshop, geöffnet und das betreffende Bild entweder gescannt oder geladen worden ist. PageMaker sollte ebenfalls bereits gestartet, jedoch ausgeblendet sein.

Bilddatei positionieren

❶ Wählen des Speichernbefehls zum Speichern des bearbeiteten Bildes im TIFF-Format. (Alle Arbeitsschritte, die das Bild an das später verwendete Druckverfahren anpassen, sollten zu diesem Zeitpunkt bereits abgeschlossen sein.)

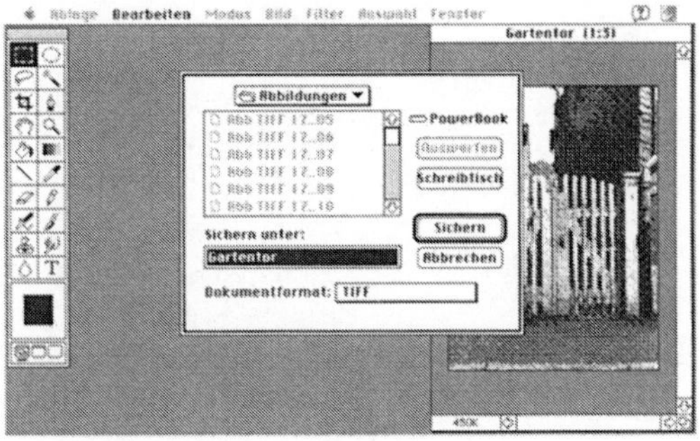

Das bearbeitete Bild kann exportiert werden

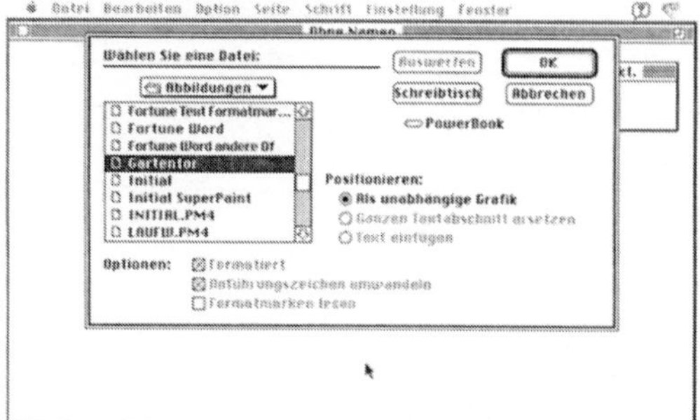

❷ Ausblenden des Bildbearbeitungsprogramms und Einblenden des PageMaker-Arbeitsfensters. Mit dem Befehl *Positionieren* kann das Bild importiert werden.

Im Auswahldialogfeld wird der Dateiname ausgewählt.

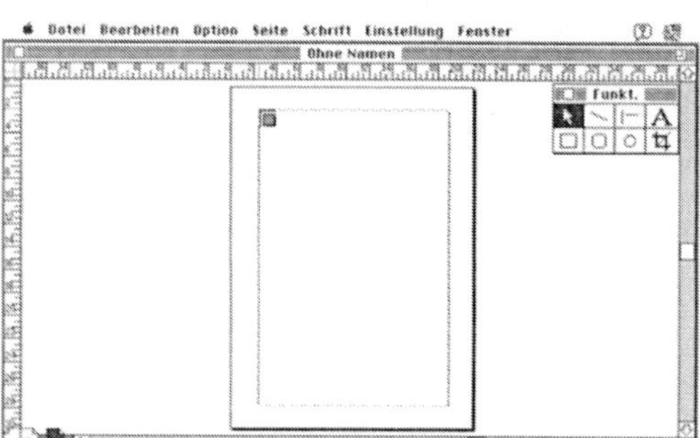

❸ Mit der Bildeinfügemarke an die Stelle auf der aktuellen Seite klicken, an der die linke obere Ecke des Bildes fixiert sein soll.

Die Bildeinfügemarke bestimmt die Position des Bildes

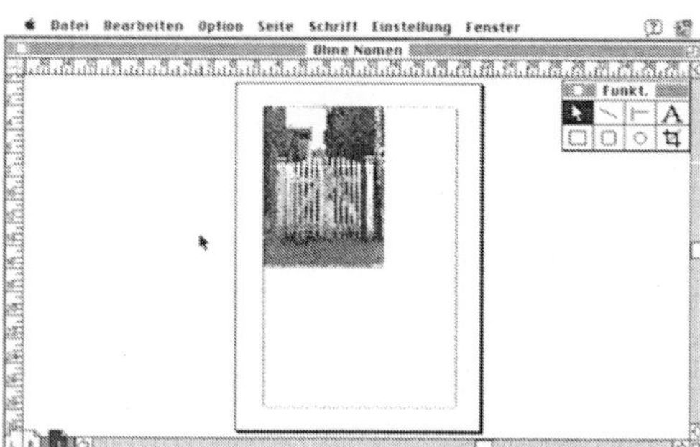

❹ Das eingefügte Bild kann nun im Rahmen der Möglichkeiten von PageMaker bearbeitet werden.

Das Bild ist eingefügt

Bearbeiten von Halbtonbildern

Während die Möglichkeit der Einflußnahme auf das Druckergebnis bei eingebundenen Vektorgrafiken recht eingeschränkt ist, bietet PageMaker mit dem Befehl *Bild nachbearbeiten* ein für ein DTP-Programm erstaunliches Potential an Parametervarianten. Auch beim Verzerren und Skalieren von Halbton- und anderen Bitmap-Bildern stellt PageMaker Werkzeuge bereit, die Bildgröße und Bildproportion an die Eigenschaften des Druckers anzupassen, damit beim Ausdruck das jeweils bestmöglichste Ergebnis erzielt werden kann.

Mit dem Befehl *Bild nachbearbeiten* aus dem Menü *Einstellung* können graugestufte und farbige Bilder bearbeitet werden. Mit der Änderung des Kontrastes kann ein Bild beispielsweise so verändert werden, daß die fiktive Beleuchtungsquelle von links unten nach rechts oben wandert. Wie sich solche Änderungen vornehmen lassen und was sie im einzelnen bewirken ist Gegenstand des nächsten Abschnitts. Daß PageMaker einfache monochrome Bilder eindrucksvoll weiterbearbeiten kann, soll im folgenden am Beispiel einer schwarzweißen Bitmap gezeigt werden.

Durch Kontraständerung lassen sich auch monochrome Grafiken eindrucksvoll variieren

Die Darstellung von Halbtonbildern in PageMaker

PageMaker kann importierte Halbtonbilder auch auf dem Bildschirm anzeigen. Die dabei erreichbare Darstellungsqualität hängt einerseits von den Fähigkeiten der im Computer eingesetzten Grafikkarte und andererseits von den Einstellungen unter *Bildschirmdarstellung* im Dialogfeld *Vorgaben wählen* ab. Die unterschiedlichen Darstellungsvarianten sind auswählbar, um jeweils den besten Kompromiß aus zur Verfügung stehender Rechenleistung und erforderlicher Darstellungsqualität zu finden. Die hohe Auflösung zeigt das Bild zwar im wesentlichen mit allen Farben bzw. Graustufen, jedoch dauert der Bildaufbau entsprechend lang. So empfiehlt sich diese Darstellungsqualität nur für die exakte Positionierung zu verwenden. Für nachfolgende Arbeiten am nebenstehenden Text kann die Darstellungsqualität auf normal oder sogar auf grau reduziert werden.

Ein Halbtonbild in drei unterschiedlichen Anzeigevarianten

Vorgaben wählen
OK
Abbrechen
Andere...
Layoutmodus:
Einheitensystem: Millimeter
Senkrechtes Lineal: Millimeter
Point
Skizzieren unter: 9 Pixel
Hilfslinien: Vorne / Hinten
Bildschirmdarstellung: Grau / Normal / Hohe Auflösung
Layoutprobleme anzeigen: Buchstabenabstände / Absatzoptionen
Textmodus:
Schriftgrad: 12 Point
Schriftart: Helvetica
Speicheroption: Schneller / Besser

Skalieren von Bildern

Bei allen Bitmap-Grafiken muß beim Skalieren die spätere Druckauflösung beachtet werden. Dies gilt besonders für monochrome Bitmaps, die durch Dithering Rasterstrukturen enthalten. Alle Grafiken lassen sich zwar frei skalieren, doch das resultierende Ergebnis entspricht nicht immer den Erwartungen. Ein Ausdruck einer frei skalierten Grafik ohne Berücksichtigung der Druckauflösung kann zu Fehlstellen in der Grafik oder sogar zu sogenannten Moiré-Mustern führen, die sich über das gesamte Bild erstrecken. PageMaker bietet deshalb die Möglichkeit, beim Skalieren oder Verzerren von Bitmaps die Druckerauflösung zu berücksichtigen.

Beim Skalieren kann die Druckauflösung berücksichtigt werden, wenn während des Ziehens eines Eckanfassers bei gedrückter Umschalttaste zusätzlich noch die Befehlstaste gedrückt wird. In der Kontrollpalette läßt sich im ganz rechten Teil des Fensters eine entsprechende Option aktivieren. Die Grafik nimmt dann nur Vergrößerungs- bzw. Verkleinerungsstufen an, die für die Druckausgabe optimiert sind. Alle Stufen dazwischen lassen sich bei dieser Methode nicht mehr einstellen.

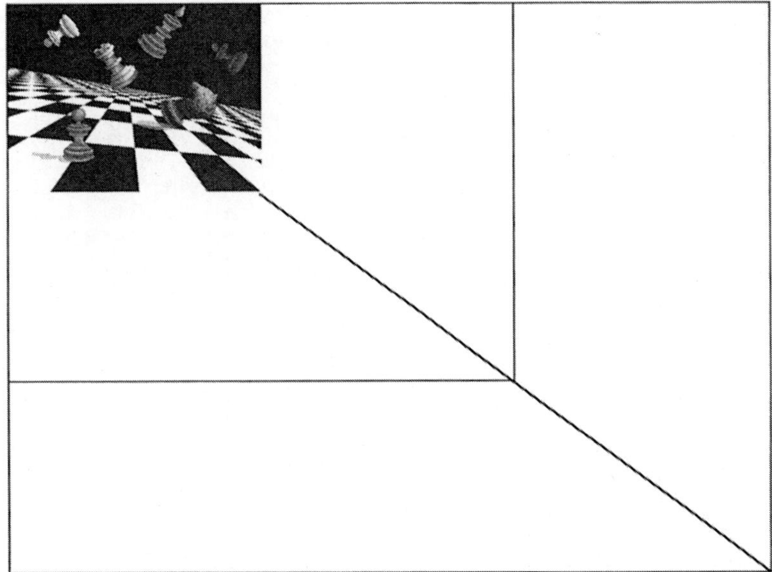

Beim Skalieren mit Druckeroptimierung werden nur bestimmte Stufen eingenommen

Skalieren einer Halbtongrafik

❶ Grafik mit der Zeigefunktion markieren.

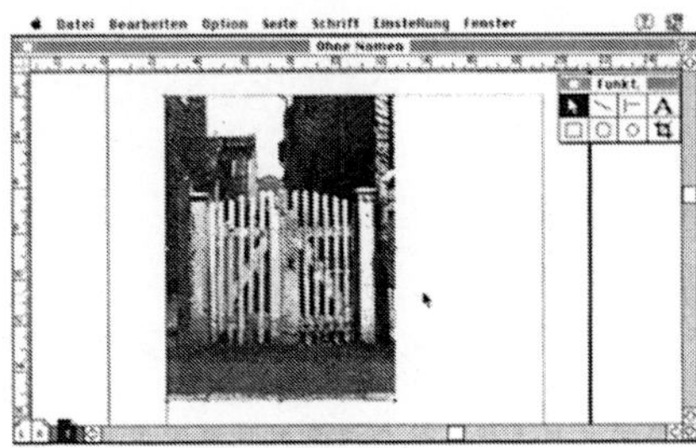

Die markierte Grafik

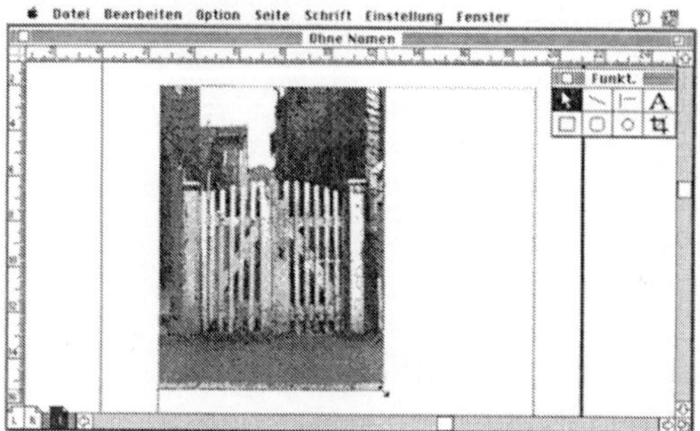

❷ Mauszeiger auf eine der vier Eckanfasser setzen, linke Maustaste drücken und gedrückt halten.

Die Grafik kann skaliert werden

❸ Objekt mit gedrückt gehaltener Befehls-, Umschalt- und Maustaste durch Mausbewegung auf die gewünschte Größe bringen.

Während des Skalierens nimmt die Grafik nur bestimmte Vergrößerungsstufen ein, die durch ein gestrichelt dargestelltes Rechteck angezeigt werden

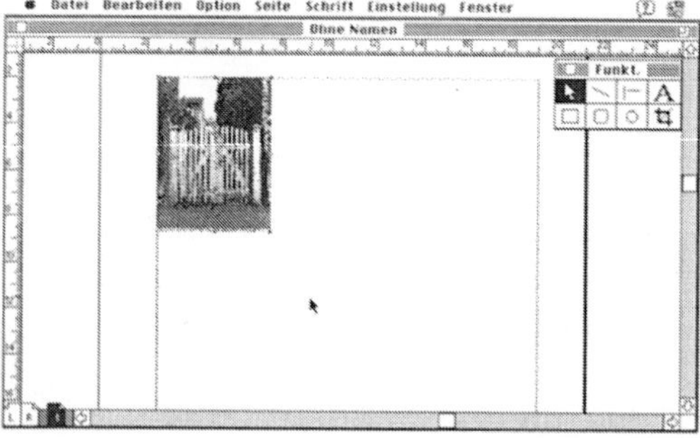

❹ Lösen der Maustaste fixiert das Objekt in seiner neuen Größe.

Die Skalierung ist abgeschlossen

Alternativ lassen sich auch die Anfasser in der Seitenmitte zum Skalieren verwenden (auch dabei muß die Befehls- und die Umschalttaste gedrückt werden). Die Grafik bleibt dann nur mit der gegenüberliegenden Seite fixiert, während sie über die drei übrigen Seiten ihre Größe verändert.

Achtung: Achten Sie beim Skalieren mit Druckeroptimierung darauf, daß der Drucker als Reindrucker eingestellt ist, auf dem der letzte Ausdruck bzw. die Belichtung vorgenommen werden soll. Die Druckeroptimierung nützt überhaupt nichts, wenn sie für den falschen Druckertyp vorgenommen wird.

Den Ausschnitt von Bildern bestimmen

Oftmals soll nur ein Bereich einer bereits gescannten Vorlage verwendet werden. Dies kann beispielsweise dann erforderlich sein, wenn durch das Wegschneiden der Ränder eine Konzentration des Bildinhaltes erzielt werden soll oder einfach um das Bild auf eine vom Layout geforderte Größe zu bringen. Mit der Abschneidefunktion aus dem Funktionenfenster kann jedes Bild beliebig zurechtgeschnitten werden. Auch läßt sich nach dem Abschneiden von Bildpartien der Bildausschnitt frei innerhalb der Bildbegrenzungen verschieben.

Zurechtschneiden eines Bildes

❶ Wählen der Abschneidefunktion aus dem Funktionenfenster und markieren der gewünschten Grafik

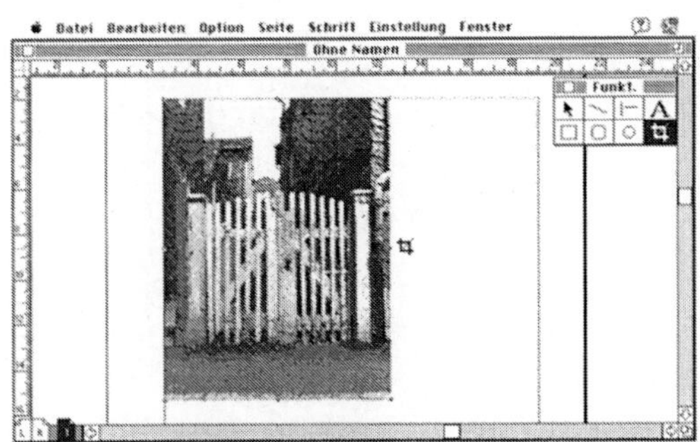

Die Grafik ist zum Zurechtschneiden markiert

❷ Mauszeiger in Form des Abschneidesinnbildes auf einen der Anfasser so positionieren, daß die Anfassermarkierung in der Mitte des Mauszeigers liegt.

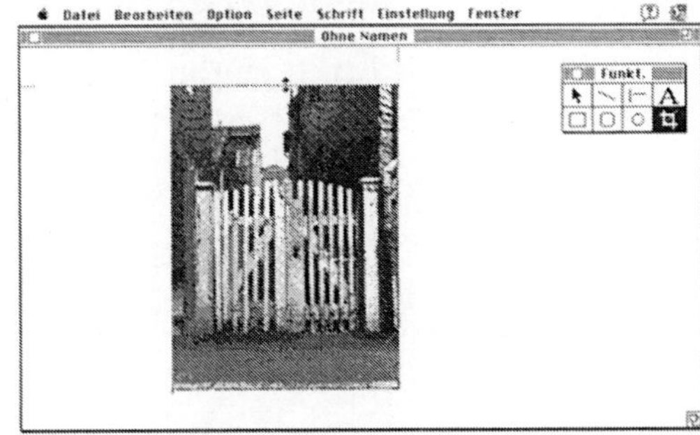

Die Wahl des Anfassers bestimmt die Beschnittseite(n)

❸ Drücken der Maustaste und bei gedrückt gehaltener Maustaste den Anfasser so verschieben, daß die wegzuschneidenden Bildpartien verschwinden.

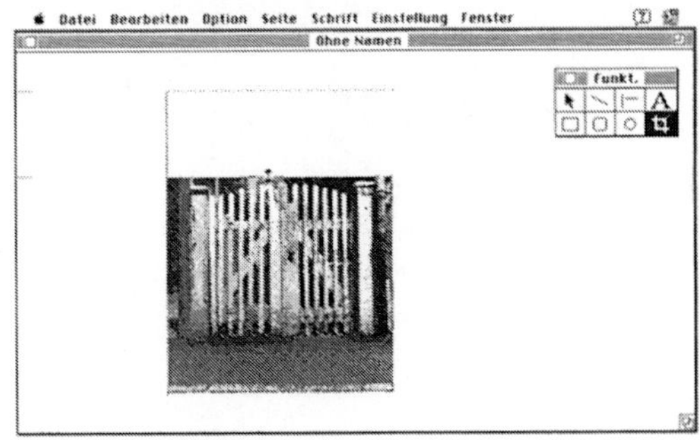

Beim Verschieben des Anfassers läßt sich die Wirkung gut beurteilen

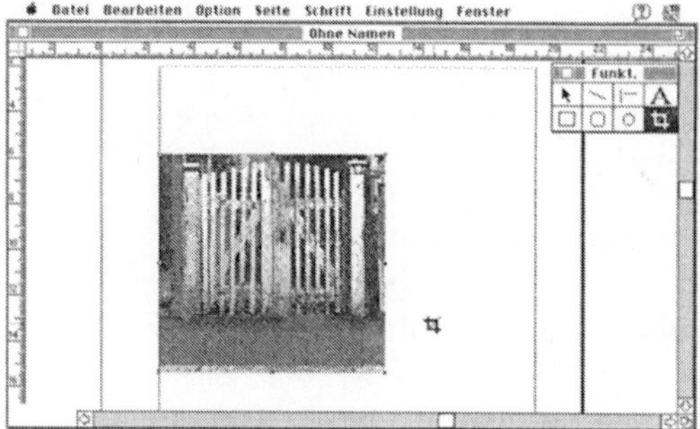

❹ Lösen der Maustaste fixiert das Bild mit dem aktuellen Ausschnitt.

Die Grafik erscheint zurechtgeschnitten

Das Beschneiden der Grafik läßt sich auch numerisch mit Hilfe der Kontrollpalette durchführen. Dazu wird entweder die Abschneidefunktion im Funktionenfenster aktiviert und dann ein Anfasser des Bildes angeklickt oder bei markiertem Bild in der Kontrollpalette die Abschneidefunktion ausgewählt. Durch Ändern der Werte für die Breite und Höhe des Bildes wird der Ausschnitt verändert.

Anschließend kann die zurechtgeschnittene Grafik noch innerhalb der Umrandungen genauer ausgerichtet werden, so daß wirklich nur der gewünschte Bereich sichtbar ist. So kann beispielsweise ein mittiger Bereich der Grafik dadurch hervorgehoben werden, daß zunächst von der rechten unteren Kante des Bildes ein Bereich großzügig abgeschnitten wird und anschließend der verbleibende Bildbereich so weit verschoben wird, bis das Bild wie gewünscht erscheint.

Achtung: Der Bildausschnitt läßt sich nur mit der Maus und nicht mit der Kontrollpalette verschieben.

Verschieben des Bildausschnitts

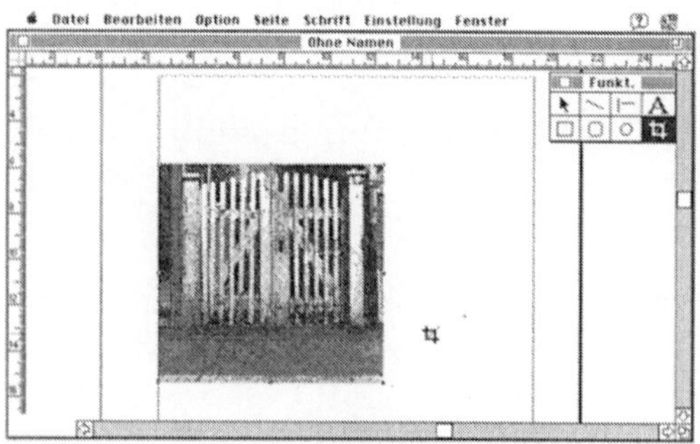

❶ Wählen der Abschneidefunktion aus dem Funktionenfenster und markieren des gewünschten Bildes.

Die Grafik ist zum Verschieben des Ausschnittes markiert

❷ Mauszeiger in Form des Abschneidesinnbildes innerhalb des Bildes positionieren.

Zum Ändern des Bildausschnittes wird der Mauszeiger innerhalb des Bildes positioniert

❸ Drücken der Maustaste und bei gedrückt gehaltener Maustaste den Inhalt des Bildes verschieben, bis der gewünschte Ausschnitt sichtbar ist. (Beim Verschieben nimmt der Mauszeiger die Form einer Hand an.)

Der Bildausschnitt wird verschoben

Der Befehl Bild nachbearbeiten

Der Befehl *Bild nachbearbeiten* bietet in seinem Dialogfeld einige Möglichkeiten, Halbtonbilder innerhalb von PageMaker zu bearbeiten. Änderungen an der Helligkeit, am Kontrast, an der Rasterart, am Rasterwinkel und an der Rasterfrequenz werden unterstützt. Diese Änderungen gehen teilweise so weit, daß sie zumindest für einfachere Anwendungen ein separates Bildbearbeitungsprogramm überflüssig machen. Auf jeden Fall reichen sie aus, um Halbtonbilder an das Ausgabemedium mit seinen spezifischen Eigenschaften anzupassen. Die Änderung der Helligkeit und des Kontrastes, die dazu nötig ist, reicht natürlich nicht an eine Kalibrierung mit einem Programm wie Photoshop heran, trotzdem kann man sich gut mit den PageMaker-eigenen Bildbearbeitungsfunktionen behelfen.

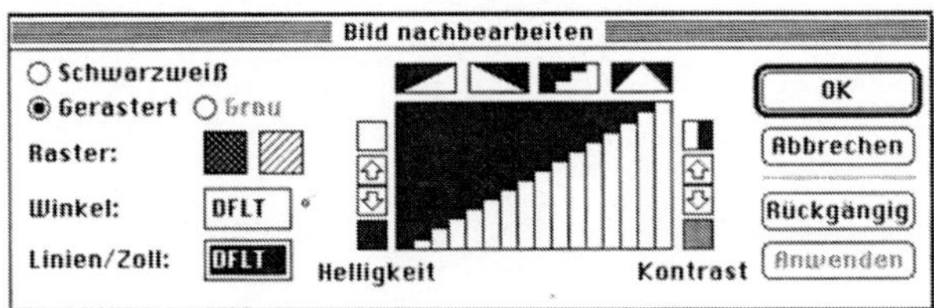

Das Dialogfeld ***Bild nachbearbeiten***

Daß ein Bild mehr sagt als tausend Worte sollte gerade im Hinblick auf die Bildverarbeitung mit PageMaker gelten. Daher finden sich auf den folgenden Seiten die Einstellungen und ihre Auswirkungen am konkreten Beispiel.

Variationen der Helligkeit

Helligkeit: -50%
Kontrast: 50%
Rasterart: Punkt
Rasterwinkel: 45 Grad
Rasterfrequenz: 110 lpi

Helligkeit: -25%
Kontrast: 50%
Rasterart: Punkt
Rasterwinkel: 45 Grad
Rasterfrequenz: 110 lpi

Helligkeit: 0%
Kontrast: 50%
Rasterart: Punkt
Rasterwinkel: 45 Grad
Rasterfrequenz: 110 lpi

Helligkeit: 25%
Kontrast: 50%
Rasterart: Punkt
Rasterwinkel: 45 Grad
Rasterfrequenz: 110 lpi

Helligkeit: 50%
Kontrast: 50%
Rasterart: Punkt
Rasterwinkel: 45 Grad
Rasterfrequenz: 110 lpi

Variationen des Kontrastes

Helligkeit: 0%
Kontrast: 80%
Rasterart: Punkt
Rasterwinkel: 45 Grad
Rasterfrequenz: 110 lpi

Helligkeit: 0%
Kontrast: 60%
Rasterart: Punkt
Rasterwinkel: 45 Grad
Rasterfrequenz: 110 lpi

Helligkeit: 0%
Kontrast: 50%
Rasterart: Punkt
Rasterwinkel: 45 Grad
Rasterfrequenz: 110 lpi

Helligkeit: 0%
Kontrast: 40%
Rasterart: Punkt
Rasterwinkel: 45 Grad
Rasterfrequenz: 110 lpi

Helligkeit: 0%
Kontrast: 20%
Rasterart: Punkt
Rasterwinkel: 45 Grad
Rasterfrequenz: 110 lpi

Variationen der Rasterfrequenz bei Punktraster

Helligkeit: 0%
Kontrast: 50%
Rasterart: Punkt
Rasterwinkel: 45 Grad
Rasterfrequenz: 150 lpi

Helligkeit: 0%
Kontrast: 50%
Rasterart: Punkt
Rasterwinkel: 45 Grad
Rasterfrequenz: 75 lpi

Helligkeit: 0%
Kontrast: 50%
Rasterart: Punkt
Rasterwinkel: 45 Grad
Rasterfrequenz: 110 lpi

Helligkeit: 0%
Kontrast: 50%
Rasterart: Punkt
Rasterwinkel: 45 Grad
Rasterfrequenz: 45 lpi

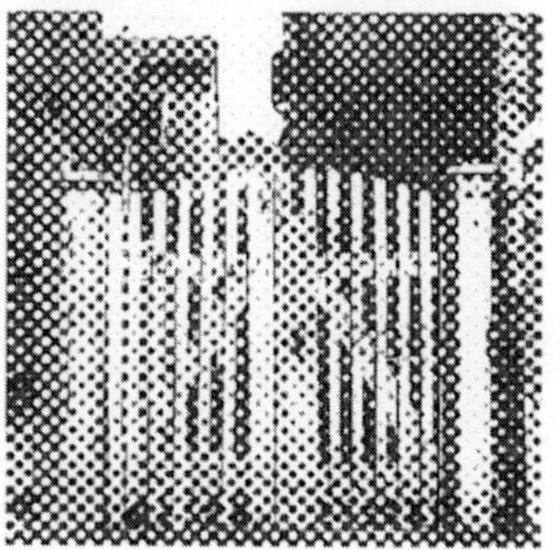

Helligkeit: 0%
Kontrast: 50%
Rasterart: Punkt
Rasterwinkel: 45 Grad
Rasterfrequenz: 15 lpi

Variationen der Rasterfrequenz bei Linienraster

Helligkeit: 0%
Kontrast: 50%
Rasterart: Linie
Rasterwinkel: 45 Grad
Rasterfrequenz: 150 lpi

Helligkeit: 0%
Kontrast: 50%
Rasterart: Linie
Rasterwinkel: 45 Grad
Rasterfrequenz: 75 lpi

Helligkeit: 0%
Kontrast: 50%
Rasterart: Linie
Rasterwinkel: 45 Grad
Rasterfrequenz: 110 lpi

Helligkeit: 0%
Kontrast: 50%
Rasterart: Linie
Rasterwinkel: 45 Grad
Rasterfrequenz: 45 lpi

Helligkeit: 0%
Kontrast: 50%
Rasterart: Linie
Rasterwinkel: 45 Grad
Rasterfrequenz: 15 lpi

Variation des Rasterwinkels bei Linienraster

Helligkeit: 0%
Kontrast: 50%
Rasterart: Linie
Rasterwinkel: 90 Grad
Rasterfrequenz: 110 lpi

Helligkeit: 0%
Kontrast: 50%
Rasterart: Linie
Rasterwinkel: -45 Grad
Rasterfrequenz: 110 lpi

Helligkeit: 0%
Kontrast: 50%
Rasterart: Linie
Rasterwinkel: 45 Grad
Rasterfrequenz: 110 lpi

Helligkeit: 0%
Kontrast: 50%
Rasterart: Linie
Rasterwinkel: 15 Grad
Rasterfrequenz: 110 lpi

Helligkeit: 0%
Kontrast: 50%
Rasterart: Linie
Rasterwinkel: 0 Grad
Rasterfrequenz: 110 lpi

Variation des Rasterwinkels bei Punktraster

Helligkeit: 0%
Kontrast: 50%
Rasterart: Punkt
Rasterwinkel: 0 Grad
Rasterfrequenz: 110 lpi

Helligkeit: 0%
Kontrast: 50%
Rasterart: Punkt
Rasterwinkel: 105 Grad
Rasterfrequenz: 110 lpi

Helligkeit: 0%
Kontrast: 50%
Rasterart: Punkt
Rasterwinkel: 45 Grad
Rasterfrequenz: 110 lpi

Helligkeit: 0%
Kontrast: 50%
Rasterart: Punkt
Rasterwinkel: 75 Grad
Rasterfrequenz: 110 lpi

Helligkeit: 0%
Kontrast: 50%
Rasterart: Punkt
Rasterwinkel: 30 Grad
Rasterfrequenz: 110 lpi

Bildbearbeitung mit externen Werkzeugen mit Photoshop

Die faszinierenden Möglichkeiten der Bildbearbeitung mit speziellen Programmen soll hier nicht unbeachtet bleiben. Viele Bildbearbeitungsprogramme orientieren sich an den Möglichkeiten im Fotolabor. Die einfachen Bearbeitungen wie Kontrast- und Helligkeitsänderungen lassen sich mit PageMaker bereits ohne fremde Software-Unterstützung ausführen. Ein Bildbearbeitungsprogramm wie Photoshop hat aber auch andere Eigenschaften aus der Dunkelkammerpraxis parat. Tontrennungen sind auf Knopfdruck möglich, auch Relief-Effekte, Solarisationen, Weichzeichnungen und vieles mehr. Besonders beachtenswert dabei ist, daß alle Experimente in der digitalen Dunkelkammer völlig ohne Fotochemie auskommen und bei weitem nicht so zeitaufwendig sind wie die vergleichbaren fotochemischen Techniken. Eine Möglichkeit der digitalen Bildverarbeitung, die in dieser Form in der Dunkelkammer unbekannt ist, ist die Steigerung der Bildschärfe. Mit dieser Technik lassen sich leichte Unschärfen der Vorlage kompensieren.

Typische Effekte der Bildbearbeitung mit Photoshop

Kristalleffekt

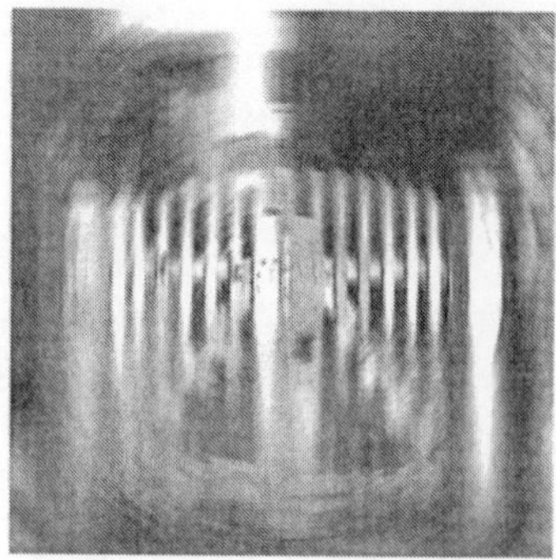

radialer Weichzeichner

Solarisation

Zeichenstift-Effekt

Auch beim Scannen lassen sich durch absichtliche Fehler interessante Effekte erzielen. Die Beispiele auf der folgenden Seite sind bei minimaler Auflösung gescannt und für die Wiedergabe stark vergrößert worden.

Speicherplatz sparen ...

Gerade bei der speicherplatzintensiven Verwendung von Halbtonbildern sollte alles unternommen werden, die Größe der Satzdatei möglichst klein zu halten. PageMaker bietet dazu zwei Verfahren an, die, wenn sie durchgängig angewendet werden, den Speicherbedarf einer mit vielen Abbildungen versehenen Satzdatei auf das Nötigste zu beschränken. Die eine Möglichkeit dazu ist die in PageMaker implementierte Datenkompression für TIFF-Dateien. Die zweite Methode, die Verbindungen zwischen einer Grafikdatei und dem PageMaker-Dokument herstellt, ohne eine Kopie der Grafikdatei im Dokument ablegen zu müssen, betrifft den Umgang mit Grafiken allgemein und ist daher auch auf alle Grafiktypen anwendbar.

normale Auflösung

mittlere Auflösung

niedrige Auflösung

... durch Komprimierung

Im Zusammenhang mit dem wichtigsten Importformat für Halbtonbilder, dem TIFF-Format, bietet PageMaker eine interessante Möglichkeit, die anfallenden Datenmengen zu reduzieren. Das Komprimierungsverfahren ist auf alle Typen von TIFF-Dateien anwendbar:

- auf monochrome TIFF-Dateien,
- auf farbige TIFF-Dateien mit bis zu 16,7 Millionen Farben,
- und auf Halbton-TIFF-Dateien mit 256 Graustufen.

Wie stark sich die Datenkomprimierung auswirkt, ist von der jeweiligen Datei abhängig. Grundsätzlich gilt, daß sich die Komprimierung umso stärker auswirkt, je gleichförmiger das gespeicherte Bild gefärbt ist. Desweiteren kann vom Benutzer selbst in gewissen Grenzen bestimmt werden, wie stark die Komprimierung ausfallen soll. Je nach verwendeter Tastenkombination beim Komprimieren wirkt sich die Reduktion der Datenmenge unterschiedlich aus.

Die Komprimierung betrifft ausschließlich das Datenformat, das Bild selbst ändert sich durch eine Komprimierung nicht. Auch läßt sich die Komprimierung wieder vollständig rückgängig machen, ohne daß eine Einbuße an Bildqualität zu erwarten ist.

Die Arbeitstechnik zum Komprimieren einer TIFF-Datei ist in den Vorgang zum Positionieren der Datei integriert. Das eigentliche Kompressionsverfahren wird dadurch ausgelöst, daß beim Auswählen einer TIFF-Datei im Dialogfeld *Wählen Sie eine Datei* (das nach Auswahl des Befehls *Positionieren* erscheint) nach dem Markieren der Datei nicht bloß das OK-Feld angeklickt wird, sondern zusätzlich eine Kombination aus Befehls-, Wahl- und Umschalttaste. Die Tastenkombination bestimmt die Art der Komprimierung. Bevor PageMaker die so ausgewählte Datei positioniert, wird sie zunächst komprimiert und unter leicht modifiziertem Namen in dasselbe Verzeichnis kopiert. Zu dieser komprimierten Datei wird dann die Verbindung hergestellt, und das Bild erscheint auf der aktuellen Dokumentseite positioniert. Durch die Änderung des Namens wird einerseits dokumentiert, daß die so bezeichnete Datei komprimiert ist, und andererseits, ob sie gering oder maximal komprimiert wurde. So wird beispielsweise der Dateiname PUPPE.TIF durch maximale Komprimierung in den Namen PUPPE.TIFLD2 umgewandelt. Die Ursprungsdatei verbleibt auch nach der Komprimierung unverändert im Verzeichnis.

Die nachfolgende Tabelle zeigt eine Übersicht über die Tastenkombinationen, die während des Anklickens der OK-Schaltfläche beim Positionieren von TIFF-Dateien gedrückt werden müssen, um eine Datenkomprimierung zu veranlassen. Ebenfalls ist die Tastenkombination zum Dekomprimieren aufgeführt. Die angegebenen Kürzel erscheinen am Ende des Dateinamens der komprimierten Dateien.

Komprimierungskürzel von TIFF-Dateien			
TIFF-Typ	Kürzel für geringe Kompression mit <Befehl><Wahl>	Kürzel für maximale Kompression mit <Befehl><Wahl><Umschalt>	Kürzel für Dekompression mit <Befehl>
Monochrom	P	L	U
Palettenfarbe	P	L	U
Halbton/Farbig	LD	LD2	U

Komprimieren einer TIFF-Datei

❶ Wählen von *Positionieren* aus dem Menü *Datei.*
❷ Wechseln zum Verzeichnis, in der die gewünschte TIFF-Datei abgespeichert ist, und einfaches Anklicken des Dateinamens.
❸ Je nach gewünschter Kompression die Tasten <Befehl> und <Wahl> bzw. <Befehl>, <Wahl> und <Umschalt> drücken und gedrückt halten. Anschließend das OK-Feld anklicken.

Durch dieses Verfahren kopiert PageMaker zunächst eine komprimierte Datei unter neuem Namen in das Ausgangsverzeichnis und positioniert anschließend die neu entstandene Datei mit einer Verbindung.

Dekomprimieren einer TIFF-Datei

❶ Wählen von *Positionieren* aus dem Menü *Datei.*
❷ Wechseln zum Verzeichnis, in dem die gewünschte komprimierte TIFF-Datei abgespeichert ist und einfaches Anklicken des Dateinamens.
❸ Die Befehlstaste drücken und solange gedrückt halten, bis das OK-Feld angeklickt wird.

Durch dieses Verfahren kopiert PageMaker zunächst die dekomprimierte Datei in das Ausgangsverzeichnis und positioniert anschließend diese neu entstandene Datei mit einer Verbindung. Der bei der Komprimierung angefügte Teil des Dateinamens wird nach dem Dekomprimieren durch *U* ersetzt.

... durch Verbindungen

Beim Positionieren von externen Texten oder Grafiken stellt PageMaker automatisch eine Verbindung zwischen den jeweiligen Ausgangsdateien und der aktuellen Satzdatei her. Dieses Konzept wird für Grafikdateien durch die Möglichkeit erweitert, keine vollständige Kopie der externen Grafikdatei in die Satzdatei aufzunehmen. Man kann sich leicht vorstellen, daß durch den Verzicht vollständiger Kopien in einer Satzdatei die Größe der Satzdatei wesentlich kleiner gehalten werden kann, als wenn alle positionierten Grafiken als vollständige Kopien in die Satzdatei aufgenommen würden.

Warum soll die Größe der Satzdatei eigentlich möglichst klein gehalten werden? Die Antwort gibt die Praxis. Dokumente, die über 1,4 MByte Speicherplatz benötigen, lassen sich ohne zusätzliche Komprimierungsprogramme oder ohne Wechselplattenlaufwerk nicht von Ihrem DTP-System auf ein anderes portieren. Schon eine einfache Sicherungskopie einer übergroßen Satzdatei auf eine Diskette kann ohne spezielle Soft- oder Hardware kaum angefertigt werden.

Für alle Dokumente mit vielen Abbildungen (Halbtonbilder beanspruchen am meisten Speicherplatz) empfiehlt sich demnach unbedingt, die Grafiken ohne vollständige Kopie zu positionieren. Dazu muß vor dem Aufruf des Positionieren-Befehls mit dem Befehl *Verbindungsoptionen* im Dialogfeld *Verbindungsoptionen: Vorgaben* unter *Grafik* die Option *Kopie in Satzdatei ablegen* abgewählt werden. Das Dialogfeld *Verbindungsoptionen: Vorgaben* erscheint nur dann, wenn beim Befehlsaufruf kein Element markiert ist.

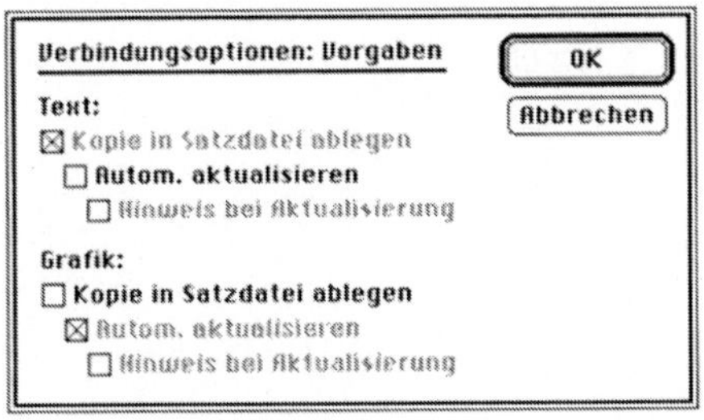

Verbindungsoptionen: Vorgaben
OK
Abbrechen
Text:
☒ Kopie in Satzdatei ablegen
☐ Autom. aktualisieren
☐ Hinweis bei Aktualisierung
Grafik:
☐ Kopie in Satzdatei ablegen
☒ Autom. aktualisieren
☐ Hinweis bei Aktualisierung

Dialogfeld ***Verbindungsoptionen: Vorgaben***

Alle im Anschluß daran positionierten Grafiken werden ohne Kopie der vollständigen Grafikdatei importiert. Solange die dabei angelegte Verbindung aktuell bleibt, läßt sich eine so importierte Grafik völlig normal bearbeiten und auch ausdrucken. Wenn jedoch die Verbindung zur Ursprungsdatei unterbrochen wird, gibt es Einschränkungen bei der Druckqualität. PageMaker kann dann nämlich auch zum Ausdrucken nur die Bildschirmfassung der Grafik drucken, die in der Regel eine wesentlich geringere Auflösung hat als die ursprüngliche Datei.

Wenn von dem Ablegen einer Kopie innerhalb der Satzdatei abgesehen wird, sollte beim Portieren der Satzdatei unbedingt darauf geachtet werden, daß alle Verbindungsdateien ebenfalls portiert werden. Dies ist besonders zu beachten, wenn Satzdateien zum Ausbelichten an ein Belichtungsunternehmen weitergegeben werden. Eine Liste aller verbundenen Dateien läßt sich ganz einfach mit dem Aldus Standard-Addition *Datei-Info* ausgeben.

Tip: Alle nötigen Verbindungsdateien zusammenstellen

Sie können die Arbeit des Zusammenstellens aller mit der aktuellen Satzdatei verbundenen Dateien auch PageMaker überlassen. PageMaker speichert die Satzdatei mit allen verbundenen Dateien in einem Ordner ab, wenn im Dialogfeld *Satzdatei speichern* die Option *Alle verbundenen Dateien* aktiviert ist.

Kapitel 19

Strichvorlagen

19

Neben dem Einbinden von Grafiken, die mit speziellen Grafikprogrammen angefertigt worden sind, ist das Einbinden von Strichvorlagen in PageMaker-Dokumente eine weitere wichtige Möglichkeit, Publikationen, besonders im technischen Bereich, ansprechend und informativ zu gestalten.

Als Strichvorlagen (Volltonbilder) gelten alle grafischen Vorlagen, die nur aus (schwarzen) Linien bzw. Flächen auf weißem Grund bestehen. Halbtonvorlagen (Halbtonbilder) weisen im Gegensatz dazu auch Grautöne bzw. Farben auf. Der optimale Fall zum Einbinden einer Grafik ist der, daß die Grafik bereits digitalisiert auf einem Datenträger zur Verfügung steht, und das auch noch in einem für PageMaker zulässigen Dateiformat. In der Praxis kommt dieser Fall jedoch recht selten vor, so daß als Eingabequelle für Strichvorlagen wie bei den Halbtonvorlagen auch der Scanner oder Digitizer dienen muß.

Halbtonvorlagen stellen an den Scanner andere Ansprüche als Strichvorlagen. Während es bei Halbtonvorlagen besonders wichtig ist, daß möglichst viele Farb- bzw. Graunuancen in Farb- bzw. Grauwerte »übersetzt« werden, entscheidet im Strichbereich allein das Auflösungsvermögen des Scanners über die erzielbare Qualität.

Das Scannen einer Vorlage liefert immer eine Grafikdatei in einem Pixelformat. Für die Verarbeitung der Strichvorlage innerhalb des weiteren DTP-Prozesses mit PageMaker gibt es zwei unterschiedliche Verfahrensweisen: Das Bild kann in einem Pixelformat innerhalb eines PageMaker-Dokumentes positioniert werden, oder es wird zuvor mit einem Trace-Programm in ein objektorientiertes Bildformat (PICT oder EPS) umgewandelt. Beide Verfahren haben ihre spezifischen Vor- und Nachteile. Je nach Anwendung sollte daher entschieden werden, welche der Methoden zum besten Ergebnis führt. In den beiden nachfolgenden Kapiteln wird an einem Beispiel gezeigt, welche Arbeitsschritte beide Verfahren erfordern und welche Ergebnisse erzielbar sind. Es wird darum gehen, aus einem Faksimiledruck einer Dürer-Schrift Zeichnungen von Versalbuchstaben für zukünftige DTP-Arbeiten zu übernehmen. Die Dürer-Antiquamajuskeln stehen in ihrer einfachen, doch streng nach geometrischen Gesetzen aufgebauten, Form in einem ganz eigentümlichen Verhältnis zu unserer Zeit. Vielen Zeitgenossen Dürers mußten die technisch-geometrischen Ausführungen zur Konstruktion von Versalbuchstaben ähnlich abwegig vorgekommen sein wie heutzutage vielen altehrwürdigen Setzern die für die DTP-Verwendung nötige Reduzierung der Zeichenformen auf Linien und (Bézier-)Kurven.

Strichvorlage im Pixelformat

Die direkte Übernahme des gescannten Bildes in dem dabei verwendeten punktorientierten Grafikformat ist natürlich der naheliegendste Weg. Beim Scannen einer Strichvorlage wird in der Regel mit nur zwei Graustufen (schwarz und weiß) gearbeitet. Die daraus resultierenden Bilder sind hinsichtlich ihres Datenumfanges extrem kompakt. Je nach Qualität der Vorlage muß das durch Scannen entstandene Bild nachbearbeitet werden.

Nachbearbeiten von Bildern mit einem Grafikprogramm

Nach dem Scannvorgang wird das Ergebnis in einem Dateiformat abgespeichert, das für die Nachbearbeitung mit einem vorhandenen Pixelgrafikprogramm geeignet ist. Für das Beispiel wurde SuperPaint verwendet, was auf die Formate PICT, TIFF oder MacPaint als geeignete Dateiformate hindeutet. Das für das Beispiel eingesetzte Scannprogramm ED Scan für Macintosh kann in diesen Formaten exportieren.

Schon unmittelbar nach dem Scannen zeigen sich Bereiche innerhalb der Grafik, die eine Nachbearbeitung erfahren müssen. Für die Nachbearbeitung reicht es, daß einige Bildpunkte gelöscht werden und an anderen Stellen Punkte hinzugefügt werden, um der Grafik ein weniger ausgefranstes Aussehen zu verleihen.

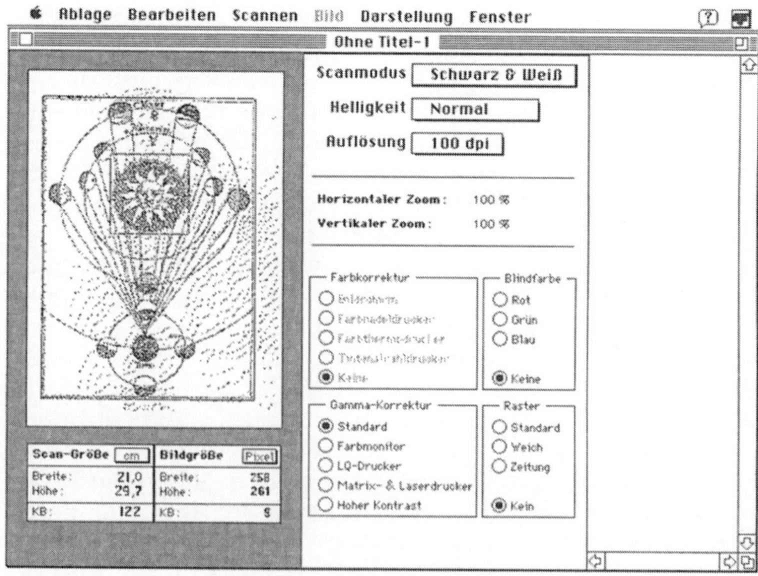

Die Vorlage ist gescannt und kann exportiert werden

Die Grafik wird in SuperPaint geladen ...

... und in der Vergrößerung pixelweise nachbearbeitet

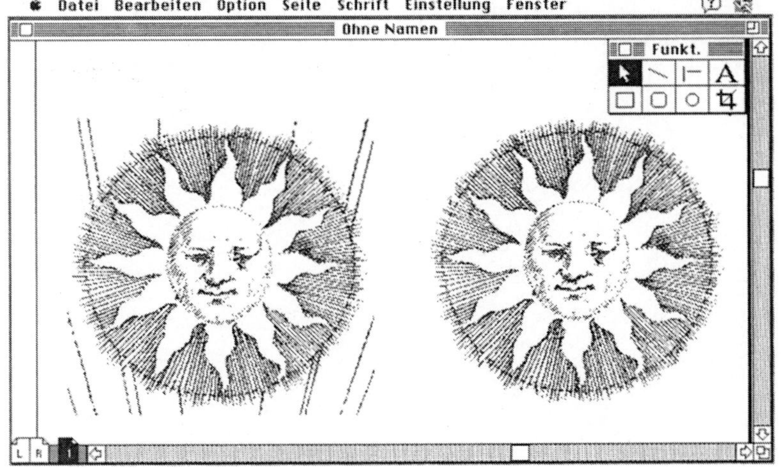

Beide Grafiken sind in PageMaker importiert ...

Schon nach dieser Bearbeitung zeigt sich, daß die nachbearbeitete Grafik im Druckergebnis ein wesentlich besseres Bild liefert. Das ursprüngliche Bild, das Ergebnis des Scannvorganges, und das nachbearbeitete Bild wurden auf einer PageMaker-Seite positioniert und ausgedruckt.

... und lassen sich im Ausdruck vergleichen

Einfluß der Scannauflösung

Für die Qualität von gescannten Strichzeichnungen ist die Auflösung beim Scannen entscheidend. Je größer die Auflösung ist, desto mehr Bildpunkte werden zum Darstellen der Formen verwendet. Kurven und alle nicht exakt horizontal oder vertikal verlaufenden Linien erscheinen bei hoher Auflösung weniger stufig als bei niedriger Auflösung.

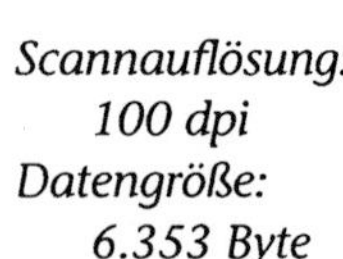

Scannauflösung: 100 dpi Datengröße: 6.353 Byte

Scannauflösung: 200 dpi Datengröße: 19.637 Byte

Scannauflösung:
300 dpi
Datengröße:
40.443 Byte

Einfluß der Bildgröße

Während bei der Druckwiedergabe von Halbtonbildern peinlich genau darauf geachtet werden muß, daß das Bild auf die jeweilige Drukkerauflösung größenoptimiert ist, sind monochrome Strichbilder weitgehend frei skalierbar, ohne daß sichtbare Störungen zu erwarten wären.

Scannauflösung:
300 dpi
Bildgröße:
10 x 10 mm

Scannauflösung:
300 dpi
Bildgröße:
30 x 30 mm

Scannauflösung:
300 dpi
Bildgröße:
60 x 60 mm

Berücksichtigt werden sollten jedoch die Grenzen der Auflösung des Bildes. Wird ein Bild niedriger Auflösung zu stark vergrößert, tritt die Pixelstruktur deutlich hervor. Dies kann im Einzelfall auch ein beabsichtigter Effekte sein, doch in der Regel sollte eine sichtbare Pixelstruktur wohl vermieden werden. Die nachfolgenden Abbildungen zeigen ein gescanntes Bild mittlerer Auflösung in unterschiedlichen Vergrößerungen, die zeigen sollen, daß die erzielbare Bildgröße stark von der Auflösung beim Scannen abhängt. Grundsätzlich sollte bei Strichvorlagen eher eine zu hohe Auflösung als eine zu niedrige verwendet werden. Die dadurch etwas vergrößerten Datenmengen wiegen den Zugewinn an Bildqualität (ohne »Treppenstufen«) allemal wieder auf. Und wenn im monochromen TIFF-Format gearbeitet wird, hilft die Komprimierungsfunktion von PageMaker, die Datenmengen zu reduzieren (siehe Kapitel *Halbtonvorlagen*).

Bearbeiten einer Strichvorlage in PageMaker

Die Nachbearbeitungsfunktion von PageMaker hält nicht nur für Halbtonbilder, sondern auch für Strichvorlagen so manche Überraschung bereit. Auslöser für die interessanten Bearbeitungsmöglichkeiten ist wieder das Dialogfeld *Bild nachbearbeiten*, das nach Auswahl des gleichnamigen Befehls aus dem Menü *Einstellung* auf dem Bildschirm erscheint. Hier sind es die Einstellungen unter *Helligkeit* und *Kontrast*, deren Variation sich zu testen lohnt. Dabei muß die Option *Gerastert* ausgewählt sein.

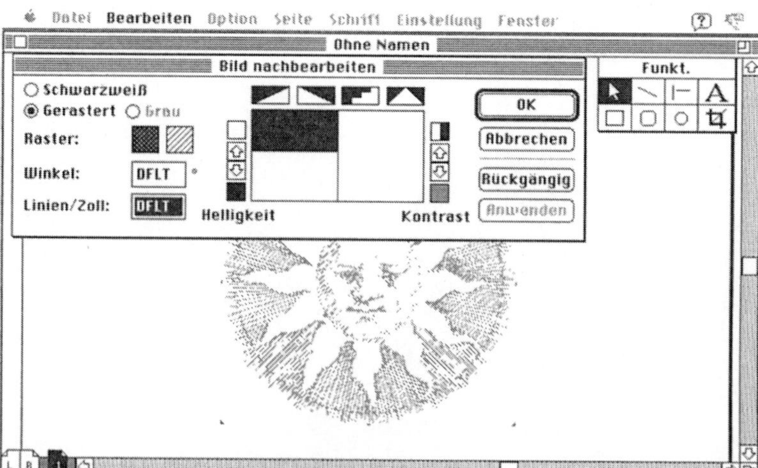

*Die Einstellungen im Dialogfeld **Bild nachbearbeiten***

Besonders für flächige monochrome Bilder eignet sich die Variation der Helligkeit. Die schwarze Färbung der Grafik kann in beliebige Grautöne aufgehellt werden. Der Charakter einer grau gedruckten Strichzeichnung ist weniger technisch, was sich durch freiere Layouts noch steigern läßt. Denn graue Grafiken lassen sich, als besonderer Effekt, auch gut mit Textpassagen kombinieren.

Aufgehellte Strichzeichnung

Tip: Überlagerung von Text- und Bildelementen

Achten Sie darauf, daß beim Überlagern von Text- und Bildelementen der Text immer im Vordergrund, die Grafik immer im Hintergrund definiert ist. Je nach verwendetem Grafikformat sind Bereiche der Grafik ohne Punkte entweder transparent oder aber weiß gefärbt. Im letzteren Fall würde die Grafik im Vordergrund das unten liegende Textobjekt verdecken.

Nicht transparente Grafik im Vordergrund ...

... und Hintergrund eines Textobjektes

Achtung: Wenn eine Strichgrafik nur aus feinen Linien besteht, ist eine Aufhellung nicht empfehlenswert. Lediglich bei hochauflösenden Belichtern ließe sich eine feine Linie noch rastern. Beim Probeausdruck auf einem Laserdrucker ließe sich das angestrebte Ergebnis überhaupt nicht zufriedenstellend wiedergeben. Die Linien würden auf einem niedrig auflösenden Ausdruck eventuell als gestrichelt erscheinen.

Strichvorlage im Vektorformat durch Tracing

Auch die Überarbeitung von gescannten Bildern stößt an ihre Grenzen. Besonders das Nacharbeiten an in hohen Auflösungen gescannten Bildern ist sehr zeitaufwendig. Eine Methode bietet sich an, um die Bildqualität quasi zu fixieren und diese Qualität auch in Vergrößerungen zur Verfügung zu haben. Die Idee dabei ist, die Information des Bildes so aufzubereiten, daß die Auflösung größenunabhängig wird. Durch Tracing-Programme kann dies erreicht werden. Tracing bezeichnet einen Vorgang, bei dem Pixelgrafiken in Vektorgrafiken umgewandelt werden. Bei der Umwandlung werden zusammenhängende Flächen innerhalb der Pixelgrafik so nachgezeichnet, daß alle wichtigen Elemente des Bildes als Vektorobjekte dargestellt werden.

Pixelbilder sind die einzige Möglichkeit, grafische Vorlagen automatisiert zur Verarbeitung mit einem Computer verfügbar zu machen. Der Weg geht von der Vorlage (auf Papier) über den Scanner zu einem digitalisierten Bild in einem Pixelformat. Bestimmte Verarbeitungstechniken können es erforderlich machen, die digitalen Informationen der Vorlage so verfügbar zu machen, daß sich beispielsweise Ungenauigkeiten beim Digitalisierungsvorgang kompensieren lassen. Der gesamte Weg bis zum Pixelbild verläuft durch mehr oder weniger »unintelligente« Geräte und Verfahren. Erst die Umwandlung eines Pixelbildes in ein vektororientiertes Bild erfordert Intelligenz. Denn »irgendwer« muß entscheiden, ob eine Gruppe von Bildpunkten ein wichtiger Teil des Bildes ist, oder ob sie mehr auf Ungenauigkeiten des einlesenden Mediums zurückzuführen sind. Bei leichten Krümmungen muß wiederum entschieden werden, ob sie für den Charakter des Bildes von Bedeutung sind oder besser als Gerade wiedergegeben werden sollen. Daran wird deutlich, daß die Qualität der Tracing-Resultate ganz entscheidend von der Intelligenz des eingesetzten Programms bzw. der darin verwendeten Tracing-Algorithmen abhängt.

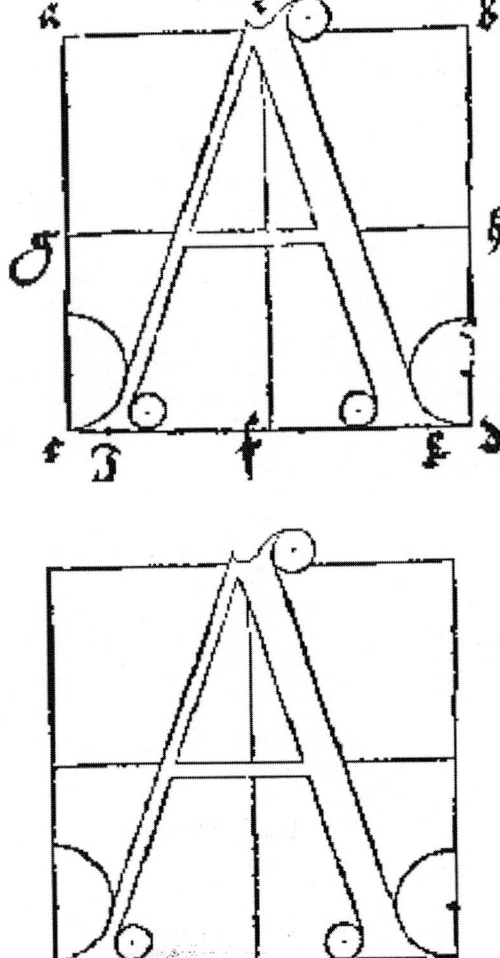

Bitmap ohne Nachbearbeitung

Bitmap mit Nachbearbeitung

Tracing

Angewendet auf das Scan-Beispiel aus dem letzten Absatz, ergibt der Tracing-Vorgang teilweise interessante Möglichkeiten. Die gescannten Bilder wurden mit dem Trace-Programm Adobe Streamline aufbereitet.

Die auf diese Weise entstehenden Grafiken sind nach dem Import in ein PageMaker-Dokument frei skalierbar, ohne daß bei starken Vergrößerungen Abstriche an der Bildqualität hinzunehmen wären

Auch lassen sich die durch Tracen entstandenen Grafiken in separaten Programmen weiterbearbeiten. Die Schnittstelle für diese wenig komplexen Vektorgrafiken ist das einfache PICT-Format und natürlich das EPS-Format.

Die ursprünglich monochrome Strichgrafik kann mit geeigneten Grafikprogrammen auch farbige (bzw. graugestufte) Flächen erhalten

Kapitel 20

Farbe

20

Farbe ist ein wichtiger Informationsträger und deshalb kaum noch aus unserer Welt der allgegenwärtigen Kommunikation wegzudenken. Wird Farbe in der Kommunikation richtig eingesetzt, kann sie helfen, besser zu differenzieren, verständlicher zu machen oder aber - teils sehr unterschwellig, teils auch offensichtlich - zusätzlich zur Information auch Emotions- und Imageträger sein.

Wie wichtig Farbe für uns Menschen ist, läßt sich auch aus unserem differenzierten Wahrnehmungsapparat abschätzen. Während nur etwa zweihundert Grautöne unterscheidbar sind, löst Auge und Gehirn etwa 16 Millionen Farbtöne auf. Um beispielsweise ein schwarzweißes Foto möglichst »naturgetreu« abzubilden (zu drucken), reichen 128 Graustufen gut aus (für die High-End-Verarbeitung werden 256 Graustufen verwendet). Ein Farbfoto benötigt Millionen unterschiedlicher Farben. Unsere Wahrnehmung scheint also in besonderer Weise für den Umgang mit Farbe ausgestattet.

Für die Arbeit eines Grafikers und auch eines Typographen bedeutet dies, daß er bei der Farbverarbeitung in der Lage sein muß, aus einem gigantischen Fundus an Farben, die jeweils geeignete richtige herauszufinden. Dies setzt nicht nur Gefühl für Farbe, sondern auch Kenntnis über die Theorie der Farbe voraus.

PageMaker ist farbfähig, d.h. es unterstützt unabhängig von den Hardware-Gegebenheiten wie Bildschirm und Drucker das Erstellen farbiger Layouts und in begrenztem Umfang die nötigen Schritte zur Vorbereitung für den Farbdruck. Auch wenn weder ein Farbbildschirm noch ein farbfähiger Drucker am System verfügbar ist, lassen sich dennoch farbige Dokumente anfertigen. Deren farbiger Ausdruck bzw. deren Vorbereitung für hochwertige Druckverfahren setzt allerdings spezielle Hardware voraus. In der Regel braucht diese teure Hardware vom kreativen Anwender des Layoutprogramms nicht selbst eingesetzt zu werden. Dienstleistungsunternehmen, die Belichterstudios, können diesen Teil der Arbeit mit PageMaker übernehmen.

Eine mit PageMaker erstellte Seite mit farbigen Elementen kann aber auch auf jedem nicht farbfähigen Drucker ausgedruckt werden. Das Programm interpretiert dazu alle Farbwerte auf der Seite als Grauwerte. Vergleichbar ist dies mit der Schwarzweißfotografie, bei der die Farbigkeit des Motivs vom Schwarzweißfilm in der Kamera in Grauwerte übertragen wird. Der Schwarzweißfilm in einer Kamera überträgt die »Helligkeiten« der Farben in Grautöne. Eine gelbe Blume erscheint heller als eine blaue. Genauso arbeitet auch PageMaker, wenn eine farbige Seite auf einem »monochromen« Drucker, beispielsweise einem Laserdrucker, ausgegeben wird.

Bei der zweiten Möglichkeit von PageMaker, farbige Dokumente auszudrucken, gibt es allerdings einen wesentlichen Unterschied zwischen dem Prinzip der Schwarzweißfotografie und dem des nicht farbigen Ausdrucks mit PageMaker. Bei der sogenannten Volltonfarbseparation wird für jeden auf einer Dokumentseite vorkommenden Farbton eine Auszugsseite gedruckt.

Der richtige und wirkungsvolle Umgang mit Farbe setzt Kenntnis über die Farbtheorien sowie über Darstellungs- und Drucktechniken voraus. Im folgenden Abschnitt wird versucht, einige wichtige Aspekte der Farbverarbeitung kurz zu umreißen.

Da die Ausgabe von Farbe Raster benutzt, um mit wenigen Druckfarben möglichst viele Farben darzustellen, ist die Lektüre des Kapitels über Halbtonverarbeitung und davon besonders der Grundlagenabschnitt empfehlenswert.

Grundlagen

Skalenfarben

Analog zur Methode, viele Grauwerte aus nur einer einzigen Druckfarbe zu erzielen, wird auch beim Farbdruck vorgegangen. Anstelle der einen Druckfarbe benötigt man beim Vierfarbdruck die drei Grundfarben der subtraktiven Farbmischung Cyan, Magenta und Gelb sowie Schwarz zur Verbesserung der Schwärzen (CMGS-System). Im Prinzip ist der Vierfarbdruck nichts anderes als der Druck mit nur einer Druckfarbe, allerdings viermal hintereinander mit vier unterschiedlichen Farben. Das Raster dient hierbei der Bestimmung des Tonwertes (Helligkeit) jeweils einer Grundfarbe.

Da sich Druckfarben jedoch nicht durch das Übereinanderdrucken mischen lassen, wie dies möglich ist, wenn man die noch flüssigen Farben mischen würde, wird auch hierbei das begrenzte Auflösungsvermögen des menschlichen Auges ausgenutzt. Die einzelnen Farben werden wie beim Graustufendruck gerastert gedruckt. Um die farbigen Punkte nicht paßgenau übereinander zu drucken und dadurch den gewünschten Effekt zu verhindern, sind die Raster der einzelnen Farben zueinander gewinkelt. Auch hierbei gilt, je dichter die einzelnen Farbpunkte gedruckt werden können, um so besser ist die Wiedergabe.

Das Vierfarbsystem stellt eine große Palette darstellbarer Farben zur Verfügung. Wenn aber bei einer Grafik neben Schwarz nur eine bis drei weitere Farben (Kontrastfarben) Verwendung finden, hat dieses Farbsystem zuviel Leistung, da von den Millionen von Farben nur vier verwendet werden. Außerdem ist der Vierfarbdruck auch noch mit viel Aufwand und der Einhaltung größter Präzision verbunden. Die vier Raster müssen nämlich hinsichtlich ihrer Frequenz und ihrer Winkelung so zueinander passen, daß keine störenden Moiré-Muster entstehen. Für Arbeiten, die auf nur wenige Farben zurückgreifen, bietet sich die Verwendung von Druckfarben an, die genau den gewünschten Farbtönen entsprechen. Diese Farben werden dann flächig, also ungerastert, gedruckt.

Neben dem Vierfarbsystem unterstützt PageMaker noch zwei weitere Farbskalensysteme: Das RGB-System und das TSD-System. Beide Systeme ergänzen das Vierfarbsystem um zusätzliche Auswahlmöglichkeiten der einzelnen Farbtöne durch Verwendung des jeweils bevorzugten Systems. Während das Vierfarbsystem aus den Grundfarben Cyan, Magenta, Gelb und Schwarz druckorientiert arbeitet, sind die beiden anderen Skalensysteme lediglich zur Auswahl der Farben gedacht. Dem CMGS-System liegt das Prinzip der subtraktiven Farbmischung zugrunde. Durch das Auftragen einer Druckfarbe auf weißes Papier werden aus dem Farbspektrum des reflektierenden Lichtes alle übrigen Farben subtrahiert, so daß nur die aufgetragene Farbe sichtbar bleibt. Werden zwei der Grundfarben des subtraktiven Farbsystems gemischt, entsteht eine Farbe, die mit der letzten Grundfarbe zusammen Schwarz ergibt, so wie auch das Mischen der drei Grundfarben Schwarz ergibt.

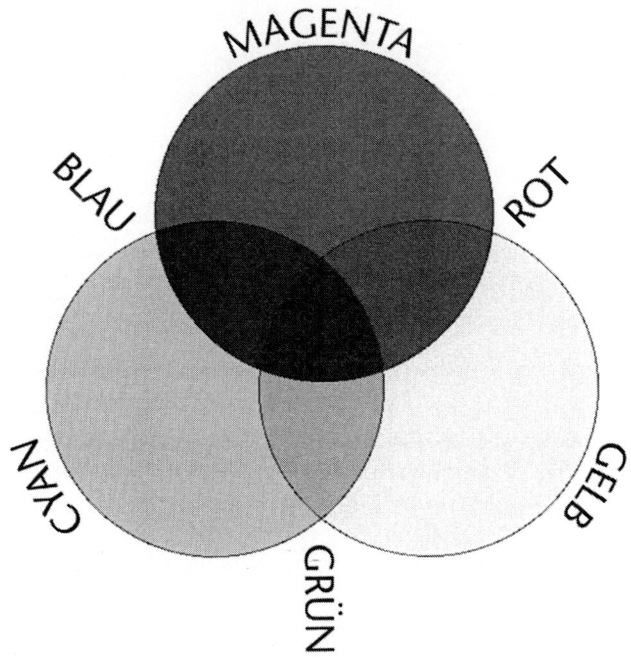

Subtraktive Farbmischung

Anders ist es bei der additiven Farbmischung des Lichtes. Hier sind die Grundfarben Rot, Grün und Blau. Eine Mischung aus diesen drei Grundfarben ergibt Weiß. Während die subtraktive Farbmischung als Modell für den Druck von Farben auf Papier dient, ist das additive

System ein Modell für die Farbmischung aus Licht. Beispielsweise bauen Farbmonitore ihre Farben aus den drei Grundfarben Rot, Grün und Blau auf, was auch zur Bezeichnung RGB-Monitor geführt hat.

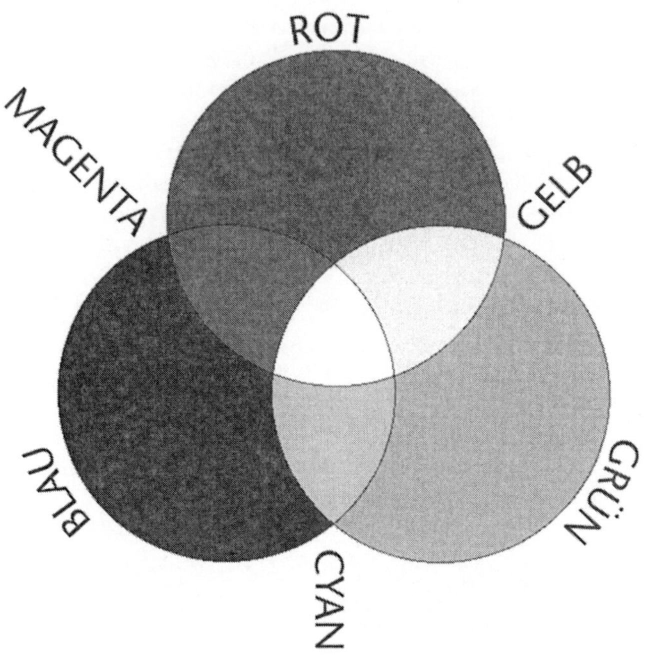

Additive Farbmischung

Schmuckfarben

Die Alternative zum Vierfarbsystem (und den beiden zusätzlichen Skalensystemen) bei der Darstellung nur weniger Farben ist, diese Farben direkt zu drucken, anstatt sie aus den drei Grundfarben zusammenzusetzen. Dazu ist aber ein verläßlicher Standard nötig, um sicherzustellen, daß die gewünschten Farben später auch tatsächlich gedruckt werden. Ein solcher Standard ist beispielsweise das Pantone-Farbsystem. Durch die eindeutige Benennung von Farben innerhalb des Pantone-Systems wird erreicht, daß auf dem gesamten Produktionsweg einer Druckseite - vom Layouter bis zum Drucker - die Verwendung der Farben eindeutig und stets nachvollziehbar ist. Als Referenz dienen Farbreferenzkarten von Pantone.

Separation

Zum Drucken farbiger Grafiken wird für jede verwendete Farbe eine eigene Druckvorlage benötigt, also beispielsweise vier beim Vierfarbdruck. Diese Druckvorlage bestimmt, an welchen Stellen beim Druck Farbe in welcher Intensität aufgetragen werden soll. Das Anfertigen dieser Farbauszüge aus den im Programm beliebig kombinierten Objekten heißt Farbseparation: für jede Farbe wird ein separater Auszug, ein Farbauszug, ausgegeben.

Die folgende Doppelseite zeigt auf der linken Seite eine farbige Vorlage, die nicht farbig gedruckt wurde und auf der rechten Seite vier Farbauszüge dieser Vorlage.

PageMaker kann nur sogenannte Volltonauszüge drucken. Volltonauszüge drucken die Farben nicht aufgeteilt nach den Grundfarbenkomponenten, sondern nach den überhaupt vorkommenden Farbtönen. Das Ergebnis der Vierfarbseparation sind immer vier Auszüge in den Farben Cyan, Magenta, Gelb und Schwarz. Das Ergebnis einer Separation des Beispiels mit PageMaker wären sieben unterschiedliche Auszüge, für jede der verwendeten Farben einen und einen für Schwarz. Die Seite nach der Doppelseite zeigt diese sieben Farbauszüge.

»Warum kann PageMaker überhaupt Prozeßfarben verwenden, wenn sie sich nicht separieren lassen?«, so könnte gefragt werden. Aldus bietet jedoch für PageMaker ein Zusatzprogramm an, mit dem sich PageMaker-Dokumente separieren lassen: Aldus PrePrint. Diesem Programm ist innerhalb dieses Kapitels ein eigener Abschnitt gewidmet, in dem die Zusammenarbeit zwischen PrePrint und PageMaker vorgestellt wird.

PageMaker und Farbe

PageMaker unterstützt grundsätzlich die im vorangegangenen Kapitel vorgestellten Farbsysteme. Während programmintern völlig unabhängig mit allen erdenklichen Farbtönen gearbeitet werden kann, ist die Anzeige der Farben auf dem Bildschirm und auch der direkte Ausdruck farbiger Grafiken an bestimmte Hardware gebunden. Dieses Konzept gestattet es dem Anwender von PageMaker, sein Computersystem anwendungsbezogen einzurichten. Wenn das Programm lediglich für Schwarzweiß-Entwürfe eingesetzt werden soll, ist für den Bildschirm ein hochauflösender Graustufenmonitor möglicherweise sinnvoller als ein Farbmonitor. Anders der Präsentationsgrafiker in einer Firma, der PageMaker einsetzt, um Informationsmaterial für den Vorstand oder für Konferenzen mit Kunden zu erstellen: Er wird ohne Farbmonitor und farbfähigen Drucker kaum auskommen.

Entscheidend ist, daß PageMaker alle Voraussetzungen erfüllt, farbige Entwürfe zu realisieren. Auf welche Weise der Anwender ein Projekt letztendlich realisiert, hängt teils von persönlichen Vorlieben ab, teils von der geforderten Qualität. Sicher ist: die Farbverarbeitung mit Personal Computern erlebt ihren ersten Aufschwung, der nicht mehr aufzuhalten ist. Aber High-end-Qualität, die auch den kritischsten Fachmann aus dem klassischen Lithographie-Bereich überzeugt, ist derzeit noch eine Wunschvorstellung von Entwicklern und Anwendern gleichermaßen. Die Annäherung an die Qualität herkömmlicher Verfahren schreitet jedoch kontinuierlich fort, so daß in absehbarer Zeit mit einem Gleichstand gerechnet werden kann.

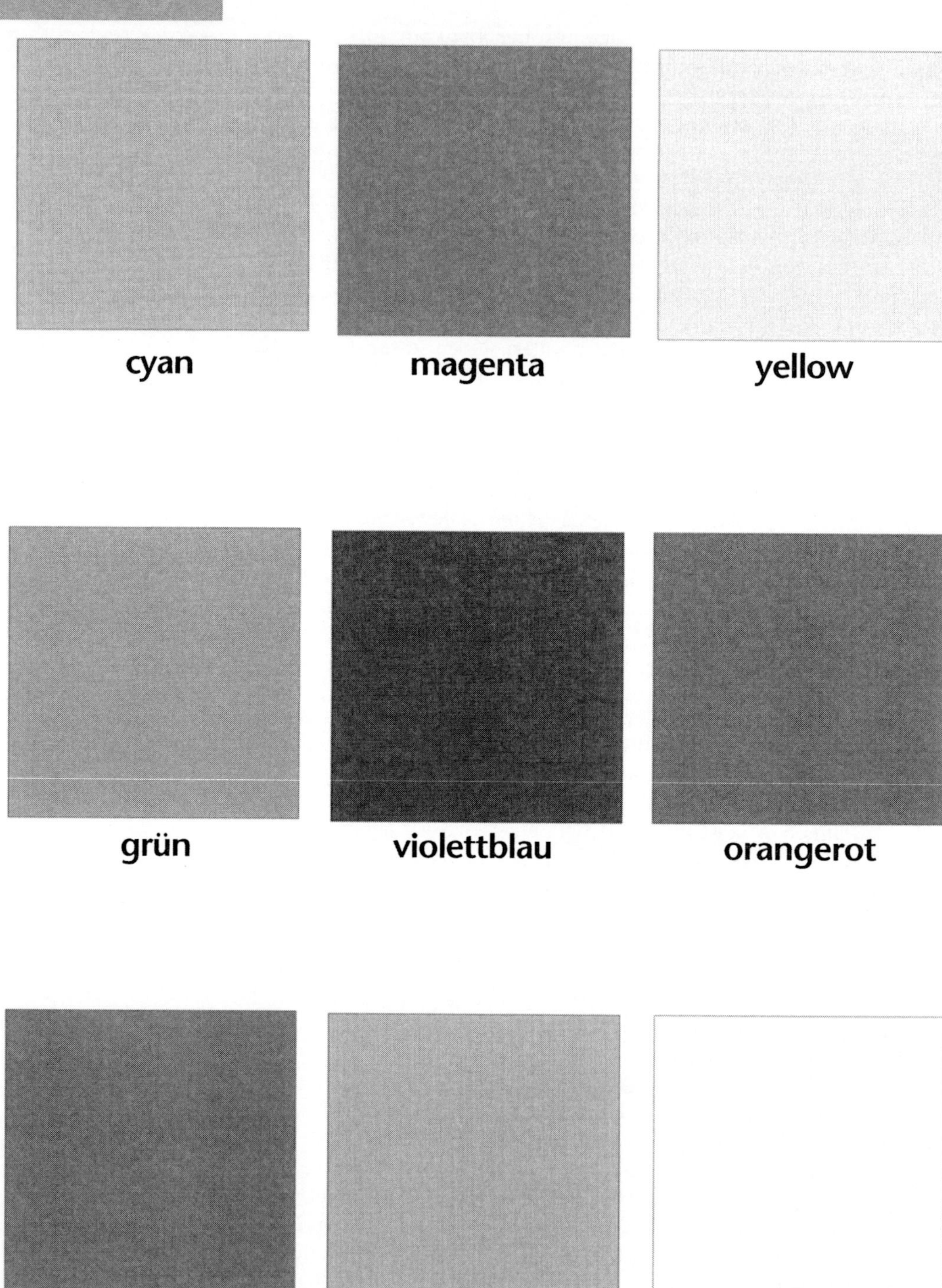
cyan
magenta
yellow
grün
violettblau
orangerot
80%
60%
20%

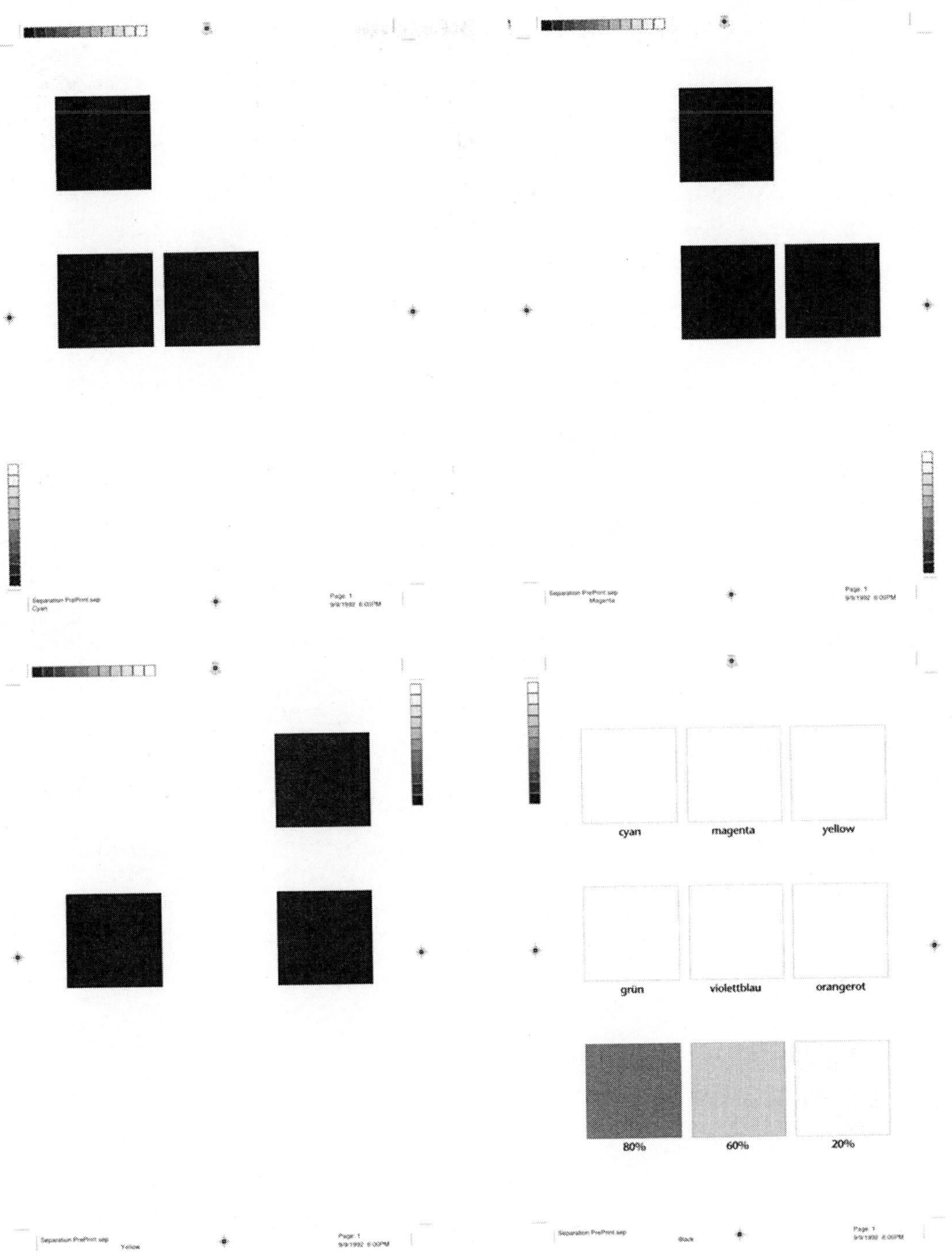
cyan
magenta
yellow
grün
violettblau
orangerot
80%
60%
20%

Farbauszug cyan

Farbauszug magenta

Farbauszug yellow

Farbauszug grün

Farbauszug violettblau

Farbauszug orangerot

Farbauszug schwarz

Farbauswahl

Die Farbauswahl wird ausschließlich über die Farbpalette von PageMaker aus dem Farbpalettenfenster abgewickelt. Alle darin aufgelisteten Farben können für Text, für Linien und Flächen sowie auch für monochrome Pixelgrafiken ausgewählt werden.

Zum Vergeben einer Farbe an ein Element wird es markiert und anschließend einer der Farbtöne aus der Farbpalette mit dem Mauszeiger angeklickt. Wird für ein Element eine Farbe benötigt, die in der Palette nicht verfügbar ist, kann sie mit dem Befehl *Farben definieren* aus dem Menü *Einstellung* der Palette hinzugefügt werden.

Das Fenster der Farbpalette ist auf dem Bildschirm frei verschiebbar. Außerdem kann es in Größe und Proportion geändert werden. Beispielsweise kann es, wenn zahlreiche Farben in die Palette neu aufgenommen worden sind, in seiner vertikalen Ausdehnung vergrößert werden, so daß alle Farben der Palette sichtbar sind. Erscheinen in der Farbpalette mehr Farben, als mit der aktuellen Fenstergröße darstellbar sind, zeigt das Programm automatisch einen Rollbalken an, mit dem sich der sichtbare Ausschnitt der Farben verschieben läßt.

Die Standard-Farbpalette von PageMaker

Fenster der Farbpalette mit Rollbalken in Standardgröße ...

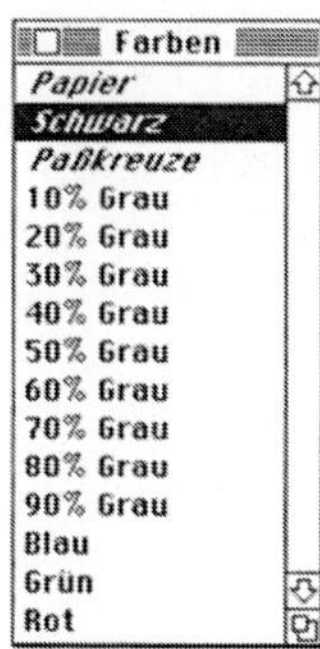

... und mit geänderter Größe

Eigene Farben definieren

PageMaker ist auch unabhängig von der Grafikkarte und dem Bildschirm voll farbfähig. Alle Farben können in allen Hardware-Konfigurationen genutzt werden. Einschränkungen bestehen lediglich bei der Anzeige der Farben auf dem Bildschirm.

Die Auswahl der Farben wird über die Farbpalette abgewickelt, die als Farbpalettenfenster optional auf dem Bildschirm angezeigt werden kann. Die darin auswählbaren Farben lassen sich mit dem Befehl *Farben definieren* aus dem Menü *Einstellung* individuell erweitern bzw. anpassen.

Erweitern der Farbpalette

PageMaker stellt in seiner Standard-Farbpalette die Farben Papier, Schwarz, Paßkreuze, Blau, Grün und Rot zur Verfügung. Diese Palette kann beliebig mit individuell definierten Farben erweitert werden. Nach Aufruf des Befehls *Farben definieren* aus dem Menü *Einstellung* erscheint ein Dialogfeld auf dem Bildschirm, von dem aus die gesamte Neudefinition von Farben gesteuert wird.

Nach Anklicken des Feldes *Neu...* erscheint das Dialogfeld *Farben bearbeiten*. Darin muß für eine neue Farbe zunächst ein Name im Namensfeld angegeben werden. Für die eigentliche Farbdefinition kann eines von drei Farbsystemen ausgewählt werden. Das RGB-System legt die Grundfarben Rot, Grün und Blau zugrunde. Das TSD-System baut auf den Farbparametern Farbton, Dunkelstufe und Sättigung auf. Und schließlich sind für die Definition im CMGS-System die Grundfarben Cyan, Magenta, Gelb und Schwarz bestimmend.

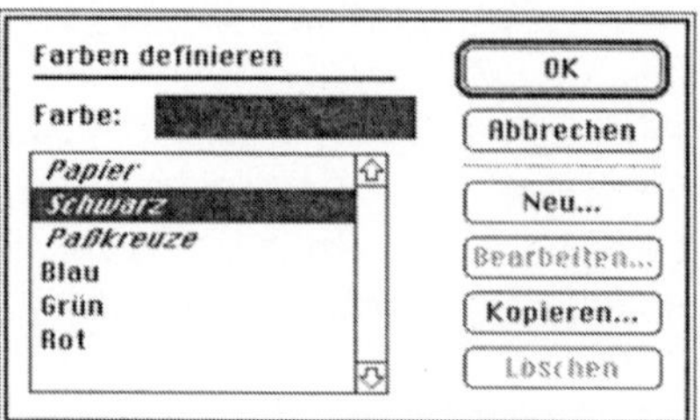

Das Dialogfeld ***Farben definieren***

RGB		
Rot:	0	%
Grün:	0	%
Blau:	0	%

TSD		
Farbton:	0	°
Dunkelstufe:	0	%
Sättigung:	0	%

CMGS		
Cyan:	100	%
Magenta:	100	%
Gelb:	100	%
Schwarz:	0	%

Die Farbparameter der unterschiedlichen Skalenfarbsysteme

Für die Definition eines neuen Farbwertes sind drei oder vier Werte einzustellen, die jeweils die Dichte der Farbanteile für die Grundfarben Rot, Grün und Blau bzw. Cyan, Magenta, Gelb und Schwarz angeben. Die Farbdichte ist ein Wert zwischen 0% und 100%. Ein Anteil von 0% bedeutet, daß die entsprechende Grundfarbe überhaupt keinen Anteil an der definierten Farbe hat. Ein Anteil von 100% führt zu einer vollflächigen Farbgebung. Die Einstellungen für das TSD-System erfordern als ersten Wert einen Winkel zwischen 0 und 359 Grad auf dem TSD-Farbkreis. Die Werte für die Dunkelstufe und die Sättigung werden ebenfalls in Prozent angegeben.

Für das Einstellen eines gewünschten Farbtons ist entweder ein großes Maß an Erfahrung und Gefühl nötig, oder die Farbtöne werden nach Auswahl aus einer Farbreferenzkarte eingestellt. Zu jedem Farbton sind darin die Farbanteile angegeben, die dann in das Dialogfeld übertragen werden können. Das Dialogfeld *Apple Farbkreis*, das durch Auswahl des Feldes *Bearbeiten* im Dialogfeld *Farben definieren* bei gedrückter Umschalttaste aufgerufen wird, bietet eine weitere Möglichkeit, die gewünschte Farbe auszusuchen.

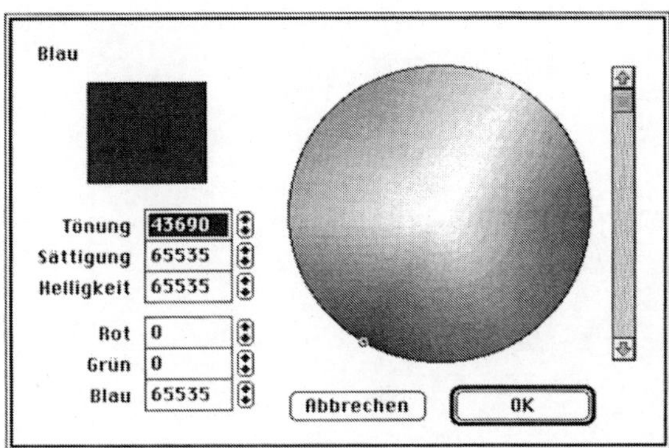

Das Dialogfeld ***Apple Farbkreis***

Farben im RGB- und TSD-System

Gewöhnlich wird der Anwender die Farbauswahl für Prozeßfarben im CMGS-System und für Schmuckfarben nach dem Pantone-System vornehmen. Dies garantiert ihm eine ausreichende Kontrolle über die Farben, die nach Belichtung und Druck zu erwarten sind.

Es sind aber Fälle denkbar, in denen der Anwender eine Farbe verwenden will, deren Anteile für Cyan, Magenta, Gelb und Schwarz ihm unbekannt sind. Statt dessen kennt er möglicherweise die Farbanteile im RGB-System. PageMaker ermöglicht dann die Farbauswahl nach diesem System. Dazu kann im Dialogfeld *Farben bearbeiten* das Farbsystem RGB eingestellt und anschließend die Anteile für Rot, Grün und Blau angegeben werden. Interessant hierbei ist, daß die Farbe nun nicht wirklich im RGB-System definiert ist. Vielmehr verwendet PageMaker einen Konvertieralgorithmus zum Übertragen der RGB-Werte in CMGS-Werte. Diese konvertierten Werte sind dann bei einer (externen) Farbseparation die relevanten Werte. Daran wird deutlich, daß die beiden Skalen-Systeme RGB und TSD mehr als eine Farbauswahlhilfe anzusehen sind.

Die CMGS-Werte, die PageMaker aus einer Kombination von Rot-, Grün- und Blau-Werten bzw. aus den Werten für Farbton, Dunkelstufe und Sättigung (beim TSD-System) berechnet, sind auch schon vor einer Separation überprüfbar. Wenn nach der Eingabe der Werte in einem der Farbsysteme zu einem anderen gewechselt wird, zeigt das Programm die entsprechenden Anteile an.

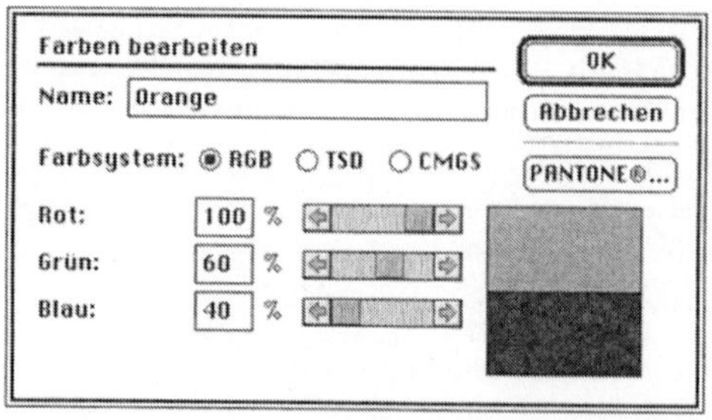

Eine Farbe ist als RGB-Wert definiert

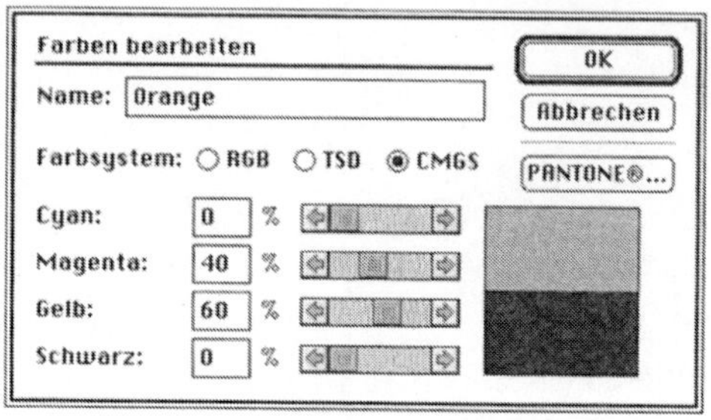

Nach dem Umschalten zeigen sich die CMGS-Anteile

Achtung: Die Farbanteile nach der Konvertierung ins Vierfarbsystem sind Näherungswerte, denn es gibt keine völlige Übereinstimmung von Farbtönen in den einzelnen Systemen. Die genaue Kenntnis über die Farbanteile von Cyan, Magenta, Gelb und Schwarz einer bestimmten Farbe sind also für die unproblematische Farbverarbeitung wichtig. Die Angabe von Farbwerten innerhalb der anderen Systeme ist als Lösung für Sonderfälle anzusehen.

Beispiel

Ein ausgemachter Schokoladenfan möchte seine Lieblingsfarbe auch innerhalb seiner Entwürfe verwenden. Die dazu nötige Farbe, die auch das Fell des Werbeträgers der Schokoladenfirma ziert (Gattung: Bos primigenius taurus, auch Hausrind) und so gar nicht mit dem saftigen Alpengrün seines Hauptnahrungsmittels harmonieren will, ist im CMGS-System mit einem Cyan-Anteil von 55% und einem Magenta-Anteil von ebenfalls 55% definiert. Diese Werte lassen sich zusammen mit einem passenden Farbnamen im Dialogfeld *Farben bearbeiten* einstellen. Im Farbfeld wird dabei schon die entstehende Farbe angezeigt.

Achtung: Seien Sie nicht enttäuscht, wenn das, was Sie auf Ihrem Farbbildschirm sehen, nicht der Farbe entspricht, die Sie erwartet haben. Zahlreiche Faktoren beeinflussen den auf dem Bildschirm dargestellten Farbton, so daß auf nicht kalibrierbaren Monitoren nicht mit einem zufriedenstellenden Ergebnis gerechnet werden kann.

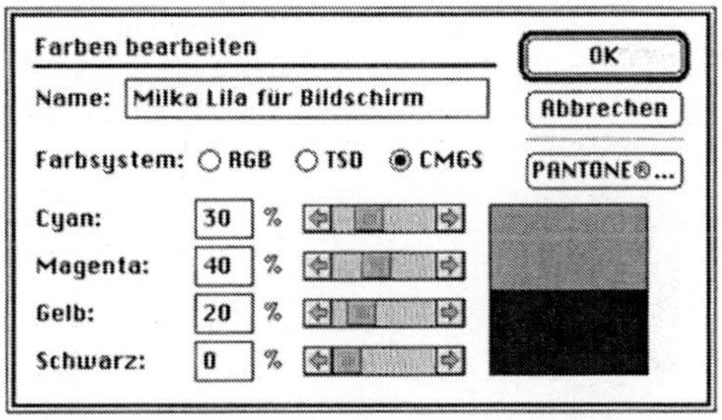

Farbdefinition im Dialogfeld ***Farben bearbeiten***

Ändern der Farbpalette

Das Ändern der Farbpalette ist eigentlich nur nötig, wenn ein Farbwert nur leicht korrigiert oder wenn der Name einer Farbe geändert werden soll. Ausgangspunkt für das Ändern von Farben ist die Schaltfläche *Bearbeiten* im Dialogfeld *Farben definieren*. Sie ist nur auswählbar, wenn in der nebenstehenden Farbliste eine Farbe markiert ist, die sich ändern läßt. Alle festen Standardfarben (in eckige Klammern eingeschlossen) lassen sich nicht ändern. Sie sind Bestandteil jeder möglichen Farbpalette von PageMaker. Alle übrigen Farben der Palette lassen sich hinsichtlich ihres Namens oder ihrer Farbanteile ändern.

Beispiel

Der Schokoladenfreund aus dem letzten Beispiel möchte nun seine favorisierte Farbe lieber so definieren, daß sie in der Bildschirmdarstellung möglichst naturgetreu erscheint. Da er von der externen Vierfarbseparation ohnehin keinen Gebrauch machen möchte und nur die Volltonfarbauszüge von PageMaker anwendet, kann er die Farbe durch modifizierte Farbanteile auch unbesorgt ändern.

Nach Auswahl der gewünschten Farbbezeichnung im Dialogfeld *Farbe definieren*, kann über die Bearbeiten-Schaltfläche zum Dialogfeld *Farbe bearbeiten* verzweigt werden. Darin erscheint im Namensfeld gleich der richtige Farbname. Die Werte lassen sich nun auf einen Cyan-Wert von 30%, einen Magenta-Wert von 40% und auf einen Gelb-Wert von 20% einstellen. Im Farbfeld wird sogleich erkennbar, daß die neu definierte Farbe in der Bildschirmdarstellung das Original wesentlich besser trifft.

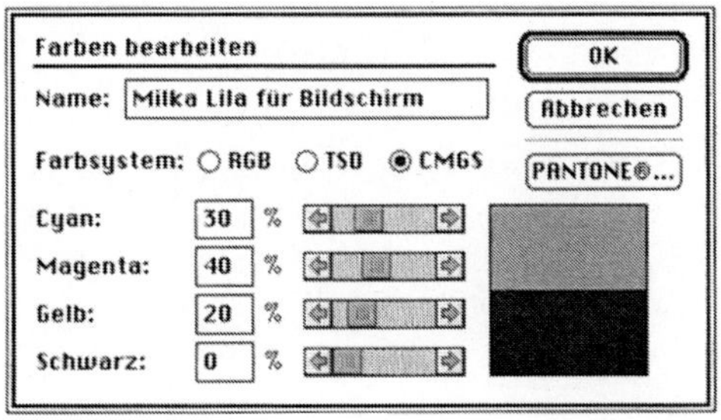

Farbdefinition im Dialogfeld ***Farben bearbeiten*** *für die Anzeige auf dem Bildschirm*

Achtung: Die hier genannten Werte erzeugten auf der Bildschirmkonfiguration des Autors einen zufriedenstellenden Farbton. Bei anderen Bildschirmen brauchen diese Farbwerte nicht unbedingt zum gewünschten Ergebnis zu führen.

Kopieren von Farben

Alternativ zum Neudefinieren von Farben lassen sich auch Farbdefinitionen aus anderen Satzdateien kopieren. Dazu dient das Dialogfeld *Farben kopieren*, das über das Feld *Kopieren* innerhalb des Dialogfeldes *Farben definieren* geöffnet wird. Hier wird die Satzdatei bzw. die Mustervorlage ausgewählt, deren Farben in die aktuelle Satzdatei kopiert werden sollen. Wenn darin gleichnamige Farbbezeichnungen enthalten sind, erscheint eine Abfrage, ob die aktuellen Farben von den kopierten überschrieben werden sollen.

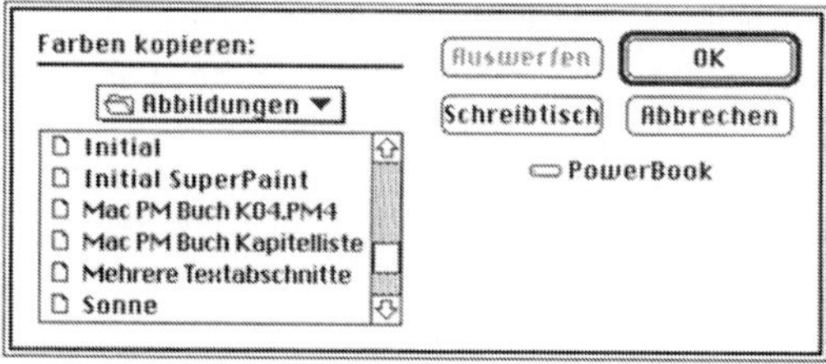

Das Dialogfeld
Farben kopieren

Verwenden von Pantone-Farben

Die Farben nach dem Pantone-Standard ermöglichen, bestimmte Farbtöne innerhalb von Dokumenten zu verwenden. Das Pantone-Farbsystem eignet sich besonders für Entwürfe mit nur wenigen unterschiedlichen Farben. Anwendungen im Bereich von CD (Corporate Design) bzw. CI (Corporate Identity) können beispielsweise mit dieser Farbmethode gut gelöst werden, wenn etwa ein Firmenzeichen auf einem Briefbogen eine Farbe erfordert, die unter dem Pantone-Standard verfügbar ist.

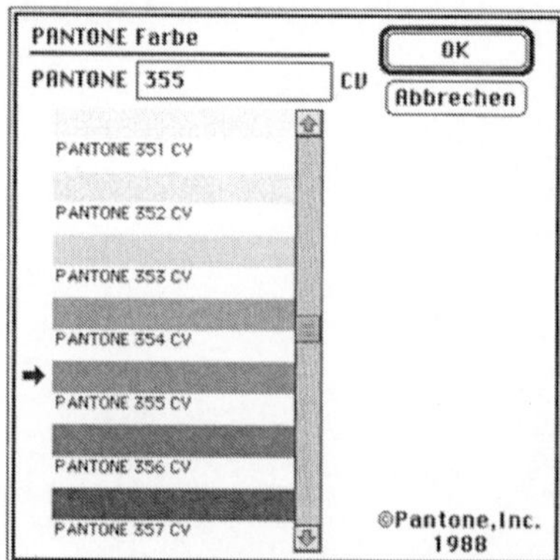

Das Dialogfeld
Pantone Farbe

Die Auswahl von Pantone-Farben zum Aufnehmen in die Farbpalette wird ebenfalls im Dialogfeld *Farben bearbeiten* vorgenommen. Nach Anklicken des Feldes *Pantone...* wird zu einem Dialogfeld verzweigt, das ausschließlich der Auswahl der zur Verfügung stehenden Pantone-Farben dient.

Die Auswahl der Farben wird nicht durch Angabe von Farbparametern vorgenommen, wie dies beim Einstellen von Skalenfarben der Fall war. Im Pantone-Farbsystem hat jede Farbe einen Namen, über den auf die entsprechende Farbe zugegriffen werden kann. Alle verfügbaren Farben sind in Form einer Liste auswählbar, die mit Rollbalken verschoben werden kann, so daß nach und nach alle Farben erscheinen. Der Name der ausgewählten Farbe wird im Namensfeld angezeigt. Außerdem kann direkt ein Name in das Namensfeld eingegeben werden. PageMaker sucht dann die Farbe aus der Liste, die dem eingegebenen Namen am ehesten entspricht. Oberhalb jedes Namens in der Namensliste erscheint die Farbe angezeigt, so daß zumindest Anwender mit geeignetem Bildschirm die Farben auch direkt bei der Auswahl beurteilen können.

Für das Einstellen eines gewünschten Farbtons ist das Farbreferenz-Handbuch von Pantone nötig, denn die auf einem Farbbildschirm angezeigten Farbtöne entsprechen nur grob den Pantone-Farbtönen. Zu jedem Pantone-Farbton sind darin die Farbnamen bzw. die Farbnummern angegeben, die dann in das Dialogfeld übertragen werden können.

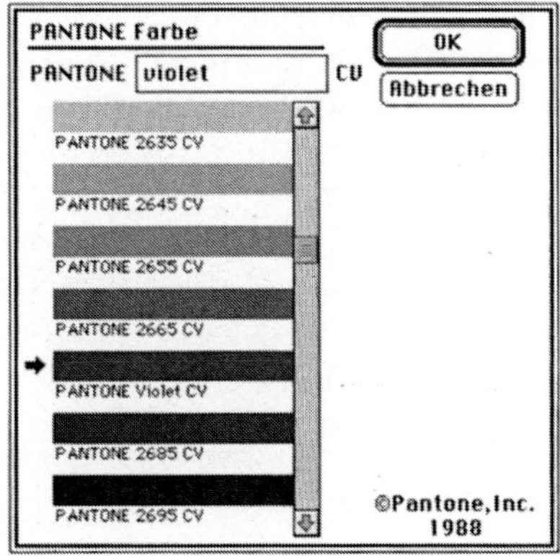

Eintrag ins Namensfeld sucht die gewünschte Farbe

Pantone Farbreferenz-Handbuch
Pantone Farbreferenzen sind über Druckereien, Belichtungsfirmen, über Zeichenbedarfsgeschäfte und natürlich über Pantone direkt erhältlich. Für den Umgang mit Pantone-Farben ist der Gebrauch eines solchen Handbuchs unerläßlich.

Farbauszüge

PageMaker kann die Farben innerhalb eines Dokumentes als Volltonauszüge drucken. Mit externen Programmen lassen sich auch PageMaker-Dokumente nach den Prozeßgrundfarben Cyan, Magenta, Gelb und Schwarz separieren. Und mit einer dritten Möglichkeit lassen sich mit geeigneten Druckertreibern farbige Dias belichten, die dann konventionell separiert werden können.

Volltonauszüge

Die Ausgabe von Volltonauszügen bedeutet, daß beim Drucken (oder Belichten) für jede auf einer Seite verwendete Farbe eine Auszugsseite gedruckt wird. Dabei wird für jeden verwendeten Farbnamen ein Auszug gedruckt. PageMaker interessiert sich also nicht für den Aufbau der verwendeten Farben und separiert nach den Grundfarben, sondern es wird einzig nach den vorkommenden Farbnamen separiert.

PostScript hat ohnehin einige Schwierigkeiten bei der Einhaltung von Rasterwinkeln und Rasterweiten, die sich bei der Vierfarbseparation teilweise recht negativ als deutlich sichtbares Moiré-Muster auswirken. Mit der Separation nach Volltonfarben wird jedes Risiko umgangen, und die Aufrasterung der Farben kann einem lithographischen Fachbetrieb überlassen werden, der die geforderte Qualität garantiert einhalten kann.

Um beispielsweise eine farbige Fläche zu drucken, wird die Fläche als 100%-Fläche belichtet, was automatisch durch einen entsprechenden Volltonauszug geschieht. Diese Vorlage wird dann herkömmlich lithographisch gerastert. Wichtig ist bei diesem Verfahren eine genaue Absprache mit der Litho-Anstalt. Für alle Flächen einer Farbe müssen die Farbanteile genau angegeben werden.

Die Ausgabe von Farbauszügen wird im Dialogfeld *Aldus Druckoptionen* veranlaßt, das über das Feld *Optionen* im Dialogfeld *Drucken* geöffnet wird. Unter *Volltonfarbauszüge* kann bestimmt werden, ob Auszüge, und wenn ja, für welche Farben Auszüge gedruckt werden sollen. Die Standardeinstellung für Volltonauszüge ist, daß alle Farben gedruckt werden sollen. In der Farbliste kann aber auch jede beliebige andere Farbe aus der aktuell definierten Farbpalette ausgewählt werden.

Im Dialogfeld *Aldus Druckoptionen* ist eine weitere Option im Zusammenhang mit Farbauszügen von Bedeutung: die Option *Aussparungen*. Sie verhindert das Überdrucken verschiedener Farben übereinanderliegender Objekte.

Für die Abbildung auf der folgenden Seite wurden die beiden oberen Volltonfarbauszüge mit der Option *Aussparungen* erstellt, während bei den beiden unteren die Option *Aussparungen* ausgeschaltet war, also überdruckt wird.

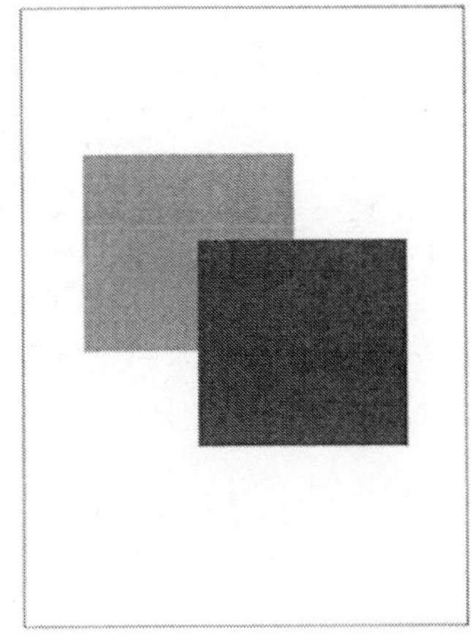

Das farbige Page-Maker-Dokument (Quadrat im Hintergrund: gelb, Quadrat im Vordergrund: blau)

Farbauszug gelb

Farbauszug blau

Volltonfarbauszüge mit Aussparungen

Farbauszug gelb

Farbauszug blau

Volltonfarbauszüge ohne Aussparungen

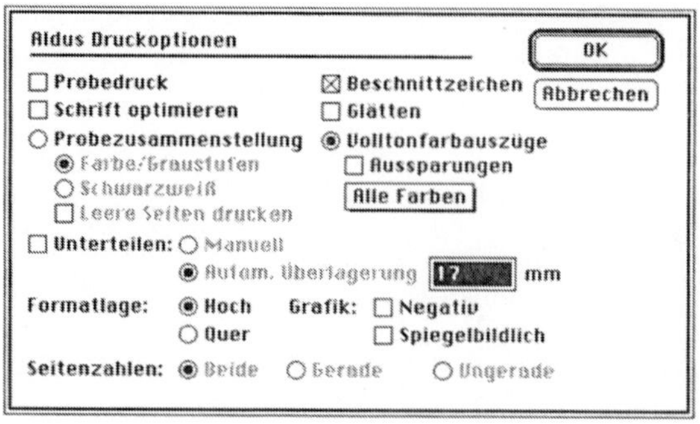

Dialogfeld ***Aldus Druckoptionen***

Eine mögliche Anwendung des Überdruckens ist die Farbmischung während des Druckvorgangs. Bestimmte Farbeffekte lassen sich einfacher bzw. überhaupt erst realisieren, wenn eine Farbmischung von Druckfarben während des Druckvorganges stattfindet.
Anwendungen für das Überdrucken von Farben finden sich überall dort, wo unterschiedlich gefärbte Objekte sich überlagern und die Überlagerungszonen eine Mischfarbe zwischen den Objektfarben tragen soll. Das ganze wirkt dann ähnlich wie eine Überlagerung von unterschiedlich gefärbten Glasscheiben. In der Regel soll aber genau dieser Effekt vermieden werden. Und dies läßt sich auch einfach vermeiden, in dem beim Ausdruck von Auszügen die Option *Aussparungen* aktiviert wird.

Achtung: Bei Verwendung von Pantone-Farben ist unbedingt zu klären, ob die Druckerei in der Lage ist, mit diesen Farben zu drucken. In Deutschland (wie überhaupt in Europa) verwenden die Druckereien meist Farben nach dem HKS-Standard, der völlig inkompatibel mit dem Pantone-Standard ist.

Grafiken bei Volltonauszügen

PageMaker kann auch farbige Grafiken innerhalb seiner Dokumente verarbeiten. Was passiert mit Grafiken beim Ausdrucken von Auszügen? Bei monochromen Grafiken ist das ganz einfach. Sie erscheinen auf dem Farbauszug für Schwarz. Wenn monochromen Bitmapgrafiken allerdings innerhalb von PageMaker eine Farbe zugeordnet worden ist, erscheinen sie nur im Auszug der entsprechenden Farbe. Alle mehrfarbigen Grafiken erscheinen in sämtlichen Auszügen. Gegen dieses etwas merkwürdige Verhalten läßt sich nur mit einigem Aufwand etwas unternehmen. Wenn die Ausgabe der Grafiken auf allen Auszügen unerwünscht ist, können beispielsweise vor der Ausgabe der Auszüge alle Grafiken von weißen Rechtecken abgedeckt werden. Für den letzten Auszug mit den Grafiken ließen sich dann alle übrigen Objekte abdecken. Auf diese Weise entstehen für jede Farbe ein Auszug und ein zusätzlicher für alle Grafiken einer Seite.

Ausgabe auf einen Diabelichter

Eine weitere Alternative zum Umgehen der Schwierigkeiten im Rahmen der Farbverarbeitung mit PageMaker ist die Ausgabe auf einen Diabelichter. Viele DTP-Center und Belichtungsstudios bieten mittlerweile die Diabelichtung als Dienstleistung an. Die derzeit eingesetzten Geräte arbeiten im Kleinbildformat (24 x 36 mm) oder im Format 6 mal 9 (56 x 87 mm). Die erreichbare Auflösung in beiden Formaten reicht bis 2000 Linien bzw. bei neueren Geräten bis 4000 Linien pro Inch. Damit dürfte bereits nahe an die Auflösung des zur Verfügung stehenden Filmmaterials, Dia-Positivfilme, vorgestoßen sein. Die Auflösung von Farbfilmmaterial liegt nämlich weit unter der von Strichfilmen, wie sie in Filmrekordern eingesetzt werden.

Das Dia aus dem Diabelichter ist durchaus vergleichbar mit einem herkömmlich entstandenen Dia - auch im Hinblick auf die Druckvorbereitung, denn das Dia aus dem Diabelichter kann ebenfalls als Vorlage für die herkömmliche Druckvorlagenerstellung dienen. Die kritische Arbeit der Farbtrennung wird hierbei wieder den Profis überlassen. Und wenn dabei durch unkorrekte Rasterwinkel Moiré-Effekte zu Tage treten, dann kann man dafür den Lithographen verantwortlich machen. Das fast unkalkulierbare Risiko, das mit der Vierfarbseparation unter PostScript verbunden ist, wird reduziert auf das geringe und jederzeit korrigierfähige Risiko der traditionellen Verarbeitungstechnik. Anfragen bei Belichtungsstudios, ob Diabelichtungen in Auftrag gegeben werden können und was dabei alles beachtet werden sollte, werden eigentlich immer kompetent beantwortet. Auch Ergebnisse bereits abgeschlossener Arbeiten werden dem zukünftigen Kunden gerne gezeigt.

Neben der Anwendung der Diabelichtungen für die Druckvorlagenerstellung bietet sich dieses Verfahren auch für Präsentationen an. Präsentationsgrafiken sind dann in höchster Qualität innerhalb einer Diashow projizierbar. Wenn dabei im Kleinbildformat und mit niedriger Auflösung gearbeitet wird, ist diese Anwendung der Diabelichtung auch preislich eine konkurrenzfähige Lösung.

Farbe anders genutzt: Layer

Die Fähigkeit von PageMaker, für unterschiedliche Farben innerhalb eines Dokumentes je einen Auszug zu drucken, legt nahe, diese Eigenschaft noch anders zu nutzen.

Die unterschiedlichen Farben auf einer Seite stellen bei der separierten Ausgabe eine Art Ebene dar, deren Objekte eine gemeinsame Eigenschaft haben. Im Falle der Farbauszüge ist diese gemeinsame Eigenschaft die Farbe. Aber natürlich läßt sich nach entsprechender Planung auch eine andere gemeinsame Eigenschaft festlegen. In technischen Entwürfen ist es üblich, einen Plan auf mehreren transparenten Blättern so zu zeichnen, daß auf jedem Blatt nur Elemente einer bestimmten Art gezeichnet werden. Beim Übereinanderlegen aller Blätter wird die Gesamtkonzeption sichtbar. Bei einem Architekturentwurf werden beispielsweise die Wände auf einem Blatt gezeichnet, auf einem anderen das Wasserleitungsnetz in den Wänden und auf einem dritten das elektrische Installationsnetz. Wenn eine Änderung am Konzept der Wasserleitungen nötig ist, braucht diese Änderung nur an einem Blatt vorgenommen zu werden. Diese Technik, auf mehreren Zeichenebenen zu arbeiten, wird Layer-Technik genannt.

PageMaker als Layoutprogramm bietet diese Layer-Technik natürlich nicht. Doch mit der Farbseparation besteht wenigstens beim Ausdruck die Möglichkeit, bestimmte Aspekte einer Dokumentseite auf einer Seite auszudrucken und andere Aspekte auf anderen Seiten. Jede Farbe entspricht somit einer Zeichenebene, einem Layer.

Diese Anwendung ist besonders interessant im Bereich der Präsentation. Wenn z.B. innerhalb eines Vortrags ein komplizierter Vorgang anhand von Diagrammen zugänglich gemacht werden soll, kann das Diagramm vom Vortragenden Schritt für Schritt durch Übereinanderlegen von mit PageMaker erzeugten Folien entwickelt werden. Die erste Folie enthält die Grundstruktur des Diagramms, weitere Folien enthalten auf bestimmte Aspekte bezogene Ergänzungen, Tabellen oder andere grafische Darstellungen.

Tip: Elemente auf allen Auszugsseiten drucken

Eine der Standardfarben von PageMaker ist im Hinblick auf die Farbseparation besonders interessant. Die Farbe Paßkreuze ist eine Farbe, die auf allen Farbauszugsseiten gedruckt wird, unabhängig davon, für welche Farbe der Auszug angefertigt wird. Intern benutzt PageMaker diese Farbe für die Paßkreuze, die für die spätere Aufbereitung der Druckvorlagen zum endgültigen Druck benötigt werden.

Diese Eigenschaft läßt sich auch anders verwerten. Wenn Sie beispielsweise viele Belichtungen ausführen lassen, ist es sinnvoll, daß Sie Ihre Filme während der Belichtung so kennzeichnen lassen, daß Ihr Name (oder Ihr Firmenzeichen), der Dokumentname, eventuell auch der Name des Auftraggebers und das Datum auf jedem Auszug erscheint. Dies darf natürlich nicht innerhalb der Seitenränder vorgenommen werden. Aber außerhalb der Seitenränder im Bereich der Beschnittzeichen ist genügend Platz vorhanden. Die Beschnittzeichen, die optional für den Ausdruck aktiviert werden können, dehnen sich etwa bis etwa 23 Millimeter unterhalb des Seitenrandes aus. Dieser Bereich ist über die volle Breite für besondere Angaben nutzbar.

Dies allerdings nur, wenn ein Trick angewendet wird. Denn PageMaker druckt nur die Elemente aus, die innerhalb der Seitengrenzen positioniert sind. Und gerade dies ist normalerweise nicht der Fall, wenn ein Element unterhalb des Seitenrandes positioniert sein soll. Wenn jedoch beispielsweise für ein Textobjekt eine unsichtbare Absatzlinie oberhalb des Absatzes in einem großzügig bemessenen Linienabstand definiert wird, ist das Objekt noch auf der Seite positioniert, der druckbare Bereich befindet sich jedoch schon außerhalb der

Seitengrenzen. Auf dieselbe Weise lassen sich auch kleine Grafiken außerhalb der Seitengrenzen drucken. Sie brauchen lediglich als eine in einen Textblock eingebundene Grafik importiert zu werden. Wichtig ist dabei, daß der Text und die (monochrome) Grafik die Farbe Paßkreuze erhalten, da sie ansonsten nur auf einer Auszugsseite erscheinen würden.

Zusatzinformationen außerhalb der Seitenbegrenzungen

Farbseparation mit Aldus PrePrint

Daß allein mit PageMaker keine Vierfarbauszüge angefertigt werden können, ist im Hinblick auf den Werdegang des Programms verständlich. Als die erste Version von PageMaker 1985 erschien, konnten auch die Entwickler bei Aldus mit dem technischen Fortschritt der darauf folgenden Jahre kaum rechnen. Die Möglichkeit zur Farbseparation nach Prozeßfarben durch eine externe Applikation wie PrePrint ist ein für die meisten Anwender sinnvolles Konzept. Auf diese Weise braucht die Separationsmöglichkeit nur von den Anwendern »gekauft« zu werden, die sie wirklich benötigen. Außerdem ist die Update-Schiene des Separationsprogramms unabhängig von der Layout-Software, was im Hinblick auf die Innovationen im Bereich Belichtertechnologie ebenfalls sinnvoll erscheint. Dem neuen modularen Konzept von PageMaker 4.2 ist also durch PrePrint ebenfalls Rechnung getragen worden.

PrePrint ist hervorragend auf die Zusammenarbeit mit PageMaker abgestimmt. Prinzipiell ändert sich an der Arbeit innerhalb von PageMaker überhaupt nichts. Lediglich nach Abschluß aller Arbeiten an einem Dokument muß eine Druckdatei, die dem OPI-Standard entspricht, angelegt werden. Alle weiteren Arbeiten zur Druckvorlagenerstellung werden dann von PrePrint aus abgewickelt.

OPI (Open Prepress Interface) ist als Schnittstelle zwischen DTP-Systemen auf der einen Seite und High-end-EBV-Systemen auf der anderen Seite entwickelt worden. Ziel bei der Entwicklung war es, mit PageMaker oder anderen Desktop-Layoutprogrammen Seiten mit allen gewünschten Elementen, also Text, Grafiken und Bildern, zu gestalten und sie als OPI-Dateien zur Belichtung an ein professionelles Satzsystem (z.B. Hell oder Crosfield) weiterzugeben. Die Bilder werden zuvor von einem Fachbetrieb mit einem High-end-Scanner digitalisiert. Der Gestalter am Macintosh hat bei seiner Gestaltungsarbeit aber nicht die hochaufgelöste EBV-Datei, sondern nur ein Farb-TIFF mit niedriger Auflösung zu bewältigen. Diese Bilddatei kann genauso verwendet werden, als wäre sie bereits die Bilddatei für die nachfolgende Belichtung. Sie kann also beliebig skaliert und beschnitten werden. Nach Abschluß aller Gestaltungsarbeiten, wird eine OPI-Datei an das Belichtungsunternehmen gesendet, das auch für das Scannen verantwortlich war. Dort wird eine Separation durchgeführt, bei der die Bilder mit niedriger Auflösung gegen die entsprechenden Bilder mit hoher Auflösung ausgetauscht werden. Das Ergebnis sind seitenglatte Filme hoher Qualität, die alle Elemente der ursprünglichen Satzdatei enthalten, jeweils aber optimal abgestimmt auf die Anforderungen des angestrebten Druckverfahrens. Es entstehen dabei pro Druckseite vier Filme, wenn keine weiteren Schmuckfarben für den Druck verwendet werden sollen.

Neben dem OPI-Verfahren wird auch mit der 5-Dateien-EPS-Technik gearbeitet, der die Separation der Bilddateien vor der Layoutphase zugrunde liegt. Vor der Belichtung wird jeweils ein Farbauszug des Bildes anstelle eines Platzhalters im entsprechenden Auszug aus dem Layout eingefügt. Gegenüber diesem Verfahren erweist sich das OPI-Verfahren aber weitaus flexibler, da Änderungen innerhalb der Layoutphase nicht zu neuen Separationen der Bilder führen.

PrePrint kann im wesentlichen in zweierlei Weise verwendet werden. Erstens kann es Bilddateien im EPS- oder TIFF-Format öffnen und bildverarbeitende Funktionen darauf anwenden. Bilder lassen sich so für die anschließende Belichtung hinsichtlich ihrer Auflösung und Größe, ihrer Farbsättigung und Helligkeit, ihrer Schärfe und ihres Kontrastes optimieren. In diesem Lichte ist PrePrint durchaus mit einem Bildbearbeitungsprogramm vergleichbar, mit der Einschränkung allerdings, daß PrePrint keine Retusche ermöglicht. Die Aufbereitung von Bilddaten für eine Separation benötigt einiges an Fachwissen aus dem Bereich der Lithographie, so daß darauf im vorliegenden Buch zu PageMaker nicht weiter eingegangen werden kann. Die elektronische Bildbearbeitung ist ein eigenes komplexes Thema, das nicht in einem Atemzug mit PageMaker-Anwendungen abgehandelt werden kann. Der Leser sei daher an dieser Stelle auf Literatur zum Thema Bildbearbeitung verwiesen. Die zweite Anwendung von PrePrint ist für PageMaker-Anwender wesentlich interessanter, da sie die Vierfarbseparation von PageMaker-Dateien ermöglicht. Wie eine seitenglatte Separation eines PageMaker-Dokumentes mit PrePrint durchgeführt wird, zeigt das folgende Beispiel anhand aller dazu notwendigen Arbeitsschritte. Hinsichtlich der Bilder innerhalb der PageMaker-Datei wird davon ausgegangen, daß sie für die Druckausgabe bereits mit einem Bildbearbeitungsprogramm wie Adobe Photoshop vorbereitet worden sind.

Achtung: PrePrint kann nur positionierte Bilddateien im TIFF- oder EPS-Format separieren, nicht aber Bilder im PICT-Format. Unabhängig von der Farbtiefe der PICT-Bilder erscheinen sie lediglich als Composite im Schwarzauszug bzw., wenn sie in PageMaker eingefärbt worden sind, im Farbauszug dieser PageMaker-Farbe.

Vom Layout ...

... bis zur Ausführung

- mit PageMaker,
- FreeHand,
- Photoshop,
- StrataVision 3d
- und PrePrint.

Eine PageMaker-Seite ...

... und das Ergebnis der Separation mit PageMaker:

Auszug für Schwarz

Seite 1 · Farbauszug für: Schwarz

Vom Layout ...

... bis zur Ausführung

- **mit PageMaker,**
- **FreeHand,**
- **Photoshop,**
- **StrataVision 3d**
- **und PrePrint.**

Seite 1 · Farbauszug für: 30% Grau

Auszug für 30% Grau

Anfertigen von Farbauszügen für den Vierfarbdruck

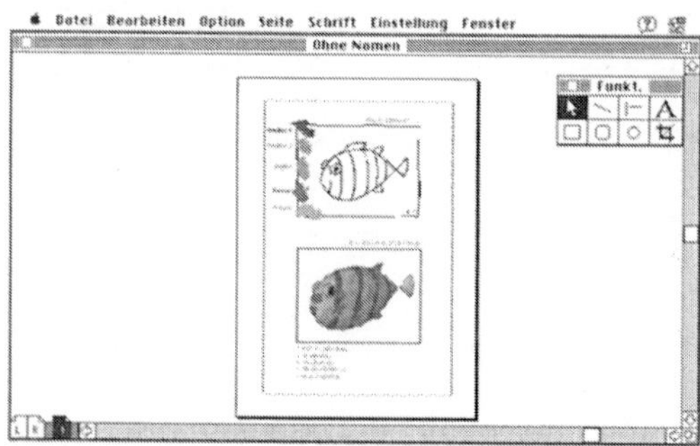

❶ Anfertigen des Dokumentes mit allen Elementen. Dazu muß gegebenenfalls auf Zusatzprogramme wie FreeHand für Grafiken oder Photoshop für Bilder zurückgegriffen werden.

Das Dokument in PageMaker

PostScript-Optionen
☐ Bitmusterzeichensätze laden
☐ PostScript-Zeichensätze laden
☒ Symbol für Sonderzeichen
☐ Aldus Prep permanent laden
☐ Letzte Fehlermeldung anzeigen
☐ Einschließlich Bilder:
○ Nur Lage ○ Optimiert ◉ Normal
Bilddaten senden:
○ Schneller (binär) ◉ Normal (hex)
☒ PostScript auf Datenträger schreiben: Dateiname...
○ Normal ○ EPS ◉ Für Farbauszüge
☒ Aldus Prep einschließen
Drucken
Abbrechen
Rückgängig

❷ Sichern der Datei und Anfertigen einer OPI-Druckdatei. Dazu wird im Dialogfeld *PostScript-Optionen* unter *PostScript auf Datenträger schreiben* die Option *Für Separation* ausgewählt. Im übrigen sollte derselbe Druckertyp ausgewählt sein, der für die Belichtung verwendet wird.

*Das Dialogfeld **PostScript-Optionen** beim Erzeugen einer OPI-Druckdatei*

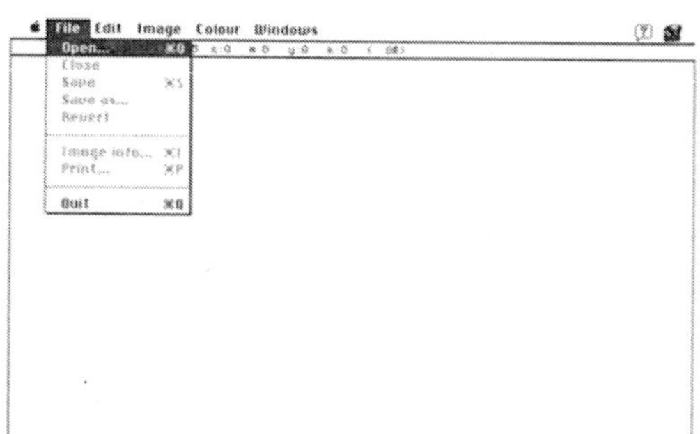

❸ Verlassen von PageMaker und Starten von PrePrint. Mit dem Befehl *Open* aus dem Menü *File* die OPI-Datei laden.

Laden der OPI-Datei in PrePrint

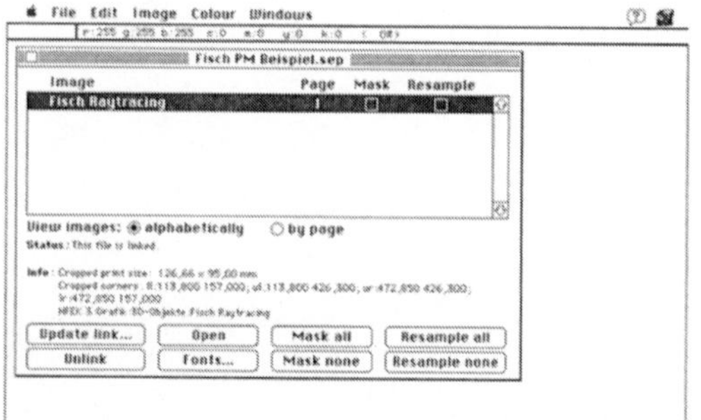

❹ Im erscheinenden Dialogfeld müssen gegebenenfalls die Verbindungen zu den Importdateien neu festgelegt werden. Dazu werden nacheinander die Namen der Importdateien angeklickt und mit *Link* die zugehörige Originaldatei ausgewählt.

Dialogfeld für die Verbindungen

❺ Als letzter Arbeitsschritt wird nun die eigentliche Separation angegangen. Aus dem File-Menü wird dazu der Befehl *Print* ausgewählt. In den Dialogfeldern des Befehls werden abschließend die Einstellungen vorgenommen, die die Belichtung auf dem angeschlossenen Gerät ermöglichen.

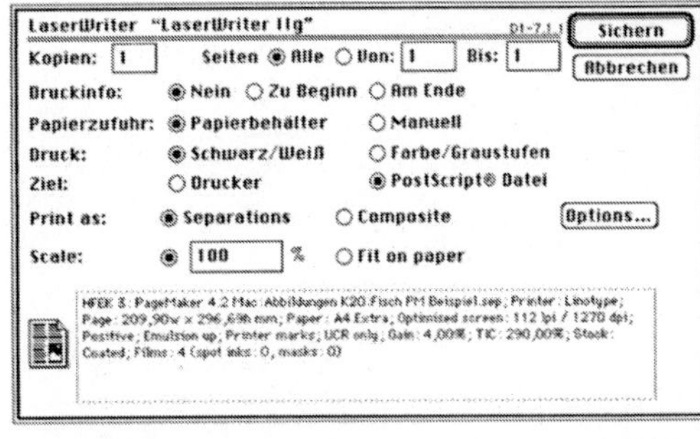

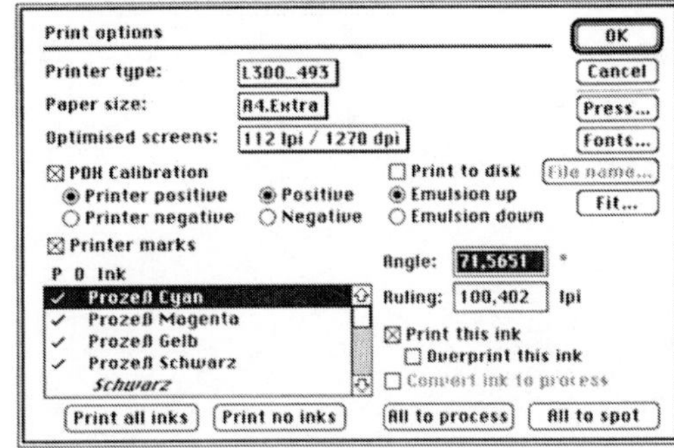

Einstellungen in den Dialogfeldern des Befehls ***Print***

Mit den folgenden Tips lassen sich grundlegende Fehler beim Anfertigen von Separationsdateien vermeiden. Sie betreffen alle die Dialogfelder *Drucker* und *Aldus Druckoptionen*, die nach Aufruf des Befehls *Drukken* aus dem Menü *Datei* auf dem Bildschirm erscheinen.

Tip: Fehler durch Übersicht-Option

Im Dialogfeld *Drucker* sollte die Option *Übersicht* deaktiviert sein, weil das Separationsergebnis aus PrePrint bei aktiver Option ebenfalls eine Übersicht werden würde.

Im Dialogfeld *Aldus Druckoptionen* sollten die folgenden Optionen nicht aktiviert sein, bevor Sie eine OPI-Datei drucken. Über darüber hinausgehende Einstellungen sollten Sie sich am besten mit Ihrem Belichtungsunternehmen absprechen, da die nötigen Einstellungen auch teilweise von der dort verfügbaren Hardware abhängen.

Tip: Fehler durch Unterteilen-Option

Ist die Option *Unterteilen* im Dialogfeld *Aldus Druckoptionen* aktiviert, können einige Elemente auf der Seite fehlen, wenn aus PrePrint heraus Auszüge gedruckt werden.

Tip: Fehler durch Probedruck-Option

Wenn die Option *Probedruck* im Dialogfeld *Aldus Druckoptionen* aktiviert ist, werden Grafiken und Bilder durch weiße Felder (mit Kreuz) ersetzt. Diese Flächen werden auch von PrePrint gedruckt.

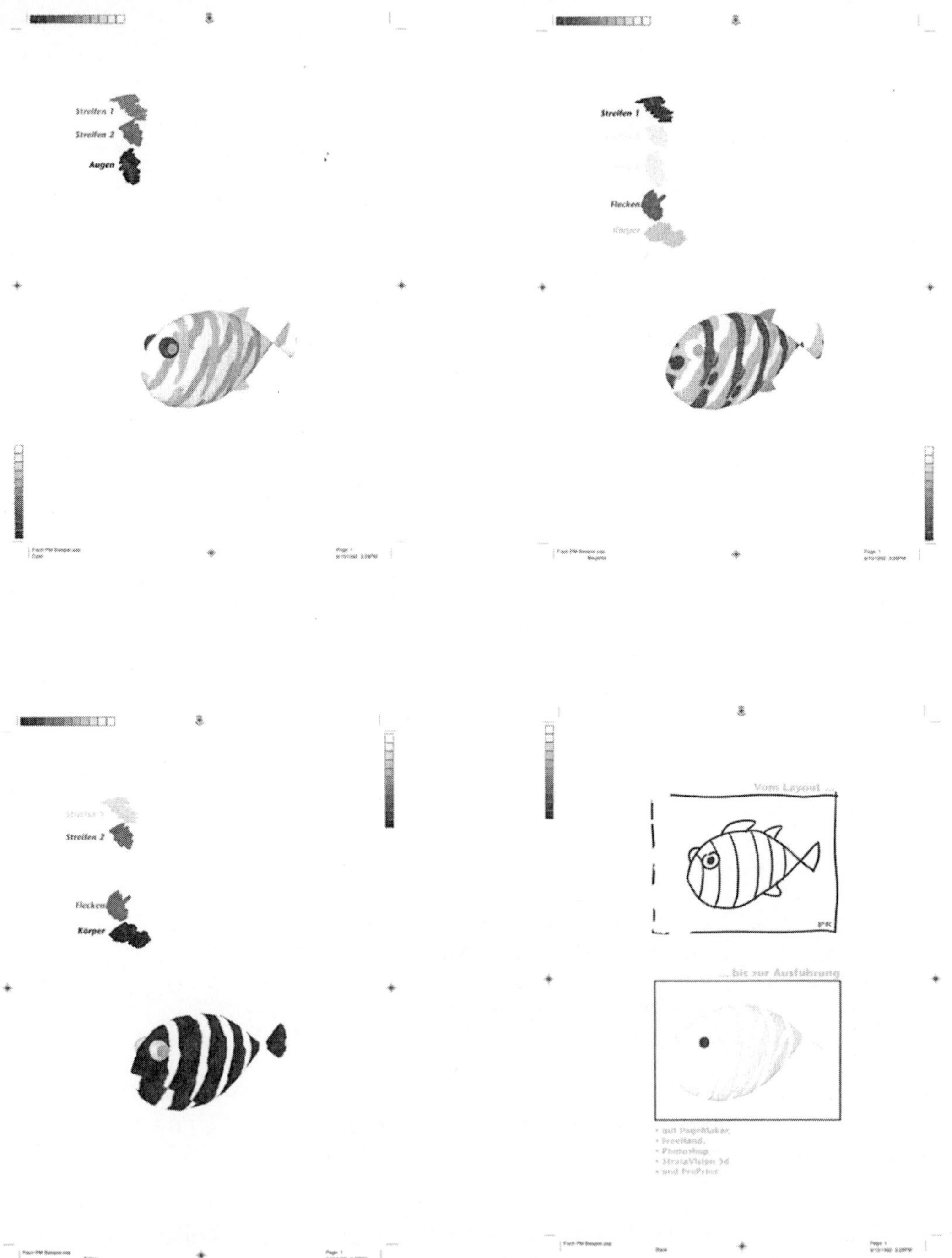

PrePrint separiert die Seite für den Vierfarbdruck

Ist im Dialogfeld *Aldus Druckoptionen* die Option *Schwarzweiß* aktiviert, werden alle PageMaker-Elemente auf der schwarzen Ebene gedruckt. Wenn Sie die Datei aus PrePrint drucken, erscheinen die PageMaker-Elemente unabhängig von der von Ihnen in der PrePrint-Farbliste festgelegten Farbe auf dem Schwarz-Auszug.

Tip: Fehler durch Schwarzweiß-Option

Ist die Option *Spiegelbildlich* aktiviert, erstellt PageMaker eine seitenverkehrte Separationsdatei. Wenn Sie diese Datei aus PrePrint drucken und dabei die Option *emulsion down (seitenverkehrt)* gewählt haben, wird die Datei seitenrichtig gedruckt.

Tip: Fehler durch Spiegelbildlich-Option

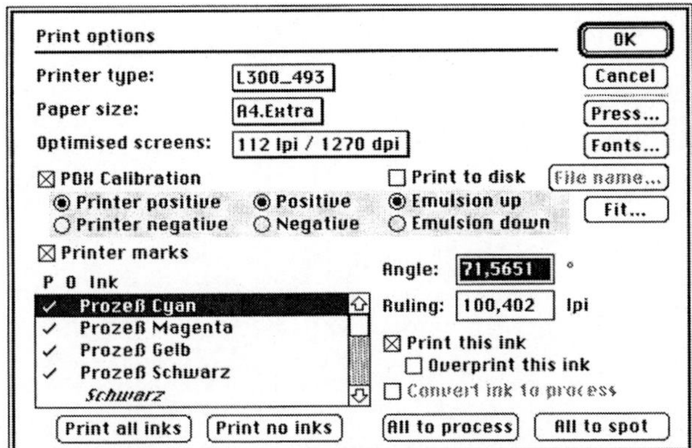

Mit den Druckoptionen von PrePrint kann für alle Druckverfahren ein optimales Separationsergebnis erzielt werden

Kapitel 21

Das optimale Druckergebnis

21

Das erzielbare Druckergebnis hängt im wesentlichen vom eingesetzten Drucker und dem darauf verwendeten Druckverfahren ab. Andere bestimmende Faktoren sind die Qualität des Druckertreibers (insbesondere für Drucker von Fremdanbietern) und natürlich die Einstellungen im Dialogfeld *Drucken*.

Nadeldrucker

Nadeldrucker zählen wegen ihres geringen Preises und wegen der unkomplizierten und robusten Technik zu den am weitesten verbreiteten Druckertypen. So liegt es nahe, sie in begrenztem Umfang auch für DTP-Anwendungen einzusetzen, wenn das zu erwartende Druckergebnis auch die möglichen Anwendungsbereiche stark einschränkt. Einsatzgebiete sind überall dort denkbar, wo ein Laserdrucker gar nicht oder nicht immer zur Verfügung steht und wo die Qualität des Ausdrucks nur zweitrangig ist.

Die erreichbaren Auflösungen von modernen Nadeldruckern liegen im Bereich von 180 bis 360 dpi. Diese Werte geben jedoch nicht die Auflösung, sondern die Positioniergenauigkeit des Druckwerkes an. So wirken selbst Ausdrucke, die von einem Nadeldrucker mit 360 dpi ausgegeben wurden, im Vergleich zum etwas niedriger auflösenden Laserdrucker doch um einiges unschärfer. Ein weiterer Nachteil des Nadeldruckers gegenüber einem Laserdrucker sind die wesentlich längeren Druckzeiten. So braucht ein Nadeldrucker (z.B. der ImageWriter II) bei höchster Auflösung für eine Druckseite beispielsweise etwa 6 Minuten, während ein QuickDraw-Laserdrucker wie der Personal LaserWriter LS dieselbe Seite innerhalb von nur 1 Minute ausgibt.

Tintenstrahldrucker

Tintenstrahldrucker werden wohl über kurz oder lang die Nadeldrukker vollständig ersetzen. Da sie mit wesentlich weniger mechanischen Bauteilen auskommen, ist ihr Betrieb auch mit weniger Arbeitsgeräuschen verbunden.

Besonders bei den Farbdruckern ist die Tintenstrahltechnologie beliebt, weil sie ermöglicht, preiswerte Drucker anzubieten, die dennoch gute bis sehr gute Druckergebnisse erzielen (z.B. Canon LC 10). Aber auch im Schwarzweißbereich können sie gute Alternativen zu den wesentlich teureren Laserdruckern sein. Die Druckqualität im reinen Textbereich beispielsweise ist bei Apples StyleWriter und anderen gleichwertigen Tintenstrahlern geradezu bemerkenswert. Bei der Druckqualität von Bild- und Grafikelementen sind Abstriche zu machen. Und es müssen hier so wie bei den Nadeldruckern relativ lange Druckzeiten in Kauf genommen werden.

Laserdrucker

Laserdrucker haben sich als Standarddrucker für DTP-Anwendungen etabliert. Mit ihnen lassen sich Ausdrucke erzeugen, die für den Schriftverkehr und mit Einschränkungen auch für Druckvorlagen zufriedenstellend sind. Der Haupteinsatz von Laserdruckern im Bereich DTP ist die Ausgabe von Probeausdrucken (beispielsweise zum Korrekturlesen).

Im Vergleich zu Nadeldruckern ist das Druckbild von Laserdruckern wesentlich brillanter. Auch bleibt selbst bei großen schwarzen Flächen die Papieroberfläche unversehrt, während sie bei Nadeldruckern durch das Auftreffen der Drucknadeln und bei den Tintenstrahlern durch die flüssige Druckfarbe recht unansehnlich wird und die Originalausdrukke nur eingeschränkt verwendet werden können. Der Geschwindigkeitsvorteil, den Laserdrucker aufgrund ihres Druckprinzips im Vergleich zu Nadeldruckern bringen, kann durch Hochgeschwindigkeitsschnittstellen (z.B. Ethernet) weiter ausgebaut werden. Umgekehrt führt die Ansteuerung eines Druckers über die vergleichsweise langsame serielle Schnittstelle (AppleTalk) zu Geschwindigkeitseinbußen.

Nicht PostScript-fähige Laserdrucker (wie der Apple Personal LaserWriter LS) haben hinsichtlich der Verwendung von Schriften gegenüber PostScript-Druckern gewisse Nachteile. Wenn allerdings der Adobe TypeManager eingesetzt wird, ist von diesen Nachteilen kaum mehr etwas zu spüren.

PostScript-Drucker

PostScript ist eine Seitenbeschreibungssprache von Adobe, die die Funktion einer universellen Schnittstelle zwischen einem Textverarbeitungs-, einem Grafik- oder einem Desktop-Publishing-Programm auf der einen Seite und einem Ausgabegerät auf der anderen Seite erfüllt. PostScript ermöglicht so die Zusammenarbeit von Software mit PostScript-fähiger Hardware.

Das Angebotsspektrum der PostScript-Drucker reicht von Laserdrukkern, über farbfähige Thermotransfer- oder Sublimationsdrucker bis hin zu Fotosatzbelichtern. Auch wenn diese Geräte sich in der erzielbaren Auflösung und der Farbfähigkeit stark unterscheiden, sind sie doch alle über die gemeinsame Seitenbeschreibungssprache kompatibel zueinander.

In Hinblick auf die Möglichkeiten von PageMaker, Grafiken und Bilder innerhalb von Dokumenten zu positionieren, bieten PostScript-Drukker den einfachsten und unkompliziertesten Umgang mit besten Ergebnissen. Importierte Grafiken und Bilder im EPS-Format lassen sich nur auf PostScript-Druckern in zufriedenstellender Qualität ausgeben.

Druckparameter einstellen

Das zentrale Steuerungswerkzeug zum Starten eines Druckvorgangs ist das Dialogfeld *Drucken*, das nach Auswahl des gleichnamigen Befehls aus dem Menü *Datei* auf dem Bildschirm erscheint. Wenn mehrere Drucker angeschlossen sind, muß allerdings zuvor mit dem Befehl *Auswahl* aus dem Apple-Menü der für den nachfolgenden Druckvorgang zu verwendende Drucker ausgewählt werden.

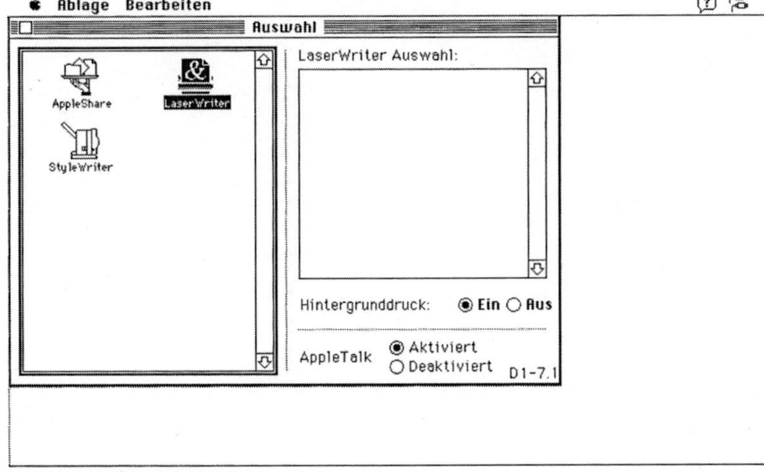

*Das Schreibtischprogramm **Auswahl***

Die Unterdialogfelder zum Dialogfeld beinhalten druckerspezifische Einstellungsmöglichkeiten. Die Einstellungen darin sind vergleichbar mit denen, die auch in anderen Programmen verfügbar sind. Besonders interessant für die Druckausgabe sind die Einstellungen unter *Optionen*. Die Auswirkung der übrigen Druckparameter kann gut dem Referenzkapitel entnommen werden.

Layoutkontrolle im Ausdruck

PageMaker kann für Übersichten mehrere Seiten bzw. Doppelseiten eines Dokumentes auf einer Druckseite verkleinert ausgeben. Die Option *Übersicht* im Dialogfeld *Drucken* aktiviert die Druckfunktion für Übersichten. Bis zu 16 Seiten lassen sich als Übersicht auf einer Druckseite zusammenfassen, wenn ein entsprechender Wert im Eingabefeld der Zeile *Übersicht* eingegeben wird. Wenn im Feld eine 1 eingetragen wird, erscheint eine verkleinerte Darstellung nur einer Druckseite (bzw. einer Doppelseite). Die Übersichtsfunktion ist sowohl für PostScript-fähige als auch für QuickDraw-Geräte auswählbar.

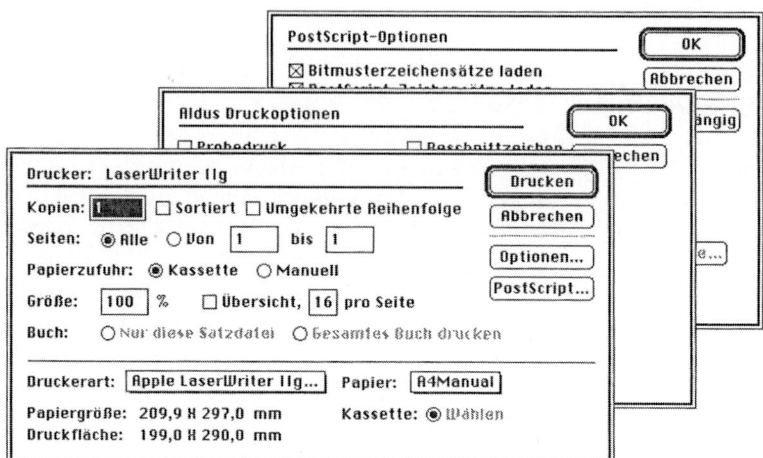

*Die Welt des Dialogfeldes **Drucken** für PostScript ...*

Druckoptionen für: "StyleWriter"
OK
Größe: 100 % Übersicht, 16 pro Seite
Abbrechen
Buch: Nur diese Datei Gesamtes Buch drucken
Optionen: Sortiert Umgekehrte Reihenfolge
Probedruck Beschnittzeichen
Volltonfarbauszüge Alle Farben
Aussparungen
Unterteilen: Manuell
Autom., Überlagerung: 17 mm
Leere Seiten drucken
Symbol für Sonderzeichen
Seitenzahlen: Gerade Ungerade Beide

... und für QuickDraw-Drucker

Umwandlung von Farbtönen in Grautöne beim Drucken verhindern

Auch wenn keine Volltonfarbauszüge gedruckt werden sollen, lassen sich alle verwendeten Farben in der Satzdatei schwarz ausdrucken, so daß die Rasterung farbiger Flächen verhindert wird. Mit der Option *Schwarzweiß* unter *Probezusammenstellung* im Dialogfeld *Aldus Druckoptionen* werden alle mit Farben ausgezeichneten Elemente schwarz ausgedruckt. Die Farben werden dabei also nicht in Grauwerte übertragen. Auch auf Farbdruckern bewirkt diese Option die alleinige Verwendung schwarzer ungerasterter Flächen. Diese Option ist nur dann auswählbar, wenn keine Farbauszüge ausgegeben werden sollen. QuickDraw-Drucker unterstützen diese Option nicht.

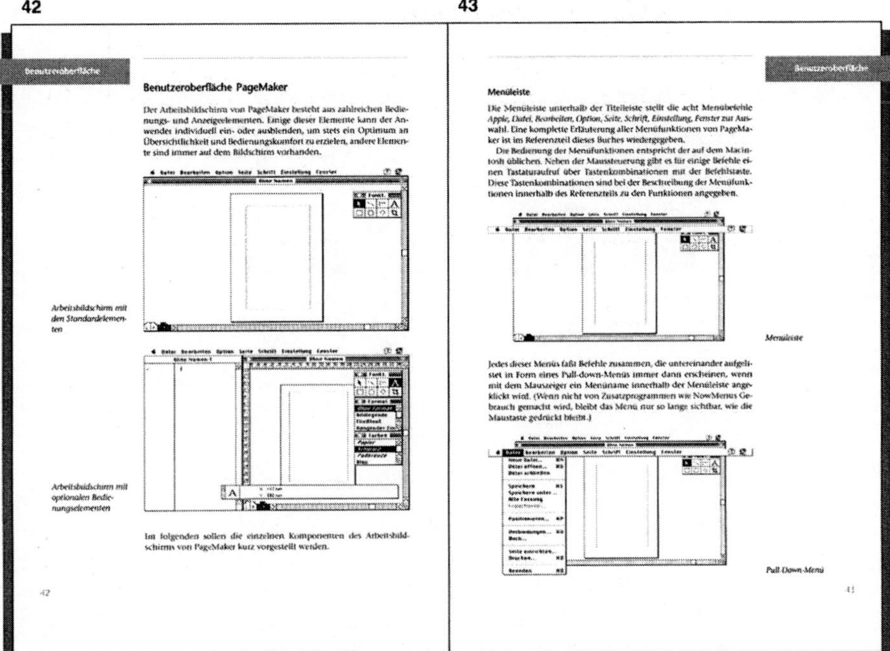

42

Benutzeroberfläche

Benutzeroberfläche PageMaker

Der Arbeitsbildschirm von PageMaker besteht aus zahlreichen Bedienungs- und Anzeigeelementen. Einige dieser Elemente kann der Anwender individuell ein- oder ausblenden, um stets ein Optimum an Übersichtlichkeit und Bedienungskomfort zu erzielen, andere Elemente sind immer auf dem Bildschirm vorhanden.

Arbeitsbildschirm mit den Standardelementen

Arbeitsbildschirm mit optionalen Bedienungselementen

Im folgenden sollen die einzelnen Komponenten des Arbeitsbildschirms von PageMaker kurz vorgestellt werden.

42

43

Benutzeroberfläche

Menüleiste

Die Menüleiste unterhalb der Titelleiste stellt die acht Menübefehle *Apple, Datei, Bearbeiten, Option, Seite, Schrift, Einstellung, Fenster* zur Auswahl. Eine komplette Erläuterung aller Menüfunktionen von PageMaker ist im Referenzteil dieses Buches wiedergegeben.

Die Bedienung der Menüfunktionen entspricht der auf dem Macintosh üblichen. Neben der Maussteuerung gibt es für einige Befehle einen Tastaturaufruf über Tastenkombinationen mit der Befehlstaste. Diese Tastenkombinationen sind bei der Beschreibung der Menüfunktionen innerhalb des Referenzteils zu den Funktionen angegeben.

Menüleiste

Jedes dieser Menüs faßt Befehle zusammen, die untereinander aufgelistet in Form eines Pull-down-Menüs immer dann erscheinen, wenn mit dem Mauszeiger ein Menüname innerhalb der Menüleiste angeklickt wird. (Wenn nicht von Zusatzprogrammen wie NowMenus Gebrauch gemacht wird, bleibt das Menü nur so lange sichtbar, wie die Maustaste gedrückt bleibt.)

Pull-Down-Menü

43

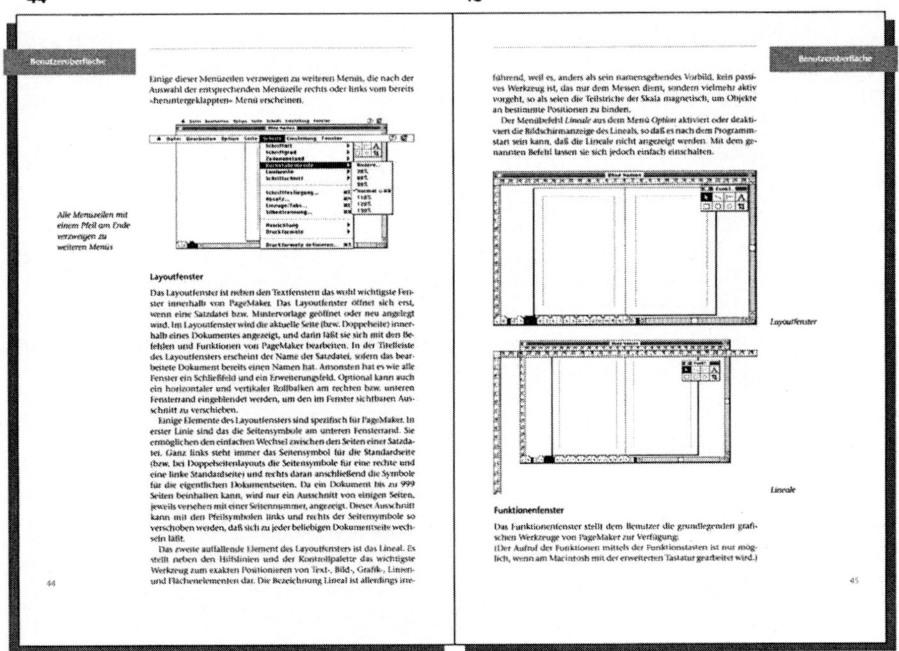

44

Benutzeroberfläche

Einige dieser Menüzeilen verzweigen zu weiteren Menüs, die nach der Auswahl der entsprechenden Menüzeile rechts oder links vom bereits »heruntergeklappten« Menü erscheinen.

Alle Menüzeilen mit einem Pfeil am Ende verzweigen zu weiteren Menüs

Layoutfenster

Das Layoutfenster ist neben den Textfenstern das wohl wichtigste Fenster innerhalb von PageMaker. Das Layoutfenster öffnet sich erst, wenn eine Satzdatei bzw. Mustervorlage geöffnet oder neu angelegt wird. Im Layoutfenster wird die aktuelle Seite (bzw. Doppelseite) innerhalb eines Dokumentes angezeigt, und darin läßt sie sich mit den Befehlen und Funktionen von PageMaker bearbeiten. In der Titelleiste des Layoutfensters erscheint der Name der Satzdatei, sofern das bearbeitete Dokument bereits einen Namen hat. Ansonsten hat es wie alle Fenster ein Schließfeld und ein Erweiterungsfeld. Optional kann auch ein horizontaler und vertikaler Rollbalken am rechten bzw. unteren Fensterrand eingeblendet werden, um den im Fenster sichtbaren Ausschnitt zu verschieben.

Einige Elemente des Layoutfensters sind spezifisch für PageMaker. In erster Linie sind das die Seitensymbole am unteren Fensterrand. Sie ermöglichen den einfachen Wechsel zwischen den Seiten einer Satzdatei. Ganz links steht immer das Seitensymbol für die Standardseite (bzw. bei Doppelseitenlayouts die Seitensymbole für eine rechte und eine linke Standardseite) und rechts daran anschließend die Symbole für die eigentlichen Dokumentseiten. Da ein Dokument bis zu 999 Seiten beinhalten kann, wird nur ein Ausschnitt von einigen Seiten, jeweils versehen mit einer Seitennummer, angezeigt. Dieser Ausschnitt kann mit den Pfeilsymbolen links und rechts der Seitensymbole so verschoben werden, daß sich zu jeder beliebigen Dokumentseite wechseln läßt.

Das zweite auffallende Element des Layoutfensters ist das Lineal. Es stellt neben den Hilfslinien und der Kontrollpalette das wichtigste Werkzeug zum exakten Positionieren von Text-, Bild-, Grafik-, Linien- und Flächenelementen dar. Die Bezeichnung Lineal ist allerdings irre-

44

45

Benutzeroberfläche

führend, weil es, anders als sein namensgebendes Vorbild, kein passives Werkzeug ist, das nur dem Messen dient, sondern vielmehr aktiv vorgeht, so als seien die Teilstriche der Skala magnetisch, um Objekte an bestimmte Positionen zu binden.

Der Menübefehl *Lineale* aus dem Menü *Option* aktiviert oder deaktiviert die Bildschirmanzeige des Lineals, so daß es nach dem Programmstart sein kann, daß die Lineale nicht angezeigt werden. Mit dem genannten Befehl lassen sie sich jedoch einfach einschalten.

Layoutfenster

Lineale

Funktionenfenster

Das Funktionenfenster stellt dem Benutzer die grundlegenden grafischen Werkzeuge von PageMaker zur Verfügung:
(Der Aufruf der Funktionen mittels der Funktionstasten ist nur möglich, wenn am Macintosh mit der erweiterten Tastatur gearbeitet wird.)

45

Eine Übersicht aus zwei Doppelseiten

Druckergebnis

ROT GRÜN BLAU GRAU

ROT GRÜN BLAU GRAU

Farbige Seite normal und mit der Option ***Probezusammenstellung Schwarzweiß*** *ausgedruckt*

Vorbereiten eines Ausdrucks für den Druckereibetrieb

Zum Anfertigen von Druckvorlagen mit PageMaker gehört auch, die Größe und den Stand der einzelnen Seiten der Satzdatei genau zu fixieren, so daß in der Lithographie oder in der Druckerei keine Fehler begangen werden. PageMaker unterstützt die Ausgabe von Beschnittzeichen, die genau die Seitengröße und den Stand angeben. Aktiviert wird die Ausgabe dieser Markierungen mit der Option *Beschnittzeichen*.

Achtung: Voraussetzung für die Ausgabe von Beschnittmarken und Paßkreuzen ist, daß die verwendete Seitengröße des Druckers größer ist, als die Seitengröße des PageMaker-Dokumentes.

Volltonfarbseparation mit PageMaker

Mit den Optionen *Aussparungen* und *Volltonfarbauszüge* lassen sich Auszüge für jede in einem Dokument verwendete Farbe ausdrucken. Auf diese Weise unterstützt PageMaker das Anfertigen von Druckvorlagen für den Farbdruck. Im Kapitel über Farbe ist die Farbseparation mit PageMaker ausführlich abgehandelt.

Übergroße Seiten ausdrucken

PageMaker unterstützt die Ausgabe aller Seitenformate auf allen Druckertypen. Es lassen sich also auch Seiten in der maximalen Seitengröße von 1066,8 x 1066,8 mm problemlos auf DIN-A4-Druckern in voller Größe ausgeben. Mit der Option *Unterteilen* ermöglicht PageMaker das automatische Aufteilen übergroßer Seiten (oder vergrößerter Seiten) auf mehrere Druckseiten. Jede Druckseite enthält dann jeweils nur einen Ausschnitt der gesamten Seite. Mit der Auswahl der Option *Manuell* wird jeweils vom Nullpunkt der Lineale aus gedruckt. Für jeden folgenden Ausdruck muß der Nullpunkt der Lineale so neu festgelegt werden, daß alle Teile einer Seite gedruckt werden. Bei Wahl der Option *Autom. Überlagerung* kann ein Bereich in Millimetern angegeben werden, um den die einzelnen Teilausdrucke überlappen sollen. Bei der automatischen Unterteilung bestimmt das Programm selbständig, an welchen Stellen der Seite eine Unterteilung stattfindet. Zugrunde gelegt werden dabei die Werte, die für die Überlappung angegeben sind.

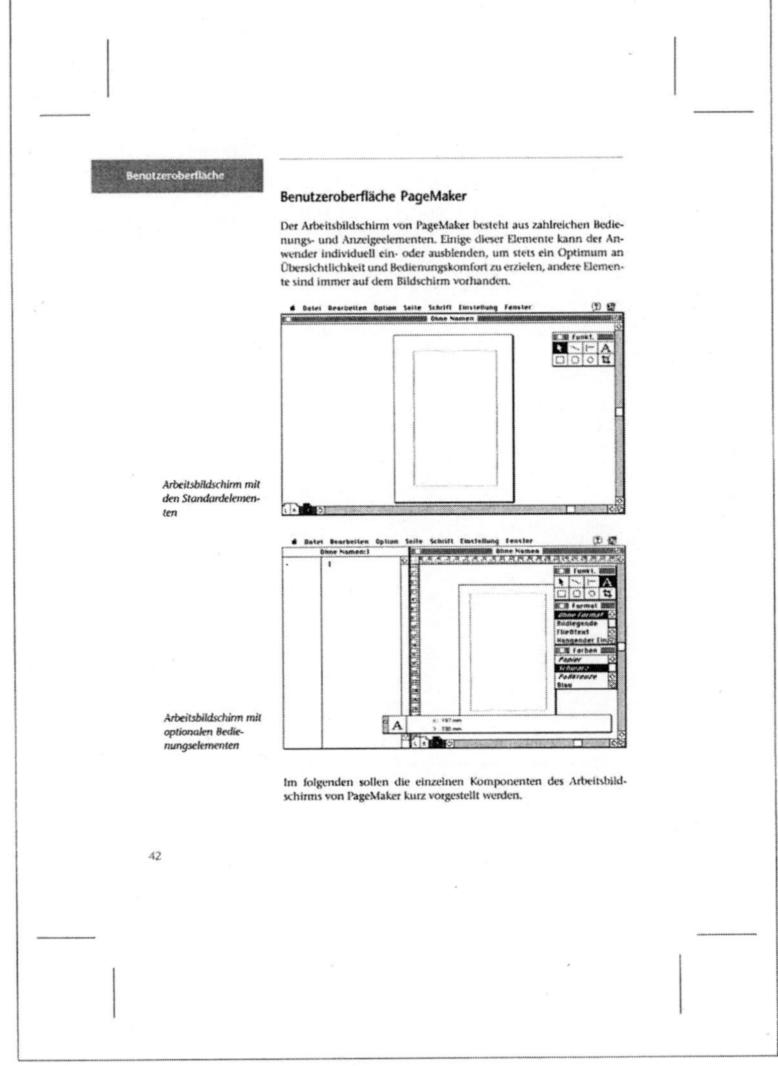

Benutzeroberfläche

Benutzeroberfläche PageMaker

Der Arbeitsbildschirm von PageMaker besteht aus zahlreichen Bedienungs- und Anzeigeelementen. Einige dieser Elemente kann der Anwender individuell ein- oder ausblenden, um stets ein Optimum an Übersichtlichkeit und Bedienungskomfort zu erzielen, andere Elemente sind immer auf dem Bildschirm vorhanden.

Arbeitsbildschirm mit den Standardelementen

Arbeitsbildschirm mit optionalen Bedienungselementen

Im folgenden sollen die einzelnen Komponenten des Arbeitsbildschirms von PageMaker kurz vorgestellt werden.

42

Ausdruck mit Beschnittmarken und Paßkreuzen

Tip: Druckvorlagen vom Laserdrucker

Wenn Sie eine kleine A5-Broschüre zu produzieren haben, die anschließend in einem Schnelldruckverfahren möglichst kostengünstig gedruckt werden soll, können Sie die Qualität Ihrer »Druckvorlage« vom Laserdrucker dadurch steigern, daß Sie die kleine A5-Seite vergrößert auf A4 ausdrucken. Beim Anfertigen der Druckfilme kann dieses Überformat ganz einfach wieder auf die ursprüngliche Größe reduziert werden.

PostScript

Adobes PostScript ist eine geräteunabhängige, interpretative Programmiersprache zur Beschreibung aller Elemente (Text, Grafik und Bilder) von Druckseiten. Das PostScript-Programm dient der Übertragung vom erzeugenden System zum Ausgabegerät. Die als ASCII-Codes übertragenen Daten des Programms werden vom PostScript-Controller des Ausgabegerätes Zeile für Zeile interpretiert und in Druckbefehle umgewandelt.

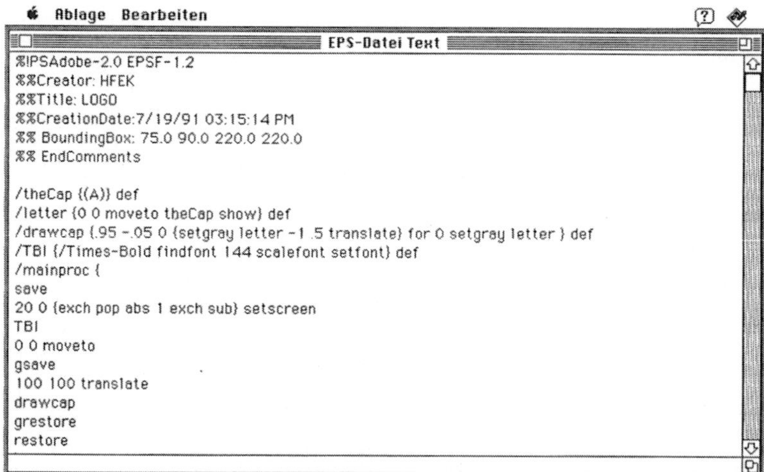


```
%!PSAdobe-2.0 EPSF-1.2
%%Creator: HFEK
%%Title: LOGO
%%CreationDate:7/19/91 03:15:14 PM
%% BoundingBox: 75.0 90.0 220.0 220.0
%% EndComments

/theCap {(A)} def
/letter {0 0 moveto theCap show} def
/drawcap {.95 -.05 0 {setgray letter -1 .5 translate} for 0 setgray letter } def
/TBI {/Times-Bold findfont 144 scalefont setfont} def
/mainproc {
save
20 0 {exch pop abs 1 exch sub} setscreen
TBI
0 0 moveto
gsave
100 100 translate
drawcap
grestore
restore
```

Eine EPS-Datei in einem Texteditor

Der Vorteil von PostScript als geräteunabhängiges System besteht darin, daß ein einmal erstelltes PostScript-Programm auf jedem Gerät, das grundsätzlich dazu in der Lage ist, ausgegeben werden kann, unabhängig von der konkreten technischen Beschaffenheit, dem Druckverfahren, der Auflösung usw.: vom Laserdrucker mit zwischen 75 und 300 dpi Auflösung bis hin zum Filmrekorder mit über 2000 dpi.

Eine sicher herausragende Eigenschaft von PostScript ist das Schriftenkonzept. Zur Digitalisierung von Satzschriften waren Datenstrukturen nötig, die die Form der Schriften so exakt beschreiben, daß deren teilweise subtile Gestaltungselemente nicht verlorengehen, die aber trotzdem so kompakt sind, daß sie auf üblichen Computersystemen verarbeitet werden können. Mit den PostScript-Type-Formaten ist dies gelungen. Und mit einer genialen zusätzlichen Struktur innerhalb der Fonts, den Hints, können die Schriften auch auf niedrigauflösenden Geräten in guter Qualität wiedergegeben werden. Bei der Abbildung der Form der Zeichen in das Druckraster helfen die Hints als quasi intelligente typographische Instanz zu entscheiden, an welchen Stellen Druckpunkte gesetzt werden können, ohne den Schriftcharakter zu verfälschen und an welchen nicht.

Die Eigenschaften von PostScript haben dazu geführt, daß sich PostScript als der Standard bei den Seitenbeschreibungssprachen etablieren konnte; und dies in den für grafische Anwendungen wichtigen Hardware-Bereichen Macintosh und PC sowie neuerdings auch NeXT. Diese Standardisierung zog viele Anbieter von ergänzenden Produkten an, die ihrerseits den Standard dadurch noch mehr sicherten. Nahezu alle Anbieter von Satzschriften bieten ihre Schriften auch im PostScript-Format an. Besonders dieser große Schriftenmarkt ist es, der es den Profis immer leichter macht, den Sprung ins doch gar nicht so kalte Wasser des DTP zu wagen.

Zur zunehmenden Verbreitung von PostScript im weniger professionellen Lager hat geführt, daß Emulatoren angeboten werden, die das Interpretieren von PostScript-Programmen im Computer übernehmen und somit die teure Hardware im Drucker, den Controller, ersetzen. Der Nachteil der Software-Emulatoren, die teilweise erheblich verlängerte Druckzeit zusammen mit der Blockierung des Computers in dieser Zeit, grenzt diese Methode doch auf einen beschränkten Anwenderkreis ein. Wo allerdings ein hochwertiges Ausgabegerät ohne PostScript verfügbar ist, ist der Software-Emulator oft die einzige Möglichkeit, auch dieses für Layout- oder Grafikanwendungen einzusetzen.

Die Zukunft von PostScript dürfte auch gesichert sein. Kurz nachdem sich der PC-Riese IBM für PostScript ausgesprochen hat und diesen Standard bei allen IBM-Geräten flächendeckend anbieten wird, hat Adobe bereits eine neue, verbesserte Version der Sprache auf den Markt gebracht: PostScript Level 2. Notwendig gewordene externe Entwicklungen wie der TypeManager und das Bildschirm-PostScript sorgten für den theoretischen Unterbau dieser neuen Implementation. Auch die Idee des Bildschirm-PostScripts würde Programmen wie PageMaker noch mehr Möglichkeiten bieten, die Bedienerfreundlichkeit weiter zu steigern und den Unterschied zwischen der Bildschirmausgabe und der Druckausgabe lediglich auf die unterschiedliche Auflösung zu reduzieren. Zumindest was die Darstellung von Schriften auf Bildschirmen und nicht PostScript-fähigen Druckern betrifft, ist mit Adobes TypeManager eine brauchbare Alternative zum Display-PostScript für Mac-Anwender zugänglich geworden. Voraussetzungen für die Realisation der fantastischen Idee einer einheitlichen Raster-Software sind jedoch noch schnellere Rechner, denn jeglicher Komfort für den Anwender, grafische Benutzeroberflächen, echtes WYSIWYG usw. wird erkauft mit einem gewaltigen Rechenaufwand. Die Voraussetzungen seitens der Hardware sind längs erreicht, wenn man sich die Implementierungen von Display-PostScript auf NeXT-Computern und anderen UNIX-Workstations vergegenwärtigt. Was hier den flächendeckenden Einsatz von PostScript eher hemmt, ist das ewige Gerangel um Lizenzgebühren.

```
%!PSAdobe-2.0 EPSF-1.2
%%Creator: HFEK
%%Title: LOGO
%%CreationDate:7/19/91 03:15:14 PM
%% BoundingBox: 75.0 90.0 220.0 220.0
%% EndComments

/theCap {(A)} def
/letter {0 0 moveto theCap show} def
/drawcap {.95 -.05 0 {setgray letter -1 .5
translate} for 0 setgray letter } def
/TBI {/Times-Bold findfont 144 scalefont
setfont} def
/mainproc {
save
20 0 {exch pop abs 1 exch sub} setscreen
TBI
0 0 moveto
gsave
100 100 translate
drawcap
grestore
restore
} def
mainproc
```

Drucken unter PostScript

In gewisser Hinsicht können viele Software-Pakete aus den Bereichen Grafik und Layout als Editor für PostScript-Programme angesehen werden. Auch PageMaker ist letztendlich ein solcher Editor, der allerdings keinerlei Kenntnisse über die Programmiersprache PostScript voraussetzt. Vielmehr ist PageMaker als ein intelligenter Text-, Layout- und Grafikeditor anzusehen, dem die Befehle nicht über die Tastatur eingegeben werden müssen, sondern der das, was man auf seiner Oberfläche konstruiert, positioniert oder skaliert, in die kühle, abstrakte (aber faszinierende) Welt der Seitenbeschreibungssprache PostScript überträgt.

Das so entstehende PostScript-Programm kann dann vom PostScript-Controller des Druckers oder Belichters interpretiert und somit zurückübersetzt werden in eine Seite mit Text- und Grafikelementen.

Natürlich hat PageMaker auch Schnittstellen zu anderen Seitenbeschreibungssprachen wie beispielsweise PCL von Hewlett Packard oder zu Apples QuickDraw. Diese Schnittstellen sind ebenso wie die Schnittstelle zu PostScript realisiert über Druckertreiber, die die interne Dokumentstruktur in die Struktur der Seitenbeschreibungssprache übertragen bzw. im Falle von QuickDraw als systeminterne Routinen.

Mit PostScript entfaltet PageMaker die meisten seiner Möglichkeiten. PostScript ist beispielsweise in der Lage, PostScript-Dateien im EPS-Format zu verschachteln. Eine in ein PageMaker-Dokument positionierte EPS-Datei ist bei der PostScript-Ausgabe ein Unterprogramm im Hauptprogramm, das von PageMaker angelegt wird.

Am interessantesten an PostScript ist vielleicht die Möglichkeit, Programme zu schreiben, die weit über die Möglichkeiten der derzeit verfügbaren Grafikprogramme hinausgehen. Ein solches Programm kann in jedem beliebigen Texteditor erstellt werden. Das folgende Beispiel zeigt ein ganz einfaches Programm, das sich problemlos in ein PageMaker-Dokument einbinden läßt.

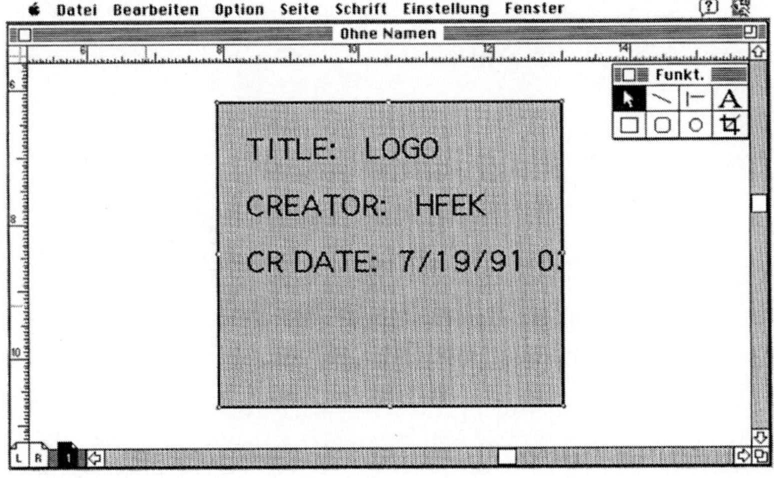

Die EPS-Datei ist in ein PageMaker-Dokument eingebunden

In der EPS-Datei, die von PageMaker erzeugt wird, wenn die Druckausgabe in eine Datei gelenkt wird, erscheint dieses Programm fast unverändert als Unterprogramm.

Dieser Ausflug in die Geheimnisse von PostScript soll verdeutlichen, wie einfach und zugleich leistungsfähig eine Seitenbeschreibungssprache sein kann. Denn die Form von PostScript-Dateien als Textdateien ermöglicht ohne besondere Werkzeuge Änderungen an EPS-Dateien, um bestimmte Resultate zu erzielen, die ohne einen manuellen Eingriff nicht möglich wären. Als Anwendungsbeispiele wäre da einiges denkbar, beispielsweise könnten die starren Rasterwertvorgaben von

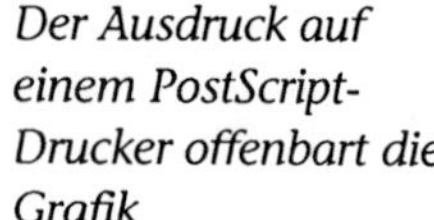

Der Ausdruck auf einem PostScript-Drucker offenbart die Grafik

PageMaker für Flächenraster umdefiniert werden, so daß auch auf Laserdruckern ein feineres Raster gedruckt wird (dies führt zwangsläufig dazu, daß die Anzahl der darstellbaren Graustufen abnimmt). Es lassen sich aber durch einfache Eingriffe in eine EPS-Datei auch Zeichenbelegungen ändern oder vieles andere mehr.

Sollte der Leser an dieser Stelle auf die Möglichkeiten von PostScript neugierig geworden sein, sei hier eine Quelle für viele neue Ideen genannt:

PostScript Language Reference Manual
Second Edition, Adobe Systems Inc.
Addison Wesley

Dieses Werk ist das absolute »Muß« für alle *PostScript*ologen und alle, die es werden wollen.

Drucken in Datei

PageMaker bietet die Möglichkeit, den Ausdruck eines Dokumentes nicht direkt über einen angeschlossenen Drucker abzuwickeln, sondern die dabei anfallenden Daten in einer PostScript-Datei »zwischenzulagern«. Diese Datei kann zu einem späteren Zeitpunkt an einem anderen Ort gedruckt werden, ohne daß dazu PageMaker oder die entsprechende PageMaker-Datei erforderlich wären. Allerdings kann dies nicht gänzlich ohne weitere Hilfe geschehen. Mit einer kleinen Software, wie sie beispielsweise von allen Belichterherstellern angeboten wird, kann der Druck einer PostScript-Datei auch vom Finder aus erfolgen. Auch kann das Apple-LaserWriter-Dienstprogramm, das den LaserWritern beiliegt, verwendet werden. Im folgenden sind einige Gründe genannt, warum es sinnvoll sein kann, eine Satzdatei nicht direkt zu drucken, sondern die Ausgabe in eine Datei umzulenken.

- Es ist kein PostScript-Drucker an das momentan verwendete Computersystem angeschlossen.
- Der angeschlossene PostScript-Drucker verfügt nicht über eine ausreichende Speicherkapazität.

```
""/showpage {} def 0.0025 dup scale "100 100
div dup scale 100 100 div 1440 mul 300 div
20 mul dup  318 mul exch 2488 mul translate
20 20 scale 0 2900 mul 145 div neg 0 2600
mul 130 div neg translate 2900 145 div 2600
130 div scale " 0 0 moveto 0 130 lineto 145
130 lineto 145 0 lineto closepath clip ne-
wpath "%!PSAdobe-2.0 EPSF-1.2
%%Creator: HFEK
%%Title: LOGO
%%CreationDate:7/19/91 01:15:22 PM
-75.000000 -90.000000 translate""%% Boun-
dingBox: 75.0 90.0 220.0 220.0
%% EndComments

/theCap {(A)} def
/letter {0 0 moveto theCap show} def
/drawcap {.95 -.05 0 {setgray letter -1 .5
translate} for 0 setgray letter } def
/TBI {/Times-Bold findfont 144 scalefont
setfont} def

/mainproc {
save
20 0 {exch pop abs 1 exch sub} setscreen
TBI
0 0 moveto
gsave
100 100 translate
drawcap
grestore
restore
} def
mainproc

 "" end clear userdict /PMSAVE get restore
"0 0 0 fC
32 0 0 50 50 0 0 45 /Times-Roman /font32
ANSIFont font
240 214 598 (dsfasdfasdfasdfasdfadsfsdfsdf)
SB
```

Die EPS-Datei als Unterprogramm in einer EPS-Datei

- Auf dem vorliegenden System sind lediglich die Bitmap-Fonts zu den verwendeten Schriften installiert, nicht aber die Druckerfonts.
- Die Satzdatei soll auf einem hochauflösenden Filmrekorder ausbelichtet werden.
- Die Satzdatei soll über ein Modem bzw. über einen ISDN-Anschluß zu einem Belichtungsunternehmen übertagen werden.
- Die Satzdatei soll für die Vierfarbseparation mit einer externen Software wie PrePrint vorbereitet werden.

Die Ausgabe des Ausdruckes in eine Datei wird im Dialogfeld *PostScript-Optionen* veranlaßt. Dazu wird vom Dialogfeld *Drucker* mit dem Feld *PostScript...* in das Unterdialogfeld *PostScript-Optionen* verzweigt. Daraufhin wird das Optionsfeld *PostScript auf Datenträger schreiben* aktiviert, was die Auswahl von drei unterschiedlichen Optionen freigibt.

Zum Anlegen einer normalen Druckdatei dient die Option *Normal.* Diese Option sollte beispielsweise dann angewählt werden, wenn die Druckdatei an ein Belichtungsstudio weitergegeben werden soll.

Mit *EPS* wird eine EPS-Datei angelegt. Diese Option ist nur für einzelne Seiten auswählbar. Der Datei wird beim Anlegen eine Bildschirmdarstellung der ausgewählten Seite beigefügt, so daß nach dem Positionieren dieser Datei in einer anderen Applikation eine Kontrollmöglichkeit über den Inhalt der Seite besteht.

Die dritte Option *Für Farbauszüge* sollte nur verwendet werden, wenn eine OPI-Datei für eine nachfolgende Separation benötigt wird.

In allen Fällen kann mit dem Feld *Dateiname* der anzulegenden Druckdatei ein Name zugewiesen werden.

Beim Anlegen einer Druckdatei kann im Dialogfeld *PostScript-Optionen* unter *PostScript-Zeichensätze laden* bestimmt werden, ob in die anzulegende Druckdatei die im Dokument verwendeten Fonts miteingebunden werden sollen oder nicht. Das Einbinden von Zeichensätzen in die Druckdateien ermöglicht die Druckausgabe dieser Dateien auch von Systemen aus, auf denen die Schriften des PageMaker-Dokumentes nicht installiert sind. Wenn also die Anfrage bei einem Belichtungsstudio ergibt, daß einige der verwendeten Schriften nicht verfügbar sind, so läßt sich durch das Einbinden der Fonts in die Druckdatei das Dokument auch bei diesem Studio dennoch korrekt ausbelichten. In diesem Falle brauchen nicht die Original-Fontdateien an das Studio weitergegeben werden, was klar gegen die Lizenzvereinbarungen des Schriftenanbieters verstoßen würde.

Achtung: Der Umfang von PostScript-Druckdateien mit eingebundenen Fonts kann wesentlich größer sein als ohne diese Fonts.

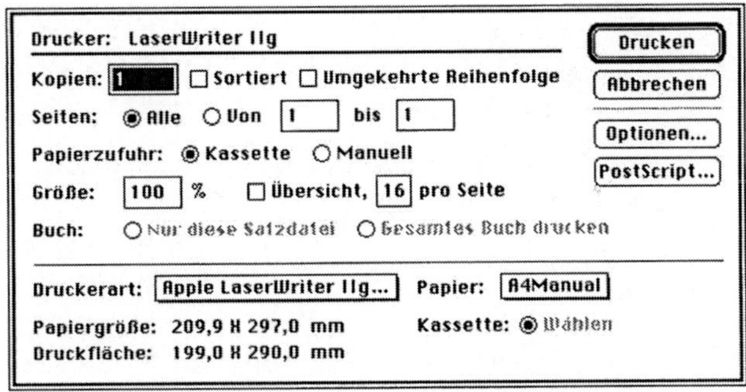

Dialogfelder Drucken

Ausdrucken einer PostScript-Datei

Jede mit PageMaker erstellte PostScript-Datei kann im Prinzip auf jedem PostScript-Drucker oder Belichter ausgegeben werden. Wenn eine Druckdatei an ein Belichtungsstudio zur Ausbelichtung weitergegeben wird, wird sie dort mit speziellen Schreibtischprogrammen zum Drukker gesendet. In der Regel liegt jedem PostScript-Drucker auch irgend ein Hilfsprogramm bei, mit dem Druckereinstellungen vorgenommen sowie Zeichensätze und PostScript-Dateien zum Drucker geschickt werden können. Im Falle der Apple-Drucker ist dies das LaserWriter-Dienstprogramm.

Nach dem Start des Programms wird im Menü *LaserWriter* der Menüpunkt *PostScript-Datei senden* ausgewählt. Im daraufhin erscheinenden Dialogfeld muß dann lediglich noch die mit PageMaker angelegte PostScript-Datei ausgewählt werden.

Achtung: Mit PageMaker angelegte EPS-Dateien lassen sich auf diese Weise nicht drucken. Sie lassen sich aber innerhalb eines PageMaker-Dokumentes positionieren und von PageMaker aus drucken.

PostScript-Schriften

Der Umgang mit Schriften im Zusammenhang mit PostScript-Drukkern ist einfach und unkompliziert. Absolut problemlos ist der Einsatz der 35 Standard-PostScript-Fonts. Bei ihrer Verwendung ist sichergestellt, daß sie auf (fast) jedem PostScript-Drucker installiert sind.

Wenn weitere Schriften innerhalb von PageMaker-Dateien eingesetzt werden sollen, ist auch deren Handhabung unproblematisch, wenn die Schriften korrekt im System installiert sind. Am einfachsten ist die Verwaltung von Schriften, wenn von einem Schriftenverwaltungsprogramm wie beispielsweise Suitcase Gebrauch gemacht wird. Suitcase bringt in die etwas unordentliche Installationsstruktur innerhalb des Systemordners Ordnung, indem es auf beliebige Schriftenordner zugreifen kann, die nicht einmal im Systemordner liegen müssen. Außerdem erweitert es PageMaker um die Möglichkeit, während der Arbeit mit dem Programm, das Set der installierten Schriften zu ändern. Wenn also während der Arbeit festgestellt wird, daß noch ein zusätzlicher Font für die Gestaltung fehlt, so kann er mit Suitcase aktiviert werden, ohne daß danach PageMaker neu gestartet werden müßte.

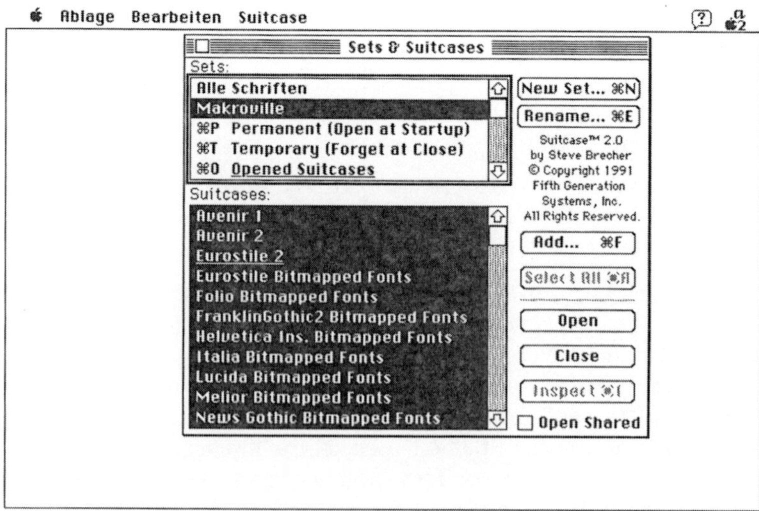

Mit Suitcase lassen sich Schriften nachladen

Für den Ausdruck gilt: Wenn eine Schrift korrekt installiert ist, wird sie auch automatisch korrekt ausgedruckt. Das heißt, in der Regel braucht sich der Anwender nicht um das Fontmanagement für den Druckvorgang zu kümmern. Es gibt jedoch Fälle, wo es sinnvoll sein kann, das

Downloaden von Druckerfonts manuell zu steuern. Wenn beispielsweise mehrere Dateien mit denselben Fonts hintereinander auszudrucken sind, kann es bereits sinnvoll sein, die entsprechenden Fonts manuell als residente Fonts zum Drucker zu schicken. Sie verbleiben dann auch nach Abschluß des ersten Druckjobs im Druckerspeicher und brauchen demnach auch nicht für das nächste Dokument erneut geladen zu werden.

Zum Downloaden von Fonts in den Druckerspeicher kann ebenfalls das bereits vorgestellte LaserWriter Dienstprogramm verwendet werden. Dazu wird im Menü *Ablage* des LaserWriter-Dienstprogramms der Menüpunkt *Zeichensätze laden ...* ausgewählt. Wenn nicht sicher ist welche Zeichensätze im Drucker gespeichert sind und welche nicht, kann mit dem Befehl *Zeichensätze anzeigen ...* eine Liste der aktuell installierten Zeichensätze abgefragt werden.

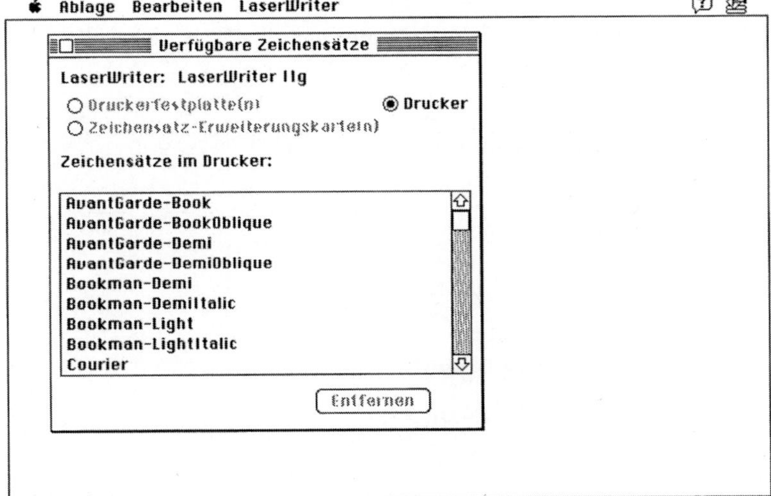

Liste der resident installierten Druckerfonts

Achtung: Das residente Laden von Fonts in den Druckerspeicher setzt voraus, daß der Speicher ausreichend groß für die Schriften und die ansonsten zu verarbeitenden Daten ist. Wenn dies nicht der Fall ist, kann es zu Druckproblemen kommen, bzw. es geht der Zeitvorteil verloren, der mit dem einmaligen Laden der Druckerfonts verbunden ist.

Tip: Probleme mit der Weitergabe von Satzdateien zur Ausbelichtung

Sie können die meisten Probleme bei der Weitergabe Ihrer Satzdateien an ein Belichtungsstudio umgehen, wenn Sie die Satzdateien im PM4-Format abspeichern. Auch Studios, die nur von Macintosh-Computern aus belichten, kommen ohne Probleme mit diesen Dateien zurecht. Eine genaue Absprache mit dem Belichtungsstudio empfiehlt sich jedoch in jedem Fall, denn mit einem kurzen (telefonischen) Gespräch lassen sich viele zeitaufwendige und nicht zuletzt auch teure Mißverständnisse ausräumen.

Tips und Tricks

Tip: In Datei drucken

Mit der Druckoption *PostScript auf Datenträger schreiben* aus dem Dialogfeld *PostScript-Optionen* lassen sich in einigen Fällen Probleme umgehen, die bei der Ausgabe auf bestimmten Druckern auftreten können. Wenn also der Drucker beim Druckvorgang »abstürzt« oder gar nicht druckt, kann es helfen, die Satzdatei zunächst in eine Datei zu drucken, die anschließend mit dem LaserWriter-Dienstprogramm oder einer anderen dazu geeigneten Software ausgedruckt wird.

Tip: Tiefverschachtelte Dialogfelder schließen

Hierarchisch geordnete Dialogfelder, wie sie beispielsweise auch im Dialogfeld *Drucken* vorkommen, lassen sich auch von unterster Hierarchieebene schließen, wenn nach vorgenommenen Änderungen beim Anklicken des OK-Feldes die Wahltaste gedrückt wird. Dies funktioniert auch, wenn die Einstellungsänderungen nicht übernommen werden sollen bzw. wenn keine Änderungen nötig waren und das Dialogfeld mit dem Abbrechen-Feld bei gleichzeitig gedrückter Wahltaste verlassen wird.

Ein einziger Klick führt auch aus dem dichtesten Dialogfeld-dschungel zurück

Tip: Schnelle Übertragung durch Ethernet

Wenn sowohl Ihr Drucker als auch Ihr Computer über eine Ethernet-Schnittstelle verfügen, sollten Sie diesen Übertragungsweg verwenden, weil er deutlich schneller ist als die Ansteuerung über eine serielle Schnittstelle (AppleTalk).

Achtung: Die Linienstärke der unter PageMaker als Haarlinien bezeichneten Linien beträgt 0,2 Point. Bei der Druckausgabe auf einem 300-dpi-Laserdrucker entspricht diese Linienstärke genau einem Druckpunkt. Bei Laserbelichtern entspricht dies 4 Druckpunkten bei 1270 dpi bzw. acht bei 2540 dpi.

Tip: Unkorrekte Tonwerte kalibrieren

Die korrekte Wiedergabe von Grauwerten sollte auf den verwendeten Drucker bzw. auf den Belichter und das anschließende Druckverfahren durch Testreihen kalibriert (abgestimmt) werden. Ein einfacher Weg dazu ist der Ausdruck einer Referenzdatei mit fest definierten Grauwerten. Nach der Ausgabe werden diese mit einer Norm-Graukarte verglichen. Daraus können die Änderungsfaktoren ermittelt werden, die bei den Farbeinstellungen bzw. bei den Schattierungseinstellungen innerhalb von PageMaker berücksichtigt werden müssen. So kann es durchaus sein, daß für ein 25%-Grau lediglich ein Wert von 15% eingestellt werden darf.

Tip: Alle Dateien eines Buches drucken

Mit der Option *Gesamtes Buch drucken* aus dem Dialogfeld *Drucken* wird veranlaßt, daß alle Kapitel der aktuellen Kapitelliste nacheinander ausgedruckt werden. Voraussetzung für die Auswahl dieser Option ist, daß innerhalb der aktuellen Satzdatei mit dem Befehl *Buch* eine Kapitelliste erstellt worden ist.

Tip: Qualität von Laserausdrucken steigern

Die Qualität von Laserdrucken läßt sich durch geeignete Papierwahl steigern. Hochwertiges gestrichenes Papier mit glatter Oberfläche führt zu sehr guten Druckergebnissen. Wenn nach dem Druck vorsichtig mit einem Pinsel überschüssiger Toner beseitigt wird, läßt sich die Qualität um ein weiteres steigern. Aber es kann noch mehr getan werden, um einen Laserausdruck als Druckvorlage verwenden zu können. Geben Sie die Seiten so groß wie möglich aus (mit der Option *Größe* im Dialogfeld *Drucken* führen alle Werte über 100% zu einer vergrößerten Druckausgabe. Da die so entstehenden Positivvorlagen ohnehin lithographiert werden müssen, kann dabei wieder auf die geforderte Größe verkleinert werden. Das Ergebnis kommt einer Druckausgabe bei viel höherer Auflösung gleich.

Tip: Objekte außerhalb von Seitenrändern

Normalerweise lassen sich nur Elemente ausdrucken, die innerhalb der Seitenbegrenzungen positioniert sind. Doch außerhalb der Seitenränder im Bereich der Beschnittzeichen ist genügend Platz für beispielsweise Informationstexte oder Firmenzeichen vorhanden. Die Beschnittzeichen, die optional für den Ausdruck aktiviert werden können, dehnen sich bis etwa 23 Millimeter unterhalb des Seitenrandes aus. Dieser Bereich ist über die volle Breite für besondere Angaben nutzbar.

PageMaker druckt nur die Elemente aus, die innerhalb der Seitengrenzen positioniert sind. Um ein Objekt außerhalb einer Seite drukken zu können, muß ein Bereich des umfassenden Objektrahmens noch innerhalb der Seitenränder positioniert sein. Wenn also beispielsweise für ein Textobjekt eine unsichtbare Absatzlinie oberhalb des Absatzes in einem großzügig bemessenen Linienabstand definiert wird, ist das Objekt noch auf der Seite positioniert, der druckbare Bereich befindet sich jedoch schon außerhalb der Seitengrenzen. Auf dieselbe Weise lassen sich auch kleine Grafiken außerhalb der Seitengrenzen drucken. Sie brauchen lediglich als eine in einen Textblock eingebundene Grafik importiert zu werden.

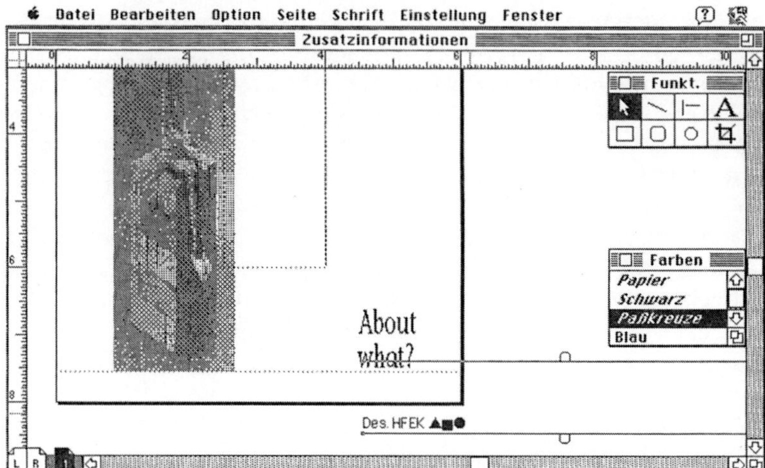

Zusatzinformationen außerhalb der Seitenbegrenzungen

Kapitel 22

Tabellen

22

Tabellen können in PageMaker auf zwei unterschiedliche Arten eingegeben und gestaltet werden. Die eine Möglichkeit ist, den Text und die Daten für die Tabelle in PageMaker selbst einzugeben oder zu importieren. Dabei werden dann die Daten für die einzelnen Spalten durch Tabulatorzeichen voneinander getrennt. Zwischen jeder Zeile der Tabelle wird ein Zeilenschaltungszeichen (<Umschalt><Eingabe>) oder eine Absatzmarke (<Eingabe>) eingegeben. Mit Hilfe des Lineals im Dialogfeld *Einzüge/Tabs* werden anschließend die Spalten mit Tabulatoren ausgerichtet.

Eine Alternative bietet der TabellenEditor. Der TabellenEditor ist ein eigenständiges Programm, das im Lieferumfang von PageMaker enthalten ist. Mit ihm können Tabellen ähnlich wie bei einer Tabellenkalkulation erstellt werden. Dies ist besonders bei umfangreicheren Tabellen gegenüber der Tabellengestaltung mit PageMaker die einfachere Methode.

Tabelle im TabellenEditor einrichten und Dateneingabe

Eine Tabelle im Editor besteht aus Zeilen und Spalten. Dabei werden die Zeilen mit Zahlen und die Spalten mit Buchstaben numeriert. Der Schnittpunkt einer Zeile und einer Spalte bildet eine *Zelle*. Jede Zelle wird durch die Kombination aus dem Spaltenbuchstaben der Spalte und der Zeilennummer der Zeile benannt.

Einrichten einer neuen Tabelle

Zu Beginn der Arbeit mit dem TabellenEditor muß eine Tabelle eingerichtet werden. Dafür sollten eventuell zuerst im Dialogfeld des Befehls *Vorgaben wählen* aus dem Menü *Bearbeiten* unter den Optionen *Einheitensystem* und *Senkrechtes Lineal* die passenden Einheiten ausgewählt werden. Es empfiehlt sich, dieselben Einheiten zu verwenden wie in der Satzdatei, in die die Tabelle später importiert werden soll.

Nach Auswahl des Befehls *Neue Datei* erscheint das Dialogfeld *Tabelle einrichten*, in dem die Spaltenanzahl, die Zeilenanzahl und die Abmessungen der neuen Tabelle festgelegt werden. Dabei sind die exakten Maße nicht so entscheidend, denn sie können auch noch später angepaßt werden. Wichtig ist, daß die Tabelle ausreichend viele Zeilen und

Spalten für die Eingabe der Daten enthält. Für die manuelle Eingabe in die Tabelle ist es noch nicht entscheidend, daß gleich zu Anfang die Dimensionen der Tabelle ausreichend sind, denn es lassen sich jederzeit neue Spalten oder Zeilen hinzufügen. Beim Importieren jedoch muß die Größe der Tabelle (Anzahl Zeilen und Spalten) *mindestens* so groß sein wie die Anzahl der durch Tabulatoren getrennten Spalten und durch Zeilenschaltungen oder Absatzmarken getrennten Zeilen.

Unter *Steg in Millimeter* werden die Abstände links und rechts der Zellen (*Spalte*) bzw. über und unter den Zellen (*Zeile*) festgelegt. Erhält die Tabelle Einfassungen, werden sie dann in diesen Bereich gedruckt.

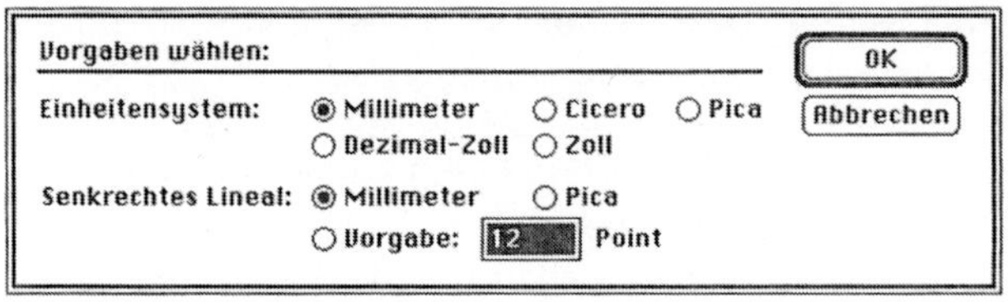

Das Dialogfeld ***Vorgaben wählen***

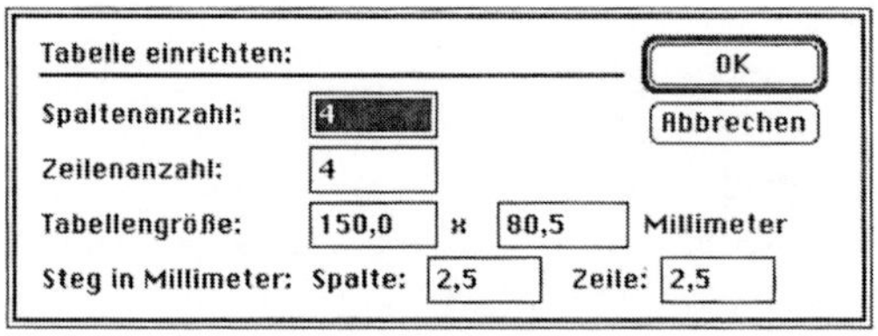

Das Dialogfeld ***Tabelle einrichten***

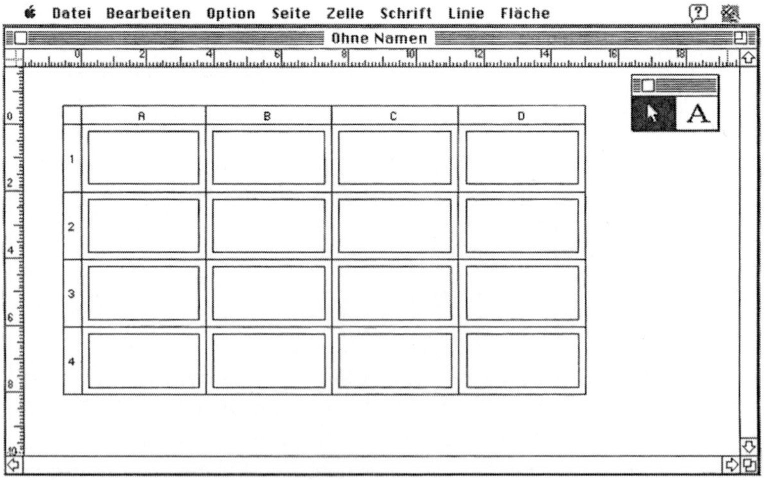

Der TabellenEditor mit einer leeren Tabelle

Wenn alle Einstellungen im Dialogfeld *Tabelle einrichten* vorgenommen sind, wird auf das Feld *OK* geklickt. Daraufhin erscheint auf dem Bildschirm eine leere Tabelle. Diese Tabelle besteht aus Spalten gleicher Breite und Zeilen gleicher Höhe. Die Breite der einzelnen Spalten berechnet sich mittels Division der Tabellenbreite durch die Anzahl der Spalten. Entsprechend wird für die Höhe der Zeilen die Höhe der Tabelle durch die Anzahl der Zeilen dividiert. Spaltenbreite und Zeilenhöhe können noch später, nach der Eingabe und Formatierung der Daten, verändert werden.

Dateneingabe in die Tabelle

Nachdem die Tabelle eingerichtet ist, kann mit der Dateneingabe begonnen werden. Dazu wird die Textfunktion aktiviert. Ebenso wie bei PageMaker gibt es ein Funktionenfenster, das bei aktivierter Option *Funktionen* im Menü *Option* auf dem Bildschirm angezeigt wird. Dieses Funktionenfenster enthält aber nur zwei Funktionen: die Zeigefunktion und die Textfunktion.

Nach dem Aktivieren der Textfunktion nimmt der Mauszeiger die Form eines Textcursors an. Durch Klicken des Cursors wird dann die Einfügemarke für die Eingabe von Daten in eine Zelle gesetzt. Dabei sollte mit der Dateneingabe in der linken oberen Zelle begonnen und entweder von links nach rechts und von oben nach unten oder aber von oben nach unten und von links nach rechts in die folgenden Zellen eingegeben werden. Die Einfügemarke wird dabei, wie der Tabelle auf der folgenden Seite entnommen werden kann, mit der Tabulator- oder der Eingabetaste von Zelle zu Zelle bewegt.

Befindet sich die Einfügemarke am Ende einer Zeile, so wird sie beim nächsten Drücken der Tabulatortaste an den Anfang der darunterliegenden Zeile gesetzt. Analog gilt, wenn sich die Einfügemarke am Ende einer Spalte befindet, wird sie beim nächsten Drücken der Eingabetaste an das obere Ende der rechten benachbarten Spalte gesetzt.

Wenn die in die Zelle eingegebenen Daten nicht in einer Zeile Platz finden, wird innerhalb der Zellen ein automatischer Zeilenumbruch vorgenommen. Dabei wird die Zeilenhöhe der gesamten Zeile entsprechend vergrößert und die Länge der Tabelle angepaßt, so daß die Zeilenhöhe der anderen Zeilen unverändert bleibt.

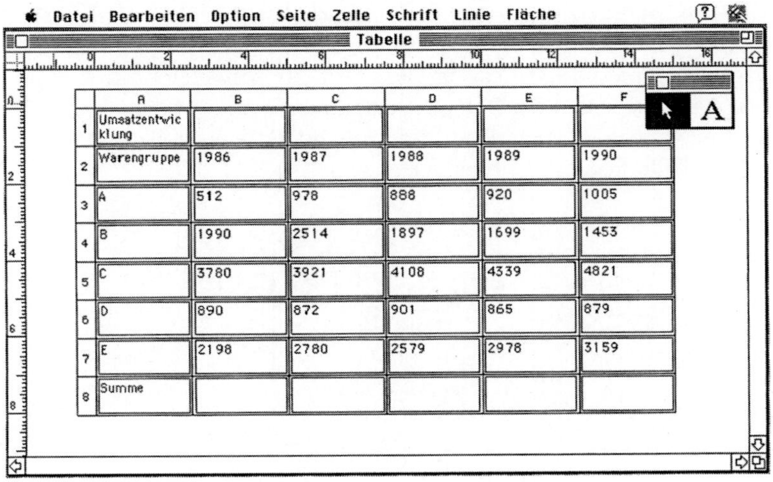
Datei Bearbeiten Option Seite Zelle Schrift Linie Fläche
Tabelle
A B C D E F
1 Umsatzentwicklung
2 Warengruppe 1986 1987 1988 1989 1990
3 A 512 978 888 920 1005
4 B 1990 2514 1897 1699 1453
5 C 3780 3921 4108 4339 4821
6 D 890 872 901 865 879
7 E 2198 2780 2579 2978 3159
8 Summe
A

Die Tabelle nach der Dateneingabe

Achtung: Bei langen Wörtern oder Zahlen, für die die Spalte nicht ausreichend breit ist und die nicht umbrochen werden können, können auch Zeichen verdeckt sein. Vergessen Sie nicht, diese Spalten zu verbreitern.

Bewegungen der Einfügemarke innerhalb der Tabelle	
Taste(n)	**Bewegungsrichtung der Einfügemarke**
<Eingabe>	eine Zelle nach unten
<Tabulator>	eine Zelle nach rechts
<Umschalt><Tabulator>	eine Zelle nach links

Importieren in den TabellenEditor

Anstatt den Text für die Tabelle im TabellenEditor einzugeben, kann der Text auch aus der Zwischenablage oder aus einer anderen Datei importiert werden.

Importieren einer Tabelle im ASCII-Format

Tabellen, die in anderen Programmen als reine Textdateien abgespeichert wurden (beispielsweise in Excel oder Lotus 1-2-3), können in eine TabellenEditor-Tabelle importiert werden. In der ASCII-Tabelle müssen dazu die Informationen der einzelnen Spalten durch Tabulatorzeichen oder Kommata getrennt sein und der Beginn einer neue Zeile wird durch eine Absatzmarke festgelegt. Vor dem Importieren einer solchen im ASCII-Format gespeicherten Tabelle in den TabellenEditor muß eine leere Tabelle eingerichtet werden, die ausreichend viele Zeilen und Spalten hat.

Zuerst werden die Zellen markiert, in die die Daten aus der ASCII-Datei importiert werden sollen. Anschließend wird der Befehl *Importieren* aufgerufen, im Dialogfeld *Datei importieren* die gewünschte Datei ausgewählt und OK geklickt. Ist der markierte Zellbereich nicht groß genug, um die Daten der Datei aufzunehmen, erscheint ein Warnfeld, mit dem der Befehl vorzeitig abgebrochen oder nur ein Teil der Datei in die Tabelle importiert werden kann.

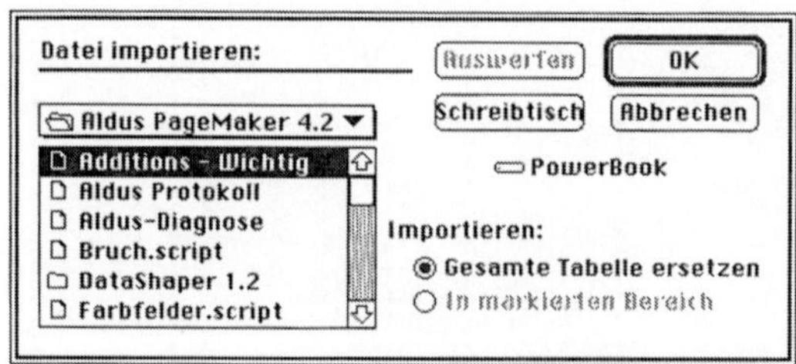

Das Dialogfeld
Datei importieren

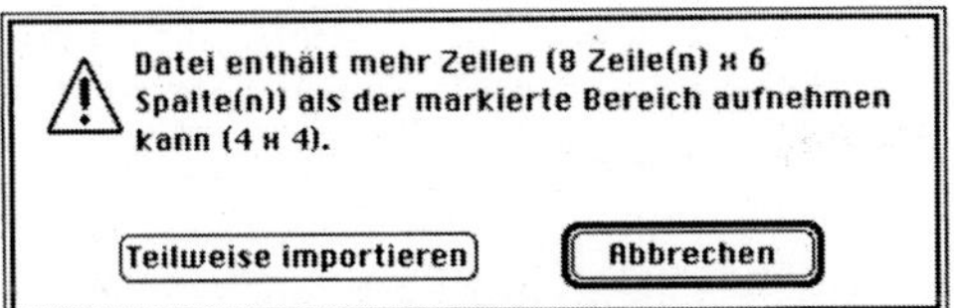

Warnfeld, das erscheint, wenn der markierte Bereich zu klein für die Daten der ASCII-Tabelle ist

Importieren aus der Zwischenablage

In der Zwischenablage können entweder nur die Daten für die Tabelle oder aber auch Formatierungen, Flächen und Linien abgelegt sein. Beim Einfügen aus der Zwischenablage mit dem Befehl *Einfügen* aus dem Menü *Bearbeiten* muß ebenso wie beim Einfügen einer ASCII-Datei der Zielbereich in der Tabelle markiert sein. Auch hier erscheint wieder ein Warnfeld, wenn der markierte Bereich zu klein für die einzufügenden Daten ist.

Beim Einfügen aus der Zwischenablage sind zwei Fälle zu unterscheiden: Ist eine Zelle mit der *Textfunktion* markiert, werden in diese Zelle nur Daten und keine Flächen und Linien eingefügt. Wenn andererseits der Zielbereich mit der *Zeigefunktion* markiert worden ist, werden automatisch auch die Füllungen und Linien eingefügt, insofern sie in der Zwischenablage gespeichert waren.

Bearbeiten der Tabelle im TabellenEditor

Nachdem nun die Daten in die Tabelle eingegeben bzw. importiert sind, muß sie in den meisten Fällen noch verfeinert werden. Dazu steht eine reiche Auswahl an Befehlen zur Verfügung.

Arbeitshilfen

Option
✓Lineale ⌘L
Linealpositionierhilfe ⌘R
Nullpunktfestsetzung
✓Funktionen ⌘6
✓Rollbalken
✓Rasterauszeichnung ⌘8
✓Rasterlinien ⌘9

Das Menü ***Option***

Für das Bearbeiten einer Tabelle im TabellenEditor können unterschiedliche Arbeitshilfen eingesetzt werden, die alle über das Menü *Option* aktiviert werden.

Mit der Option *Lineale* werden oberhalb und links von der Tabelle Lineale angezeigt, die die im Dialogfeld *Vorgaben wählen* festgelegten Einheiten haben. Diese Lineale sind sehr hilfreich beim Einstellen der Zeilenhöhe und Spaltenbreite mit der Maus. Bei eingeschalteter Option *Linealpositionierhilfe* werden die Zeilen- und Spaltenränder beim Verschieben automatisch auf der Höhe des nächsten waagerechten bzw. senkrechten Linealteilstrichs positioniert.

Die Option *Nullpunktfestsetzung* ermöglicht es, den Nullpunkt der Lineale festzusetzen, so daß er nicht mehr verschoben werden kann. Zum Verschieben des Nullpunktes wird zuerst die Option *Nullpunktfestsetzung* ausgeschaltet. Dann werden die gepunkteten sich kreuzenden Linien aus dem Schnittpunkt der beiden Lineale in der linken oberen Ecke des Arbeitsfensters herausgezogen und an der gewünschten Position für den Nullpunkt positioniert. Anschließend wird die Nullpunktfestsetzung wieder eingeschaltet, so daß der Nullpunkt nicht versehentlich verschoben werden kann. In der Vorgabeeinstellung befindet sich der Nullpunkt in der linken oberen Ecke der Tabelle.

Die Option *Funktionen* dient dem Ein- oder Ausschalten des Funktionenfensters, über das die Zeige- und Textfunktion mit der Maus aktiviert werden können. Mit der Option *Rollbalken* werden die Rollbalken, mit denen die Tabelle waagerecht und senkrecht über den Bildschirm gerollt werden kann, ein- oder ausgeschaltet. Ebenso wie bei PageMaker wird der Bildschirm automatisch gerollt, wenn beim Markieren oder bei der Texteingabe über den Rand des angezeigten Ausschnittes hinaus gearbeitet wird.

In den Rasterauszeichnungen werden auf dem Bildschirm oberhalb und links der Tabelle die Spaltenbuchstaben und Zeilennummern angezeigt. Diese dienen ausschließlich als Arbeitshilfe und werden nicht gedruckt. Bei eingeschalteter Option *Rasterauszeichnung* können die Spaltenbreite und die Zeilenhöhe durch Ziehen mit der Maus verändert und ganze Zeilen und Spalten markiert werden. Die Rasterauszeichnungen bieten eine erhebliche Arbeitserleichterung und sollten immer während der Bearbeitung der Tabelle eingeschaltet sein.

Mit der Option *Rasterlinien* werden auf dem Bildschirm Hilfslinien für die Zeilen- und Spaltenstege sowie die Begrenzung der einzelnen Zellen angezeigt. Diese Linien werden nicht gedruckt, sondern dienen nur als Arbeitshilfe. Das Einschalten der Rasterlinien ist insbesondere dann zu empfehlen, wenn für die Zellen keine Einfassungen festgelegt sind, da die Zellen dann besser zu erkennen sind.

Im Menü *Seite* stehen, ähnlich wie bei PageMaker, unterschiedliche Darstellungsgrößen für die Anzeige der Tabelle auf dem Bildschirm zur Auswahl. Durch Klicken der Maustaste bei gleichzeitig gedrückter Befehls-, Wahl- und Umschalttaste wird zwischen der zuletzt gewählten Darstellungsgröße und der Darstellungsgröße *Originalgröße* hin und her gewechselt.

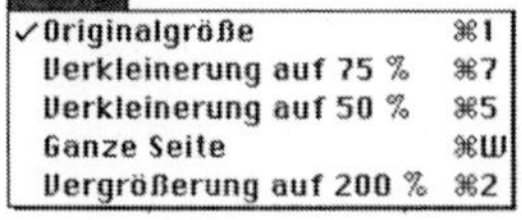

Seite	
✓Originalgröße	⌘1
Verkleinerung auf 75 %	⌘7
Verkleinerung auf 50 %	⌘5
Ganze Seite	⌘W
Vergrößerung auf 200 %	⌘2

Das Menü ***Seite***

Zellen markieren

Das Markieren von Zellen kann nur mit der *Zeigefunktion* ausgeführt werden, mit der *Textfunktion* können nur Daten innerhalb einer Zelle markiert werden. Eine einzelne Zelle wird durch Klicken mit der Zeigefunktion markiert, sollen mehrere Zellen markiert werden, wird auf die erste Zelle geklickt und bei gedrückter Maustaste gezogen, bis alle gewünschten Zellen markiert sind. Gegebenenfalls wird dabei automatisch der Bildschirminhalt gerollt.

Ganze Zeilen oder Spalten lassen sich problemlos markieren, wenn die Rasterauszeichnungen eingeschaltet sind (Option *Rasterauszeichnung* im Menü *Option*). Durch Klicken auf den Spaltenbuchstaben oder die Zeilennummer in der Rasterauszeichnung wird die jeweilige Spalte oder Zeile markiert. Bleibt die Maustaste gedrückt, können auch hier durch Ziehen über die zugehörige Rasterauszeichnung mehrere Zeilen oder Spalten gleichzeitig markiert werden.

Mit dem Befehl *Alles markieren* aus dem Menü *Bearbeiten* wird die gesamte Tabelle markiert. Alternativ dazu kann auch bei eingeschalteten Rasterauszeichnungen auf das Feld in der linken oberen Ecke der Rasterauszeichnungen geklickt oder der Mauszeiger bei gedrückter Maustaste von Anfang bis Ende über alle Zeilennummern oder Spaltenbuchstaben gezogen werden.

Zeilen und Spalten hinzufügen, löschen, verschieben und umstellen

Auch nachdem bereits Daten in die Tabelle eingegeben sind, kann die Anzahl der Zeilen und Spalten noch verändert werden. Im Menü *Zelle* dienen dazu die Befehle *Zeile/Spalte einfügen* und *Zeile/Spalte löschen*. Nach Auswahl des jeweiligen Befehls muß eingestellt werden, ob die Änderung auf Zeilen oder Spalten wirken soll.

Neue Zeilen werden oberhalb und neue Spalten links der markierten Zelle eingefügt. Durch das Einfügen verändern sich die Abmessungen der Tabelle. Die neuen Zeilen oder Spalten haben dieselbe Formatierung wie die beim Einfügen markierte Zelle. Ist während des Einfügens ein ganzer Zellbereich markiert, wird die Formatierung der obersten linken Zelle übernommen.

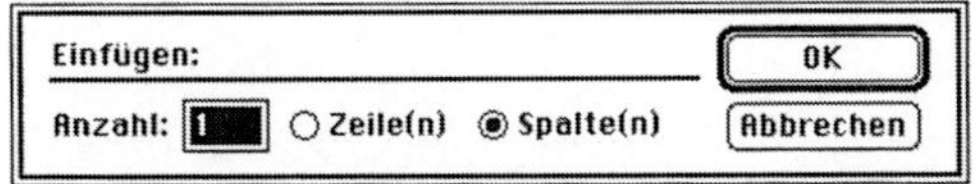

Das Dialogfeld ***Einfügen***

	A	B	C	D	E	F	
1	Umsatzentwicklung						
2	Warengruppe		1986	1987	1988	1989	1990
3	A		512	978	888	920	1005
4	B		1990	2514	1897	1699	1453
5	C		3780	3921	4108	4339	4821
6	D		890	872	901	865	879
7	E		2198	2780	2579	2978	3159
8	Summe						

Eine neue Spalte wurde eingefügt

Beim Löschen einer Zeile oder Spalte wird auch der gesamte Inhalt dieser Zeile bzw. Spalte gelöscht. Dazu genügt es, wenn eine einzige Zelle dieser Zeile oder Spalte markiert ist oder sich die Einfügemarke in einer Zelle befindet. Der Befehl kann nach dem Klicken auf das Feld OK nicht mehr abgebrochen werden. Vor dem endgültigen Löschen erscheint keine Warnung. Auch steht im TabellenEditor kein Rückgängig-Befehl zur Verfügung. (Der Befehl *Rückgängig* erscheint im Menü immer abgeblendet.)

Soll nur der Inhalt einer oder mehrerer Zellen, nicht aber die Zellen selbst gelöscht werden, dient dazu der Befehl *Löschen* im Menü *Bearbeiten*. Nach Aufruf des Befehls erscheint dann das Dialogfeld *Löschen*. In diesem Dialogfeld kann ausgewählt werden, welche Inhalte der Zelle(n) gelöscht werden sollen: *Text, Linien, Flächen* oder *Alles*. Es kann aber auch mit der Rücktaste gelöscht werden. Diese arbeitet genauso wie der Befehl *Löschen*, wenn eine oder mehrere Zellen mit der Zeigenfunktion markiert sind. Wenn aber vor Betätigen der Rücktaste Daten innerhalb einer Zelle mit der Textfunktion markiert worden sind, werden diese Daten direkt ohne Sicherheitsabfrage aus der Zelle gelöscht. Füllungen und Linien bleiben erhalten.

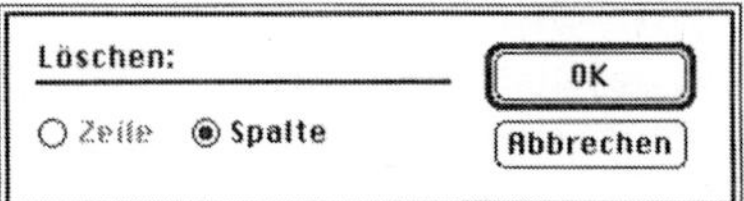

Das Dialogfeld ***Löschen***

Zum Löschen oder Kopieren des Tabellentextes in die Zwischenablage dienen die Befehle *Ausschneiden* und *Kopieren* aus dem Menü *Bearbeiten*, wie es auch schon von PageMaker und anderen Anwendungen her bekannt ist. Sind bei Anwendung dieser Befehle nur Daten innerhalb einer Zelle mit der Textfunktion markiert, wird nur dieser Text in die Zwischenablage gebracht. Wurde dagegen mit der Zeigenfunktion markiert, enthält die Zwischenablage auch alle Informationen über die Formatierung in den markierten Zellen.

Das Verschieben einer Zeile oder Spalte kann problematisch sein. Die Schwierigkeit besteht darin, daß beim Einfügen in eine Zeile oder Spalte der Inhalt der vorhandenen Zeile bzw. Spalte nicht verschoben, sondern überschrieben wird. Aus diesem Grunde muß vor dem Einfügen zunächst eine neue leere Zeile bzw. Spalte in die Tabelle eingefügt werden. Nachdem die Ausgangszeile oder -spalte markiert und der Inhalt mit dem Befehl *Ausschneiden* aus dem Menü *Bearbeiten* in die Zwischenablage gebracht worden ist, wird er mit dem Befehl *Einfügen* in die neue Zeile oder Spalte eingefügt. Anschließend kann die nun leere Zeile oder Spalte, aus der verschoben wurde, mit dem Befehl *Zeile/Spalte löschen* aus dem Menü *Zelle* gelöscht werden.

Ganz einfach lassen sich Zeilen und Spalten der Tabelle oder eines Teils der Tabelle vertauschen. Dazu wird zuerst der betroffene Bereich der Tabelle markiert und mit dem Befehl *Ausschneiden* in die Zwischenablage ausgeschnitten. Anschließend wird im Menü *Bearbeiten* der Befehl *Textfluß definieren* aufgerufen und im Dialogfeld die Richtung für den Textfluß geändert. Nun wird ein ausreichend großer Bereich der Tabelle markiert und aus der Zwischenablage eingefügt. Beim Einfügen werden dann alle ehemaligen Zeilen als Spalten eingefügt und umgekehrt.

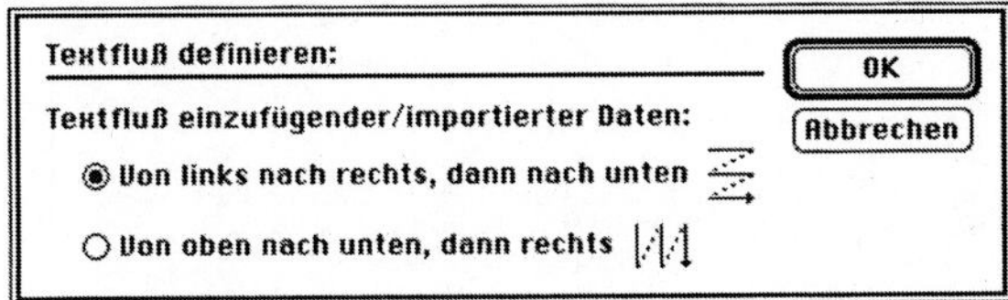

Das Dialogfeld ***Textfluß definieren***

Ändern der Zeilen- und Spaltengrößen

Die Spaltenbreite und Zeilenhöhe lassen sich mit zwei unterschiedlichen Verfahren ändern: über die Befehle *Spaltenbreite* und *Zeilenhöhe* aus dem Menü *Zelle* und durch Ziehen des Spalten- bzw. Zeilenrands in den Rasterauszeichnungen.

Zelle Schrift Linie Fläche
Einfassungen... ⌘B
Spaltenbreite... ⌘M
Zeilenhöhe... ⌘H
Zahlenformat... ⌘F
Summe ⌘#
Zeile/Spalte einfügen... ⌘E
Zeile/Spalte löschen... ⌘K
Gruppieren ⌘G
Gruppieren rückgängig ⌘U

Das Menü ***Zelle***

Mit dem Befehl *Spaltenbreite* aus dem Menü *Zelle* wird die Breite aller markierten Spalten zu dem im Dialogfeld eingegebenen Wert geändert. Dabei bleibt die Breite der anderen, nicht markierten Spalten unverändert, und folglich ändert sich die Gesamtbreite der Tabelle.

Das Dialogfeld ***Spaltenbreite***

Alternativ kann die Spaltenbreite mit der Maus verändert werden. Dazu wird im Bereich der Rasterauszeichnungen auf die Begrenzung der Spalte geklickt und in die gewünschte Richtung gezogen. Beim Ziehen wird automatisch die Breite der benachbarten Spalte so angepaßt, daß die Gesamtbreite der Tabelle erhalten bleibt. Eine Ausnahme bildet das Ziehen an der rechten Begrenzung der äußersten rechten Spalte, wobei die Tabellenbreite doch verändert wird. Wenn aber während des Ziehens der Spaltenbegrenzung mit der Maus die Wahltaste gedrückt wird, bleibt die Breite der anderen Spalten unverändert und die Gesamtbreite der Tabelle wird angepaßt.

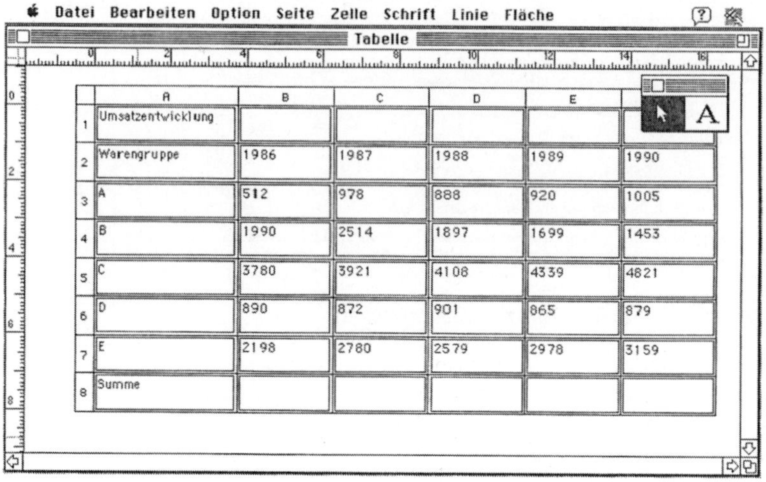

Datei Bearbeiten Option Seite Zelle Schrift Linie Fläche

Tabelle

	A	B	C	D	E	
1	Umsatzentwicklung					
2	Warengruppe	1986	1987	1988	1989	1990
3	A	512	978	888	920	1005
4	B	1990	2514	1897	1699	1453
5	C	3780	3921	4108	4339	4821
6	D	890	872	901	865	879
7	E	2198	2780	2579	2978	3159
8	Summe					

Eine Spalte wurden verbreitert, die Gesamtbreite der Tabelle hat sich vergrößert

Auch die Zeilenhöhe kann entweder über den Befehl *Zeilenhöhe* aus dem Menü *Zelle* oder durch Ziehen der Zeilenbegrenzungen im Bereich der Rasterauszeichnungen mit der Maus verändert werden. Dabei bleibt aber bei beiden Verfahren die Zeilenhöhe der anderen Zeilen unverändert, so daß die Gesamtlänge der Tabelle verändert wird. Die Zeilenhöhe kann nicht beliebig klein eingestellt werden. Ihr minimaler Wert ist bestimmt durch die größte in der Zeile verwendete Schriftgröße und deren Zeilenabstand sowie die Breite des Zeilenstegs. Wird für die Zeilenhöhe im Dialogfeld *Zeilenhöhe* ein zu kleiner Wert eingegeben, wird die minimal mögliche Zeilenhöhe eingestellt. Beim Verändern der Zeilenhöhe mit der Maus kann die Zeilenbegrenzung, wenn der minimale Wert für die Zeilenhöhe erreicht ist, nicht weiter nach oben gezogen werden.

Gruppieren

Sollen zwei oder mehrere Zellen eine gemeinsame Zelle bilden, können die Zellen gruppiert werden. Dazu werden zuerst alle betroffenen Zellen markiert. Anschließend wird der Befehl *Gruppieren* aus dem Menü *Zelle* aufgerufen. Die durch Gruppieren entstandene Zelle hat dann dieselbe Formatierung wie die Zelle in der linken oberen Ecke des gruppierten Bereichs (Ankerzelle). Eine große, durch Gruppieren entstandene Zelle verhält sich in der weiteren Bearbeitung (beispielsweise beim Formatieren) wie jede andere Zelle.

Mit dem Befehl *Gruppieren rückgängig* kann eine Gruppierung wieder aufgehoben werden. Bis auf die erste Zelle des Bereichs werden alle Zellen in ihrer ursprünglichen Form wiederhergestellt. Nur die erste Zelle behält alle Formatierungen bei, die an der gruppierten Zelle vorgenommen wurden.

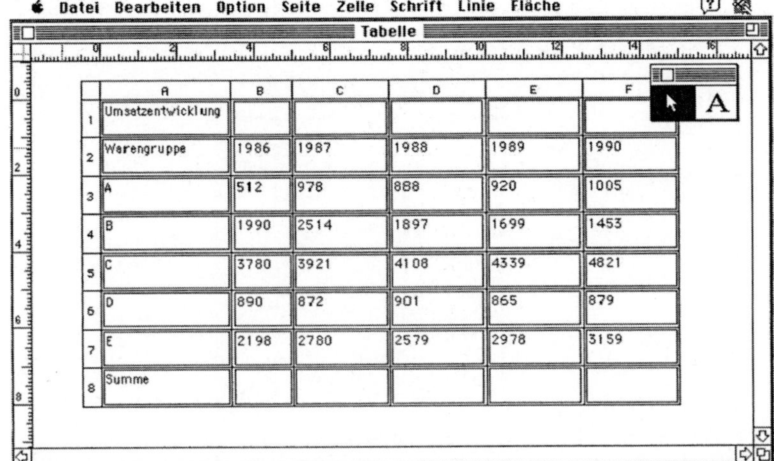

	A	B	C	D	E	F
1	Umsatzentwicklung					
2	Warengruppe	1986	1987	1988	1989	1990
3	A	512	978	888	920	1005
4	B	1990	2514	1897	1699	1453
5	C	3780	3921	4108	4339	4821
6	D	890	872	901	865	879
7	E	2198	2780	2579	2978	3159
8	Summe					

Spalte A wurde verbreitert und Spalte B dabei entsprechend verkleinert, so daß die Gesamtbreite der Tabelle erhalten blieb

Datei Bearbeiten Option Seite Zelle Schrift Linie Fläche

Tabelle

	A	B	C	D	E	F
1	Umsatzentwicklung					
2	Warengruppe	1986	1987	1988	1989	1990
3	A	512	978	888	920	1005
4	B	1990	2514	1897	1699	1453
5	C	3780	3921	4108	4339	4821
6	D	890	872	901	865	879
7	E	2198	2780	2579	2978	3159
8	Summe					

Alle Zellen der ersten Zeile wurden gruppiert

Den Zellinhalt formatieren

Der Zellinhalt kann für jede Zelle einzeln formatiert werden. Innerhalb einer Zelle aber ist nur eine einheitliche Formatierung für alle Zeichen möglich. Die meisten Befehle für das Formatieren des Zellinhalts finden sich im Menü *Schrift*. Hier stehen jedoch wesentlich weniger Formatieroptionen zur Verfügung wie in PageMaker selbst.

Das Menü ***Schrift***

Im Dialogfeld *Schriftfestlegung* können für alle Zeichen einer Zelle einheitlich die *Schriftart*, der *Schriftgrad*, der *Zeilenabstand* und der *Schriftschnitt* eingestellt werden. Dabei stehen alle im System installierten Schriftarten und Schriftgrößen sowie alle Schriftschnitte aus PageMaker bis auf *Durchgestrichen* zur Verfügung. Laufweite, Buchstabenabstand usw. lassen sich im TabellenEditor nicht gesondert einstellen. Der Prozentwert für den automatischen Zeilenabstand kann im Dialogfeld *Zeilenabstand* geändert werden.

Das Dialogfeld ***Schriftfestlegung***

Auswahl des Befehls *Ausrichtung* öffnet ein Auswahlmenü, in dem die Ausrichtung des Textes in der Zelle eingestellt werden kann. Zur Auswahl stehen neben den üblichen waagerechten Ausrichtungen *Linksbündig, Zentriert* und *Rechtsbündig* noch Optionen für die senkrechte Ausrichtung innerhalb der Zelle. Der Zellinhalt kann am oberen Rand der Zelle (*Kopf*), am unteren Rand der Zelle (*Fuß*) oder mittig in der Zelle (*Mitte*) ausgerichtet sein. Standardeinstellung für die senkrechte Ausrichtung ist *Kopf*. Dabei läßt sich für jede Zelle individuell eine waagerechte und eine senkrechte Ausrichtung einstellen.

Das Auswahlmenü ***Ausrichtung***

Eine weitere Formatierfunktion, die sicher einen der Vorteile des TabellenEditors ausmacht, ist nur im TabellenEditor, nicht aber in PageMaker enthalten. Mit dem Befehl *Zahlenformat* aus dem Menü *Zelle* läßt sich für die Zahlen in jeder einzelnen Zelle der Tabelle ein Zahlenformat festlegen. Zur Auswahl stehen neun Zahlenformate, die in der folgenden Tabelle aufgelistet und mit jeweils drei Beispielen genauer erklärt sind.

Achtung: Zahlen unter 5 werden ab- und Zahlen ab 5 aufgerundet. Gerundete Ziffern gehen verloren, d.h. wurde bereits ein Zahlenformat angewendet, bei dem Ziffern gerundet worden sind, und wird dann mit einem Zahlenformat formatiert, das mehr Ziffern hinter dem Komma zuläßt, sind diese zuvor gerundeten Ziffern verloren, und es werden an den entsprechenden Stellen Nullen angezeigt.

Datei Bearbeiten Option Seite Zelle Schrift Linie Fläche

Tabelle

	A	B	C	D	E	F
1	Umsatzentwicklung					
2	Warengruppe	1986	1987	1988	1989	1990
3	A	512	978	888	920	1005
4	B	1990	2514	1897	1695	1453
5	C	3780	3921	4108	4335	4821
6	D	890	872	901	865	879
7	E	2196	2780	2579	2976	3159
8	Summe					

Die Tabelle wurde formatiert

Die Zahlenformate

Formatart	**Beispiel**		
	1000,505	**-1000,505**	**1,4**
Allgemein	1000,505	-1000,505	1,4
0	1001	-1001	1
0,00	1000,51	-1000,51	1,40
#.##0	1.001	-1.001	1
#.##0,00	1.000,51	-1.000,51	1,40
DM#.##0	DM1.001	(DM1.001)	DM1
DM#.##0,00	DM1.000,51	(DM1.000,51)	DM1,40
0%	10051%	-10051%	140%
0,00%	10005,05%	-10005,05%	140,00%

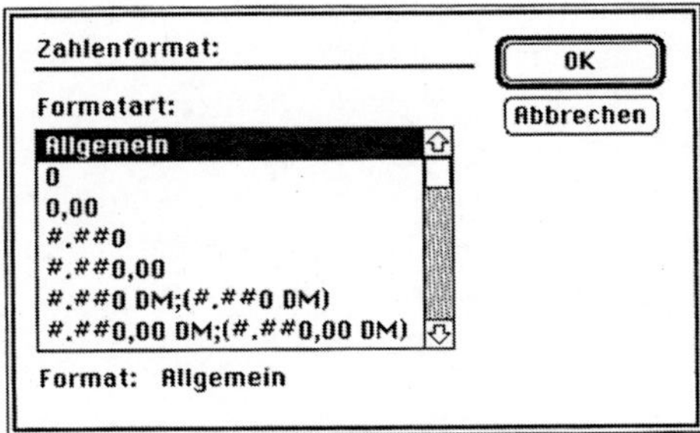

Das Dialogfeld ***Zahlenformat***

Tip: Ändern der Spaltenbreite erst nach der Zahlenformatierung

Beim Formatieren von Zahlen mit dem Befehl *Zahlenformat* erhöht sich häufig die Anzahl der in der Zelle angezeigten Zeichen. Um zusätzliche Arbeit durch erneutes Anpassen der Spaltenbreite zu vermeiden, sollten zuerst die Zahlen formatiert und dann die Breite der Tabellenspalten angepaßt werden.

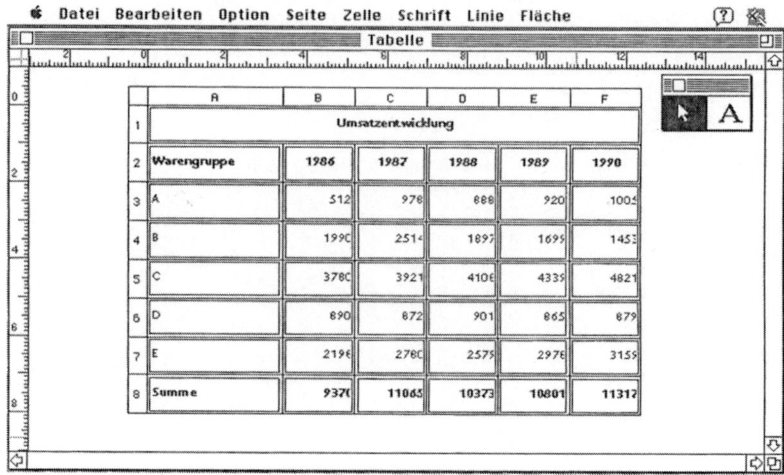

	A	B	C	D	E	F
1	Umsatzentwicklung					
2	**Warengruppe**	**1986**	**1987**	**1988**	**1989**	**1990**
3	A	512	978	888	920	1005
4	B	1990	2514	1897	1699	1453
5	C	3780	3921	4106	4339	4821
6	D	890	872	901	865	879
7	E	2196	2780	2579	2978	3159
8	**Summe**	**9370**	**11065**	**10373**	**10801**	**11312**

In der Tabelle wurde über die einzelnen Spalten summiert und die Summe jeweils in der letzten Zeile eingefügt

Eine weitere besondere Funktion des TabellenEditors ist der Befehl *Summe* aus dem Menü *Zelle*. Mit ihm wird eine Summe über die Zahlen der markierten Zellen gebildet. Dabei werden negative Zahlen subtrahiert. Die Zellen, über die die Summe berechnet werden soll, müssen sich innerhalb einer einzigen Zeile oder Spalte befinden. Sind Zellen aus mehreren Zeilen und Spalten markiert, erscheint der Befehl *Summe* im Menü abgeblendet und kann nicht ausgewählt werden.

Nachdem der Befehl ausgewählt und die Summe über die markierten Zellen berechnet ist, erscheint ein Symbol bestehend aus einem Plus- und einem Gleichheitszeichen. Durch Klicken in eine Zelle wird die Summe dort eingefügt und in dem mit dem Befehl *Zahlenformat* zuletzt festgelegten Format angezeigt.

Einfassungen, Linien und Flächen

Mit dem Befehl *Einfassungen* aus dem Menü *Zelle* läßt sich festlegen, für welche Ränder das im folgenden aus dem Menü *Linie* ausgewählte Linienformat gelten soll. Dabei wird im Dialogfeld zwischen der Umrandung eines markierten Bereichs der Tabelle (*Umrandung*) und den inneren Einfassungen zwischen den einzelnen Zellen in diesem Bereich (*Innen*) unterschieden. In der Liste der Linien des Menüs *Linie* stehen weniger Linienformate zur Auswahl als bei PageMaker, so sind insbesondere keine gestrichelten Linien verfügbar.

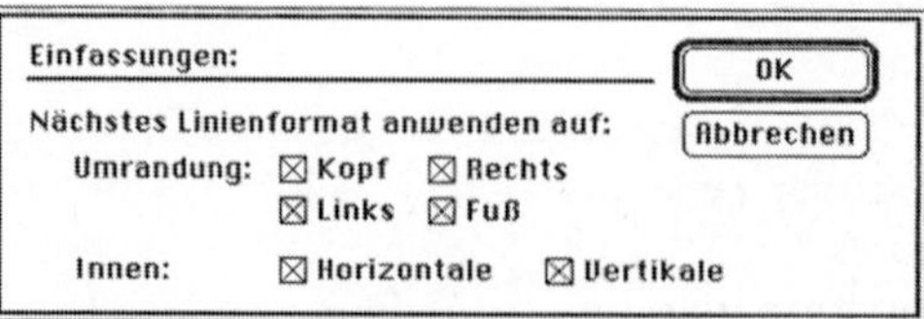

Das Dialogfeld ***Einfassungen***

Mit dem Menü *Fläche* lassen sich für alle markierten Zellen Flächenfüllungen definieren. Zur Auswahl stehen wie bei PageMaker die Einstellung *Keine, Vollton* und Grauwerte zwischen 10% und 80%. Schraffuren und die Farbe *Papier* können nicht ausgewählt werden.

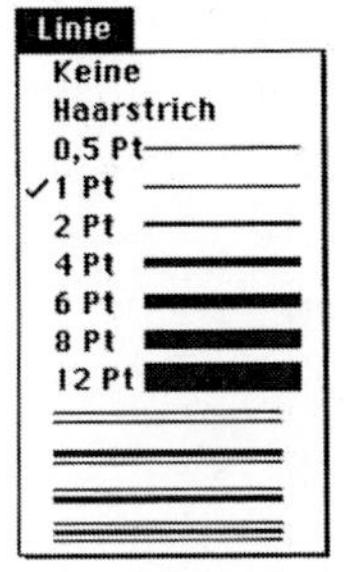

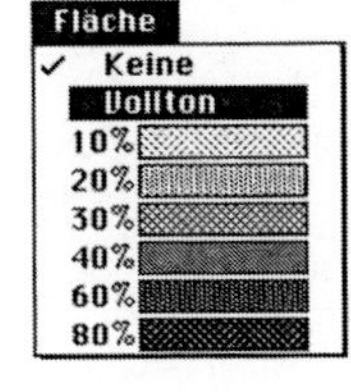

*Das Menü **Linie** und das Menü **Fläche***

Datenaustausch mit PageMaker und anderen Programmen

Der TabellenEditor bietet keine Option zum Drucken der Tabelle. Die Tabelle muß dazu in ein anderes Programm exportiert werden. Dabei gibt es die Möglichkeit, die Tabelle als PICT-Datei oder über die Zwischenablage in einer PageMaker-Satzdatei zu positionieren und dann die Satzdatei zu drucken.

Speichern und exportieren der Tabelle

Bevor die Tabelle in einer PageMaker-Satzdatei positioniert werden kann, muß sie im TabellenEditor gespeichert und dann exportiert werden. Der Befehl *Speichern* oder *Speichern unter* aus dem Menü *Datei* speichert die Tabelle in einem dem TabellenEditor eigenen Format. Dieses Format kann von anderen Programmen und auch von PageMaker nicht gelesen werden.

Der Befehl *Exportieren* aus dem Menü *Bearbeiten* bietet die Möglichkeit, die Tabelle in einem Dateiformat zu speichern, das auch von anderen Programmen gelesen werden kann. Zur Auswahl stehen im Dialogfeld *Exportieren in* die Dateiformate *PICT* und *Reine Textdatei [Tabs].* Ist ein Teil der Tabelle markiert, kann entweder die gesamte Tabelle oder nur der markierte Teil der Tabelle exportiert werden.

Im PICT-Format wird die Datei als Vektorgrafik gespeichert. Die Datei enthält alle Formatierungen des TabellenEditors. Als ASCII-Datei dagegen wird nur der Zellinhalt ohne jegliche Formatierung exportiert. Dabei sind die Inhalte nebeneinanderliegender Spalten durch Tabulatorzeichen und die Zeilen durch Absatzmarken voneinander getrennt.

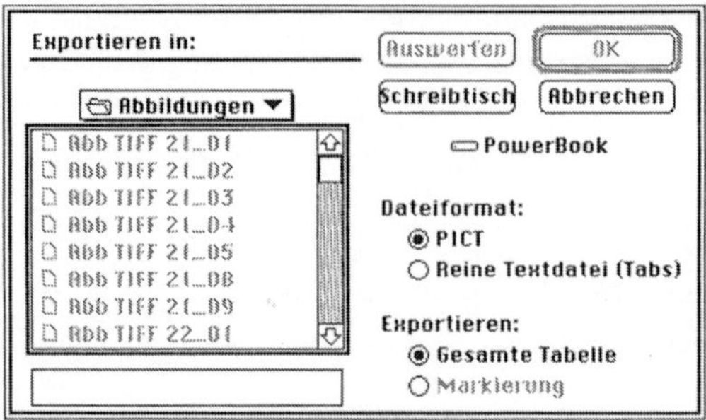

Das Dialogfeld ***Exportieren in***

Import der Tabelle in PageMaker als PICT-Datei

Nach Auswahl der als PICT-Datei exportierten Tabelle im Dialogfeld *Wählen Sie eine Datei* erscheint das Grafiksymbol für Vektorgrafiken. Durch Drücken der Maustaste wird die Tabelle an der aktuellen Position des Symbols auf der Seite eingefügt. Dabei hat die Tabelle dieselben Abmessungen wie im TabellenEditor. Jedoch ist die Tabelle von einem etwa 2 mm breiten, durchsichtigen Bereich umgeben, so daß sie größer als die Grafikdatei selbst ist. Die importierte Tabelle verhält sich in PageMaker wie eine normale Vektorgrafik, d.h. sie kann verschoben und skaliert werden. Die Tabelle kann auch als eingebundene Grafik in einem Textabschnitt positioniert werden, wenn sich bei Auswahl des Befehls *Positionieren* die Einfügemarke in einem Textabschnitt befindet.

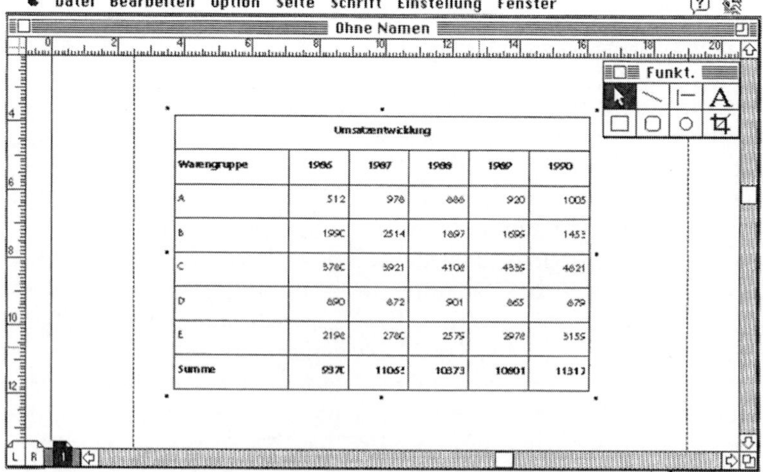

Die Tabelle aus dem TabellenEditor hat Grafikanfasser

Achtung: Beim Importieren einer als PICT-Datei gespeicherten Tabelle als eingebundene Grafik kann der zusätzliche Rand um die Tabelle Probleme bereiten, beispielsweise weil die Tabelle sich nicht bündig mit dem Rand des Textblockes positionieren läßt. In diesem Fall hilft das Beschneiden der Grafik mit der Abschneidefunktion bis zum Rand der Tabelle selbst.

Import über die Zwischenablage

Eine weitere Importmethode für Tabellen des TabellenEditors in PageMaker arbeitet mit der Zwischenablage. Dabei kann auch nur ein Teil der Tabelle in PageMaker positioniert werden. Im Menü *Bearbeiten* des TabellenEditors stehen dazu die beiden üblichen Befehle *Ausschneiden* und *Kopieren* zur Verfügung.

Mit dem Befehl *Ausschneiden* werden der Inhalt und die Formatierung der Zellen im markierten Bereich der Tabelle gelöscht und in der Zwischenablage zwischengespeichert. Dabei bleiben die Zellen selbst in der Tabelle erhalten, nur die Daten werden als Text mit Formatierungen, Einfassungen, Flächen usw. in der Zwischenablage gespeichert. Wurde nur ein Teil des Textes innerhalb einer Zelle mit der Textfunktion markiert, wird nur dieser Textteil ausgeschnitten.

Der Befehl *Kopieren* arbeitet genauso wie der Befehl *Ausschneiden*, mit dem Unterschied, daß nur eine Kopie der markieren Zellen in der Zwischenablage gespeichert wird und die Tabelle unverändert erhalten bleibt. Beim Einfügen aus der Zwischenablage in PageMaker bleiben dann alle Formatierungen des TabellenEditors wie Schriften, Ausrichtungen, Einfassungen, Linien usw. erhalten. Die eingefügte Grafik verhält sich genauso wie eine positionierte PICT-Datei, mit dem Unterschied, daß keine Verbindung zu einer externen Datei besteht. Auch hier ist die Tabelle wieder von einem etwa 2 mm breiten, durchsichtigen Bereich umgeben, so daß sie größer als die Grafikdatei selbst ist.

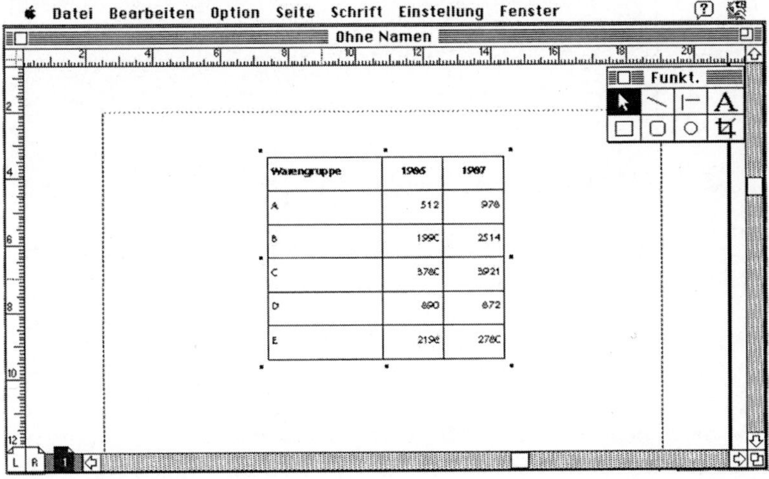

Der markierte Bereich der Tabelle wurde mit dem Befehl ***Kopieren*** *in die Zwischenablage gebracht und dann in PageMaker eingefügt*

Der Befehl *Kopieren* liefert eine einfache Methode, Teile der Tabelle mit ihrer kompletten Formatierung in PageMaker einzufügen. Ist jedoch zu erwarten, daß noch Veränderungen an der Tabelle vorgenommen werden müssen, sollte dieser Tabellenteil im TabellenEditor markiert und dann mit der Option *Markierung* im Dialogfeld *Exportieren in* als eigene PICT-Datei exportiert werden. Auf diese Weise kann auch ein Teil der Tabelle mit Verbindung in PageMaker positioniert werden.

Tabellen in PageMaker bearbeiten und aktualisieren

Die Tabelle kann also entweder mit dem Befehl *Positionieren* als .PICT-Datei oder mit dem Befehl *Einfügen* aus der Zwischenablage in die Satzdatei eingefügt werden. Sie wird dann von PageMaker als Grafik behandelt. Die Tabelle hat Grafikanfasser, kann beliebig skaliert werden, und auch die Option *Konturenführung* steht zur Verfügung, so daß der Text der Satzdatei um die Tabelle herumfließen kann. Die PICT-Datei läßt sich mit der Option *Hohe Auflösung* im Dialogfeld *Vorgaben wählen* sehr detailliert auf dem Bildschirm darstellen.

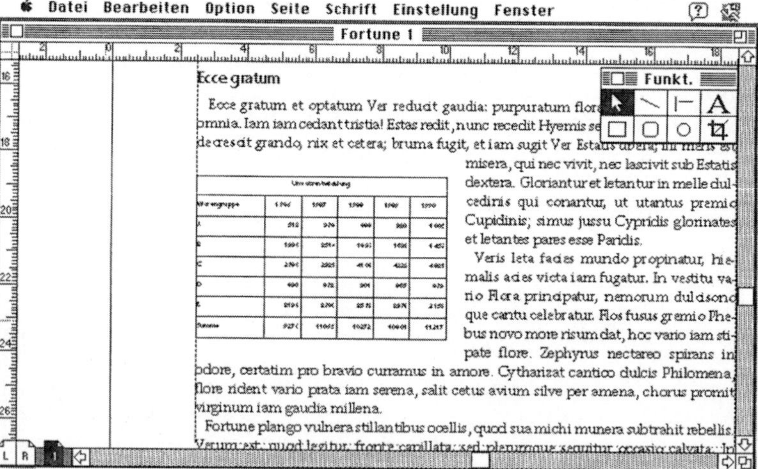

Die Tabelle wurde verkleinert, und der Text fließt um die Tabelle herum

Auch das Überarbeiten und Aktualisieren der Tabelle ist unkompliziert. Voraussetzung dafür ist, daß die Tabelle mit dem Befehl *Positionieren* und nicht über die Zwischenablage in die Satzdatei eingefügt wurde. Nur dann besteht eine Verbindung zur Tabellendatei. Außerdem sollte im Dialogfeld *Verbindungsoptionen* die Option *Autom. aktualisieren* eingeschaltet sein.

Da die Tabelle in PageMaker als Grafik positioniert wird, kann sie nicht in PageMaker selbst editiert werden, es muß also wieder in den TabellenEditor gewechselt werden. Zum Starten des TabellenEditors wird bei gedrückter Wahltaste zweimal auf der in der Satzdatei positionierten PICT-Datei geklickt oder der Befehl *Original bearbeiten* aus dem

Menü *Bearbeiten* aufgerufen. Der TabellenEditor wird geöffnet und die Tabelle, aus der die PICT-Datei exportiert wurde, ist geöffnet. Sie kann nun beliebig editiert und neu formatiert werden. Anschließend wird die überarbeitete Datei unter demselben Namen gespeichert. Dabei wird auch die Exportdatei automatisch neu erstellt und in der Satzdatei aktualisiert.

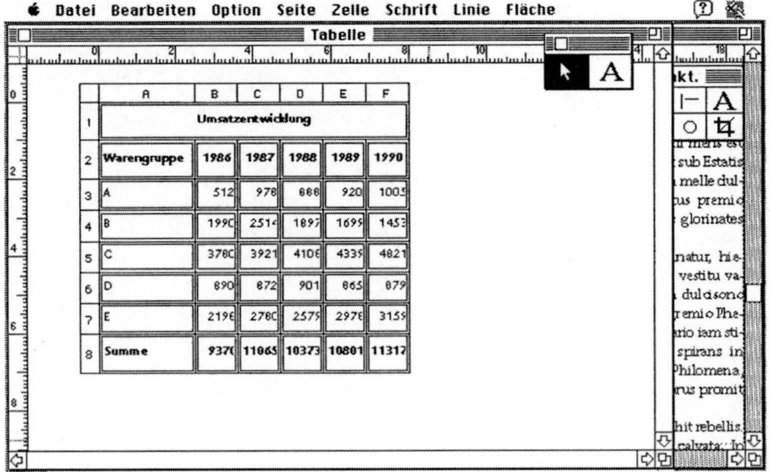

Der TabellenEditor wurde gestartet, die Tabelle ist geöffnet und wurde überarbeitet

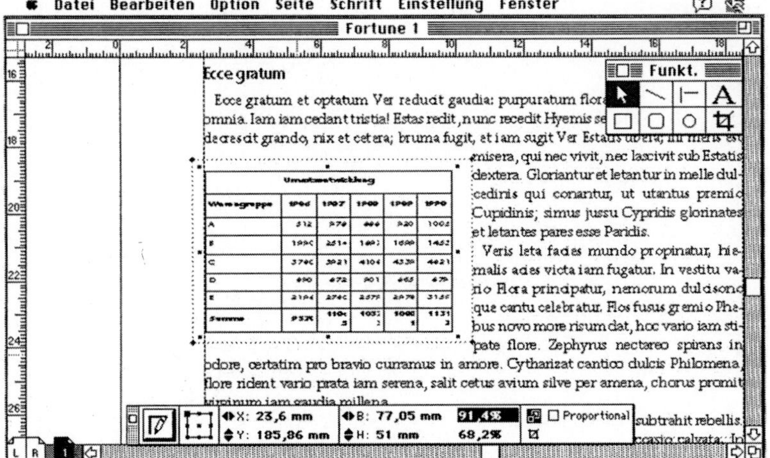

Die Tabelle wurde in PageMaker aktualisiert

Achtung: Wenn beim Überarbeiten der Tabelle Zeilen bzw. Spalten hinzugefügt oder gelöscht oder Zeilenhöhen bzw. Spaltenbreiten so verändert wurden, daß sich die Außenmaße der Tabelle geändert haben, stimmen nach dem Aktualisieren die Proportionen der Tabelle nicht mehr. Die Grafik in der Satzdatei hat dieselben Abmessungen wie vor dem Aktualisieren. Die Proportionen lassen sich aber leicht wieder herstellen, wenn bei gedrückter Wahl- und Umschalttaste auf einen Anfasser der Tabelle geklickt und die Maus etwas gezogen wird.

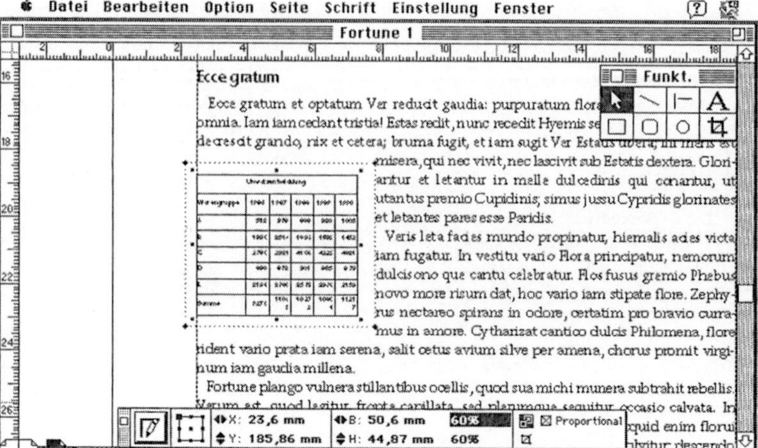

Die Größe der Tabelle ist angepaßt worden

Kapitel 23

Buchsatz

23

Als praktisches Anwendungsbeispiel für PageMaker soll in diesem Kapitel gezeigt werden, wie das vorliegende Buch mit PageMaker gesetzt wurde.

Die Mustervorlage

Die Mustervorlage für ein Buch muß sehr gut geplant werden. In ihr sollten alle Elemente enthalten sein, die in den einzelnen Kapiteln benötigt werden. Dies sind die Stege, Hilfslinien, die Druckformate für die einzelnen Textelemente, Kopf- und Fußzeilen sowie auf allen Seiten gleiche Schmuckelemente. Bevor dann aus der Mustervorlage die Dateien für die einzelnen Kapitel erzeugt werden, empfiehlt es sich, ein Kapitel vollständig fertigzustellen und anhand eines Probeausdrucks zu überprüfen, ob auch alle Elemente der Seite und alle Druckformate wie gewünscht erscheinen. Veränderungen, die erst vorgenommen werden, wenn bereits viele Satzdateien angelegt sind, müssen dann in jeder dieser Dateien durchgeführt werden, was einen erheblichen Arbeitsaufwand bedeuten kann. Nachträgliche Veränderungen an der Mustervorlage wirken sich nicht auf schon erstellte Satzdateien aus.

Die Mustervorlage, die für den Satz dieses Buches verwendet wurde, sieht wie folgt aus: Sie ist eine doppelseitige Satzdatei, bei der die oberen und unteren Stege auf allen Seiten gleich sind. Die rechte und die linke Seite der Doppelseite sind spiegelbildlich zueinander aufgebaut. Jeweils auf der Außenseite befindet sich ein größerer Steg (50 mm), in den Marginaltexte und kleine Abbildungen gesetzt werden können. Für diesen Marginalbereich werden zwei senkrechte Hilfslinien gezogen, die einen Abstand von 5 bzw. 35 mm vom Satzspiegel haben.

Auf beiden Standardseiten wird oberhalb und 5 mm außerhalb des durch die Steghilfslinien bestimmten Satzspiegels ein grauer Kasten positioniert, der über den Rand der Seite hinausragt, so daß er später nach dem Drucken beschnitten wird. In den linken Kasten wird ein negativ formatierter Platzhaltertext für die Kopfzeile eingegeben, die auf allen linken Seiten eines Kapitels gleich ist. Über dem Satzspiegel und oberhalb des Kastens wird auf beiden Standardseiten eine waagerechte Haarlinie gezogen. Beide Standardseiten erhalten auch eine Fußzeile, die nur aus der Seitenzahl besteht und die ebenso wie der graue Kasten mit einem 40%igen Grau formatiert wird.

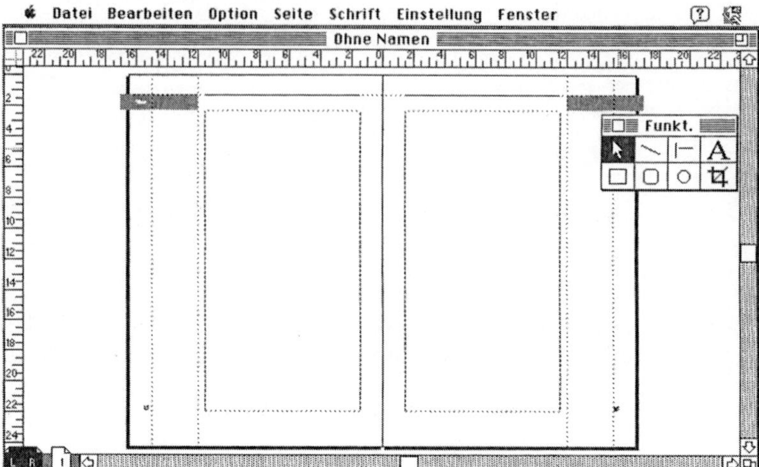

Die Standardseiten der Mustervorlage ...

Seite einrichten

Seitenart: Vorgabe

Seitengröße: 165 x 242 mm

Formatlage: (●) Hoch ( ) Quer

Erste Seite: 1 Seitenanzahl: 1

Optionen: [x] Zweiseitig [x] Doppelseite

[ ] Neue Seitennumerierung

Stegbreite in mm: Bund 15 Außen 50

Kopf 23 Fuß 23

OK

Abbrechen

Numerieren...

... und das Dialogfeld ***Seite einrichten***

Die eigentliche Seite der Mustervorlage ist eine rechte Seite, also eine Seite mit ungerader Seitenzahl. Sie enthält alle Textblöcke, die Bestandteil dieser Seite sein sollen. Für die Kapitelüberschrift, die Kopfzeile und die Kapitelnummer werden Platzhalter eingesetzt. Wichtig für das Erstellen des Inhaltsverzeichnisses ist, daß für die Kapitelüberschrift ein eigenes Druckformat definiert wird. Dieses Druckformat enthält auch die Option *In Inhaltsverzeichnis aufnehmen*, so daß die Kapitelüberschrift automatisch Teil des Inhaltsverzeichnisses ist und dort über ein Druckformat formatiert wird. Mit einer waagerechten Hilfslinie wird die Position festgelegt, an der der normale Fließtext des Kapitels beginnen soll. Um das Importieren und Positionieren des Textes zu vereinfachen, wird die Option *Autom. Textanschluß* eingeschaltet. Für die Mustervorlage reicht diese erste Seite der Satzdatei voll aus.

Weiterer wichtiger Bestandteil der Mustervorlage sind die Druckformate für die einzelnen Elemente des Textes. Dabei werden Druckformate benötigt für die Überschriften in den unterschiedlichen Ebenen, für den Fließtext mit und ohne Erstzeileneinzug, für die Arbeitsschritte und Aufzählungen, für die Kopfzeilen und die Seitenzahlen sowie für Abbildungsunterschriften und Tips in der Marginalie.

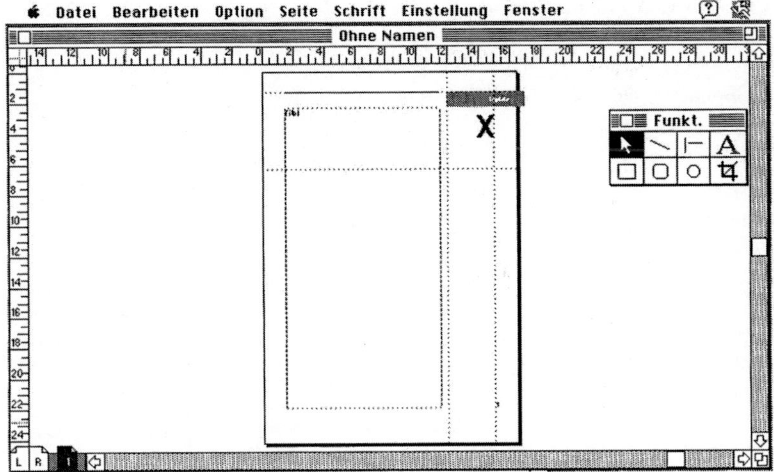

Die erste Seite der Mustervorlage

Die Druckformatliste mit allen Druckformaten

Dem normalen Layout liegt eine Aufteilung der Seite in den Satzspiegel von 100 mm Breite und eine Marginalie von 30 mm Breite zugrunde. Dabei sind der Haupttext und der Marginaltext jeweils ein eigener Textabschnitt. Die meisten Marginaltexte werden absatzweise als einzelne Textblöcke an der gewünschten Stelle zwischen den beiden senkrechten Hilfslinien neben dem Haupttext positioniert.

In einigen Kapiteln wird auch von dieser Aufteilung abgewichen. Bei Arbeitsanleitungen, bei denen zu jedem Arbeitsschritt auch eine Abbildung gehört, wird ein zweispaltiger Satz mit einem Spaltenabstand von 5 mm verwendet. Diese platzsparende Anordnung reicht vom äußeren Rand der Marginalie bis zum gegenüberliegenden Rand des Satzspiegels. Sie wird durch Positionieren entsprechend großer Textblöcke erreicht. Dabei befindet sich auch die Abbildungsunterschrift im normalen Textblock. Die Abbildungen stehen in einer eigenen Spalte.

Als Standardschrift und -schriftgröße für den normalen Fließtext wird die Stone Serif in 9 Point bei einem Zeilenabstand von 11,6 Point verwendet. Die Überschriften sind mit einer Stone Sans Semibold in unterschiedlichen Schriftgrößen formatiert und die Abbildungsunterschriften mit einer kursiven Stone Informal in 8 Point. Alle Abstände oberhalb und unterhalb von Absätzen sind so berechnet, daß der Text registerhaltig ist.

Bei aufeinanderfolgenden Absätzen des Fließtextes wird die erste Zeile eingezogen. Nach Überschriften, unterhalb von Abbildungen und am Beginn einer Seite entfällt dieser Erstzeileneinzug. Diese Absätze werden dann anstelle des Druckformates *4 Lauftext* mit dem Druckformat *4a Lauftext ohne* formatiert, das sich nur im fehlenden Erstzeileneinzug vom normalen Druckformat des Fließtextes unterscheidet.

Schriftfestlegung
Schriftart: 1Stone Serif
Schriftgrad: 9 Point
Zeilenabstand: 11,6 Point
Breite: Normal %
Zeichenlage: Normal Buchstabenart: Normal
Laufweite: Normal Farbe: Schwarz
Schriftschnitt: ☒ Normal ☐ Kursiv ☐ Unterstrichen ☐ Fett ☐ Negativ ☐ Durchgestrichen ☐ Konturiert ☐ Schattiert
OK Abbrechen Optionen...

Das Dialogfeld ***Schriftfestlegung*** *für das Druckformat* ***4 Lauftext***

Schriftfestlegung
Schriftart: Sb 2Stone Sans Semibold
Schriftgrad: 12 Point
Zeilenabstand: 11,6 Point
Breite: 90 %
Zeichenlage: Normal Buchstabenart: Normal
Laufweite: Normal Farbe: Schwarz
Schriftschnitt: ☒ Normal ☐ Kursiv ☐ Unterstrichen ☐ Fett ☐ Negativ ☐ Durchgestrichen ☐ Konturiert ☐ Schattiert
OK Abbrechen Optionen...

Das Dialogfeld ***Schriftfestlegung*** *für das Druckformat* ***3.1 Zwischenhead 1***

Die einzelnen Kapitel

Für jedes Buchkapitel wird eine eigene Satzdatei angelegt, die aus der Mustervorlage erstellt wird. Zusätzliche Dateien werden für das Impressum, das Inhaltsverzeichnis und das Stichwortverzeichnis benötigt.

Alle Dateien für das Buch

Textimport und Textformatierung

Der Text wurde in Microsoft Word erstellt und alle Absätze haben das Druckformat *Fließtext.* Nachdem die Mustervorlage als Kopie geöffnet ist, wird die Textdatei importiert. Dabei ist die Option *Formatiert* eingeschaltet, so daß die bereits im Word-Text enthaltenen kursiven Auszeichnungen mit importiert werden.

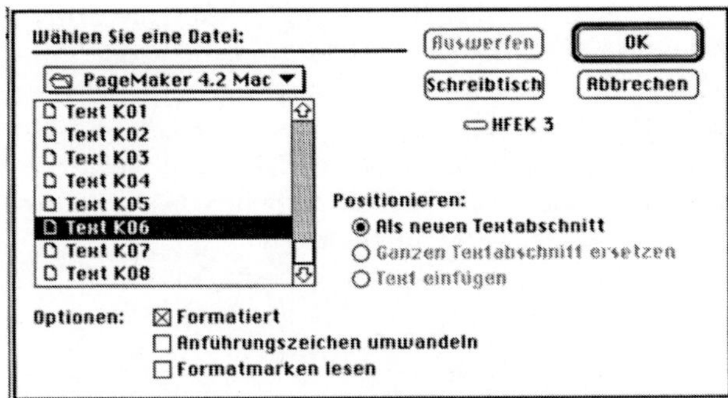

Das Dialogfeld ***Wählen Sie eine Datei*** *beim Import der Textdateien*

Die Datei wird mit automatischem Textanschluß positioniert. Dazu wird das Textsymbol, das nach dem Klicken des Feldes *OK* erscheint, auf der ersten Seite der Mustervorlage direkt unterhalb der waagerechten Hilfslinie positioniert. Während nun der Text importiert wird, fügt PageMaker automatisch die benötigten Seiten hinzu.

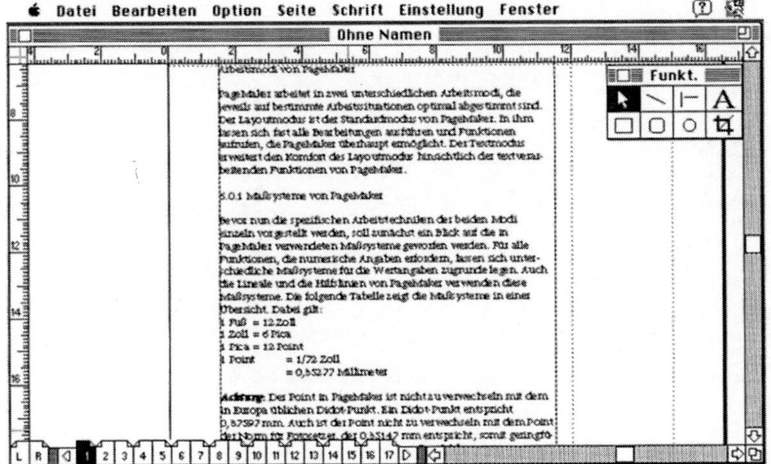

Der Text direkt nach dem Importieren

Als nächstes müssen die einzelnen Elemente des Textes mit den passenden Druckformaten formatiert werden. Dies läßt sich am einfachsten im Texteditor durchführen, in dem auch der Befehl *Ersetzen* zur Verfügung steht.

Zuerst wird im gesamten Dokument das importierte Druckformat *Fließtext* mit dem Befehl *Ersetzen* automatisch gegen das Druckformat *4 Lauftext* ausgetauscht. Auch viele andere Druckformate lassen sich automatisiert auf die entsprechenden Absätze anwenden. So sind beispielsweise im Word-Text alle Überschriften in den drei Ebenen nach dem Schema x.x.x.x numeriert. Durch Suchen nach der Kapitelnummer, gefolgt von einem Punkt, einem beliebigen Zeichen, nochmals einem Punkt und einem beliebigen Zeichen sowie einem Punkt und noch ein beliebiges Zeichen lassen sich alle Überschriften der dritten Ebenen auffinden und mit dem Druckformat *3.3 Zwischenhead 3* formatieren. Dabei kann die Numerierung über einen kleinen Umweg auch automatisch gelöscht werden: Im Feld *Ersetzen durch* wird ein Leerzeichen eingegeben, das sich dann später wieder ganz leicht löschen läßt. (Wenn beim Ersetzen von Schriftmerkmalen das Feld *Ersetzen durch* freigelassen wird, bleibt der unter *Suchen unter* eingegebene Text unverändert erhalten.) Ähnlich wird auch beim Anwenden der Druckformate 3*.2 Zwischenhead 2* und *3.1 Zwischenhead 1* vorgegangen.

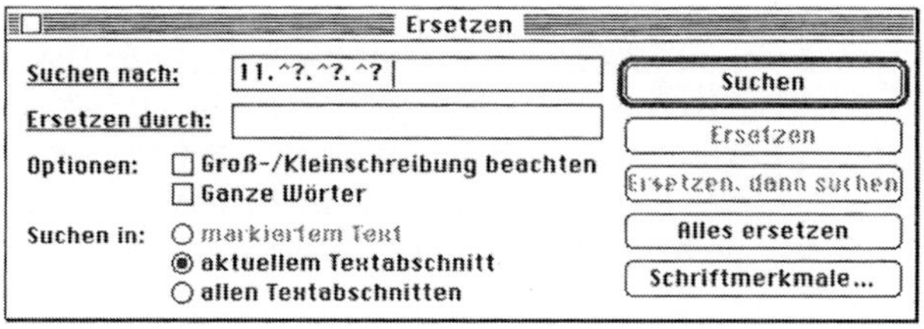

Ersetzen
Suchen nach: 11.^?.^?.^?
Ersetzen durch:
Optionen: Groß-/Kleinschreibung beachten
Ganze Wörter
Suchen in: markiertem Text
aktuellem Textabschnitt
allen Textabschnitten
Suchen
Ersetzen
Ersetzen, dann suchen
Alles ersetzen
Schriftmerkmale...

Das Dialogfeld ***Ersetzen ...***

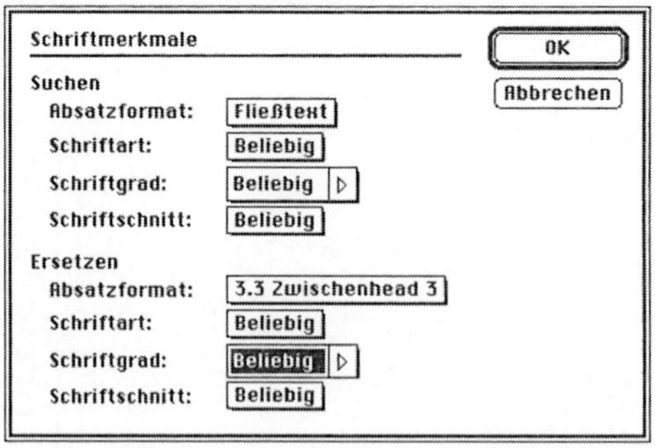

Schriftmerkmale
Suchen
Absatzformat: Fließtext
Schriftart: Beliebig
Schriftgrad: Beliebig
Schriftschnitt: Beliebig
Ersetzen
Absatzformat: 3.3 Zwischenhead 3
Schriftart: Beliebig
Schriftgrad: Beliebig
Schriftschnitt: Beliebig
OK
Abbrechen

... und das Dialogfeld ***Schriftmerkmale*** *für das automatische Formatieren mit dem Druckformat* ***3.3 Zwischenhead 3***

Alle Abbildungsunterschriften sind im Text durch die Zeichenfolge *Abb.:* gekennzeichnet, die aber im Buch nicht mehr erscheinen soll. Auch hier kann wieder gleichzeitig das Druckformat angewendet und die Zeichenfolge *Abb.:* durch ein Leerzeichen ersetzt werden.

Ganz einfach ist das Anwenden des Druckformates für die Tip-Überschriften in der Marginalie. Hier wird einfach nach dem Ausdruck *Tip:* gesucht und das Druckformat *4 Lauftext* durch das Druckformat *7a Randspalte Tip* ersetzt.

Nachdem diese Druckformate automatisch angewendet sind, müssen die anderen, wie beispielweise die für Arbeitsschritte und Aufzählungen, manuell auf die betreffenden Absätze angewendet werden. Dazu wird der gesamte Text im Texteditor durchgearbeitet.

Überschüssige Leerzeilen aus der Textverarbeitung können anschließend automatisch gelöscht werden.

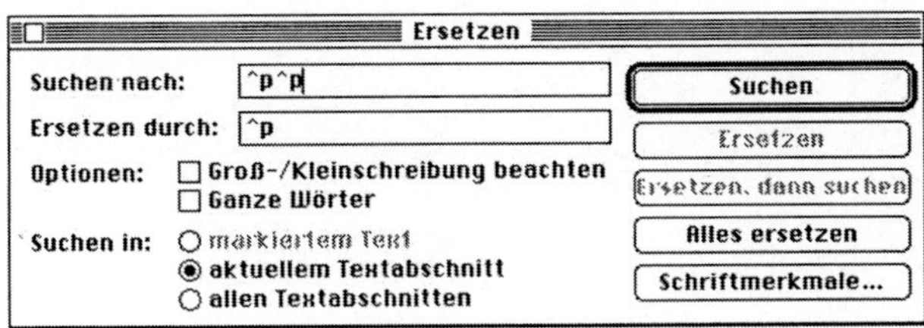

Das Dialogfeld ***Ersetzen*** *beim Löschen von zusätzlichen Leerzeilen*

Ebenso lassen sich auch die vor den Überschriften und den Abbildungsunterschriften eingefügten Leerzeichen automatisch löschen. Dazu wird die Zeichenfolge Absatzmarke-Leerzeichen durch eine einzelne Absatzmarke ersetzt.

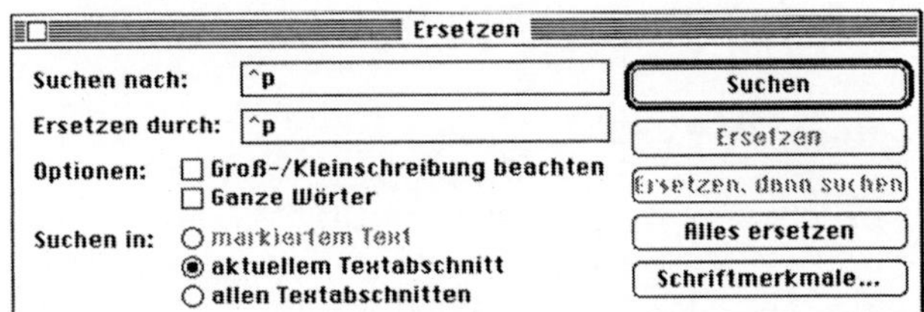

Das Dialogfeld ***Ersetzen*** *beim Löschen eines Leerzeichens am Anfang einer Zeile*

Im Druckformat *4b Punkteliste* werden anschließend alle Arbeitsschrittnummern, durch kleine runde Punkte mit der entsprechenden Zahl ersetzt. Diese Zeichen stammen aus dem Zeichensatz Zapf Dingbats. Die Zeichenfolge Nummer-Punkt-Leerzeichen wird für jede Zahl einzeln durch das entsprechende Dingbats-Zeichen gefolgt von einem Tabulatorzeichen ersetzt. Die Tastenkombinationen für die Dingbats-Zeichen können der Zeichentabelle im Anhang entnommen werden. Gleichzeitig wird im Dialogfeld *Schriftmerkmale* der Ersatztext mit Zapf Dingbats in 10 Point formatiert.

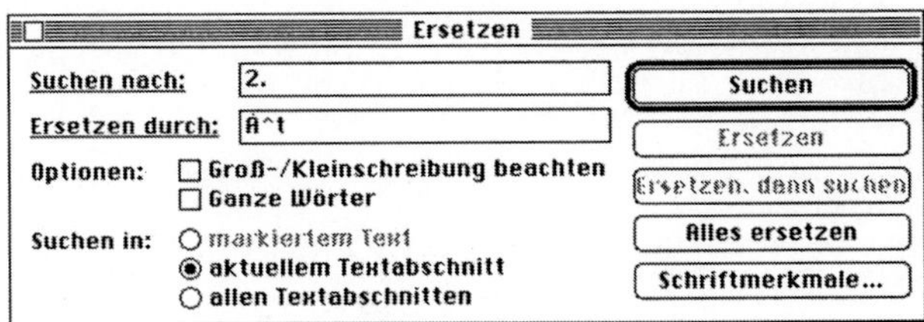

Das Dialogfeld ***Ersetzen*** *...*

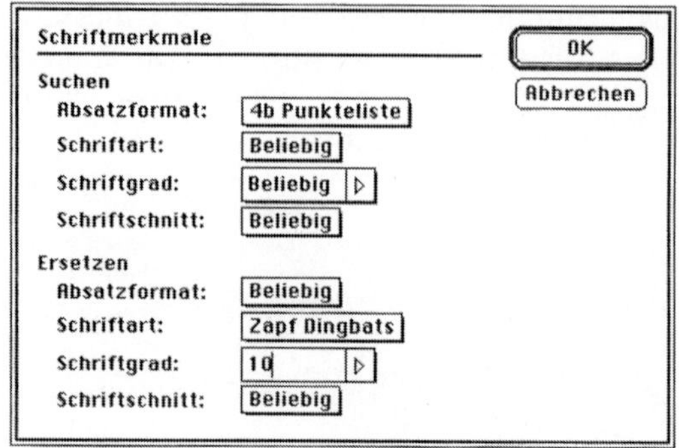

... und das Dialogfeld ***Schriftmerkmale*** *zum Einsetzen der Dingbats*

Ähnlich werden bei Aufzählungen die Striche durch Punkte ersetzt. Der Punkt ist ein Zeichen des normalen PostScript-Zeichensatzes der Stone Serif und wird mit der Tastenkombination <Wahl><Ü> erzeugt.

Nachdem alle Formatierungen vorgenommen sind, wird der Texteditor geschlossen und der Text fließt erneut in die Seiten der Satzdatei ein. Falls die Seitenanzahl nun nicht mehr ausreichend ist, kann durch Klicken auf den unteren Textblockanfasser des letzten Textblocks der automatische Textanschluß wieder aktiviert werden, und PageMaker fügt die benötigten Seiten an.

Anlegen des Textabschnitts für die Marginalie

Im Word-Text befanden sich alle Marginaltexte an der betreffenden Stelle im Fließtext. Nun müssen sie aus dem normalen Textabschnitt herausgezogen und in einen eigenen Textabschnitt eingefügt werden. Dies kann sowohl im Textmodus als auch im Layoutmodus erfolgen.

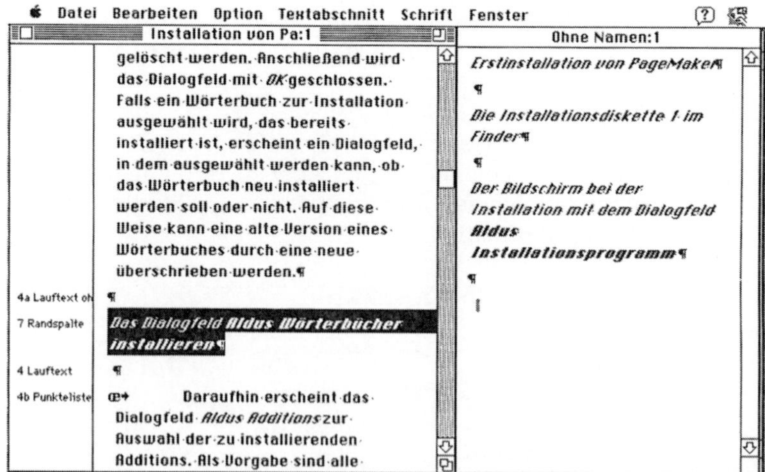

Der Marginaltext wird in einen zweiten Textabschnitt kopiert

Im Textmodus wird dazu mit dem Befehl *Neuer Textabschnitt* aus dem Menü *Textabschnitt* ein leeres Textfenster angelegt. In dieses Textfenster werden dann der Reihe nach alle Absätze für die Marginalie kopiert. Dabei sollten die Texte nicht aus dem Haupttextabschnitt gelöscht werden, da sonst eventuell später beim Positionieren nicht mehr klar ist, an welche Stelle die einzelnen Absätze gehören. Sie können dann immer noch beim Positionieren des Marginaltextes und der Abbildungen aus dem Haupttext gelöscht werden.

Die andere Methode ist, die Marginaltexte direkt beim Positionieren der Abbildungen im Layoutmodus aus dem Haupttextabschnitt zu löschen und an den Marginaltextabschnitt anzufügen. Dazu werden am Ende des Marginaltextabschnitts einige zusätzliche Leerzeilen (die letzte auch durch Text sichtbar) angefügt, so daß auch beim Seitenwechsel noch Text übrig bleibt, der auf der folgenden Seite in der Marginalie positioniert werden kann.

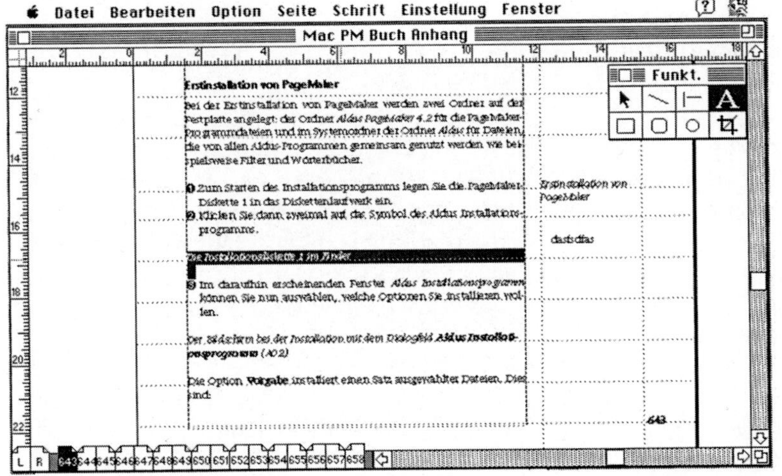

Der Marginaltext wird während des Positionierens ausgeschnitten, ...

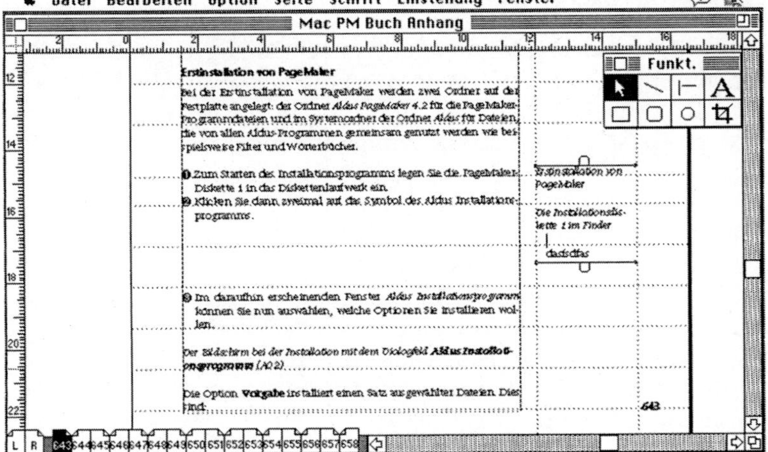

... in den Marginaltext eingefügt ...

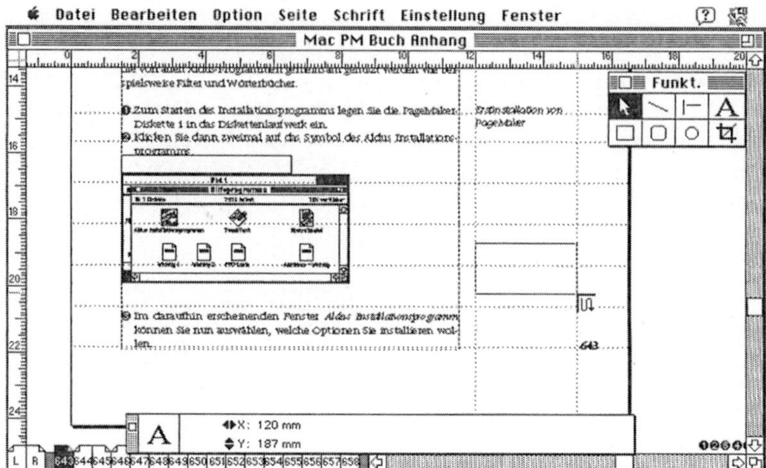

... und an der gewünschten Stelle positioniert

Natürlich könnte auch jeder Marginalabsatz ein eigener Textblock in der Marginalie werden, doch bei Büchern hat sich schon oft gezeigt, daß die Texte später für Überarbeitungen oder Übersetzungen wieder als Textverarbeitungsdateien benötigt werden. Da aber die letzten Textkorrekturen üblicherweise erst im gesetzten Text vorgenommen werden, muß dazu der Text wieder aus PageMaker exportiert werden. Das Exportieren des Textes aus zwei Textabschnitten ist dann wesentlich einfacher als das Exportieren aus sehr vielen Textabschnitten.

Für das Positionieren in der Marginalie wird mit dem geladenen Textsymbol zwischen den beiden Hilfslinien der Marginalie ein Rechteck in der gewünschten Größe aufgezogen und der Text für jeden Absatz in einem eigenen Textblock positioniert. Wenn zwischen den Absätzen noch Leerzeilen eingefügt werden, läßt sich nach dem Positionieren gut erkennen, wie groß der Textblock sein muß.

Einfügen der Grafiken und Tabellen

Die Grafiken und Tabellen werden als unabhängige Grafiken in den Text eingefügt. Der für die Grafiken benötigte Freiraum im Text wird durch Leerzeilen mit dem Druckformat *4 Lauftext* erzeugt. Vorteil dieser Methode ist, daß die Registerhaltigkeit der auf die Abbildung folgenden Textzeilen sichergestellt ist. Zum Bestimmen des minimalen Abstandes zwischen Text und Abbildungen dient ein kleines Rechteck, das als »Maß« zwischen Abbildung und Text geschoben wird.

Die Grafiken liegen in unterschiedlichen Formaten vor: alle Bildschirmabbildungen sind TIFF-Dateien, die Tabellen PICT-Dateien und in FreeHand erstellte Grafiken werden als EPS-Dateien importiert. Um Speicherplatz zu sparen, werden alle TIFF-Dateien beim Positionieren mit der Tastenkombination <Befehl><Wahl><Umschalt> so stark wie möglich komprimiert. Mit PageMaker und PrePrint erstellte Ausdrucke lassen sich nicht positionieren, sondern müssen später manuell in den Film montiert werden. Nach dem Positionieren müssen die meisten Abbildungen noch skaliert werden.

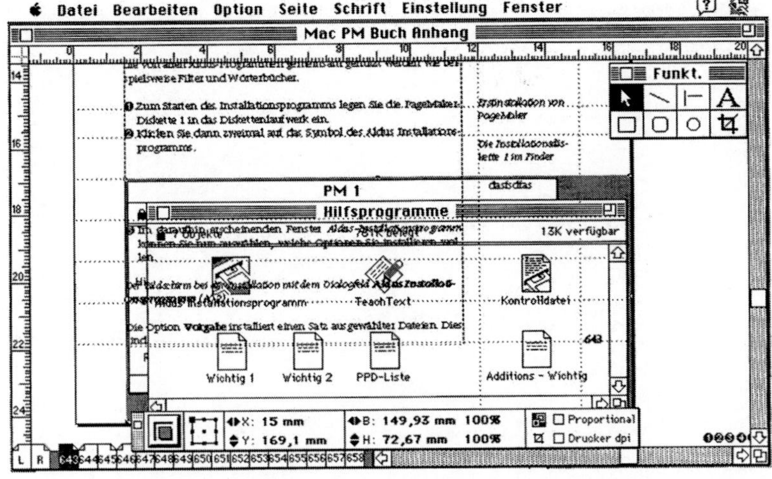

Grafik direkt nach dem Importieren

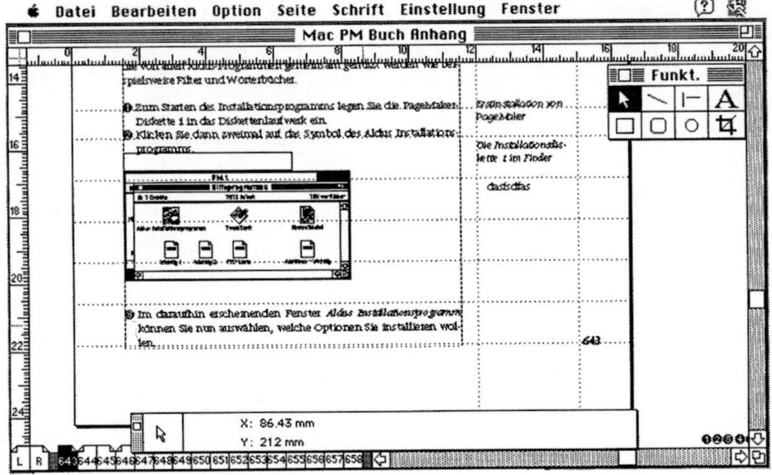

Die Grafik ist skaliert, verschoben und in den Text wurden Leerzeilen eingefügt

Neben den Abbildungen werden in der Marginalie die Abbildungsunterschriften positioniert. Mit Hilfe einer Hilfslinie werden der untere Rand der Abbildung und die Grundlinie der untersten Textzeile auf eine Höhe gebracht.

Die im TabellenEditor erstellten Tabellen sind als PICT-Dateien exportiert worden und werden genauso wie die normalen TIFF-Bilder als unabhängige Grafiken auf der Seite positioniert. Beim Positionieren der Tabellen zeigt sich, daß die PICT-Dateien etwas größer sind als die eigentliche Tabelle im TabellenEditor. Die im TabellenEditor schon auf

Satzspiegelbreite angelegten Tabellen ragen über den Satzspiegel hinaus. Deshalb müssen alle Tabellen auf 93,1 % proportional verkleinert werden.

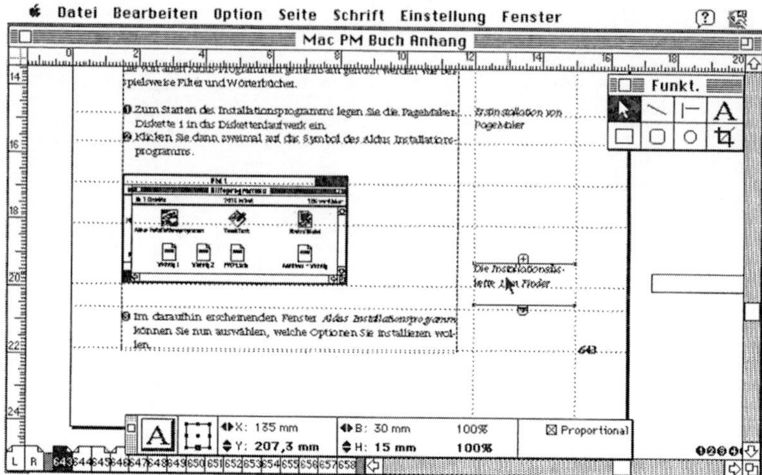

Die Abbildungsunterschrift wird am unteren Rand der Abbildung ausgerichtet

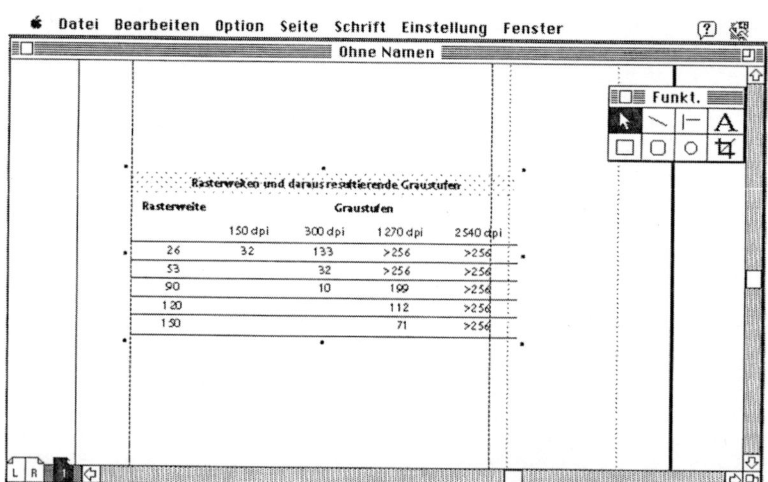

Eine Tabelle direkt nach dem Positionieren

Zum Teil werden auch PageMaker-Textblöcke, die schon zuvor in einer Beipieldatei in der gewünschten Größe angelegt wurden, als Abbildungen positioniert. Sie werden dazu alle gleichzeitig in der Beispieldatei markiert und in die Zwischenablage kopiert. Nach dem Schließen der Beispieldatei und dem Öffnen der Satzdatei für das Buch lassen sich dann alle Elemente der Beispieldatei gleichzeitig einfügen und auf der Montagefläche ablegen, bis sie auf unterschiedlichen Seiten benötigt wurden.

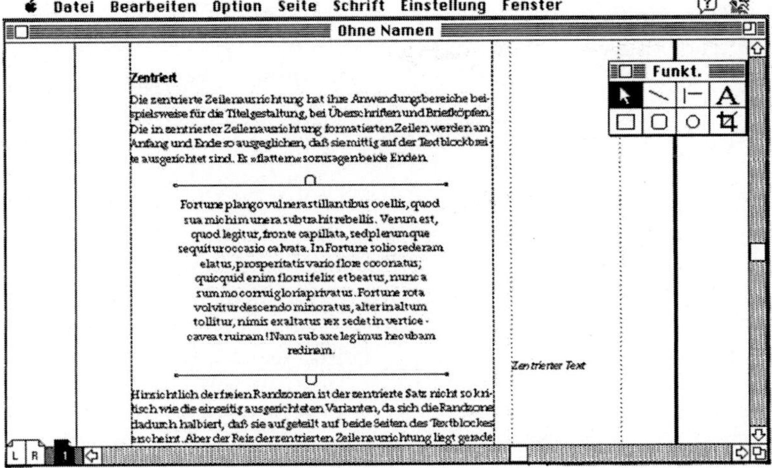

Ein PageMaker-Textblock als Abbildung

Einige Abbildungen, insbesondere aus Text bestehende, werden mit einem grauen Kasten hinterlegt. Dazu wird ein Rechteck mit 10% Füllung und ohne Umrandung über der Abbildung aufgezogen und in den Hintergrund gebracht.

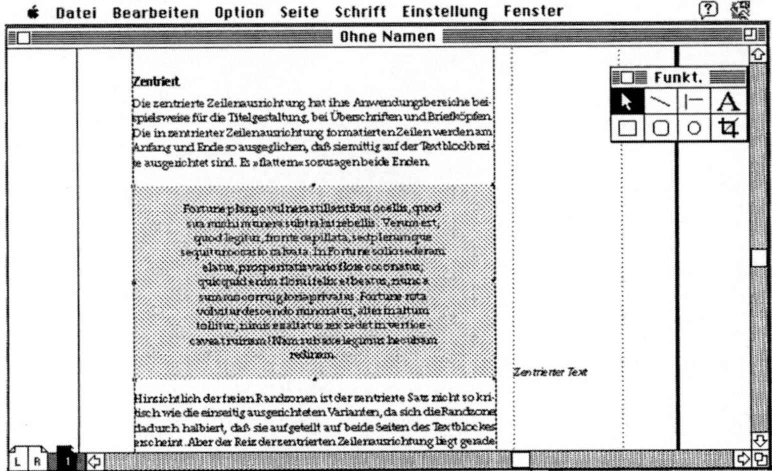

Die Abbildung wurde mit einem grauen Kasten hinterlegt

Nachbearbeitung

Nachdem alle Grafiken importiert sind, werden noch einige Verfeinerungen an den Satzdateien vorgenommen.

Erstzeileneinzüge löschen
Auf alle Absätzen, die am Anfang einer Seite, unterhalb einer Überschrift oder einer Abbildung stehen, wird anstelle des Druckformates *4 Lauftext* das Druckformat *4a Lauftext ohne* angewendet, so daß sie keinen Erstzeileneinzug mehr haben.

Kopfzeilen und erste Seite bearbeiten
Der nächste Arbeitsschritt besteht darin, die Platzhalter auf der ersten Seite und auf den Standardseiten gegen die richtige Kapitelnummer bzw. Kapitelüberschrift auszutauschen. Anschließend wird auf allen rechten Seiten der Textblock mit der Kopfzeile eingefügt und der Text der letzten Überschrift erster Ebene in diese Kopfzeile eingegeben.

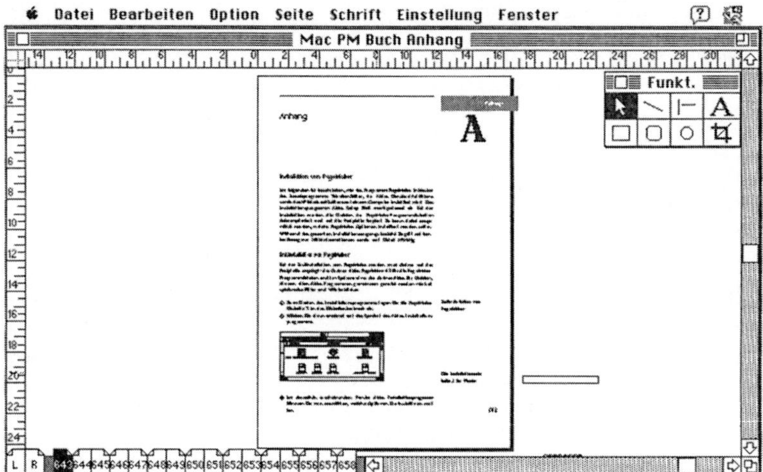

Die Platzhalter wurden ausgetauscht

Probeausdruck
Nachdem nun alle den Umbruch beeinflussenden Formatierungen fertiggestellt sind, wird ein Probeausdruck aller Seiten der Satzdateien gemacht. Hier müssen insbesondere alle Zeilenumbrüche überprüft werden, denn die Silbentrennfunktion von PageMaker arbeitet nicht ganz fehlerfrei.

Kapitelliste und Inhaltsverzeichnis erstellen

Nach Abschluß der Arbeit an den Dateien für die einzelnen Kapitel wird eine neue Datei angelegt, die das Inhaltsverzeichnis enthalten soll. In dieser Datei wird mit dem Befehl *Buch* eine Kapitelliste angelegt. Wichtig ist, daß alle Dateien in der korrekten Reihenfolge in dieser Kapitelliste aufgeführt werden. Die erste Datei ist die Einleitung, da das Inhaltsverzeichnis erst mit der Einleitung beginnt. Alle Kapitel sollten mit einer linken Seite enden.

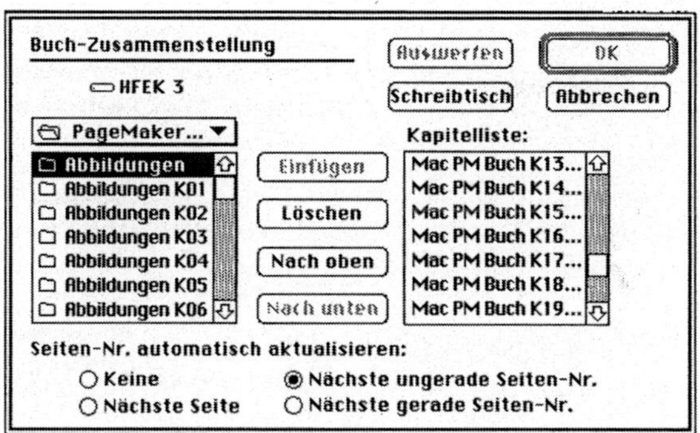

*Das Dialogfeld **Buch-Zusammenstellung** mit der Kapitelliste*

Nun wird der Befehl *Inhaltsverzeichnis erstellen* aufgerufen und das Inhaltsverzeichnis generiert. Dieses wird dann mit automatischem Textanschluß in der Satzdatei mit der Kapitelliste positioniert. Bei der in diesem Buch verwendeten Seitennumerierung hat die Seitenanzahl des Inhaltsverzeichnisses keinen Einfluß auf die folgenden Seitenzahlen. Das neu generierte Kapitel wird nun über die IHV-Druckformate formatiert.

Stichwortverzeichnis

Der letzte Arbeitsschritt beim Setzen eines Buches ist das Erstellen eines Stichwortverzeichnisses. Wenn dies noch nicht bereits in der Textdatei vorgenommen wurde, müssen zuerst in allen Satzdateien die Indexeinträge markiert werden. Anschließend werden die Einträge mit dem Befehl *Index anzeigen* überarbeitet. Dabei sollten Einträge wie *Dialogfeld Drucken* in zwei Ebenen aufgeteilt werden, so daß der Begriff *Dialogfeld* nur einmal am Anfang der Liste aller Dialogfelder steht, auf die im Stichwortverzeichnis verwiesen wird. Dies verbessert wesentlich die Übersichtlichkeit des Stichwortverzeichnisses.

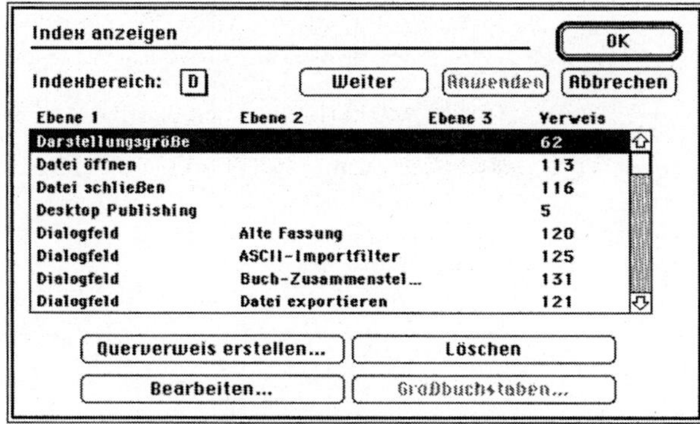

*Das Stichwortverzeichnis wird mit dem Befehl **Index anzeigen** überarbeitet*

Nachdem alle Indexeinträge bearbeitet sind, wird für das Stichwortverzeichnis eine neue Satzdatei angelegt. Diese Datei muß wiederum die komplette Kapitelliste enthalten. Dazu kann auch die Datei mit dem Inhaltsverzeichnis als Kopie geöffnet und der Textabschnitt mit dem Inhaltsverzeichnis gelöscht werden. In der Satzdatei werden innerhalb des Satzspiegels zwei Spalten angelegt. Über die neu erzeugten Druckformate wird das Stichwortverzeichnis zuletzt formatiert.

Achtung: Beim Markieren der Indexeinträge werden pro Ebene nur maximal 45 Zeichen aufgenommen. Bei längeren Einträgen müssen die fehlenden Zeichen ergänzt werden.

Vorbereitung für die Belichtung

Für die Belichtung werden die PageMaker-Satzdateien selbst an das Belichtungsstudio gegeben. Wichtig dabei ist, daß entweder alle Abbildungen in den Satzdateien mit abgespeichert sind oder daß mit jedem Kapitel auch die passenden Abbildungen geliefert werden. Bei Verwendung ausgefallener Schriften sollte der Satzdatei eine Liste aller verwendeten Schriften beigelegt werden. Für die Belichtung sollten besonders umfangreiche oder speicherplatzintensive Dateien in mehrere Dateien aufgeteilt werden.

Ausdrucke von PageMaker-Seiten, Volltonfarbauszüge mit PageMaker und Vierfarbauszüge mit PrePrint können nicht direkt in der Satzdatei positioniert werden. Sie müssen extra belichtet und dann herkömmlich in den Filmen montiert werden. Dazu werden Druckdateien erzeugt, bei denen als PostScript-Drucker ein Dummy-Treiber für einen Linotronic-Belichter geladen wird.

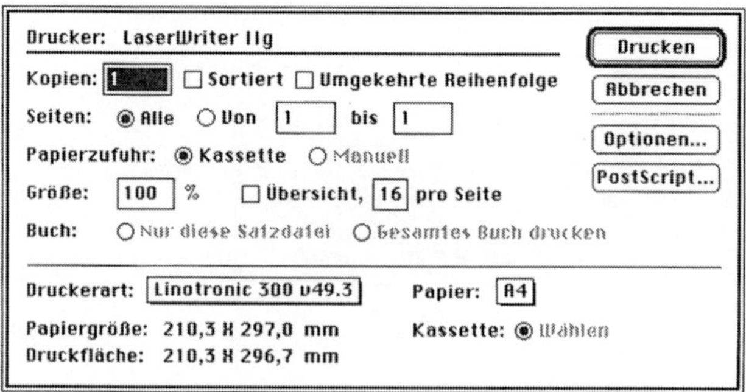

Drucken in Datei für die Belichtung

Aldus Druckoptionen
OK
Abbrechen
☐ Probedruck ☒ Beschnittzeichen
☐ Schrift optimieren ☐ Glätten
○ Probezusammenstellung ◉ Volltonfarbauszüge
◉ Farbe/Graustufen ☐ Aussparungen
○ Schwarzweiß 30% Grau
☐ Leere Seiten drucken
☐ Unterteilen: ○ Manuell
◉ Autom. Überlagerung 17 mm
Formatlage: ◉ Hoch ○ Quer Grafik: ☐ Negativ ☐ Spiegelbildlich
Seitenzahlen: ◉ Beide ○ Gerade ○ Ungerade

PostScript-Optionen
Drucken
Abbrechen
Rückgängig
☒ Bitmusterzeichensätze laden
☒ PostScript-Zeichensätze laden
☒ Symbol für Sonderzeichen
☐ Aldus Prep permanent laden
☐ Letzte Fehlermeldung anzeigen
☒ Einschließlich Bilder:
○ Nur Lage ○ Optimiert ◉ Normal
Bilddaten senden:
○ Schneller (binär) ◉ Normal (hex)
☒ PostScript auf Datenträger schreiben: Dateiname...
◉ Normal ○ EPS ○ Für Farbauszüge
☒ Aldus Prep einschließen

Technische Daten

Abschließend noch ein kleiner Überblick über die technischen Daten beim Erstellen dieses Buches:

Anzahl der Satzdateien: 29
Datenumfang der Satzdateien: 29 MB
Anzahl der Druckdateien: 13
Datenumfang aller Dateien inklusive der Abbildungsdateien: 49 MB
Belichtung: Linotronic 300 mit 1270 dpi
(die Halbtonseiten in Kapitel 18 sind mit 2540 dpi belichtet)
Druckertreiber: Linotronic 300 Version 49.3

Anhang

Installation von PageMaker

Im folgenden ist beschrieben, wie das Programm PageMaker inklusive des Zusatzprogramms TabellenEditor, der Aldus Standard-Additions sowie des WörterbuchEditors auf einem Computer installiert wird. Das Installationsprogramm Aldus Setup läuft menügesteuert ab. Bei der Installation werden die Dateien der PageMaker-Programmdisketten dekomprimiert und auf die Festplatte kopiert. Es kann dabei ausgewählt werden, welche PageMaker-Optionen installiert werden sollen. Während des gesamten Installationsvorgangs besteht Zugriff auf kontextbezogene Hilfsinformationen sowie auf Datei *Wichtig*.

Erstinstallation von PageMaker

Bei der Erstinstallation von PageMaker werden zwei Ordner auf der Festplatte angelegt: der Ordner *Aldus PageMaker 4.2* für die PageMaker-Programmdateien und im Systemordner der Ordner *Aldus* für Dateien, die von allen Aldus-Programmen gemeinsam genutzt werden wie beispielsweise Filter und Wörterbücher.

Erstinstallation von PageMaker

❶ Zum Starten des Installationsprogramms legen Sie die PageMaker-Diskette 1 in das Diskettenlaufwerk ein.
❷ Klicken Sie dann zweimal auf das Symbol des Aldus Installationsprogramms.

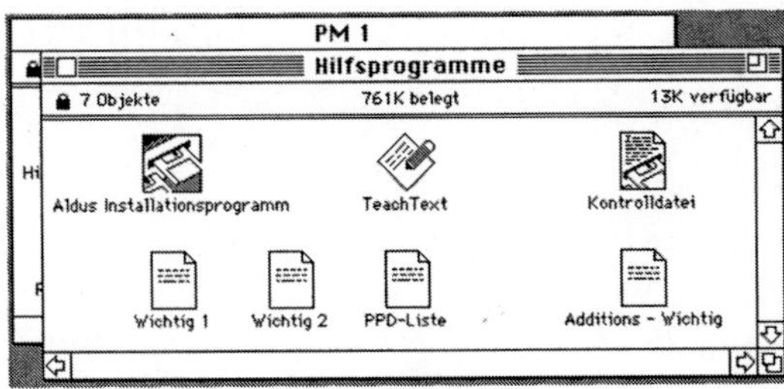

Die Installationsdiskette 1 im Finder

❸ Im daraufhin erscheinenden Fenster *Aldus Installationsprogramm* können Sie nun auswählen, welche Optionen Sie installieren wollen.

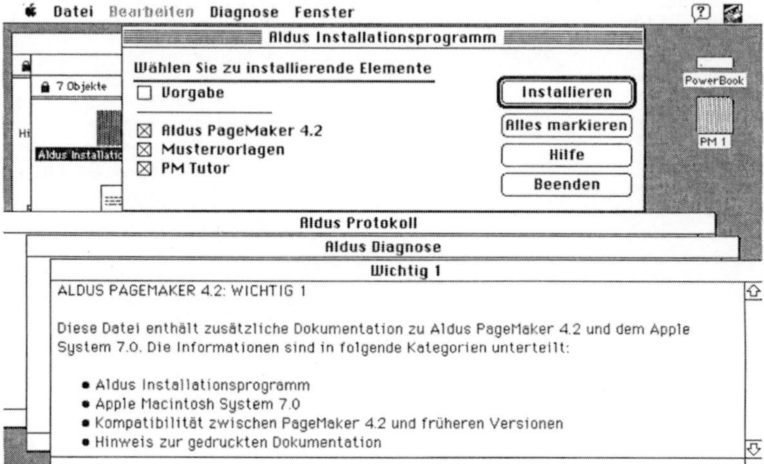

Der Bildschirm bei der Installation mit dem Dialogfeld ***Aldus Installationsprogramm***

Die Option **Vorgabe** installiert einen Satz ausgewählter Dateien. Dies sind:

- die Anwendungsdateien *Aldus PageMaker 4.2, PM4.2 Hilfe* und *TabellenEditor 1.01*
- alle Standard-Additions
- alle Dateien des Lernprogramms
- alle Importfilter im Ordner *Aldus Filter*
- alle Exportfilter im Ordner *Aldus Filter*
- alle Mustervorlagen
- die Dateien für das deutsche Wörterbuch
- das Aldus Installationsprogramm und die Datei *TeachText*
- die Dateien *Kern Tracks, PM Pantone Farben, PM4.2 RSRC* und *Aldus Prep* im Ordner *Aldus*
- drei Musterskripts
- PPD/PDX-Dateien im Ordner *PPDs* für die wichtigsten Ausgabegeräte

Mit der Option **Aldus PageMaker 4.2** werden zum Programm PageMaker gehörende Dateien installiert. Dabei besteht die Möglichkeit zur Auswahl der Filter, Additions, PPD-Dateien usw.

Die Option **Mustervorlagen** installiert alle mitgelieferten PageMaker-Mustervorlagen.

PM Tutor installiert ein Tutorium, mit dessen Hilfe Sie die Arbeit mit PageMaker erlernen können.

Beim Starten des Installationsprogramms sind bereits die Optionen *PageMaker, Mustervorlagen* und *PM Tutor* markiert. Wollen Sie die Option *Vorgabe* markieren oder eine Option demarkieren, klicken Sie einfach auf die entsprechende Option.

❹ Nachdem alle gewünschten Optionen markiert sind, klicken Sie auf das Feld *Installieren*.

Die folgenden Dialogfelder erscheinen nur, wenn nicht die automatisierte Installation mit der Option *Vorgabe* ausgewählt wurde.

❺ Zuerst erscheint ein Dialogfeld zur Auswahl der benötigten Wörterbücher. In der linken Liste werden die gewünschten Wörterbücher markiert und mit dem Feld *Installieren* für die Installation ausgewählt. Fälschlicherweise installierte Wörterbücher können nach dem Markieren in der rechten Liste mit dem Feld *Löschen* wieder gelöscht werden. Anschließend wird das Dialogfeld mit *OK* geschlossen. Falls ein Wörterbuch zur Installation ausgewählt wird, das bereits installiert ist, erscheint ein Dialogfeld, in dem ausgewählt werden kann, ob das Wörterbuch neu installiert werden soll oder nicht. Auf diese Weise kann eine alte Version eines Wörterbuches durch eine neue überschrieben werden.

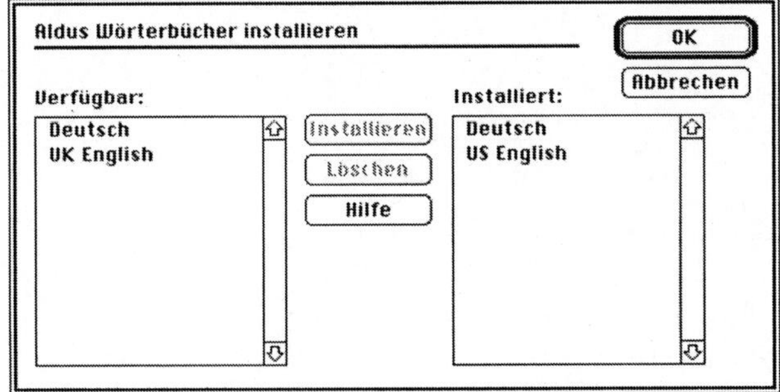

Das Dialogfeld ***Aldus Wörterbücher installieren***

❻ Daraufhin erscheint das Dialogfeld *Aldus Additions* zur Auswahl der zu installierenden Additions. Als Vorgabe sind alle Additions ausgewählt. Sollen einzelne Additions nicht installiert werden, können sie durch Anklicken bei gedrückter Umschalttaste abgewählt werden. Klicken des Feldes *OK* schließt das Dialogfeld.

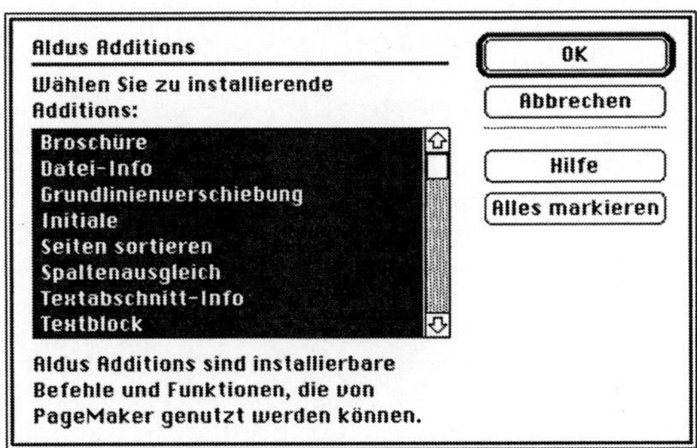

Das Dialogfeld ***Aldus Additions***

➐ Als nächstes wird das Dialogfeld *Aldus Filter installieren* angezeigt. Hier haben Sie die Möglichkeit, die benötigten Import- und Exportfilter für den Textdatenaustausch zwischen PageMaker und anderen Programmen auszuwählen. Welche Filter Sie wählen, hängt davon ab, welche Programme Sie in Verbindung mit PageMaker einsetzen wollen. Als Minimum muß jeweils ein Import- und ein Exportfilter ausgewählt werden.

Im Minimalfall sollten Sie die Importfilter *Smart ASCII Import, Story Importer 1.01* und den Importfilter für Ihre Textverarbeitung installieren. Als Exportfilter empfiehlt sich die Installation eines Exportfilters für Ihre Textverarbeitung oder des Filters *ASCII Text Export.*

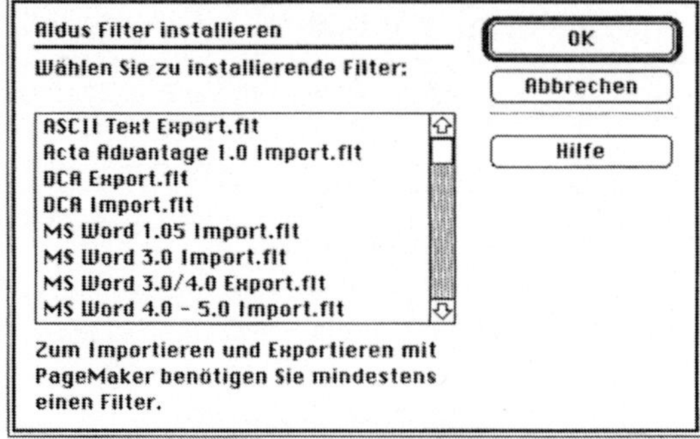

Das Dialogfeld ***Aldus Filter installieren***

➑ Als nächstes wird das Dialogfeld PPD-Dateien geöffnet, in dem für alle möglicherweise an den Computer angeschlossenen Drucker die passenden PPD-Dateien ausgewählt werden sollten. Durch Klicken auf den Druckernamen bei gedrückter Umschalttaste lassen sich mehrere PPD-Dateien auswählen. Mindestens eine PPD-Datei muß installiert werden. Mit dem Feld OK wird das Dialogfeld wieder geschlossen.

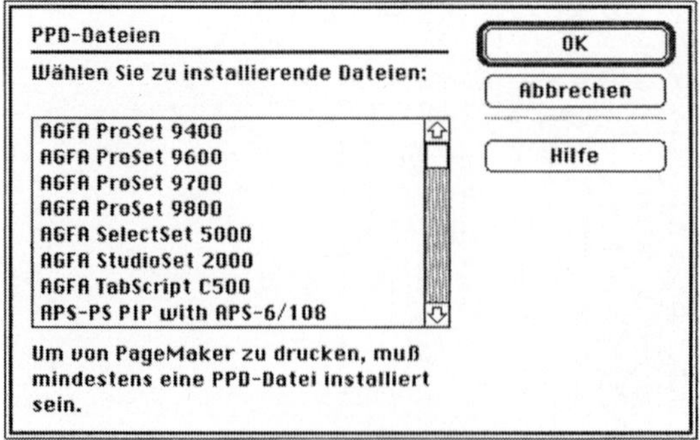

Das Dialogfeld ***PPD-Dateien***

Die folgenden Arbeitsschritte müssen auch bei der Installation mit der Option *Vorgabe* durchgeführt werden.

9 Im nun erscheinenden Dialogfeld *Personalisieren Sie Ihre Kopie von "PageMaker 4.2"* müssen Sie Ihren Namen, den Namen Ihrer Firma und die Seriennummer Ihrer PageMaker-Version eingeben. Das Feld für den Firmennamen kann auch leer bleiben, es muß aber mindestens ein Leerzeichen in dieses Feld eingegeben werden. Die Seriennummer finden Sie beispielsweise auf der dem Programm beiliegenden Registrationskarte oder auch auf der Unterseite der Verpackung des Programmpakets. Es ist unbedingt erforderlich, daß die Seriennummer inklusive aller Bindestriche korrekt eingegeben wird, da Sie ansonsten eine Fehlermeldung erhalten. Die Installation des Programms kann erst fortgesetzt werden, wenn die Seriennummer fehlerfrei eingegeben worden ist.

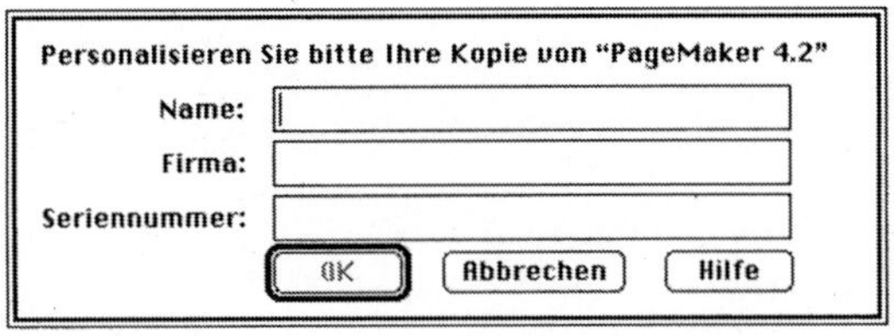

Personalisieren Sie bitte Ihre Kopie von "PageMaker 4.2"
Name:
Firma:
Seriennummer:
OK | Abbrechen | Hilfe

Das Dialogfeld ***Personalisieren Sie Ihre Kopie von "PageMaker 4.2"***

10 Daraufhin erscheint ein Dialogfeld zur Auswahl des Datenträgers und des Ordners, in dem PageMaker installiert werden soll. Als Ordnervorgabe erscheint *Aldus PageMaker 4.2*. Zur Übernahme der Vorgaben klicken Sie einfach auf das Feld *OK*. Falls Sie PageMaker in einem anderen Ordner oder auf einem anderen Datenträger installieren wollen, wählen Sie den Datenträger und den Ordner aus der Liste aus. Falls der Ordner noch nicht angelegt ist, kann der Name in das Feld *Installieren in* eingegeben werden. Er wird dann bei der Installation neu angelegt. Im unteren Teil des Dialogfeldes wird der auf dem Datenträger freie Speicherplatz sowie der für die Installation benötigte Speicherplatz angezeigt und darüber informiert, ob eine Installation auf dem Datenträger möglich ist. Mit *OK* werden die Einstellungen abgeschlossen.

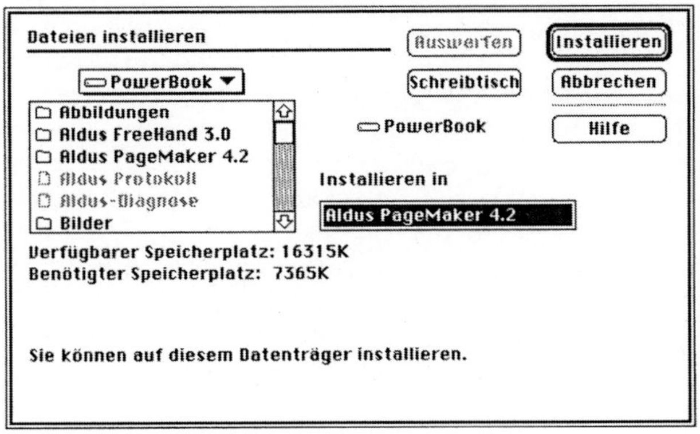

Dateien installieren
Auswerfen | Installieren
PowerBook
Schreibtisch | Abbrechen
Abbildungen
Aldus FreeHand 3.0
Aldus PageMaker 4.2
Aldus Protokoll
Aldus-Diagnose
Bilder
PowerBook
Hilfe
Installieren in
Aldus PageMaker 4.2
Verfügbarer Speicherplatz: 16315K
Benötigter Speicherplatz: 7365K

Sie können auf diesem Datenträger installieren.

Das Dialogfeld ***Dateien installieren***

⓫ Nachdem Sie alle Optionen ausgewählt haben, wird mit dem Dekomprimieren und Kopieren der Programm-Dateien begonnen. Legen Sie nacheinander die angeforderten Disketten in das Laufwerk ein, bis die Installation abgeschlossen ist. Im Fenster *Aldus Protokoll* kann dabei die Installation beobachtet werden.

⓬ Nach Abschluß der Installation erscheint eine entsprechende Meldung.

Ändern der Installation von PageMaker

Falls Sie während Ihrer Arbeit mit PageMaker feststellen, daß Sie nicht alle benötigten PPD-Dateien installiert haben, läßt sich dieses Problem ganz leicht beheben. PPD-Dateien können jederzeit hinzugefügt werden:

PPD-Dateien hinzufügen

❶ Legen Sie dazu die Aldus PageMaker Programmdiskette 6 in das Diskettenlaufwerk ein.

❷ Der Ordner *Hilfsprogramme* erscheint im Finder geöffnet. Wählen Sie durch Doppelklick das Aldus Installationsprogramm aus.

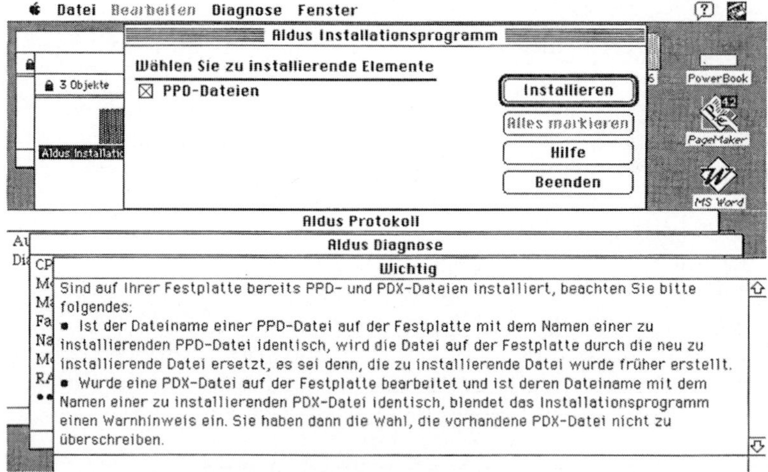

Das Aldus Installationsprogramm beim nachträglichen Installieren von PPD-Dateien

❸ Im Dialogfeld *Aldus Installationsprogramm* ist bereits die einzige Option *PPD-Datei* ausgewählt. Durch Klicken des Feldes *Installieren* wird nach einer Diagnose das bereits bekannte Dialogfeld *PPD-Datei* zur Auswahl der Drucker angezeigt, und es können weitere Drucker zum Installieren markiert werden.

❹ Klicken Sie auf *OK*, und legen Sie die angeforderten Disketten ein.

Fachzeitschriften

Aldus News, Aldus Software GmbH, Hamburg
Profil: Produktneuigkeiten von Aldus für Apple Macintosh und PC
erscheint unregelmäßig etwa viermal im Jahr (wird kostenfrei an registrierte PageMaker-Anwender versendet)

Clipboard, Graphik und Publishing, Beam-Verlag
Profil: Grundlagen, PC
erscheint monatlich

Desktop Dialog, Herstellerneutrale Kennziffern-Fachzeitschrift für elektronisches Publizieren, Desktop Verlag
Profil: Grundlagen, Apple Macintosh, PC
erscheint monatlich

MACup, Das unabhängige Macintosh-Magazin, MACupVerlag
Profil: Grundlagen, Technik, Apple Macintosh
erscheint monatlich

Page, Publizieren und Präsentieren mit dem Personal Computer, MACup Verlag
Profil: Grundlagen, Layout, Apple Macintosh, Atari ST, PC
erscheint monatlich

Zeichensatztabellen

PostScript-Zeichensatz: Anführungen

„	<Wahl><Umschalt><W>	öffnendes typographisches Anführungszeichen
“	<Wahl><2>	schließendes typographisches Anführungszeichen
”	<Wahl><Umschalt><2>	schließendes amerikanisches Anführungszeichen
»	<Wahl><Umschalt><Q>	öffnender Doppelwinkel
«	<Wahl><Q>	schließender Doppelwinkel
‚	<Wahl><S>	öffnendes einfaches Anführungszeichen
‘	<Wahl><#>	schließendes einfaches Anführungszeichen
’	<Wahl><Umschalt><#>	schließendes amerik. einfaches Anführungszeichen
›	<Wahl><Umschalt><N>	öffnender einfacher Winkel
‹	<Wahl><Umschalt><B>	schließender einfacher Winkel

PostScript-Zeichensatz: Akzente

Zeichen	Tastenkombination	Erklärung
~	<Wahl><N>	Tilde
¨	<Wahl><U>	Umlaut
^	<Umschalt><#>	Akzent Circumflex
^	<Wahl><Umschalt><6>	Akzent Circumflex
´	<´>	Akzent Aigue
`	<Umschalt><´>	Akzent Grave
ç	<Wahl><C>	kleines C-Cedille
Ç	<Wahl><Umschalt><C>	großes C-Cedille
¸	<Wahl><Umschalt><R>	Cedille
˛	<Wahl><Umschalt><,>	ogonek
˙	<Wahl><Umschalt><ß>	Punkt über Buchstabe
˚	<Wahl><Umschalt><´>	Kreis über Buchstabe
¯	<Wahl><Umschalt><0>	Strich über Buchstabe

PostScript-Zeichensatz: Klammern

Zeichen	Tastenkombination	Erklärung
{	<Wahl><8>	geschweifte Klammer auf
}	<Wahl><9>	geschweifte Klammer zu
[	<Wahl><5>	eckige Klammer auf
]	<Wahl><6>	eckige Klammer zu

PostScript-Zeichensatz: Ligaturen

Zeichen	Tastenkombination	Erklärung
fi	<Wahl><Umschalt><%>	Ligatur für *f* und i
fl	<Wahl><Umschalt><L>	Ligatur für *f* und l
Æ	<Wahl><Umschalt><Ä>	Ligatur AE
æ	<Wahl><Ä>	Ligatur ae
Œ	<Wahl><Umschalt><Ö>	Ligatur OE
œ	<Wahl><Ö>	Ligatur oe
f	<Wahl><F>	Florin

PostScript-Zeichensatz: Mathematische Zeichen

Zeichen	Tastenkombination	Erklärung
Σ	<Wahl><W>	Summe
∞	<Wahl><,>	unendlich
≤	<Wahl><<>	kleiner gleich
≥	<Wahl><Umschalt><<>	größer gleich
≠	<Wahl><0>	ungleich
≈	<Wahl><X>	ungefähr
±	<Wahl><+>	Plus/Minus-Zeichen
√	<Wahl><V>	Wurzelzeichen
∫	<Wahl><B>	Integralzeichen
¬	<Wahl><L>	logisches Nicht
·	<Wahl><Umschalt><9>	Multiplikationspunkt
	<Wahl><I>	Divisionszeichen
‰	<Wahl><Umschalt><E>	Promille
÷	<Wahl><Umschalt><.>	Divisionszeichen

PostScript-Zeichensatz: Striche und Punkte

Zeichen	Tastenkombination	Erklärung
|	<Wahl><7>	senkrechter Strich
	<Wahl><I>	Schrägstrich für Division
-	<Wahl><->	Halbgeviert-Strich
\	<Wahl><Umschalt><7>	Backslash
--	<Wahl><Umschalt><->	Geviert-Strich
…	<Wahl><.>	Auslassungszeichen
•	<Wahl><Ü>	großer Punkt

PostScript-Zeichensatz: griechische Schriftzeichen		
Zeichen	**Tastenkombination**	**Erklärung**
μ	<Wahl><M>	kleines My
Δ	<Wahl><K>	großes Delta
π	<Wahl><P>	kleines Pi
Π	<Wahl><Umschalt><P>	großes Pi
Ω	<Wahl><Z>	großes Omega
∂	<Wahl><d>	kleines Delta

PostScript-Zeichensatz: fremdsprachige Schriftzeichen		
Zeichen	**Tastenkombination**	**Erklärung**
¡	<Wahl><1>	spanisches Ausrufezeichen
¿	<Wahl><ß>	spanisches Fragezeichen
å	<Wahl><A>	
Å	<Wahl><Umschalt><A>	
Á	<Wahl><Umschalt><U>	
Í	<Wahl><Umschalt><S>	
Ï	<Wahl><Umschalt><F>	
Ì	<Wahl><Umschalt><G>	
ø	<Wahl><O>	
Ø	<Wahl><Umschalt><O>	
Ó	<Wahl><Umschalt><H>	
Û	<Wahl><Umschalt><I>	
Ù	<Wahl><Umschalt><X>	

PostScript-Zeichensatz: Kreuze	
Zeichen	**Tastenkombination**
†	<Wahl><T>
‡	<Wahl><Umschalt><Y>

PostScript-Zeichensatz: sonstige Zeichen		
Zeichen	**Tastenkombination**	**Erklärung**
˘	<Wahl><Umschalt><M>	breve
◊	<Wahl><Umschalt><V>	Raute
¤	<Wahl><Umschalt><D>	currency
ª	<Wahl><H>	ordfeminine
º	<Wahl><J>	ordmaskuline
˝	<Wahl><Umschalt><T>	hungarumlaut
ˇ	<Wahl><Umschalt><Z>	caron
˜	<Wahl><Umschalt><8>	Tilde oben (kein Akzent)
ı	<Wahl><Umschalt><J>	dotlessi
ˆ	<Wahl><Umschalt><K>	Circumflexzeichen, nicht als Akzent

Zapf Dingbats: Zahlen	
Zeichen	**Tastenkombination**
①	<Wahl><ß>
②	<Wahl><1>
③	<Wahl><L>
④	<Wahl><V>
⑤	<Wahl><F>
⑥	<Wahl><X>
⑦	<Wahl><K>
⑧	<Wahl><Q>
⑨	<Wahl><Umschalt><Q>
⑩	<Wahl><.>
➀	<Wahl><U>
➁	<Wahl><0>
➂	<Wahl><Umschalt><Ä>
➃	<Wahl><Umschalt><O>
➄	<Wahl><,>
➅	<Wahl><+>
➆	<Wahl><<>
➇	<Wahl><Umschalt><<>
➈	<Wahl><Y>
➉	<Wahl><M>

Zapf Dingbats: Zahlen	
Zeichen	**Tastenkombination**
❶	<Wahl><Leertaste>
❷	<Umschalt><´> dann <Umschalt><A>
❸	<Wahl><N> dann <Umschalt><A>
❹	<Wahl><N> dann <Umschalt><O>
❺	<Wahl><Umschalt><Ö>
❻	<Wahl><Ö>
❼	<Wahl><->
❽	<Wahl><Umschalt><->
❾	<Wahl><2>
❿	<Wahl><Umschalt><2>
➊	<Wahl><D>
➋	<Wahl><W>
➌	<Wahl><Umschalt><P>
➍	<Wahl><P>
➎	<Wahl><B>
➏	<Wahl><H>
➐	<Wahl><J>
➑	<Wahl><Z>
➒	<Wahl><Ä>
➓	<Wahl><O>

Zapf Dingbats: Sterne

Zeichen	Tastenkombination
❅	<E>
❉	<I>
❁	<A>
❄	<D>
❆	<F>
❇	<G>
❈	<H>
❊	<J>
❋	<K>
❃	<C>
❖	<V>
❂	<B>
❀	<Umschalt><´>
✱	<Umschalt><Q>
✷	<Umschalt><W>
✥	<Umschalt><E>
✲	<Umschalt><R>
✴	<Umschalt><T>
✺	<Umschalt><Z>
✵	<Umschalt><U>
✩	<Umschalt><I>

Zapf Dingbats: Sterne

Zeichen	Tastenkombination
✯	<Umschalt><O>
✰	<Umschalt><P>
✾	<Umschalt><#>
✡	<Umschalt><A>
✳	<Umschalt><S>
✤	<Umschalt><D>
★	<Umschalt><H>
✪	<Umschalt><J>
✫	<Umschalt><K>
✬	<Umschalt><L>
✹	<Umschalt><Y>
✸	<Umschalt><X>
✶	<Umschalt><V>
✮	<Umschalt><N>
✭	<Umschalt><M>
✿	<Umschalt><->
❊	<Wahl><5>
❋	<Wahl><6>
✾	<Wahl><Umschalt><6>
❊	<Wahl><Umschalt><7>

Zapf Dingbats: Scheren

Zeichen	Tastenkombination
✃	<#>
✁	<Umschalt><1>
✂	<Umschalt><2>
✄	<Umschalt><4>
✃	<Wahl><Umschalt><3>

Zapf Dingbats: typogr. Zeichen

Zeichen	Tastenkombination
❨	<ä>
❮	<Umschalt><Ü>
❩	<Umschalt><Ö>
❨	<Umschalt><Ä>
❜	<Wahl><7>
❛	<Wahl><8>
❝	<Wahl><9>
❲	<Wahl><A>
❳	<Wahl><C>
❞	<Wahl><N>
❩	<Wahl><Umschalt><A>

Zapf Dingbats: Pfeile

Zeichen	Tastenkombination
➚	<Wahl><I>
➔	<Wahl><#>
➢	<Wahl><S>
➝	<Wahl><Umschalt><5>
➴	<Wahl><Umschalt><8>
➡	<Wahl><Umschalt><9>
➽	<Wahl><Umschalt><0>
➛	<Wahl><Umschalt><ß>
➺	<Wahl><Umschalt><´>
➣	<Wahl><Umschalt><W>
➤	<Wahl><Umschalt><E>
➻	<Wahl><Umschalt><R>
➼	<Wahl><Umschalt><T>
➧	<Wahl><Umschalt><U>
➹	<Wahl><Umschalt><I>
➙	<Wahl><Umschalt><#>
➱	<Wahl><Umschalt><S>
➛	<Wahl><Umschalt><D>
➯	<Wahl><Umschalt><F>
➩	<Wahl><Umschalt><G>
➪	<Wahl><Umschalt><H>
➵	<Wahl><Umschalt><J>
➶	<Wahl><Umschalt><K>
➞	<Wahl><Umschalt><L>
➠	<Wahl><Umschalt><Y>
➘	<Wahl><Umschalt><X>
↕	<Wahl><Umschalt><V>
➜	<Wahl><Umschalt><B>
➝	<Wahl><Umschalt><N>
➷	<Wahl><Umschalt><M>
➾	<Wahl><Umschalt><,>
↔	<Wahl><Umschalt><.>

Zapf Dingbats: geom. Formen

Zeichen	Tastenkombination
❑	<Q>
◗	<W>
❒	<R>
▼	<T>
❚	<Z>
◆	<U>
❏	<O>
❐	<P>
▲	<S>
●	<L>
❙	<Y>
❘	<X>
■	<N>
❍	<M>

Zapf Dingbats: Kreuze

Zeichen	Tastenkombination
✤	<<>
✕	<5>
✖	<6>
✗	<7>
✘	<8>
✙	<9>
✞	<Umschalt><<>
✝	<Umschalt><0>
✟	<Umschalt><ß>
✦	<Umschalt><F>
✧	<Umschalt><G>
✣	<Umschalt><C>
✢	<Umschalt><B>
✛	<Umschalt><,>
✚	<Umschalt><.>
✠	<Wahl><Umschalt><1>

Zapf Dingbats: Sonstige Zeichen

Zeichen	Tastenkombination
✑	<1>
✒	<2>
✍	<->
✐	<0>
✎	<.>
✏	<Umschalt><7>
✓	<3>
✔	<4>
☞	<+>
☛	<Umschalt><+>
❧	<ß>
❦	<Wahl><3>
❣	<Wahl><4>
❥	<Wahl><Ü>
❤	<Wahl><Umschalt><4>
❡	<Wahl><Umschalt><Ü>
✌	<,>
♠	<´>
♥	<Wahl><E>
♣	<Wahl><R>
♦	<Wahl><G>
☎	<Umschalt><5>
✆	<Umschalt><6>
✈	<Umschalt><8>
✉	<Umschalt><9>

Bezugsadressen für Additions

VH-Addition, Preis ungefähr 648,- DM

MACup Verlag GmbH
MoreMedia
Große Elbstraße 277
2000 Hamburg 50

PMtracker, Preis ungefähr 285,- DM

Import That!, Preis ungefähr 399,- DM

Rotate This!, Preis ungefähr 149,- DM

Zephyr Palettes, Preis ungefähr 229,- DM

ElseWare CheckList, Preis ungefähr 1085,- DM

ElseWare DataShaper, Preis ungefähr 1085,- DM

Impressed Computer Technologie Vertriebs GmbH
Uhlandstraße 2
2000 Hamburg 76

Danksagung

Eigentlich müßte ein Buch ähnlich einem Film mit einem Nachspann enden, der alle am Projekt beteiligten Personen auflistet und auch Raum für Danksagungen läßt. Sicher wäre so mancher Leser überrascht, wieviele Leute an einem Buchprojekt mehr oder weniger intensiv beteiligt sind. Doch die Vermutung liegt nahe, daß wie im Kino nur wenige Eingeweihte ausharren, um die aufgelisteten Personen in Beziehung zu anderen Projekten zu setzen. Was hier auf jeden Fall bleiben soll, ist ein Hinweis auf die Unternehmen, die durch ihre Leihgaben das vorliegende Buch in dieser Form ermöglichten. Die angeführten Unternehmen waren an der rasanten Entwicklung des DTP in den letzten Jahren maßgeblich beteiligt, so daß an die Geschäftsleitungen bzw. an die vermittelnden Abteilungen gleich ein zweifacher Dank gehen kann:

- Adobe Systems, Amsterdam, für die freundliche Unterstützung mit Software und mit Fonts.
- Aldus Deutschland, Hamburg.
- Linotype, Eschborn, für die Fontpakete, die das Kapitel über Mikrotypographie bereicherten.
- MACup-Verlag, Redaktion Page, über die der Kontakt zum Springer-Verlag hergestellt worden ist.

Stichwortverzeichnis

A

E

F

G

H

I

K

L

M

N

O

P

Q

R

S

T

U

V

W

Z

Springer-Verlag und Umwelt

Als internationaler wissenschaftlicher Verlag sind wir uns unserer besonderen Verpflichtung der Umwelt gegenüber bewußt und beziehen umweltorientierte Grundsätze in Unternehmensentscheidungen mit ein.

Von unseren Geschäftspartnern (Druckereien, Papierfabriken, Verpackungsherstellern usw.) verlangen wir, daß sie sowohl beim Herstellungsprozeß selbst als auch beim Einsatz der zur Verwendung kommenden Materialien ökologische Gesichtspunkte berücksichtigen.

Das für dieses Buch verwendete Papier ist aus chlorfrei bzw. chlorarm hergestelltem Zellstoff gefertigt und im ph-Wert neutral.

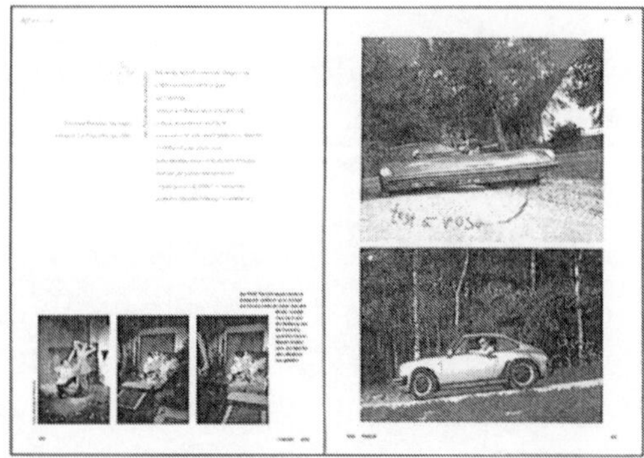

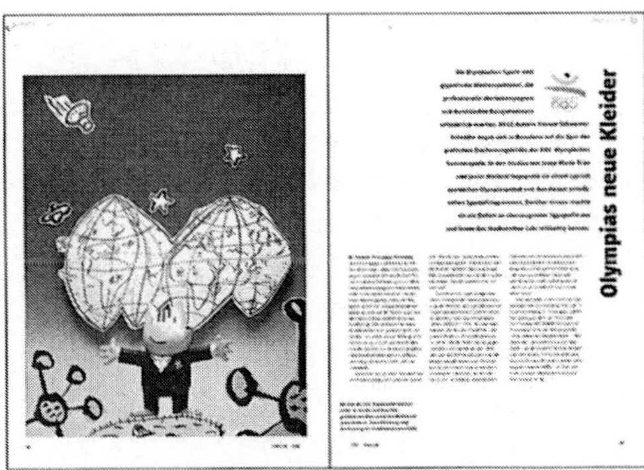

Olympias neue Kleider

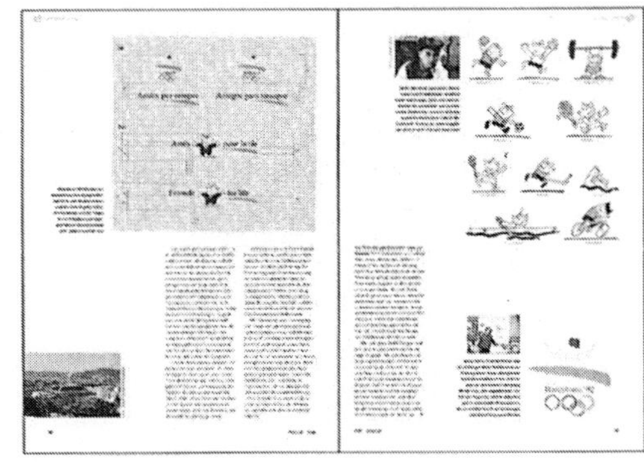

Pinsel oder Maus –
auf die Hand kommt's an

Bildschirmillustrierte